桑磊 主编

2019

国家统一法律职业资格考试用书

桑磊法考

理论法讲义

祁春轶　刘东亮　杨明　吴志伟　编著

中国政法大学出版社

2019·北京

从书前言

一

著名作家柳青在《创业史》中说过一段话："人生的道路虽然漫长，但紧要处常常只有几步，特别是当人年轻的时候。"

在我的人生里，这样的紧要处有两步：一次是22岁，一次是44岁。

这两步决定了我前半生乃至一生的命运。

22岁那年，我还在鲁西南的一个小县城工作，报名参加中国政法大学的进修学习。之后，经过五年的拼搏（两年进修，三年北漂自学），最终考取法大研究生，主编了《中国名校硕士谈考研》系列图书（后分为《风雨考研路》和《考研战略战术》两本），毕业后进入司法部考试中心工作。这是命运的一次大转折。

44岁这年，在工作十三年、经历了四个岗位，从主任科员、副处长到命题处长之后，我毅然辞职，致力于法考和法律教育工作，主编《法学第一课》，开通微信公众号"桑磊在线"，直到现在主编《桑磊法考图书》，开展法考网络培训。这又是一个大转折。

每个人终其一生，都有自己关键的几步，有命运的转折点。

也许你是一位法律专业学生，未来的理想是做一位法官、检察官或律师，也许你和曾经的我一样，正在自学的路上苦苦跋涉，希望能有改变命运的机会。也许你正在做一份自己并不喜欢的工作，而内心其实想成为法律人；也许你正在小地方挣扎，渴盼去大城市发展。

法考就是你通向未来、实现梦想的关键一步。

尽管，这个考试号称"天下第一考"，每年有数十万人在这个战场上拼杀，只有少数人成功地走出来。

尽管，你也许和我一样，智商并不超群，容貌并不出众，家世并不显赫，只是人群中普普通通的一员。

但是，不平凡的，是你的年轻，是你的梦想，是你那颗热血沸腾的心，是你的不甘于平凡。

在我主编的《风雨考研路》中有一篇文章，题目叫做"真正的失败是不去拼搏"。作者当年从一所二本院校以高分考上了厦大研究生，两年后又提前攻博，目前已是国家海洋局第三研究所研究员、硕士生导师、学科带头人，曾五次参加南北极科学考察。他在文章中写道：这一切的一切，都是由于“真正的失败是不去拼搏”这句话带给我的神奇力量。其实那只是一个很短的小故事，但我至今清楚地记着里面那句非常感人的话：“你努力过了吗？如果是的，那你就一定不会失败，因为真正的失败是不去拼搏。”这段精彩而鼓舞人的话从此永远地留在了我的生命中，并且开始改变我的一生。

在此，我也将这句话转送给亲爱的读者们，希望能够有益于你们的人生。

二

2018 年，首届法考成功举行。尽管法考不再公布真题，但通过网络上考生的各种回忆版本，仍能粗略窥见客观题考试的特点：一是考查范围扩大，覆盖面广；二是基础性考点增多；三是考查内容较为琐碎。司考时代的命题规律“重者衡重”在一定程度上削弱，“逢新必考”的规律也不再突出。

2018 年，也是我们与广大考生携手前行的第一年。我们陆续出版了系列图书，首次开办“客观题内参班”“主观题保过班”等网络课程，准确把握了命题趋势，尤其是成功预测了“枫桥经验”（法治理论）、“房屋强拆案例”（行政法）、“非法证据排除规则”（刑诉）等考点，帮助考生在考前抓住重难点，直击命题点。对命题趋势和考点的准确把握，彰显出前命题人团队的高权威性和专业能力。

2019 年，我们根据上述客观题考试的特点，组织前命题人团队修订和编写了《桑磊法考图书》，包括客观题的《讲义》丛书、《命题人讲真题》丛书、《命题人 400 题》丛书、主观题的《命题人讲主观题》丛书，分别对应客观题考试复习的基础阶段、真题阶段、模拟题阶段和主观题考试阶段。

（一）客观题考试

——基础阶段。对应《讲义》丛书。我们通过严谨的近十年各科试题数据分析，遵循“重点多写，一般少写，不考不写”的原则，确定《讲义》各部分的字数，做到详略得当。攻克了这些知识点，意味着你已经接近了法考要求的知识水平，进入了法考的核心地带。我们专门邀请各科作者做了直播带读，深入浅出地讲解，会让你有更透彻的理解，也许有时会有醍醐灌顶之感。读者可登录“桑磊法考”网站和“桑磊法考”公众号，免费观看视频。

——真题阶段。对应《命题人讲真题》丛书。我们的各科作者对 2013 ~ 2017 年真题以考点归类，进行了全面解析，其体例上的独特之处有三点：一是“命题和解题思路”，还原命题人的思路，深度分析解题思路，最大程度地让考生“知其所以然”；二是“难点解析”或“易混淆点解析”，对于部分试题的难点或易混淆点作出深入分析；三是“重点干扰项”，部分试题指明了重点干扰项，并作出详细分析。通过真题的反复训练，你会对各科的所有考点、命题规律了然于胸，实现由知识水平向应试水平的转变。

——模拟阶段。对应《命题人 400 题》丛书。我们的大部分作者深谙命题规律，他们命制出的模拟题，实际上达到了真题的水平，是最接近真题的模拟题。通过模拟训练，一方面查漏补缺，一方面迅速适应应试状态。

（二）主观题考试

对应《命题人讲主观题》丛书。我们的作者凭借自身的经验，通过深入研究历年主观题，在书中为大家分析了本学科的命题规律和趋势，提炼了解题思路，详细阐述了主观题考点，并对近十年的主观题进行了深入剖析。最后，每科为大家提供了3~5道高质量的模拟试题，其中有两科甚至多科的融合试题。我们希望，对这套书的系统学习，将为你获得最终的胜利提供极大的助力。

我们针对客观题考试和主观题考试，还分别开办了网络培训班，有兴趣的读者可以关注“桑磊法考”公众号查看。

为了方便考生高效学习，我们在网站和公众号上开发了题库系统，包括客观题的真题系统和模拟题系统。考生可根据年份、学科、章节、知识点，对试题进行自由组合练习，可进行阶段性测试，自动生成测试报告；可将错题单独归类，有针对性地加强练习，等等。

2019年，我们与你携手同行！

法治理论法理学导言

“中国特色社会主义法治理论”和“法理学”是理论性最强、内容最不直观具体的两门科目。那么，如何做到在这两门科目上不失分，甚至尽量多得分？下面对这两门课的命题情况和备考方法进行说明。

中国特色社会主义法治理论

一、与时代的脉搏一起跳动

从2007年开始，国家司法考试将“社会主义法治理念”单独作为一个编目进行考查，呼应了国家对社会主义法治建设的重视。

2014年10月23日中国共产党第十八届中央委员会第四次全体会议通过了《中共中央关于全面推进依法治国若干重大问题的决定》（以下简称《决定》），对全面推进依法治国、建设社会主义法治国家做出了整体部署。从2015年司考开始，这部分内容改为“中国特色社会主义法治理论”，官方“三大本”和考试大纲的内容都重新撰写，其中“三大本”在《决定》全文基础上组织撰写，大纲考点从27个变为45个，分值从平均30分变为40分（2016年41分，2017年43分）。

依据党的十九大报告的重要论述，2018年对考试大纲进行了充实完善，主要变动在两个方面：第一，在第一章第二节增加一个考点“习近平新时代中国特色社会主义法治思想是马克思主义法律思想中国化的最新成果”；第二在第一章增加第四节，“新时代深化依法治国实践的主要任务”，节下增加一个考点“党的十九大提出的深化依法治国实践的主要任务”。这样，大纲考点变为47个。

《决定》是我国进入全面建成小康社会决定性阶段，和全面深化改革进入攻坚期、深水区召开的专门会议的决议文件。《决定》提出了180多项对依法治国具有重要意义的改革举措。习近平总书记在中央深改组第六次会议上强调，要把这些举措“纳入改革任务总台账，一体部署、一体落实、一体督办”。十九大报告又进一步提出深化依法治国实践，指出全面依法治国是国家治理的一场深刻革命，必须坚持厉行法治，推进科学立法、严格执法、公正司法、全民守法。

对所有法律人来说，“这是最好的时代”，也是需要我们承担自己的使命和责任的时代。作为法治建设的人才和后备力量，考生们应当对全面推进依法治国的重大意义、指导思想、总目标和基本原则，对法治工作的基本格局和重要保障，对各项具有远见卓识、励精图治的改革举措，有深刻认识和理解。只有这样，才能参与到时代大潮中，为依法治国总目标的实现贡献一份力量，在实现人生价值的同时也推动实现中华民族伟大复兴的中国梦。

二、法治理论命题形式和命题特点

从2015～2017年真题来看，法治理论部分的命题形式有：

一是纯理论阐释法：这种命题形式设问简单，考查全面。在深度上，需要考生从社会主义法治理论出发，对《决定》内容，尤其是基本原理进行多角度、准确的理解和记忆；在广度上，需要考生理解基本格局不同方面改革措施的内容和意义。

二是事例分析法：题干是对一个具体事例进行细致描述，考生需要结合事例内容，从理论上对不同的论证角度和推论逻辑作出判断，识别命题人的考查意图和具体考点。在涉及制度价值分析时考生，需要从不同角度理解一项制度的意义和具体内容；在涉及改革举措时，需要考生充分认识实践中存在的问题，才能理解改革措施的针对性。

三是具体事例列举法：这是以具体事例设计四个选项，考查考生对某个考点的理解是否准确深入。这种考题生动活泼，选项的内容都是对鲜活的社会实践稍作变化，旨在使抽象的理论和改革措施具体化。考生需要通过多阅读和思考新闻报道和时政讨论，理解社会主义法治理论，而不是仅仅对改革措施和理论阐述死记硬背。

在命题特点上，近年来命题人在常规考试内容之外，命制了多道freestyle的题。这类题通常是应用型的、无明确对应考点，干扰项设计巧妙，具有一定难度，需要具备扎实的理论功底。考生在答题时可以通过关键字，判断命题人的考查意图及相近考点，再结合相关内容做出判断。遇到较为绝对的字眼，如“总是”“完全”，要多分析比较，审慎作答。

三、法治理论备考方法

在法治理论部分，只要用心准备，很容易得分。如何做到该得的分志在必得，拿不到满分也从容不迫？考生平时既要打好基本功，也要关注时政和社会热点问题：

第一，熟读并全面理解《决定》全文和十九大报告相关部分。据统计，《决定》全文计一万七千多字，多读几遍有利于熟悉特定的表达方式，避免不应该有的错误理解，例如“社会组织立法”指的是为社会组织立的法，而不是社会组织作为立法主体。同时，对《决定》中的改革举措进行总结归纳（详见本书各知识点总结）。

第二，抓住重点知识点。经过统计和分析2015～2017年的客观题考题，我们在基础讲义选择了这些重点知识点进行着重讲解，这些知识点在真题中所占比例可以达到95%以上。这意味着，只要把握住基础讲义中涉及的知识点，法治理论部分基本上就可以胸有成竹。

第三，平时多关注和思考时事政治和新闻，关注法治政府建设和司法改革热点问题，关注社会热点问题的讨论，如信访、医闹等，从而深入理解和全面认识具体改革举措的社会背景、存在的问题、改革的针对性、实践中的创新举措，把握其来龙去脉。

第四，法治理论和法理学、部门法不是割裂的，答题时可以结合相关法学知识进行判断。例如“政策和法律”的关系、立法的特点和功能、村规民约的性质及其在司法裁判中的适用方式、情理与法理在中华法律思想与制度中的具体表现、审委会制度及其问题、人民陪审制改革等。

法理学

法律不仅是刑名之术，法条的技艺，僵硬的推理，更是价值的辩驳、思维的训练和本质的关切。法律不仅要洞悉人性和世间百态，也要解决纠纷使权利义务各归其位，法律不仅要致力于共同体的秩序和安宁，更要最大程度地实现正义和公平。所以，法理学的考题中不仅探究法的本体问题，而且讨论法的运行的理论和方法，不仅追溯法的演进，而且关注法与社会的互动。在法理学考试中，体现了命题人睿智的哲思和现实的关怀，希望经历了考试的你，也向兼具法学知识、法学技艺和法学素养的法律人，又迈进一步。

一、法理学的命题特点和命题形式

总体来看，法理学的题目出得越来越引人入胜了，但是想要答对也不是那么容易。

法理学命题的最大特点是：一题多考点的综合题比例大，四个选项常常涉及四个考点，需要考生在答题时也要能随着选项“移步换景”，各个击破。例如在2016年“错斩崔宁”的题中，分别考了非正式的法的渊源、设证法律推理、法律规则的逻辑结构、法适用的步骤四个考点，跨度极大，如果一个知识点掌握不扎实就可能导致整体失分。想做对一道题真的不容易。

其次，法理学越来越多运用案例考查法，题干甚至选项还会很长很长长长……，考查考生活学活用，运用法理学知识分析案例、解决问题的能力，以及最重要的，抓住题干关键字眼的能力。

第三，法理学常常会出现超纲考点，这时候考验的是考生的法理学素养，需要考生平时扩大阅读面，勤于思考，厚积薄发。

法理学常见命题形式有：

一是案例分析法：案例生动，容易设计多考点，也可以体现考查深度。命题通常围绕案件争议点和法官的裁判意见，考查考生运用知识分析具体问题时，还原理论解决问题的能力、逻辑性和严谨性。

二是法条分析法：法条常常用于考查法律规则的分类及其逻辑结构、法律责任的竞合、当代中国的法律解释体制，甚至法律价值冲突的解决原则等。

三是纯理论阐释法：这一类题一般设问简洁，考点集中，考查具有一定深度。它考验考生理解知识的准确度、清晰度。有时命题人会通过法律格言/谚语、一段引文(有时是名家名言)，将多考点融会贯通，需要考生具备扎实的理论素养才能辨析。

四是经典事例分析法：迄今考查了“苏格拉底的申辩”“洞穴奇案”“威尼斯商人”“悲惨世界”等，这类题命题思路开阔，干扰项设置具有一定迷惑性，选项也常常超纲。考生在答题时，需要判断命题人的考查意图和具体考点，联系题干表述，缜密分析各选项的内容。

二、法理学的备考方法

第一，抓住重点知识点。也许在紧张的备考中，你没有那么多时间用在法理学这个小科目上。那么，就要把有限的时间用在重点知识点上。我们的讲义不是泛泛而论，而是在对2008至2017年10年真题考点和分值进行分析、统计、提炼的基础上，总结出每一部分的重点内容。这些知识点在大纲考点所占分值比例可以达到85%以上。其次，在重点知识点讲解时，对内容层次、易混淆知识、常见错误等进行了归纳和梳理，节省了考生自己进行总结的时间。

第二，通过做历年真题（《命题人讲真题》）体会重点知识点的考查方法。但是真题毕竟数量有限，而且不能兼顾2018年修改中的新增知识点。所以，同时还可以通过我们命制的模拟题（《命题人400题》）进行练习。在做题时，总结自己知识上掌握的不足，再回头巩固讲义中的基础知识，循环往复，直到掌握。边看边把重点做出标记，考前把书里所有的表格和你的标记多看几遍。

第三，做足以上的功夫，然后才是“功夫在诗外”。平时尽量博览群书，扩大知识面。

一个民族赓续奋斗的初心，是由每一个时代每一个年轻人的理想汇聚而成。“不忘初心，方得始终”，让生活在这片土地上的人们过上尊严的、富足的、温暖的、充满希望和追求的生活，是每一个我们和我们伟大民族的使命与初心。每一个年轻人，在追逐自己理想的脚步中，全心投入，就会收获“心流涌动”的丰硕成果，也成就自己的初心。在齐克森米哈里的《心流》中，心流是全身心投入到一件值得做的事情上的愉快体验。希望你们在复习的每一个阶段，都能克服各种外在环境、体力投入、心理认知、时间规划等方面的困难，沉浸在自己的“心流涌动”中。过程虽然痛苦，但是它会让我们，也会让我们所热爱的这片土地拥有那样一个值得向往的、触手可及的明媚的未来。

祁春轶

宪法法制史导言

兵法云："知彼知己，百战不殆。"在参加法考之前，除了必须对宪法和中国法律史的历年考试情况、敌方的"出牌"（命题）规律、我方应采取什么样的攻防战术这三个基本问题有清楚的认知之外，筑牢知识的根基最为重要。不难理解，只有"高筑墙、广积粮"，你才有资本在法考大战中斩将搴旗，得胜"称王"。

一、宪法

从2008～2017年的试题可以看出，宪法的考试内容涵盖了宪法学基本理论、国家的基本制度、公民的基本权利和义务、国家机构、宪法的实施和监督等五部分。虽然考试大纲几经修订，但是这五大块内容一直保持不变。——我们手头的这本《理论法讲义》的宪法部分正是紧密围绕这五部分内容而展开。

从总体上讲，宪法试题很少有偏、难、怪、异，绝大多数试题都中规中矩。在内容方面，命题人可以自由发挥的空间相当有限，因为大多数宪法问题都有明确的"标准答案"（这与多数法律问题通常都没有唯一正确的答案有所不同）。我们所要做的并且能够做得到的，就是在备考过程中提前"锁定"这些明确的"标准答案"。这样，到了考场上就可以游刃有余，"不管风吹浪打，胜似闲庭信步"，以不变应万变。从这个意义上说，宪法在法考中最具有"性价比"，投入少，产出高，效益好。

当然，虽说宪法部分的性价比很高，可真要成为我们"碗里的菜"，还需要找到恰当的方法和途径，才能做到"知彼知己，百战不殆"。如何做到这一点呢？首先，考生需要认真研读考试大纲，明确考试范围；其次，深入钻研我们为大家精心编写的《理论法讲义》，筑牢坚实的知识根基；再次，反复做历年真题，配合阅读我们的《命题人讲真题》，做到不仅知其然，更要知其所以然；最后，要做几套高质量的模拟题（特别是《命题人400题》），借此检验自己的真实水平，查漏补缺。这个过程需要多次循环往复，具体遍数取决于可支配的时间。我们认为，有两三遍比较理想。

总之，要想顺利通过法考，必须在全面掌握基础知识的基础上，深入了解命题规律，达到兵家所说的"先为不可胜，而待敌之可胜"，认真复习备考，"先胜而后求战"。

二、中国法律史

由于近年这一科的题量和分值均有减少，因此，有不少考生主动放弃了对中国法律史的复习。事实上，这种策略不可谓明智。因为，仔细分析中国法律史历年真题可知，其考查重点非常集中，只要抓住这些重点知识点，就等于抓住了中国法律史考试的"牛鼻子"，可以收到事半功倍的效果。部分考生由于畏难情绪而选择放弃中国法律史，结果导致因三、五分甚至一、两分之差而未能通过法考，岂不可惜！

如果孤立地看各年度的试题，中国法律史部分好像毫无章法，没有规律可循；特别是由于近年题量减少，命题人似乎东一榔头、西一棒槌，全凭个人兴趣进行命题，试题设计呈现出极大的偶然性。然而，如果拓宽视野，采取一点儿“大历史观”，就会发现法律史的命题实际上有非常明显的规律：11个**知识点高度集中且反复出现**。考来考去不外乎这11个知识点——我们《理论法讲义》中的中国法律史部分正是围绕这11个知识点再加上大纲新增知识点为大家作细致讲解。

有人建议先做真题，对考试有了感性认识后再回头复习。事实上，这种策略并不适合中国法律史。因为，中国法律史考点多数属于需要用心记忆的知识点，在没有认真复习之前做真题纯粹是做无用功。建议考生先对我们梳理出来的内容用心复习、记忆，有了牢固的知识储备后再尝试做题，找出自己的不足，对症下药，补强短板。

从绝对数量上说，中国法律史的考点内容较少。常言说：“书读百遍，其义自现。”只要考生把我们为大家编写的《理论法讲义》的中国法律史部分和《命题人讲真题》认真研读两遍，法律史的考试脉络就自然呈现。也就是说，先复习、再做题、再复习……这个循环能有个两三遍，法律史的问题就迎刃而解。说起来，也就“几袋烟的功夫”。

“大泽龙方蛰，中原鹿正肥。”法考，不过是我们人生道路上的一个逗号，小试牛刀而已。只要我们做足庙算，备齐粮草，厉兵秣马，一战必胜！待到蟾宫折桂日，与诸君痛饮耳！

目　录

中国特色社会主义法治理论

法理学

宪　法

中国法律史

知识产权法

司法制度和法律职业道德

中国特色社会主义法治理论

第一章　推进全面依法治国的重大意义

☞ 命题分析

“推进全面依法治国的重大意义”是“重者恒重”的考点，从命题趋势来看，每年都可能以不同方式进行考查。

从考查内容上，“依法治国，是实现国家治理体系和治理能力现代化的必然要求”故成为重中之重。考生在理解该考点时，要注意它在国家建设宏观布局中的位置，即全面依法治国与全面建成小康社会、全面深化改革的关系。此外，还要结合十九大报告，把握报告对十八大以来法治建设成就的总结，社会主要矛盾变化对法治建设提出的新要求。

从命题方式上，主要采用纯理论阐释法和案例分析法。有时会结合法治建设中存在的问题，联系该考点理解各项具体的改革举措。

一、推进全面依法治国的重大意义

《中共中央关于全面推进依法治国若干重大问题的决定》（以下简称《决定》）开宗明义，指出**推进全面依法治国的重大意义**是：依法治国，是坚持和发展中国特色社会主义的本质要求和重要保障，是实现国家治理体系和治理能力现代化的必然要求，事关我们党执政兴国，事关人民幸福安康，事关党和国家长治久安。对这一考点，在理解时，需要注意以下几点：

（一）推进全面依法治国在宏观布局中的位置

党在十八大研究部署了全面建成小康社会，十八届三中全会研究部署了全面深化改革。在我国全面建成小康社会进入决定性阶段和全面深化改革进入攻坚期、深水区之际，十八届四中全会专门研究部署了全面推进依法治国。正如习近平总书记强调指出的，党的十八届四中全会通过的全面推进依法治国的决定，与党的十八届三中全会通过的全面深化改革的决定形成了姊妹篇。全面建成小康社会既需要深化改革提供动力，也需要加强法治提供保障。全面深化改革、全面推进依法治国就像两个轮子，共同推动全面建成小康社会的事业滚滚向前。所以三个“全面”可以说是“一体两翼”，

"一体"就是全面建成小康社会,"两翼"分别是全面深化改革和全面推进依法治国。①

(二)法治建设中存在的问题

法治建设中存在的问题凸显了推进全面依法治国的意义,也框定了法治工作的基本格局和具体举措。这些问题违背了社会主义法治原则,损害了人民群众利益,妨碍党和国家事业发展,需要下大气力解决。这些问题有:

1. 有的法律法规未能全面反映客观规律和人民意愿,针对性、可操作性不强,立法工作中部门化倾向、争权诿责现象较为突出;

2. 有法不依、执法不严、违法不究现象比较严重,执法体制权责脱节、多头执法、选择性执法现象仍然存在,执法不规范、不严格、不透明、不文明现象较为突出,群众对执法不公和腐败问题反映强烈;

3. 司法不规范、不严格、不透明、不文明现象也很突出,群众对司法不公和腐败问题反映也很强烈;

4. 部分社会成员尊法信法守法用法、依法维权意识不强;

5. 一些国家工作人员特别是领导干部依法办事观念不强、能力不足,知法犯法、以言代法、以权压法、徇私枉法现象依然存在。

部分具体的改革举措,和这些问题相互之间是对应的:

法治建设中需要解决的问题	具体改革举措
有的法律法规未能全面反映客观规律和人民意愿,针对性、可操作性不强	深入推进科学立法、民主立法
立法工作中部门化倾向、争权诿责现象较为突出	完善立法体制
有法不依、执法不严、违法不究现象比较严重	依法全面履行政府职能
执法体制权责脱节、多头执法、选择性执法现象仍然存在	深化行政执法体制改革
执法不规范、不严格、不透明、不文明现象较为突出	坚持严格规范公正文明执法、全面推进政务公开
群众对执法不公和腐败问题反映强烈	强化对行政权力的制约和监督
司法不规范、不严格、不透明、不文明现象也很突出	推进严格司法
群众对司法不公和腐败问题反映也很强烈	提高司法公信力
部分社会成员尊法信法守法用法、依法维权意识不强	推动全社会树立法治意识
一些国家工作人员特别是领导干部依法办事观念不强、能力不足,知法犯法、以言代法、以权压法、徇私枉法	提高党员干部法治思维和依法办事能力

① 袁曙宏:"全面推进依法治国 加快建设社会主义法治国家的纲领性文献——《中共中央关于全面推进依法治国若干重大问题的决定》解读",载《发展》2014年第12期。

（三）依法治国，是实现国家治理体系和治理能力现代化的必然要求

国家治理体系是国家治国理政制度体系的总称。国家治理体系的定性、定位、内容及其发展完善，是一国执政意志的集中表现，与执政权的行使、社会的需求和宪法法律的规定直接相关。国家治理能力指一国治理体系发挥作用、体现价值和实现目标的一种水平和能力，它具体包括执政党的执政能力、行政机关的执法能力、司法机关的司法能力、参政党的参政能力、军队的国防军事能力、公民和社会的有序参与社会治理能力等，以及它们相互之间的协调互补、分工合作能力。习近平总书记指出，国家治理体系和治理能力是一个国家的制度和制度执行能力的集中体现，二者相辅相成。十九大报告中指出，"全面依法治国是国家治理的一场深刻革命"。

实现国家治理体系和治理能力的现代化，是国家治理主体以人的最大解放、人权的最大实现和人民的最大幸福为最大目标，通过国家治理体系的有效运转和法治规则的有效运用，让现代化成果惠及民众，实现国家的有效有序治理。[①] 因此，《决定》中的改革举措，都是从不同方面实现法治，实现国家治理体系和治理能力的现代化。例如，科学技术进步促成了私家车可以参与到网约车服务中，这对国家治理体系和治理能力都提出了更高要求。仅仅以禁代管、以罚代管不符合法治的实质精神，是治理体系不完善、治理能力不足的表现。法治并不等于一味地"禁"和"罚"，而是需要充分运用法治手段，通过立法权衡行业监管的多重目标、协调行业内众多相关者的利益冲突、创新监管手段，并在执法中完善监管和规制手段、方式来具体实施（详见 2017 - 1 - 55 试题解析）。

二、党的十九大报告对十八大以来法治建设成就的总结

十九大报告指出，十八大以来的五年，是党和国家发展进程中极不平凡的五年。为贯彻十八大精神，党中央召开七次全会，分别就政府机构改革和职能转变、全面深化改革、全面推进依法治国、制定"十三五"规划、全面从严治党等重大问题作出决定和部署。五年来，我们统筹推进"五位一体"（经济建设、政治建设、文化建设、社会建设、生态文明建设）总体布局，协调推进"四个全面"（全面建成小康社会、全面深化改革、全面依法治国、全面从严治党）战略布局，"十二五"规划胜利完成，"十三五"规划顺利实施，党和国家事业全面开创新局面。

其中，民主法治建设迈出重大步伐。积极发展社会主义民主政治，全面推进依法治国，党的领导、人民当家作主、依法治国有机统一的制度建设全面加强，党的领导体制机制不断完善，社会主义民主不断发展，党内民主更加广泛，社会主义协商民主全面展开，爱国统一战线巩固发展，民族宗教工作创新推进。科学立法、严格执法、公正司法、全民守法深入推进，法治国家、法治政府、法治社会建设相互促进，中国特色社会主义法治体系日益完善，全社会法治观念明显增强。国家监察体制改革试点取得实效，行政体制改革、司法体制改革、权力运行制约和监督体系建设有效实施。

---

① 应松年："加快法治建设 促进国家治理体系和治理能力现代化"，载《中国法学》2014 年第 6 期，第 43 ~ 45 页。

三、社会主要矛盾变化对法治建设提出的新要求

十九大报告指出，中国特色社会主义进入新时代，我国社会主要矛盾已经转化为人民日益增长的美好生活需要和不平衡不充分的发展之间的矛盾。我国稳定解决了十几亿人的温饱问题，总体上实现小康，不久将全面建成小康社会，人民美好生活需要日益广泛，不仅对物质文化生活提出了更高要求，而且在民主、法治、公平、正义、安全、环境等方面的要求日益增长。同时，我国社会生产力水平总体上显著提高，社会生产能力在很多方面进入世界前列，更加突出的问题是发展不平衡不充分，这已经成为人民日益增长的美好生活需要的主要制约因素。

社会主要矛盾的变化是关系全局的历史性变化，对党和国家工作提出了许多新要求。我们要在继续推动发展的基础上，着力解决好发展不平衡不充分问题，大力提升发展质量和效益，更好满足人民在经济、政治、文化、社会、生态等方面日益增长的需要，更好推动人的全面发展、社会全面进步。社会主要矛盾变化对法治建设提出的新要求是，明确全面推进依法治国总目标是建设中国特色社会主义法治体系、建设社会主义法治国家，坚持全面依法治国。

具体来说，全面依法治国是中国特色社会主义的本质要求和重要保障。必须把党的领导贯彻落实到依法治国全过程和各方面，坚定不移走中国特色社会主义法治道路，完善以宪法为核心的中国特色社会主义法律体系，建设中国特色社会主义法治体系，建设社会主义法治国家，发展中国特色社会主义法治理论，坚持依法治国、依法执政、依法行政共同推进，坚持法治国家、法治政府、法治社会一体建设，坚持依法治国和以德治国相结合，依法治国和依规治党有机统一，深化司法体制改革，提高全民族法治素养和道德素质。

第二章　全面依法治国的总目标

☞ 命题分析

全面依法治国的总目标在客观题中是一般考点。从命题趋势来看，因为该考点有提纲挈领的意义，所以不排除今后会命题。

在考查内容上，对于总目标，考生需要在理解的基础上进行准确记忆，同时把握总目标对全面推进依法治国纲举目张的作用。此外，要全面理解“习近平新时代中国特色社会主义法治思想是马克思主义法律思想中国化的最新成果”。

在命题形式上，一般是纯理论阐释法。

一、全面依法治国的总目标

党的十九大报告指出，全面推进依法治国，总目标是建设中国特色社会主义法治体系，建设社会主义法治国家。具体就是，在中国共产党领导下，坚持中国特色社会主义制度，贯彻中国特色社会主义法治理论，形成完备的法律规范体系、高效的法治实施体系、严密的法治监督体系、有力的法治保障体系，形成完善的党内法规体系，坚持依法治国、依法执政、依法行政共同推进，坚持法治国家、法治政府、法治社会一体建设，实现科学立法、严格执法、公正司法、全民守法，促进国家治理体系和治理能力现代化。

如果说，推进全面依法治国的指导思想是在说明中国特色社会主义法治要举什么旗，走什么路，那么总目标就是在说做出什么价值和制度选择、实现什么目标。这个总目标是《决定》的最大亮点、最大创新，意义重大。总目标既明确了全面推进依法治国的性质和方向，又突出了全面推进依法治国的工作重点和总抓手，是贯穿《决定》的主线，对全面推进依法治国具有纲举目张的作用。在十九大报告中，作为新时代中国特色社会主义思想的精神实质和丰富内涵的一个方面，“坚持全面依法治国”得到了进一步的强调。可以从四个层次上理解总目标的含义：

（一）在中国共产党领导下，坚持中国特色社会主义制度，贯彻中国特色社会主义法治理论

这阐明了中国特色社会主义法治道路的核心要义，规定和确保了中国特色社会主义法治体系的制度属性和前进方向。

（二）形成五大体系

这五大体系分别是：

1. 形成完备的法律规范体系，即中国特色社会主义法律体系。2011年3月10日第十一届全国人大第四次会议正式宣布：中国特色社会主义法律体系已经形成。但是还需要进一步对这个法律规范体系进行完善。

2. 形成高效的法治实施体系。法的实施是法的实效和法的实现的保证，包括执法、司法、守法等环节。只有通过严格执法、公正司法、全民守法才能使观念中的法的要素落实在现实的法律生活中。

3. 形成严密的法治监督体系。这主要指的是必须对公权力，即对立法权，尤其是对执法权和司法权进行严密监督，因此在法治工作的基本格局中，每个部分都分别提出健全宪法监督制度、强化对行政权力的监督、加强对司法活动的监督。

4. 形成有力的法治保障体系。最根本的保障就是党的领导，此外还有法治工作队伍的保障即人才保障。

5. 形成完善的党内法规体系。这是《决定》的重大创新。这个考点考生一定要重视。

（三）坚持依法治国、依法执政、依法行政共同推进，坚持法治国家、法治政府、法治社会一体建设

依法治国是党领导人民治理国家的基本方略，依法执政是党在新的历史条件下执政的基本方式，依法行政是各级政府的基本准则。法治国家指的是整个国家和国家权力都要在法治的轨道上运行；法治政府是法治国家的主体，因为政府作为国家公共管理机关，活动范围具有广泛性，涉及人民群众的切身利益，只有依法行政才能保证社会的稳定发展；法治社会是法治国家和法治政府的基础。

（四）促进国家治理体系和治理能力现代化

全面推进依法治国是为了推进国家治理体系和治理能力现代化，法治是国家治理体系和治理能力的集中体现和重要依托。①

二、习近平新时代中国特色社会主义法治思想是马克思主义法律思想中国化的最新成果

（一）习近平新时代中国特色社会主义法治思想形成的标志②

党的十八届四中全会作出《中共中央关于全面推进依法治国若干重大问题的决定》，提出了全面推进依法治国的指导思想、基本原则、总目标、总抓手和基本任务、法治工作的基本格局，阐释了中国特色社会主义法治道路的核心要义，回答了党的领导与依法治国的关系等重大问题。

《决定》把中国特色社会主义法治道路、法治理论、法治体系“三位一体”全面建设上升到了全新的历史高度，使全面依法治国从理论创新、顶层设计到实践推进迈

---

① 袁曙宏：“全面推进依法治国加快建设社会主义法治国家的纲领性文献——《中共中央关于全面推进依法治国若干重大问题的决定》解读”，载《发展》2014年第12期。

② 下文讲解主要引自李林：“习近平新时代中国特色社会主义法治思想的形成和发展”，中国社会科学网2018年3月15日。

上了更高的历史起点，标志着习近平新时代中国特色社会主义法治思想正式形成，具有十分重大的里程碑意义。

（二）党的十九大报告是习近平新时代中国特色社会主义法治思想的最新理论成果

党的十九大报告，进一步丰富和发展了中国特色社会主义法治理论，是习近平新时代中国特色社会主义法治思想的最新理论成果。党的十九大作出了中国特色社会主义进入新时代、我国社会主要矛盾已经转化等重大政治判断，确立了习近平新时代中国特色社会主义思想的历史地位。

社会主义法治国家的建设目标是：到2035年基本建成法治国家、法治政府、法治社会。实现“两个一百年”奋斗目标和“两个阶段”的战略安排，建设社会主义现代化强国，实现民族复兴的伟大梦想，必须坚持以习近平新时代中国特色社会主义法治思想为指导思想和行动指南。坚持全面依法治国，加快建设中国特色社会主义法治体系、建设社会主义法治国家，必须把党的领导贯彻落实到依法治国全过程和各方面，坚定不移走中国特色社会主义法治道路，发展中国特色社会主义法治理论，从八个方面深化依法治国实践，努力把我国建设成为社会主义法治强国。这八个方面的任务是：

（1）推进科学立法、严格执法、公正司法、全民守法；

（2）成立中央全面依法治国领导小组，加强对法治中国建设的统一领导；

（3）加强宪法实施和监督，推进合宪性审查工作；

（4）推进科学立法、民主立法、依法立法，以良法促进发展、保障善治；

（5）建设法治政府，推进依法行政，严格规范公正文明执法；

（6）深化司法体制综合配套改革，全面落实司法责任制；

（7）加大全民普法力度，建设社会主义法治文化，树立宪法法律至上、法律面前人人平等的法治理念；

（8）各级党组织和全体党员要带头尊法学法守法用法。

（三）习近平新时代中国特色社会主义法治思想的内容要旨

习近平新时代中国特色社会主义法治思想，是中国特色社会主义法治理论的灵魂，其蕴含的统筹布局的战略观、治国理政的方略观、公平正义的价值观、党法统一的政治观、人民为本的主体观、宪法至上的权威观、全面推进的系统观、良法善治的治理观、于法有据的改革观、依法治权的监督观、民族复兴的强国观、命运共同体的全球观等新观点新理念新思想，是习近平新时代中国特色社会主义法治思想的精髓要义。

习近平新时代中国特色社会主义法治思想，是党和人民实践经验和集体智慧的结晶，深刻阐释了新时代中国特色社会主义法治的理论依据、本质特征、指导思想、价值功能、内在要求、中国特色、基本原则、发展方向等重大问题，系统阐述了什么是新时代的社会主义法治，为什么要全面依法治国，如何推进全面依法治国、建设中国特色社会主义法治体系和法治中国，如何运用法治方式和法治思维管理国家、治理社会、管理经济文化事业等一系列根本性问题。对于推进全面依法治国、建设社会主义法治国家，推进国家治理体系和治理能力现代化，把我国建成富强民主文明和谐美丽的社会主义现代化法治强国，具有重大的理论意义、历史意义和现实价值。

（四）习近平新时代中国特色社会主义法治思想的理论地位

党的十九大最重大的政治成果，是把习近平新时代中国特色社会主义思想确立为我们党的指导思想和行动指南。习近平新时代中国特色社会主义法治思想，是新时代中国特色社会主义思想的重要组成部分，是中国特色社会主义理论体系的重要组成部分。

习近平新时代中国特色社会主义法治思想，是以马克思列宁主义、毛泽东思想、邓小平理论、“三个代表”重要思想、科学发展观和新时代中国特色社会主义思想为指导，坚持党的领导、人民当家作主、依法治国有机统一，坚定不移走中国特色社会主义法治道路，坚决维护宪法法律权威，依法维护人民权益、维护社会公平正义、维护国家安全稳定，是为实现“两个一百年”奋斗目标、实现中华民族伟大复兴中国梦提供有力法治保障的中国特色社会主义法治理论体系。

习近平新时代中国特色社会主义法治思想，是中国特色社会主义理论体系的重要组成部分，是对马克思列宁主义经典作家关于国家与法学说的中国化继承和最新发展，是对毛泽东同志关于人民民主法律思想的时代化丰富和实践性深化，是对邓小平理论、“三个代表”重要思想和科学发展观关于中国特色社会主义法治观念的系统化坚持和理论化创新，是对全面依法治国和中国特色社会主义法治最新实践的科学总结和理论升华，是传承中华法文化精华、汲取全球法治精髓、借鉴国际法治经验的最新法治理论成果，是中华民族对世界法治文明和人类法治文化的原创性理论贡献，是全党全国人民为建设社会主义现代化法治强国、实现中华民族伟大复兴而奋斗的指导思想和行动指南。

第三章　坚持人民主体地位

☞ 命题分析

“坚持人民主体地位”是一般重点。从命题趋势来看，今后有考查的可能性。原因在于，作为推进全面依法治国的基本原则之一，每年都有可能从这些原则中轮流命题。

从考查内容上，坚持人民主体地位，体现了中国共产党执政的根本目的和核心理念，是坚定中国特色社会主义法治道路的本质要求。《决定》中的部分改革举措都是从这一原则出发提出的，考生可以前后贯通进行理解。

在命题形式上，都采用纯理论阐释法，要求考生完整准确理解这一基本原则的含义。

坚持人民主体地位是推进全面依法治国的基本原则之一。在理解这一原则时，注意把握以下几点：

一、人民是依法治国的主体和力量源泉

马克思、恩格斯在《神圣家族》中提出，“历史活动是群众的事业”，决定历史发展的是“行动着的群众”。这一观点确立了人民群众创造历史的主体地位，打破了既往的英雄史观。[①] 中国共产党人深刻洞察这个道理，创建了群众路线的工作方法。习近平总书记在谈到依法治国的人民主体地位原则时指出：“我国社会主义制度保证了人民当家作主的主体地位，也保证了人民在全面推进依法治国中的主体地位。这是我们的制度优势，也是中国特色社会主义法治区别于资本主义法治的根本所在”。[②] 在依法治国中，坚持人民主体地位意味着充分吸收、体现人民群众的意志，制定既符合历史发展规律又适应人民意愿的法律法规，使得人民成为依法治国的主体和力量源泉。

人民代表大会制度是保证人民当家作主的根本政治制度。《宪法》第 1 条以国体的形式，回答了“国家是谁的国家”的问题。接下来第 2 条回答的是“国家权力归属于谁”和“如何保障人民权力真正实施”的问题，在制度保障上就是人民代表大会制度。

二、人民是依法治国的目标主体

在法治问题上，重要的问题是，法律是为什么人立的、由什么人立法和护法、由

---

① 王伟光：“论坚持人民主体地位”，载《求是》2013 年第 3 期，第 17 页。

② 习近平：“加快建设社会主义法治国家”，载《求是》2015 年第 1 期。

什么人运用和受益。《决定》指出，“必须坚持法治建设为了人民、依靠人民、造福人民、保护人民，以保障人民根本权益为出发点和落脚点，保证人民依法享有广泛的权利和自由、承担应尽的义务，维护社会公平正义，促进共同富裕”。这是从依法治国的目标主体上，阐明法治建设必须维护人民利益，回答“为什么人立法”的问题，确立了“为人民立法”的原则。例如，要坚持科学立法，恪守以民为本、立法为民的原则。

三、人民是依法治国的过程主体

《决定》指出，“必须保证人民在党的领导下，依照法律规定，通过各种途径和形式管理国家事务，管理经济文化事业，管理社会事务”。这是从依法治国的过程主体的角度，强调人民是管理国家事务的真正主体，回答“由什么人立法和护法”的问题，明确“由人民立法、由人民护法”。例如在立法上，要健全立法机关和社会公众沟通机制，拓宽公民有序参与立法途径；在司法上，强调保障人民群众参与司法，依靠人民推进公正司法。

在这一部分，注意人民通过各种途径和形式管理国家事务，但是并不等于“直接行使立法、执法和司法的权力”。

四、人民是依法治国的运用主体

《决定》指出，“必须使人民认识到法律既是保障自身权利的有力武器，也是必须遵守的行为规范，增强全社会学法尊法守法用法意识，使法律为人民所掌握、所遵守、所运用”。这是从依法治国的运用主体的角度，强调人民是法律的真正受益者和运用者，回答“由什么人运用和受益”的问题，即“由人民受益、由人民运用”。[①] 例如在守法上，要推动全社会树立法治意识，人民既是社会主义法治的受益主体，享有法律规定的广泛的权利并受到法律的保护，也是守法的主体，在享受法律保护的同时应该履行应尽的法律义务。

下面对这一考点内容进行总结：

含义	回答的问题	主旨	举例	常见错误
人民是依法治国的主体和力量源泉	/	人民在全面推进依法治国中的主体地位	/	/
人民代表大会制度是保证人民当家作主的根本政治制度	“如何保障人民权力真正实施”	/	/	人民直接行使立法、执法和司法的权力

① 以上分析框架参考了金民卿：“全面推进依法治国与坚持人民主体地位”，载《江西社会科学》2015年第1期。

续表

含义	回答的问题	主旨	举例	常见错误
必须坚持法治建设为了人民、依靠人民、造福人民、保护人民，以保障人民根本权益为出发点和落脚点，保证人民依法享有广泛的权利和自由、承担应尽的义务，维护社会公平正义，促进共同富裕	“为什么人立法”	“为人民立法”	坚持科学立法，恪守以民为本、立法为民的原则	/
必须保证人民在党的领导下，依照法律规定，通过各种途径和形式管理国家事务，管理经济文化事业，管理社会事务	“由什么人立法和护法”	“由人民立法、由人民护法”	在立法上，健全立法机关和社会公众沟通机制，拓宽公民有序参与立法途径； 在司法上，保障人民群众参与司法	/
必须使人民认识到法律既是保障自身权利的有力武器，也是必须遵守的行为规范，增强全社会学法尊法守法用法意识，使法律为人民所掌握、所遵守、所运用	“由什么人运用和受益”	“由人民受益、由人民运用”	在守法上，推动全社会树立法治意识	人民只享有权利（不承担应尽义务）；法律只是保障自身权利的武器（不是必须遵守的行为规范）

第四章　坚持法律面前人人平等

☞ 命题分析

“坚持法律面前人人平等”是一般重点。从命题趋势来看，该考点今后有可能命题，因为按照“基本原则轮流考”的规律，这部分没有单独考查过。

从考查内容上，要完整理解这一原则的基本内涵，可以和法理学的知识相结合。重点是在“全面推进依法治国”中，提出该项基本原则的特殊意义及其针对的主体，理解时可以和具体改革举措间建立联系。

从命题形式上，一般可能采取纯理论阐释法。

坚持法律面前人人平等是推进全面依法治国的基本原则之一。在理解这一原则时，注意把握以下几点：

一、平等是社会主义法律的基本属性

“法律面前人人平等”最早是在资产阶级革命中提出的。早在启蒙运动时期，启蒙思想家就在“天赋人权”和“社会契约”理论中阐述了这一理念，例如洛克提出“人类天生都是自由、平等和独立的”，卢梭提出“每个人都生而自由平等”，这为资产阶级革命奠定了思想基础。在反对封建等级和特权，和不受法律约束、凌驾于法律之上的权力进行斗争的过程中，资产阶级提出“法律面前人人平等”的口号，要求废除一切等级和身份特权。1789年法国《人权宣言》正式确认了这一原则，规定“在法律面前，所有的公民都是平等的”，即“在权利方面，人们生来是而且始终是自由平等的”。在资产阶级革命成功之后，“法律面前人人平等”被以宪法的形式确定下来，成为资产阶级法律制度的一项重要原则。但是如马克思指出的，资产阶级法律面前人人平等的原则只是形式上的平等，它掩盖了人们在实际生活中存在的事实上的不平等。

社会主义的本质是解放生产力，发展生产力，消灭剥削，消除两极分化，实现共同富裕。因此，在社会主义国家，随着生产力的发展和各项制度的完善，经济剥削最终必然要被消灭，一切不平等和不公正的体制和制度必然要被消除，全体人民在经济、政治、文化等各个方面都将享有同等的权利，从而最终实现人的自由而全面的发展。社会主义从本质上体现了公正、平等的要求，平等是社会主义题中应有之义。社会主义法律的根本目的是营造公平的社会环境，保证全体人民依法管理国家事务和社会事务、管理经济和文化事业、平等参与社会主义现代化建设、平等享有各项权益，即平

等是社会主义法律的基本属性。[①]

二、法律面前人人平等的基本内涵

在我国，法律面前人人平等的基本内涵是：任何组织和个人都必须尊重宪法法律权威，都必须在宪法法律范围内活动，都必须依照宪法法律行使权力或权利、履行职责或义务，都不得有超越宪法法律的特权。具体言之：

1. 立法应当体现人民的意志，发扬社会主义民主，保障人民通过多种途径参与立法活动；

2. 法律对于全体公民，不分民族、种族、性别、职业、社会出身、宗教信仰、财产状况等，都统一适用，所有公民依法享有同等的权利并承担同等的义务；

3. 任何权利受到侵犯的公民一律平等地受到法律保护，不能歧视任何公民，在诉讼中保证诉讼当事人享有平等的诉讼权利，不能偏袒任何一方当事人，保障诉讼参加人依法享有的诉讼权利；

4. 对任何公民的违法犯罪行为，都必须同样地追究法律责任，依法给予相应的法律制裁，不允许有不受法律约束或凌驾于法律之上的特殊公民，任何超出法律之外的特权都是违法的。

5. 维护国家法制统一、尊严、权威，切实保证宪法法律有效实施，不允许任何人以任何借口任何形式以言代法、以权压法、徇私枉法。

三、在“全面推进依法治国”中提出该项基本原则的特殊意义

在现实社会生活中，很多不平等现象和事例的发生，是因为公权力超越了宪法和法律的界限，导致公民在法律上的平等权利受到侵犯。具体表现在法治建设中存在的突出问题，如“有法不依、执法不严、违法不究”“执法体制权责脱节、多头执法、选择性执法现象”突出，“执法司法不规范、不严格、不透明、不文明”“一些国家工作人员特别是领导干部依法办事观念不强、能力不足，知法犯法、以言代法、以权压法、徇私枉法”等。这是“全面推进依法治国的总目标及其基本原则”提出的社会背景。正是为了有针对性地解决这些问题，《决定》指出该原则在“全面推进依法治国”中的特殊意义，即“必须以规范和约束公权力为重点，加大监督力度，做到有权必有责、用权受监督、违法必追究，坚决纠正有法不依、执法不严、违法不究行为”，这又具体表现为“健全宪法监督制度”“坚持严格规范执法”“坚持严格司法”“提高党员干部依法办事能力”等具体改革举措。

---

① 潘盛洲：“全面推进依法治国必须坚持法律面前人人平等”，载《人民日报》2014年11月21日，第7版。

第五章　坚持依法治国和以德治国相结合

☞ 命题分析

“坚持依法治国和以德治国相结合”是“年年岁岁都会考，岁岁年年都不同”的重点考点。因此，从命题趋势来看，今后仍然会继续考查。

从考查内容上，重点是准确理解二者之间的关系。考生在进行理解时，要注意识别一些常见的错误观点，下面进行了列举。

从命题形式上，采取的是主要是案例/事例分析法，因此考查方式很灵活，需要理论和实践相结合做出判断。

坚持依法治国和以德治国相结合是推进全面依法治国的基本原则之一。在理解这一原则时，注意把握以下几点：

一、以德治国的含义

坚持以德治国，就是大力弘扬社会主义核心价值观，弘扬中华传统美德，培育社会公德、职业道德、家庭美德、个人品德。十九大报告强调，“社会主义核心价值观是当代中国精神的集中体现，凝结着全体人民共同的价值追求”，应当“把社会主义核心价值观融入社会发展各方面，转化为人们的情感认同和行为习惯”，提出“深入实施公民道德建设工程，推进社会公德、职业道德、家庭美德、个人品德建设”。

二、国家和社会治理需要法律和道德共同发挥作用

“小智治事，中智用人，大智立法。”法治是治国理政不可或缺的重要手段，依法治国已成为党领导人民治理国家的基本方略。法律通过确定权利和义务，通过建立法律关系来调节人们之间的关系，并依靠国家强制力保证实施。在社会治理上，不能仅仅依靠法律。法律的有效实施有赖于道德的支持，道德主要通过在人们中间建立以义务为纽带的道德关系来调整人们之间的关系。道德的重心在于义务或责任，它凭靠内在良知的认同，以主体内省和自决的方式生成和实现。“德治”的作用，在于用道德的力量唤起人们的良知、正义感、荣誉感，培养和增强公民的道德观念，使其自觉遵守法律，维护法律的权威性。

但是，道德不像法律那样，有有组织的国家强制机关、暴力后盾和程序设置作为外在强制，道德的压力和谴责只能在主体对谴责所依据的道德准则认同的前提下发挥作用，所以道德的自觉践行离不开法律的强力约束。

在历史上，从孔子提出“宽猛相济”，到孟子提出“徒善不足以为政，徒法不能以自行”；从荀子提出“隆礼重法”，到汉代董仲舒强调“阳为德，阴为刑”；从唐代提出“制礼以崇敬，立刑以明威”，到宋元明清时期一直延续德法合治，都体现了德治与法治相结合的治国之道。① 因此，必须坚持一手抓法治、一手抓德治，在法律难以规范的领域，道德可以发挥作用，而道德无力约束的行为，法律则可以给予惩戒。

三、依法治国和以德治国如何相互结合

决定指出，“既重视发挥法律的规范作用，又重视发挥道德的教化作用，以法治体现道德理念、强化法律对道德建设的促进作用，以道德滋养法治精神、强化道德对法治文化的支撑作用，实现法律和道德相辅相成、法治和德治相得益彰”。

表格形式体现为：

治国方式	作用特点	相互结合时侧重的作用	具体含义
法律	规范作用	促进作用	以法治体现道德理念，通过法律促进道德建设
道德	教化作用	支撑作用	以道德滋养法治精神，通过道德支撑法治文化

在这一部分，需要注意辨析的有：

1. 坚持依法治国和以德治国相结合，以发挥法律的规范作用为主，以道德的教化作用为辅。

2. 通过道德支撑法治文化，但是法律的有效实施并不总是依赖于道德，并不总是诉诸道德谴责和舆论压力，法律有保障自身得以实施的强制力。

3. 发挥道德在依法治国中的作用，但是不能把全部道德义务都转化为法律义务，法律只是最低限度的道德。

4. 以法治体现道德理念，但是道德问题的有效解决并不总是必须依赖法律的强制手段。

① 雒树刚：“坚持依法治国和以德治国相结合”，载《人民日报》2014年11月24日，第7版。

第六章　坚持从中国实际出发

☞ 命题分析

“坚持从中国实际出发”是一个较为重要，值得挖掘的考点。从命题趋势来看，今后仍会考查，原因在于坚持走中国特色社会主义法治道路和该考点密切相关。

在考查内容上，考生需要理解坚持从实际出发的实践意义、具体方式，并注意把握对传统法律文化和域外的法治经验的恰当态度。

在命题形式上，一般采用纯理论阐释法，有时也会采用案例分析法。

坚持从中国实际出发是推进全面依法治国的基本原则之一。在理解这一原则时，注意把握以下几点：

一、中国特色社会主义道路、理论体系、制度是全面推进依法治国的根本遵循

这是立足我国国情，总结近代以来法治发展的曲折历程和世界各国法治道路所做出的唯一正确选择。近代以来，在中国法治道路的探索中，“君主立宪法治”“议会民主法治”“五权宪法法治”都失败了，只有1949年中华人民共和国的成立和嗣后社会主义制度的建立，才为在新中国实行社会主义法治奠定了根本的政治和经济基础。

世界各国法治发展模式和道路具有复杂性和多样性，脱离具体国情，盲目照抄照搬西方国家的民主法治模式，很可能像埃及、乌克兰、菲律宾等国家那样，陷入政治混乱、经济停滞、民生凋敝、社会动荡的局面。一国的法治道路总是由一国的政治经济制度和历史文化传统等因素决定。没有最好的法治道路，只有最适合本国国情的法治道路。在中国这样一个幅员辽阔、人口众多、历史悠久、国情复杂的多民族大国，推进依法治国必须坚持中国特色社会主义道路、理论体系和制度。①

二、在推进依法治国中，如何坚持从实际出发

《决定》指出，“必须从我国基本国情出发，同改革开放不断深化相适应，总结和运用党领导人民实行法治的成功经验，围绕社会主义法治建设重大理论和实践问题，推进法治理论创新，发展符合中国实际、具有中国特色、体现社会发展规律的社会主义法治理论，为依法治国提供理论指导和学理支撑”。

---

① 袁曙宏：“全面推进依法治国　加快建设社会主义法治国家的纲领性文献——《中共中央关于全面推进依法治国若干重大问题的决定》解读”，载《发展》2014年第12期。

因此，全面依法治国的制度基础是现行的有中国特色的社会主义法律体系（而不是中华法系），实践基础是党领导人民实行法治的治理经验（而不是传统社会中的治理经验）。

三、坚持从实际出发的两个重要方面

坚持从实际出发，必须正确面对传统法律文化和域外的法治经验。

（一）汲取中华法律文化精华

中华法律文化是中华民族数千年法律实践活动的经验和智慧总结，体现了人类法律实践的科学性和规律性。例如法治和德治相结合的传统，注重发挥道德的教化作用；又如在司法审判中，注重兼顾“天理、国法、人情”，在立法时要“上稽天理、下揆人情”，在法的实施中要“准情酌理，处断平允”。[①]

（二）借鉴国外法治有益经验，但决不照搬外国法治理念和模式

这意味着，我国的法治建设可以在比较法的视角下，借鉴国外法治经验。例如赋予地方人大制定地方性法规的权力，设立行政诉讼制度、国家赔偿制度、听证制度，适用罪刑法定原则、无罪推定原则，规定单位犯罪、《民法》上的无过错责任，对《商标法》《专利法》保护范围进行规定，制定《消费者权益保护法》等，都体现了对国外法治有益经验的借鉴。[②] 现在，在反腐败、社会治理、安全生产、环境污染防治、税收体制等多方面，我国也可以进行制度比较和借鉴。但是，不能“照搬”外国法治理念和模式，必须和中国的国情和制度相适应。

在这一部分需要注意的是，“借鉴”不等于“照搬”，借鉴意味着可以对外国的法律进行法律移植，在鉴别、认同、调适、整合的基础上，引进、吸收、采纳、摄取、同化外国法律（包括法律概念、技术、规范、制度等），使之成为本国法律体系的有机组成部分，为本国所用。但是法律文化具有独特性，反映的是不同民族、不同地域和共同体的人们对法律及其价值的态度，是不能移植的。

---

① 更多总结参见武树臣：“中华法律文化精神中的六个重要传统”，载《人民论坛学术前沿》2014 年第 21 期。

② 沈宗灵：“当代中国借鉴外国法律的实例”，载《中国法学》1997 年第 5 期、第 6 期。

第七章　党的十九大提出的深化依法治国实践的主要任务

依据党的十九大报告重要论述，自2018年起《考试大纲》第一章增加了“第四节　新时代深化依法治国实践的主要任务”，该节的考点是“党的十九大提出的深化依法治国实践的主要任务”。

新增第四节共四段：

第一段扼要总结和概述全面推进依法治国的总目标，以及十八届四中全会明确的建设中国特色社会主义法治体系的具体任务。

第二段对“党的十九大提出的深化依法治国实践的主要任务”这一考点进行论述，其内容来自十九大报告中“六、健全人民当家作主制度体系，发展社会主义民主政治”的“（四）深化依法治国实践”。

第三段对《宪法修正案》的内容及其意义做出概括和说明。

第四段对《宪法》的地位、效力、在全社会进行《宪法》学习和宣传进行论述和强调。

下面以表格的形式，对这部分内容及其关系进行概括：

全面推进依法治国的总目标	建设中国特色社会主义法治体系、建设社会主义法治国家。
建设中国特色社会主义法治体系的具体任务	形成完备的法律规范体系、高效的法治实施体系、严密的法治监督体系、有力的法治保障体系、形成完善的党内法规体系。
深化依法治国实践的主要任务	**总要求：**坚持厉行法治，推进科学立法、严格执法、公正司法、全民守法。
	组织保障：成立中央全面依法治国领导小组，加强对法治中国建设的统一领导。
	加强宪法实施：加强宪法实施和监督，推进合宪性审查工作，维护宪法权威。
	立法方面：推进科学立法、民主立法、依法立法，以良法促进发展、保障善治。
	行政方面：建设法治政府，推进依法行政，严格规范公正文明执法。
	司法方面：深化司法体制综合配套改革，全面落实司法责任制，努力让人民群众在每一个司法案件中感受到公平正义。
	守法方面：加大全民普法力度，建设社会主义法治文化，树立宪法法律至上、法律面前人人平等的法治理念。
	党的领导方面：各级党组织和全体党员要带头尊法学法守法用法，任何组织和个人都不得有超越宪法法律的特权，绝不允许以言代法、以权压法、逐利违法、徇私枉法。

续表

宪法修改及其意义	**宪法修改的内容：** 把党的十九大确定的重大理论观点和重大方针政策，特别是习近平新时代中国特色社会主义思想载入国家根本法； 确立科学发展观、习近平新时代中国特色社会主义思想在国家政治和社会生活中的指导地位； 调整充实中国特色社会主义事业总体布局和第二个百年奋斗目标的内容； 完善依法治国和宪法实施举措； 充实完善我国革命和建设发展历程的内容，充实完善爱国统一战线和民族关系的内容，充实和平外交政策方面的内容； 充实坚持和加强中国共产党全面领导的内容； 增加倡导社会主义核心价值观的内容； 修改国家主席任职方面的规定； 增加设区的市制定地方性法规的内容； 增加有关监察委员会的各项规定。
	宪法修改的意义： 体现了党和国家事业发展的新成就、新经验、新要求，在总体保持我国宪法连续性、稳定性、权威性的基础上推动了宪法与时俱进、完善发展； 为新时代坚持和发展中国特色社会主义、实现“两个一百年”奋斗目标和中华民族伟大复兴的中国梦提供了有力的宪法保障。
	宪法的地位：宪法是国家根本法，是国家各种制度和法律法规的总依据。 **宪法的效力：**宪法具有最高的法律地位、法律权威、法律效力。
	实施宪法的重要基础：加强宪法学习宣传教育，使宪法的权威源自人民的内心拥护和真诚信仰。 **宪法学习和宣传的总要求：** 在全社会广泛开展尊崇宪法、学习宪法、遵守宪法、维护宪法、运用宪法的宣传教育； 弘扬宪法精神，弘扬社会主义法治意识，增强广大干部群众的宪法意识，使全体人民成为宪法的忠实崇尚者、自觉遵守者、坚定捍卫者。

第八章 形成完备的法律规范体系的意义和基本要求

☞ 命题分析

“形成完备的法律规范体系的意义和基本要求”是一般重点。从命题趋势来看，最好把这部分作为理论基础来统摄理解《考试大纲》第二章第一节“完善以宪法为核心的中国特色社会主义法律体系，加强宪法实施”。

在考试内容上，要结合《决定》内容以及十九大报告的内容，准确理解形成完备的法律规范体系的意义和基本要求。下面图表对其内容要点进行了提炼，有助于大家记忆和理解。

在命题形式上，命题人可能采用事例分析法，大家要着力夯实理论基础。

形成完备的法律规范体系是从法的制定的角度，对法治工作基本格局做出的部署，具体而言就是完善以宪法为核心的中国特色社会主义法律体系，加强宪法实施。

一、形成完备的法律规范体系的意义

法律是治国之重器，良法是善治之前提。法的制定是法的执行和实施的起始点和出发点，也是法的效力的来源。完备的法律规范体系应当符合法治在形式要素和实体要素上的要求，具体来说：

1. 在形式要素上，法律必须公开、清晰、可行；必须具有一般性和普遍性；法律规则之间必须协调一致；法律以不溯及既往为原则；法律应保持相对稳定；法律必须保障司法权独立行使原则，并使其易于接近，还要公开审理，不得以偏见司法，等等。

2. 在实体要素上，法律必须体现人民主权原则，是人民根本利益和共同意志的反映，以维护和促进全体人民的共同利益为目标；法律必须实现权利保障，必须承认、尊重和保护人权和公民权利；法律必须进行权力控制，给权力划分界限，为权力制定规则，以权力监督权力；法律也应当关注实质的合法性，以正义原则、道德权利和正义感为基础，来避免和废除不正义的法律。

总之，完备的法律规范体系能够真正反映社会发展规律，解放和发展生产力，切实调整社会关系；能够充分反映人民意愿，调动人的积极性和创造性，激发社会活力和创造力；能够规范权力运行，防止权力滥用；能够维护公平正义。

二、形成完备的法律规范体系的基本要求

形成完备的法律规范体系的基本要求，以图表显示：

基本要求	《决定》原文
提高立法质量	建设中国特色社会主义法治体系，必须坚持立法先行，发挥立法的引领和推动作用，抓住提高立法质量这个关键。
坚持立法为民	要恪守以民为本、立法为民理念，贯彻社会主义核心价值观，使每一项立法都符合宪法精神、反映人民意志、得到人民拥护。
促进立法公正、公平、公开	要把公正、公平、公开原则贯穿立法全过程，完善立法体制机制，坚持立改废释并举，增强法律法规的及时性、系统性、针对性、有效性。
基本要求	十九大报告原文
坚持民主立法、扩大政治参与（即坚持党的领导、人民当家作主、依法治国有机统一）	推进社会主义民主政治制度化、规范化、法治化、程序化，保证人民依法通过各种途径和形式管理国家事务； 扩大人民有序政治参与，保证人民依法实行民主选举、民主协商、民主决策、民主管理、民主监督； 加强人权法治保障，保证人民依法享有广泛权利和自由； 巩固基层政权，完善基层民主制度，保障人民知情权、参与权、表达权、监督权； 健全依法决策机制，构建决策科学、执行坚决、监督有力的权力运行机制。
推进科学立法、民主立法、依法立法	维护国家法制统一、尊严、权威； 推进科学立法、民主立法、依法立法，以良法促进发展、保障善治。

第九章　健全宪法实施和监督制度

☞ 命题分析

“健全宪法实施和监督制度”是一般重点。从命题趋势来看，这部分在未来具有较大的考查可能性。

从考查内容上，重点是健全宪法实施和监督的各项具体要求。但是并不排除对备案审查、撤销和纠正违宪违法的规范性文件、禁止地方制发带有立法性质的文件等考点的考查。

从命题形式上，可能会选择纯理论阐释法和事例分析法。大家可以结合模拟题体会。

健全宪法实施意味着在依法治国中，首先坚持依宪治国和依宪执政。这是和宪法的性质和地位联系在一起的。宪法是国家的根本法，规定了国家的根本任务和根本制度、国家政权的组织形式及其职权以及公民的基本权利义务等内容。宪法是党和人民意志的集中体现，是通过科学民主的程序形成的。

因此，全国各族人民、一切国家机关和武装力量、各政党和各社会团体、各企业事业组织，都必须以宪法为根本的活动准则，并且负有维护宪法尊严、保证宪法实施的职责。一切违反宪法的行为都必须予以追究和纠正。

健全宪法监督制度意味着完善全国人大及其常委会对宪法的监督，健全宪法解释程序机制。加强备案审查制度和能力建设，《决定》指出“把所有规范性文件纳入备案审查范围，依法撤销和纠正违宪违法的规范性文件，禁止地方制发带有立法性质的文件”。在十九大报告中，也强调了“加强宪法实施和监督，推进合宪性审查工作，维护宪法权威”。

下面，用图表对这部分的内容进行总结：

	具体要求
健全宪法实施	1. 坚持依宪治国、依宪执政 2. 以宪法为根本的活动准则，维护宪法尊严、保证宪法实施 3. 违反宪法的行为必须予以追究和纠正 4. 设立国家宪法日（12 月 4 日），开展宪法教育 5. 建立宪法宣誓制度，凡经人大及其常委会选举或者决定任命的国家工作人员正式就职时公开向宪法宣誓

续表

	具体要求
健全宪法监督制度	1. 全国人大及其常委会依法撤销和纠正违宪违法的规范性文件 2. 健全全国人大常委会宪法解释程序机制 3. 把所有规范性文件纳入备案审查范围 4. 禁止地方制发带有立法性质的文件

第十章　完善立法体制

☞ 命题分析

“完善立法体制”是一般重点。从命题趋势来看，随着改革的深入，不排除这部分还会结合具体实践进行考查。

从考查内容上，考生需要熟悉《决定》内容，理解立法体制中存在的问题和完善措施的针对性。平时可以多关注立法方面的时政新闻。

从命题形式上，多采取具体事例列举法，考查考生对具体举措的理解。

立法体制是一个国家立法制度最重要的组成部分。立法体制是由立法权限、立法权运行和立法权载体诸方面的体系和制度所构成的有机整体。其核心是有关立法权限的体系和制度。具体来说，立法权限的体系和制度涉及立法权的归属、性质、种类、范围、限制、立法权之间的关系、立法权和其他国家权力的关系等；立法权的运行体系和制度涉及立法权的运行原则、运行过程、运行方式等；立法权的载体体系和制度涉及立法主体的建制、组织原则、活动形式等。①

对**完善立法体制**，《决定》提出以下具体举措：

(1) 加强党对立法工作的领导，完善党对立法工作中重大问题决策的程序；

(2) 健全有立法权的人大主导立法工作的体制机制；

(3) 加强和改进政府立法制度建设；

(4) 明确立法权力边界，防止部门利益和地方保护主义法律化。

下面，以图表形式对各项举措进行列举：

完善立法体制的方面	具体举措
加强党对立法工作的领导	1. 凡立法涉及重大体制和重大政策调整的，必须报党中央讨论决定； 2. 党中央向全国人大提出宪法修改建议，依照宪法规定的程序进行宪法修改； 3. 法律制定和修改的重大问题由全国人大常委会党组向党中央报告。

① 张文显主编：《法理学》，高等教育出版社、北京大学出版社 2011 年版，第 192 页。

续表

完善立法体制的方面	具体举措
健全有立法权的人大主导立法工作的体制机制	1. 发挥人大及其常委会在立法工作中的主导作用； 2. 建立由全国人大相关专门委员会、全国人大常委会法制工作委员会组织有关部门参与起草综合性、全局性、基础性等重要法律草案制度； 3. 增加有法治实践经验的专职常委比例； 4. 依法建立健全专门委员会、工作委员会立法专家顾问制度； 5. 加强法律解释工作，及时明确法律规定含义和适用法律依据。
加强和改进政府立法制度建设	1. 完善行政法规、规章制定程序； 2. 完善公众参与政府立法机制； 3. 重要行政管理法律法规由政府法制机构组织起草。
明确立法权力边界，防止部门利益和地方保护主义法律化	1. 对部门间争议较大的重要立法事项，由决策机关引入第三方评估，充分听取各方意见，协调决定，不能久拖不决； 2. 明确地方立法权限和范围，依法赋予设区的市地方立法权。

关于健全有立法权的人大主导立法工作的体制机制：

十九大报告在“健全人民当家作主制度体系，发展社会主义民主政治”部分，强调“人民代表大会制度是坚持党的领导、人民当家作主、依法治国有机统一的根本政治制度安排”。因此，健全有立法权的人大主导立法工作的体制机制，在民主政治方面具有的意义是，保证人民通过人民代表大会行使国家权力。发挥人大及其常委会在立法工作中的主导作用，就是“健全人大组织制度和工作制度，支持和保证人大依法行使立法权、监督权、决定权、任免权，更好发挥人大代表作用，使各级人大及其常委会成为全面担负起宪法法律赋予的各项职责的工作机关，成为同人民群众保持密切联系的代表机关”。

第十一章　深入推进科学立法、民主立法、依法立法

☞ 命题分析

“深入推进科学立法、民主立法、依法立法”是重要考点。从命题趋势上，今后可能会加大对该考点的考查力度，因为一方面这三点都是对立法原则的强调，另一方面该考点中“依法立法”是结合十九大报告的新增内容。

从考查内容上，需要全面认识科学立法、民主立法、依法立法的含义和要求，才能更好地理解具体改革举措的针对性。

从命题形式上，多会采用事例分析法。大家一要准确理解各立法原则的要求；二要熟悉各具体举措的要求和理论依据。

科学立法就是实现立法的科学化和现代化，尊重立法规律，克服立法中的主观随意性和盲目性，避免和减少失误，降低立法成本，提高立法效益。《立法法》第6条规定，“立法应当从实际出发，适应经济社会发展和全面深化改革的要求，科学合理地规定公民、法人和其他组织的权利与义务、国家机关的权力与责任”。坚持科学立法原则，除了要注意解决方法、策略和技术问题，还要从制度上着手，建立科学的立法权限划分体制、立法主体设置体制、立法运行体制。

民主立法是坚持人民主体地位的根本要求，它包括三方面的要求：第一，立法主体应当具有广泛性，在现代政治生活中，为了保障立法不偏离人民意愿，立法机关必须由民主选举产生，能够代表人民利益；第二，立法内容应当以维护人民利益为宗旨，确认和体现人民的意志，而不是少数人的意志；第三，立法程序应当具有民主性，使人民能够通过一定途径，有效参与立法。[①]《立法法》第5条规定：“立法应当体现人民的意志，发扬社会主义民主，保障人民通过多种途径参与立法活动。”坚持民主立法原则，要从立法权行使上建立完备的制度，健全公众参与制度。

依法立法强调的是“严格依照法定权限和程序立法，明确立法权力边界，完善立法工作程序，注意克服立法部门化、地方化倾向”。它包括下面几方面的具体要求：第一，按照法定立法权限立法，其主要依据是《宪法》和《立法法》；第二，按照法定立法程序立法；第三，按照立法备案审查和监督制度，进行合宪性审查和合法性审查。

依法立法的现实针对性，一是指向越权立法、违反立法程序立法的问题；二是推

① 张文显主编：《法理学》，高等教育出版社、北京大学出版社2011年版，第200～201页。

动相关法律法规的立改废等工作常态化。

下面，以图表形式对具体举措进行列举：

	具体举措
科学立法	加强人大对立法工作的组织协调，健全立法起草、论证、协调、审议机制
	健全向下级人大征询立法意见机制
	建立基层立法联系点制度，推进立法精细化
	健全法律法规规章起草征求人大代表意见制度
	增加人大代表列席人大常委会会议人数，更多发挥人大代表参与起草和修改法律作用
	完善立法项目征集和论证制度
	健全立法机关主导、社会各方有序参与立法的途径和方式
	探索委托第三方起草法律法规草案
	完善法律草案表决程序，对重要条款可以单独表决
民主立法	健全立法机关和社会公众沟通机制，开展立法协商，充分发挥政协委员、民主党派、工商联、无党派人士、人民团体、社会组织在立法协商中的作用
	探索建立有关国家机关、社会团体、专家学者等对立法中涉及的重大利益调整论证咨询机制
	拓宽公民有序参与立法途径，健全法律法规规章草案公开征求意见和公众意见采纳情况反馈机制
依法立法	依照法定权限和程序立法，明确立法权力边界，完善立法工作程序，注意克服立法部门化、地方化倾向

第十二章　加强重点领域立法

☞ 命题分析

“加强重点领域立法”是重要考点。该考点曾单独两次命制过多选题。从命题趋势来看，今后仍有可能结合重点领域的立法进行考查。

从考查内容上，需要考生对重点领域立法从现实需要和该领域立法目的的角度，进行理解并灵活判断。考生平时多关注立法动态，有助于把握重点领域中之重点考点，如反腐败立法、民法典的制定、《电子商务法》的制定等。

从命题形式上，多会采取事例列举/分析法。

加强重点领域立法指出了今后立法工作的重点，主要是从公民权利保障、市场经济发展、民主政治建设、健全文化制度、推进社会治理、保障国家安全、实现生态文明等重点领域做出具体部署。

下面以图表形式进行列举：

重点领域	基本原则	立法重点
公民权利保障	完善体现权利公平、机会公平、规则公平的法律制度；尊重和保障人权	实现公民各项权利保障法治化
		健全公民权利救济渠道和方式
市场经济发展	以保护产权、维护契约、统一市场、平等交换、公平竞争、有效监管为基本导向，促进商品和要素自由流动、平等使用	健全以公平为核心原则的产权保护制度，清理有违公平的法律法规条款。
		创新适应公有制多种实现形式的产权保护制度，加强对国有、集体资产所有权、经营权和各类企业法人财产权的保护。
		加强企业社会责任立法
		完善激励创新的产权制度、知识产权保护制度和促进科技成果转化的体制机制
		编纂民法典
		制定和完善发展规划、投资管理、土地管理、能源和矿产资源、农业、财政税收、金融等方面法律法规
		加强和改善宏观调控、市场监管，反对垄断，促进合理竞争，维护公平竞争的市场秩序
		加强军民融合深度，发展法治保障

续表

重点领域	基本原则	立法重点
民主政治建设	制度化、规范化、程序化，坚持和完善人民代表大会制度、中国共产党领导的多党合作和政治协商制度、民族区域自治制度、基层群众自治制度	加强社会主义协商民主制度建设，推进协商民主广泛多层制度化发展，构建程序合理、环节完整的协商民主体系
		完善和发展基层民主制度，依法推进基层民主和行业自律，实行自我管理、自我服务、自我教育、自我监督
		完善国家机构组织法
		完善选举制度和工作机制
		加快推进反腐败国家立法，完善预防和惩治腐败体系，形成不敢腐、不能腐、不想腐的有效机制
		完善惩治贪污贿赂犯罪法律制度，把贿赂犯罪对象由财物扩大为财物和其他财产性利益
健全文化制度	坚持社会主义先进文化前进方向、遵循文化发展规律、激发文化创造活力、保障人民基本文化权益	制定公共文化服务保障法，促进基本公共文化服务标准化、均等化
		制定文化产业促进法，把行之有效的文化经济政策法定化
		制定国家勋章和国家荣誉称号法，表彰有突出贡献的杰出人士
		加强互联网领域立法，完善网络信息服务、网络安全保护、网络社会管理等方面的法律法规，规范网络行为
推进社会治理	保障和改善民生，推进体制创新	加强和规范公共服务，完善教育、就业、收入分配、社会保障、医疗卫生、食品安全、扶贫、慈善、社会救助和妇女儿童、老年人、残疾人合法权益保护等方面的法律法规
		加强社会组织立法，规范和引导各类社会组织健康发展
		制定社区矫正法
保障国家安全	落实总体国家安全观，构建国家安全法律制度体系	制定反恐怖等一批急需法律，推进公共安全法治化
实现生态文明	保护生态环境，通过强化生产者环境保护的法律责任，大幅度提高违法成本来有效约束开发行为，促进绿色发展、循环发展、低碳发展的生态文明	健全自然资源产权法律制度
		完善国土空间开发保护方面的法律制度
		完善生态补偿和土壤、水、大气污染防治及海洋生态环境保护等法律法规

第十三章 实现立法和改革决策相衔接

☞ 命题分析

"实现立法和改革决策相衔接"是一般重点。从命题趋势来看，在涉及改革措施和立法衔接的领域，今后仍可能命题。

从考查内容上，重点是立法与改革措施的关系，尤其是要识别两种错误认识，以及如何使重大改革于法有据。

从命题方式上，应该会采用事例分析法，需要结合具体事例，正确判断立法和改革决策之间的关系。

实现立法和改革决策相衔接，就是要处理好改革和法治的关系，这是全面深化改革和全面依法治国的前提，对于全面建成小康社会具有重要意义。

正确理解二者的关系，要注意识别两种错误认识：一种观点认为改革就是突破法律的禁区，现行法律的规定会妨碍改革。在实践中，这会导致一些地方和部门无视法治权威，以领导意志代替法律规定，以政策代替法律，进而使改革措施缺乏规范性，破坏改革措施的公信力与执行力。另一种观点认为，法律就是要保持稳定性、权威性、适当的滞后性，法律很难引领改革。在实践中，这会导致一些领导干部人为地将法治与改革对立起来，甚至以落后的法律规定维护地方与部门利益，懒政怠政，以法律为名阻碍体制改革和创新。①

立法和改革决策之间的关系，可以总结为：

一、改革决策可以通过先行先试提高立法效率和科学性

法律不能朝令夕改。我国是一个幅员辽阔、人口众多、各地发展不均衡、国情复杂的大国。在实践条件不成熟的情况下，贸然制定法律可能导致制定出来的法律不能适应现实情况，不利于维护法治权威。但是仅仅从法律的稳定性的角度出发，又不利于推进改革，完善国家治理。因此这种情况下，可以先立法授权进行试点，这样既不违反法律规定，又能根据实际情况判断改革决策恰当与否，寻求利益冲突的有效化解方法。

例：2013 年 8 月 30 日，全国人大常委会决定，授权国务院在上海外高桥保税区、上海外高桥保税物流园区、洋山保税港区和上海浦东机场综合保税区基础上设立的中

① 周汉华："改革要于法有据"，载《时事报告》2015 年第 4 期。

国（上海）自由贸易试验区内，对国家规定实施准入特别管理措施之外的外商投资，暂时调整《外资企业法》《中外合资经营企业法》和《中外合作经营企业法》规定的有关行政审批。上述行政审批的调整在三年内试行，实践证明可行的试点，应当修改完善有关法律；实践证明不宜调整的，恢复施行有关法律规定。作为转变政府管理方式，打造中国经济升级版的桥头堡，上海自贸区综合试验措施是通过先行先试，提高行政审批制度改革的立法效率和科学性。①

二、立法可以对改革决策进行规范和保障，使重大改革于法有据，使改革成果得以确认

改革就是“改变同生产力发展不相适应的生产关系和上层建筑，改变一切不适应的管理方式、活动方式和思想方式”，它的特点是“变”。法律具有规范性、相对稳定性等特点，立法的功能是“定”，它能把行之有效的改革决策上升为法律，用法律引领、推动新的社会关系生成。实现立法和改革决策相衔接就是把经验的、确认式的、规范性的立法和能动性的、前瞻性的、引领性改革决策有机结合起来，用制度构建、引领、支撑、促进改革，发挥立法对改革的推动作用。

例：党的十八届三中全会《决定》推出的一系列改革举措，经全国人大常委会法工委研究疏理，改革领域涉及现行法律 139 件，需要制定、修改和废止的立法项目 76 件。②

三、《决定》中的具体表述

	具体表述	不同情况
立法对改革决策的规范和保障	做到重大改革于法有据、立法主动适应改革和经济社会发展需要	实践证明行之有效的，要及时上升为法律
		实践条件还不成熟、需要先行先试的，要按照法定程序作出授权
改革决策对立法的要求	对不适应改革要求的法律法规，要及时修改和废止	/

最后，需要注意的是，立法和改革决策相衔接，不意味着立法只是简单地、被动地“符合”改革的要求，通过法律的制定、修改，可以使改革决策更完善、更规范，从而引领、推动和保障改革。

---

① 周汉华：“改革要于法有据”，载《时事报告》2015 年第 4 期。

② 任进：“正确认识和处理改革与立法、修宪的关系”，《中国宪法年刊》2014 年第 10 卷，第 125 ~129 页。

第十四章　建设法治政府的意义和基本要求

☞ 命题分析

“建设法治政府的意义和基本要求”是一般重点。从命题趋势上可以把这部分作为理论基础来统摄理解《考试大纲》第二章第二节“深入推进依法行政，加快建设法治政府”。

在考查内容上，重点是准确理解十九大报告的概括和《决定》中的24字基本要求，理解每项要求的具体含义，并能和具体改革举措对应起来。

在命题形式上，多为事例分析/列举法，要具备运用相关理论对具体情况进行分析和判断的能力。

党的十八大提出到2020年基本建成**法治政府**。这意味着全面建成小康社会，不只是物质上富足的小康，还必须是保证公平正义的小康。因此，法治工作的基本格局之一是，深入推进依法行政，加快建设法治政府。党的十九大要求，建设法治政府，推进依法行政，严格规范公正文明执法。

一、建设法治政府的意义

行政机关是代表国家行使国家权力的机关，它是国家权力机关的执行机关，是以国家的名义对社会进行全面的公共管理，涉及政治、经济、外交、国防、财政、文化、教育、卫生、科技、工农商业、交通、建设、治安、社会福利、公用事业等十分广泛的领域。行政权不仅能够改变社会的资源分配，控制城市的人口规模，影响公用事业的侧重领域，左右不同产业的发展方向，也能够影响每一个公民的生活和切身利益，例如升学、就业、结婚、迁徙、安居等。

在现代社会，大量法律的内容是关于社会生活的组织和管理。行政权和其他权力一样，具有强制他人服从的特性，对权力享有者而言具有腐蚀性，有被滥用的可能。因此，需要从实体和程序上保证行政权的行使始终服务于公共利益，只有依法行政才能保证社会的稳定发展。《决定》指出，“法律的生命力在于实施，法律的权威也在于实施。各级政府必须坚持在党的领导下、在法治轨道上开展工作”。

二、建设法治政府的基本要求

《决定》中把建设法治政府的基本要求概括为24个字，即“职能科学、权责法定、执法严明、公开公正、廉洁高效、守法诚信”。

下面通过图表和举例进行说明：

法治政府的基本要求	含义	具体举措举例
职能科学	科学配置政府机构职责，实现结构优化，避免部门之间职能交叉重叠、权责失配、政出多门等	推进各级政府事权规范化、法律化； 按照减少层次、整合队伍、提高效率的原则，合理配置执法力量
权责法定	行政权力的存在、运用必须依据法律、符合法律程序，不能与法律相抵触； 有权必有责，行政权力在行使中如果侵犯其他合法权益，必须依法承担相应责任	推进机构、职能、权限、程序、责任法定化
执法严明	创新执法体制，完善执法程序，推进综合执法，严格执法责任，建立权责统一、权威高效的依法行政体制	严格实行行政执法人员持证上岗和资格管理制度； 严格执行罚缴分离和收支两条线管理制度，严禁收费罚没收入同部门利益直接或者变相挂钩； 健全行政执法和刑事司法衔接机制，克服有案不移、有案难移、以罚代刑现象
公开公正	推进决策公开、执行公开、管理公开、服务公开、结果公开； 行政行为适当合理，即符合法律的基本精神和目的，符合公平正义的法律理性	推行权力清单制度，公开政府职能、法律依据、实施主体、职责权限、管理流程、监督方式等事项； 建立健全行政裁量权基准制度，细化、量化行政裁量标准，规范裁量范围、种类、幅度
廉洁高效	行政权力在行使中，不徇私情，不谋私利，秉公办事，不以权谋私，贪污腐败； 政府机构精干、政府行为有效率，对行政相对人的请求及时回应，对违法行为及时查处和制裁，使公民、法人和其他组织的合法权益得到切实保护	对财政资金分配使用、国有资产监管、政府投资、政府采购、公共资源转让、公共工程建设等权力集中的部门和岗位实行分事行权、分岗设权、分级授权，定期轮岗，强化内部流程控制，防止权力滥用； 完善纠错问责机制，健全责令公开道歉、停职检查、引咎辞职、责令辞职、罢免等问责方式和程序
守法诚信	行政机关要崇法守法，忠诚人民，取信于民，造福人民	行政机关要坚持法定职责必须为、法无授权不可为，勇于负责、敢于担当； 推进政务公开信息化，加强互联网政务信息数据服务平台和便民服务平台建设

第十五章　依法全面履行政府职能

☞ 命题分析

“依法全面履行政府职能”是“重者恒重”的绝对重点。从命题趋势来看，在历史上该考点以选择题形式考查力度最大，今后仍会命题。

在考查内容上，对该考点需要全面理解，重点是“法定职责必须为、法无授权不可为”的具体含义和对应问题，中央和地方的事权配置。

在命题形式上，主要采用事例分析法，结合具体事例判断一些做法是否符合推进机构、职能、权限、程序、责任法定化的要求，是否符合政府事权规范化法律化的要求。

十八届三中全会《中共中央关于全面深化改革若干重大问题的决定》中，明确政府职能主要是宏观调控、公共服务、市场监管、社会管理、环境保护五个方面。四中全会《决定》更进一步厘清了政府与市场、企业、社会、公民权利的边界。这要求政府依法行政，即**依法全面履行政府职能**。具体可以从两方面进行理解：

一、推进机构、职能、权限、程序、责任法定化

从行为的表现形式上，可以把政府的行为区分为积极行为与消极行为。积极行为指以积极、主动作用于客体的形式表现的行为，即“作为”；消极行为指以消极的、抑制的形式表现的行为，即“不作为”。二者不能反向选择，即当法律要求政府积极行为时，它就不能作出消极行为，反之亦然。

依法全面履行政府职能，需要“完善行政组织和行政程序法律制度，推进机构、职能、权限、程序、责任法定化。行政机关要坚持法定职责必须为、法无授权不可为”。具体来说：

行政行为类型	全面履行职能的要求	具体举措	保障举措
积极行为	法定职责必须为	坚决纠正不作为，坚决克服懒政、怠政，坚决惩处失职、渎职	推行政府权力清单制度，坚决消除权力设租寻租空间
消极行为	法无授权不可为	坚决纠正乱作为，惩处失职、渎职；行政机关不得法外设定权力，没有法律法规依据不得作出减损公民、法人和其他组织合法权益或者增加其义务的决定	

二、推进各级政府事权规范化、法律化

“重新配置中央与地方事权”，是一个新的改革提法，致力于解决中央和地方职责同构严重，责任不明，效率低下的问题。在实践中，行政机关之所以乱作为、任意扩权，一个原因在于权力界限不明。这种情况也存在于中央和地方的关系上，主要表现为中央和地方社会事务管理职责边界模糊、职能错位。因此《决定》提出“推进各级政府事权规范化、法律化，完善不同层级政府特别是中央和地方政府事权法律制度”。具体来说：

政府层级	事权职责
中央政府	宏观管理、制度设定、必要的执法权
省级政府	统筹推进区域内基本公共服务均等化
市县政府	具体执行

第十六章　健全依法决策机制

☞ 命题分析

“健全依法决策机制”属于重点考点。从命题趋势来看，该考点一直比较受命题人关注，属于考查次数较多的一个考点，今后也可能继续命题。

在考查内容上，重点是重大行政决策法定程序的内容及各方面的含义与实践、行政机关内部重大决策合法性审查机制的含义、政府法律顾问的职责及其制度目标。

在命题形式上，主要采用事例分析法，考查考生对依法决策机制具体举措的理解及相关实践维度的判断。

决策是行政权力运行的起点。因此规范决策行为是规范行政权力的重点，也是法治政府建设的应有之义。行政机关能否做到依法决策，直接关系到其依法行政的水平，关系到其政府职能的全面正确履行。《决定》在**健全依法决策机制**上提出了一系列重要举措：

重要举措	具体含义	制度目标
确立重大行政决策法定程序	包括公众参与、专家论证、风险评估、合法性审查、集体讨论决定	确保决策制度科学、程序正当、过程公开、责任明确
建立行政机关内部重大决策合法性审查机制	未经合法性审查或经审查不合法的，不得提交讨论	
推行政府法律顾问制度	建立以政府法制机构人员为主体、吸收专家和律师参加的法律顾问队伍	保证法律顾问在制定重大行政决策、推进依法行政中发挥积极作用
建立重大决策终身责任追究制度、责任倒查机制	对决策严重失误或者依法应该及时作出决策但久拖不决造成重大损失、恶劣影响的，严格追究行政首长、负有责任的其他领导人员和相关责任人员的法律责任	确保决策科学合理、合法及时

需要注意的是，行政机关内部重大决策合法性审查，不能代替重大行政决策的其他法定程序，例如公众参与、专家论证、风险评估、集体讨论决定。

具体言之，公众参与又称“利益相关者参与”，它是群众利益诉求表达的重要渠道，强调决策者和受决策影响的利益相关者之间的沟通和对话。政府部门与社会公众进行及时充分有效的沟通互动，能增强行政决策的合理性和可接受性。

专家具有某领域的专业知识和经验，专家论证具有客观公正性，相对于做决策的政府部门，能够清楚充分地将行政决策的利弊得失向人民群众讲解清楚，并具有说服力。专家论证也能避免产生不合理的、甚至是错误的行政决策。

风险评估是对社会稳定、环境、经济等多方面的因素进行评估，对决策可能引发的风险进行科学预测、综合研判，有助于有针对性地提出风险防范措施和化解处置预案。

合法性审查，有助于事先审查决策事项是否于法有据，决策程序是否依法履行，决策内容是否依法合规。

集体讨论决定能避免行政负责人专断和主观决策，确保行政决策遵循客观规律，而非依个人感觉主观专断决策，违背科学决策的要求。

关于政府法律顾问制度，2016 年 6 月中共中央办公厅、国务院办公厅印发了《关于推行法律顾问制度和公职律师公司律师制度的意见》。根据其内容：

政府法律顾问的构成：对于政府机关法律顾问队伍，是以政府法制机构人员为主体，并吸收法学专家和律师参加。政府机关内部专门从事法律事务的工作人员和机关外聘的法学专家、律师，可以担任法律顾问。政府法制机构可以以集体名义发挥法律顾问作用。

政府法律顾问履行的职责：

1. 为重大决策、重大行政行为提供法律意见；

2. 参与法律法规规章草案和规范性文件送审稿的起草、论证；

3. 参与合作项目的洽谈，协助起草、修改重要的法律文书或者以政府机关为一方当事人的重大合同；

4. 为处置涉法涉诉案件、信访案件和重大突发事件等提供法律服务；

5. 参与处理行政复议、诉讼、仲裁等法律事务；

6. 所在政府机关规定的其他职责。

第十七章　坚持严格规范公正文明执法

☞ 命题分析

“坚持严格规范公正文明执法”是一般重点。从命题趋势上，该考点今后可能会加大考查力度，因为在十九大报告中对该问题进行了强调，所以在实践层面要对相关问题进行思考。

在考查内容上，需要理解严格、规范、公正、文明四个执法原则的含义，并和具体举措之间有所对应。

在命题形式上，主要会采取事例分析法或者事例列举法，希望大家平时多关注执法实践的相关讨论。

严格、规范、公正、文明是从原则的角度对行政执法提出的要求。**严格、规范、公正、文明执法**关系到法律、法规能否得到全面正确实施，关系到经济社会秩序能否得到有效维护，关系到人民群众合法权益能否得到切实保护，关系到依法行政能否真正落到实处。[①] 十九大报告中强调，“建设法治政府，推进依法行政，严格规范公正文明执法”。

一、严格执法

严格执法一般指的是，执法人员必须严格按照法律规定和程序执法，尽职尽责，只要违法就依法进行处罚，反对“态度执法”“人情执法”。从具体举措来看，在这一部分严格执法指的是加大执法力度，尤其是在关系人民群众切身利益的食品药品、安全生产、社会治安、劳动保障、医疗卫生、环境保护等方面。目前，在这些领域违法成本较低，使得违法行为屡禁不止。因此，加大执法力度有利于遏制违法行为多发高发态势，保障人民群众切身利益，提升人民群众安全感。

二、规范执法

规范执法是执法公平公正的重要保障，它指的是完善执法程序，明确具体流程。在执法中，尤其是一些敏感复杂案件，执法程序规范严密、公开透明，能最大限度赢得人民群众的理解和认可。因此，要规范执法流程，强化行政执法活动全过程跟踪和

---

① 袁曙宏：“全面推进依法治国　加快建设社会主义法治国家的纲领性文献——《中共中央关于全面推进依法治国若干重大问题的决定》解读”，载《发展》2014 年第 12 期。

监督，确保执法工作有据可查。

三、公正执法

行政权力在行使时具有较大的自由裁量权。公正执法要求执法主体在执法活动中，特别是在行使自由裁量权时，做到适当、合理、公正。当前群众反映强烈的一个突出执法问题是滥用自由裁量权，同事不同罚，处罚畸重畸轻，显失公平公正。因此需要规范自由裁量权的行使，从制度机制上防止出现“选择性执法”“倾向性执法”。

四、文明执法

文明执法要求准确把握社会心态和群众情绪，改进执法方式，理性文明执法，注重语言规范、行为规范，做到融法、理、情于一体，坚持以法为据、以理服人、以情感人，积极争取当事人的理解和支持，力求实现执法效果最大化。[①]

下面用图表对具体举措进行列举：

<table>
<tr><th>执法的原则</th><th>具体举措</th><th>保障举措</th></tr>
<tr><td>严格</td><td>依法惩处各类违法行为，加大关系群众切身利益的重点领域执法力度</td><td rowspan="6">1. 加强行政执法信息化建设和信息共享，提高执法效率和规范化水平；
2. 全面落实行政执法责任制，严格确定不同部门及机构、岗位执法人员执法责任和责任追究机制；
3. 加强执法监督，坚决排除对执法活动的干预，防止和克服地方和部门保护主义，惩治执法腐败现象</td></tr>
<tr><td rowspan="3">规范</td><td>完善执法程序，建立执法全过程记录制度</td></tr>
<tr><td>明确具体操作流程，重点规范行政许可、行政处罚、行政强制、行政征收、行政收费、行政检查等执法行为</td></tr>
<tr><td>严格执行重大执法决定法制审核制度</td></tr>
<tr><td>公正</td><td>建立健全行政裁量权基准制度，细化、量化行政裁量标准，规范裁量范围、种类、幅度</td></tr>
<tr><td>文明</td><td>/</td></tr>
</table>

① 郭声琨：“坚持严格规范公正文明执法”，载《人民日报》2014年11月13日，第6版。

第十八章　公正司法的意义和基本要求

☞ 命题分析

“公正司法的意义和基本要求”是一般重点。从命题趋势来看，应该把这部分作为理论基础来统摄理解《考试大纲》第二章第三节“保证公正司法，提高司法公信力”。

在考试内容上，要结合《决定》内容以及十九大报告的内容，准确理解公正司法的意义和基本要求。希望下面的讲解有助于大家理解和记忆。

在命题形式上，命题人可能采用事例分析法，并和其他具体举措结合。

公正司法在法治工作的基本格局中，是从司法角度提出的要求。司法公正原则指司法机关在司法活动的过程和结果中，应当坚持并体现公平和正义。司法公正是社会正义的一个重要组成部分，它包括实体公正，即司法裁判结果的公正；也包括程序公正，即司法程序具有正当性，当事人在司法过程中得到公正对待。司法的功能主要是为了定分止争，所以公正是司法的本质要求和终极价值准则。

一、公正司法的意义

《决定》中指出，“公正是法治的生命线。司法公正对社会公正具有重要引领作用，司法不公对社会公正具有致命破坏作用”。保证和实现公正司法是为了提高司法公信力，“让人民群众在每一个司法案件中感受到公平正义”，树立司法权威。

司法公信力，体现的是“人民群众对司法制度、司法机关、司法权运行过程及结果的信任程度，是以社会信心为基础而积累的司法社会信用，以及由极高的司法信用而最终形成的司法信赖”。[①] 在中国，影响司法公信力、导致司法不公的因素有：

1. 政治权力的运用对司法产生不当影响，导致司法自主和司法自律的弱化，这表现为一些党政领导者对司法活动进行干预，甚至对案件裁判提出明确要求，借用各种理由对司法机关作批示、打招呼。

2. 司法腐败导致司法不公，这表现为司法中在“权钱交易”“权权交易”“权情交易”影响下，枉法裁判。

3. 司法人员在作出法律决定的过程中，释法说理不够透彻清晰，导致决定或裁判的结果不被人民群众接受和认同。

---

① “深入推进公正司法　大力提升司法公信——‘提升司法公信力’专家学者座谈会发言摘要”，载《人民法院报》2013年5月6日，第5版。

4. 司法机关内部司法职权配置和运行存在问题。以法院为例，除了一些明确规定由审委会讨论决定的案件外，具体案件裁判的最终决定者并不确定。这样院长、庭长可以用明示或者默示的方式表达自己的意见或主张，而谁也不需要对裁判承担具体责任。这会导致裁判的生成随意性增大，影响司法公正。

5. 司法程序的正规化、技术化、专业化的提升进程和部分社会成员参与诉讼的实际能力相脱节，制度配套不足导致社会成员不能公平地分享和有效利用司法资源。

6. 媒体和社会舆论的干扰。社会舆论对个案的认知和评价关注的角度通常不从法律规定出发，并蕴含社会情绪和身份带入，常常偏离理性轨道，这会导致司法行为的扭曲。[①]

只有通过司法改革，解决这些问题才能促进司法公正，提高司法公信力。

二、公正司法的基本要求

《决定》指出，实现公正司法，“必须完善司法管理体制和司法权力运行机制，规范司法行为，加强对司法活动的监督”。可以说，每一项具体举措都是在这一基本要求下提出的，都是为了有针对性地解决前面指出的问题。

① 顾培东：“当代中国司法公正问题研究”，载《中国法律评论》2015 年第 6 期。

第十九章　完善确保依法独立公正行使审判权和检察权的制度

☞ 命题分析

“完善确保依法独立公正行使审判权和检察权的制度”是一般重点。从命题趋势来看，今后会根据当年改革热点是否有所涉及，看是否会进行考查。

在考查内容上，建立领导干部干预司法活动、插手具体案件处理的记录、通报和责任追究制度，是该考点的重点，考生需要结合相关文件，注意辨别监督和非法干预之间的关系。对今后命题来说，确保行政诉讼的受理、审判和执行是重点，考生要重视。

在命题形式上，可能采用纯理论阐释法和事例分析法。

完善确保依法独立公正行使审判权和检察权的制度，主要是为了解决政治权力的运用对司法的不当影响而提出的。《决定》明确指出：“各级党政机关和领导干部要支持法院、检察院依法独立公正行使职权”。这是在司法权独立行使的原则下提出的司法改革举措，具有重大意义。

司法机关依法独立行使职权是现代司法的一项基本原则。我国《宪法》第 131 和第 136 条分别规定，人民法院、人民检察院依照法律规定独立行使审判权、检察权，不受行政机关、社会团体和个人的干涉。在《人民法院组织法》《人民检察院组织法》和三大诉讼法中也有相同规定。

下面用图表对改革举措进行列举：

改革举措	具体要求
建立领导干部干预司法活动、插手具体案件处理的记录、通报和责任追究制度	任何党政机关和领导干部都不得让司法机关做违反法定职责、有碍司法公正的事情
	任何司法机关都不得执行党政机关和领导干部违法干预司法活动的要求
	对干预司法机关办案的，给予党纪政纪处分；造成冤假错案或者其他严重后果的，依法追究刑事责任
健全行政机关依法出庭应诉制度	支持法院受理行政案件，尊重并执行法院生效裁判
	完善惩戒妨碍司法机关依法行使职权、拒不执行生效裁判和决定、藐视法庭权威等违法犯罪行为的法律规定
建立健全司法人员履行法定职责保护机制	非因法定事由，非经法定程序，不得将法官、检察官调离、辞退或者作出免职、降级等处分

司法权在行使中一方面受到国家权力机关的监督，另一方面也受到社会监督，其中就包括政党的监督。那么在如何正确理解“监督”与“非法干预”之间的界限？

2015 年 3 月中共中央办公厅、国务院办公厅印发了**《领导干部干预司法活动、插手具体案件处理的记录、通报和责任追究规定》**，其中规定对司法工作负有领导职责的机关，不得对案件的证据采信、事实认定、司法裁判等作出具体决定，以确保司法机关依法独立公正行使职权。

但是，因履行职责需要，可以依照工作程序了解案件情况，组织研究司法政策，统筹协调依法处理工作，督促司法机关依法履行职责，其目的是为司法机关创造公正司法的环境。下列行为都属于违法干预司法活动：

（1）在线索核查、立案、侦查、审查起诉、审判、执行等环节为案件当事人请托说情的；

（2）要求办案人员或办案单位负责人私下会见案件当事人或其辩护人、诉讼代理人、近亲属以及其他与案件有利害关系的人的；

（3）授意、纵容身边工作人员或者亲属为案件当事人请托说情的；

（4）为了地方利益或者部门利益，以听取汇报、开协调会、发文件等形式，超越职权对案件处理提出倾向性意见或者具体要求的；

（5）其他违法干预司法活动、妨碍司法公正的行为。

随后，中央政法委印发了**《司法机关内部人员过问案件的记录和责任追究规定》**，司法机关内部人员也不得干预其他人员正在办理的案件。根据其规定，司法机关内部人员“不得违反规定过问和干预其他人员正在办理的案件，不得违反规定为案件当事人转递涉案材料或者打探案情，不得以任何方式为案件当事人说情打招呼”。

公安部也结合公安部门实际情况，制定了**《公安机关内部人员干预、插手案件办理的记录、通报和责任追究规定》**，增加了若干具体规定，包括不得“超越职权下达不符合法律规定的立案、撤销案件、终止侦查、变更强制措施、降格或者升格处理案件等指示；超越职权私自向办案单位或者办案人员提出案件定性处理意见；要求办案单位或者办案人员违法查封、扣押、冻结财物或者违法处置涉案财物；超越职权批转涉案材料”等内容。

第二十章　优化司法职权配置

☞ 命题分析

“优化司法职权配置”是“重者恒重”的重点。从命题趋势来看，该考点今后从不同角度进行考查的可能性仍然很大，这是因为优化司法职权配置是司法改革的重点，这一考点内容丰富，每一个具体举措都可以进行命题。

在考查内容上，应当结合司法改革的具体实践，全面把握具体举措的具体内容、制度价值和实践意义。

在命题形式上，一般采用的都是事例分析法，已经考查过办案责任制、审委会制度、检察院内部管理体制改革、最高法院巡回法庭、立案登记制，且都是多选题或不定项题，充分显示了这一考点重要性。

优化司法职权配置是司法体制改革的重点，是指“健全公安机关、检察机关、审判机关、司法行政机关各司其职，侦查权、检察权、审判权、执行权相互配合、相互制约的体制机制”。优化司法职权配置，是为了化解司法权运行中存在的各种矛盾，进一步明确司法机关的职责，节约司法资源，提高办案效率，实现司法为民，促进司法公正。

下面提供图表对具体改革举措进行列举：

司法改革举措	具体含义或要求
实行审判权和执行权相分离的体制改革	/
完善刑罚执行制度	统一刑罚执行体制
改革司法机关人财物管理体制	实行法院、检察院司法行政事务管理权和审判权、检察权相分离
最高人民法院设立巡回法庭	审理跨行政区域重大行政和民商事案件
设立跨行政区划的人民法院和人民检察院	办理跨地区案件
完善行政诉讼体制机制	调整行政诉讼案件管辖制度，解决行政诉讼立案难、审理难、执行难等问题
改革法院案件受理制度	变立案审查制为立案登记制，对人民法院依法应该受理的案件，做到有案必立、有诉必理，保障当事人诉权
	加大对虚假诉讼、恶意诉讼、无理缠诉行为的惩治力度

续表

司法改革举措	具体含义或要求
完善刑事诉讼中认罪认罚从宽制度	/
完善审级制度	一审重在解决事实认定和法律适用，二审重在解决事实法律争议、实现二审终审，再审重在解决依法纠错、维护裁判权威
完善对涉及公民人身、财产权益的行政强制措施实行司法监督制度	/
完善检察机关对行政机关的监督	检察机关在履行职责中发现行政机关违法行使职权或者不行使职权的行为，应该督促其纠正
建立检察机关提起公益诉讼制度	/
健全司法机关内部监督制约机制	明确司法机关内部各层级权限
建立司法机关内部人员过问案件的记录制度和责任追究制度	司法机关内部人员不得违反规定干预其他人员正在办理的案件
完善主审法官、合议庭、主任检察官、主办侦查员办案责任制	落实谁办案谁负责
健全职务犯罪受理、分流、查办、信息反馈制度	加强线索管理，明确纪检监察和刑事司法办案标准和程序衔接，严格查办职务犯罪案件

例如，2015 至 2016 年，最高人民法院先后在深圳、沈阳、南京、郑州、重庆、西安设立了巡回法庭。这一制度改革的价值在于：

第一，保证公正司法，提高司法公信力。在司法实践中，一些重大行政案件或跨区域案件由某一方当事人所在地法院管辖，法院可能受到各种关系影响，不利于公正判决。巡回法庭来审理这些案件，有利于避免地方保护主义，保证案件审判更加公平公正。巡回法庭也能够指导监督巡回区内各级法院公正审理各类案件。

第二，落实司法为民和诉讼便民利民的原则。巡回法庭能让当事人和律师有更多机会、更便捷的渠道得到最高人民法院的司法服务，节约到最高人民法院打官司及申诉、上访的成本。

第三，探索审判权去行政化的经验和有效模式。巡回法庭率先实行主审法官和合议庭办案责任制，随机确立审判组织，庭领导带头审案但不签发自己未参与审判案件的裁判文书，有助于消除审判权运行的行政化问题，确保其符合司法规律。

第四，就地化解信访问题，分解最高人民法院办案压力，使其有更多精力制定司法解释和司法政策，审理对统一法律适用有重大指导意义的案件，发布指导性案例，指导全国法院审判工作。[①]

再例如，2015 年下半年，最高人民检察院先后分布了《检察机关提起公益诉讼试点方案》和《人民检察院提起公益诉讼试点工作实施办法》，根据规定，“人民检察院

① 胡云腾：“为什么要设立巡回法庭?”，载《求是》2015 年第 12 期。

履行职责中发现污染环境、食品药品安全领域侵害众多消费者合法权益等损害社会公共利益的行为，在没有适格主体或者适格主体不提起诉讼的情况下，可以向人民法院提起民事公益诉讼”。该制度的价值和实践意义在于：

第一，弥补了提起行政公益诉讼主体的缺位，强化了对国家和社会公共利益的保护。检察机关以公益诉讼人身份提起诉讼，是保护国家和社会公共利益的重要手段，不仅能够增强公益保护刚性，而且能够发挥专业知识、诉讼技能和国库资金支持的优势。

第二，有利于督促行政机关主动纠正违法行为，依法履行职责，助推法治政府建设。在实践中，检察机关严格落实诉前程序，能够促进行政机关和有关社会组织主动履行公益保护的职责。

第三，调动了其他适格主体的积极性，增进了公益保护的社会参与。这有利于检察机关围绕人民群众关心的突出问题，拓展案件线索来源，强化对线索的排查、评估和管理。[①]

① 曹建明：“最高人民检察院关于检察机关提起公益诉讼试点工作情况的中期报告”，载中国人大网，网址 http://www.npc.gor.cn/wxzl/gongtao/2017－02/21 content_2007646.htm.2016 年 11 月 5 日。

第二十一章　推进公正司法

☞ 命题分析

“推进公正司法”是一般重点。从命题趋势来看，今后考查的可能性仍然很大，因为该考点具有较大的开放性。

在考查内容上，具体改革举措和要求都有考查空间，可以分别从理论上和改革措施的内容和现实意义上对该考点进行备考。

在命题形式上，可能采用事例分析法，希望考生多关注时政热点讨论。

推进公正司法，是司法工作的基本要求。坚持公正司法，就是坚持司法法治原则，即“坚持以事实为根据、以法律为准绳”。

一、公正司法的三个方面

《决定》中从三个方面提出推进公正司法的要求：

1. 事实认定符合客观真相。这指的是坚持以事实为根据，司法机关审理案件，只能以被合法证据证明的事实和依法推定的事实作为适用法律的依据。这意味着在司法中，坚持实事求是，从实际出发，重视证据的收集、审查和认定。

2. 办案结果符合实体公正。这指的是坚持以实体法律为准绳，司法时要严格依照法律规定裁判案件，即按照实体法律的有关规定确定争议双方的权利和义务，认定和归结法律责任。

3. 办案过程符合程序公正。这指的是坚持以程序法律为准绳，在司法过程中遵照法律所规定的权限划分，按照诉讼法上的程序和要件裁判案件。

二、推进公正司法的两项制度机制

《决定》指出，“加强和规范司法解释和案例指导，统一法律适用标准”。这是党的文献首次对司法解释和案例指导工作提出明确要求。

1. 加强和规范司法解释。司法解释在推动法律修改和完善，统一法律适用标准，促进严格、公正司法，保障人民群众合法权益等方面，发挥了重要作用。一方面，要适时发布高质量的司法解释，统一办案尺度，为严格、公正司法提供明确依据；另一方面，要推进司法解释规范化，完善司法解释的工作程序，保证司法解释制定过程公开透明，吸纳社会公众的意见和建议，提高司法解释的质量和水平。

2. 加强和规范案例指导。案例指导制度是贯彻党的十七大部署的司法改革举措而诞生的新事物，2010 年，最高人民法院、最高人民检察院和公安部分别发布了关于案例指导工作的规定，正式确立了中国特色的案例指导制度。人民法院发布的指导性案例，对于统一裁判标准，实现同案同判发挥了重要作用。还需要进一步统一指导性案例的编选标准、工作程序、指导范围和发布机制，提高案例指导工作规范化水平。①

三、推进公正司法的具体举措

下面先用图表的形式进行列举，再举例说明：

<table>
<tr><th colspan="2">司法改革举措</th><th>制度价值和要求</th></tr>
<tr><td colspan="2">推进以审判为中心的诉讼制度改革</td><td>确保侦查、审查起诉的案件事实、证据经得起法律的检验</td></tr>
<tr><td colspan="2" rowspan="2">严格依法收集、固定、保存、审查、运用证据，完善证人、鉴定人出庭制度</td><td>贯彻证据裁判规则</td></tr>
<tr><td>保证庭审在查明事实、认定证据、保护诉权、公正裁判中发挥决定性作用</td></tr>
<tr><td rowspan="3">办案责任制</td><td>明确各类司法人员工作职责、工作流程、工作标准</td><td rowspan="3">确保案件处理经得起法律和历史检验</td></tr>
<tr><td>办案质量终身负责制</td></tr>
<tr><td>错案责任倒查问责制</td></tr>
</table>

例如，2016 年 10 月，最高人民法院、最高人民检察院、公安部、国家安全部、司法部联合发布《关于推进以审判为中心的刑事诉讼制度改革的意见》，2017 年 2 月，最高人民法院印发了《关于全面推进以审判为中心的刑事诉讼制度改革的实施意见》。推进以审判为中心的诉讼制度改革，在刑事诉讼实践中具有重要意义。

在刑事诉讼中，审判程序是刑事诉讼的最后一道程序，是参与的诉讼主体最多的诉讼程序，也是最终对案件作出裁判并承担法律责任的诉讼程序。但是，一些公诉案件到了审判阶段以后，由于关键证据没有收集或者没有依法收集，或者起诉的案件没有达到“案件事实清楚、证据确实充分”的定案要求，使审判机关既难以依法定罪也难以依法宣告无罪。如果强行下判，则可能造成冤假错案，严重损害司法公信力；如果依法放人，又难以承受来自社会各方的巨大压力，当事人往往被超期羁押，人民群众反映强烈。因此，推进以审判为中心的诉讼制度改革，确保侦查程序和公诉程序的办案标准符合审判程序的法定定案标准，有利于从源头上防止事实不清、证据不足的案件或者违反法律程序的案件进入审判程序，从而有效防范冤假错案，提高办案质量，节约诉讼资源，实现司法公正。②

再例如，如何理解办案质量终身负责制和错案责任倒查问责制？

办案质量终身负责制，指法官、检察官、警察各自对办理的案件承担法定责任，

---

① 周强：“推进严格司法”，载《人民日报》2014 年 11 月 14 日，第 6 版。

② 周强：“推进严格司法”，载《人民日报》2014 年 11 月 14 日，第 6 版。

这种责任从办案之日起一直延续终身。这是“让审理者裁判、由裁判者负责”的具体化，是司法责任制的延伸。办案质量涉及事实真相是否查明，法律适用是否正确，是否遵循法定程序，当事人权利是否受到依法保护或非法侵害等方面。如果出现错案，就要进行倒查和问责。

但是，如果司法人员的权力不独立、不完整，对案件起诉的内容和审判的结果并没有决定权，一定程度上要按上级指令办案或者听命于领导的要求，在出现错案时，如何追究办案人员或有关领导和上级的责任？这就要求必须依法保障司法人员的独立办案权，即依法保障法官的独立审判权、检察官的独立检察权和公安人员的独立侦办权，才能要求他们对办案质量承担终身责任，才能就冤假错案对他们进行责任倒查和追究。

2015 年 4 月，中央办公厅、国务院办公厅印发了《关于贯彻落实党的十八届四中全会决定进一步深化司法体制和社会体制改革的实施方案》，从两个方面对此做出制度安排：1. 健全法治工作人员管理制度，完善职业保障体系，建立法官、检察官、人民警察专业职务序列及工资制度，推动建立省以下地方法院、检察院人财物统一管理制度。把法官、检察官、警察等司法人员从公务员中单列，把司法人员的人财物保障从地方财政中单列，对司法人员和普通公务员实行分类管理，强化对司法人员的薪酬保障、专业职务保障和职业保障，从而促进他们独立、完整的司法权的实现，也要求他们承担比公务员更大的责任。2. 建立领导干部干预司法活动记录、通报和责任追究制度，建立完善司法机关内部人员过问案件记录制度和责任追究制度，为司法人员在办案过程中坚持独立行使权力、依法抵制各种干预干扰行为提供制度保障。[①]

---

① “办案质量终身负责制是一个‘牛鼻子’”，载《北京青年报》2015 年 4 月 11 日，第 2 版。

第二十二章　保障人民群众参与司法

☞ 命题分析

“保障人民群众参与司法”是一般重点。从命题趋势来看，今后仍可能根据当年在该部分的改革热点进行命题。

在考查内容上，完善人民陪审制度是这部分的一个重点，其他考点如司法调解、涉诉信访、法律文书释法说理等今后也可能命题。

在命题形式上，可能会采取事例分析法，考生平时可以多关注时政新闻。

保障人民群众参与司法，是坚持人民主体地位的基本原则在司法领域中的体现。《决定》指出，“坚持人民司法为人民，依靠人民推进公正司法，通过公正司法维护人民权益”。保障人民群众参与司法的具体举措有：

一、拓宽人民群众参与司法的渠道

司法活动除了诉讼，还有调解、司法听证、涉诉信访等附属性、辅助性的形式。《决定》指出，“在司法调解、司法听证、涉诉信访等司法活动中保障人民群众参与”。具体言之：

（一）完善司法调解机制

我国《民事诉讼法》第95条规定：“人民法院进行调解，可以邀请有关单位和个人协助。被邀请的单位和个人，应当协助人民法院进行调解。”充分发挥与当事人关系密切的组织和群众在司法调解中的作用，有利于和人民调解、行政调解形成联调联动机制，形成化解社会矛盾的合力。人民群众参与司法调解工作，更容易和当事人进行沟通、建立信任、获得认同，有利于当事人双方打开心结、化解矛盾，对维护社会稳定、提高司法效率具有重要作用。

（二）探索司法听证程序

司法听证是在特定司法活动中听取案件利害关系人意见的法律程序，如不起诉、拟判处缓刑、司法赔偿等案件以及减刑、假释、暂予监外执行等程序。听证程序公开透明，可以成为诉讼程序的有力补充，也可以保障参与听证的人的范围。

（三）丰富化解涉诉信访的方法

涉诉信访如果进入司法程序，要通过公正的司法活动进行解决。对依法不能进行司法程序、依法应当终结或者需要复查听证的涉诉信访，可以邀请律师、人大代表、心理咨询师、相关领域专业人员和基层群众代表，共同做好释法说理、司法救助和矛盾化解工作，促使信访人息诉罢访，回归正常生活，维护社会和谐稳定。

二、完善人民陪审员制度

人民陪审员制度体现了我国人民司法的传统，它的功能在于实现司法的民主化、司法参与的大众化。《决定》指出，“完善人民陪审员制度，保障公民陪审权利，扩大参审范围，完善随机抽选方式，提高人民陪审制度公信度。逐步实行人民陪审员不再审理法律适用问题，只参与审理事实认定问题”。2015 年 4 月，根据《人民陪审员制度改革试点方案》，最高人民法院在北京、河北、黑龙江等 10 个省（区、市），各选 5 个法院开展人民陪审员制度改革试点工作。

结合该制度在运行中存在的问题，改革举措有：

（一）保障公民陪审权利，增加人民陪审员选任数量

这指的是，为了避免人民陪审员选任上过于“精英化”的倾向，扩大人民陪审员的选任范围，让社会不同行业、性别、年龄、民族的人员都能参加陪审工作，保证人民陪审员的广泛代表性。

（二）扩大参审范围

这是针对陪审案件较少的问题，提出合理设定人民陪审员参审案件的范围，细化陪审适用条件。一方面，要提高在涉及群体利益、公共利益、人民群众广泛关注等案件中人民陪审员的参审比例；另一方面探索在知识产权、医疗事故等专业性较强的案件中，建立专家陪审机制，提高案件审理的质量和效果。

（三）完善随机抽选陪审员方式

这是为了解决实践中人民陪审员选任“固定化”和“专职化”的倾向，纠正普遍存在的常驻法院的“专审员”现象，对陪审员选任方式进行改革。应当逐步实行陪审案件的人员从“陪审员库”中随机抽选，防止人为因素干扰陪审的公正性。

（四）调整人民陪审员审判职权

《民事诉讼法》第 39 条规定：“陪审员在执行陪审职务时，与审判员有同等的权利义务。”但是实践中这导致对法律知之不多的人民陪审员，会不敢、不愿发表意见。因此有必要对陪审员和法官的职能进行科学分工。逐步实行人民陪审员不再审理法律适用问题，只参与审理事实认定问题，可以充分发挥人民陪审员富有社会阅历、了解乡规民约、熟知社情民意的优势，以大众的思维和朴素的观念弥补职业法官的专业局限，促进国法、事理、常情在司法活动中的有机统一。

三、深化司法公开

司法公开，有利于保障人民群众对司法工作的知情权和监督权，有助于实现以公开促公正、树公信、保廉洁。《决定》指出，“构建开放、动态、透明、便民的阳光司法机制，推进审判公开、检务公开、警务公开、狱务公开，依法及时公开执法司法依据、程序、流程、结果和生效法律文书，杜绝暗箱操作。加强法律文书释法说理，建

立生效法律文书统一上网和公开查询制度”。具体言之：

（一）推进审判公开

具体包括审判流程公开、裁判文书公开（加强法律文书释法说明，公开裁判理由）、执行信息公开三个方面。

（二）推进检务公开

建立检察机关终结性法律文书公开制度，对存在较大争议或在当地有较大影响的案件拟作不起诉、不服检察机关处理决定的申诉案件，检察机关主动或依申请公开审查、公开答复。要完善办案信息查询系统，实现当事人通过网络实时查询办案流程和程序性信息，确保对案件办理的全程、实时、公开监督。

（三）推进警务公开

要健全公安机关执法依据、程序、流程、结果和生效法律文书公开机制，及时公开涉及公共利益、社会关注度高的重大案件调查进展和办理结果，为人民群众及时提供执法情况信息。

（四）推进狱务公开

严格提请减刑、假释，提请和决定暂予监外执行各环节的条件和程序，建立健全公开、公示制度，积极建设减刑、假释、暂予监外执行网上信息平台。

（五）推进信息化建设

建立生效法律文书统一上网和公开查询制度，充分利用现代信息技术的交互性特点，及时关注群众对公开信息的评价意见，加强互动交流。①

---

① 这部分内容主要参考了姜伟：“保障人民群众参与司法”，载《光明日报》2014年11月27日。

第二十三章 加强人权司法保障

☞ 命题分析

“加强人权司法保障”是一般重点。从命题趋势来看，今后可能命题，例如结合2017年12月15日，国务院新闻办公室公布的《中国人权法治化保障的新进展》白皮书，或者结合《刑事诉讼法》的修改。

在考查内容上，重点是把握加强人权司法保障的各具体要求，理解各举措的内容。

在命题形式上，主要采取具体事例列举法，需要判断选项中的具体做法是否符合对人权进行司法保障的要求。

“全面依法治国，全方位提升人权保障法治化水平，保证人民享有更加充分的权利和自由，努力实现社会公平正义，更好推动人的全面发展、社会全面进步，是中国共产党、中国政府的坚定意志和不懈追求”。[①] **加强人权司法保障**是保证司法公正的一个重要方面，这是因为司法是人权保障的最后防线。

下面，用图表的形式对具体改革举措进行列举：

具体要求	举措和内容
加强诉讼过程中当事人及其他诉讼参与人的权利保障	强化诉讼过程中当事人和其他诉讼参与人的知情权、陈述权、辩护辩论权、申请权、申诉权的制度保障
防范和纠正冤假错案	健全落实罪刑法定、疑罪从无、非法证据排除等法律原则的法律制度
	完善对限制人身自由司法措施和侦查手段的司法监督
	加强对刑讯逼供和非法取证的源头预防
切实解决执行难的问题	制定强制执行法，规范查封、扣押、冻结、处理涉案财物的司法程序
	加快建立失信被执行人信用监督、威慑和惩戒法律制度
	依法保障胜诉当事人及时实现权益

① 国务院新闻办公室：“《中国人权法治化保障的新进展》白皮书”，2017年12月15日。

续表

具体要求	举措和内容
落实终审和诉讼终结制度	实行诉访分离，保障当事人依法行使申诉权利
	对不服司法机关生效裁判、决定的申诉，逐步实行由律师代理制度
	对聘不起律师的申诉人，纳入法律援助范围

下面是2017年《中国人权法治化保障的新进展》白皮书中的部分事例：

1. **健全非法证据排除规则**

第一，明确需要进行录音录像的案件范围、录制要求等，检察机关和公安机关在讯问职务犯罪案件，可能判处无期徒刑、死刑的案件，以及其他重大犯罪案件的嫌疑人时实行全程同步录音录像，规范侦查讯问活动。

第二，2017年6月，最高法、最高检等五部门发布实施《关于办理刑事案件严格排除非法证据若干问题的规定》，进一步明确了刑事诉讼各环节非法证据的认定标准和排除程序，将以威胁、非法限制人身自由方法收集的证据纳入非法证据排除规则的适用范围。确立了重复性排除规则，强化了辩护人的非法证据排除权，明确了庭前会议对证据收集是否合法的初步审查功能，明确了非法获取的证人证言和被害人陈述以及实物证据的排除规则和当庭裁决原则。

2013年以来，各级检察机关因排除非法证据决定不批捕2624人，不起诉870人。

2. **切实解决执行难的具体措施和落实情况**

第一，通过建立并运行覆盖全国法院的执行指挥系统和网络执行查控系统，健全联合信用惩戒体系，出台网络司法拍卖等涉及执行的司法解释和规范文件，案件执行质效显著提升。

第二，2016年9月，中共中央办公厅、国务院办公厅发布《关于加快推进失信被执行人信用监督、警示和惩戒机制建设的意见》，规定37项惩治“老赖”措施。

第三，完善包括先予执行在内的执行工作机制，切实有效缓解当事人困难。

第四，开展涉民生案件专项集中执行活动，着重执行涉及人民群众生存生活的追索劳动报酬、农民工工资、赡养费、抚养费等9类案件。

2016年，全国法院共受理执行案件614.9万件，执结507.9万件，同比上升均超过三成；执行到位金额1.5万亿元，同比增加五成以上。

第二十四章　推动全社会树立法治意识

☞ 命题分析

“推动全社会树立法治意识”是“重者恒重”的考点。从命题趋势来看，今后仍会继续从各角度选取具体实践内容进行考查。

在考查内容上，需要考生熟悉具体举措的内容和要求，并对“法治精神”有正确认识和准确判断。

在命题形式上，一般采取事例分析法，即围绕题干的事例判断各选项的分析是否合理，或者具体事例列举法，这需要考生判断各个选项中事例的具体做法是否符合题干要求。总之，题材都取材社会实践，考查较为灵活。

法治意识是人们对法律发自内心的认可、崇尚、遵守和服从。**推动全社会树立法治意识**是为了使法律的权威源自人民的内心拥护和真诚信仰，使全体人民都成为社会主义法治的忠实崇尚者、自觉遵守者、坚定捍卫者。

“奉法者强则国强，奉法者弱则国弱”，现代社会的每个公民都应当有对法治的信仰和敬畏。这意味着法治不是依赖法律的严酷、冷峻，不是仅仅通过国家强制力来使人们遵守法律，而是应当通过人们在观念上、意识上、情感上对法律的信仰来实现。因此，《决定》指出，“坚持把全民普法和守法作为依法治国的长期基础性工作，引导全民自觉守法、遇事找法、解决问题靠法”。十九大报告强调，“加大全民普法力度，建设社会主义法治文化，树立宪法法律至上、法律面前人人平等的法治理念”。

下面以图表的方式对具体举措进行列举：

具体举措	内容和要求
开展法治宣传教育	完善国家工作人员学法用法制度：把宪法法律列入党委（党组）中心组学习内容，列为党校、行政学院、干部学院、社会主义学院必修课（领导干部带头学法、模范守法是树立法治意识的关键）
	把法治教育纳入国民教育体系：在中小学设立法治知识课程

续表

具体举措	内容和要求
健全普法宣传教育机制	各级党委和政府要加强对普法工作的领导
	宣传、文化、教育部门和人民团体要在普法教育中发挥职能作用
	实行国家机关“谁执法谁普法”的普法责任制：建立法官、检察官、行政执法人员、律师等以案释法制度，加强普法讲师团、普法志愿者队伍建设
	把法治教育纳入精神文明创建内容，开展群众性法治文化活动
	健全媒体公益普法制度，加强新媒体新技术在普法中的运用，提高普法实效
树立有权力就有责任、有权利就有义务观念	加强社会诚信建设，健全公民和组织守法信用记录，完善守法诚信褒奖机制和违法失信行为惩戒机制
实现法治和公民道德建设相得益彰	加强公民道德建设，弘扬中华优秀传统文化，增强法治的道德底蕴，强化规则意识，倡导契约精神，弘扬公序良俗
	发挥法治在解决道德领域突出问题中的作用，引导人们自觉履行法定义务、社会责任、家庭责任

第二十五章　推进多层次多领域依法治理

☞ 命题分析

“推进多层次多领域依法治理”属于重点考点。从命题趋势来看，今后仍可能从不同角度进行命题，因为该考点与十九大报告所强调的“打造共建共治共享的社会治理格局”有密切关系。

在考查内容上，“多元社会治理规范体系”和社会组织的作用是命题重点。今后命题的重点可能会是人民团体和社会组织在参与社会事务、维护公共利益、救助困难群众、帮教特殊人群、预防违法犯罪等事项上维护人民权益发挥的积极作用。

在命题形式上，主要是事例分析法。考生可以从下面总结的四个方面对这部分的内容进行全面理解，抓住十九大报告中的重点。

推进多层次多领域依法治理，是对多年来我国依法治理经验的总结，反映了党对社会治理和依法治国科学规律的认识。推进多层次多领域依法治理就是创新社会治理，推进国家治理体系和治理能力的现代化。在社会快速发展过程中，我国社会呈现出社会层次立体化、社会主体多样化、社会利益差别化、社会矛盾复杂化的特点，因此需要通过法治使不同层次不同领域的社会关系得到规范协调，使社会主体能够依法理性表达诉求，使社会矛盾纠纷能够按照法律规定的内容和程序得到公正解决。

《决定》指出，推进多层次多领域依法治理的基本要求是，“坚持系统治理、依法治理、综合治理、源头治理，提高社会治理法治化水平”。十九大报告提出：“打造共建共治共享的社会治理格局。加强社会治理制度建设，完善党委领导、政府负责、社会协同、公众参与、法治保障的社会治理体制，提高社会治理社会化、法治化、智能化、专业化水平”，“加强农村基层基础工作，健全自治、法治、德治相结合的乡村治理体系”。

一、开展多层次多形式法治创建活动

我国社会主体数量众多，乡镇4万多个，建制村（居）80多万个，登记企事业法人1000余万家。这些基本社会单元的法治化程度，直接决定整个社会的法治化水平。因此，可以根据不同类型社会主体的性质、功能和特点，制定符合实际、特色鲜明的法治创建目标和实施方案。

例如对于行政区域，可以着眼于推进区域社会治理的制度化、法治化，规范公共权力行使，保障公民权利；对于市场主体，可以着眼于建立现代企业制度，完善法人

治理结构，促进依法经营、重信守诺；对于村（居）基层组织，可以着眼于推进基层民主法治建设，完善村（居）民自治制度和机制，促进民主管理、依法自治；对于社会组织，可以着眼于规范行为、激发活力，完善内部治理机制、强化自律功能。

二、深化基层组织和部门、行业依法治理

《决定》指出，“深化基层组织和部门、行业依法治理，支持各类社会主体自我约束、自我管理”。基层组织和部门、行业是社会的重要组成单元。对于基层组织，要深入贯彻《村民委员会组织法》《城市居民委员会组织法》等基层群众自治法律法规，健全完善村（居）群众组织，推进村民委员会、居民委员会依照法律和章程自主管理村（居）事务，使广大基层群众在自我管理、自我服务中增强法治意识和权利义务观念，提高依法管理社会事务的意识和能力。对于各个部门和行业，要深入推进其依法治理，促进各级政府部门依法行政、严格执法，社会各行业依法办事、诚信尽责。

三、发挥社会规范在社会治理中的积极作用

《决定》指出，“发挥市民公约、乡规民约、行业规章、团体章程等社会规范在社会治理中的积极作用”。社会治理规范体系是由不同类别、不同层级、不同效力的社会规范构成的集合体。除了法律外，还有市民公约、乡规民约、行业规章、团体章程等多种形式的社会规范，它们对相应的不同主体或成员也发挥着规范、指引和约束作用。发挥这些社会规范在社会治理中的积极作用，有利于推动形成多层次、多样化的社会治理规范体系，以最适当的规范形式实现对社会纠纷最佳方式的解决。

四、发挥人民团体和社会组织在法治社会建设中的积极作用

人民团体是党领导下的群众组织，包括各工商联、各级工会、共青团、妇联、科协、侨联、台联、青联等。各人民团体要发挥各自组织特点和优势，建立制度化管道，完善其工作机制。社会组织是社会治理的重要主体，在市场经济条件下，社会组织在政府与市场之间、政府与社会之间搭建起桥梁和纽带。《决定》是从三个方面展开具体举措：

1. 健全社会组织参与社会事务、维护公共利益、救助困难群众、帮教特殊人群、预防违法犯罪的机制和制度化渠道。

这意味着，把适合由社会组织提供的公共服务和解决的事项交由社会组织承担。引导社会组织发挥专业优势、开展志愿服务，构建制度化服务平台。

2. 支持行业协会商会类社会组织发挥行业自律和专业服务功能，发挥社会组织对其成员的行为导引、规则约束、权益维护作用。

这指的是，进一步推进政社分开，加快行业协会、商会与行政机关脱钩步伐，使之真正成为组织健全、制度完善、权责明确、运行规范的社会主体。发挥社会组织行

业自律和专业服务功能，规范和促进行业健康有序发展。[①]

3. 加强在华境外非政府组织管理，引导和监督其依法开展活动。

例 1：人民团体在维护公民合法权益上的积极作用

在人权保障上，工会、共青团、妇联等群团组织通过多种渠道反映民众诉求，在《反家庭暴力法》《劳动保障监察条例》等法律法规的制定过程中积极建言献策。

各级工会履行劳动法律监督职责，开展重大劳动违法典型案件公开曝光工作，积极维护劳动者合法权益。截至 2016 年，全国共有工会劳动法律监督组织近 99 万个，工会劳动法律监督员 199 万人。

2012 年至 2016 年，县以上妇联系统通过 12338 热线等渠道受理妇女权益投诉 133 万余件次，基层妇联协调专业力量共同为权益受侵害的妇女提供矛盾排查、纠纷化解、法律援助、关爱帮扶的综合维权服务。

例 2：中国社会组织发展现状及其作用发挥

截至 2017 年 6 月，全国依法登记的社会组织约 72. 5 万个，其中社会团体 34. 4 万个，社会服务机构 37. 5 万个，基金会 5919 个。慈善类社会组织在扶贫济困救灾和应对各类突发事件中的优势和作用得到充分发挥。政府向社会组织购买服务力度加大，2017 年，中央财政全年共立项 474 个，立项总资金 18206 万元，配套资金 7668 万元，预计直接受益群众超过 107. 84 万人，培训社会组织负责人近 7400 人。[②]

---

① 这部分内容主要参考了汪永清："推进多层次多领域依法治理"，载《人民日报》2014 年 12 月 11 日，第 7 版。

② 这两个事例的来源："国务院新闻办公室《中国人权法治化保障的新进展》白皮书"，2017 年 12 月 15 日。

第二十六章　建设完备的法律服务体系

☞ 命题分析

"建设完备的法律服务体系"是一般重点。从命题趋势来看，今后还有可能命题，具体根据当年的法治改革热点而定。

在考查内容上，今后命题重点可能是法律援助制度、司法救助体系、统筹城乡、区域法律服务资源这几方面。《决定》中这部分内容不多，下面图表中做了一些扩展。

在命题形式上，可能沿用具体事例列举法，或者事例分析法。大家可以结合2017－1－54体会。

建设完备的法律服务体系是全面推进依法治国的必备要素。我国的法律服务，主要包括律师、公证、基层法律服务、法律援助等。目前，我国法律服务体系已初步形成，法律服务门类逐步完善，法律服务领域日益拓展，法律服务队伍不断壮大，全国共有律师25万多人，公证员1.2万多人，基层法律服务工作者7.1万多人，法律援助机构工作人员1.4万多人（2014年底的数据，2017年底全国律师有近30万人）。

下面以图表的形式对"建设完备的法律服务体系"进行说明：①

具体方面	含义和要求	事例	《决定》中的举措
健全法律服务网络	有效推动法律服务向基层延伸，实现基层村（居）法律服务的全覆盖，着力打造一小时（半小时）法律服务圈； 鼓励有实力的律师事务所走出国门，搭建海外法律服务网络，维护国家经济安全和政治安全	发展县域律师事务所和公证处； 规范发展基层法律服务所； 建立健全县乡村一级法律援助服务点； 加大对中西部特别是国家连片特困地区法律服务的扶持力度	推进覆盖城乡居民的公共法律服务体系建设； 发展涉外法律服务业

① 这部分内容主要参考的是赵大程："建设完备的法律服务体系"，载《光明日报》2014年11月24日，第1版。

续表

具体方面	含义和要求	事例	《决定》中的举措
拓展法律服务领域	着力服务保障和改善民生，立足国家公共服务体系的重点领域； 着力服务社会和谐稳定	拓展教育、就业、社会保障、医疗卫生、住房保障、文化体育等领域的法律服务； 健全完善法律服务人员参与信访、调解、群体性案（事）件处置工作机制	加强民生领域法律服务； 完善法律援助制度，扩大援助范围； 健全司法救助体系，保证人民群众在遇到法律问题或者权利受到侵害时获得及时有效法律帮助
创新法律服务方式	创新综合性服务方式，有效整合法律服务资源，优化衔接法律服务流程，构建综合性一站式法律服务平台； 创新信息化服务方式，搭建法律服务信息化平台，畅通连接省、市、县、乡四级的法律服务信息化网络	/	发展律师、公证等法律服务业，统筹城乡、区域法律服务资源

例：2015 年 6 月，中共中央办公厅、国务院办公厅印发了《关于完善法律援助制度的意见》（以下简称《意见》）。如何准确理解完善法律援助制度，扩大援助范围？

法律援助是国家建立的保障经济困难公民和特殊案件当事人获得必要的法律咨询、代理、刑事辩护等无偿法律服务，维护当事人合法权益的一项重要法律制度。法律援助也是一项重要的民生工程。根据《意见》内容，下面用图表对扩大法律援助范围进行概括：

扩大法律援助的范围	具体内容
民事、行政法律援助	在《法律援助条例》规定的经济困难公民请求国家赔偿，给予社会保险待遇或者最低生活保障待遇，发给抚恤金、救济金，给付赡养费、抚养费、扶养费，支付劳动报酬等法律援助范围的基础上，逐步将涉及劳动保障、婚姻家庭、食品药品、教育医疗等与民生紧密相关的事项纳入法律援助补充事项范围
	探索建立法律援助参与申诉案件代理制度，开展试点，逐步将不服司法机关生效民事和行政裁判、决定，聘不起律师的申诉人纳入法律援助范围
	放宽经济困难标准，降低法律援助门槛，使法律援助覆盖人群逐步拓展至低收入群体
	组织办理困难群众就业、就学、就医、社会保障等领域涉及法律援助的案件，积极提供诉讼和非诉讼代理服务，重点做好农民工、下岗失业人员、妇女、未成年人、老年人、残疾人和军人军属等群体法律援助工作

续表

扩大法律援助的范围	具体内容
刑事法律援助	完善被羁押犯罪嫌疑人、被告人经济困难证明制度
	建立健全办案机关通知辩护工作机制，确保告知、转交申请、通知辩护（代理）等工作协调顺畅
	为不服司法机关生效刑事裁判、决定的经济困难申诉人提供法律援助的工作
	建立法律援助值班律师制度，法律援助机构在法院、看守所派驻法律援助值班律师
	健全法律援助参与刑事案件速裁程序试点工作机制
	建立法律援助参与刑事和解、死刑复核案件办理工作机制
法律援助咨询服务	建立健全法律援助便民服务窗口，安排专业人员免费为来访群众提供法律咨询。对咨询事项属于法律援助范围的，应当告知当事人申请程序，对疑难咨询事项实行预约解答
	拓展基层服务网络，推进法律援助工作站点向城乡社区延伸，方便群众及时就近获得法律咨询
	加强“12348”法律服务热线建设，有条件的地方开设针对农民工、妇女、未成年人、老年人等群体的维权专线
	创新咨询服务方式，运用网络平台和新兴传播工具，提高法律援助咨询服务的可及性
	开展公共法律教育，积极提供法律信息和帮助，引导群众依法表达合理诉求

第二十七章　健全依法维权和化解纠纷机制

☞ 命题分析

"健全依法维权和化解纠纷机制"是重点考点。从命题趋势来看，今后仍可能继续命题，这是因为十九大报告对此进行了强调。

在考查内容上，这部分内容有很大的考查空间，重点内容如利益表达机制和协商沟通机制、健全救济救助机制、把信访纳入法治化轨道、完善多元化纠纷解决机制、强化危害食品药品安全、影响安全生产、损害生态环境、破坏网络安全等重点问题治理。

在命题形式上，会采取具体事例列举法或事例分析法，需要考生判断解决社会纠纷的具体措施的适当性。

健全依法维权和化解纠纷机制，是法治社会建设的重要内容。一方面，随着经济社会发展和民主法治进步，人民群众的权利意识日益增强，利益诉求也日益多元化。健全依法维权和化解纠纷机制，能使人民群众通过法律途径，选择最便捷、最适当的方式维护自身权益，化解纠纷。另一方面，我国正处在社会转型期，各种人民内部矛盾和社会矛盾已经成为影响社会稳定很突出、处理起来很棘手的问题。对涉及维权的维稳问题，首先要把群众合理合法的利益诉求解决好。健全依法维权和化解纠纷机制，有助于及时妥善处置化解各类社会矛盾纠纷。

所以，从维护人民群众合法权益和维护社会和谐稳定的角度出发，《决定》指出"强化法律在维护群众权益、化解社会矛盾中的权威地位，引导和支持人们理性表达诉求、依法维护权益，解决好群众最关心最直接最现实的利益问题"。十九大报告进一步强调："加强预防和化解社会矛盾机制建设，正确处理人民内部矛盾。"

下面用图表的形式对具体举措进行列举：

改革举措	具体机制	制度目标
构建对维护群众利益具有重大作用的制度体系	建立健全社会矛盾预警机制	畅通群众利益协调、权益保障法律渠道
	利益表达机制和协商沟通机制	
	救济救助机制	
	把信访纳入法治化轨道	保障合理合法诉求依照法律规定和程序就能得到合理合法的结果

续表

改革举措	具体机制	制度目标
健全社会矛盾纠纷预防化解机制	完善多元化纠纷解决机制	实现调解、仲裁、行政裁决、行政复议、诉讼等有机衔接、相互协调
	加强行业性、专业性人民调解组织建设，完善调解联动工作体系	实现人民调解、行政调解、司法调解联动工作
	完善仲裁制度	提高仲裁公信力
	健全行政裁决制度	强化行政机关解决同行政管理活动密切相关的民事纠纷功能
推进社会治安综合治理，健全落实领导责任制	完善立体化社会治安防控体系	有效防范化解管控影响社会安定的问题，保障人民生命财产安全
	依法严厉打击暴力恐怖、涉黑犯罪、邪教和黄赌毒等违法犯罪活动	不允许其形成气候，遏制其发展和扩大
	依法强化危害食品药品安全、影响安全生产、损害生态环境、破坏网络安全等重点问题治理	/

第二十八章　建设高素质法治专门队伍

☞ 命题分析

“建设高素质法治专门队伍”是重要考点。从命题趋势来看，今后还有可能命题，因为这部分内容涉及为司法改革提供制度和人才保障。

在考查内容上，重点是推进法治专门队伍正规化、专业化、职业化的具体举措及其具体含义，考生要注意辨别实践中的不同情况，并作出区别判断。

在命题形式上，可能采取具体事例列举法和事例分析法。

全面推进依法治国，加强法治工作队伍建设，能够为加快建设社会主义法治国家提供强有力的组织和人才保障。这是党中央第一次明确提出法治工作队伍建设，而且在《决定》中设专章对法治工作队伍建设进行部署，表明其在法治建设全局中的重要地位和意义。

法治工作队伍包括法治专门队伍和社会法律服务队伍。二者都是国家治理队伍的重要组成部分，处于法治实践的最前沿。他们的素质和能力如何，直接影响和制约着国家治理法治化的进程。《决定》指出，“必须大力提高法治工作队伍思想政治素质、业务工作能力、职业道德水准，着力建设一支忠于党、忠于国家、忠于人民、忠于法律的社会主义法治工作队伍”。

建设高素质法治工作队伍，要深入研究法治工作队伍建设的特点和规律，探索一套有别于党政领导人才、科技人才、经营管理人才的法治人才选拔、任用、管理办法，创新法治人才培养机制，努力提高法治工作队伍建设科学化水平。[①]

建设高素质法治专门队伍，具体指的是加强立法队伍、行政执法队伍、司法队伍建设。下面用图表对具体举措进行列举：

具体内容/指导思想	制度举措
把思想政治建设摆在首位	加强理想信念教育，深入开展社会主义核心价值观和社会主义法治理念教育，坚持党的事业、人民利益、宪法法律至上
	抓住立法、执法、司法机关各级领导班子建设这个关键，突出政治标准，把善于运用法治思维和法治方式推动工作的人选拔到领导岗位上来

① 江金权：“大力建设高素质法治工作队伍”，载《光明日报》2014 年 12 月 4 日，第 1 版。

续表

具体内容/指导思想	制度举措
推进立法、执法、司法干部和人才跨部门交流	畅通立法、执法、司法部门干部和人才相互之间以及与其他部门具备条件的干部和人才交流渠道
推进法治专门队伍正规化、专业化、职业化，提高职业素养和专业水平	完善法律职业准入制度，健全国家统一法律职业资格考试制度，建立法律职业人员统一职前培训制度
	建立从符合条件的律师、法学专家中招录立法工作者、法官、检察官制度
	畅通具备条件的军队转业干部进入法治专门队伍的通道
	健全从政法专业毕业生中招录人才的规范便捷机制
	加强边疆地区、民族地区法治专门队伍建设
	加快建立符合职业特点的法治工作人员管理制度，完善职业保障体系，建立法官、检察官、人民警察专业职务序列及工资制度
	建立法官、检察官逐级遴选制度： 初任法官、检察官由高级人民法院、省级人民检察院统一招录，一律在基层法院、检察院任职 上级人民法院、人民检察院的法官、检察官一般从下一级人民法院、人民检察院的优秀法官、检察官中遴选

第二十九章　加强法律服务队伍建设

☞ 命题分析

“加强法律服务队伍建设”是一般考点。从考查趋势来看，今后有可能围绕相关具体改革举措继续命题。

在考查内容上，需要理解各项具体举措，今后命题重点集中在构建社会律师、公职律师、公司律师等互补的律师队伍、完善执业保障机制、律师事务所管理创新、执业惩戒制度等方面。此外，要注意法治工作队伍、法治专门队伍和法律服务队伍之间的种属关系。

在命题形式上，可能采用事例分析法。

加强法律服务队伍建设，重要任务是大力发展以律师为主体的社会法律服务队伍，提高其素质、扩大其工作覆盖面，保证其为党政机关、企事业单位和公民个人提供高质量法律服务。

律师在服务经济社会发展、保障公民和法人的合法权益、维护社会公平正义、化解社会矛盾纠纷、促进社会和谐稳定方面发挥着重要作用。他们和立法、执法、司法工作者一样，都是全面推进依法治国、建设社会主义法治国家的重要力量。因此，既要加强律师队伍思想政治建设，又要以提高律师服务能力为重点，使律师不仅增强走中国特色社会主义法治道路的自觉性和坚定性，熟悉国情、了解社会，而且精通国内和国际法律，不断提高业务素质。

下面通过图表对具体改革举措进行列举：

改革举措	具体内容	举例
加强律师队伍思想政治建设	把拥护中国共产党领导、拥护社会主义法治作为律师从业的基本要求	抵制、拒绝参与由境内外敌对势力插手挑起的所谓“维权”活动
构建社会律师、公职律师、公司律师等优势互补、结构合理的律师队伍	各级党政机关和人民团体普遍设立公职律师，企业可设立公司律师，参与决策论证，提供法律意见，促进依法办事，防范法律风险； 明确公职律师、公司律师法律地位及权利义务，理顺公职律师、公司律师管理体制机制	/

续表

改革举措	具体内容	举例
提高律师队伍业务素质，完善执业保障机制	/	采用政府购买和财政补贴相结合的方式，完善律师承担公益性法律服务的经费保障机制
加强律师事务所管理，发挥律师协会自律作用	规范律师执业行为，监督律师严格遵守职业道德和职业操守，强化准入、退出管理	建立健全律师诚信执业制度，完善律师诚信执业的评价、监督机制和失信惩戒机制
严格执行违法违规执业惩戒制度	/	违法违规严重者，终身退出律师行业
加强律师行业党的建设	扩大党的工作覆盖面，切实发挥律师事务所党组织的政治核心作用	凡有3名以上正式党员的律师事务所，应当单独建立党支部，不足3名党员的律师事务所，也要通过联所等方式联合建立党支部
发展公证员、基层法律服务工作者、人民调解员队伍	/	/
推动法律服务志愿者队伍建设	/	一些地方在乡镇建立律师顾问团，为农民群众提供法律咨询、法律服务
建立激励法律服务人才跨区域流动机制	逐步解决基层和欠发达地区法律服务资源不足和高端人才匮乏问题	

例：各级党政机关和人民团体普遍设立公职律师，企业可设立公司律师，这是《决定》着眼于构建优势互补、结构合理的律师队伍提出的重大改革举措。该制度的实践意义是什么？

提示：党依法执政、政府依法行政、企业依法经营，会遇到大量、经常性的法律事务，需要有专门的律师队伍提供法律咨询，承担法律服务，提高决策质量，维护合法权益，防范法律风险。

自2002年司法部开展公职律师、公司律师试点工作以来，各试点单位积极探索，大胆创新，积累了不少有益经验。同时也存在试点范围狭小、队伍规模增长缓慢、身份地位不明确、管理体制不顺等问题。据统计，全国现有公职律师4600多人，公司律师1700多人，公职律师和公司律师仅占律师队伍的2.5%，远不能适应实践需要。

所以，应当加快试点步伐，进一步扩大试点范围，在总结经验的基础上，推动县级以上党政机关、人民团体普遍设立公职律师，引导有条件的企业特别是国有和国有控股企业设立公司律师。研究制定公职律师、公司律师管理办法，明确公职律师、公司律师地位及权利义务，建立适合公职律师、公司律师执业特点的管理体制和工作机制。①

附： 根据司法部《关于开展公职律师试点工作的意见》，公职律师的职责范围是：

1. 为本级政府或部门行政决策提供法律咨询意见和法律建议；
2. 按照政府的要求，参与本级政府或部门规范性文件的起草、审议和修改工作；
3. 受本级政府或部门委托调查和处理具体的法律事务；
4. 代理本级政府或部门参加诉讼、仲裁活动；
5. 为受援人提供法律援助；
6. 本级政府或部门的其他应由公职律师承担的工作。

根据司法部《关于开展公司律师试点工作的意见》，公司律师的主要职责是：

1. 对企业的生产经营决策提出法律意见；
2. 参与本企业法律文书的起草和修改工作，审核企业规章制度；
3. 审查和管理企业合同；
4. 对企业违反法律、法规的行为提出纠正的建议，并在企业内部开展法制宣传教育工作；
5. 参与企业的谈判，代理本企业的诉讼、仲裁活动；
6. 其他应由公司律师承办的法律事务。

① 这部分内容主要参考了江金权："大力建设高素质法治工作队伍"，载《光明日报》2014年12月4日，第1版。

第三十章　加强党内法规制度建设

☞ 命题分析

“加强党内法规制度建设”是一般重点。从命题趋势来看，该考点今后可能会命题，因为十九大报告对该问题又进行了强调。

在考查内容上，重点是党内法规的概念及其种类，党内法规制度体系建设的指导精神和具体要求，以及完善该制度体系的目标。下文还对党内法规制度建设对依法执政的意义、科学认识党规严于国法、推进党内法规和国家法律有效衔接进行了扩展，希望有助于大家对该考点的理解。

在命题形式上，可能选取事例分析法或者纯理论阐释法。

一、党内法规的概念和种类

《中国共产党党内法规制定条例》（以下简称《条例》）规定：“党内法规是党的中央组织以及中央纪律检查委员会、中央各部门和省、自治区、直辖市党委制定的规范党组织的工作、活动和党员行为的党内规章制度的总称。”

根据《条例》的规定，党内法规的种类主要有：党章、准则、条例以及规则、规定、办法、细则。

二、党内法规制度体系建设

（一）指导精神和具体要求

习近平总书记强调：“要健全完善制度，以党章为根本遵循，本着于法周延、于事有效的原则，制定新法规制度，完善已有的法规制度，废止不适应的法规制度，健全党内规则体系，扎紧党纪党规的笼子。”

党的十九大报告要求，“增强依法执政本领，加快形成覆盖党的领导和党的建设各方面的党内法规制度体系，加强和改善对国家政权机关的领导”，这对新时代党内法规制度体系建设提出了新的要求。

（二）已形成的党内法规制度体系

2013 年 11 月 27 日发布的《中央党内法规制定工作五年规划纲要（2013 ~ 2017 年）》（以下简称《纲要》），是中国共产党历史上第一个党内法规制定工作规划纲要，对新形势下构建党内法规制度体系、全面提高党的建设科学化水平作出要求和部署。

党的十八大以来，共制定修订了90多部党内法规，同时对已有党内法规制度进行了全面清理，废止了一大批过时、失效的法规制度，基本形成了以《党章》为根本遵循，以《关于新形势下党内政治生活的若干准则》《中国共产党廉洁自律准则》和《中国共产党纪律处分条例》《中国共产党党内监督条例》等基本党法党规为主干，多种形式的党内法规制度并存的党内法规制度体系。

（三）完善党内法规制度体系的目标

2018年2月，中共中央印发《中央党内法规制定工作第二个五年规划（2018～2022年）》（以下简称《规划》），着眼于到建党100周年时形成比较完善的党内法规制度体系，对今后5年党内法规制度建设进行顶层设计，提出了指导思想、目标要求、重点项目和落实要求，是推进新时代党内法规制度建设的重要指导性文件。

完善党内法规制度体系的目标是，要适应新时代坚持和加强党的全面领导、以党的政治建设为统领、全面推进党的各项建设的需要，到建党100周年时形成以党章为根本、以准则条例为主干，覆盖党的领导和党的建设各方面的党内法规制度体系，并随着实践发展不断丰富完善。

三、党内法规制度建设对依法执政的意义①

十八大以来，党中央始终强调依法执政既要求党依据宪法法律治国理政，也要求党依据党内法规管党治党。这是我们党对依法执政内涵作出的新概括。

这意味着党不仅要依据宪法法律治国理政，而且要依据党内法规管党治党。党内法规既是管党治党的重要依据，也是建设社会主义法治国家的有力保障。党的十九大报告提出“全面增强执政本领”，强调“增强依法执政本领，加快形成覆盖党的领导和党的建设各方面的党内法规制度体系，加强和改善对国家政权机关的领导”。同时，十九大报告指出，全面推进党的政治建设、思想建设、组织建设、作风建设、纪律建设，把制度建设贯穿其中。这充分体现了中央把制度治党、依规治党作为全面从严治党的重要内容进行部署，体现了党对执政规律认识的进一步深化。

中国共产党作为执政党，担负全面领导国家的职责，但其本身又不是国家机关的组成部分，党的组织、党的纪律、党内监督、责任机制等不属于法律调整的范围。因此，需要通过党内法规约束规范党内权力的运行。中国共产党依法执政首先必须依规治党，使政党的权力运行稳定化、科学化，才能使党的建设和对国家政权机关的领导科学化、制度化、规范化，才能真正实现执政党与国家体制之间的相互关系的科学化和法律化，达到依法执政的目的。

四、科学认识党规严于国法

由于党的先锋队性质和先进性要求、党的奋斗目标和所肩负的使命，党章和其他党内法规对党员干部的要求严于国家法律对普通公民的要求，党内法规比国家法律更

① 以下三点内容参考引用了吕品：“不断完善党内法规建设 全面提高管党治党能力”，载《光明日报》2018年1月19日。

加强调自觉性和义务性。有些党内法规规范的内容属于党内事务的范围，要求党员、干部承担作为党内成员的责任。有些党内法规从保持党的先进性、纯洁性的高度，对党员提出了更高、更严的要求。

一般法律赋予普通公民的某些权利，因领导干部身份牵涉到他人、社会乃至国家的重大利益而要受到法律和党内法规一定的限制。比如，对于公民和普通党员来说，家庭成员、财产等状况属于个人隐私，但是对于特定党员领导干部来说，这些情况必须向党组织如实报告。

五、推进党内法规和国家法律有效衔接

完善党内法规，要注重党内法规同国家法律的有机衔接。一方面，坚持党必须在宪法和法律范围内活动，防止和纠正超越宪法和法律范围的各种党的政策文件。另一方面，虽然党内法规与国家法律的范围与效力不尽相同，但两者互为补充和促进。要将党内法规中成熟的直接规范公权力运行的制度规定，适时经过法定程序上升为国家法律。

党的十八大以来，我们党在深入推进党风廉政建设和反腐败斗争实践中，制定完善了巡视工作条例、纪律处分条例、问责条例等一系列重大法规制度，这些制度性成果为反腐败国家立法奠定了重要基础。将部分成熟的，在实践中已经发挥重要作用的党内法规转化为更具规范性、权威性与操作性的法律，可以成为立法的有效路径。

第三十一章　提高党员干部法治思维和依法办事能力

☞ 命题分析

“提高领导干部的法治思维和依法办事能力”是一般重点，但是在“加强和改进党对全面依法治国的领导”部分，这是一个重点内容。从命题趋势来看，今后仍会考查。

在考查内容上，需要正确理解和辨析法治思维的含义，领会这一要求提出的现实背景和原因，进而掌握三项具体举措及其制度价值。

在命题形式上，可能选取事例分析法。这部分会结合具体法治实践事例，进行灵活考查。

党的十八大报告和十八届三中全会《中共中央关于全面深化改革若干重大问题的决定》、四中全会《决定》都特别强调**提高领导干部的法治思维和依法办事能力**，对其高度重视。四中全会《决定》指出，“党员干部是全面推进依法治国的重要组织者、推动者、实践者，要自觉提高运用法治思维和法治方式深化改革、推动发展、化解矛盾、维护稳定能力，高级干部尤其要以身作则、以上率下”。十九大报告在“深化依法治国实践”部分强调，“各级党组织和全体党员要带头尊法学法守法用法，任何组织和个人都不得有超越宪法法律的特权，绝不允许以言代法、以权压法、逐利违法、徇私枉法”。

一、提高领导干部的法治思维和依法办事能力的意义

领导干部必须学会运用法治思维和法治方式来治国理政，原因主要在于两方面：

第一，法治是国家治理体系和治理能力的重要依托。随着经济社会的发展、全面深化改革的展开和人民法治意识的提高，法治作为党治国理政的基本方式，在国家治理体系中的地位越来越重要。党员干部特别是各级领导干部只有适应新形势对法治建设提出的新要求，善于运用法治思维和法治方式调节经济社会关系、统筹协调各种利益、实现改革于法有据，才能更好地规范发展行为、凝聚改革共识、促进矛盾化解、保障社会和谐，不断提高科学执政、民主执政、依法执政水平。

第二，提高党员干部法治思维和依法办事能力，具有现实紧迫性。当前，一些党员干部特别是领导干部依法执政、依法行政意识和能力不强，运用法治思维和法治方式管理经济社会事务水平不高。有的把法治建设喊在嘴上、贴在墙上，搞形式主义、口号化，但是没有抓在手上；有的存在特权思想和官本位意识，认为法律是管老百姓的，是约束别人的，仍然运用权力思维、人治思维来管理国家和社会，知法犯法、以

言代法、以权压法、徇私枉法现象依然存在。

二、法治思维的含义

法治思维是基于法治的固有特性和对法治的信念来认识事物、判断是非、解决问题的思维方式。法治方式是运用法治思维处理和解决问题的行为方式。

法治思维是一种规则思维、程序思维，它以严守规则为基本要求，强调法律的底线不能逾越、法律的红线不能触碰，凡事必须在既定的程序及法定权限内运行。法治思维的核心是权利义务观念，对于党员干部特别是各级领导干部而言，最重要的是要有法治的权力观，即权力的有限性与程序性，以及守护法律、维护宪法与法律权威的职责意识。

提高党员干部法治思维和依法办事能力，要求党员干部想问题、作决策、办事情，必须以法律为准绳，运用法治思维和法治方式进行公共事务管理，保护和实现人民权益，推动改革和社会进步、维护社会稳定和有序发展。①

三、提高党员干部法治思维和依法办事能力的举措

《决定》主要从三方面提出要求，下面以图表的形式进行说明：

具体举措	制度价值
把法治建设成效作为衡量各级领导班子和领导干部工作实绩重要内容，纳入政绩考核指标体系	完善干部考核评价机制，切实核准法治建设成效和依法履职情况
把能不能遵守法律、依法办事作为考察干部重要内容，在相同条件下，优先提拔使用法治素养好、依法办事能力强的干部	坚持正确的用人导向、形成依法办事的良好法治环境，引导和督促各级干部自觉做学法尊法信法守法用法
对特权思想严重、法治观念淡薄的干部要批评教育，不改正的要调离领导岗位	坚持奖惩并举，建立刚性约束机制，做到有权必有责、用权受监督、失职要问责、违法要追究

① 这部分内容主要参考了陈希：“提高党员干部法治思维和依法办事能力”，载《人民日报》2014年12月17日，第7版。

法理学

第一章　法的概念的争议

☞ 命题分析

“法的概念的争议”是法理学的第一个考点，也是重点考点。从命题趋势来看，近年来加大了对该考点的考查力度，并且会以单一考点命题。在法理学多以综合题进行命题的趋势下，单一考点命题显示了该考点的重要性。

从考查内容上，实证主义者的法律观和非实证主义者的法律观，以及其内部的进一步的区分标准都是考查重点。所以，对该考点最佳的备考方案是，结合后面总结的表格进行全面理解和掌握。

这部分常见的命题形式是纯理论阐释法和案例分析法，需要考生既要具备扎实的理论功底，又要能对相关理论观点灵活运用。

法是什么？历史上，不同法学家基于不同研究视角提出了各种各样的法的概念。但是并没有一个确定的所有法学家都一致认同的法的概念。

围绕着法的概念争论的中心问题是关于法与道德之间的关系。因此，可依据人们定义法的概念时对法与道德关系的不同主张，区分出两种基本立场，即实证主义的法的概念和非实证主义或自然法的法的概念。在现代法实证主义理论中，重点需要理解的是包容性法律实证主义和排他性法律实证主义各自的观点。

一、实证主义的法的概念

实证主义理论在定义法的概念时，坚持“分离命题”，即法和道德是分离的，在回答法是什么时，不需要将道德因素包括在内。在法与道德之间，在法律命令什么与正义要求什么之间，在“实际上是怎样的法”与“应该是怎样的法”之间，不存在概念上的必然联系。

那么，法律实证主义理论如何对法律进行定义？主要有两个要素：一个要素是权威性制定，另一个要素是社会实效。这两个定义要素可以在不同方面进行联结，而且可以从不同方面解释它们，因此，就产生出了各种各样的法实证主义的法的概念。

有的法实证主义者以权威制定作为法的概念的定义要素，有的是以社会实效作为定义要素。但是，更多的法实证主义者是以这两个要素的相互结合来定义法的概念的。因此，可以将法实证主义者的法的概念区分为两大类：

1. 以社会实效为首要定义要素的法的概念

在法律理论上，主要代表是法社会学（代表学者如庞德、埃尔利希、耶林等）和法现实主义（代表学者如霍姆斯、弗兰克、卢埃林等）。他们都强调法律和社会之间的关系，视法律为一种社会现象，并且从社会本位出发，把法学的传统方法和社会学的概念、理论、方法结合起来，对法律现象进行研究。在理论取向上，注重考虑法的作用、效果，而不是它的抽象内容；强调法律所要促进的是社会目的，而不是制裁；把法律视为一种社会制度，认为法律是达到社会公正结果的指针，而不是僵固的模式。

2. 以权威性制定为首要定义要素的法的概念

在法律理论上，主要代表是实证分析主义法学（代表学者如奥斯丁、哈特、凯尔森等）。他们注重研究法律结构、法律原则、法律概念和法律规则，致力于将法学作为一门科学来研究，把法律整合成内部统一的逻辑体系。在理论取向上，他们认为实在的法可以清楚地与应然的法区分开来，应当研究实然的法律；司法判决可以从事先确定的规则中逻辑地归纳出来，而无须求助于社会的目的、政策和道德；法律以确定性为目的；服从法律是一个绝对的责任，恶法亦法。例如奥斯丁认为，强权或者命令是法律的本质；凯尔森主张，法律规则的有效性来源于上一级法律规则，直至基本规则。

需要说明的是，“首要”意味着在权威性制定和社会实效之间强调其一的法的概念的定义要素，并不绝对地排除另一类法的概念的定义要素。

在现代法实证主义理论中，具有经典范式意义的法概念理论是凯尔森的基础规范理论和哈特的承认规则理论。

在德沃金对哈特的承认规则理论批判后，分析法实证主义分裂为包容性法律实证主义和排他性法律实证主义：包容性法律实证主义认为“一个特定的法律体系有可能依据承认规则使得道德标准成为该体系的效力的必要条件或充分条件”；排他性法律实证主义认为“道德标准对一个规范的法律身份而言既不是充分条件也不是必要条件，法律是什么不是什么，是社会事实问题”，如拉兹认为，每一条法律的存在和内容完全由社会渊源决定。

二、非实证主义的法的概念

非实证主义理论主张，法与道德存在本质上和内容上的联系。因此在定义法的概念时，需要将道德因素包括在内，即以内容的正确性作为法的概念的一个必要的定义要素。

这意味着非实证主义的法的概念中不仅以内容的正确性作为定义要素，同时可以包括社会实效性要素和权威性制定要素。① 因此，非实证主义的法的概念中有三个要素，而且这三个要素可以进行不同的联结与解释。非实证主义的法的概念可以分为两类：

---

① Robert Alexy: *The Argument from Injustice*, trans. Bonnie Litschewski Paulson and Stanley L. Paulson, Clarendon Press. Oxford 2002, p. 4. 转引自《辅导用书》第 18 页。

1. 以内容的正确性作为法的概念的唯一定义要素

在法律理论上，以传统的自然法理论为代表（代表学者如柏拉图、亚里士多德、西塞罗、近代古典自然法理论对自然权利的强调等）。他们区分自然法和实在法，认为自然法代表着自然律令、真理和正义，自然法高于实在法。在理论取向上，自然法独立于实在法之外；实在法应当反映自然法；自然法的效力高于实在法，违背了自然法的法律就不再是法律，因此恶法非法。按照比克斯的论述，这种观点关注“高级法”的存在问题、“高级法”的内容及其所引发的问题。

2. 以内容的正确性与权威性制定或社会实效性要素同时作为法的概念的定义要素

在法律理论上，这是超越自然法与法实证主义之争的所谓第三条道路的法学理论（代表学者是阿列克西）。例如阿列克西对法所下的定义在第二部分就界定了权威制定性、社会实效性和内容正确性这三个定义要素之间的关系（参见下面表格中的举例）。[①]

小　结

两种立场	法的概念要旨	进一步的区分	举例
实证主义的法的概念	“法是什么”仅仅依赖于“什么已经被权威性地制定”和（或）“什么具有社会实效”。	以社会实效为首要定义要素	弗兰克：“法律要么是实际的法律，即关于这一情形的一个已在过去作出的判决；要么是可能的法律，即对一个将来判决的预测。”
		以权威性制定为首要定义要素	奥斯丁：“就法律一词最为普遍最为可理解的使用方式而言，可以将其视为握有控制他人的权力的人为其目的而制定的规则。”
非实证主义的法的概念	除了权威性制定和社会实效性要素，必须以内容正确性作为法的定义要素。	以内容的正确性作为法的概念的唯一定义要素	西塞罗：“真正的法律是与本性相合的正确理性。”
		以内容的正确性与权威性制定或社会实效性要素同时作为法的概念的定义要素	阿列克西：“法律是一个规范体系，它（1）提出正确性宣称；（2）是由下列这些规范全体所组成的，即一部大体上具有社会实效且非极端不正义之宪法所包含的规范，以及依据该宪法所制定的，展现最低限度的社会实效或实效可能性，且非极端不正义的规范；（3）它还包括了法律适用程序为了实现正确性宣称所依据且/或必须依据的原则以及其他规范论据。”

① ［德］罗伯特·阿列克西著，王鹏翔译：《法概念与法效力》，商务印书馆2015年版，第132～135页。

第二章 法的特征

☞ 命题分析

“法的特征”是法理学的基础内容，该考点是“法的本体”部分的传统重点知识点。从考查趋势来看，近几年该考点略有沉寂，但是由于法的各个特征“内涵”丰富，不排除今后在命题中“复苏”的可能性。

从考查内容来看，已经考过法的普遍性、国家强制性、程序性、可诉性，还没有考到法的规范性、国家意志性。考生对这部分内容应当全面掌握，正确理解法的每个特征的含义。

在命题方式上，以往的真题曾经采用过纯理论阐释法（2013 年），法条分析法（2009 年），以具体法规作为事例的分析法（2010 年）。

法是由国家制定或认可并依靠国家强制力保证实施的，反映由特定社会物质生活条件所决定的统治阶级意志，以权利和义务为内容，以确认、保护和发展对统治阶级有利的社会关系和社会秩序为目的的行为规范体系。**法的特征**体现在如下几个方面：

一、法具有规范性，是调整人的行为的一种社会规范

对这一特征可以从下面几个方面进行理解：

1. 法是一种社会规范

“规”，意指尺规；“范”，意指模具，两者分别是对物、料的约束器具，因此“规范”合用指的是明文规定或约定俗成的标准，其含义大体与尺度、准则、规矩和规则等相似。社会规范指维系人们之间相互交往行为的基本准则。法律是一种社会规范，作为社会规范，法律不同于技术规范和自然法则。技术规范的调整对象是人与自然的关系，它规定人们如何使用自然的力量和生产工具以有效地利用自然。自然法则是自然现象之间的联系，与人的思维和行动无关，因此不具有文化意蕴。而社会规范是调整人与人之间的社会关系，它是一种文化现象，违反社会规范会受到社会的惩罚，而不仅是自然的惩罚。

2. 法只能针对行为，而不能针对思想

这是因为，行为具有外显性，可以通过证据的收集、对照判断行为人是否从事过某一行为，并判断其行为的性质和造成的结果。而思想具有内在性，我们很难找到明确的证据确定一个人的心理状态。例如，我们可以通过目击证人丙的证言，证明甲用刀杀了乙；但是不能仅仅通过甲对乙多看几眼，就认定他有对乙实施杀害的意图。

那么为什么还会区分“故意杀人”和“过失杀人”？这是因为，法律不针对思想，但是会在存在一定行为的前提下，考查行为人的主观心理状态。例如甲对乙的杀害，是故意还是过失？

3. 法针对的是关系行为

关系行为又称涉他行为、交互行为，这种行为区别于纯粹个人意义上的个体行为，又称自涉行为。法只调整关系行为的法理依据是：个体行为建立在个人自由和尊严的基础上，因此任何人和机构都不能侵入这个领域。而且纯粹意义上的个体行为不会引发行为人和他人之间的纠纷，也就不需要法律的介入。但是个体行为可能转化为关系行为，这时法律就可以对它进行调整。[①] 例如跳广场舞的行为是一种个体行为，但是如果在人们正常的休息时间跳，并且声音过大，以至于扰民的话，就转化为关系行为。

4. 法是一种以公共权力为后盾的、具有特殊强制性的社会规范

这使法律与其他调整人们行为的社会规范，如习惯、道德、宗教、惯例等区分开来。习惯、道德、宗教、政策建立在人们的信仰或确信的基础上，通过社会舆论、传统的力量、社团内部的组织力在人们的内心发生作用。而法律可以通过外在的强制力约束人们的行为。

二、法具有国家意志性，是由国家制定或认可的具有特定形式的社会规范

法律形成于公共权力机构，这是法律与其他人为形成的社会规范（如道德、习俗、惯例等）的主要区别之一。其他人为形成的社会规范或出于某一社会组织，或出于某一宗教团体，或出于某一生产生活单位，都不具有普遍的公共性特征。而法律则出自形式上的公共权力机构。这种公共权力机构是建立在一定的“合法性”基础上的国家组织。

法律的形成有两种基本方式：

1. 制定方式：即享有国家立法权的机关，按照一定的权限划分，依照法定的程序将掌握政权阶级的意志转化为法律。通过制定方式形成的法律是制定法。它具有系统的条文化的逻辑结构。

2. 认可方式：即国家机关对社会中已有的社会规范（如习惯、道德、宗教教义、政策）赋予法的效力。具体又分为两种情况：

（1）明示的认可：国家立法者在制定法律时将已有的不成文的零散的社会规范系统化、条文化，使其上升为法律，如民法对公序良俗原则的规定。

（2）默示的认可：立法者在法律中承认已有的社会规范具有法的效力，但却未将其转化为具体的法律规定，而是交由司法机关灵活掌握，如有关“从习惯”“按政策办”等规定。例如，在贵州省遵义市务川少数民族聚居地区，仡佬族苗族自治县人民法院镇南法庭受理过一起“田某诉邹某婚约财产纠纷”案，案情如下：原告田某之子与被告邹某之女经人介绍谈婚期间，按风俗，原告给付被告彩礼折合 6570 元。后被告之女悔婚，双方清算彩礼，产生争议。法官在审理案件时，就依据法律，并尊重当地

① 舒国滢主编：《法理学》，中国人民大学出版社 2005 年版，第 26～28 页。

仡佬族习俗，“男方悔婚，一切不算；女方悔婚，接金还金，接银还银”，妥善解决了争议。

在裁判中认可习俗要注意的要点：只有不违背法律的民俗习惯才可以作为裁判依据。

此外，这部分还要注意的是：

第一，因为法具有国家意志性，所以法具有统一性和权威性。这是因为国家与其他社会规范的制定者，及其他社会组织或机构不同，它是拥有主权的公共机构，而一个国家只有一个主权者。所以一个国家只有一个法体系，在一个法体系内只有一个命令和允许意志，这个法体系的组成部分是高度统一的。

第二，法具有国家意志性，但是法并非表达国家意志的唯一形式。反映国家意志的一些口号、声明、决定、照会等本身不能视为国家的法。

三、法是具有普遍性的社会规范

法的普遍性主要指的是普遍有效性，即在国家权力所及的范围内，法具有普遍效力或约束力。“在国家权力所及的范围内”根据不同法律的适用范围而有差异，全国性法律就在全国范围内有效，地方性法规、规章等就在该特定地方（省、市、自治区）范围内有效。不能片面理解法的普遍性，认为一切具体的法的效力都是完全相同的。

法的普遍性的具体含义是：

1. 法适用的对象不是特定的，而是一般的人或者一般的事。因此，在对博物馆展出的“越王勾践剑”进行盗取时，不论是笨贼甲，还是神偷乙，不论运用的是民间土办法，还是借助现代高科技，只要构成盗窃罪的犯罪构成要件，都要按照《刑法》第264条的规定定罪处罚。

法的适用效力通常以“属地主义”为基础，而道德、宗教规范等其他社会规范多采取“属人主义”确定适用效力。

2. 法不是仅适用一次，而是在其生效期间，反复适用。这使法律区别于一般的命令。例如：《刑法》第264条在生效期间，可以适用于所有盗窃案件。而命令在发出后，如老大对笨贼甲说，“把越王勾践剑给我拿来”，在笨贼甲被现场抓获后，这个命令的约束力就解除了。

例1：某省人大常委会制定了该省的《食品卫生条例》，该法规虽仅在该省范围适用，但可以说从效力上看具有普遍性吗？

提示：是的。普遍性指的是普遍有效性，即在国家权力所及的范围内，法具有普遍效力或约束力。例如对于该《食品卫生条例》，它是某省的地方性法规，在该省范围内具有普遍约束力，可以适用于一般的人或一般的事，并在生效期间反复适用。

四、法具有国家强制性，是以国家强制力为后盾保证实施的社会规范

规范都具有保证自己实现的力量。不同的社会规范，其强制措施的方式、范围、

程度、性质是不同的。法律也具有保证自己得以实现的力量，法律强制是一种国家强制，是以军队、警察、法庭、监狱等国家暴力为后盾的强制。因此，一般情况而言，法律是一种最具有外在强制性的社会规范。理解这一特征，要注意的是：

1. 强制力等同于约束力，但是不等于暴力，因为强制力需要具备正当性基础。国家暴力是一种“合法的”暴力。所谓“合法”意味着是“有根据的”，即事先有法律的明确规定和授权；同时“合法”也意味着国家权力必须合法行使，必须在法定的权限范围内，并且符合法定的程序。

2. 法具有国家强制性，是从最终意义上来讲的，它不意味着法的每一个实施过程，每一个法律规范的实施都要借助国家的系统化的强制力，也不等于国家强制力是保证法律实施的唯一力量。例如：加强公民道德建设，使人们视守法为一种道德义务，可以实现权利的自觉行使和义务的自动履行。

五、法具有程序性，是严格规定程序和通过程序保证实现的行为规范

法律的制定和实施都必须遵守法律程序，法的程序性是法区别于其他社会规范的重要特征。具体来说：

1. 法是强调程序、规定程序和实行程序的规范体系。国家和法的权威的树立、政治民主的建立、公民权利和自由的界定和保障、经济的有序发展，文化生活的丰富等，都有赖于各种法律程序，包括选举程序、立法程序、审判程序、行政程序、监督程序等的完善设计，和人们对法律程序的遵守。

2. 程序通过角色分派和对角色的行为设定外在标准，可以限制和制约人们行为的任意性和随机性。①

六、法是具有可诉性的社会规范

法的程序性使法成为一个可诉的规范体系，具有可诉性。法的可诉性指法律具有被任何人（包括公民和法人）在法律规定的机构（尤其是法院和仲裁机构）中通过争议解决程序（特别是诉讼程序）加以运用以维护自身权利的可能性。法的实现方式，是以一种制度化的争议解决机制为权利人提供保障，通过权利人的行动，启动法律与制度的运行，进而凸显法律的功能。

法的可诉性包括两方面含义：

第一，可争讼性。任何人都可以将法律作为起诉和辩护的根据。

第二，可裁判性（可适用性），即在法律决定的作出中，可以将法作为推理的依据。

例2：《劳动争议调解仲裁法》第5条规定：“发生劳动争议，当事人不愿协商、协商不成或者达成和解协议后不履行的，可以向调解组织申请调解；不愿调解、调解不成或者达成调解协议后不履行的，可以向劳动争议仲裁委员会申请仲裁；对仲裁裁

① 舒国滢主编：《法理学》，中国人民大学出版社2005年版，第31页。

决不服的，除本法另有规定的外，可以向人民法院提起诉讼。”从法的特征角度看，该规定体现了法的可诉性特点吗？

提示：该规定表明，发生劳动争议，当事人在选择协商解决，仍未解决的情况下，可以依法依次申请调解、仲裁、向人民法院提起诉讼。这条规定是劳动争议当事人启动该争议解决程序的法律依据，表明法具有可诉性的特点，有利于劳动争议当事人维护自身权利。

第三章　法的作用

☞ 命题分析

法的作用是法理学部分的“重量级”重点。从考查趋势来看，该考点常常会在综合题的选项中“露面”。而且该考点也曾经多次以单一考点命题，因此考生务必重视。

从考查内容来看，这部分的所有内容，包括正确理解法的局限性都是重点，难点是结合具体案例/法条，对法的不同规范作用（指引、评价、教育、预测、强制）做出区分。需要注意的是，有时候一个案例/法条中，可能涉及多个不同的规范作用，要注意判断和识别。

在命题方式上，近年来都是采用案例分析法，此前还运用过法条分析法和纯理论阐释法。

法的作用指法对人们的行为或社会产生的影响。法的作用体现在法与社会的关系之中，法律不仅由一定社会的物质生产方式所形塑，而且具有一定样态和特质的法律也会促进或者延缓社会的发展。不同于其他社会规范，法的作用的发挥以国家强制力为后盾，因此它才能对重要社会领域进行规制和调整，才能对社会中每个人人生轨迹展开中的具体行为，发挥明显的但更经常是潜在的影响。

根据法在社会生活中发挥作用的形式和内容上的不同，把法的作用分为社会作用和规范作用。

法的社会作用	法的规范作用（“法的功能”）
来源于法的本质和目的，是法规制和调整社会关系的目的	来源于法的特征，由于法自身是一种调整人的行为的社会规范，所以法具有规范作用
涉及三个领域：社会经济生活、政治生活、思想文化生活 分为两个方向：政治职能（通常说的阶级统治职能）、社会职能（执行社会公共事务的职能）	分为指引、评价、教育、预测和强制五种

例1：“社会的发展是法产生的社会根源。社会的发展，文明的进步，需要新的社会规范来解决社会资源有限与人的欲求无限之间的矛盾，解决社会冲突，分配社会资源，维持社会秩序。适应这种社会结构和社会需要，国家和法这一新的社会组织和社

会规范就出现了。”这段话表明了法的什么作用？

提示：在这段话里，解决社会冲突，分配社会资源，维持社会秩序都属于法的社会作用。

下面重点讲解法的规范作用。规范作用是法作用于社会的具体形式，它指向社会中的人的行为。作为以公共权力为后盾的、具有特殊强制性的社会规范，法的规范作用分为指引、评价、教育、预测和强制五种。

指引作用指法对本人的行为具有引导作用。在这里，行为的主体是每个人自己。

例2：2008年修订的《中华人民共和国残疾人保障法》第50条规定：“县级以上人民政府对残疾人搭乘公共交通工具，应当根据实际情况给予便利和优惠。残疾人可以免费携带随身必备的辅助器具。盲人持有效证件免费乘坐市内公共汽车、电车、地铁、渡船等公共交通工具。盲人读物邮件免费寄递。国家鼓励和支持提供电信、广播电视服务的单位对盲人、听力残疾人、言语残疾人给予优惠。”该规定对哪些人具有指引作用？

提示：该规定对于有关企业、政府及残疾人等相关主体均具有指引作用。

法对人的行为的指引有两种形式：

个别性指引	规范性指引
通过一个具体的指示形成对具体的人的具体情况的指引	通过一般的规则对同类的人或行为的指引

例3：《物权法》第116条规定：“天然孳息，由所有权人取得；既有所有权人又有用益物权人的，由用益物权人取得。当事人另有约定的，按照约定。法定孳息，当事人有约定的，按照约定取得；没有约定或者约定不明确的，按照交易习惯取得。”该规定对什么人有指引作用？是什么类型的指引？

提示：该规定对于具有物权孳息关系的当事人可以起到很明确的指引作用。而且这里是一种规范性的指引，适用于所有具有物权孳息关系的当事人。

从立法技术上看，法律对人的行为的指引通常采用两种方式：

确定的指引	不确定的指引（选择的指引）
通过设置法律义务，要求人们作出或抑制一定行为，使社会成员明确自己必须从事或不得从事的行为界限	通过宣告法律权利，给人们一定的选择范围

例4：《劳动争议调解仲裁法》第5条规定："发生劳动争议，当事人不愿协商、协商不成或者达成和解协议后不履行的，可以向调解组织申请调解；不愿调解、调解不成或者达成调解协议后不履行的，可以向劳动争议仲裁委员会申请仲裁；对仲裁裁决不服的，除本法另有规定的外，可以向人民法院提起诉讼。"该规定是哪种指引？

提示：从法的作用角度看，该规定为行为人提供了不确定的指引，指出发生劳动争议后，当事人可以选择申请调解、申请制裁、向法院提起诉讼等途径，这是当事人的权利。

例5：《集会游行示威法》第4条规定："公民在行使集会、游行、示威的权利的时候，必须遵守宪法和法律，不得反对宪法所确定的基本原则，不得损害国家的、社会的、集体的利益和其他公民的合法的自由和权利。"该规定是哪种指引？

提示：从法的作用角度看，该规定为行为人提供了确定的指引。它对进行集会、游行、示威的公民设置了义务，对其从事这些行为要遵守的界限做出了指引。

评价作用指法律作为一种行为标准，具有判断、衡量他人行为合法与否的评判作用。这里，行为的对象是他人。如果我们要判断别人的行为是否合法，必须首先以法律规范作为基本标准进行判断。对于评价作用，需要注意的是，这种评价既可以是普通公民或者组织进行的评价，如认为于欢的行为构成正当防卫，也可以是国家司法机关进行的正式评价，如由法院对于欢的行为做出判决。

教育作用是通过法的实施使法律对一般人的行为产生影响，具体分为示警作用和示范作用。示警通过对违法行为进行处罚来发挥作用，而示范通过对合法行为的法律效果进行肯定来发挥作用。例如对贪污腐败的国家机关工作人员进行定罪量刑，可以发挥法的示警教育作用；对合法有效的遗嘱，从法律上确认其有效，可以发挥法的示范作用。

预测作用指凭借法律的存在，可以预先估计到人们相互之间会如何行为。法的预测作用的对象是人们相互之间的行为，包括公民之间、社会组织之间、国家、企事业单位之间以及它们相互之间的行为的预测。

例6：前面例3中《物权法》第116条。该规定对于具有物权孳息关系的当事人可以起到预测作用吗？

提示：该规定对于具有物权孳息关系的当事人可以起到很明确的预测作用。凭借这一规定，无论是具有天然孳息关系，还是法定孳息关系的当事人，都可以预先就双方对孳息的权利进行预计，进而做出安排。

强制作用指法可以通过制裁违法犯罪行为来强制人们遵守法律。这里，强制作用的对象是违法者的行为。强制作用体现了法的强制力。例如，王某因散布谣言被罚款

300 元，就体现了法的强制作用。

小　结

法的规范作用	含义	作用的对象
指引作用	法对本人的行为具有引导作用	行为人自己的行为
评价作用	法具有判断、衡量他人行为合法与否的评判作用	他人的行为
教育作用	通过法的实施使法律对一般人的行为产生影响	一般人的行为
预测作用	凭借法律的存在，预先估计人们相互之间会如何行为	人们相互之间的行为
强制作用	通过制裁违法犯罪行为来强制人们遵守法律	违法者的行为

问题一：如何区分法的指引作用和预测作用？

法是以权利义务为内容的社会规范，法以这样的行为框架调整人们的行为。凭借这样的法，人们可以预测在一定法律关系中相互之间的行为。凭借这样的法，人们也可以在其指引下决定自己该如何行为。正是因为预测到行为的法律后果，才在其指引下决定依法行事。那么，如何对二者进行区分？

例 7：2011 年 7 月 5 日，某公司高经理与员工在饭店喝酒聚餐后表示：别开车了，“酒驾”已入刑，咱把车推回去。随后，高经理在车内掌控方向盘，其他人推车缓行。高经理和公司员工拒绝“酒驾”体现了法的预测作用还是指引作用？

提示：被指引的总是自己的行为，被预测的是一定法律关系中自己和相关参加者的行为。在答题时，考生要注意高经理和员工的语言表达。他们说“别开车了，‘酒驾’已入刑，咱把车推回去”。落脚点是决定推车回去，这体现了法对行为人行为的指引。如果高经理和员工说“别开车了，‘酒驾’已入刑，开车会被警察抓的”，这时他们就是在对行政执法关系中执法者的行为进行预测，也是在对自己行为的后果进行预测，才体现了法的预测作用。

第四章　法的价值的种类

☞ 命题分析

“法的价值的种类”在法理学中属于偏向“法哲学”的知识点，也是重要考点。从考查趋势来看，该考点中的“自由”“人权”两种价值比较受命题人偏爱，“出镜率”很高，几乎每年都有涉及，也曾经多次进行单一考点命题。

从考查内容来看，“自由”是这一考点中的“重中之重”。考生尤其要正确把握自由和法律的关系、准确理解自由的限度。此外，“人权”也是一个重点，人权的概念、人权的具体内容、法与人权的关系都是命题重点。由于对人权概念在定义上存在争议，因此这部分内容在理解上需要注意应当选取的立场。

在命题形式上，近年来呈现出从法条分析法考查，向案例分析法、法谚考查法、纯理论阐释法考查的转移。

法的价值指法能够以及应该促进和实现的人的价值。例如对社会秩序进行维护、对人的自由进行保障、对正义予以实现、对人权进行捍卫等。

法的价值可以从两方面进行理解：一方面是法作为社会事物自身能够促进和实现人的价值；另一方面是人在理性上希望法能够促进和实现人的价值，所以法的价值的应然面向是不能被忽视的。秩序、自由、人权、正义是法能够以及应该促进和实现的价值。

一、秩序

秩，常也；秩序，常度也。秩序指人或事物所在的位置，含有整齐守规则之意。在现代社会中，秩序是人和事物存在和运转中具有一定一致性、连续性和确定性的结构、过程和模式等。①

对秩序的追求，是人类社会生活的价值目标之一。这是因为：第一，人如果想维持其存在，并且有尊严地存在和发展，就必须生活在特定的共同体或者社会之中。这样，个人行动目标的达成就不仅依赖于自己如何行为，也取决于其他人如何行为。个人必须能够稳定地预期其他人的行为，这就需要人与人之间的交往互动具有一定程度的一致性、持续性和确定性，即具有秩序。第二，在公共生活中，没有秩序的社会交往必然是效率低下的。社会需要秩序实现分工和协作，解决利益的差异和冲突，有效

① 卓泽渊著：《法理学》（第二版），法律出版社 2016 年版，第 170 页。

分配社会资源，使群体得以稳定、巩固和发展。正是在这个意义上，才会说“政治统治或国家存在的理由之一，是保障人生存与发展所需要的起码的秩序”。所以，只有在稳定、和平、安宁、有序的社会环境下，个人和社会才能实现真正的发展。

法对秩序的促进和实现体现在，法具有其他社会规范所不具有的特性，即在法的特征中所表现出来的法的国家意志性、国家强制性、普遍性、程序性和可诉性。这些特性决定了法能够维持更稳定更具有可预期性的社会秩序。具体来说，法律可以为秩序提供预想模式、调节机制和强制保证。在法律的典章条款中，立法者或者注入了对理想的社会秩序的形塑期望，或者肯定了现行有效的社会秩序模式和规范形态；在法的运行过程中，法律规范在通过法律关系调整社会关系的同时，也在调整着社会秩序，并且根据法律上的实体规定、通过法律上的程序设计，可以使被扰乱的社会秩序恢复正常；法的国家强制性使法在调解社会秩序的众多规范中，成为不同于道德规范、宗教规范等对社会秩序最有力的保证。①

在理解法的秩序价值时，需要注意的是：秩序并不是法的唯一的价值，也不是法的最高价值或最根本的价值。所以，法促进和实现秩序价值不能以牺牲法的其他价值为代价，还要考虑到其他的法的价值。例如，不能为了实现社会价值，就随意剥夺人的自由，侵犯人的基本权利。

二、自由

自由指在没有外在强制的情况下，能够按照自己的意志进行活动的能力。人并不是像动物那样，仅仅是自然界中的一个存在者，受制于自然法则或规律。人是有理性的存在者，能够运用理性，根据自己的意志进行选择和做出决定。所以，自由是人的本质。

自由作为法的价值，意指法珍视主体根据自己的意志、目的，而不是按照外界强制或限制来行动的能力，并以确认和保障人的这种能力为己任，并且法能够以及应该促进和实现人的自由。

例1：2008年修订的《中华人民共和国残疾人保障法》第50条规定：“县级以上人民政府对残疾人搭乘公共交通工具，应当根据实际情况给予便利和优惠。残疾人可以免费携带随身必备的辅助器具。盲人持有效证件免费乘坐市内公共汽车、电车、地铁、渡船等公共交通工具。盲人读物邮件免费寄递。国家鼓励和支持提供电信、广播电视服务的单位对盲人、听力残疾人、言语残疾人给予优惠。”该规定体现了法对什么价值的保障？

提示：从法的价值的角度分析，该规定的主要目的在于实现法的自由价值，使残疾人也能自由出行，也能享受文化生活。

---

① 卓泽渊：《法理学》，法律出版社2016年版，第173页。

自由和法律的关系表现为：

法律是自由的保障	自由是法律的评价标准
法律应当确认、尊重、维护人的自由，而不是随意限制、践踏人的自由	自由可以衡量一个国家的法律是否是“真正的法律”，本质上背离了自由要求的专制法律，不是真正意义上的法律

在对这种关系进行理解时，必须注意：

1. **自由不是不受法律的任何限制。**自由并不是为所欲为，“一个人做所欲之事的空间受到两方面的限制：一方面是决定一个人事实上能够做的事的现实条件，另一方面是决定一个人可以做的事的规范”。[①] 自由是神圣的，也是有限度的，法律既保障自由，也规定了自由的限度。法律上的自由讨论的就是第二个空间的问题，它追问的是，我可以做我想做的事吗？

自由之所以要受到法律的限制，原因有三个方面：

第一，从自由本身来看，人对自由的运用包括内在运用和外在运用两方面。人对自由的内在运用只涉及决定和行为的内在动机和目标自身，而人对自由的外在运用则涉及决定与行为自身，而后者是具有外在指向性的，它可能涉及其他每个人的自由。所以，一个行为者的自由的外在运用，必须能够与其他每一个人的自由的外在运用相容。这就要求，自由的外在运用必须按照一定的条件进行，法律就是这样的条件之一。

第二，在社会生活中，为了保障一个人的自由领域，必须对其他人的自由进行限定，而从法律规范自身来看，首先它有一个社会维度，它是调整人与人之间关系的社会规范。所以，对自由进行限定的任务一部分是由法律来承担的，法律通过为人们在社会关系中的行为划定界限，来限制自由。这同时也是保障自由，因为所有人相对彼此都是自由的，即一个人在法律上的自由总是和其他人在法律上的自由同时存在。例如，《法兰西人权和公民权利宣言》（1979）第4条第1款：“每个人对其自然权利的行使，除不得越过保障社会之其他人享有同样权利的界限之外，没有任何其他界限”。其次，和其他社会规范不同的是，法律以国家强制力作为保证其实施的最终力量，它作为一种最有力的他律，能够保证人的自由的实现。

第三，我们是共同体中的一员，小到家庭、家族、村落、社区中的一员，大到一个国家甚至人类种族中的一员。共同体的良好运转取决于对忠诚、信任、相互关爱、互助合作等规则的认同和遵守。因此，共同体是由不同类型的规范建立起来的。法是由公共权力机构制定或认可的社会规范，它可以从国家意义的共同体层面出发，对自由进行限制。例如，维基解密发布大量机密文件，通过公开信息，对政府的行为进行监督。这一方面是在捍卫民主和新闻自由，另一方面大量机密文件的泄露可能威胁到相关国家的国家安全，并影响国际外交（只是是否达到“直接、立即和无法挽回的伤害”这一限度还有疑问）。

---

① ［德］莱因荷德·齐佩利乌斯著，金振豹译：《法哲学》，北京大学出版社2013年版，第210页。

法律对自由的限制在三个层面上体现出法律对自由的保障：

第一，法律能够保证每一个具体的行动者的自由的外在运用不会侵犯或干涉其他每一个人的自由的外在运用；

第二，法律能够保证每一个人不干涉或侵犯另一个具体行为者的自由的外在运用；

第三，法律能够保证国家不干涉或侵犯行为者的自由的外在运用。

2. 法律限制人的自由的原则

当我们承认自由是人的本质，而法律是具有国家强制性的他律，那就意味着法律必然会减损作为人的本质的自由。法律既然为了保证人的自由的实现，而对人的自由进行限制，我们就需要对法律限制自由进行证成。证成法律限制人的自由的原则主要有下面三个：

第一，伤害原则。根据该原则，国家禁止和限制任何成员的行为自由的必要条件是，这个行为伤害（危害、冒犯）或可能伤害（危害、冒犯）其他人的权利和利益。因此，如果一个人的行为只对自己的身体或精神产生危害，没有对其他人的权利或利益产生危害，国家就不应该限制或禁止该行为。

第二，家长主义原则。根据该原则，在一些特定领域，人们由于信息不对称或匮乏而不能判断自己的利益导致滥用或误用其自主权，而国家在这些领域能够作出正确的判断，通过合理地行使职权可保护个人免受伤害，或者为了人们自身的好处而引导他们，不论他们喜欢与否。家长主义出于增加当事人利益或使其免于伤害的善意考虑，不顾当事人的主观意志而限制其自由，如骑摩托车强制戴安全帽、对处方药和非处分药进行分类管理等。

第三，道德主义原则。根据该原则，如果一个行为与特定社会的人们的道德是背离的，国家可以禁止或限制该行为。理解这项原则需要注意的是，此处的道德指“构成特定社会的人们所共享的道德”，而不是任何某个个人或群体的道德。运用该原则对该道德的存在和内容提出证成的要求。

三、人权

人权指每个人作为人应该享有的权利。在这一部分主要讲解人权的概念、人权作为评价法律善恶的标准、法对人权的保障和实现。

（一）人权的概念

人权的定义包括三方面的含义：第一，人权是一种权利；第二，人权来自于“人自身”，也就是说，人权是人凭自己是人所享有的权利；第三，人之作为人应该享有哪些权利即人权的具体内容包括什么。在理解人权的概念时，要注意以下几点：

1. 人权可以作为道德权利而存在

人权之所以是一种道德权利，在于从自然法和自然权利的理论出发，“存在某些无论被承认与否，在一切时间和场合属于全体人类的权利。这些权利是每一个人按其本性应该享有和不容侵犯的，它们不是一种恩赐或施舍，人们仅凭其作为人就享有这些权利，而不论其在国籍、宗教、性别、种族、社会身份、职业、文化、财产和社会属性或任何其他方面的差异”。[①] 所以，人权在逻辑上先于国家和法，在根本上人权是一种道德权利。基于康德的人性原则和实践理性原则，人权作为普遍道德权利，从否定方面来看，任何人都不应当仅仅被当作工具来对待；从肯定方面来看，所有人在一切交往中都必须始终遵守共同道德的诸项原则。[②]

2. 人权也可以作为法律权利而存在

这指的是，为了保障人权的实现，保证人们在事实上享有人权，人权必须尽可能被法律化。在如何看待人上，人不是抽象的存在，不仅具有自然属性，还具有社会属性，即一个人不能孤立地生存，还要与他人共同生活，从属于某一个社会。人的个性也只有在和他人组成的社会共同体中才能得到最大的发挥。所以人权作为一种权利表明了某种社会关系的存在，人权存在于一定的社会关系中。法律、习惯、道德规范都是人权的具体来源。[③] 人权需要被法律化的原因是，仅仅作为道德权利的人权无法保证人们在事实上对它们的享有，道德不能保证人们在事实上按照道德行为。但是在法律化之后，人权就在实证法上转化为法律权利，得到国家强制力的保证。

但是需要注意的是，并不是所有的人权都实际上被法律化。

人权存在和发展的内因是人的自然属性，外因是社会的经济、文化状况。在这个意义上，人权在本原上具有历史性。人权不是天赋的，也不是理性的产物，而是历史地产生的，最终是由一定的物质生活条件所决定的。它的具体内容和范围总是随着历史发展、社会进步而不断丰富和扩展的。“权利永远不能超出社会的经济结构以及由经济结构所制约的文化发展”，不同时代、不同社会对人权的取舍、理解和使用都会有所差异。

所以，基于人的自然属性，国家法律和政府行为应以确认、保护和实现人权为目标，不得任意妨碍和侵犯人权；而基于人的社会属性，只有受国家保障的人权才是合法的权利。[④]

3. 人权的具体内容

人们对人权的具体内容还没有达成共识，但是它至少应包括但不限于以下内容：

生命权；自由权；人身安全权；私有财产权；免受酷刑或其他残忍、不人道或有辱人格的待遇或处罚；免于任意逮捕或拘禁；得到公正审判的权利；免于歧视的权利；法律的平等保护权；隐私、家庭、住宅或通信不受任意干预；言论、出版、结社和集会自由；思想、良心和宗教自由；国籍权；选举和参与公共事务权；工作权；获得适当生活水准权；社会保障权；健康权；受教育权；参加文化生活权；民族自决权；发展权；环境权；和平与安全权等。

这些权利代表了人们对有尊严的生活的最低必要前提所达成的共识，它随着人的

---

① ［英］A. J. M. 米尔恩著，夏勇、张志铭译：《人的权利与人的多样性——人权哲学》，中国大百科全书出版社 1995 年版，第 2 页，转引自徐显明主编：《国际人权法》，法律出版社 2004 年版，第 4 页。

② ［英］A. J. M. 米尔恩著，王先恒等译：《人权哲学》，东方出版社 1991 年版，第 233 页。

③ 徐显明主编：《国际人权法》，法律出版社 2004 年版，第 4 ~ 5 页。

④ 徐显明主编：《国际人权法》，法律出版社 2004 年版，第 5 页。

观念变化、新的政治力量的产生、技术的进步和新的压迫方式的出现，不断演变和扩展。①

例2："根据自然法，一切人生而自由，既不知有奴隶，也就无所谓释放""没有无义务的权利，也没有无权利的义务""人人生而平等，他们都从他们的'造物主'那里被赋予某些不可转让的权利""权利永远不能超出社会的经济结构以及由经济结构所制约的文化发展"，以上哪一表述说明人权在本原上具有历史性？

提示：回答这道题首先必须明白"人权在本原上具有历史性"的含义是什么？它侧重强调的是，人权存在和发展具有一定的外因，即人权的社会属性，具体体现为一个社会的经济、文化状况。因此人权不是天赋的，也不是理性的产物，而是历史地产生的，最终是由一定的物质生活条件所决定的。它的具体内容和范围总是随着历史发展、社会进步而不断丰富和扩展的。以此来判断："根据自然法，一切人生而自由，既不知有奴隶，也就无所谓释放"出自古罗马法学家查士丁尼的《法学总论》，它讨论的是自然法的内涵，并不涉及人权在本原上的历史性。"没有无义务的权利，也没有无权利的义务"出自马克思《国际工人协会共同章程》一文，讨论的是权利和义务的关系，与人权无关。"人人生而平等，他们都从他们的'造物主'那里被赋予某些不可转让的权利"出自美国《独立宣言》，这是一种天赋人权的观点，认为人权是不证自明的、先验的原则，并没有说明人权在本源上的历史性。"权利永远不能超出社会的经济结构以及由经济结构所制约的文化发展"出自马克思《哥达纲领批判》，它说明了人权在本原上具有历史性。

（二）人权作为评价法律善恶的标准

人权与法的关系反映着更为深层的社会、经济、政治、文化和道德内涵，它同时也是一个社会和国家经济、政治、文化、道德与法律之间的关系。人权的确立，取决于国家的社会制度、经济制度和法律制度，也取决于一个社会和民族的文化、历史传统和信念。

人权可以作为判断法律善恶的标准，不体现人权要求的法律就不是好的法律；而体现人权精神和内容的法律，一般来说都是好的法律，是体现社会进步的法律。人们要求和实现自己作为人的权利，是推动法发展与进步的动力。

人权对法的作用体现在：

1. 人权指出了立法和执法所应坚持的最低的人道主义标准和要求。正因为人有生命权，《刑法》才必须惩罚故意杀人、故意伤害的犯罪；正因为人有自由权，法律才规定不能任意限制人身自由，即使是国家机关对公民限制人身自由也必须严格遵循法定职权范围和法定程序。

2. 人权可以诊断现实社会生活中法律侵权的症结，从而提出相应的法律救济的标

① 徐显明主编：《国际人权法》，法律出版社2004年版，第6页。

准和途径。例如在“齐玉苓诉陈晓琪等以侵犯姓名权的手段侵犯宪法保护的公民受教育权纠纷案”中，从作为人权的受教育权的角度出发，国家不仅对公民的受教育权有消极的尊重义务，还有积极的保护义务。因此，滕州八中和济宁商校作为第三方侵害齐玉苓受教育权的行为应当由国家加以防止或排除。

3. 人权有利于实现法律的有效性，促进法律的自我完善。例如在国内层面，人权标明了国家权力的界限，立法机关不能制定有违人权要求的法律，政府在执行公共事务管理时必须尊重和保障人权，人权被侵犯也应当得到司法的有效救济。在国际层面，联合国制定了《国际人权公约》，并建立了人权国际保护监督机制。

（三）法对人权的保障和实现

人权的实现需要法律的确认和保护。没有立法对人权的确认和宣布，人权只能停留在道德权利的应有状态，没有执法和司法对人权的保障，人权在受侵犯后无法得到救济。这部分主要讲解法对人权保障的优势、具体形式和决定性因素。

1. 法对人权保障的优势

与其他保护手段相比较，法对人权的保障具有如下明显的优势：

（1）法律设定了人权保护的一般标准，从而避免了其他保护（如政策）手段的随机性和相互冲突的现象；

（2）人权的法律保护以国家强制力为后盾，因而具有国家强制性、权威性和普遍有效性。

2. 法对人权保障的具体形式

法律保障人权的具体形式，是把人权转化为法律权利。尽管并非人权的所有内容都由法律规定，但是从各国立法和国际立法层面来看，大部分人权都反映在法律权利上。人权与法律权利的关系具体表现为：一方面，人权的基本内容是法律权利的基础；另一方面，法律权利是人权的体现和保障。重要的是，基于法对人权保障的优势，人权只有以法律权利的形式存在才有其实际意义。因此，基本人权必须法律化。

3. 法对人权保障的决定性因素

哪些人权能转化为法律权利，得到法的保护？这取决于以下因素：

（1）一国经济和文化的发展状况

人权的法律化受到一国经济和文化的发展制约。例如，个人适当生活水准权的保障，与一国的经济发展和社会进步水平相关，也与国内的贫富差距大小、社会救助水平联系在一起。因此不同国家在社会保障制度上存在较大差异。又如对于妇女人权的保障受到文化因素的影响，在一些国家还存在侵犯妇女生命权的暴力不受法律规制，如女性割礼、强制绝育或堕胎、荣誉谋杀（Honor Killings）、家庭暴力等。

（2）一国的民族传统和基本国情

人权的法律化还受到一国民族传统和基本国情的制约。例如，宗教信仰与人类社会有着长期、紧密和复杂的联系，对信仰自由权的保障在宗教信仰不同的国家，人权法律化的情况有很大差别。又如在对工作权进行保障时，受制于一个国家人口的压力、经济发展水平区域性不平衡、城乡就业矛盾和结构性失业的压力等。

四、正义

（一）正义的概念

主观意义的正义，是个人的美德，即人的诚实正直与受人尊敬。其实质是一种“个人正义”，一种作为美德的正义。客观意义的正义，指社会共同生活的正直的、道德上合理的状态和规则。其实质是一种“社会正义”。法学中的正义主要涉及的是社会正义。

但是个人正义并非和社会正义完全无关。柏拉图在《国家篇》中将正义定义为：“正义就是做应当做的事”。这个观点经亚里士多德、西塞罗、奥古斯丁深入到罗马法中，从而成为欧洲法律思想和国家思想的基本组成部分。让每个人做他应该做的事，可以理解为要求每个人按照道德的善和要求，诚实可信地扮演其社会角色并完成其社会任务，这也就促成了社会正义的实现。

（二）法与正义的关系

法与正义的关系体现在下面三个方面：

第一，正义内化于法律的规范体系中。这指的是在法律规范体系中所体现出来的程序正义和形式正义。例如对于刑事诉讼的程序正义来说，法律规范体系所规定的“程序参与”“有效辩护”“一事不再理”等。

第二，正义是检测法律的一种尺度或标准，它是一种实质的道德准则。这指的是，正义应当内化于法律规范体系之中，法应当按照正义标准分配权利和义务。当我们批评某个法律规定或者某种法律制度有问题时，我们要求有“更好的”方案。这实质上是以正义的名义对以法条为外在载体的法律规范体系提出要求。

第三，正义还需要实现于法律的实施中。这是因为，法律规范虽然符合正义的要求，但是并不能保证它被适用于具体案件时也必然导致公正的裁判。所以，在法的执行和适用中，必须保证公正、理性和弹性的法律原则的导入，这样能够最大限度地避免在既存法律出现非公正漏洞的情况下，可能产生的恶性。

（三）分配正义与平衡（矫正）正义

分配正义与平衡（矫正）正义这种对正义的划分方式，最初来自于亚里士多德。

1. 分配正义

分配正义涉及一个共同体或社会如何分配其成员作为共同体的一个分子的基本权利与义务，如何划分由大家的合作所产生的利益与负担。以此，分配正义涉及至少三方的关系，第三方（特别是国家）分配物和财产。这种分配要符合参加者和未参加者的正义判断和价值判断，免于任意，所以要遵循各种原则进行。一般遵循的原则有：

（1）平等原则

平等原则又叫无差别原则，即每个人作为社会或共同体的成员享有相同的基本的社会权利和义务，且每个社会成员所享有的基本社会权利和义务之间是相一致的。

平等原则依据的信念是，根据身体和灵魂的自然本质以及不可侵犯的尊严，任何人都是平等的。它在西方具有深远的宗教基础，并被渗透在现代民主宪法中，民法典中（一切人享有平等的权利能力）。但是，该原则的不足在于，它会产生事实上的不平等，因为每个人的工作、收入、需求、贡献和能力都是不同等的。

（2）差别原则

差别原则指每个社会成员得到自己应该得到的份额。即在同等的情况下必须同等对待，在不同等的情况下必须不同等对待。

第一种进行差别对待的标准是，按照每个社会成员的社会地位进行分配，例如在前现代社会，贵族获得的权利更多。

第二种进行差别对待的标准是，按照每个社会成员的贡献进行分配。这一标准还需要经受下面的质疑：第一，这种较大的贡献是基于什么而来？如果是基于较大的天资而做出的较大贡献，那么在分配时就会出现证成上的困难。如果是基于较大的能力而做出的较大贡献，那也需要考虑这种能力的获得既需要个人的付出，也受制于个人生长的家庭和环境，依赖于其受教育的各种可能性。第二，根据贡献进行分配可能导致的结果是，某些人因为先天的缺陷（生理上、心理上），因而无法为社会做出贡献，或者只能做出很小的贡献，无法获得其作为人的价值与尊严的物和东西。这会有违实质的社会公正的要求，违反社会原则的要求。

第三种进行差别对待的标准是，按照每个社会成员的个人需求进行分配。这一分配原则的依据是，个人作为人自身就是目的，个人作为人应当得到维持其存在的物与东西。所以，最低生活保障等各种社会福利制度安排，就是满足人作为人的必然的客观的个人需求。

2. 平衡（矫正）正义

平衡正义是平衡市民间关系的正义标准。在平等主体间的交往中，贯彻自决权原则和契约自由原则。在这里，私法自治代替了国家对正义的监督。

遵守私法上的自治的重要原因是，任何人都无法准确地计算什么价格对某个商品或服务来讲才是公正的。所以国家的法律不会干预由市场和自由协议来调整的价格形成过程。这不仅体现在市场上的民商事交往过程中，也体现在劳动力市场上的劳动合同的缔结，国家有意识地不对报酬问题做出规定。

但是平衡正义之所以是正义的，必须建立在一定的前提条件基础上，即合同双方的地位在事实上近乎平等。所以，为了确保这一前提的存在，法律需要对市场交往规定一定的框架性条件，例如禁止不正当竞争的行为，对不公正的格式条款进行控制，法律为自己保留确定最低劳动条件的权力等。①

① ［德］伯恩·魏德士著，丁小春、吴越译：《法理学》，法律出版社 2003 年版，第 159～160，164～170 页。

第五章 法的价值冲突及其解决

☞ 命题分析

“法的价值冲突及其解决”是不出则已，一出就是“绝杀”的重点。从考查趋势来看，近年来对这一考点加大了考查力度，从2014年至2017年连续4年考查。从命题力度来看，该考点很“有分量”，因为在往年7道题中，有3道题都是单一考点命题（2008年、2011年、2015年）。

从考查内容来看，重点一是判断价值冲突出现在哪些价值之间，或者哪些具体的价值内容（如遗嘱自由和婚姻自由）之间，二是对各种价值冲突解决原则进行准确理解和区分。

从命题形式来看，该部分考查形式较为固定，近年来全是采用案例分析法，此前（2012年前）则采用的都是法条考查法。无论哪种形式，都需要考生在具体情况下，对案例/法条的内容做出价值判断。

一、法的价值冲突发生的原因及不同场合

由于社会的多元，**法的各种价值之间有时会发生冲突**。这种冲突通常出现在三种场合：一是个体之间的价值冲突，如言论自由的行使可能侵犯他人的名誉权或者隐私权；二是共同体之间的价值冲突，如国际人权与一国主权之间的矛盾；三是个体与共同体之间的价值冲突，如为了保障个人出行自由，从事公共运输的承运人不得拒绝旅客通常、合理的运输要求；而为了维护民用航空飞行的安全有序，一些乘客可能被拒载。这就反映了公民的自由权利和共同体的秩序价值之间的冲突。

因此在法的制定中需要对各种价值进行平衡，在法的实施中也需要确立一些原则，对价值冲突进行解决。

二、立法和司法中法的价值冲突的不同情况及其关联

在抽象层面上，一部具体的法律或者一个部门法通常体现多种价值。但是它往往会凸显某种价值，同时兼顾其他价值。例如有的法主要实现秩序价值，有的法主要保证自由的实现。这时，并不会存在法的价值的现实冲突。

虽然在立法过程中，立法者已经在其所处的特定时空条件下对法的各种价值进行了衡量、平衡、抉择，但是在司法裁判时，司法者仍然需要在特定的具体案件的情境下，对该案件所涉及的法的不同价值进行衡量、平衡、抉择。这是因为，法律的价值

冲突发生在事实层面上，是在特定时空中发生的。立法者考虑的情境是一般的相同的情境，而司法者考虑的是特定案件的特殊情境，是个案的具体情境。在个案中，那些在抽象层面在不同规范领域可以并行不悖的价值，可能在具体争议中各自主张其合理性和优先地位。这就产生了法的价值冲突。

立法和司法中法的价值冲突的关联在于，司法者针对具体案件事实在法的不同价值之间进行的平衡和抉择，必须以立法者对法的不同价值之间的衡量和抉择的结果作为前提和基础。这就意味着，司法活动中的价值冲突解决，要受到立法中的价值权衡的约束，不能脱离法的规定任意进行。

三、法的价值冲突的解决原则

司法者对在事实层面上发生的法的价值冲突的解决，具有终局性。因为它必定是以个案中某种价值的削弱、减损、抑制为结果发生的，所以要求司法者在此必须遵循一定的原则。

（一）个案中的比例原则

该原则指的是，在具体案件情境中，与其他法的价值相比较，哪一个法的价值更具有优先性或分量更重。即在相互冲突的价值中，损害程度最小的法的价值是更具有优先性或分量的价值。

例1：我国《刑法》第21条规定，“为了使国家、公共利益、本人或者他人的人身、财产和其他权利免受正在发生的危险，不得已采取的紧急避险行为，造成损害的，不负刑事责任。紧急避险超过必要限度造成不应有的损害的，应当负刑事责任，但是应当减轻或者免除处罚。”该条文中的价值平衡，适用了什么原则？

提示：该条文中的价值平衡，适用的是比例原则，它体现出在紧急避险时，应当尽可能实现“最小损害”的理念。事实上这是立法上对价值的权衡和抉择，并非发生在个案中。

（二）价值位阶原则

该原则指的是，在不同的法的价值间可以确立一个价值位阶，当不同位阶的法的价值发生冲突时，位阶高的价值优于位阶低的价值。

法的价值位阶如何确立？首先，法的基本价值（秩序、自由、正义、人权）高于效率、利益等一般价值。其次，在基本价值中，人权、自由位于价值的顶端，正义（作为自由的价值外化）其次，秩序（实现自由、正义的社会状态）低于二者。

例2：宽严相济是我国的基本刑事政策，要求法院对于危害国家安全、恐怖组织犯罪、“黑恶”势力犯罪等严重危害社会秩序和人民生命财产安全的犯罪分子，尤其对于极端仇视国家和社会，以不特定人为侵害对象，所犯罪行特别严重的犯罪分子，该依法重判的坚决重判，该依法判处死刑立即执行的绝不手软。该政策在解决价值冲突时，遵循了什么原则?

提示:在公共秩序、社会安全、犯罪分子生命之间存在价值冲突。根据宽严相济的基本刑事政策,严重危害社会秩序和人民生命财产安全的犯罪分子的生命,在价值位阶上低于公共秩序和社会安全。该政策在解决价值冲突时,遵循了价值位阶的原则。

小　结

法的价值冲突的解决原则	关键点
个案中的比例原则	比较哪一个法的价值在具体案件的情境下更具有优先性或分量
价值位阶原则	位阶高的价值比位阶低的价值优先得到保护
自由裁量原则、功利原则	都是干扰项

第六章　法律规则

☞ 命题分析

“法律规则”是法理学中“当之无愧”的重点。从考查趋势来看，每年都有命题，有的年份甚至不止一题，因为它相对细碎的多个考点，可以在任何一道综合题里作为一个或几个选项出现。所以考生要引起重视，不要因小失大。

从考查内容来看，这部分重点考查的依次是“法律规则的分类”“法律规则的逻辑结构”“法律规则与语言”。其中，三种分类标准下的具体类别都可能考到，难点是区分确认性规则、准用性规则和委任性规则、区分任意性规则和强行性规则、明确义务性规则、命令性规则、禁止性规则之间的关系。要点是准确掌握具体分类标准下各法律规则类别的含义和特点，这样就可以在这部分做到“稳操胜券”。另外，法律规则逻辑结构的每个部分，包括假定条件、行为模式（可为、应为、勿为模式）、法律后果（肯定式、否定式法律后果）都是考查重点。考生需要按照下面总结的关键点准确识记。

从命题形式来看，这部分基本的命题形式是法条考查法，即通过具体法条，让考生判断其中法律规则的具体类型，或者判断法条内容属于法律规则假定条件、行为模式和法律后果的哪一个部分，或者判断法律规则和语言的关系。

一、法律规则的含义

法律规则是采取一定的逻辑结构形式具体规定权利和义务，以及相应的法律后果的行为规范。

二、法律规则的逻辑结构

法律规则的逻辑结构，指从逻辑的角度看，法律规则是由哪些部分或要素组成的，以及这些部分或要素之间是如何联结在一起的。

对法律规则的逻辑结构，学界观点各异，分为传统“三要素说”“两要素说”和新“三要素说”。

对法律规则逻辑结构的不同观点	内容
传统“三要素说”	假定、处理、制裁
“两要素说”	行为模式、法律后果
新“三要素说”	假定条件、行为模式、法律后果

本书采用新“三要素说”，下面对各个部分进行讲解。

(一) 假定条件

假定条件，指法律规则中有关适用该规则的条件和情况的部分，即法律规则在什么时间、空间、对什么人适用以及在什么情境下对人的行为有约束力的问题。它包含两个方面：

1. 法律规则的适用条件：其内容有关法律规则在什么时间生效，在什么地域生效以及对什么人生效等。

2. 行为主体的行为条件。

假定条件		举例
法律规则的适用条件	在什么时间生效	本法自 1999 年 10 月 1 日起施行（《合同法》第 428 条） 本法自 1997 年 10 月 1 日起施行（《刑法》第 452 条）
	在什么地域生效	凡在中华人民共和国领域内犯罪的，除法律有特别规定的以外，都适用本法（《刑法》第 6 条）
	对什么人生效	外国人在中华人民共和国领域外对中华人民共和国国家或者公民犯罪，而按本法规定的最低刑为三年以上有期徒刑的，可以适用本法，但是按照犯罪地的法律不受处罚的除外（《刑法》第 8 条）； 消费者为生活消费需要购买、使用商品或者接受服务，其权益受本法保护（《消费者权益保护法》第 2 条）
行为主体的行为条件		成年人为完全民事行为能力人，可以独立实施民事法律行为（《民法总则》第 18 条）

假定条件通常在一部法律的总则部分进行规定（如《刑法》），甚至一个法律部门的某个具有“总则”性质的法律中进行规定（如民法中的《民法总则》）。

(二) 行为模式

行为模式，指法律规则中规定人们如何具体行为之方式或范型的部分。根据行为要求的内容和性质不同，法律规则中的行为模式分为三种：可为模式、应为模式、勿为模式。

1. 可为模式：指在假定条件下，人们“可以如何行为”的模式。
2. 应为模式：指在假定条件下，人们“应当或必须如何行为”的模式。
3. 勿为模式：指在假定条件下，人们“禁止或不得如何行为”的模式。

其中，可为模式又称权利行为模式，应为模式和勿为模式又称义务行为模式。

行为模式	表述方式	举例
可为模式	"可以""有……权利""有……自由"	债权人**可以**将合同的权利全部或者部分转让给第三人（《合同法》第79条） 中华人民共和国公民对于任何国家机关和国家工作人员，**有**提出批评和建议**的权利**（《宪法》第41条） 夫妻双方都**有**参加生产、工作、学习和社会活动**的自由**（《婚姻法》第15条）
应为模式	"应当""必须"	当事人**应当**按照约定全面履行自己的义务（《合同法》第60条） 发生法律效力的民事判决、裁定，当事人**必须**履行（《民事诉讼法》第236条）
勿为模式	"不得""禁止""严禁"	业主**不得**违反法律、法规以及管理规约，将住宅改变为经营性用房（《物权法》第77条） **禁止**承包人将工程分包给不具备相应资质条件的单位。**禁止**分包单位将其承包的工程再分包（《合同法》第272条） **严禁**在草原和森林毁草毁林开垦耕地。（《民族区域自治法》第27条）

行为模式是所有法律规则的核心部分，占据了法律的大部分篇幅。在法律教义学中，行为模式常常构成某个"事实构成"的要件。

行为模式在表述时，有时会省略表述的关键字眼。

例1：《中华人民共和国民法通则》（以下简称《民法通则》）第15条规定："公民（应当）以他的户籍所在地的居住地为住所，经常居住地与住所不一致的，经常居住地（应当）视为住所。"该条文表达的是法的逻辑结构的哪个要素？

提示：该条文表达的是一个法律规则（对公民的住所进行认定）的行为模式。

（三）法律后果

法律后果，指法律规则中规定人们在作出符合或不符合行为模式的要求时应承担相应的结果的部分，是法律规则对人们具有法律意义的行为的态度。

根据人们对行为模式所作出的实际行为的不同，法律后果又分为合法后果和违法后果。

1. 合法后果：又称肯定式的法律后果，是法律规则中规定人们按照行为模式的要求行为而在法律上予以肯定的后果。

2. 违法后果：又称否定式的法律后果，是法律规则中规定人们不按照行为模式的要求行为而在法律上予以否定的后果。

法律后果	具体表现	举例
合法后果	对人们行为的保护、许可或奖励	对符合合同订立的行为模式的行为，“依法成立的合同，自成立时生效”（《合同法》第44条）
违法后果	对人们行为的制裁、不予保护、撤销、停止，或要求恢复、补偿	盗窃公私财物，数额较大或者多次盗窃的，处三年以下有期徒刑、拘役或者管制，并处或者单处罚金（《刑法》第264条）
		当事人一方不履行合同义务或者履行合同义务不符合约定的，应当承担继续履行、采取补救措施或者赔偿损失等违约责任（《合同法》第107条）

合法后果常常在法律规则中被省略掉，我们在寻找一个法律规则时，可以根据一个法律规则的逻辑脉络，将它补充完整。如《合同法》第79条关于“合同的债权人转让债权”的行为模式，在《合同法》中并没有规定其合法后果。它的合法后果就是：债权人将合同的权利全部或者部分转让给第三人的行为，有效。

违法后果常常在一部法律的“法律责任”部分进行规定。《刑法》分则几乎都是关于违法后果的规定。

理解法律规则的逻辑结构，需要注意的是：

1. 法律规则的三要素在逻辑上缺一不可。

2. 法律规则不同于法律条文。法律是以法律条文为基本构成单位，而一个法律规则需要从法律条文的字里行间，从法律的行文脉络进行寻找。一个完整的具有假定条件、行为模式、法律后果的法律规则，需要花一番功夫才能组织完全。这也是一个法律人，尤其是法官需要练就的功夫。因为法官在进行法律推理时，寻找的大前提就是一个（或者多个）法律规则，通过案件事实对小前提进行准备时，就是在确认具体个案的假定条件和行为模式是否被满足，最后推理出来的结论就是法律后果在个案中的具体体现。

3. 一个法律条文可能只规定法律规则的某个要素或若干要素。因此，在法律条文中，有时省略的是假定条件，有时省略的是行为模式，有时省略的是法律后果。

三、法律规则与语言

（一）法律与语言的关系

一切法律规范都必须以作为“法律语句”的语句形式表达出来。这意味着，“法律规则必须以法律语句的语句形式表达出来”，“法律原则也必须以法律语句的语句形式表达出来”（参见2016－1－9A）。法律规范具有语言依赖性，借助语言，法律得以表达、记载、解释和发展。

（二）法律规则与表达法律规则的语句之间的不同

法律规则是通过特定语句表达的。

“表达法律规则的语句”，指的是对法律规则进行表达的字、词，以及它们构成的语句整体。而“法律规则”则指的是以语句为载体的法律规则及其所表达的意义。

法律人适用法律解决具体案件时，适用的是以语句为载体的法律规则中所表达的意义。因为语言的意义具有模糊性，容易产生歧义，所以需要对法律进行解释，揭示构成法律规则的字词所表达的意义。

（三）表达法律规则的特定语句

表达法律规则的特定语句是一种规范语句。根据其运用的助动词不同，规范语句可以分为命令句和允许句。

命令句指使用了“必须”“应该”“禁止”等道义助动词的语句；允许句指使用了“可以”等道义助动词的语句。

规范语句	道义助动词	举例
命令句	“必须”“应当”“禁止”“不得”等	“消费者索要发票等购货凭证或者服务单据的，经营者必须出具” “当事人互负债务，没有先后履行顺序的，应当同时履行” “禁止承包人将工程分包给不具备相应资质条件的单位” “行政机关不得滥用行政权力，制定含有排除、限制竞争内容的规定”
允许句	“可以”	“物权受到侵害的，权利人可以通过和解、调解、仲裁、诉讼等途径解决”

有时，法律规则不是用规范语句进行表达，而是用陈述句进行表达。陈述句通常是用来描述一个事实，但是作为法律规则的陈述句通常表达的仍然是一种规范陈述，可以被改写为一个规范语句。例如，《行政诉讼法》第38条规定：“在行政赔偿、补偿的案件中，原告应当对行政行为造成的损害提供证据。因被告的原因导致原告无法举证的，由被告承担举证责任。”该条文的第二句是一个陈述句，但实际上表达的是一个命令，可以改写为，“因被告的原因导致原告无法举证的，应当由被告承担举证责任。”

四、法律规则与法律条文

（一）法律条文及其类别

法律条文是一种表达法律规范的语句，是规范性法律文件的基本构成单位。从表述的内容来看，法律条文分为规范性条文和非规范性条文。

规范性条文是直接表述法律规范（法律规则和法律原则）的条文。

非规范性条文是规定法律技术内容的条文，例如规定公布机关和时间、法律生效日期等。

因此，并不是所有的法律条文都直接规定法律规则。

（二）法律规则和法律条文的关系

法律规则是法律条文的内容，法律条文是法律规则的表现形式。二者之间的关系可能表现为以下四种情况：

1. 一个完整的法律规则由数个法律条文来表达；
2. 法律规则的内容分别由不同规范性法律文件的法律条文来表述；
3. 一个法律条文表述不同的法律规则；
4. 法律条文仅规定法律规则的某个要素或若干要素。

五、法律规则的分类

法律规则多种多样，按照一定标准对其进行分类，有利于对不同类型规则的性质进行认知、比较和区分，进而提高立法技术，并为法律实务中对具体规则的运用提供方便。在此主要讲三种分类，考生需要掌握不同区分标准下具体分类的含义。

（一）授权性规则和义务性规则

这一分类划分的标准是规则的内容。

1. **授权性规则**，指规定人们有权做一定行为或不做一定行为的规则，即规定人们的“可为模式”的规则。如《物权法》第35条：“妨害物权或者可能妨害物权的，权利人可以请求排除妨害或者消除危险”。

2. **义务性规则**，指在内容上规定人们的法律义务，即有关人们应当作出或不作出某种行为的规则。

例2：《集会游行示威法》第4条规定：“公民在行使集会、游行、示威的权利的时候，必须遵守宪法和法律，不得反对宪法所确定的基本原则，不得损害国家的、社会的、集体的利益和其他公民的合法的自由和权利。”该条文规定了何种类型的法律规则？

提示：该条文规定了公民在集会、游行、示威时应尽的义务，属于义务性规则。

义务性规则又分为两种：

（1）命令性规则，指规定人们的积极义务，即人们必须或应当作出某种行为的规则。

例3：《行政处罚法》第37条第3款：“执法人员与当事人有直接利害关系的，应当回避。”该条文规定了何种类型的法律规则？

提示：这属于义务性规则中的命令性规则。

（2）禁止性规则，指规定人们的消极义务（不作为义务），即禁止人们作出一定行为的规则。

例4：《反垄断法》第37条：“行政机关不得滥用行政权力，制定含有排除、限制竞争内容的规定。”该条文规定了何种类型的法律规则？

提示：这属于义务性规则中的禁止性规则。

例5：上面《集会游行示威法》第4条。该条文规定了何种类型的法律规则？

提示：具体言之，其中"必须遵守宪法和法律"规定的是积极义务，属于命令性规则；"不得反对宪法所确定的基本原则，不得损害国家的、社会的、集体的利益和其他公民的合法的自由和权利"规定的是消极义务，属于禁止性规则。

（二）确定性规则、委任性规则和准用性规则

这一分类划分的标准是规则内容的确定性程度。

1. **确定性规则**，指内容本已明确肯定，无须再援引或参照其他规则来确定其内容的法律规则。大多数法律规则都是确定性规则。

例6：《物权法》第116条规定："天然孳息，由所有权人取得；既有所有权人又有用益物权人的，由用益物权人取得。当事人另有约定的，按照约定。法定孳息，当事人有约定的，按照约定取得；没有约定或者约定不明确的，按照交易习惯取得。"该条文规定了何种类型的法律规则？

提示：该规定属于确定性法律规则，它对天然孳息和法定孳息的归属进行了明确规定。

2. **委任性规则**，指内容尚未确定，而只规定某种概括性指示，由相应国家机关通过相应途径或程序加以确定的法律规则。

例7：《政府信息公开条例》第37条："教育、医疗卫生、计划生育、供水、供电、供气、供热、环保、公共交通等与人民群众利益密切相关的公共企事业单位在提供社会公共服务过程中制作、获取的信息的公开，参照本条例执行，具体办法由国务院有关主管部门或机构制定。"该条文规定了何种类型的法律规则？

提示：这属于委任性规则。

3. **准用性规则**。根据《2017年国家司法考试辅导用书》（即官方"三大本"）中的定义，是指内容本身没有规定人们具体的行为模式，而是可以援引或参照其他相应内容规定的规则。

例8：1995年颁布的《保险法》第91条规定："保险公司的设立、变更、解散和清算事项，本法未作规定的，适用公司法和其他有关法律、行政法规的规定。"2009年修订的《保险法》第94条规定："保险公司，除本法另有规定外，适用《中华人民共和国公司法》的规定。"这两个条文规定了何种类型的法律规则？

提示：这两个条文规定的内容，都属于准用性规则。

对于上述准用性规则的定义存在需要修正的必要。在2013年卷一第10题中，题干引用《婚姻法》第19条第1款规定："夫妻可以约定婚姻关系存续期间所得的财产以及婚前财产归各自所有、共同所有或部分各自所有、部分共同所有。约定应当采用书面形式。没有约定或约定不明确的，适用本法第十七条、第十八条的规定。"这是一个准用性规则吗？

按照该题的标准答案，该条文不属于准用性规则。而且，从准用性规则的定义来看，该规则规定了人们具体的行为模式，不属于准用性规则。但是，司法部国家司法考试中心编写的《试题解析汇编》在该题解析中指出，"适用同一法律的其他条款，也应属于准用情形"，这种角度"也有一定道理"。在答案和解析有出入、法条与定义有冲突的情况下，究竟如何理解什么是"准用性规则"？笔者认为从这一分类依据来看，准用性规则可以推及到"适用同一法律的其他条款"的情形上。因此，可以将准用性规则的定义修改为：准用性规则是指内容本身没有规定人们具体的行为模式，或者虽然规定了具体的行为模式但是没有明确的法律后果，而是可以援引或参照其他相应内容规定的规则。

（三）强行性规则和任意性规则

这一分类划分的标准是规则对人们行为规定和限定的范围或程度。

1. **强行性规则**，指内容规定具有强制性质，不允许人们随便加以更改的法律规则。义务性规则、职权性规则属于强行性规则。职权性规则又称权义复合规则，一方面被指示的对象有权按照法律规则的规定作出一定行为，另一方面作出这些行为又是其不可推卸的义务。职权性规则大多是有关国家机关组织和活动的规则。例如《刑事诉讼法》第54条规定："采取刑讯逼供等非法方法收集的犯罪嫌疑人、被告人供述和采用暴力、威胁等非法方法收集的证人证言、被害人陈述，应当予以排除。"该条文表达的是一个强行性规则，是针对法官的"非法证据排除"规则。

2. **任意性规则**，指规定在一定范围内，允许人们自行选择或协商确定为与不为、为的方式以及法律关系中的权利义务内容的法律规则。任意性规则的特点是，该规则允许主体在法律许可的范围内通过协商自行确定其权利和自由的内容与方式。授权性规则一般都是任意性规则。

例9：《劳动争议调解仲裁法》第5条规定："发生劳动争议，当事人不愿协商、协商不成或者达成和解协议后不履行的，可以向调解组织申请调解；不愿调解、调解不成或者达成调解协议后不履行的，可以向劳动争议仲裁委员会申请仲裁；对仲裁裁决不服的，除本法另有规定的外，可以向人民法院提起诉讼。"该条文表达了何种类型的法律规则？

提示：该条文表达了任意性规则。法律赋予劳动争议当事人一定的权利和自由，可以自行选择调解、仲裁、诉讼等救济方式。

这部分答题时要注意的问题有：

1. 在对不同规则类型进行判断时，有一个前置判断程序，就是给出的题干内容，是否是法律规则？如果不是法律规则，就不要被命题人故意混淆的规则类型所迷惑。

例10： 甲、乙签订一份二手房房屋买卖合同，约定："本合同一式三份，经双方签字后生效。甲、乙各执一份，见证律师留一份，均具有同等法律效力。"该买卖合同是甲乙双方所确立的授权性规则吗？

提示： 考生一定要注意，任何法律规则的分类，都必须首先满足是法律规则这个前提条件。该二手房房屋买卖合同只是一份民事合同，不是法律规则，更不是授权性规则。

例11： 《中华人民共和国畜禽遗传资源进出境和对外合作研究利用审批办法》第3条规定："本办法所称畜禽，是指列入依照《中华人民共和国畜牧法》第11条规定公布的畜禽遗传资源目录的畜禽。本办法所称畜禽遗传资源，是指畜禽及其卵子（蛋）、胚胎、精液、基因物质等遗传材料。"该条款规定属于任意性规则吗？

提示： 该条款规定的是法律概念（与法律规则、法律原则并列的范畴），是对"畜禽"和"畜禽遗传资源"的内容进行概括和规定的法律术语。因此，它不是法律规则，更不是任意性规则。

例12： 张某与王某于2000年3月登记结婚，次年生一女小丽。2004年12月张某去世，小丽随王某生活。王某不允许小丽与祖父母见面，小丽祖父母向法院起诉，要求行使探望权。法官在审理中认为，我国《婚姻法》虽没有直接规定隔代亲属的探望权利，但正确行使隔代探望权有利于儿童健康成长，故依据《民法通则》第7条有关"民事活动应当尊重社会公德"的规定，判决小丽祖父母可以行使隔代探望权。"民事活动应当尊重社会公德"的规定属于命令性规则吗？

提示：《民法通则》第7条有关"民事活动应当尊重社会公德"的规定，属于法律原则，即为法律规则提供基础或本源的综合性、指导性的原理或价值准则。所以，它不是法律规则，更不是命令性规则。

2. 要注意区分一些易混淆的分类。如下面例子中的陷阱：

例13：《婚姻法》第22条："子女可以随父姓，可以随母姓。"这是确定性规则吗？

提示：是的。有的考生看到“可以……，可以……”会认为这是“不确定的”，所以不是确定性规则。这是把“确定性规则”和“任意性规则”混淆了。务必注意的是，“确定性规则”和“委任性规则”“准用性规则”同属一个分类范畴；“任意性规则”和“强制性规则”同属一个分类范畴，在此分类下，这是一个任意性规则。

小　结

<table>
<tr><th>分类标准</th><th colspan="2">具体类别</th><th>表述特点</th></tr>
<tr><td rowspan="3">规则的内容</td><td colspan="2">授权性规则</td><td>“可以”“有……权利”“有……自由”</td></tr>
<tr><td rowspan="2">义务性规则</td><td>命令性规则</td><td>“应当”“必须”“须”</td></tr>
<tr><td>禁止性规则</td><td>“不得”“禁止”“严禁”</td></tr>
<tr><td rowspan="3">规则内容的确定性</td><td colspan="2">确定性规则</td><td>除下面两种之外的大多数法律规则</td></tr>
<tr><td colspan="2">委任性规则</td><td>……的具体办法由……部门或机构制定；
……的管理办法，由……依据本法另行制定；
……的管理办法，由……机构会同……有关部门制定，等</td></tr>
<tr><td colspan="2">准用性规则</td><td>……，本法未作规定的，适用《××法》的规定；
……，除本法另有规定外，适用《××法》的规定；
……，适用《××法》的规定，等</td></tr>
<tr><td rowspan="2">规则对人们行为限定的范围和程度</td><td colspan="2">强行性规则</td><td>“应当”“必须”</td></tr>
<tr><td colspan="2">任意性规则</td><td>“可以”</td></tr>
</table>

第七章　法律原则

☞ 命题分析

“法律原则（包括法律规则和法律原则的适用）”是较有难度的考点。从考查趋势来看，它是近年来一直为命题人所偏爱的考点，始终热度不减。因此考生在备考时要给予足够的重视。

从考查内容来看，法律规则和法律原则的区别、法律规则和法律原则适用的顺序、法律原则适用的条件都是命题重点。考生可以结合下面的总结，全面准确地理解和掌握这部分理论。

从命题方式上看，该考点经历了从纯理论阐释法（如 2008 年）到案例分析法（如 2014 年～2017 年）的转变，现在基本采用案例分析法，多在其中一个或几个选项中出现，以增加整题的难度。

一、法律原则的含义和种类

从法的要素上看，法律是由法律概念、法律规则和法律原则组成的。其中，法律规则是采取一定的结构形式具体规定人们的权利、义务以及相应法律后果的行为规范，而**法律原则是**为法律规则提供某种基础或本源的综合性、指导性的价值准则或规范。

和法律规则一样，法律原则也是使用道义助动词进行表达的。

法律原则的种类中，“程序性原则”曾经在 2016 年、2017 年两年出来“打过酱油”，但是都没有任何实际的杀伤力，所以种类部分这里就略去不讲了。

二、法律原则与法律规则的区别

对法律规则和法律原则进行区分，有利于明确二者在法律中的功能定位，进而确立法律规则和法律原则的适用条件。

（一）法律原则和法律规则的区别

1. 从性质上看，法律规则是一种“应该做”的规范，它直接要求规范主体“做”或“实施”某行为或活动。

法律原则是一种“应该是”的规范，与法律规则不同，它是要求规范主体的行为或活动符合某种性质或实现某个目标，以及行为或活动的结果符合某种性质或达到某种性质的状态。

“应该做”的规范是以“应该是”的规范为前提和基础的，所以法律规则是以法律原则为前提和基础，法律原则处于法律的深层面，法律规则处于法律的浅层面。

2. 从内容上看，法律规则的规定明确具体，有具体的假定条件、行为模式和法律后果；而法律原则较为笼统，它没有明确具体的假定条件和法律后果，在对行为的设定上，只提出一些概括性的要求或标准，但并不直接通过具体的行为模式，规定应当如何去实现或满足这些要求或标准。试比较：

法律原则：当事人应当遵循公平原则确定各方的权利和义务。(《合同法》第 5 条)

法律规则：采用格式条款订立合同的，提供格式条款的一方应当遵循公平原则确定当事人之间的权利和义务，并采取合理的方式提请对方注意免除或者限制其责任的条款，按照对方的要求，对该条款予以说明。格式条款具有本法第52 条和第53 条规定情形的，或者提供格式条款一方免除其责任、加重对方责任、排除对方主要权利的，该条款无效。(《合同法》第 39、40 条)

需要强调的一点是，法律规则着眼于主体行为及各种条件（情况）的共性；与此相比，法律原则的着眼点不仅限于行为及条件的共性，而且关注它们的个别性。这如何理解？既然法律原则是综合性的、指导性的价值准则，那么难道不应该更关注行为和条件的共性吗？事实上，这一区别是针对法官的适用而言的，正因为法律原则是高度一般化的规范，所以在具体应用时，在针对案件具体化的过程中就会表现出对个别性和特殊性的关注。例如，民法上的“自愿原则”在“合同缔结”“婚姻成立”或者“遗嘱设立”中关注的是各自领域不同的“意思自治”的构成条件。

3. 从适用范围上看，法律规则由于有具体的行为模式和法律后果，所以只适用于具体类型的行为。而法律原则因为抽象概括，所以有更大的覆盖面，对某一类法律关系、某一法律部门甚至全部法律体系都可能成为一种通用的价值准则，适用范围比法律规则宽广。

4. 从适用方式上看，法律规则以“全有或全无的方式”(all or nothing fashion) 应用于个案中；而法律原则是以衡量的方式应用于个案中，即比较不同法律原则具有的“强度”(weight，分量)。

法的要素	适用方式	具体含义	关键之处
法律规则	全有或全无的方式	如果一条规则所规定的假定条件和行为模式被该案件事实所满足，那么，这条规则所规定的法律后果就应确定地适用该案件；如果该规则规定的假定条件和行为模式没有被满足或者由于与另一个规则相冲突而被排除，那么，该规则对裁决就不能起任何作用。	在解决规则冲突时，主要通过形式标准判断： (1) 规则自身形式要件是否被满足； (2) 根本法优于一般法、新法优于旧法、上位法优于下位法、特别法优于一般法等原则。

续表

法的要素	适用方式	具体含义	关键之处
法律原则	衡量的方式	当两个原则在具体的个案中冲突时，法官要根据案件的具体情况，在不同强度的原则间作出权重和衡量：强度较强的原则对该案件的裁决具有指导性的作用；分量较轻的原则也发挥作用，但不是决定性的。	在解决原则冲突时，主要通过价值衡量进行判断： 在个案中，一个原则的强度较强，意味着其体现的价值在该案中更需要得到保护。

（二）法律规则与法律原则的适用

法律规则和法律原则在法律上的功能定位是：

法律规则能最大限度实现法的确定性和可预测性，它因为明确具体，所以可以削弱或防止法官在法律适用上的“自由裁量”。而法律原则因其笼统概括，所以在适用时有较大的余地供法官选择和灵活应用。它不仅可以为相关的法律规则提供正当化基础，而且可以对法律漏洞进行填补，也可以纠正个案中的不正义。

法的要素	功能定位	存在的问题
法律规则	确保法的安定性和可预测性，削弱或防止法官在法律适用上的“自由裁量”。	1. 在出现法律漏洞的情况下，没有可以据以裁判的法律规则； 2. 有时直接运用在个案中会产生不公正的结果。
法律原则	1. 为相关的法律规则提供正当化基础； 2. 对法律漏洞进行填补； 3. 纠正个案中的不正义。	赋予法官较大的自由裁量权，如果司法者藉此滥用此权力，会危及法律的确定性和可预期性。

因此，就法律规则和法律原则的适用而言，在个案裁判中，应当优先适用法律规则。适用法律规则存在的问题，可以通过法律原则进行弥补；而为了尽量降低法官在适用法律原则时可能存在的对自由裁量权的滥用，需要**对法律原则的适用设定严格的条件：**

1. **穷尽法律规则，方得适用法律原则**。这意味着，在有具体的法律规则可供适用时，不得直接适用法律原则。只有出现无法律规则可循的情况，才可以适用法律原则弥补“法律漏洞”。例如：新郎经过紧张筹备准备迎娶新娘。婚礼当天迎亲车队到达时，新娘却已飞往国外，由其家人转告将另嫁他人，离婚手续随后办理。此事对新郎造成严重伤害。法院认为，新娘违背诚实信用和公序良俗原则，侮辱了新郎人格尊严，判决新娘赔偿新郎财产损失和精神抚慰金。在该案中，由于缺乏可供适用的法律规则，法官可以依民法基本原则裁判案件。

2. **除非为了实现个案正义，否则不得舍弃法律规则而直接适用法律原则**。这意味着，只有当把某个法律规则适用于具体案件，会产生极端的不可容忍的不正义的裁判结果时，法官才可以舍弃法律规则而直接适用法律原则。

例如：里格斯诉帕尔默案（Riggs v. Palmer）

帕尔默是一个16岁的少年，他是其祖父遗嘱中的财产继承人。因恐祖父撤销遗嘱并为早日得到遗产，帕尔默将其祖父毒死。后帕尔默因二级谋杀罪被法庭判处监禁，但是同时他提出继承遗产的请求。一审支持了他的请求。因此，帕尔默的姑妈里格斯对其提出上诉。根据纽约州关于遗嘱继承的法律规则，帕尔默有遗产继承权，该遗嘱有效。但是，这样的判决带来不可容忍的不正义的裁判结果。因此，法官舍弃关于遗嘱继承的法律规则，而是依据普通法中的一项原则，"任何人都不得从他的不当行为中获利"，判决帕尔默无权继承其祖父的遗产。①

3. 没有更强理由，不得径行适用法律原则。"优先适用法律规则"的要求表达了对法的安定性和可预期性的价值追求。所以，法律原则的这个适用条件意味着法官不仅必须证明，被适用的法律原则在价值上的强度强于被排除的法律规则背后的法律原则，还必须证明被适用的法律原则在价值上的强度足以排除"优先适用法律规则"的形式原则的要求。

例如：在里格斯诉帕尔默案中，需要证明

（1）"任何人都不得从他的不当行为中获利"的公正原则（根源于正义与自然法的一般原则），在强度上强于关于遗嘱继承的法律规则背后的法律原则，即"依照遗嘱合法继承遗产"的权利本位原则。

（2）"任何人都不得从他的不当行为中获利"的公正原则在价值上的强度足以排除"优先适用法律规则"的形式原则的要求。在该案判决书中，厄尔法官指出，立法者并不总能精确地表达他们的目的，而是有时会超出，有时又受到限制，为此，就需要法官从可能或合理的推断中修正立法者的目的，这被称为"合理性解释"。受赠人为使遗嘱生效而谋杀立遗嘱人，从中获取遗嘱利益，这决不会是立法者的目的。立法者如果能想到这种情况，并认为有必要制定相应的法律规定，那么立法者会毫不犹豫地作出规定。因此，在该案中，可以排除"优先适用法律规则"的形式原则的要求。②

例：甲、乙签订一份二手房房屋买卖合同，约定："本合同一式三份，经双方签字后生效。甲、乙各执一份，见证律师留一份，均具有同等法律效力。"这是有关法律原则之适用条件的规定吗？

提示：不是。法律原则的适用条件是前面所讲的"穷尽法律规则，方得适用法律原则"，"除非为了实现个案正义，否则不得舍弃法律规则而直接适用法律原则"，"没有更强理由，不得径行适用法律原则"。题干是合同条款，涉及房屋买卖合同文本的效力，与法律原则的适用条件无关。

---

① ［美］德沃金著，李长青译：《法律帝国》，中国大百科全书出版社1996年版，第14～19页。

② ［美］德沃金著，李长青译：《法律帝国》，中国大百科全书出版社1996年版，第17～19页。

第八章　权利与义务的含义和分类

☞ 命题分析

“权利和义务”本是法理学的一般重点，其中的分类却是一个常见考点。从命题趋势来看，“权利与义务的分类”从2010年以后几乎年年都考，2014年、2016年、2017年还各考两题，请考生做足准备。

从考查内容来看，命题考点较为集中，即“绝对权利义务和相对权利义务”“积极义务和消极义务”和其他扩展的权利类型。考生要结合总结的要点进行记忆，在案例中冷静分析，便可保证不失分。

从命题方式来看，该考点近年都是以案例分析形式出现，在某选项里考查某项权利/义务的具体类型。

一、权利和义务的含义

权利和义务是一切法律规范、法律部门，甚至整个法律体系的核心内容。我们这里讨论的是法律权利和法律义务。

（一）法律权利

法律权利是规定或隐含在法律规范中，实现于法律关系中的，主体以相对自由的作为或不作为的方式获得利益的一种资格或自由。

法律权利的特点在于：

1. 法律权利由法律规范做出规定，得到国家的认可和保障。这就意味着，当法律权利受到侵犯时，国家有义务采取一定措施排除侵权行为以保证权利的实现。

2. 权利具有一定程度的自主性。

3. 权利是为了保护一定的利益所采取的法律手段。

4. 权利隐含了他人的相对义务。

（二）法律义务

法律义务是设定或隐含在法律规范中、实现于法律关系中的，主体以相对抑制的作为或不作为的方式保障权利主体获得利益的一种约束。

法律义务的特点在于：

1. 法律义务直接或间接地由法律规范所规定。有时，法律不明确规定某一义务，而是通过对权利的规定，可以推出存在某种义务。

2. 法律义务具有强制履行的性质。义务的履行不以义务人主观上是否愿意为准，义务不能随意转让和予以拒绝。

例1：张女穿行马路时遇车祸，致两颗门牙缺失。交警出具的责任认定书认定司机负全责。张女因无法与肇事司机达成赔偿协议，遂提起民事诉讼，认为司机虽赔偿3000元安装假牙，但假牙影响接吻，故司机还应就她的“接吻权”受到损害予以赔偿。张女主张的“接吻权”属于法定权利吗？

提示：不是。我国法律中并没有关于“接吻权”的规定，因此它并不是法定权利。

二、权利和义务的分类

在这部分，主要讲解“绝对权利义务和相对权利义务”的分类，“积极义务和消极义务”的分类，以及司考中曾出现的超纲的权利分类。

（一）绝对权利义务和相对权利义务

这一分类的标准是权利义务相对应的主体范围。

绝对权利和义务，又称“对世权利”和“对世义务”，是对应不特定的法律主体的权利和义务。相对权利和义务又称“对人权利”和“对人义务”，是对应特定的法律主体的权利和义务。

权利/义务	对应的主体范围	举例
绝对权利（对世权利） 绝对义务（对世义务）	不特定的义务人 不特定的权利人	所有权、出版自由权 政府进行信息公开的义务
相对权利（对人权利） 相对义务（对人义务）	特定的义务人 特定的权利人	合同关系中的权利 父母对子女的抚养义务

例2：前面“接吻权”的案例。司机赔偿3000元是属于何种类型的义务承担方式？

提示：在该案中，司机赔偿3000元针对的是特定的法律主体，因此该赔偿属于相对义务的承担方式。

（二）积极义务和消极义务

义务指出的是人们的“应然”行为，它具有强制履行的性质。根据义务在行为模式上的不同，可以将其分为积极义务和消极义务。

积极义务又称“作为义务”，它要求义务人必须根据权利的内容作出一定的行为。消极义务又称“不作为义务”，它要求义务人不得作出一定行为等。

义务	含义	举例
积极义务（作为义务）	义务人必须根据权利的内容作出一定的行为	按约定履行合同的义务； 赡养父母、抚养子女的义务，纳税的义务； 对存在缺陷的产品进行警示和召回的义务； 公司成立要履行注册登记、设立会计账簿的义务等
消极义务（不作为义务）	义务人不得作出一定行为	不得杀人； 不得拐卖妇女儿童； 行政机关不得私分罚没财物； 禁止非法拘禁； 严禁刑讯逼供等

考生在答题时，要注意先排除干扰项，再进行判断。

例3：紧急避险是否属于积极义务？

提示：紧急避险是《刑法》上的违法阻却性事由，是一种免责条件。在紧急情况下可以采取避险行为，这也可以理解为一项法律权利，但是并不是法律义务。

（三）其他权利分类

法理学考试中，还经常考到其他权利类型，这些考点在法理学部分属于超纲考点。

1. 宪法中规定的权利类型

根据我国宪法，公民的基本权利分为平等权、政治权利和自由、宗教信仰自由、人身自由、社会经济权利、文化教育权利、监督权和获得赔偿权。考生可以借助宪法知识进行判断。

例4：苏某和熊某毗邻而居。熊某在其居住楼顶为50只鸽子搭建了一座鸽舍。苏某以养鸽行为严重影响居住环境为由，将熊某诉至法院，要求熊某拆除鸽棚，赔礼道歉。法院判定原告诉求不成立。本案涉及苏某的安居权和熊某的养鸽权之间的冲突，那么苏某的安居权属于宪法所规定的文化生活权利吗？

提示：不是。苏某的安居权属于社会经济权利，即享受安宁的居住环境，而不是文化生活权利。

2. 经济、社会、文化权利

“经济、社会、文化权利”的官方文本是联合国《经济、社会、文化权利国际公约》，它是国际人权公约的组成部分。该公约的第6条至15条具体规定了权利的内容，包括：

工作权（第6条）

享受公平和良好工作条件、同工同酬、晋升及带薪休假等休息权（第7条）

自由组织和参加工会的权利、罢工权（第8条）

享受社会保障的权利（第9条）

婚姻自由、家庭权和妇女儿童权益（第10条）

为自己和家庭获得相当的生活水准的权利，包括足够的食物、衣着和住房等（第11条）

享有最高的体质和心理健康的权利（第12条）

受教育权（第13、14条）

享受科学文化生活的权利（第15条）等

第九章　当代中国法的正式渊源

☞ 命题分析

“当代中国法的正式渊源”是一个年年必考的重点。从考查趋势来看，没有考正式渊源那年，一定考了非正式渊源；没有考非正式渊源那年，一定是考了正式渊源，而且更多时候是二者同时考到，甚至不止一题。

从考查内容来看，考生首先需要明确法的正式渊源的范围，其次重点是法律、行政法规、地方性法规、规章、民族自治法规、国际条约等。这部分内容相对而言不难，考生需要结合重点法条（见下文）牢记正式法律渊源类型的要点。

从命题方式来看，该考点永远是在综合性选择题的选项中出现，永远不能“独挑大梁”。命题常见形式是，在案例分析题中，让考生判断其中涉及的规范性法律文件属于哪种法律渊源，以及不同渊源之间的关系。除此之外，偶尔采用法条分析法。

正式的法的渊源指具有明文规定的法律效力并且直接作为法律人法律决定的大前提的规范来源的那些资料，如宪法、法律、法规等。正式的法的渊源主要是制定法，即国家机关根据具体职权和程序制定的各种规范性文件。**当代中国法的正式渊源**包括宪法、法律、行政法规、部门规章和地方政府规章、地方性法规、民族自治法规、国际条约、国际惯例等。

例1：鉴于我国对“酒后代驾”缺乏明确规定，高经理起草了一份《酒后代驾服务规则》，包括总则、代驾人、被代驾人、权利与义务、代为驾驶服务合同、法律责任等共六章二十一条邮寄给国家立法机关。该《酒后代驾服务规则》是法的正式渊源吗？

提示：不是。《酒后代驾服务规则》不是国家立法机关起草的。

例2：2007年，张某请风水先生选了块墓地安葬亡父，下葬时却挖到十年前安葬的刘某父亲的棺木，张某将该棺木锯下一角，紧贴着安葬了自己父亲。后刘某发觉，以故意损害他人财物为由起诉张某，要求赔偿损失以及精神损害赔偿。法官认为，张某不仅要承担损毁他人财物的侵权责任，还要因其行为违背公序良俗而向刘某支付精神损害赔偿金。“公序良俗”属伦理范畴，该法官的推理成立吗？

提示：成立。“公序良俗”不仅属于伦理范畴，而且根据《民法通则》第7条还是民法的基本原则。而《民法通则》属于法的正式渊源，所以法官可以将之作为推理的前提。

一、宪法

宪法是一个宪政国家最根本的法的渊源，对于宪法主要把握下面几点：

1. 宪法具有最高的法的效力，一切法律、行政法规和地方性法规都不得同宪法相抵触；

2. 宪法由我国最高国家权力机关——全国人民代表大会制定和修改；

3. 在中国，全国人大监督宪法的实施，更为具体的规定和实践是由全国人大常委会解释并监督宪法的实施，对违反宪法的行为予以追究。

二、法律

这里仅指狭义的法律，即全国人大及其常委会制定的规范性文件。法律的地位和效力仅次于宪法。对于法律，主要把握下面几点：

1. 全国人大制定和修改刑事、民事、国家机构和其他方面具有基本性的法律；其他法律由全国人大常委会制定和修改。但是，在全国人大闭会期间，全国人大常委会也有权对全国人大制定的法律在不同该法律基本原则相抵触的条件下进行部分补充和修改。(《立法法》第7条)

2. 下列事项只能制定法律：国家主权的事项；各级人民代表大会、人民政府、人民法院、人民检察院的产生、组织和职权；民族区域自治制度、特别行政区制度、基层群众自治制度；犯罪和刑罚；对公民政治权利的剥夺、限制人身自由的强制措施和处罚；对非国有财产的征收；民事基本制度；基本经济制度以及财政、税收、海关、金融和外贸的基本制度；诉讼和仲裁制度等。(《立法法》第8条)

例3：张某与王某于2000年3月登记结婚，次年生一女小丽。2004年12月张某去世，小丽随王某生活。王某不允许小丽与祖父母见面，小丽祖父母向法院起诉，要求行使探望权。法官在审理中认为，我国《婚姻法》虽没有直接规定隔代亲属的探望权利，但正确行使隔代探望权有利于儿童健康成长，故依据《民法通则》第7条有关“民事活动应当尊重社会公德”的规定，判决小丽祖父母可以行使隔代探望权。这两部规范性法律文件属于什么法律渊源？

提示：本案中，《婚姻法》和《民法通则》的立法机关都是全国人大，都是“基本法律”。

例4：张某过马路闯红灯，司机李某开车躲闪不及将张某撞伤，法院查明李某没有违章，依据《道路交通安全法》的规定判李某承担10%的赔偿责任。该规范性法律文件属于什么法律渊源？

提示：《道路交通安全法》属于正式的法的渊源，其立法主体是全国人大常委会，因此属于狭义的法律。

三、行政法规

行政法规是国家最高行政机关即国务院所制定的规范性文件，其法律地位和效力仅次于宪法和法律。对于行政法规，主要把握下面几点：

1. 行政法规可以就为执行法律的规定需要制定行政法规的事项和《宪法》第89条规定的国务院行政管理职权的事项作出规定。(《立法法》第65条)

2. 全国人大常委会有权撤销国务院制定的同宪法、法律相抵触的行政法规、决定和命令。

3. 行政法规的名称大多为"条例""规定""办法"；国务院根据全国人大及其常委会的授权制定的行政法规，称"暂行条例""暂行规定"。

例5：《中华人民共和国畜禽遗传资源进出境和对外合作研究利用审批办法》第3条规定："本办法所称畜禽，是指列入依照《中华人民共和国畜牧法》第十一条规定公布的畜禽遗传资源目录的畜禽。本办法所称畜禽遗传资源，是指畜禽及其卵子（蛋）、胚胎、精液、基因物质等遗传材料。"这两部规范性法律文件属于什么法律渊源？

提示：《中华人民共和国畜禽遗传资源进出境和对外合作研究利用审批办法》的制定主体是国务院，属于行政法规。《中华人民共和国畜牧法》的制定主体是全国人大常委会，属于法律。《中华人民共和国畜牧法》是《中华人民共和国畜禽遗传资源进出境和对外合作研究利用审批办法》的上位法。

例6：1983年3月1日，全国人大常委会通过的《商标法》生效；2002年9月15日，国务院制定的《商标法实施条例》生效。这两部规范性法律文件属于什么法律渊源？

提示：《商标法实施条例》的制定主体是国务院，属于行政法规，而不是部门规章。《商标法》的制定主体是全国人大常委会，属于法律。《商标法实施条例》的效力要低于《商标法》，它是对《商标法》具体适用做出的规定，所以《商标法》是母法。

四、部门规章和地方政府规章

二者统称行政规章。

部门规章指国务院各部委、中国人民银行、审计署和具有行政管理职能的直属机构根据法律和国务院的行政法规、决定、命令在本部门的权限内制定的规划性文件。

地方政府规章指省、自治区、直辖市和设区的市、自治州的人民政府根据法律、行政法规和本省、自治区、直辖市的地方性法规制定、发布的规划性文件。

行政规章是否属于法的正式的渊源存在争议，因为《行政诉讼法》第63条规定："人民法院审理行政案件，参照规章"。2018年考试大纲肯定了行政规章属于法的正式渊源。

五、地方性法规、民族自治法规

二者都是由地方国家机关制定的规范性文件。

1. **地方性法规**是省、自治区、直辖市以及设区的市和自治州的人民代表大会及其常委会制定的规范性文件。对于地方性法规，主要把握下面几点：

（1）地方性法规的效力低于宪法、法律和行政法规。

（2）地方性法规及其他规范性文件，在不同宪法、法律、行政法规相抵触的前提下才有效，且仅在该行政区域内有效。

（3）设区的市和自治州的人大及其常委会根据本市（州）的具体情况和实际需要，在不同宪法、法律、行政法规和本省、自治区的地方性法规相抵触的前提下，可以对城乡建设与管理、环境保护、历史文化保护等方面的事项制定地方性法规。设区的市和自治州的地方性法规须报省、自治区的人大常委会批准后生效。

（4）地方性法规，一般采用"条例""规则""规定""办法"等名称。

例7：我国某省人大常委会制定了该省的《食品卫生条例》。该规范性法律文件属于什么法律渊源？它的效力是否具有普遍性？

提示：该地方性法规属于我国法律的正式渊源，法院审理相关案件时可直接适用。该法规虽仅在该省范围适用，但从效力上看具有普遍性（因为任何规范性法律文件都在其适用范围内具有普遍效力）。

2. **民族自治法规**包括自治条例和单行条例。对民族自治法规，主要把握下面几点：

（1）立法主体是民族自治地方的人民代表大会（自治区、自治州、自治县）。

（2）分别报请全国人大常委会批准、报请省、自治区、直辖市的人大常委会批准后才能生效，且仅在本自治区域内有效。

（3）自治条例是一种综合性法规，内容比较广泛；单行条例是有关某一方面事务的规范性文件，一般采用"条例""规定""变通规定""变通办法"等名称。

例8：自治条例和单行条例是地方国家权力机关制定的规范性文件吗？

提示：是的。

3. **经济特区的法规**

经济特区的法规，是由全国人大及其常委会授权制定的，其法律地位和效力不同于一般的法规、规章。如果经济特区的法规与其上面位阶的规范性文件有不同规定，并不一定因此而被宣布无效或撤销。

六、特别行政区的法律

特别行政区实行不同于全国其他地区的经济、政治、法律制度，在立法权限和法律形式上有特殊性，其法律、法规在当代中国法的渊源中成为单独的一类。全国人民代表大会已于1990年4月和1993年3月先后通过了《中华人民共和国香港特别行政区基本法》和《中华人民共和国澳门特别行政区基本法》（但是要注意这两部法律不属于特别行政区的法律，而是狭义的法律）。

七、国际条约、国际惯例

国际条约是指我国作为国际法主体同外国缔结的双边、多边协议和其他具有条约、协定性质的文件。国际条约之所以是当代中国法的正式渊源，是为了贯彻“（签署的）条约必须遵守”的国际惯例。

国际惯例是指以国际法院等各种国际裁决机构的判例所体现或确认的国际法规则和国际交往中形成的共同遵守的不成文的习惯。国际惯例是国际条约的补充。

《民法通则》第142条规定：“中华人民共和国缔结或者参加的国际条约同中华人民共和国的民事法律有不同规定的，适用国际条约的规定，但中华人民共和国声明保留的条款除外。中华人民共和国法律和中华人民共和国缔结或者参加的国际条约没有规定的，可以适用国际惯例。”

例9：某国跨国甲公司发现中国乙公司申请注册的域名侵犯了甲公司的商标权，遂起诉要求乙公司撤销该域名注册。乙公司称，商标和域名是两个领域的完全不同的概念，网络域名的注册和使用均不属中国《商标法》的调整范围。法院认为，两国均为《巴黎公约》成员国，应当根据中国法律和该公约处理注册纠纷。法院同时认为，对驰名商标的权利保障应当扩展到网络空间，故乙公司的行为侵犯了甲公司的商标专用权。《巴黎公约》是我国正式的法律渊源吗？

提示：两国均为《巴黎公约》成员国，所以根据“条约必须遵守”的国际惯例，该国际条约是我国法的正式渊源。

请注意法的正式渊源和法律部门之间的关系。一个法律部门的法律规范可能来自各种法的正式渊源。

例10：行政法部门仅是由国务院制定的行政法规构成的吗？

提示：不是。行政法部门还可能包括规定行政法内容的法律、行政规章、地方性法规、民族自治条例，甚至国际条约等中的相关法律规范。

需要特别指出的是，判断法的正式渊源的具体类别，主要是看立法主体。

小　结

	法的正式渊源	立法主体	法律效力	通常名称	监督
1	宪法	全国人大	最高	/	全国人大、全国人大常委会
2	法律	全国人大/全国人大常委会	低于1	《××法》	全国人大、全国人大常委会
3	行政法规	国务院	低于1、2	《××条例》《××规定》《××办法》	全国人大常委会
4	部门规章	国务院各部委	低于1、2、3	/	国务院
5	地方政府规章	省、自治区、直辖市和设区的市、自治州的人民政府	低于1、2、3、6	/	国务院
6	地方性法规	省、自治区、直辖市以及设区的市和自治州的人民代表大会及其常委会	低于1、2、3	《××条例》《××规定》《××办法》《××规则》	全国人大常委会 此外，设区的市和自治州的地方性法规须报省、自治区的人大常委会批准后生效
7	民族自治条例和单行条例	民族自治地方（自治区、自治州、自治县）的人民代表大会	低于1、2、3	《××条例》《××规定》《××变通规定》《××变通办法》	报请上一级人民代表大会常委会批准才能生效

第十章　当代中国法的非正式渊源

☞ 命题分析

“当代中国法的非正式渊源”是一个热门考点。从命题趋势来看，该考点始终保持热度，考生不可忽视。

从命题内容来看，习惯、判例、政策都是命题重点，其中，“习惯”的考查次数最多。此外，在非正式渊源的含义中列举的其他类型的非正式渊源很可能会在今后的命题中出现，如2016年考到行业惯例。

从命题方式来看，该考点与“当代中国法的正式渊源”一样，属于常见的小题重点。试题常以案例分析或者法条分析的形式出现，让考生判断其中是否涉及非正式的法的渊源，有时还需要判断其具体类型。

非正式的法的渊源指不具有明文规定的法律效力，但具有法律说服力并能够构成法律人的法律决定的大前提的准则来源的那些资料，如正义标准、理性原则、公共政策、道德信念、社会思潮、习惯、乡规民约、社团规章、权威性法学著作，还有外国法等。考生需要注意识别，像文学作品就不是非正式的法的渊源，而行业惯例可认定为一种特殊的习惯，可视为非正式的法的渊源。

例1：2007年，某国政府批准在实验室培育人兽混合胚胎，以用于攻克帕金森症等疑难疾病的医学研究。该决定引发了社会各界的广泛关注和激烈争议，如因该研究成果发生了民事纠纷，法院可依据什么裁判？

提示：如果法律对此没有规定，则法院可以依据道德、习惯或正义标准等非正式法的渊源进行审理。

在当今中国，法的非正式渊源主要有三种：

一、习惯

能作为法的非正式渊源的习惯是专指社会习惯。不同于个人习惯，社会习惯与重要的社会事务相关，是为了确保团结有序合作的集体社会生活的实现，所以它往往包含一些具体的义务和责任。习惯之所以能够成为法的非正式的渊源，是因为它是特定共同体的人们在长久的生产生活实践中自然而然形成的，是该共同体的人们事实上的共同情感和要求的体现，也是他们共同理性的体现。

例2：《物权法》第116条规定："天然孳息，由所有权人取得；既有所有权人又有用益物权人的，由用益物权人取得。当事人另有约定的，按照约定。法定孳息，当事人有约定的，按照约定取得；没有约定或者约定不明确的，按照交易习惯取得。"该条文是否涉及非正式的法律渊源？

提示：该规定事实上允许法官可以在一定条件下以习惯作为司法审判的依据。

例3：2007年，张某请风水先生选了块墓地安葬亡父，下葬时却挖到十年前安葬的刘某父亲的棺木，张某将该棺木锯下一角，紧贴着安葬了自己父亲。后刘某发觉，以故意损害他人财物为由起诉张某，要求赔偿损失以及精神损害赔偿。法官在判断刘某是否受到精神损害时，可以采用什么非正式渊源？

提示：关于此案，"入土为安，死者不受打扰"是中国大部分地区的传统，在一定程度上可以成为法律推理的前提之一。当地群众对该事件的一般看法，可成为判断刘某是否受到精神损害的因素之一。这都体现了习惯作为法的非正式渊源。

对于习惯作为非正式的法律渊源，要注意和习惯法进行区分。二者最大的区别是，是否存在一种法意识。认定习惯法，不仅需要论证习惯的存在，还要进一步说明，遵循习惯的各方认为习惯具有法的效力。

例4：张老太介绍其孙与马先生之女相识，经张老太之手曾给付女方"认大小"钱10100元，后双方分手。张老太作为媒人，去马家商量退还"认大小"钱时发生争执。因张老太犯病，马先生将其送医，并垫付医疗费1251.43元。后张老太以马家未返还"认大小"钱为由，拒绝偿付医药费。马先生以不当得利为由诉至法院。法院考虑此次纠纷起因及张老太疾病的诱因，判决张老太返还马先生医疗费1000元。订婚前由男方付"认大小"钱是习惯还是习惯法？

提示：我国男女双方订婚前由男方付"认大小"钱是通行的习惯，而不是习惯法。双方并不认为相识后男方给付女方"认大小"钱是一种法律义务，分手后要进行返还，并不认为给付和返还"认大小"钱的相关权利义务具有法的效力。

以习惯作为非正式的法律渊源，要注意只有不违背法律，并且不违背公序良俗的习惯才可以作为裁判依据。

二、判例（指导性案例）

判例在英美法系属于法的正式渊源。在当今大陆法系，也强调判例对法典的补充作用，在司法实务中，判例经常得到引用。在中国，判例的重要性也被人们普遍承认，尤其是最高人民法院公布的指导性案例，为法官解决同类案件提供了参照。

判例之所以在法的适用中具有重要性，是因为它可以弥补制定法的不足：其一，在判例中法官通过个案对一般和抽象的制定法规范进行了具体化，这为将来的法官适用该规范解决同类案件提供了思路、经验和指导。其二，在判例中，法官通过个案对具有模糊性和歧义性的制定法进行了解释，使制定法语言的外延和内涵在一定程度上得到厘清，为将来的法官适用该规范解决同类案件提供了参照。

对案例指导制度，要注意最高法发布的《关于案例指导工作的规定》第7条："最高人民法院发布的指导性案例，各级人民法院审判类似案件时应当参照。"这表明：

第一，指导性案例是当代中国的一种非正式的法的渊源；

第二，指导性案例只能由最高人民法院发布。

例5：2000年6月，最高人民法院决定定期向社会公布部分裁判文书，在各卷的案例汇编的前言中指出："最高人民法院的裁判文书，由于具有最高的司法效力，因而对各级人民法院的审判工作具有重要的指导作用，同时还可以为法律、法规的制定和修改提供参考，也是法律专家和学者开展法律教学和研究的宝贵素材。"最高法院的裁判文书可以构成法的渊源吗？

提示：最高法院的裁判文书可以构成我国法的一种非正式渊源，法官在审理案件时可以参考。

例6：谢某、阮某与曾某在曾某经营的"皇太极"酒吧喝酒，离开时谢某从楼梯摔下，被扶起后要求在酒吧休息，第二天被发现已死亡。经鉴定，谢某系"醉酒后猝死"。该案审理中，合议庭对"餐饮经营者对醉酒者是否负有义务"产生争议。刘法官认为，我国相关法律对此没有明确规定，但根据德国、奥地利、芬兰等国判例，餐饮经营者负有确保醉酒顾客安全的义务，认定曾某负赔偿责任符合法律保护弱者的立法潮流。

提示：刘法官在该案的论证中运用了有关法的非正式渊源的知识。

上题出自2010-1-9，在考试中就考到这里了。如果再追问一下，是哪一种非正式渊源？是判例吗？

提示：不是。判例作为非正式的法律渊源，有严格的要求，必须是本国该法院及其上级法院的判例。在该案中，可认定为运用了社会思潮（立法潮流）。

三、政策

政策是国家或政党为了完成一定时期的任务而制定的活动准则，可以分为政党政策和国家政策。作为执政党，中国共产党的政策对法律的制定或实施都有指导作用。

党的政策通过政治民主的程序成为国家政策。对于政策要注意以下几点：

1. 政策在宪法和法律中加以确认，被整合到法律中后成为当代中国法的正式渊源，成为法定政策或法律政策。

2. 作为法的非正式渊源的政策指那些没有被整合到法律中的政策。

3. 作为非正式渊源的中国共产党的政策，不包括纯粹关于党自身的行动计划的政策。

例7：我国《民法通则》第6条明确规定："民事活动必须遵守法律，法律没有规定的，应当遵守国家政策。"从法官裁判的角度看，该条文涉及法的渊源吗？

提示：是的。既涉及法的正式渊源，也涉及法的非正式渊源（国家政策，在该法条中指的是还没有成为法律的国家政策）。

第十一章　正式的法的渊源的效力原则

☞ 命题分析

“正式的法的渊源的效力原则”是一个若隐若现的重点考点。从考查趋势来看，该考点连考几年会稍事休息，再卷土重来。如2010年至2012年连考三年，停了两年后，2015年至2017年又连考三年。而且有4次（2008年、2010年、2012年、2016年）都是单一考点命题，且4题都是2分。在所有法理学考点中，无出其右。

从考查内容来看，不同位阶下法的渊源效力冲突解决原则较容易掌握，同一位阶和位阶交叉的情况下法的渊源效力冲突解决原则情况复杂，却常考常新。这部分内容和《立法法》联系密切，要求考生结合下表总结牢牢掌握相关法条（详见下文）。

从命题方式上看，较为多见的是法条分析法，近年来多为案例分析法，需要考生确定法的渊源的效力位阶，进而在不同位阶/同一位阶/位阶交叉的情况下，根据法的渊源效力冲突的解决原则进行分析和判断。

正式的法的渊源的效力原则实际解决的问题是，正式的法的渊源之间在同一事项上规定产生冲突时，如何确定其效力高低，如何进行解决。具体分为三种情况：一是不同位阶的法的渊源之间效力冲突的解决原则；二是同一位阶的法的渊源之间效力冲突的解决原则；三是位阶出现交叉时法的渊源之间效力冲突的解决原则。这些法的渊源效力冲突的解决原则，法律依据都是《立法法》。在立法法中，第7、65、72、74、75、80~82、87~102条对此进行了明确规定。不同于其他考点，在该考点中，这些法条是需要考生掌握的。

正式的法的渊源的效力，也被称为法律效力等级或法律效力位阶。一般来说，判断法的效力位阶，主要看制定机关，即立法主体。制定机关在国家机关体系中的地位越高，其制定的规范性法律文件的效力也越高。通常相应的制定程序也越严格。

一、不同位阶的法的渊源之间效力冲突的解决原则

在前面正式的法的渊源中，已经讲到正式的法的渊源是以宪法（或根本法）为核心，由不同层次或等级的法律有机结合组成的整体。在这个整体中，宪法处于最高的效力位阶，全国人大及其常委会制定的法律、国际公约处于第二位阶，国务院制定的行政法规处于第三位阶，地方人大制定的地方性法规、自治条例和单行条例处于低于行政法规的第四位阶，部门规章和地方政府规章也处于低于行政法规的第四位阶。在对不同位阶的法的渊源之间的效力冲突进行解决时，遵循的原则是“上位法优于下位

法”的原则，具体包括：

1. 宪法至上原则

2. 法律高于行政法规原则

3. 行政法规高于行政规章原则

4. 行政法规高于地方性法规原则

总之，较低一级层次的法律的效力低于较高一级层次的法律的效力，而其他所有层次的法律的效力都低于第一层次的宪法的效力。这一效力冲突的解决的原则，在适用中主要看制定主体，通过制定主体判断其法的渊源的类型，再根据上述原则进行解决。

例如，2000 年 10 月 20 日黑龙江省人大常委会颁布《黑龙江省母婴保健条例》，其中第 8 条规定：“本省实行婚前医学检查制度。准备结婚的男女双方，应当接受婚前医学检查和婚前健康教育，凭婚前医学检查证明，到婚姻登记机关办理结婚登记”。2003 年 7 月 30 日，国务院颁布了《婚姻登记条例》，根据 2001 年 4 月 28 日修订的《婚姻法》的有关规定，取消了婚姻登记中的强制婚检制度。运用法的渊源效力冲突解决原则，应当如何解决这一争议？

《婚姻登记条例》的制定主体是国务院，属于行政法规；《黑龙江省母婴保健条例》的制定主体是黑龙江省人大常委会，属于地方性法规。按照行政法规高于地方性法规的原则，应适用作为行政法规的《婚姻登记条例》。

地方性的《黑龙江省母婴保健条例》因其内容与上位法冲突，应由黑龙江省人大或者全国人大常委会撤销。(《立法法》第 97 条第 2 项、第 4 项)

二、同一位阶的法的渊源之间效力冲突的解决原则

法的渊源之间的效力冲突也可能发生在同一位阶上，这时就无法通过位阶的高低进行解决，而需要考虑适用范围和制定时间两个要素。具体的解决原则包括：

1. “特别法优于一般法”的原则

例 1：2009 年修订的《保险法》第 94 条规定：“保险公司，除本法另有规定外，适用《中华人民共和国公司法》的规定。”《保险法》在什么意义上是《公司法》的特别法？

提示：相对于《公司法》规定而言，《保险法》对保险公司所作规定属于“特别法”。《保险法》对保险公司的规定不同于《公司法》的，优先适用《保险法》，即适用特别法优先的原则。但是《保险法》对保险公司没有规定的，适用《公司法》。

2. “新法优于旧法”的原则

例 2：1995 年颁布的《保险法》第 91 条规定：“保险公司的设立、变更、解散和清算事项，本法未作规定的，适用公司法和其他有关法律、行政法规的规定。”2009 年

修订的《保险法》第94条规定："保险公司，除本法另有规定外，适用《中华人民共和国公司法》的规定。"根据法的渊源的知识，关于《保险法》上述两条规定之间的关系是怎样的？

提示：《保险法》上述两条规定之间的关系属于"新法"与"旧法"之间的关系。在二者发生冲突时，适用新法优于旧法的原则。

例3：司法审判中，当处于同一位阶的规范性法律文件在某个问题上有不同规定时，法官除了特别法优于一般法、新法优于旧法的原则，还可以依据上位法优于下位法的原则进行审判吗？

提示：是的。这指的是，在同一位阶内也存在进一步的位阶，如省、自治区的人民政府制定的规章和本行政区域内设区的市的人民政府制定的规章，虽然都属于地方政府规章，但是在效力位阶上仍存在高低之分，前者的效力高于后者。当出现效力冲突时，可以依据上位法优于下位法的原则进行解决。

在"新的一般规定与旧的特别规定不一致"的情况下，需要由特定主体进行裁决：

（1）法律之间对同一事项的新的一般规定与旧的特别规定不一致，不能确定如何适用时，由全国人民代表大会常务委员会裁决。

（2）行政法规之间对同一事项的新的一般规定与旧的特别规定不一致，不能确定如何适用时，由国务院裁决。

三、位阶出现交叉时法的渊源之间效力冲突的解决原则

这时需要运用到由有权机关进行依法裁决的解决办法，或者运用特殊的解决原则。根据《立法法》的相关规定：

1. 自治条例和单行条例依法对法律、行政法规、地方性法规作变通规定的，在本自治地方适用自治条例和单行条例的规定。（《立法法》第90条第1款）

例4：自治条例、单行条例与地方性法规不一致的，适用地方性法规吗？

提示：不是。在自治地方适用自治条例和单行条例。

2. 经济特区法规根据授权对法律、行政法规、地方性法规作变通规定的，在本经济特区适用经济特区法规的规定。（《立法法》第90条第2款）

3. 地方性法规、规章之间不一致时，由有关机关依照下列规定的权限作出裁决：

（1）同一机关制定的新的一般规定与旧的特别规定不一致时，由制定机关裁决。

（2）地方性法规与部门规章之间对同一事项的规定不一致，不能确定如何适用时，由国务院提出意见，国务院认为应当适用地方性法规的，应当决定在该地方适用地方性法规的规定；认为应当适用部门规章的，应当提请全国人民代表大会常务委员会

裁决。

例5：地方性法规和部门规章之间的效力没有高下之分，发生冲突时由国务院决定如何适用吗？

提示：不是。地方性法规和部门规章虽然都是低于宪法、法律和行政法规，但是制定主体不一样，一个是地方国家权力机关，一个是中央国家行政机关各部委，因此在发生冲突时，由国务院提出意见，再根据意见的内容决定如何解决。

（3）部门规章之间、部门规章与地方政府规章之间对同一事项的规定不一致时，由国务院裁决。

例6：公安部的部门规章与民政部的部门规章不一致时，按照新法优于旧法的原则处理，直接选择后颁布的部门规章加以适用吗？

提示：不是。二者虽然都是部门规章，但是制定主体不同，因此不能直接适用新法优于旧法的原则，而是由二者共同的上级机关即国务院裁决。

（4）根据授权制定的法规与法律规定不一致，不能确定如何适用时，由全国人民代表大会常务委员会裁决。

例7：某市经授权制定的劳动法规与我国《劳动法》的规定不一致，不能确定如何适用时，由全国人大常委会裁决吗？

提示：是的。

要点是，法院不能在判决中直接撤销有关法律规定或者条款，只能由法律规定的立法机关撤销。

小　结

三种情况	解决原则	《立法法》相关法条
不同位阶的法的渊源之间的效力冲突	宪法至上原则	第87条
	法律高于行政法规原则	第88条第1款
	法规高于规章原则	第88条第2款 第89条第1款
	行政法规高于地方性法规原则	第88条第2款

续表

三种情况	解决原则	《立法法》相关法条
同一位阶的法的渊源之间的效力冲突	特别法优先原则	第92条
	后法优先或新法优先原则	第92条
	同一机关制定的新的一般规定与旧的特别规定不一致时，由制定机关裁决： 法律——全国人大常务委员会 行政法规——国务院 地方性法规、规章——分别由其制定机关	第94条 第95条（一）
位阶出现交叉时法的渊源之间效力冲突	**地方性法规与部门规章**之间的冲突，由国务院提出意见，国务院认为应当适用地方性法规的，应当决定在该地方适用地方性法规的规定； 认为应当适用部门规章的，应当提请全国人民代表大会常务委员会裁决。	第95条（二）
	部门规章之间、部门规章与地方政府规章之间的冲突，由国务院裁决。	第95条（三）
	根据授权制定的法规与法律规定冲突，由全国人民代表大会常务委员会裁决。	第95条第2款

第十二章　法的效力范围

☞ 命题分析

法的效力范围属于较小的考点，考查次数不少。从考查趋势来看，该考点近年热度不减反增，通常是在试题的一个选项中出现，如果误判会导致整题失分。

从考查内容来看，这部分隐藏的重要知识点是规范性法律文件和非规范性法律文件的含义，考生要注意区分。重点是“判决”作为非规范性法律文件的效力。

从命题方式来看，多采用案例分析法，需要考生判断案例中涉及的某文本是否属于规范性法律文件或非规范性法律文件，甚至其具体类型。

法的效力范围问题，主要是在规范性法律文件和非规范性法律文件进行区分的视角下进行讨论的。

一、规范性法律文件及其效力范围

在张文显主编的《法理学》中，规范性法律文件是一种总称，专指一定国家机关按照法定权力范围，依据法定程序制定出来的、以权利义务为主要内容的、有约束力的、要求人们普遍遵守的行为规则的总称。和非规范性法律文件相比，它具有规范性、一般性的特点。规范性法律文件是一国法律体系的主干部分，包括宪法、法律、各类法规和规章等。[①] 需要特别指出的是，在我国法律实践中，立法解释（如全国人民代表大会常务委员会《关于〈中华人民共和国刑法〉第九章渎职罪主体适用问题的解释》）、司法解释（如最高人民法院《关于适用〈婚姻法〉若干问题的解释（二）》）、行政解释（如国家技术监督局在“技监局发〔1990〕485号”“技监局发〔1992〕491号”文件中，对《产品质量法》所规定的“违法所得”的确定和计算方法所作的解释），也具有法律约束力，属于规范性法律文件。

规范性法律文件的效力，指法律的生效范围或适用范围，即法律对什么人、什么事、在什么时间和什么空间有约束力。

二、非规范性法律文件及其效力范围

非规范性法律文件种类多样，名称各异。最常提到，并且和规范性法律文件进行比较的非规范性法律文件包括两类：一类是具有法律约束力的法律文书，如判决

① 张文显主编：《法理学》，高等教育出版社、北京大学出版社2011年版，第54页。

（书）、公证文书、逮捕证、许可证等；一类是法律主体就特定事项作出的书面记载或者达成的特定协议，如遗嘱、合同等。这两类非规范性法律文件不能就同一事项反复适用，因此不具有规范性。

非规范性法律文件的效力，指判决书、裁定书、逮捕证、许可证、合同等的法律效力。这类法律文件也具有法律效力，但是不具有普遍的约束力。它是适用法律的结果，而不是法律本身。

例1： 张女穿行马路时遇车祸，致两颗门牙缺失。交警出具的责任认定书认定司机负全责。交警出具的责任认定书的效力范围如何？

提示： 该责任认定书是对这起交通事故双方责任的认定，属于非规范性法律文件，具有法律效力，但是只对各方当事人有效，不具有普遍约束力。

例2： 2000年6月，最高法院决定定期向社会公布部分裁判文书，在汇编前言中指出："最高人民法院的裁判文书，由于具有最高的司法效力，因而对各级人民法院的审判工作具有重要的指导作用，同时还可以为法律、法规的制定和修改提供参考，也是法律专家和学者开展法律教学和研究的宝贵素材。"最高法院的裁判文书对各级法院审判工作具有重要指导作用，是规范性法律文件吗？最高法院的裁判文书是否具有最高的普遍法律效力？

提示： 尽管最高法院的裁判文书对各级法院审判工作具有重要指导作用，但是它仍然是针对每一个具体案件作出的裁判文书，并不具有一般的规范性，属于非规范性法律文件。因此，在司法裁判层级上，最高法院的裁判文书具有最高的法律效力，但不是普遍的法律效力。

例3： 甲法官处理一起伤害赔偿案件，耐心向被告乙解释计算赔偿数额的法律依据，并将最高法院公报发布的已生效同类判决提供乙参考。乙接受甲法官建议，在民事调解书上签字赔偿了原告损失。请问法院已生效同类判决是否具有普遍约束力？

提示： 在调解过程中，甲法官提供的同类案件判决，在确定赔偿数额上具有一定说服力，但是该判决并非规范性法律文件，不具有规范性，没有普遍的约束力，只有参考作用。

例4： 我国对"酒后代驾"缺乏明确规定，高经理起草了一份《酒后代驾服务规则》，包括总则、代驾人、被代驾人、权利与义务、代为驾驶服务合同、法律责任等共六章二十一条邮寄给国家立法机关。该《酒后代驾服务规则》是规范性法律文件吗？

提示： 该规则是公民个人起草的，而不是法定国家机关按照法定权力范围，依据法定程序制定出来的规则，因此属于非规范性法律文件。

小　结

	主要区别	举例	效力范围
规范性法律文件	**规范性**：是规定行为模式和法律后果的法律	宪法、法律、行政法规、地方性法规、自治条例、特别行政区基本法、部门规章等等	具有普遍的约束力（地方性法规等地方立法适用于一定行政区域，但是在该行政区域仍具有普遍的约束力）
	一般性：不是针对某个人，而是针对所有人适用；不是适用一次，而是反复适用		
非规范性法律文件	**不具有规范性**：不是法律本身，而是适用法律的结果	判决（书）（包括最高法院裁判文书和指导性案例）、裁定（书）、公证文书、逮捕证、许可证、遗嘱、合同、交通事故责任认定书等等	不具有普遍约束力，仅对各方当事人有效
	不具有一般性：只对具体的人和事适用；不能反复适用		

第十三章 法的时间效力（包括法的溯及力）

☞ 命题分析

“法的时间效力”是一个较小的常规重点。从考查趋势来看，有时可能在选择题的某选项中出现。

从考查内容来看，首先需要分辨法的时间效力、法的空间效力、对人的效力之间在效力范围上的不同对象。其次，这部分的重点是法的溯及力问题，要掌握不同规范领域法的溯及力原则。只要把下面讲解的内容牢牢掌握好，无论命题形式怎样变化，都可以做到心中有数。

从命题方式来看，有时是采用一段引文进行理论分析（2008 年），有时是通过法条或者案例进行判断（2012 年、2015 年），有时通过法谚进行考查（2016 年）。

法的效力是法的约束力，即人们应当按照法律规定的行为模式来行为的一种法律之力。**法的效力范围**（法的适用范围、法的生效范围）指法对什么人、在什么时间和什么空间有效。其中，**法的时间效力**指法的效力起始和终止的期限，以及是否有溯及力。

关于法的生效时间和失效时间，这里不再细述。

法的溯及力是法的时间效力中的重要问题。**法的溯及力**，也称法溯及既往的效力，指法对其生效以前的事件和行为是否适用。如果适用，就具有溯及力；如果不适用，就没有溯及力。古罗马法学家西塞罗首次在《立法学》中提出了这个问题，并认为民事法律不应溯及既往，而刑法中的严重犯罪则可以溯及既往。在资产阶级革命后，绝大多数国家将“法律不溯及既往”的原则写进了宪法。[①] 例如，法国《人权宣言》第 8 条规定：“法律只应规定确实需要和显然不可少的刑罚，而且除非根据在犯法前已经制定和公布的且系依法施行的法律以外，不得处罚任何人。”美国《宪法》第 1 条第 9 款规定：“追溯既往的法律不得通过之。”我国《立法法》第 93 条也规定了“法律、行政法规、地方性法规、自治条例和单行条例、规章不溯及既往，但为了更好地保护公民、法人和其他组织的权利和利益而作的特别规定除外”。

法是否具有溯及力，不同法律规范之间的情况是不同的。下面进行具体阐述并说明其法理依据：

① 张文显主编：《法理学》，高等教育出版社、北京大学出版社 2011 年版，第 61 页。

一、对有关侵权、违约的法律和刑事法律，一般以法律不溯及既往为原则

这是因为法律应当具有可预测性，人们根据法律从事一定的行为，并为自己的行为承担责任。如果法律溯及既往，就是用今天的规则要求昨天的行为，从行为的当时来看，这等于是用尚未制定和生效的法律来裁判当时的行为。如果涉及到法律责任的承担，这等于是要求某人承担自己从未期望过的义务。

而在侵权和违约的法律中，要追究相关主体的侵权责任和违约责任，在刑事法律中要追究主体的刑事责任。这些法律责任都是由特定法律事实所引起的对损害予以赔偿、强制履行或接受惩罚的特殊义务。如果这时法律溯及既往，则当事人之所以承担法律责任，将不是因为他违反了他已有的某个应当承担的义务，而是因为他违反了一个事后才创造出来的新法律所规定的义务而受到惩罚。这是不公正的。

二、当代刑法中的溯及力原则

在当代刑法中采用的溯及力原则有：

1. 从旧原则，即新法无溯及力；
2. 从新原则，即新法有溯及力；
3. 从轻原则，比较新旧两法，适用对被处罚人处理较轻的法律；
4. 从新兼从轻原则，即新法原则上溯及既往，但旧法处罚较轻时，则从旧法；
5. 从旧兼从轻原则，即新法原则上无溯及力，但新法处罚较轻时，则从新法。①

在二战后，很多国家根据“有利被告”的原则，在刑法中采用“从旧兼从轻”的原则（或称“有利原则”），这已经成为各国通例。该原则的正当性或合理性基础在于，“从旧”意味着遵循了刑事法律不溯及既往的原则，而“从轻”规定了法律溯及既往的例外情况是，新法的处罚比旧法轻，这对被告是有利的。既然按照新法的规定，可以处以较轻的刑罚，已经说明该犯罪的社会危害性从发展的视角来看没有必要进行更严重的处罚了。

我国刑法也适用了“从旧兼从轻原则”（《刑法》第12条第1款）。

例1：“现今的很多法律格言都是在古罗马时期形成的，‘法律仅仅适用于将来’就是一例。这一思想后来被古典自然法学派所推崇，并体现在法国人权宣言和美国宪法之中，形成了‘法不溯及既往原则’。根据此引文以及相关法学知识，是否可以说“法律仅仅适用于将来”已经成为现代社会的法律效力原则？法不溯及既往仅仅是《人权宣言》和《宪法》通行的效力原则？

提示：第一个观点是正确的，在现代社会法律的时间效力上，一般遵循法律不溯及既往的原则，即“法律仅仅适用于将来”。第二个观点是错误的，法律不溯及既往的原则不仅在《人权宣言》和《宪法》中有所规定，在各国有关侵权、违约的法律和刑

---

① 张文显主编：《法理学》，高等教育出版社、北京大学出版社2011年版，第61页。

事法律中也有所体现。

三、在某些规定民事权利的法律中，法律有溯及力

例如，《著作权法》第 60 条第 1 款规定："本法规定的著作权人和出版者、表演者、录音录像制作者、广播电台、电视台的权利，在本法施行之日尚未超过本法规定的保护期的，依照本法予以保护。"这是因为，在这种时候，法律溯及既往不是给当事人课加无法预期的义务，而是为了更好地保障当事人的权利。法律上的这种溯及既往是对当事人有利的，从权利保障的视角看，没有违反法律上的公正，被称为"有利追溯"。

值得注意的是，与此相对照第 59 条第 2 款规定："本法施行前发生的侵权或者违约行为，依照侵权或者违约行为发生时的有关规定和政策处理"。这正是体现了前面第 60 条第 1 款的内容，即对有关侵权、违约的法律，以法律不溯及既往为原则。

例 2：《刑法》第 8 条规定："外国人在中华人民共和国领域外对中华人民共和国国家或者公民犯罪，而按本法规定的最低刑为三年以上有期徒刑的，可以适用本法，但是按照犯罪地的法律不受处罚的除外。"该条文规定的是法的溯及力吗？

提示：不是，该条文规定的是法对人的行为的效力原则，具体而言体现的是保护主义原则。《刑法》第 12 条第 1 款规定的才是法的溯及力。

第十四章　公法、社会法与私法的含义与区别

☞ 命题分析

“公法、私法与社会法”是一个一般重点。从考查趋势上看，近年命题人加大了对该考点的重视，这分别从 2016（卷一第 57 题 B 选项）年和 2017（卷一第 56 题 B 选项）年的考题中体现出来。

从考查内容来看，需要考生判断，某规范性法律文件属于该划分标准下的哪一类别。因此，考生应当从调整对象、调整方式、法的本位和价值目标等方面对三者进行理解。

从命题方式来看，该考点多在案例分析题中的某选项上出现，难度不大。但是对于多选题和不定项也不能掉以轻心，不要错选或漏选。

一、公法、私法、社会法

公法与私法的划分，是大陆法系国家对法律做出的一个基本分类。这一分类最早出现于古罗马法中。迄今为止，大陆法系法学理论中并没有形成普遍可接受的单一的关于公法与私法的区分标准。其中，有公共当局主体论、主从关系论、强制规范论、利益论、折中论等。现在公认的公法部门包括宪法、行政法等，私法包括民法、商法等。

社会法是介于公法和私法之间的法律。它是随着社会的发展，在“法律社会化”的过程中形成的新的法的类型，如社会保障法、劳动法、社会福利方面的法律等。

二、公法、私法、社会法的区别

下面，从调整对象、调整方式、法的本位和价值目标等方面对三者进行区分：

（一）调整对象

公法调整国家与公民之间、政府与社会之间的各种关系，主要是政治关系、行政关系和诉讼关系等。在国家与公民、政府与社会之间的关系中，国家和政府是公共权力的代表，对社会公共事务进行管理。但是，其行为不是任意的，而应当遵守法治原则。

私法调整私人之间的民商事关系即平等主体之间的财产关系和人身关系。私法应当是日常私人生活状况的法律体现。法律对民商事关系的调整遵循人格独立、地位平等、行为自愿以及公平、诚实信用等基本原则。

社会法调整的社会关系是基本生活权利保障关系，相关法律包括有关弱势群体（未成年人 、老年人、残疾人、妇女和消费者）保障的法律、基本生活保障性法律

（广义社会保障性法律）、公益法以及教育权利保障法等。因此，社会法不以平等主体之间社会关系为起点，但是以追求实质平等为终点。

（二）调整方式

公法对社会关系进行调整时，奉行“国家或政府干预”的理念，例如刑法对绝大多数犯罪行为适用国家追诉主义；经济法强调国家对市场经济活动的调节、控制和干预；诉讼程序中当事人申请撤诉须经法院同意等。因此，公法规范多为强行性规范。但是，为了更好地贯彻国家或政府干预理念，需要以法治理论对下列问题做出回答：干预的理由和根据是什么？干预的范围和程度怎样？何种干预形式能够更好实现目的？

私法对社会关系进行调整时，遵循“意思自治”“私法自治”的原则。该原则认为，私法方面的一切法律关系可以而且应该由每个人自由地、自行负责地按照自己的意志去决定。这是因为，每个人都是自身利益的最佳判断者和实践者，法律应当充分相信个人能够理智地对待和处理与其利益相关的一切事务，国家及他人应尊重个人的自由选择，不得干涉或限制。当国家为更高的价值或公益而对私人事务施加强制或干预时，应有适当理由。

社会法对社会关系进行调整时，适用的是倾斜保护。这是对传统“法律面前人人平等”“权利义务一致”的原则进行修正，例如工伤保险制度中适用无过错责任原则和雇主举证责任倒置原则等。

（三）法的本位和价值目标

公法以权力为轴心，严守应当遵循“权力法定”的原则。法律对权力的作用，一是授予权力，二是限制或制约权力。一切权力的运作必须基于并源于人民的意志，并以法律的形式明确固定下来。在法治社会，“权力法定”的含义是：一切公权力的取得和行使都必须从法律中获得其来源，国家机关不得行使法律没有授予和禁止行使的权力（即“法无授权不可为”）。同时，还需要用法律对权力加以分解、限制、制约并对权力使用活动进行严格监督。公法的价值目标，一是实现公共事务的有效管理，二是通过控制公权力来维护私权利。

私法则以权利为核心，坚守“权利本位”原则。私法确认和保护私法主体享有的民商事权利，奉行“法不禁止即自由”。因此，私法的基本内容包括权利主体制度、权利规则制度（物权、债权、人身权、继承权、知识产权）、权利行使制度（法律行为制度和代理）、权利保障或救济制度（民事责任制度）等。私法的价值目标是，维护私人自主选择和决定的自由。这样个人在追求和实现自身合法利益的同时，也能够促进社会进步和经济发展。

社会法的本位是弱者救助和反歧视。除自然灾害外，疾病、事故以及遗传等多种原因也催生了社会弱势群体。保护和救助弱势群体，实际也是缓释社会压力，维护社会整体安全。社会法以弱者保护为宗旨，从另一角度就是坚持反歧视，通过法律创建公平的社会环境和平等的市场机会。①

① 郑尚元：“社会法的存在与社会法理论探索”，载《法律科学·西北政法学院学报》2003 年第 3 期。

第十五章　法律关系的概念与种类

☞ 命题分析

“法律关系的概念与种类”是常规重点。从考查趋势来看，该考点考查次数虽然不算多，但是2008年、2011年都是单一考点命题，2014年~2017年每年都有考查，都是在试题中的一或两个选项中出现。可见，命题人对它是“不可遗忘，常常怀念”。

从考查内容来看，调整性法律关系和保护性法律关系、纵向（隶属）的法律关系和横向（平权）的法律关系、第一性法律关系（主法律关系）和第二性法律关系（从法律关系）是常考重点。

从命题方式来看，该考点始终采用案例分析法，需要考生判断案例中某一或某些法律关系的具体类型。

法律关系是在法律规范调整社会关系的过程中所形成的人们之间的权利和义务关系。

一、法律关系的性质和特征

法律关系的性质和特征可以扼要总结为以下几点：

1. 法律关系是根据法律规范建立的一种社会关系，具有合法性。

因此，法律关系不同于法律规范调整或保护的社会关系本身，其存在以法律规范为前提。而且，法律关系是法律规范的实现形式，是法律规范中的行为模式和法律后果，在现实社会生活中得到了具体贯彻。

2. 法律关系是体现意志性的特种法律关系。

这首先意味着，法律关系像法律规范一样，体现了国家的意志。其次，在法律关系中也会体现法律关系参加者的个人意志。

3. 法律关系是特定法律关系主体之间的权利和义务关系。

二、法律关系的种类

由于法律调整的社会关系的领域遍及社会生活的方方面面，所以法律关系呈现出不同的面向，具有不同的特点。根据不同的标准，从不同的角度对法律关系进行分类，有助于我们识别和把握不同法律关系的性质和特征。法律关系主要有四种分类：

（一）调整性法律关系和保护性法律关系

这一分类的标准是法律关系产生的依据、执行的职能和实现规范的内容。

调整性法律关系是基于人们的合法行为而产生的、执行法的调整职能的法律关系，它所实现的是法律规范（规则）的行为规则（指示）内容。保护性法律关系是由于违法行为而产生的、旨在恢复被破坏的权利和秩序的法律关系，它执行着法的保护职能，所实现的是法律规范（规则）的保护规则（否定性法律后果）内容，是法的实现的非正常形式。

	产生的依据	执行的职能	实现规范的内容	特征	举例
调整性法律关系	合法行为	调整职能：确立并维护社会关系	法律规则的行为指示部分	法律主体自觉依法行使权利、履行义务	各种依法建立的民事法律关系、行政合同关系等
保护性法律关系	违法行为	保护职能：恢复被破坏的权利和秩序	法律规则的否定性法律后果部分	一方主体（国家）适用惩罚，另一方主体（通常是违法者）接受惩罚	刑事法律关系等

例1：孙某的狗曾咬伤过邻居钱某的小孙子，钱某为此一直耿耿于怀。一天，钱某趁孙某不备，将孙某的狗毒死。孙某掌握了钱某投毒的证据之后，起诉到法院，法院判决钱某赔偿孙某600元钱。孙某因对其狗享有所有权而形成的法律关系属于保护性法律关系吗？

提示：不是。是调整性法律关系。

例2：甲、乙分别为某有限责任公司的自然人股东，后甲在乙知情但不同意的情况下，为帮助妹妹获取贷款，将自有股份质押给银行，乙以甲侵犯其股东权利为由向法院提起诉讼。在该案中，担保关系是债权关系的保护性法律关系吗？债权关系是质押关系的调整性法律关系吗？

提示：保护性法律关系是由于违法行为而产生的、旨在恢复被破坏的权利和秩序的法律关系。甲和银行的担保关系虽然侵犯了乙的股东权利，但是该担保关系并不是对被破坏的法律关系的恢复，所以它不是债权关系的保护性法律关系。

这里的债权关系和质押关系都是调整性法律关系，但是二者之间不存在谁是谁的调整性法律关系的问题。

（二）纵向（隶属）的法律关系和横向（平权）的法律关系

这一分类的标准是法律主体在法律关系中的地位。

纵向（隶属）的法律关系指在不平等的法律主体之间所建立的权力服从关系。横向法律关系是指平权法律主体之间的权利义务关系。

	法律主体间的地位	权利义务的特征	举例
纵向法律关系	不平等	具有强制性，不能随意转让或放弃	行政管理关系中上下级机关之间
横向法律关系	平等	具有一定程度的任意性	民事财产关系、民事诉讼之原、被告关系

例3：前面例1中，因钱某毒死孙某的狗而形成的损害赔偿关系属于纵向的法律关系吗？其中孙某是否可以放弃自己的权利？

提示：不是。损害赔偿关系是发生在钱某和孙某平等主体之间，所以该法律关系是横向法律关系。孙某可以放弃自己的权利。

例4：前面例2中，诉讼关系是股权关系的隶属性法律关系吗？

提示：隶属性法律关系是在不平等的法律主体之间所建立的权力服从关系。所以该诉讼关系不是股权关系的隶属性法律关系。

（三）单向（单务）法律关系、双向（双边）法律关系和多向（多边）法律关系

这一分类的标准是法律主体的多少及其权利义务是否一致。

单向法律关系，指权利人仅享有权利，义务人仅履行义务。单向法律关系是最基本的，一切法律关系都可以被分解为诸多单向的权利义务关系。双向法律关系，指在特定的双方法律主体之间，存在着两个密不可分的单向权利义务关系，其中一方主体的权利对应另一方的义务，反之亦然。多向法律关系又称“复合法律关系”或“复杂的法律关系”，是三个或三个以上相关法律关系的复合体，其中既包括单向法律关系，也包括双向法律关系。

	举例
单项法律关系	不附条件的赠与关系
双向法律关系	买卖法律关系
多向法律关系	行政法中的人事调动关系 （调出单位、调入单位、工作调动者）

（四）第一性法律关系（主法律关系）和第二性法律关系（从法律关系）

这一分类的标准是相关的法律关系作用和地位的不同。

第一性法律关系，是人们之间依法建立的不依赖其他法律关系而独立存在的或在多向法律关系中居于支配地位的法律关系。由此而产生的、居于从属地位的法律关系，就是第二性法律关系或从法律关系。

	举例
第一性法律关系	调整性法律关系、实体法律关系
第二性法律关系	保护性法律关系、程序法律关系

例5：前面例1中，由于孙某起诉而形成的诉讼法律关系属于第二性的法律关系吗？

提示：是的。

例6：前面例2中，债权关系是质押关系的第一性法律关系吗？

提示：是的。该债权关系不依赖其他法律关系而独立存在，是第一性法律关系。相反，该质押关系以债权关系的存在为前提，是第二性法律关系。

第十六章　法律关系的产生、变更与消灭

☞ 命题分析

“法律关系的产生、变更与消灭”属于“明星配角考点”。从考查趋势来看，在近五年该考点稳定出现，常常是出现在某个综合题的选项中。

从考查内容来看，重点是法律关系的产生、变更和消灭直接的前提条件，即法律事实。考生需要准确理解法律事实、法律事件和法律行为的含义，它们之间的种属关系，以及事实构成的含义。

从命题方式来看，始终都是案例分析法，即在具体的案例分析中，需要考生判断某样事实是否是法律事实？某法律事实的类型，是法律事件还是法律行为？是否存在事实构成？

法律关系处在不断地生成、变更和消灭的过程中。在这一部分，理解上的重点是**影响法律关系形成、变更和消灭的条件**。其中最主要的条件是法律规范和法律事实。

法律规范是法律关系在法律上形成、变更和消灭的依据。没有一定的法律规范的存在，就不会有相应的法律关系，例如法律中没有对友情进行规范，因此也不可能形成友情法律关系。但是，在理解中要注意的是，法律规范是在应然层面对法律关系中主体权利和义务的规定，但不是现实的法律关系本身。

法律关系的形成、变更和消灭还要具备直接的前提条件，这就是法律事实。它是法律规范与法律关系联系的中介。**法律事实**是法律所规定的、能够引起法律关系产生、变更和消灭的客观情况或现象。对法律事实，主要从以下几个方面理解：

一、法律事实的特征

1. 法律事实是一种客观存在的外在现象，而不是人们的一种纯粹的心理现象或心理活动。

2. 法律事实是由法律规定的、具有法律意义的事实。因此，与人类生活无直接关系的纯粹的客观现象（如宇宙天体的运行）不是法律事实。

二、法律事实的种类

根据是否以人们的意志为转移，可以将法律事实分为两类，即法律事件和法律行为。

1. **法律事件**是法律规范规定的、不以当事人的意志为转移而引起法律关系形成、

变更或消灭的客观事实。法律事件又区分为社会事件（如社会革命、战争等）和自然事件（如人的生老病死、自然灾害等）两种。这两种事件对于特定的法律关系主体（当事人）而言，都是不可避免的，是不以其意志为转移的。

但是，当这些事件出现，就可能引起法律关系主体之间的权利与义务关系的产生、变更或消灭。例如，人的出生引起父母与子女间抚养关系和监护关系的产生；而人的死亡导致抚养关系、夫妻关系或赡养关系的消灭和继承关系的产生，等等。

2. **法律行为**是人们所实施的、能够发生法律上效力、产生一定法律效果的行为。所以作为一种法律事实的法律行为，体现了当事人的意志。

根据从事一定法律行为的人的意志是善意还是恶意，导致的行为是合法还是违法，可以将法律行为区分为合法行为和违法行为。合法行为能够引起法律关系的形成、变更和消灭，例如，甲和乙依法签订合同的行为，导致合同关系的产生。违法行为也能够引起法律关系的形成、变更和消灭，例如故意杀人的行为产生刑事法律关系，也可能引起某些民事法律关系（损害赔偿、所有权、婚姻等）的产生、变更或消灭。正是在这个意义上，可以说法律禁止的行为和不禁止的行为，都可以导致法律关系的产生。

在现实社会中，同一个法律事实（事件或者行为）可以引起多种法律关系的产生、变更和消灭。例如，工伤致死，不仅导致劳动关系、婚姻关系的消灭，也导致劳动保险合同中的赔偿关系、继承关系的产生。

三、事实构成

一个法律关系的产生、变更或消灭，有时是由两个或两个以上的法律事实引起的，这时，把这两个或两个以上的法律事实所构成的一个相关的整体，称为“事实构成”。例如，对于民事诉讼法律关系的产生，不仅需要原告提起诉讼，而且需要法院进行立案。

例1：张女穿行马路时遇车祸，致两颗门牙缺失。交警出具的责任认定书认定司机负全责。张女因无法与肇事司机达成赔偿协议，遂提起民事诉讼，认为司机虽赔偿3000元安装假牙，但假牙影响接吻，故司机还应就她的“接吻权”受到损害予以赔偿。在张女与司机之间，是否存在产生法律关系的法律事实？

提示：在交通事故发生后，引起了张女和司机之间赔偿法律关系的产生。引起该法律关系产生的法律事实是司机的违章驾驶行为。

例2：张老太介绍其孙与马先生之女相识，经张老太之手曾给付女方“认大小”钱10100元，后双方分手。张老太作为媒人，去马家商量退还“认大小”钱时发生争执。因张老太犯病，马先生将其送医，并垫付医疗费1251.43元。后张老太以马家未返还“认大小”钱为由，拒绝偿付医药费。马先生以不当得利为由诉至法院。法院考虑此次纠纷起因及张老太疾病的诱因，判决张老太返还马先生医疗费1000元。张老太犯病是否直接构成与马先生之医药费返还法律关系的法律事实？

提示：直接构成张老太与马先生之医药费返还法律关系的法律事实是一个事实构成：包括马先生的垫付行为、马先生的起诉行为、法院的审判行为。在这一法律关系中，张老太犯病并非一个法律事实，既非法律事件，也非法律行为。

小 结

<table>
<tr><td colspan="3">法律规范：法律关系形成、变更和消灭的依据</td></tr>
<tr><td rowspan="4">法律事实：法律关系形成、变更和消灭直接的前提条件</td><td rowspan="2">法律事件：不以当事人的意志为转移</td><td>社会事件</td></tr>
<tr><td>自然事件</td></tr>
<tr><td rowspan="2">法律行为：体现了当事人的意志</td><td>合法行为</td></tr>
<tr><td>违法行为</td></tr>
</table>

第十七章　法律责任的竞合

☞ 命题分析

“法律责任的竞合”在近年来是一个不可忽视的考点。从考查趋势来看，命题人在近几年加大了对该考点的考查，其中2014年是单一考点命题。

从考查内容来看，一是判断案例中是否存在竞合，考生要紧紧扣住法律责任竞合的四个特点，四者缺一不可；二是判断法条是否表达了法律责任的竞合，这时一定要审慎分析法条的内容，区分竞合与并存、吸收的不同。

从命题方式来看，这部分考查较为多样。一是采用法条考查法（如2017-1-9）；二是采用案例分析法（如2016-1-59）；三是对每个选项中的小案例是否构成竞合做出判断（如2014-1-91）。

法律责任的竞合指由于某种法律事实的出现，导致两种或两种以上的法律责任产生，而这些责任之间相互冲突的现象。竞合，从语义上是竞相符合或同时该当，即同一行为同时符合不同法律责任的构成要件，从而导致了不同法律责任间的冲突。下面依次讲解法律责任竞合的特点、产生原因、具体表现和解决方式。

一、法律责任竞合的特点

如何判断是否存在法律责任的竞合？这可以通过理解和识别法律责任竞合的特点来进行。具体而言，法律责任竞合的特点是：

1. 数个法律责任的主体为同一法律主体。这是因为，对不同法律主体的不同法律责任可以分别追究，不存在相互冲突的问题。

2. 责任主体实施了一个行为。如果是数个行为，就可以根据每个行为分别符合的法律责任的构成要件来进行责任的认定和归结，则不存在责任竞合的问题。

3. 该行为符合两个或两个以上的法律责任构成要件。这指的是，行为人虽然仅实施了一个行为，但该行为同时触犯了数个法律规范，符合数个法律责任的构成要件。

4. 数个法律责任之间相互冲突。与之相反的情况是“并存”，如某犯罪行为的刑事责任和附带民事赔偿责任可以被同时追究，不存在责任竞合的问题。

例1： 张某过马路闯红灯，司机李某开车躲闪不及将张某撞伤，法院查明李某没有违章，依据《道路交通安全法》的规定判李某承担10%的赔偿责任。李某所承担的是一种竞合的责任吗？

提示：李某承担的仅是一种民事赔偿责任，这里不存在法律责任的竞合。

二、法律责任竞合产生的原因

法律责任竞合产生的原因可以总结为：

1. 法律规范具有抽象性和普遍性，不同的法律规范从不同角度对社会关系加以调整，所以同一个行为可能符合不同的责任构成要件。

2. 社会关系具有复杂性，一个行为可能同时触犯了不同的法律规范，面临数种法律责任，从而引起法律责任的竞合。

三、法律责任竞合的具体表现

法律责任的竞合可能发生在同一法律部门内部，也可能发生在不同的法律部门之间。

1. 民法上侵权责任和违约责任的竞合

例如，甲在乙公司定制家具，在正常使用中，一个餐桌的桌腿断裂，断裂处扎入甲的脚背，治疗共花费医药费1500元。我国《合同法》第122条规定，“因当事人一方的违约行为，侵害对方人身、财产权益的，受损害方有权选择依照本法要求其承担违约责任或者依照其他法律要求其承担侵权责任”。在该案中，乙公司交付的物品有瑕疵，致使甲的合法权益遭受侵害，甲既可以向乙公司主张侵权责任，也可以主张违约责任，但是这两种责任不能同时追究，只能追究其一。

2. 刑法上的想象竞合

刑法上的想象竞合指行为人以一个主观故意实施一种犯罪行为，触犯两个以上罪名的情况。例如甲盗窃铁路上的枕木，实施了一个犯罪行为，却危害了数个社会关系，一方面侵犯了国有财产的所有权，触犯了盗窃罪；另一方面盗窃铁路枕木的行为，足以造成运行中的列车发生颠覆，触犯了破坏交通设施罪。甲虽然客观上危害了两个社会关系，但是由于只是以一个主观故意实施了一个犯罪行为，所以不能将这一个行为既作为盗窃罪的构成要件，又作为破坏交通设施罪的构成要件重复使用。

3. 不同法律部门之间法律责任的竞合

在不同法律部门之间，如民事责任、行政责任和刑事责任等之间也可能产生法律责任的竞合。例如，如果当事人虚开增值税专用发票，既可能构成虚开增值税专用发票罪，需要追究刑事责任，也可能同时构成偷税行为，税务机关会追究其行政责任。如果这两个法律责任都有财产罚，二者会存在竞合。

例2：《合同法》第122条规定：“因当事人一方的违约行为，侵害对方人身、财产权益的，受损害方有权选择依照本法要求其承担违约责任或者依照其他法律要求其承担侵权责任。”该条款规定的是法律位阶冲突、法律责任免除、法律价值冲突还是法律责任竞合的处理原则？

提示： 该条款规定的是民法上侵权责任和违约责任的竞合的处理原则，法律赋予受损害方在二者之间进行选择的权利。

四、法律责任竞合的解决

由于法律责任的竞合是同一法律主体的一个行为导致构成两个或两个以上的法律责任构成要件，且数个责任间存在冲突，所以对法律责任的竞合不能重复追究法律责任。这是因为对一个行为重复追究法律责任在一定程度上违背了一事不再罚的原则和人权保障的原则，并罚模式有过度侵害公民权益的嫌疑。基于法治国原则所强调的法律安定性的要求，为了使公民不会终日生活在可能重复处罚的梦魇中，必须对法律责任的竞合进行解决。①

1. 民法上侵权责任与违约责任的竞合，理论上存在争议，各国的法律规定也有所不同。有的国家禁止竞合，规定不得将违约行为视为侵权行为，从而不产生责任竞合问题；有的则允许或有限制地允许竞合，而赋予当事人选择请求权，如我国《合同法》第122条。

2. 对刑法上的想象竞合，应择其重罪处罚。

3. 对不同法律部门间法律责任的竞合，一般来说，应按重者处之。如果相对较轻的法律责任已经被追究，再追究较重的法律责任时应适当考虑折抵。

例如，在前面虚开增值税专用发票的案例中，税务机关在发现涉嫌犯罪并移送公安机关进行刑事侦查后，不再针对同一违法行为作出行为罚和申诫罚以外的行政处罚；刑事被告人构成涉税犯罪并被处以人身和财产的刑罚后，税务机关不应再作出罚款的行政处罚。如当事人行为不构成犯罪，公安机关应将案件退回税务机关，税务机关可依法追究当事人的行政违法责任。②

---

① 郑尚元："社会法的存在与社会法理论探索"，载《法律科学·西北政法学院学报》2003年第3期。

② 详见我国最高人民法院在《关于在司法机关对当事人虚开增值税专用发票罪立案侦查之后刑事判决之前，税务机关又以同一事实以偷税为由对同一当事人能否作出行政处罚问题的答复》（［2008］行他字第1号）。杨科雄："刑事责任与行政责任竞合的处理"，载《人民司法》2014年第9期。

第十八章　归责与免责

☞ 命题分析

“归责与免责”也是“明星配角考点”之一。从考查趋势来看，该考点在近几年持续受命题人青睐，每年都在试题的一个选项中出现，可考内容较多，属于可不断挖掘的考点矿藏。

从考查内容来看，各归责原则和免责事由都能成为考查目标。但是考生不能仅仅死记硬背，而是必须真正理解该考点的具体内容，通过比较进行识记。必要时，可以结合部门法的知识做出正确选择，例如刑法中时效免责的例外情况，又如不诉免责和协议免责的适用条件。

从命题方式来看，主要采用案例分析法，即需要考生在案例中具体分析和判断归责遵循的原则，或者免责的事由。

在这一考点中，主要需要掌握的是两方面内容：对于归责，涉及的是法律责任的归责原则。对于免责，涉及的是法律责任的免责条件。

一、法律责任的归责原则

归责指由特定国家机关或国家授权的机关，依法对行为人的法律责任进行判断和确认。我国归责的原则主要包括：责任法定原则、公正原则、效益原则和责任自负原则。

1. 责任法定原则

责任法定原则指法律责任作为一种否定的法律后果应当由法律规范预先规定。

当出现了违法行为、违约行为或法定事由的时候，特定国家机关既要按照实体法，又要按照程序法事先规定的责任性质、责任范围、责任方式追究行为人的责任。在部门法领域，这一原则具体化为“罪刑法定原则”“侵权责任法定原则”等。责任法定原则对阻却责任擅断、非法责罚具有重要意义。

2. 公正原则

公正原则要求在追究法律责任时，做到以下几点：

（1）对任何违法、违约的行为都应依法追究相应的责任，做到“有责必究”；

（2）法律责任的性质或种类应该与违法行为的性质或种类相一致，即法律责任的定性要公正；

（3）责任与处罚相均衡，即法律责任的定量要公正，“责罚相当”“罚当其罪”。

具体言之，法律责任的承担要与违法行为造成的损害后果、违法主体的主观过错、违法行为作为损害后果的原因的大小相一致；

（4）公民在法律面前一律平等，对任何公民的违法犯罪行为，都必须同样地追究法律责任，不允许有不受法律约束或凌驾于法律之上的特殊公民。

3. 效益原则

效益原则指在追究行为人的法律责任时，应当进行成本收益分析，讲求法律责任的效益。如果较轻的责任承担就可以实现法律预防、惩戒、教育等目的，就没有必要要求责任人承担更重的责任。因此，法律责任的设定和追究并非越大越好，也并非越小越好，而应适度。

4. 责任自负原则

责任自负原则指承担法律责任的主体仅限于实施导致法律责任的行为人本人。这一原则区别于古代追责时的“连坐”“株连”原则。这是因为，中国古代的社会基本结构是家族本位，个人的权利与义务是家族最高利益下的附属物，因此就某些重大犯罪而言，单纯惩治个人不足以达到威慑和防范的目的，整个家族有义务与犯罪者共同承担罪责。而在现代社会每个人都是独立的个体，在法律上具有独立地位，因此普遍适用责任自负原则。理解这一原则时，要注意法律上规定的例外情况：例如民事立法上的连带责任、监护人对被监护人的替代责任、《侵权责任法》第 87 条规定的“高空抛物致人损害的责任”等。

小　结

归责原则	具体含义
责任法定原则	按照预先制定的法律规范中规定的责任性质、责任范围、责任方式等追究责任
公正原则	“有责必究”“责罚相当”“罚当其罪”、定性公正、平等追责
效益原则	责任追究和社会成本与效果相当
责任自负原则	承担法律责任的主体仅限于实施导致法律责任的行为人本人

二、法律责任的免责条件

免责指法律责任的免除，即法律责任由于出现法定条件被部分或全部地免除。免责不意味着违法行为是合理的、法律允许的、法律不管的，甚至法律所赞成的。需要注意的是，免责不等于无责任，它以法律责任的存在为前提，而且主体也具备承担法律责任的条件，只是由于出现了法定条件，才被部分或全部免除法律责任。

从我国的法律规定和法律实践看，主要存在以下几种免责形式：

1. 时效免责

时效免责指法律责任经过了一定的期限后而免除。时效免责的意义在于：保障当事人的合法权益，督促法律关系的主体及时行使权利、结清权利义务关系，提高司法机关的工作效率，稳定社会生活秩序，促进社会经济的发展。[①] 时效免责的法律依据有：《刑法》第87~89条，《民法总则》第188~199条，《民法通则》第136条，《环境保护法》第66条等。对于刑法中的时效免责，必须注意第88条的例外规定。

2. 不诉免责

不诉免责指受害人或有关当事人不向法院起诉要求追究行为人的法律责任，行为人的法律责任就实际上被免除，即所谓的“告诉才处理”“不告不理”。在这种情况下，法律将追究责任的决定权交给受害人或有关当事人。不诉免责适用的范围是：大多数民事违法或违约行为，轻微的刑事违法行为，后者包括符合免责条件的触犯侮辱、诽谤罪，暴力干涉婚姻自由罪，虐待罪，侵占罪的行为。例如侮辱、诽谤严重危害社会利益和国家利益的不属于告诉才处理的范围，暴力干涉婚姻致人死亡及虐待致人死亡都不属于告诉才处理的案件。这里需要注意的是，“不告诉”必须是出于被害人及其代理人的自由意志。

3. 协议免责

协议免责，又称意定免责，指在法律允许的范围内协商同意的免责。在这种情况下，法律将追究责任的决定权交给有关当事人。协议免责仅适用于民事违法或违约行为。需要注意的是，协议免责发生的时间既可以是在诉讼提出前，可以是当事人自愿达成，也可以是在调解组织、仲裁机构或者法院的调解下自愿达成（并由此导致不诉免责）；也可以是在诉讼过程中，经法院调解自愿达成。

4. 自首、立功免责

自首、立功免责指对于违法之后有立功或自首表现的人免除其部分或全部的法律责任。这是一种将功抵过的免责形式，其法律依据是《刑法》第67、68条。

5. 因履行不能而免责

因履行不能而免责，指在财产责任中，在责任人确实没有能力履行或没有能力全部履行的情况下，有关的国家机关免除或部分免除其责任。这属于一种人道主义免责。

例：中学生小张课间打篮球时被同学小黄撞断锁骨，小张诉请中学和小黄赔偿1.4万余元。法院审理后认为，虽然2被告对原告受伤均没有过错，不应承担赔偿责任，但原告毕竟为小黄所撞伤，该校的不当行为也是伤害事故发生的诱因，且原告花费1.3万余元治疗后尚未完全康复，依据公平原则，法院酌定被告各补偿3000元。在本案中，法院对被告采取了不诉免责和协议免责的措施吗？

提示：不诉免责指受害人或有关当事人不向法院起诉要求追究行为人的法律责任，行为人的法律责任就实际上被免除。在本案中，小张向中学和小黄提起了诉讼，法院进行了受理和审判，不构成不诉免责。协议免责指在法律允许的范围内协商同意的免责。小张与中学、小黄之间也没有达成协议免责。

---

① 张文显：《法学基本范畴研究》，中国政法大学出版社1993年版，第207页。

第十九章　立法原则

☞ 命题分析

“立法原则”是一般重点。从考查趋势来看，该考点总体考查次数不多（2009 年、2011 年、2015 年）。

从考查内容来看，这部分的重点是科学立法原则和民主立法原则。关于立法原则的具体要求，可以结合《立法法》第 3 ~ 6 条进行理解，具体措施可以结合中国特色社会主义法治理论的内容。

从命题方式来看，都是采用案例分析法，因此需要考生能够结合具体情况理解各个具体立法原则的含义。

立法原则是指导立法主体进行立法活动的基本准则。根据《立法法》的规定，当代中国立法的原则可以概括为合宪性与合法性原则、科学立法原则、民主立法原则。

一、合宪性与合法性原则

该原则主要在《立法法》第 3、4 条中予以规定。该原则的具体内容是：

1. 立法必须以宪法为依据，遵循宪法的基本原则，符合宪法的精神。

2. 立法活动应当依法进行，立法主体、立法权限、立法内容、立法程序都应当符合法律的规定。立法机关必须严格按照法律规定行使职权，履行职责。

3. 立法应当从国家整体利益出发，维护社会主义法制的统一和尊严。

二、科学立法原则

该原则在《立法法》第 5 条进行规定，其主要内容是：

1. 立法应当尊重社会的客观实际状况，根据客观需要，从实际出发，科学合理地规定公民、法人和其他组织的权利与义务、国家机关的权力与责任。

2. 立法应当反映客观规律的要求，注意总结立法现象背后的普遍联系，揭示立法的内在规律，避免主观武断地制定法律。

保障科学立法的制度机制有：健全立法起草、论证、协调和审议机制；健全向下级人大征询立法意见机制，建立基层立法联系点制度；完善立法项目征集和论证制度；健全立法机关主导、社会各方有序参与立法的途径和方式；探索委托第三方起草法律法规草案；注重运用立法技术等。

三、民主立法原则

该原则在《立法法》第5条进行规定，其主要内容是：

1. 立法应当体现广大人民的意志和要求，确认和保障人民的利益。
2. 应当发扬社会主义民主，保障人民通过多种途径参与立法活动。
3. 立法过程和立法程序应当坚持立法公开。

保障民主立法的制度机制有：保障人大代表在法律法规规章起草与修改中有效发挥作用；健全立法机关与社会公众沟通机制，广泛开展立法协商；拓宽公民有序参与立法途径，健全法律法规规章草案公开征求意见和公众意见采纳情况反馈机制；探索建立有关国家机关、社会团体、专家学者等对立法中涉及的重大利益调整论证咨询机制。

例1：2007年，某国政府批准在实验室培育人兽混合胚胎，以用于攻克帕金森症等疑难疾病的医学研究。该决定引发了社会各界的广泛关注和激烈争议。如果该国立法机关为此制定法律，则制定出的法律必然是该国全体公民意志的体现吗？

提示：立法是将一定阶级的意志上升为国家意志的活动，立法应当遵循民主立法、科学立法原则，做到立法的规范化、科学化，避免立法的主观任意性。在立法中，“应当”与“事实”处于不同层面，该国立法机关为此制定法律是“事实”，但是制定出的法律并不必然是该国全体公民意志的体现，并不一定在应然层面上体现了“民主原则”的要求。

例2：某市政府为缓解拥堵，经充分征求广大市民意见，做出车辆限号行驶的规定。但同时明确，接送高考考生、急病送医等特殊情况未按号行驶的，可不予处罚。该免责规定体现了哪些立法基本原则？

提示：该规定考虑了该市交通拥堵的具体情况，同时认识到“接送高考考生、急病送医等特殊情况”应当做出区别对待，符合从实际出发，根据客观需要，反映客观规律的要求，体现了科学立法原则。市政府在规定制定过程中“经充分征求广大市民意见”，体现了民主立法原则。

第二十章 立法技术

☞ 命题分析

立法技术是2018年大纲新增的考点。

立法技术指在立法过程中所形成的一切知识、经验、规则、方法和技巧的总和。增加的这个知识点，呼应了立法的特征中对“立法是一项专业性和技术性的活动”的强调。推进依法治国凸显了良法是善治的前提，立法者立法技术的高低直接决定了立法的质量。对立法技术的要求并非停留在学理研究的层面上，而是上升到立法层面，我国中央和地方都制定了有关立法技术的法律文件，如《立法法》《行政法规制定程序条例》等。

对这个知识点而言，主要应从三个方面，准确掌握立法技术的具体内容：

一、立法预测技术

立法预测技术指对立法的发展状况、趋势和各种情况进行预计、测算的科学方法、手段和规则。

立法预测是立法准备的必要环节，目的是获得未来一定时期内立法的前瞻状况和发展趋势的预测资料，揭示出某特定社会领域的发展对法律、法规的宏观要求，从而为立法机关提供有关立法规模、内容、方法等方面的信息，为制定最佳立法方案服务。它通常包括对立法的社会背景、立法的社会需求、立法制度本身发展的规律性、立法与法律制度其他领域的关系进行的预测。

立法预测技术可以改变以往“成熟一个，制定一个”的立法工作方式，改变对新增、修改或废除什么部门法，全凭部门提案的立法方式，避免立法结构部分失衡、立法秩序无章可循等问题，促进制定科学的立法规划。

例如：广东的立法实践是按照国民经济和社会发展每五年规划期限，广东省人大常委会建立相应的五年立法规划项目库，而立法规划本身涵盖了对广东省五年以内的立法发展趋势和未来状况的考察和测算。①

二、立法规划技术

立法规划技术指对经过立法预测的立法项目进行计划、部署、编制、安排的科学

① 黄晓慧：“构建科学立法预测机制”，载《人民之声》2016年第3期。

方法、手段和规则。

在我国，立法规划作为一项立法惯例，发端于二十世纪八十年代。在立法规划时，要坚持以下原则：

1. 合法原则：由有权主体按照法定职权范围和程序进行；

2. 可行原则：研究和了解实际生活为所要进行的立法提供多大可能性、规划中的立法指标能否有相应的条件保证实现；

3. 科学原则：按照客观规律的要求确定立法指标、安排和部署，确定立法规划的类别，选择最佳的立法形式和法案起草者，合理安排立法项目的先后顺序。①

三、立法表达技术

立法表达技术指对法律规范的结构、形式、概念、术语、语言、文体等进行表述的科学方法、手段和规则。具体包括：

1. 法的名称的表达要规范和统一；

2. 法律规范的表达要完整、概括和明确；

3. 法的体例的安排要规范和统一；

4. 立法语言要做到准确、严谨和简明。

例如，有学者通过讨论中国人的生活世界和价值体系，提出中国《民法典》在形式上应“本诸公平精神、顺乎国情民生、有效捍卫私权、切实促进公益的民事法律秩序，而非追求法典自身的完美”。在技术风格上，民法典应在《德国民法典》的抽象、简明风格与普鲁士普通邦法的决疑、细致的风格间取法，进行立法表达。在表达的通俗和专业之间进行选择时，应当更为在意如何用精准的语言表达，裨益法律文义解释的统一，摒弃我国立法“宜粗不宜细”的传统。②

---

① 周旺生：“论立法规划的基本原则”，载《法学评论》1993 年第 2 期。

② 谢鸿飞：“中国民法典的生活世界、价值体系与立法表达”，载《清华法学》2014 年第 6 期。

第二十一章　当代中国司法的基本要求和原则

☞ 命题分析

“法的实施”部分总体考查力度不大。“当代中国司法的基本要求和原则”属于近年来稳定出现的“规律性热点”。从命题趋势来看，近年来加大了对该考点的考查力度。考虑到现在司法改革热点不断，今后该考点仍可能从多角度命题。

从考查内容来看，这部分重点非常集中，主要是对“法官自由裁量”“法官裁量权”进行考查，总体而言难度不大。除此之外，考生备考时应当准确理解司法的各项原则的含义，在“法的实施”诸考点中，这算是一个命题重点。

从命题方式来看，主要是案例分析法（2015 年是通过法谚进行考查），通常在综合题的某选项中出现。

司法指国家司法机关根据法定职权和法定程序，具体应用法律处理案件的专门活动。司法是实施法律的一种方式，对实现立法目的、发挥法律的功能具有重要意义。

当代中国司法的基本要求是：正确、合法、及时、合理。为了保证法律的正确适用，我国宪法和法律规定了司法机关适用法律必须遵循的原则。

一、司法公正原则

司法公正原则指司法机关在司法活动的过程和结果中，应当坚持并体现公平和正义。司法公正是社会正义的一个重要组成部分，它包括实体公正和程序公正。

实体公正指司法裁判结果的公正，具体而言就是实体法上被侵犯的权利，或者未被履行的义务在裁判中被进行纠正，从而各安其位，定纷止争。它表现为当事人的权利得到保障，或者犯罪的人得到应有的惩罚等。

程序公正指司法过程的公正，即司法程序具有正当性，当事人在司法过程中得到公正对待。例如，任何人被提出任何刑事指控时，“不被强迫作不利于他自己的证言或强迫承认犯罪”（例如我国《刑事诉讼法》第 50 条、“米兰达法则”）；“任何人已依一国的法律及刑事程序被最后定罪或宣告无罪者，不得就同一罪名再予审判或惩罚”（《公民权利和政治权利国际条约》第 14 条）；裁判人员必须保持中立性（因此诉讼法中规定了回避制度）等。公正是司法的本质要求和终极价值准则。①

需要注意的是，司法公正原则是对司法活动提出的要求，要注意和归责原则中的

① 张文显主编：《法理学》，高等教育出版社、北京大学出版社 2011 年版，第 215 ~ 216 页。

公正原则相区分。仅仅是法律条文中规定的法律后果的承担，而没有具体的司法行为就不能体现司法公正原则（试参照 2014－1－51 选项 D）。

二、司法平等原则

在法的适用领域，“公民在法律面前一律平等”意味着司法平等原则。其基本含义是：

1. 法律对于全体公民，不分民族、种族、性别、职业、社会出身、宗教信仰、财产状况等，都统一适用，所有公民依法享有同等的权利并承担同等的义务；

2. 任何权利受到侵犯的公民一律平等地受到法律保护，不能歧视任何公民；

3. 在诉讼中，要保证诉讼当事人享有平等的诉讼权利，不能偏袒任何一方当事人；要切实保障诉讼参加人依法享有的诉讼权利；

4. 对任何公民的违法犯罪行为，都必须同样地追究法律责任，依法给予相应的法律制裁，不允许有不受法律约束或凌驾于法律之上的特殊公民，任何超出法律之外的特殊待遇都是违法的。

需要注意的是：社会主义法律适用的平等原则和资产阶级法律平等原则，存在历史联系并在形式上相同，但是在本质上有着根本区别。

三、司法合法原则

在法的适用领域，以事实为根据，以法律为准绳意味着司法法治原则。其基本含义是：

1. 以事实为根据，指司法机关审理案件，只能以被合法证据证明的事实和依法推定的事实作为适用法律的依据。[①] 这意味着在司法中坚持实事求是，从实际出发，重视证据的收集、审查和认定。

2. 以法律为准绳，指司法时要严格依照法律规定裁判案件，即符合法律所规定的要件，遵照法律所规定的权限划分，按照司法程序裁判案件。

在理解以法律为准绳的时候，要注意一个在考试中经常会出现的考点，就是法官的裁量权。在对法官的自由裁量进行理解时，要注意以下两点：

第一，在法律有明文规定且规定具体明确的情况下，法官的裁量权必须在法律规定的范围内行使；

第二，在法律没有明文规定，或者规定不明确的情况下，如对责任分担比例没有明确规定时，由法官自由裁量。但是，法官的自由裁量权并非不受任何限制，而是要遵循通说，遵循合理性和适当性的原则。

四、司法权独立行使原则

司法机关依法独立行使职权是现代司法的一项基本原则。不仅在联合国文件或国际公约中，而且在许多国家的宪法和法律中，都规定了这一原则。我国《宪法》第 131

---

① 张文显主编：《法理学》，高等教育出版社、北京大学出版社 2011 年版，第 214 页。

和136条分别规定了，人民法院、人民检察院依照法律规定独立行使审判权、检察权，不受行政机关、社会团体和个人的干涉。在《人民法院组织法》《人民检察院组织法》和三大诉讼法中也有相同规定。

司法机关依法独立行使职权原则，其基本含义是：

1. 司法权的专属性，即国家的司法权只能由国家各级审判机关和检察机关统一行使，其他任何机关、团体和个人都无权行使此项权利；

2. 行使职权的独立性，即人民法院、人民检察院依照法律独立行使自己的职权，不受行政机关、社会团体和个人的非法干涉；

3. 行使职权的合法性，即司法机关审理案件必须严格依照法律规定，正确适用法律，不得滥用职权，枉法裁判。

在实践中理解这一原则，需要注意把握“监督”与“非法干预”之间的界限。司法权在行使中一方面受到国家权力机关的监督，另一方面也受到社会监督，具体包括政党的监督、社会组织的监督、公民的监督、媒体的监督。监督权在行使的过程中不能逾越界限，代替司法权的行使。

因此，需要积极推进司法改革，从制度上保证司法机关依法独立行使审判权和检察权。例如为了正确处理司法机关与党组织的关系，2015年3月中共中央办公厅、国务院办公厅印发了《领导干部干预司法活动、插手具体案件处理的记录、通报和责任追究规定》，其中规定对司法工作负有领导职责的机关，因履行职责需要，可以依照工作程序了解案件情况，但不得对案件的证据采信、事实认定、司法裁判等作出具体决定，以确保司法机关依法独立公正行使职权。此外，应通过司法改革，建立健全司法人员履行法定职责保护机制。

五、司法责任原则

根据该原则，司法机关和司法人员在行使司法权过程中由于侵犯公民、法人和其他社会组织的合法权益，造成严重后果，应承担相应责任。

司法责任原则是权力与责任相统一的法治原则在司法领域的体现。贯彻司法责任原则，是为了维护社会主义法治的权威和尊严，增强司法机关和司法人员的责任感，防止司法权被滥用，保障公民合法权益。

第二十二章　法律监督体系

☞ 命题分析

“法律监督体系”是一般重点。从考查趋势来看，近年来加大了考查力度。由于《国家监察法》的制定，考生应当对这部分内容有所重视。

从考查内容来看，以往的重点是社会法律监督体系，尤其是公民的监督。以后考试中不排除还会考查国家法律监督体系。其中，《宪法》和《国家监察法》对监察机关的监督做出了全面规定；《立法法》第99～101条规定了“有权提出法律审查建议的主体”；《各级人民代表大会常务委员会监督法》第32～33条规定了对司法解释的监督，考生应当结合这部分内容把握这些法条内容。

从命题方式来看，都是采用案例分析法，在综合题的某选项中出现，需要考生判断某种行为是否属于社会监督/国家监督，以及对监督行为的处理。

这里所讲的法律监督是**广义上的法律监督**，指由所有国家机关、各政党、各社会组织、媒体舆论和公民对各种法律活动的合法性所进行的监督。因此，法律监督既可能是对制定的法律法规规章是否符合宪法和法律规定的监督（2015－1－11CD），也可能是对司法解释是否符合宪法法律规定的监督（2014－1－54A），对行政机关的行政行为是否符合宪法法律规定的监督（2016－1－60C）等。

法律监督体系包括国家法律监督体系和社会法律监督体系。

一、国家法律监督体系

（一）国家法律监督体系的含义与特点

国家机关的监督包括国家权力机关、行政机关、监察机关、司法机关的监督。国家法律监督是我国法律监督体系的核心，其特点在于：

1. 宪法和法律明确规定了国家机关监督的权限、范围和程序。
2. 国家法律监督以国家名义进行，具有国家强制力和法的效力。

（二）监察机关的法律监督

监察机关的法律监督在当代中国国家法律监督体系中，居于重要地位。其主要法律依据是《宪法》和《国家监察法》。

各级监察委员会是行使国家监察职能的专责机关，对所有行使公权力的公职人员进行监察，调查职务违法和职务犯罪，开展廉政建设和反腐败工作，维护宪法和法律的尊严。因此，国家监察机关法律监督的根本目标是，实现对所有行使公权力的公职人员监察全覆盖，使公权力始终置于人民监督之下，保障公权力不被滥用。

二、社会法律监督体系

（一）社会法律监督体系的含义与特点

社会监督是非国家机关的监督，指由各政党、各社会组织和公民按照《宪法》和有关法律，对各种法律活动的合法性所进行的监督。其特点在于：

1. 《宪法》和法律规定了社会监督的内容。例如，《宪法》第 41 条赋予了公民提出批评、建议、申诉、控告或者检举的权利，《立法法》第 99 条规定了各政党、社会团体、企业事业组织以及公民对法规、条例提出法律审查的权利。

2. 社会监督具有广泛性和人民性，需要和国家相关监督机关的积极履职进行结合，才能发挥效力。

（二）社会法律监督的类别

根据社会监督的主体不同，可以将其分为：中国共产党的监督、人民政协的监督、各民主党派的监督、人民团体和社会组织的监督、公民的监督、媒体舆论的监督等。

第二十三章　法适用的目标

☞ 命题分析

“法适用的目标”是常规重点。从考查趋势来看，以往该考点考两年停两年，因此是时考时不考。2014 年曾经进行单一考点命题。

从考查内容来看，这部分理论具有一定难度，考生可以分别从法律决定的可预期性、法律决定的正当性、二者之间的紧张关系三个方面进行掌握。

从命题形式来看主要是两类：一是案例分析题，由考生判断法官的判决是否实现了法适用中的可预期性和正当性；二是理论阐释题，考查考生对法适用目标的正确理解。

法律人适用法律的最直接的目标是要获得一个合理的法律决定。在法治社会，合理的法律决定意味着法律决定具有可预测性和正当性。

一、法律决定的可预测性（有时表述为“法的安定性”）

法律决定的可预测性是形式法治的要求。可预测性意味着做法律决定的人在做决定的过程中应尽可能避免武断和恣意。那么如何避免法律决定的武断和恣意呢？这就对做出法律决定的人提出一定的要求：

1. 法律决定必须建立在既存的一般性的法律规范的基础上；

2. 必须按照一定的方法适用法律规范，如遵循一定的法律推理规则，运用适当的法律解释方法。

二、法律决定的正当性（有时表述为“合目的性”或“可接受性”）

法律决定的正当性是实质法治的要求。正当性意味着按照实质价值或某些道德考量，法律决定是正当的或正确的。

需要注意的是，此处的实质价值或道德是特定的，主要指特定法治国家或宪政国家的宪法规定的、该国公民都承认的、法律和公共权力应该保障与促进的实质价值，例如我国宪法规定了人权（第 33 条）、自由（第 35 ~ 37、40、47 条等）和平等（第 4、48 条等）。坚持法律决定的正当性，意味着任何法院或其他做法律决定的机关的法律决定都不应该违背这些实质价值。

那么，法律人如何保障其法律决定的正当性？一般来说，法律人通过运用特定法律人共同体所普遍承认的法学方法，来保证其法律决定与实质价值或道德的一致性。

例如：

1. 类比推理

类比推理是根据两个或两个以上事物在某些属性上相同，从而推出它们在其它属性上也相同。类比法律推理必须将当前案件与先前案例（英美法系国家的“先例”）进行比较，找出其相同点与不同点，并且判断其重要程度。所以类比法律推理的过程包括三个步骤：寻找先例；发现当前案件和先例在事实上的相同点和不同点；判断其重要程度并作出判决。

当一个先前案例的事实与当前案件的事实，相似到要求有同样的结果时，法官的判决必须依照先前案例（除非这个早先的判决被否决）进行；而当一个先前案例的事实与当前案件的事实，不同到要求有不同的结果时，法官必须作出不同判决。法官在类比推理时，并非随意确定任何理由的重要程度。法官的义务是依照法律中所规定的实质价值、正义观念等因素决定这个问题，同时必须给出论证。

2. 客观目的解释

客观目的解释在运用中，涉及如何理解法律解释的目标，即是寻找立法者制定法律时的主观意思，还是存在于法律中的客观意思？不同于寻找立法者意图的主观说，客观目的解释认为，一方面具有独立完整意思能力的立法者并不存在。法律的起草、制定涉及多个机关，他们各自的意见并不一致，很难确定谁是立法者以及立法者的意图。立法过程是一个力量博弈的过程，不存在一个公认的立法者原意。另一方面，立法资料不等于立法者的意图，也需要解释，但解释的结果很难说是立法者的原意还是解释者自己的看法。因此，法律制定后，面对的是当前和未来的社会问题。立法者赋予法律的意义和期待并不具有约束力，有约束力的是作为独立存在的法律内部的合理性所要求的各种目的。这些合理目的也是随着社会的发展而演变。因此，通过探讨“被规整之事物领域的结构”和寻找“法伦理性的原则”，可以把握法的客观目的，即法的“理性的目的”或“在有效的法秩序的框架中客观上所指示的目的”。这有助于保证实现法律决定的正当性，而不是被立法资料所淹没，而是进行法律发现，补充和完善。

例1：周某半夜驾车出游时发生交通事故致行人鲁某重伤残疾，检察院以交通肇事罪起诉周某。法院开庭，公诉人和辩护人就案件事实和证据进行质证，就法的适用展开辩论。法庭经过庭审查实，交通事故致鲁某重伤残疾并非因周某行为引起，宣判其无罪释放。依据法学原理，法院审理案件目的在于获得正确的法律判决，因此是否可以说，该判决应当在形式上符合法律规定，具有可预测性，还应当在内容上符合法律的精神和价值，具有正当性？

提示：是的。这种观点表明了法适用的目标，即为了获知一个合理的法律决定，必须同时实现法律决定的可预测性和正当性。

例2：张某与王某于2000年3月登记结婚，次年生一女小丽。2004年12月张某去世，小丽随王某生活。王某不允许小丽与祖父母见面，小丽祖父母向法院起诉，要求行使探望权。法官在审理中认为，我国《婚姻法》虽没有直接规定隔代亲属的探望权利，但正确行使隔代探望权有利于儿童健康成长，故依据《民法通则》第7条有关“民事活动应当尊重社会公德”的规定，判决小丽祖父母可以行使隔代探望权。法官的判决是否考虑到法的安定性和合目的性要求？

提示：是的。一方面，法的安定性要求法律决定是可预期的，是按照现行有效的法律规范做出的。我国《婚姻法》虽没有直接规定隔代亲属的探望权利，但是《民法通则》第7条有“民事活动应当尊重社会公德”的规定。祖父母探望孙子女符合人伦情感，是应当尊重的社会公德。所以法官的判决是根据该法律原则做出的，考虑到了法的安定性的要求。另一方面，合目的性要求法律决定按照法的实质价值或某些道德考量，应当是正当的或正确的。孙子女和祖父母之间有血缘亲情，从儿童健康成长的角度来看，为了实现儿童利益最大化的原则，也应当判决小丽祖父母可以行使隔代探望权。这一实质价值的依据有《宪法》第49条，《未成年人保护法》第5条，《儿童权利公约》第9条等。因此，法官的判决也考虑到了法的合目的性。

三、法律决定的可预测性与正当性之间的紧张关系

法律决定的可预测性与正当性之间存在着一定的紧张关系，这种紧张关系是形式法治与实质法治之间的紧张关系的一种体现。具体体现在：

1. 有的法律决定是根据现行有效的法律规范做出的，在做出决定的过程中并不存在武断和恣意。这时实现了法律决定的可预测性，但是该决定与特定国家的法秩序所承认的实质价值或道德是相背离的。

2. 有的法律决定是正当的，但却是做法律决定的人武断地和恣意地作出的。

做法律决定的人应当努力在可预测性和正当性之间寻找最佳的协调。一方面，法律决定的可预测性的程度越高，人们有效地安排和计划自己的生活的可能性越大。如果法律决定不具有可预测性或可预测性的程度非常低，生活在社会中的人就不可能在理性的基础上计划和安排自己的生活，社会生活也就不可能正常进行。另一方面，法律决定的正当性程度越高，人们安排和计划自己满意的生活的可能性越大。如果法律决定不具有正当性或正当性程度非常低，一个社会就不可能是一个和谐的长治久安的社会，甚至该社会的秩序最终可能解体。借助法律解释等法律方法，可以缓解可预测性和正当性之间的紧张关系。

但是，对在特定时间段内的特定国家的法律人来说，法律决定的可预测性具有初始的优先性。

例3：某国跨国甲公司发现中国乙公司申请注册的域名侵犯了甲公司的商标权，遂起诉要求乙公司撤销该域名注册。乙公司称，商标和域名是两个领域的完全不同的概念，网络域名的注册和使用均不属中国《商标法》的调整范围。法院认为，两国均为

《巴黎公约》成员国，应当根据中国法律和该公约处理注册纠纷。法院同时认为，对驰名商标的权利保障应当扩展到网络空间，故乙公司的行为侵犯了甲公司的商标专用权。乙公司的辩称和法院的判断表明：法律决定的可预测性与可接受性之间存在着一定的紧张关系吗？

提示：是的。乙公司是按照中国《商标法》中的规定，指引并预测自己的行为，认为商标和域名是两个不同的概念，网络域名的注册和使用不受该法规定的约束，因此其申请注册的域名没有侵犯甲公司的商标权。但是法院认为对驰名商标的权利保障应当扩展到网络空间，这是从法律应该保障与促进的实质价值的角度，对驰名商标的保障范围进行了扩展。乙公司的辩称和法院的法律决定之间体现了可预测性与可接受性之间的紧张关系。

小　结

法适用的目标	含义	实现方式	说明
法律决定的可预期性（法的安定性）	避免武断和恣意	1. 严格按照现行有效的法律规范做出判决 2. 严格遵循法律推理规则和运用法律解释方法	法律决定的可预测性具有初始的优先性
法律决定的正当性（合目的性、可接受性）	遵循法律保障和促进的实质价值	运用类比推理、客观目的解释等法律方法	/
可预期性和正当性之间的紧张关系	1. 根据现行有效的法律规范做出的决定，可能与特定国家的法秩序所承认的实质价值或道德相背离 2. 正当的法律决定违反了法律的明确规定，是武断和恣意作出的	在可预测性和正当性之间寻找最佳的协调，可借助法律解释等法律方法进行消解	/

第二十四章 法适用的步骤

☞ 命题分析

“法适用的步骤”是“重量级”考点之一。从考查趋势来看，该考点近年来考查力度不断递增。

从考查内容来看，重点是查明和确认案件事实、确认事实与规范认定的关系、识别推导法律决定的大小前提，以及下面最后总结的事实判断和价值判断。这部分内容在实际考题中难度并不算很大，有一定规律可循，下面的总结一定要好好理解领会。

从命题形式来看主要有两种：首要是案例分析法，难点是结合不同案例的具体情况，对法适用步骤的具体环节进行判断；其次是纯理论阐释法，需要考生准确理解法适用的理论。

法律人适用法律解决个案纠纷的过程，首先要查明和确认案件事实，其次要选择和确定适用于案件事实的法律规范，最后推导出法律决定。因此**法适用的步骤**可以简要概括为确认事实，寻找法律规范，并推导法律决定。

对于大陆法系国家的法律适用来说，在推导法律决定时，运用的是演绎法律推理，即适用一般法律规范，对具体案件事实作出判决的推理。由于演绎推理是形式逻辑上三段论推理的一个有效形式，所以确认事实就是准备小前提，而寻找法律规范就是准备大前提，推导法律决定就是从两个前提进行推理得出结论。在考试时，命题人常常会故意对大前提和小前提的内容进行混淆，考生要注意辨别。

在实际的法律适用中，确认事实和寻找法律规范不是各自独立且严格区分的单个行为，具体来说：

一、查明和确认案件事实的过程是一个在法律规范与事实之间的循环过程

法律人查明和确认案件事实的过程不是一个纯粹的事实归结过程，而是一个在法律规范与事实之间的循环过程，即目光在事实与规范之间来回穿梭。

这是因为，作为形式逻辑上三段论推理的一个有效形式，演绎推理的逻辑结构是：

T → R（具备 T 的要件时，即适用 R 的法律后果）

S = T（特定的案件事实符合 T 的要件）

S → R（特定案件事实 S 适用 T 得到法律后果 R）

所以，法律人在确认个案的事实时，需要考虑的问题是 S = T（特定的案件事实符合 T 的要件）吗？

当事人叙述的纯粹生活事实通常具有多样的细节描述。在法律适用中，法律人必须对当事人向他叙述的多姿多彩的芜杂的生活事实进行整理、选择、判断，考虑事实是否具有法律上的重要性？属于哪一个具体的法律调整领域？具体和哪个/些部门法的具体法律规范有关？进而用该法律规范所规定的事实构成要件检验当事人所叙述的生活事实，即考虑 S = T 吗？

在最终选定与他所确定的事实相切合的法律规范后，法律人会用法律语言将当事人向他叙述的纯粹的生活事实转化为“法律事实”或案件事实。这里，考生要注意“法律事实”和“客观事实”之间的差别：案件的客观事实是不依赖于人们的认识的事实真相；而法律事实是被合法证据证明了的案件事实。法律事实应当以客观事实为基础，尽量还原客观事实，使事实认定符合客观真相。但是在法律事实认定上会存在下面的情况：

（1）由于证据在收集、固定、保存、查明和认定过程中会出现各样的问题，例如没有客观证据可供证明、证据遗失、非法证据排除等，法律事实就可能会和客观事实不一致。

（2）对法律事实的认定建立在事实推理的基础上，在根据已经查明的某一基本事实，推定出另一事实存在时，只要没有相反证据，就可以认定该事实真相而将其作为裁判的事实依据。这时，需要注意同一生活事实可能被建构成不同的案件事实。例如：某储蓄所保险柜里面存放 7000 多元现金被盗。经过现场勘查发现，保险柜的门、锁、四周均无撬压痕迹。这时，既可以推定本案作案人是具备掌握钥匙或有接触钥匙条件的人，也可以推定本案的作案人是掌握保险柜开锁技术的人，或者原保险柜被搬走，此处是另一保险柜等多种可能情况。此时，裁判者自身的价值判断可能干扰其对案件事实的认定。因此在认定事实时，裁判者必须坚持客观的立场，克服自己在事实推理中的“前见”。

总之，法律适用的过程是一个在事实与规范之间来回循环考察的过程，适用法律要同时面对规范和事实问题。

例 1：法的适用所处理的问题，既包括法律事实问题也包括法律规范问题，还包括法律语言问题。这个判断对吗？

提示：对的。因为在法律适用中，查明和确认案件事实的过程是一个在法律规范与事实之间的循环过程，寻找法律规范的过程也是一个寻找与确定的案件事实相切合的法律规范的过程。在选定与确定的事实相切合的法律规范后，法律人会用法律语言将当事人向他叙述的纯粹的生活事实转化为“法律事实”或案件事实，这也涉及法律语言问题。

例 2：谢某、阮某与曾某在曾某经营的“皇太极”酒吧喝酒，离开时谢某从楼梯摔下，被扶起后要求在酒吧休息，第二天被发现已死亡。经鉴定，谢某系“醉酒后猝死”。该案审理中，合议庭对“餐饮经营者对醉酒者是否负有义务”产生争议。刘法官认为，我国相关法律对此没有明确规定，但根据德国、奥地利、芬兰等国判例，餐饮经营者负有确保醉酒顾客安全的义务，认定曾某负赔偿责任符合法律保护弱者的立法潮流。从法律推理角度看，“经鉴定，谢某系‘醉酒后猝死’”是推理的大前提吗？

提示：不是，这是对案件事实情况的描述，是推理的小前提。

二、寻找与确定的案件事实相切合的法律规范

寻找法律规范要以本国的整个法律体系为基础，法律人必须对本国的法律有一个整体的理解和掌握。进而在选择法律规范时，不仅要理解和掌握法律的字面含义，还要了解和掌握法律背后的意义。这意味着，运用多种法律解释方法，阐明具有概括性、一般性的法律规范的含义，将它和具体案件事实拉近，缝合抽象的法律规范和具体的案件事实之间的缝隙。

例3：周某半夜驾车出游时发生交通事故致行人鲁某重伤残疾，检察院以交通肇事罪起诉周某。法院开庭，公诉人和辩护人就案件事实和证据进行质证，就法的适用展开辩论。法庭经过庭审查实，交通事故致鲁某重伤残疾并非因周某行为引起，宣判其无罪释放。法庭主持的调查和法庭辩论活动，从法律推理的角度讲，是在为演绎推理确定大小前提吗？

提示：是的，通过法庭调查和法庭辩论，不仅是在确认案件事实，也是在寻找和案件事实相切合的法律规范。

例4：张老太介绍其孙与马先生之女相识，经张老太之手曾给付女方“认大小”钱10100元，后双方分手。张老太作为媒人，去马家商量退还“认大小”钱时发生争执。因张老太犯病，马先生将其送医，并垫付医疗费1251.43元。后张老太以马家未返还“认大小”钱为由，拒绝偿付医药费。马先生以不当得利为由诉至法院。法院考虑此次纠纷起因及张老太疾病的诱因，判决张老太返还马先生医疗费1000元。本案的争议焦点不在于事实确认而在于法律认定吗？

提示：是的。本案的事实认定上没有争议。争议在于如何认定“垫付的医疗费”的性质，以什么规范作为依据。马先生是以国家制定法（《合同法》）为依据，张老太是以她所理解的民间习惯中的公平原则为依据（马家未返还“认大小”钱，就拒绝偿付医药费）。

三、推导法律决定

在确定了法律决定的大前提和小前提之后，最后步骤是推导法律决定。在运用演绎法律推理时，法律决定是从逻辑前提中推导出来的。在这个过程中，法律人必须说

明或论证从该法律规范中推导出的法律决定或裁决为什么是合适的。

总结历年考题，这部分经常考到的重点知识点还有**事实判断和价值判断**：

事实判断是描述性判断，在法律适用中是对案件事实情况的描述。价值判断是一种规范性判断，在法律适用中是从法律规范角度，对案件事实应该如何评价进行的判断。因此，“原告捏造、散布了虚假事实”属于事实判断，而“原告捏造、散布虚假事实的行为不属于言论自由”则属于价值判断。

例5：贾律师在一起未成年人盗窃案件辩护意见中写到：“首先，被告人刘某只是为了满足其上网玩耍的欲望，实施了秘密窃取少量财物的行为，主观恶性不大；其次，本省盗窃罪的追诉限额为800元，而被告所窃财产评估价值仅为1050元，社会危害性较小；再次，被告人刘某仅从这次盗窃中分得200元，收益较少。故被告人刘某的犯罪情节轻微，社会危害性不大，主观恶性小，依法应当减轻或免除处罚。”辩护意见既运用了价值判断，也运用了事实判断吗？

提示：是的，其中“刘某只是为了满足其上网玩耍的欲望，实施了秘密窃取少量财物的行为”“被告所窃财产评估价值仅为1050元”“刘某仅从这次盗窃中分得200元，收益较少”都是对案件事实情况的描述，属于事实判断；“刘某实施了秘密窃取少量财物的行为，主观恶性不大”“被告所窃财产评估价值仅为1050元，社会危害性较小”“犯罪情节轻微”都是从法律规范角度，对案件事实应该如何评价进行的判断，属于价值判断。

在有的考题中，会用“事实描述”来表述事实判断，用“法律判断”来表述价值判断，如2013－1－15（A选项）。

小　结

	含义	特点	举例
事实描述、事实判断	在法律适用中是对案件事实情况的描述和查证	描述性判断	拔河绳断裂导致甲骨折，经鉴定为重伤
价值判断、法律判断	从法律规范角度，对案件事实应该如何评价进行的判断	规范性判断	拔河绳断裂导致甲骨折，是由于组织者未尽到注意义务，应对甲进行赔偿

第二十五章　内部证成与外部证成的区分

☞ 命题分析

“内部证成与外部证成的区分”是一个重量级考点。从考查趋势来看，不仅2008年、2010年、2013年是单一考点命题，而且在2013年至2016年该考点分别考查了1、3、1、2次。

从考查内容来看，法律证成的含义、内部证成和外部证成的含义、功能及区别都是命题重点。这部分内容体现了对法学论证理论研究成果的重视，对法律裁判的论证和说理也具有现实意义。

在命题形式上，这部分内容经历了从纯理论阐释法到案例分析法的转变。对于案例分析，考生需要准确理解内部证成和外部证成的含义，才能结合具体案情做出正确判断。

“证成”是给一个决定提供充足理由的活动或过程。在德语Rechtsfertigung中，Recht在这里是法/法律的意思，Fertigung来自形容词fertig，它的意思是完成了的、做好的、结束了的、完善的，例如在说“工作完成”时，就用这个形容词。因此，**法律证成的意思就是，在这个活动或者过程中，已经给一个法律决定提供充足理由了**。法律适用过程是一个法律证成的过程，即确定事实和寻找法律规范都是在向法律决定提供支持程度不同的理由。

在逻辑学上，通过推理得到的结论是否为真，取决于两方面，一方面是推理规则的有效和无效；另一方面是前提的真假。从法律证成的角度看，法律人作出的法律决定的合理性取决于下列两个方面：一方面，法律决定是按照一定的推理规则从前提中推导出来的；另一方面，推导法律决定所依赖的前提是合理的、正当的。从这一视角出发，法律证成可分为**内部证成和外部证成**：

一、内部证成

内部证成指按照一定的逻辑规则，通过各个前提，逻辑地推导出法律决定。内部证成关注的是各个前提与结论之间的逻辑关联问题，即从前提到结论之间的推论是否有效，而这种有效性依赖于是否符合推理规则。

（一）内部证成的基本形式

对大陆法系的法律适用而言，内部证成的基本形式主要指的是司法三段论推理，即演绎法律推理。演绎法律推理是适用一般法律规范，对具体案件事实作出判决的推理。这种三段论推理是以两个直言命题作前提，并且这两个前提借助于一个共同词项连结起来，从而推出另一个直言命题，它是一种有效的推理形式。

（二）内部证成的规则

阿列克西指出，内部证成必须遵循以下两个规则：

1. 欲证立法律判断，必须至少引入一个普遍性的规范；
2. 法律判断必须至少从一个普遍性的规范连同其他命题逻辑地推导出来。①

（三）内部证成的问题

内部证成保证了结论是从前提中逻辑地推导出来，但是它对前提是否是正当的、合理的没有任何的保障。如果法律决定所依赖的前提本身是不正当的、不合理的，那么该法律决定也就是不正当的、不合理的。

（四）内部证成的作用和意义

在内部证成的过程中，愈来愈清楚地显示：到底什么样的前提需要从外部来加以证成，从而使那些可能仍然隐而不彰的前提条件必须明确地予以表达。这样做，就提高了识别错误和批判错误的可能性。为此，阿列克西又提出两个规则：

1. 需要尽可能多地展开逻辑推导步骤，以使某些表达达到无人再争论的程度，即它们完全切合有争议的案件；
2. 应尽最大可能陈述逻辑的展开步骤。

在内部证成中越多地展开逻辑推导步骤，越是能够尽可能地将法律决定中的待论证的问题清楚地凸显出来。这时，就必须既深入思考事实本身的特性，也要深入思考规范的特性。这正是外部证成要完成的事。② 这就使得人们从内部证成走向外部证成。

二、外部证成

外部证成则指对法律决定所依赖的前提的证成，它关注的是法律决定所依赖的前提的正确性和合理性。

外部证成的主要对象是：在内部证成过程中所使用的各个前提。简单的说，内部证成关注由前提到结论的逻辑推导步骤，而外部证成则关心各前提本身的证成。这意味着，外部证成既可能是对作为大前提的法律规范的证成，也可能是对作为小前提的案件事实的证成。

在法律适用中，内部证成和外部证成是相互关联的。外部证成是将一个新的三段论附加在论证的链条中，这个新的三段论是用来支持内部证成中的前提。外部证成主要采用的也是演绎推理的方法。

下面，对内部证成和外部证成进行比较：

① ［德］阿列克西著，舒国滢译：《法律论证理论》，中国法制出版社 2002 年版，第 276 页。

② ［德］阿列克西著，舒国滢译：《法律论证理论》，中国法制出版社 2002 年版，第 282～284 页。

	内部证成	外部证成
含义	按照一定的逻辑规则推导出法律决定	对法律决定所依赖的前提的证成
关注点	各个前提与结论之间的逻辑关联，即从前提到结论之间的推论是否有效	法律决定所依赖的前提的正确性和合理性
基本形式	司法三段论推理	将一个新的三段论附加在论证的链条中
推理方法	演绎推理	主要是演绎推理
作用和意义	显示哪些前提条件需要从外部加以证成	使内部证成更加完整可靠

总结既往考题，在这一部分，**常见的错误理解和表述**有（注意：以下表述是错误的！）：

1. 内部证成是针对案件事实问题进行的论证，外部证成是针对法律规范问题进行的论证。

2. 无论内部证成还是外部证成都不解决法律决定的前提是否正确的问题。

（错误的原因在于，外部证成解决这一问题）

3. 法的适用只要有外部证成即可，毋需内部证成。

4. 法律论证是一个独立的过程，与法律推理、法律解释没有关系。

（错误的原因在于，法律论证的过程中也需要对法律进行解释，需要运用法律推理）

5. 外部证成是法官在审判中根据法条直接推导出判决结论的过程。

6. 外部证成与案件事实的法律认定无关。

例：张某与王某于2000年3月登记结婚，次年生一女小丽。2004年12月张某去世，小丽随王某生活。王某不允许小丽与祖父母见面，小丽祖父母向法院起诉，要求行使探望权。法官在审理中认为，我国《婚姻法》虽没有直接规定隔代亲属的探望权利，但正确行使隔代探望权有利于儿童健康成长，故依据《民法通则》第7条有关“民事活动应当尊重社会公德”的规定，判决小丽祖父母可以行使隔代探望权。法官对判决理由的证成是一种外部证成吗？

提示：是的。本案的诉讼请求是，小丽的祖父母要求行使探望权。法官的内部证成是，小丽的祖父母行使隔代探望权是一种社会公德，应当在民事活动中得到尊重。但是怎么证明祖父母的隔代探望权是一种社会公德？法官的判决理由是隔代亲属间有血缘和亲情关系，“正确行使隔代探望权有利于儿童健康成长”，这是一种外部证成。

第二十六章　法律解释的方法与位阶

☞ 命题分析

"法律解释的方法与位阶"属于"重量级"考点。从考查趋势来看，该考点历年考查次数最多，是王牌考点，年年考，常考常新，考生一定要重视。

从考查内容来看，每一种解释方法、解释方法的位阶都是重点。在案例分析时，单纯记忆每一种法律解释方法的含义是不够的，必须理解每一种法律解释方法的要点，才能在具体分析中做出准确判断。考生要多结合历年考题和模拟题练就运用理论分析案例和法条的能力。

从命题形式来看，以案例分析法为主，辅以法条分析法和理论考查法。一般来说，需要考生判断法律适用中，是否适用了某种法律解释方法，或者某选项对某法律解释方法或者法律解释方法位阶的理解是否正确。

法律解释的方法是法律人在进行法律解释时必须遵循的规则和原则。这些规则和原则不是由哪一个特定国家的法律进行规定的，而是约定俗成的，是特定法律共同体的人们所共同认可的。对于法律解释的方法，大陆法系和英美法系的国家的概括和表述是不同的。一般来说，在大陆法系国家，法律解释的方法包括：文义解释、立法者的目的解释、历史解释、比较解释、体系解释、客观目的解释等几种方法。

一、文义解释

文义解释，也称语法解释、文法解释、文理解释，指按照表达法律的语言文字的日常意义和技术意义来揭示和说明某个法律文本或资料的含义。日常含义就是根据语言的普通使用方式；技术含义主要指法学术语或非法学术语的专门意义。文义解释的特点是将解释的焦点集中在语言上，这种方法要求解释者必须对语言的使用方式或规则的有效性进行证成。对文义解释要注意的是：

1. 文义解释是所有法律解释中最基本也最重要的解释方式。

2. 文义既是法律解释的起点，又是法律解释的终点。法律解释不能超过其可能的含义，否则即超越法律解释的范畴，进入另一种意义上的造法活动，因而文义又是法律解释的界限。由此可见，文义解释的首要功能是确保法律的确定性。

例 1：2004 年《全国人民代表大会常务委员会关于〈中华人民共和国刑法〉有关信用卡规定的解释》规定："刑法规定的'信用卡'，是指由商业银行或者其他金融机构发行的具有消费支付、信用贷款、转账结算、存取现金等全部功能或者部分功能的电子支付卡。”该解释所采用的是文理解释吗？

提示：是的。该解释按照法律条文所运用的语言的一般的含义和语言使用方式，对信用卡的概念和范围进行了具体界定和说明，是运用了文义解释，即文理解释。

例2：杨某与刘某存有积怨，后刘某服毒自杀。杨某因患风湿病全身疼痛，怀疑是刘某阴魂纠缠，遂先后3次到刘某墓地掘坟撬棺，挑出刘某头骨，并将头骨和棺材板移埋于自家责任田。事发后，检察院对杨某提起公诉。一审法院根据《中华人民共和国刑法》第302条的规定，认定杨某的行为构成侮辱尸体罪。杨某不服，认为坟内刘某已成白骨并非尸体，随后上诉。杨某对“尸体”的解释属于文义解释吗？

提示：是的。杨某对“尸体”的解释是按照法律条文所运用的语言，即“尸体”的一般含义理解“侮辱尸体罪”的含义，是运用了文义解释方法。

二、立法者的目的解释

立法者的目的解释，又称主观目的解释，指根据参与立法的人的意志或立法资料揭示某个法律规定的含义。这种解释方法把对某个法律规定的解释建立在参与立法的人的意志或立法资料的基础之上，因此，要求解释者对立法者的目的或意图进行证成。而要完成这个任务，解释者必须要以一定的立法资料为根据。有关立法的历史资料包括：关于制定法律的提案说明、关于审议法律草案的说明、关于讨论和通过法律案的记录、立法时的历史背景资料等有关文献。

立法者目的解释的关键是：探求立法者基于哪些价值判断和利益衡量，把某一法律概念接受到法条中，或者把某一个条文、制度甚至某一部法律规定到法律体系中，从而对立法者的目的或意图进行证成。例如，法律规定严禁向河流排放化学污染物。在确定这一规定的主观目的时，从制定法律的提案说明中，看到提案人指出了河流中有害化学物质的统计数字，这可以确认立法者的目的是为了防止排放在河流中的有害化学污染物对人体的伤害。

例3：2003年7月，年过七旬的王某过世，之前立下一份遗嘱。对于王某遗嘱中“我的一半财产权”所涉及的住房，指的是“整个房子的一半”，还是“属于父亲份额的一半”，家人之间有不同的理解。儿子认为，父亲所述应理解为母亲应该继承属于父亲那部分房产的一半，而不是整个房产的一半。王某老伴坚持认为，这套房子是其与丈夫的共同财产，自己应拥有整个房产（包括属于丈夫的另一半房产）。请问王某老伴与子女对遗嘱的理解属于主观目的解释吗？

提示：不是。主观目的解释是指根据参与立法的人的意志或立法资料揭示某个法律规定的含义，王某老伴与子女对遗嘱的理解不是主观目的解释。

三、历史解释

历史解释指依据正在讨论的法律问题的历史事实对某个法律规定进行解释。它的具体内容是：第一，正在讨论的法律问题的特定解决方案在过去曾被实施过；第二，该方案导致了一个后果 F；第三，F 是不合乎社会道德标准的（undesirable）；第四，过去与现在的情形的不同不能充分地排除 F 在目前的情形下不会出现；因此，第五，该解决方案在目前也许不被称赞。① 这种方法要求解释者要对历史事实及其与现实情形的差异进行证成，而且要对"F 是不符合社会道德标准"的命题进行证成。

例 4：法律解释是法律适用中的必经环节。历史解释的对象主要是法律问题中的历史事实，与特定解决方案中的法律后果无关吗？

提示：不是。从历史解释方法的具体内容来看，要考查正在讨论的法律问题的特定解决方案在过去导致的法律后果，并对其进行评价，所以历史解释的对象与特定解决方案中的法律后果有关。

四、比较解释

比较解释指根据外国的立法例和判例学说对某个法律规定进行解释。比较解释是用另一个社会或国家的法律状况证成某个法律解释结果。无论是英美法系还是大陆法系国家的法院，都有利用外国的立法情况及判例学说解释本国法律的例子。比较解释在运用时，可以直接将法律规定进行比较，也可以进一步用外国法律规定的社会效果作为参照。

例如：美国联邦最高法院 Washingtton v. Glucksberg 案

Glucksberg 是一个内科医生，他帮助病人实施了安乐死。但是华盛顿州的法律禁止内科医生帮助病人自杀。在该案中，法院被要求判定华盛顿中的该法律规定是否违反《美国宪法第 14 修正案》中的"正当程序"条款，即"不经正当法律程序，不得剥夺任何人的生命、自由或财产"。华盛顿州宣称，法律做出这种禁止性规定，是为了防止允许医生帮助病人自杀为公民自愿、甚至非自愿的安乐死打开方便之门。

"正当程序"条款是否包涵对安乐死行为的禁止？法院为此考查了荷兰的经验。根据荷兰政府的调查报告，在 1990 年荷兰有 2300 个自愿安乐死的案例……，超过 1000 个是当事人没有明确提出要求的安乐死案例。此外，还有 4941 个是在病人没有明确同意的情况下，由医生注射了过量致命吗啡导致安乐死的案例。在对荷兰安乐死立法的社会效果进行分析后，法院认为："尽管存在各种的报告程序，但是安乐死在荷兰并没有被有效限制在那些经受着病痛折磨、符合一定条件和患绝症的病人中间适用，这表明对安乐死的规范并没有防止安乐死被滥用于那些容易受到伤害的人身上"。所以，法

① ［德］阿列克西著，舒国滢译：《法律论证理论》，中国法制出版社 2002 年版，第 296 页，转引自《辅导用书》第一卷第 63 页。

院最后判决："华盛顿州为了防止那种危险，采取禁止而不是规范医生辅助病人自杀是合理的"。①

该案判决是1997年做出的，它标志着联邦最高法院确认了在美国实施辅助性自杀不受宪法中"正当程序"条款的保护。

中国在法律现代化的过程中，借鉴和移植了大量其他国家的法律规定和法律制度，体现了对现代社会具有共性的法律关系的认可。对这些法律规定在解释时运用比较解释的方法是合理的。

五、体系解释

体系解释，也称逻辑解释、系统解释，指将被解释的法律条文放在整部法律中乃至整个法律体系中，联系此法条与其他法条的相互关系来解释法律。它的具体形式是指对某个法律规定的解释结果R1与已被承认的有效的其他的法律规定的含义R2相矛盾，那么R1必须被承认为无效的。也就是说，它是利用逻辑中的矛盾律来支持或反对某个解释结果。因此，也被称为逻辑解释。

运用体系解释要遵循"解释学循环"：它是解释学中的一个中心问题，指对整体的把握需要建立在理解其组成部分的基础上，而对于部分的理解又只能建立在对整体的理解之上。因此，解释的过程展现为一个在整体和部分间循环往复的过程。进行体系解释时要注意的问题有：第一，综合考虑条文之间的相互关系；第二，考虑法律条文在情势上的同类性或一致性。第三，运用法的效力冲突解决规则，解决可能出现的法条之间的矛盾。

例5：在一起案件中，主审法官认为，生产假化肥案件中的"假化肥"不属于《刑法》第140条规定的"生产者、销售者在产品中掺杂、掺假，以假充真，以次充好或者以不合格产品冒充合格产品"中的"产品"范畴，因为《刑法》第147条对"生产假农药、假兽药、假化肥"有专门规定。在该案中，法官主要采用的是什么法律解释方法?

提示：在该案中，法官将被解释的法律条文即《刑法》第140条放在整部刑法中，联系此法条和第147条的相互关系来解释法律，是运用了体系解释的方法。

例6：法律解释是法律适用中的必经环节。"欲寻词句义，应观上下文"，描述的是什么解释方法?

提示：将被解释的法律条文放在整部法律中乃至整个法律体系中，联系此法条与其他法条（上下文）的相互关系来解释法律，这是运用了体系解释的方法。

---

① 石世峰："论宪法比较解释"，载《法律科学·西北政法学院学报》2006年第2期，第26~27页。

六、客观目的解释

客观目的解释指根据“理性的目的”（rational aims）或“在有效的法秩序的框架中客观上所指示（prescribed）的目的”即法的客观目的，而不是根据过去和目前事实上存在着的任何个人的目的，对某个法律规定进行解释。那么，“理性的目的”和“在有效的法秩序的框架中客观上所指示的目的”指的是什么？拉伦茨认为：“其一涉及被规整之事物领域的结构，质言之，连立法者也不能改变的实际的既存状态，假使他要合理地立法的话，在作任何规整时，他都必须考虑及此；另一类是一些法伦理性的原则，其隐含于规整之中，只有借助这些原则才能掌握并且表达出规整与法理念间的意义关联。”① 深入研读拉伦茨的论述，笔者倾向于认为，拉伦茨的“法伦理性原则”实际说的就是“法律原则”，它“超越于个别规整”，并且“隐含于规整之中，只有借助这些原则才能掌握并且表达出规整与法理念间的意义关联”。

例如，加拿大《刑法典》第179条第1款规定：曾被判有性犯罪的人如果被发现在学校操场、儿童游乐场、公园、公共浴池闲逛，则构成犯罪。在对该法条的含义做出解释时，可以运用客观目的解释。从被规整之事物领域的结构来看，一方面学校操场、儿童游乐场、公园、公共浴池都是典型的儿童聚集的场所，有对儿童实施性犯罪可能的人容易寻找到作案目标；另一方面，儿童由于认知能力、自我保护能力的不足，具有易受犯罪伤害性。从法伦理性原则（法律原则）的角度来看，在性犯罪上对儿童加强保护具有特殊的重要性，因为被伤害后的心理阴影可能对其一生都带来不良影响。从这两方面可以确立该法条的客观目的在于保护儿童免受性侵犯，禁止曾被判有性犯罪的人在此闲逛，是为了使对儿童可能产生危害的人远离儿童经常出入的场所，从而减少儿童接触性犯罪者的机会。②

小　结

法律解释的方法	要点
文义解释（语法解释、文法解释、文理解释）	法律条文所运用的语言的一般的含义和语言使用方式
立法者的目的解释（主观目的解释）	参与立法的人的意志或立法资料
历史解释	正在讨论的法律问题的历史事实，及特定解决方案的法律后果
比较解释	外国的立法例和判例学说
体系解释（逻辑解释、系统解释）	被解释的法律条文在整部法律乃至整个法律体系中与其他法条的相互关系
客观目的解释	被规整之事物领域的结构；法伦理性的原则

① ［德］拉伦茨著，陈爱娥译：《法学方法论》，商务印书馆2003年版，第211页。
② 蒋惠岭：“目的解释法的理论及适用（下）”，载《法律适用》2002年第8期，第53页。

七、法律解释方法的位阶

各种法律解释方法具有不同的功能，它们在法律解释中考虑的因素不同，提出问题的视角也不同，这会导致按照不同的解释方法对同一个法律规定进行解释会得出完全不同的解释结果，从而可以证成不同的法律决定。这就导致了法律适用的不确定性。

为了消除这种不确定性，需要在各种法律解释方法之间确立一个位序或位阶关系。大部分法学家认可的法律解释方法的位阶是：（1）语义学解释→（2）体系解释→（3）立法者意图或目的解释→（4）历史解释→（5）比较解释→（6）客观目的解释。

需要注意的是，这种位阶关系不是固定的，这个位阶所确定的各种方法之间的优先性关系是相对的而不是绝对的，是可以被推翻的。但是，如果要推翻这种优先性关系，必须要进行充分的论证。只是语义解释总是首先被运用的，这是固定的。

例 7：《物权法》第 116 条规定："天然孳息，由所有权人取得；既有所有权人又有用益物权人的，由用益物权人取得。当事人另有约定的，按照约定。法定孳息，当事人有约定的，按照约定取得；没有约定或者约定不明确的，按照交易习惯取得。"对"天然孳息"和"法定孳息"重要法律概念含义的解释应该首先采用客观目的解释的方法吗？

提示：不是。按照法律解释方法的位阶，首先采用的是语义解释，语义解释是所有法律解释的起点。

例 8：文义解释是首先考虑的解释方法，相对于其他解释方法具有优先性吗？

提示：是的。

例 9：上例 3。遗嘱中的"我的一半财产权"首先应当进行历史解释吗？

提示：不是。对该遗嘱进行解释时，首先应当运用语义解释，而非历史解释。

八、字面解释、扩充解释、限制解释

从历年考题来看，在这一部分还常常考到字面解释、扩充解释、限制解释这一分类。

1. 字面解释是严格地按照法律的"字面意思"来解释法律，既不扩充也不限制。例如《宪法》第 33 条规定：中华人民共和国公民在法律面前一律平等。在对"公民"进行解释时，既不能扩充到社会组织，也不能限缩为"男公民"或者"女公民"。

2. 扩充解释，又称扩大解释，指当法律条文的字面含义窄于立法原意时，为了准确表达立法原意，对法律规定的含义扩充范围，作广于字面含义的解释。但是需要注意的是，不能任意扩大法律的含义，应以立法意图、立法目的和法律原则为基础。例如：甲出差途中突发疾病死亡，被市社会保障局认定为工伤。但是甲所在单位认为依据《工伤保险条例》，只有“在工作时间和工作岗位突发疾病死亡”才属于工伤，遂诉至法院。法官在对“工伤”进行解释时，认为甲为完成单位分配任务，须经历从工作单位到达出差目的地这一过程，出差途中应视为工作时间和工作岗位，故构成工伤。这是从“工伤”的立法原意，即让劳动者在从事职业活动时免受伤害的角度进行的扩充解释。

3. 限制解释，又称限缩解释，指当法律条文的字面含义广于立法原意时，为了符合立法原意，对法律规定所作的窄于字面含义的解释。例如《婚姻法》第 21 条规定：父母对子女有抚养教育的义务。该条规定的立法原意是从家庭伦理和家庭作为社会有序运转的细胞的角度，使年幼子女和不能独立生活的子女得到父母的抚养和教育。因此在对“子女”进行理解时，其含义应当进行限缩，即仅指未成年子女或不能独立生活的子女，而不应包括有独立生活能力的成年子女。

第二十七章　当代中国的法律解释体制

☞ 命题分析

“当代中国的法律解释体制”是一个重点考点。这一部分还隐藏了另外一个考点，即“正式解释与非正式解释的区分”。从考查趋势来看，近年来该考点始终保持热度，2014 年、2015 年还进行了单一考点命题，考生一定要重视。

从考查内容来看，这部分常常结合《宪法》《立法法》《关于加强法律解释工作的决议》和《各级人民代表大会常务委员会监督法》中的规定进行考查，需要考生不仅熟知立法解释、行政解释和司法解释的含义和相互关系，而且要准确识记相关重点法条（参见下文总结）。对于正式解释与非正式解释的区分，要点一是把握解释主体和解释效力；二是区分非正式解释的不同类型；三是区分法律解释和非法律解释，注意法律解释的对象是法律而不是其他，如合同等。

从命题形式上来看，该考点常常采用法条分析法或者案例分析法。在案例分析中，需要结合我国相关法律规定，分析采用的某种法律解释属于哪一种法律解释类型及其效力。

法律解释是一定的人、组织以及国家机关在法律运用或实施过程中，对表达法律的语言的意义的揭示、说明和选择。

之所以需要对法律进行解释，原因在于：首先法律是概括的、抽象的、具有普遍性的行为规范，只有经过解释，才能成为具体行为的规范标准；其次法律中存在概念模糊、规范冲突、甚至法律漏洞，只有经过解释，才能消除和弥补这些问题；最后法律具有相对稳定性，但是社会生活中不断出现新情况和新问题，因此只有经过解释，才能弥补立法的滞后性，适应不断变化的社会需要。所以法律解释既是人们日常法律实践的重要组成部分，也贯穿于法律适用的整个过程。

一、正式解释与非正式解释的区分

根据解释主体和解释效力的不同，可以把法律解释分为正式解释和非正式解释。

正式解释，也叫法定解释，有权解释，指由有法律解释权的国家机关、官员对法律作出的具有法律约束力的解释。“法律约束力”意味着，解释结果具有普遍性的约束力。根据解释的国家机关的不同，法定解释又可以分为立法、司法和行政三种解释。有权作出法定解释的机关、官员，在不同的国家或不同的历史时期都有所不同，通常是由法律规定或是由历史传统决定的。因此，需要注意的是，在我国的法律解释体制中，只有法定的国家机关有权进行正式解释（详见“当代中国的法律解释体制”），法官、执法人员在法律实施时对法律进行的解释，都不属于正式解释。

非正式解释，又分为学理解释和任意解释，一般是指由学者或其他个人及组织对法律规定所作的不具有法律约束力的解释。学理解释通常是学术性的，任意解释通常是常识性的，都不被作为法律实施的依据。虽然如此，学理解释在法律适用、法学研究、法学教育、法制宣传以及法律发展方面还是有着很重要的意义。

	正式解释（法定解释、有权解释）	**非正式解释（分为学理解释、任意解释）**
解释主体	立法机关、行政机关、司法机关及其工作人员	无法定解释权的个人或组织，如学者、一般公民
解释效力	具有法律上的普遍约束力	不具有法律上的约束力

例 1： 2004 年《全国人民代表大会常务委员会关于〈中华人民共和国刑法〉有关信用卡规定的解释》规定：“刑法规定的‘信用卡’，是指由商业银行或者其他金融机构发行的具有消费支付、信用贷款、转账结算、存取现金等全部功能或者部分功能的电子支付卡。”该解释是学理解释吗？该解释属于有权解释吗？

提示： 该法律解释是由全国人大常委会做出的。全国人大常委会是法定的立法解释机关（《宪法》第 67 条第（四）项），该解释属于有权解释，而不是学理解释。具体类型是有权解释中的立法解释。

例 2： 2003 年 7 月，年过七旬的王某过世，之前立下一份“打油诗”遗嘱：“本人已年过七旬，一旦病危莫抢救；人老病死本常事，古今无人寿长久；老伴子女莫悲愁，安乐停药助我休；不搞哀悼不奏乐，免得干扰邻和友；遗体器官若能用，解剖赠送我原求；病体器官无处要，育树肥花环境秀；我的一半财产权，交由老伴可拥有；上述遗愿能实现，我在地下乐悠悠。”

对于王某遗嘱中“我的一半财产权”所涉及的住房，指的是“整个房子的一半”，还是“属于父亲份额的一半”，家人之间有不同的理解。儿子认为，父亲所述应理解为母亲应该继承属于父亲那部分房产的一半，而不是整个房产的一半。王某老伴坚持认为，这套房子是其与丈夫的共同财产，自己应拥有整个房产（包括属于丈夫的另一半房产）。王某老伴与子女间的争议在于他们均享有正式的法律解释权吗？

提示： 作为公民，王某老伴与子女都是没有法定解释权的个人，都不享有正式的法律解释权。

例 3： 某商场促销活动时宣称：“凡购买 100 元商品均送 80 元购物券。对因促销活动产生的纠纷，本商场有最终解释权。”刘女士在该商场购买了 1000 元商品，返回 800 元购物券。刘女士持券买鞋时，被告知鞋类商品 2 天前已退出促销活动，必须现金购买。刘女士遂找商场理论，协商未果便将商场告上法庭。从法律的角度看，“本商场有最终解释权”是一种学理解释权的宣称吗？当事人对合同进行解释，等同于对合同享有法定的解释权吗？

提示：学理解释指由学者或其他个人及组织对法律规定所作的不具有法律约束力的解释。“本商场有最终解释权”是针对促销活动条款做出的，因此不是一种对学理解释权的宣称。法定解释权是特定的国家机关、官员或其他有解释权的人对法律作出的具有法律上约束力的解释权利，当事人对合同进行解释是合同关系中的权利，受到法律保护，但是不等同于对合同享有法定解释权。

例4：杨某与刘某存有积怨，后刘某服毒自杀。杨某因患风湿病全身疼痛，怀疑是刘某阴魂纠缠，遂先后3次到刘某墓地掘坟撬棺，挑出刘某头骨，并将头骨和棺材板移埋于自家责任田。事发后，检察院对杨某提起公诉。一审法院根据《中华人民共和国刑法》第302条的规定，认定杨某的行为构成侮辱尸体罪。杨某不服，认为坟内刘某已成白骨并非尸体，随后上诉。杨某对“尸体”的解释属于何种类型？

提示：杨某对“尸体”的解释是一般公民做出的常识性解释，属于任意解释。

二、当代中国的法律解释体制

当代中国的法律解释体制是“一元多级”的法律解释体制。

具体的法律依据有《宪法》（尤其是第67、123、125、126、131条）、《立法法》（尤其是第3～6、14～50条）、1981年全国人大常委会《关于加强法律解释工作的决议》和《各级人民代表大会常务委员会监督法》（尤其是第31～33条）等法律文件的规定。

“一元”指的是“法律解释权属于全国人民代表大会常务委员会”。

《宪法》第67条赋予全国人民代表大会常务委员会解释宪法和法律的权力。

《立法法》第45条进一步规定：“法律有以下情况之一的，由全国人民代表大会常务委员会解释：（一）法律的规定需要进一步明确具体含义的；（二）法律制定后出现新的情况，需要明确适用法律依据的。”

此外，国务院、中央军事委员会、最高人民法院、最高人民检察院和全国人民代表大会各专门委员会以及省、自治区、直辖市的人民代表大会常务委员会可以向全国人民代表大会常务委员会提出法律解释的要求（《立法法》第46条）。

需要注意的是，该立法解释具有和法律本身同等的效力。

例5：2004年《全国人民代表大会常务委员会关于〈中华人民共和国刑法〉有关信用卡规定的解释》规定：“刑法规定的‘信用卡’，是指由商业银行或者其他金融机构发行的具有消费支付、信用贷款、转账结算、存取现金等全部功能或者部分功能的电子支付卡。”该解释和《刑法》本身具有同等效力吗？

提示：是的。该解释是根据《宪法》第67条，赋予全国人大常委会的法律解释权做出的，具有和法律同等的效力。

"多级"则表现为除全国人大常委会的法律解释外还存在着其他类型的法定法律解释。根据全国人大常委会1981年所发布的《关于加强法律解释工作的决议》，我国还存在着下列法定解释类型：

1. 凡属于法院审判工作中具体应用法律、法令的问题，由最高人民法院进行解释。凡属于检察院检察工作中具体应用法律、法令的问题，由最高人民检察院进行解释。因此司法解释并非由某个个案裁判引起的。最高人民法院和最高人民检察院的解释如果有原则性的分歧，报请全国人民代表大会常务委员会解释或决定。根据《各级人民代表大会常务委员会监督法》第31条，司法解释应当自公布之日起三十日内报全国人民代表大会常务委员会备案。

根据《各级人民代表大会常务委员会监督法》第32条，认为司法解释同法律规定相抵触的，可以向全国人民代表大会常务委员会书面提出进行审查的建议的主体有：(1) 国务院、中央军事委员会和省、自治区、直辖市的人民代表大会常务委员会、最高法、最高检；(2) 其他国家机关和社会团体、企业事业组织以及公民。对 (1) 中主体提出的审查建议，由常务委员会工作机构送有关专门委员会进行审查、提出意见；对 (2) 中主体提出的审查建议，由常务委员会工作机构进行研究，必要时，送有关专门委员会进行审查、提出意见。

根据《各级人民代表大会常务委员会监督法》第33条，"全国人大法律委员会和有关专门委员会经审查认为司法解释同法律规定相抵触，而最高法或者最高检不予修改或者废止的，可以提出要求最高人民法院或者最高人民检察院予以修改、废止的议案，或者提出由全国人民代表大会常务委员会作出法律解释的议案，由委员长会议决定提请常务委员会审议。"因此，这时全国人大法律委员会和有关专门委员会不能直接撤销。

2. 不属于审判和检察工作中的其他法律、法令如何具体应用的问题，由国务院及主管部门进行解释。

3. 凡属于地方性法规条文本身需要进一步明确界限或作补充规定的，由制定法规的省、自治区、直辖市人民代表大会常务委员会进行解释或作出规定。凡属于地方性法规如何具体应用的问题，由省、自治区、直辖市人民政府主管部门进行解释。

我国法律解释体制的特征是：

第一，以全国人大常委会的解释权为核心的各机关分工配合的法律解释体制；

第二，在法律解释的权限上，全国人大常委会行使立法解释权的目的和任务是对"需要进一步明确具体含义"以及"法律制定后出现新的情况，需要明确适用法律依据"的法律规范进行解释。行政解释、司法解释的目的和任务在于解决具体应用法律的问题；

第三，在三种解释的关系上，在中央、地方的各自层面，立法解释是行政解释和司法解释的基础；

第四，在法律解释的效力上，立法解释的效力最高，其他国家机关对法律的解释效力低于立法解释。

例6：谢某、阮某与曾某在曾某经营的“皇太极”酒吧喝酒，离开时谢某从楼梯摔下，被扶起后要求在酒吧休息，第二天被发现已死亡。经鉴定，谢某系“醉酒后猝死”。该案审理中，合议庭对“餐饮经营者对醉酒者是否负有义务”产生争议。刘法官认为，我国相关法律对此没有明确规定，但根据德国、奥地利、芬兰等国判例，餐饮经营者负有确保醉酒顾客安全的义务，认定曾某负赔偿责任符合法律保护弱者的立法潮流。刘法官的解释属于我国正式法律解释体制中的司法解释吗？

提示：在我国，只有最高人民法院才有权进行司法解释，刘法官作为一名普通的法官无权进行正式解释中的司法解释。

例7：我国某省人大常委会制定了该省的《食品卫生条例》，该法规的具体应用问题，应由该省人大常委会进行解释吗？

提示：不是，该法规的具体应用问题，由该省人民政府主管部门进行解释。

小　结

法律解释体制	类别	内容	具体含义
一元	立法解释	宪法、法律的解释权属于全国人大常务委员会	1. 法律的规定需要进一步明确具体含义的 2. 法律制定后出现新的情况，需要明确适用法律依据的
多级	司法解释	最高人民法院	法院审判工作中具体应用法律、法令的问题
		最高人民检察院	检察院检察工作中具体应用法律、法令的问题
	行政解释	国务院及主管部门	不属于审判和检察工作中的其他法律、法令如何具体应用的问题
	立法解释	制定法规的省、自治区、直辖市人民代表大会常务委员会	地方性法规条文本身需要进一步明确界限或作补充规定的
	行政解释	省、自治区、直辖市人民政府主管部门	地方性法规如何具体应用的问题

第二十八章　法律推理的种类

☞ 命题分析

“法律推理的种类”是重者恒重的考点。从考查趋势来看，该考点在过去几乎年年都会命题，在 2015 年还考查了 3 道题，考生对该考点一定要全面理解掌握。

从考查内容来看，原有的演绎推理、归纳推理、类比推理和设证推理这四种形式都考查过，考查形式是在案例分析中，让考生判断法官在个案裁判中是否运用了某种法律推理形式。反向推理和当然推理是 2018 年修改补充的推理类型，今后可能会是命题热点。

在命题形式上，该考点基本上采用的都是案例分析法。所以，考生要全面理解每种推理类型，并能结合具体案件的法律推理过程进行区分和识别。

法律推理指法律人在从一定的前提推导出法律决定的过程中，必须遵循的推论规则。

推理分为**必然性推理和或然性推理**。如果前提真，结论不可能假，该推理就是必然性推理。如果前提真，结论可能真，也可能假，该推理就是或然性推理。演绎推理就是一种必然性推理，它并不增加真正新的知识，而只是将前提中的知识展示出来。类比推理就是一种或然性推理，那么它是否就没有价值呢？对于或然性推理，判断标准不是有效与无效，而是好与坏。好的或然性推理，得到真结论的可能性大一些。

下面对法律推理的各个种类进行讲解：

一、演绎推理

（一）三段论

演绎推理是从一般到个别的推论。演绎推理的经典形式是三段论。三段论推理是以两个直言命题作前提，并且这两个前提借助于一个共同词项连结起来，从而推出另一个直言命题。例如：

拐卖妇女、儿童集团的首要分子，情节特别严重的，处死刑，并处没收财产。
甲是拐卖妇女、儿童集团的首要分子，情节特别严重。
甲应处死刑，并处没收财产。

（二）涵摄

官方“四大本”中所讲的涵摄是一个逻辑概念，是将外延较窄的概念划归/包摄到外延较宽的概念之下。在法律推理中，涵摄是将特定事实（S），置于法律规范的要件（T）之下，以获致一定的结论（R）的思维过程。但是法律推理的特殊之处在于，一般性的法律规范和具体的案件事实之间不是完全对应的，需要增加若干命题，经过若干步骤才能实现完整的涵摄。

例如书上所举的例子，法律规范规定的要件是“致人重伤”，而案件事实是张三“砍断他人左手拇指、食指与中指”。在将特定事实涵摄到法律规范要件下时，增加了“使人肢体残废，属于致人重伤”“丧失手的机能，属于肢体残废”“手指失去作用，就会丧失手的机能”“左手拇指、食指与中指被砍断，手指就失去作用”等命题和步骤。可见，这些命题和步骤就是对法律规定及其所包括的抽象概念的解释，即如何理解“致人重伤”。

（三）演绎推理的法治意义

第一，演绎推理的大前提是现行成文法中的法律规定，裁判作为演绎推理的结论已合乎逻辑地蕴含在大前提即法律规定中。它体现出裁判活动受立法者所制定的法律的约束。

第二，演绎推理能够保证法律上的平等对待，体现出“同等情况同等对待”的要求。

第三，演绎推理能够确保法的安定性，因为它以事先公布的法律规定为推理的大前提。

例1：青年男女在去结婚登记的路上被迎面驶来的卡车撞伤，未能登记即被送往医院抢救。女方伤势过重成为植物人，男方遂悔婚约。女方父母把男方告到法院，要求男方对女方承担照顾扶养的责任。法院以法无明文规定为由，裁定不予受理。在本案中法官违反了“禁止拒绝做出裁判”的原则，那么法官是运用了何种推理形式？

提示：法官以法无明文规定为由，裁定不予受理，这是运用了演绎推理。

例2：周某半夜驾车出游时发生交通事故致行人鲁某重伤残疾，检察院以交通肇事罪起诉周某。检察院使用了何种推理方法？

提示：《刑法》第133条规定，违反交通运输管理法规，因而发生重大事故，致人重伤、死亡或者使公私财产遭受重大损失的，处三年以下有期徒刑或者拘役。周某半夜驾车出游时发生交通事故致行人鲁某重伤残疾，检察院以交通肇事罪起诉周某，使用了演绎推理的方法。

例3：2011年7月5日，某公司高经理与员工在饭店喝酒聚餐后表示：别开车了，“酒驾”已入刑，咱把车推回去。随后，高经理在车内掌控方向盘，其他人推车缓行。记者从交警部门了解到，如机动车未发动，只操纵方向盘，由人力或其他车辆牵引，不属于酒后驾车。交警部门运用了何种推理方式？

提示：交警部门对驾车进行解释时，认为驾车指司机发动机动车，操纵方向盘，使汽车向前移动。在本案中案件事实是，高经理在车内掌控方向盘，其他人推车缓行，而机动车未发动。所以认为高经理没有驾车，不构成酒后驾车。这是运用了演绎推理。

二、归纳推理

（一）完全归纳推理和不完全归纳推理

归纳推理是从个别到一般的推论。根据前提所考察对象范围的不同，把归纳推理分为完全归纳推理和不完全归纳推理。其中，完全归纳推理考察了某类事物的全部对象，不完全归纳推理则仅仅考察了某类事物的部分对象。由此可见，完全归纳推理是必然性推理，不完全归纳推理是或然性推理。

（二）法律中的归纳推理

司法裁判活动中的归纳推理是不完全的归纳推理。英美法系国家在法律适用中，从数量不特定的先例中，归纳出可以适用的规则或者原则。与一般的归纳推理相比，法律中的归纳推理常常需要进行价值判断，其前提或结论的前件与后件之间不是因果关系，而是归属关系。

（三）如何提高归纳推理的可信度

为了保证归纳推理的结论的可信度和确定性，可以遵守以下推论规则：

（1）被考察对象的数量要尽可能地多；

（2）被考察对象的范围要尽可能地广；

（3）被考察对象之间的差异要尽可能地大。

在法律领域，这意味着在尽量广的范围内，考查和选取尽量多的案例，选取有足够代表性的案例，得出推理结论。

三、类比推理

（一）类比推理的形式

类比推理又叫“相似性论证”，是从个别到个别的推论，根据两个或两类事物在某些属性上相同，从而推出它们在另一个或另一些属性上也相同。类比推理的一般形式是：A（类）事物具有a、b、c、d等属性，B（类）事物也具有a、b、c属性，因此B（类）事物也具有d属性。

（二）如何提高类比推理的可信度

类比推理是或然性推理。提高类比推理的可靠性，取决于三个因素：

（1）待比较对象的数量越多，结论越可靠。

（2）待比较对象间相同属性或相似属性越多，结论可靠性越大。因为类比对象间相同属性越多，类比对象的类别越接近。

（3）待比较对象间相同属性（a，b，c）与类推属性（d）之间关系越密切，结论可靠性程度就越大。

（三）法律中的类比推理

法律中的类比推理是根据当前案件与先前案例在事实特征上的相似性，推导出将先前案例的法律后果适用于当前案件的推论。

例如：李某因热水器漏电受伤，经鉴定为重伤，遂诉至法院要求厂家赔偿损失，其中包括精神损害赔偿。庭审时被告代理律师辩称，一年前该法院在审理一起类似案件时并未判决给予精神损害赔偿，本案也应作相同处理。在该案中，被告律师运用了类比推理。

又如：某法院在审理一起合同纠纷案时，参照最高法院发布的第15号指导性案例所确定的"法人人格混同"标准作出了判决。法官在该案中也运用了类比推理。

需要注意的是，在法律推理中，案件事实特征与法律后果间是否相关，并非因果判断，而是价值判断。

四、反向推理

（一）反向推理的含义

反向推理（反面推理）指从法律规范赋予某种事实情形以某个法律后果推出，这一后果不适用于法律规范未规定的其他事实情形。反向推理显示出，某法律规范只适用于它明确规定的情形。反向推理限制了某个法律规范的法律后果，属于"消极推理"，而与之相比，类比推理扩张了某个法律规范的法律后果，属于"积极推理"。

反向推理是或然的，因为将法律规范限制于法律明文规定的情形，取决于如何理解法律规范的含义，而对法律规范意义的理解不仅要看文义，还要看规范背后的目的和价值。

（二）反向推理的常用情形

1. 高度重视法律安定性或确定性价值的法律规范。

例如：针对特定国家机关的职权性规范。从《宪法》第62条的规定推出，全国人大常委会不拥有修改宪法的职权。

2. 例外条款。对例外条款不能任意扩大，否则就会危及与例外相对的规则。

例如：《民法总则》第158条规定，"民事法律行为可以附条件，但是按照其性质不得附条件的除外。"由此可以推出，除了按照法律行为的性质不得附条件的情形，其他为法律所允许。

在这部分，大家要**注意两句法谚**，"明示其一即否定其余""例外证实了非例外情形中的规则"。

五、当然推理

（一）当然推理及其形式

当然推理指由某个更广泛的法律规范的效力，推导出某个不那么广泛的法律规范的效力。当然推理包括两种形式：分别是举轻以明重和举重以明轻。我国《唐律疏议》

在“名例律”中已作出这一规定：

1. 举轻以明重。例如：谋划杀害期亲关系的尊长，一律判斩刑；仅仅谋划尚且一律处斩，在谋划后又造成伤亡后果的，更应当判处斩刑。

2. 举重以明轻。例如：晚上没有正当事由进入他人住宅，被户主当即杀死，不构成犯罪；那么如果户主只是致其受伤，更不构成犯罪。

（二）当然推理的特点

1. 当然推理根据两类案件事实的性质轻重程度进行判断和推理。这使当然推理和类比推理区别开来，类比推理是根据案件事实上的共同点和相关性来进行推理。

2. 当然推理不是逻辑上有效的推论，它依赖于实质判断。这指的是在进行当然推理时，需要运用价值判断，而价值判断是可争议并需要论证的。

六、设证推理

（一）设证推理的含义与类型

设证推理是从某个结论或事实出发，依据某个假定的法则推导出某个前提或曾发生的事实的推论。设证推理包括经验推定和规范推定两类。

1. 经验推定：推理依据来自经验法则。它的特点是：（1）经验推定是否正确，取决于提出的经验法则能否适用于当下事实。（2）经验推定依赖于推理者的知识广度和深度，这决定了它能提出什么样的经验法则。

经验推定是刑警的典型思维方式，它经常被用来侦破案件。

2. 规范推定：推理依据来自法律规范本身，而非经验法则。

任何法律人在看到一个案件事实后，马上就会凭自己的“法感”或“法的前理解”假设一个对该案件的处理结果，然后根据这个假设寻找法律，最后确定一个合理的、有效的法律决定。所以，才说规范推定严重依赖于法官的法感或前理解。

（二）设证推理的不足及其弥补

设证推论是一种效力很弱的推论，但是它在法律适用的过程中是不可放弃的。虽然经验法则可能并不适用于当下事实，法律规范也可能选错，但是设证推理的优势在于，它从经验法则出发可以为侦查人员指出调查的方向，它可以避免法律人漫无计划、漫无目的地查找法律规范。

为了弥补设证推理的不足，提高其结论的可靠性，法律人应当做到以下几点：

（1）推理者应具有待解释现象领域的知识背景或关于法律的体系性观念；

（2）尽可能将待解释现象在理论上所有可能的原因寻找出来；

（3）尽可能地使推论结论与待解释现象之间的关系是一种单一的因果关系或最恰当的规范关系；

（4）认识到假设是开放的、可修正的，用负责任的态度保证推理的充分性。

小　结

种类	内容	适用情况
演绎推理	三段论、涵摄	运用制定法进行司法裁判
归纳推理	从数量不特定的先例中，归纳出可以适用的规则或者原则	英美法系国家对先例中的法律规则/原则进行总结
类比推理	根据当前案件与先前案例在事实特征上的相似性，推导出将先前案例的法律后果适用于当前案件的推论	1. 运用先前判例进行裁判 2. 在我国根据“指导性案例”进行裁判
反向推理	从法律规范赋予某种事实情形以某个法律后果推出，这一后果不适用于法律规范未规定的其他事实情形	1. 高度重视法律安定性或确定性价值的法律规范 2. 例外条款
当然推理	1. 举轻以明重 2. 举重以明轻	/
设证推理	1. 经验推定：推理依据来自经验法则 2. 规范推定：推理依据来自法律规范本身	刑事案件侦破、证据认定等 寻找裁判应适用的法律规范

第二十九章　法律漏洞的填补

“法律漏洞的填补”是2018年大纲增加的单独一节，该节下分法律漏洞的概念、法律漏洞的分类、法律漏洞的填补方法三部分，共6个知识点。一般来说，新增内容今后考查的几率非常高，考生一定要准确理解，并能结合案例灵活运用。

一、法律漏洞的概念

（一）法律漏洞的含义

法律漏洞指违反立法计划（规范目的）的法的不圆满性。法律之所以会存在漏洞，是因为立法者的理性是有限的，而法律所规范的社会生活是丰富多变的，在立法时不能预见未来的一切情况并事先作出毫无漏洞的规定。

法律漏洞的存在既然是必然的，那么法官如何面对和回应它？法官可以用“法无明文规定”拒绝审理案件吗？不能。这是因为在法律上有“禁止法官拒绝做出裁判”的规定（如《法国民法典》第4条）。法官必须对法律漏洞进行填补，使争议得到解决。

（二）法律漏洞和法外空间的区别

为了更好地理解法律漏洞的概念，可以将**法律漏洞和法外空间**进行区别和比较：法律漏洞是不和目的的、依其目的被评价为不好的缺失状态。而法外空间是法律合乎目的的缺失，是本来就不应该由法律来调整的事项。法律的这种不圆满状态并没有违反立法计划，因为立法者原本就没有对这些事项进行规定的意图和计划。

	区别	与立法计划的关系	解决方式	举例
法律漏洞	法律上不合目的的缺失状态	是违反立法计划的不圆满性	对法律漏洞进行填补	《继承法》第16条第3款中“法定继承人以外的人”是否包括“被继承人的情人”
法外空间	法律合乎目的的缺失	立法者原本没有立法计划	由道德、习惯等其他社会规范调整	友谊、爱情等

（三）法律漏洞的特征

法律漏洞的特征可以总结为：

（1）法律漏洞是法律上的一种不圆满状态，需要进行填补和修复；

（2）法律漏洞是依照立法计划，不符合法律规范目的的缺失状态；

（3）考查法律漏洞的范围是在现行法律秩序内。对于成文法国家来说，现行法律秩序指的是各部门法的法律规范共同构成的现行法律体系；

（4）认定法律漏洞需要进行评价性判断，确立立法计划或规范目的至关重要。

二、法律漏洞的分类

这一部分在掌握时，大家要注意不同分类的标准，每种法律漏洞类别的含义及其区别，并能结合具体案例做出准确判断。

（一）全部漏洞与部分漏洞

这一分类的标准是：法律对某个事项是否完全没有规定。

全部漏洞是法律对某个需要进行规范的事项，完全没有做出规范。全部漏洞也称“法律空白”。例如，中国目前对个人信息数据的保护仍存在立法空白，相关法律还在制定中。

部分漏洞是法律对某个需要进行规范的事项，进行了规范但并不完全。例如，法律对“入户抢劫”进行了规定，但是并没有规定抢劫“前店后宅”是否属于“入户”实施抢劫行为。

需要注意的是，运用这一分类角度，需要从法律体系出发作整体性判断，即不能从单个法条或规范出发就做出判断。如果把法律漏洞视为法律残缺式的体系违反，那么全部漏洞属于全部残缺式体系违反，部分漏洞属于部分残缺式体系违反。

（二）明显漏洞和隐藏漏洞

这一分类的标准是：法律漏洞的表现形态。

明显漏洞是关于某个法律问题，法律依其规范目的或立法计划，应积极地加以规定却没有规定。

隐藏漏洞是关于某个法律问题，法律虽然已经进行规定，但是依其规范目的或立法计划，应对该规定设有例外却未设例外。

（三）自始漏洞和嗣后漏洞

这一分类的标准是：法律漏洞产生的时间。

自始漏洞指法律漏洞在法律制定时即已存在。根据立法者在立法时对法律规定的欠缺是否已有认知，又可具体分为明知漏洞和不明知漏洞。

明知漏洞是立法者出于立法技术的考量，或对立法时社会情势的判断，有意不作规定，将其留给其他机关或部门来决定。这一漏洞又称为“法政策漏洞”。

不明知漏洞是立法者因为疏忽或认知能力的限制没有意识到法律规定存在欠缺，或者对应予规定的事项误认为已经予以规范而形成的法律漏洞。

嗣后漏洞指在法律制定和实施后，因社会客观情况变化产生新的问题，这些新问题未在法律制定时被立法者所预见和规范，因此产生漏洞。

分类标准	类别	特点
法律对某个事项是否完全没有规定	全部漏洞	属于“立法空白”
	部分漏洞	法律进行了规范但并不完全

续表

分类标准	类别		特点
漏洞的表现形态	明显漏洞		法律应积极规定却没有规定
	隐藏漏洞		法律对已进行的规定应设有例外却未设例外
漏洞产生的时间	自始漏洞	明知漏洞	立法者在立法时有意不做规定 属于“法政策漏洞”
		不明知漏洞	立法者在立法时未意识到法律存在欠缺
	嗣后漏洞		法律实施后，新情况新问题导致的法律漏洞

三、法律漏洞的填补方法

从法律漏洞的表现形态来看，所有法律漏洞或者是明显漏洞，或者是隐藏漏洞。对二者进行填补时，分别适用目的论扩张和目的论限缩的方法。

（一）填补明显漏洞的方法：目的论扩张

1. 目的论扩张的含义和法官的适用

目的论扩张指虽然法律规范的文义没有涵盖案件事实，但是依据法律的规范目的应该将相同的法律后果赋予该事实，故将该法律规范的适用范围扩张到该案件事实上。在适用目的论扩张时，法律规范文义所指的范围窄于规范目的所指的范围。

法官适用目的论扩张填补法律漏洞时，需要做到两个方面：

（1）证立待扩张适用的法律规范的规范目的或立法计划；

（2）证明逾越文义的案件与规范文义已包含的案件类型可以为同一个规范目的所涵盖，根据该规范目的，应赋予逾越文义的案件以相同的法律后果。

2. 目的论扩张和扩张解释的不同

目的论扩张是漏洞填补的方法，是依据法律的规范目的，将其适用范围扩张到原本未被规范文义所涵盖的案件类型上。

扩张解释则是文义解释的特殊情形，是因为规范的文义不足以表示立法意旨，所以在法律解释时扩张法律规范词语的意义，从而正确适用法律规范。

（二）填补隐藏漏洞的方法：目的论限缩

1. 目的论限缩的含义和法官的适用

目的论限缩指虽然法律规范的文义涵盖了某类案件，但是依据其规范目的不应赋予它和该规范文义所涵盖的其他情形相同的法律后果，所以限缩该规范的适用范围，把某种案件事实排除出去。目的论限缩的基本法理是，不相类似的案件事实，应作不同的对待。将不符合规范目的的部分排除在外，法律规范的意义表达更为准确。

法官适用目的论限缩填补法律漏洞时，需要完成两方面的任务：

（1）证立待限缩适用的法律规范的规范目的或立法计划；

（2）证明规范文义已包含的某类案件类型与其余案件类型不为同一规范目的所涵

盖，法律规范的目的与其文义所包含的某类案件不兼容。

2. **目的论限缩和限缩解释的不同**

目的论限缩是漏洞填补的方法，是将不符合规范目的的案件类型排除于规范的适用范围外。

限缩解释则是文义解释的特殊情形，是因为文义过于宽泛，在法律解释时将文义局限在某个范围内。

第三十章　法产生的一般规律

☞ 命题分析

“法产生的一般规律”是一般重点，但是在第三章“法的演进”中，较为受命题人重视。在2009年、2012年、2017年曾经考查过，所以从考查趋势来看，是否命题可能取决于是否有合适的命题材料进入命题人的视野。

在考查内容上，考生应当全面从调整机制、形式、内容三个方面掌握法产生的一般规律，并且准确理解其含义。

在命题方式上，一般都采用引文考查法，即通过一段引文让考生结合理论阐述判断具体表述是否正确。

法作为一种文明现象，是人类历史发展到一定阶段的产物。法是随着生产力的提高、社会经济的发展、私有制和阶级的产生、国家的出现而产生的。

在原始社会，人们的生活由习惯、宗教进行调整。从原始社会规范到国家的法律的产生，经历了长期的社会发展过程。法产生的主要标志是国家的产生、权利和义务观念的形成、法律诉讼和司法审判的出现。

总结世界不同民族、不同地区法的产生历史，法的产生表现出下面这些一般规律：

一、法律制度的形成是从个别调整发展为普遍调整的过程

从调整机制上看，法的产生经历了从个别调整到规范性调整、一般规范性调整到法的调整的发展过程。早期的社会调整是个别化的，针对具体的人、具体的行为，并且只适用一次；在某类社会关系发展为经常性时，个别调整就发展为规范性调整，即出现了适用于一般人、一般的行为的规范，并且这些规范可以反复适用。随着阶级和国家的出现，统治阶级将反映自身意志的规范上升为法律，以国家强制力保证其实施，这时一般的社会规范就发展为法律。

二、法的形成经历了由习惯到习惯法再到制定法的过程

从形式上看，法的产生经历了从习惯到习惯法，再由习惯法到制定法的发展过程。在原始社会，社会习惯的产生和重要的社会事务相关，是为了确保团结有序合作的集体社会生活的实现，它包含了一些具体的义务和责任。随着人类社会的发展，产生了习惯法。习惯法和习惯最大的区别在于，习惯法具有法律的效力。早期习惯法没有文字形式，是通过口耳相传的方式沿袭，为人们熟知和运用。后来被用文字的方式记录

下来，成为人类最早的法律形式。但是这种记录是私人记载的，而不是官方记录的。例如《十二铜表法》，是在公元前452年~451年，在罗马平民保民官和平民的强烈要求下，编订出来的用文字记录下来的法律。它们是古罗马习惯法的集中表现。但是当它们通过当时古罗马的立法机构（百人团民众会议、部落民众会议和平民会议）整理认可，并被刻在铜表上之后，就具有了文字形式，成为成文法。成文法是一定国家机关按照法定权力范围，依据法定程序制定出来的行为规则。成文法与习惯法的主要区别在于，它不仅具有文字的表现形式，而且被国家机关认可并具有法律效力。

所以，法的产生过程，是一个由简单到复杂、由不完善到完善、由自发形成到自觉形成的发展过程。

三、法律、道德、宗教等行为规范由混沌一体逐渐分化为各自相对独立的规范系统

从内容上看，法的产生经历了法与宗教规范、道德规范的浑然一体到不断分化、相对独立的发展过程。随着社会进步和法的不断成熟，法与道德、宗教规范逐渐分化。法在规范内容、调整方式、适用范围、强制方式等方面形成自身的特征并相对独立，在社会调整体系中发挥重要的不可替代的作用。

例：《摩奴法典》是古印度的法典，《法典》第五卷第158条规定："妇女要终生耐心、忍让、热心善业、贞操，淡泊如学生，遵守关于妇女从一而终的卓越规定。"第164条规定："不忠于丈夫的妇女生前遭诟辱，死后投生在豺狼腹内，或为象皮病和肺痨所苦。"第八卷第417条规定："婆罗门贫困时，可完全问心无愧地将其奴隶首陀罗的财产据为己有，而国王不应加以处罚。"第十一卷第81条规定："坚持苦行，纯洁如学生，凝神静思，凡十二年，可以偿赎杀害一个婆罗门的罪恶。"《摩奴法典》的规定表明，人类早期的法律和道德、宗教等其他规范是浑然一体的吗？

提示：《摩奴法典》是由婆罗门教的祭司根据古印度《吠陀经》与传统习惯编成，大约成于公元前200至公元200年之间。法典共12章，2684条，其内容驳杂，包括创世纪的神话，婆罗门教徒的行为规范，民法、刑法、婚姻制度、继承法、赎罪法等条文，有关种姓的法律，因果报应、轮回转世之说，等等。从题干来看，其中规定了妇女的道德操守规范，也体现了"死后投生"的宗教轮回观念，反映了人类早期的法律和道德、宗教等其他规范的浑然一体。

第三十一章　法的传统与法律文化

☞ 命题分析

“法的传统与法律文化”是一般重点，这一部分近年来在命题中考查的重点是法律意识（2011 年、2014 年）。2018 年大纲新增了“中国和西方的传统法律文化”。从考查趋势来看，既有重点和新增考点今后可能在综合题的某选项中出现。

在考查内容上，重点是准确理解法律意识的含义与结构、把握对中国传统法律文化和西方传统法律文化的特点的总结，能够识别错误表述和混淆项。

在命题方式上，一般都采用纯理论阐释法，考生需要结合相关理论对选项中表述的内容做出判断。有时，命题人会将这部分和“法的现代化”部分的考点结合进行命题。

一、法的传统

法的传统指特定国家和民族世代传承的有关法的制度和观念的总和。法律传统不仅具有经验意义上的历史价值，也构成现实法律制度的组成部分。这是因为，各国的法律文本、制度、法律方法、价值取向之所以存在差异，其中的一个重要原因根源于其法律传统上的多样性。

法的传统可以通过法律制度、法律观念或法律意识体现和传承。

（一）法律制度作为法律传统的体现和传承

一个国家和民族在自己的生活中形成了具有代表性的制度，这种制度的延续和传播是一个民族法律传统中的重要内容。例如，中国法律传统中的监察制度、调解制度、礼法结合的制度等，普通法传统中的判例法制度、议会主权制度、律师公会制度、信托制度等；欧陆法律传统中的法典化、普通法院与行政法院分离的双轨制等。

（二）法律意识作为法律传统的体现和传承

法律意识是人们关于法律现象的思想、观念、知识和心理的总称。它体现了人们对现实法律现象的认知，指引和约束着人们的行为。

1. 法律意识在结构上分为法律心理和法律思想两个层次。法律心理是人们对法律现象表面的、直观的感性认识；法律思想是人们对法律现象的理性认识。二者之间的不同总结为：

法律意识	法律心理	对法律现象表面的、直观的感性认识	法律意识的初级阶段，具有直观性、不稳定性	体现为心理活动和心理状态
	法律思想	对法律现象的理性认识	法律意识的高级阶段，具有理论化、体系化的特点	体现在法律著作、论文等研究成果中

2. 同样是作为法律传统的体现和传承，法律制度具有较大的可变性，会随着国家政治和社会的变化而变化。而法律意识相对比较稳定，具有一定的连续性，它能使一个国家的法律传统代代延续。

例1：下列这些内容，法国大革命后制定的《法国民法典》，西周提出的“以德配天，明德慎罚”，中国传统的“和为贵”“少讼”“厌讼”，社会主义法治理念都属于法律意识吗？

提示：法律意识是指人们关于法律现象的思想、观念、知识和心理的总称，是社会意识的一种特殊形式。西周提出的“以德配天，明德慎罚”，中国传统的“和为贵”“少讼”“厌讼”，社会主义法治理念都是法律意识，其中“以德配天，明德慎罚”和社会主义法治理念都是一种法律思想，而“和为贵”“少讼”“厌讼”则是一种法律心理。《法国民法典》虽然是在一定的思想、观念指导下制定，但是本身并非关于法律现象的纯粹的观念和意识，而是一部由法律规范构成的有形物。

二、中国和西方的传统法律文化

（一）中国传统法律文化

中国传统法律文化是中国几千年法律实践活动及其成果、法律思想、法律观念、法律器物、法律制度等的统称，从上古起至清末止，传统法律文化在中华大地上具有高度稳定性和连续性，构成中华法系的主体部分，在世界法系中独树一帜。中国传统法律文化的特点是：

1. 礼法结合、德主刑辅

中国古代法律文化以儒家思想为基础，儒家思想的核心是“仁”，认为推行“仁政”应以“礼”为规范，“克己复礼为仁”。“礼治”的实质强调道德教化应成为治理国家的主要手段。和法律刑罚的强制作用相比，道德的教化作用可以使人对犯罪产生羞耻感而不愿犯罪，可以禁犯罪于未萌。

法律作为治理国家的手段是通过刑罚的强制和威慑而发挥作用，它只是使人不敢犯罪，只能在犯罪发生后进行事后惩治。所以在治理社会时，应礼法结合，德主刑辅，用道德教化作为训导臣民的主要手段，刑罚作为必要的补充和辅助。

2. 等级有序、家族本位

古代中国是一个严格的等级社会，法律的首要内容是维护“君君、臣臣、父父、子子”的宗法等级身份，维护“君为臣纲、父为子纲、夫为妻纲”的纲常伦理秩序。

每个人依其宗法等级身份立足正理，尽其本分，做到“父子有亲，君臣有义，夫妇有别，长幼有序，朋友有信”的“五伦”道德规范的要求。

古代中国是一个家族本位的社会，家族是构成社会和国家的基本单位。家族中的每个人不具有完全个人主义的主体身份，而是隶属于某个家族的“成员”。因此，法律在对宗法伦理秩序进行规范时，要求社会成员必须履行维护家族整体利益的义务，再像涟漪一样扩展到宗族和国家。

3. 以刑为主、民刑不分

这部分内容可以结合中国法律史进行理解。总之，中国传统法律是以刑罚化为特色的公法文化，表现在法典的刑法化、刑法的刑罚化和民事的刑法化等方面。

4. 重视调解、无讼是求

中国古代有无讼的传统。法乎天道和谐，人道亦平和。礼要求父慈子孝、兄友弟恭、夫义妇听，长惠幼顺，要求人们讲信修睦，推己及人。小人则常常惟己是私，见利则竞，至词讼繁多，有悖于礼义。儒家思想强调欲民无讼，先要教民，使遵行礼义，而对“健讼”者持严厉的谴责态度。

在发生纠纷时，因为有无讼、息讼的法律观念，所以不主张通过诉讼，而是通过调解来解决纠纷。可以说调解是“无讼”理念的实施路径。在传统法律文化中，有民间邻里的自行调解、宗族调解、乡治调解、司法活动中的官府调解等形式。

（二）西方传统法律文化

以欧洲大陆罗马法和英国普通法为代表的西方传统法律文化，具有以下特点：

1. 法律受宗教的影响较大

例如，古罗马的《十二铜表法》的第十表是“宗教法”，从侧面印证了古罗马法在其形成的早期，与其原始宗教融为一体。随着基督教的兴起，它对罗马法的法观念产生影响，在理性的自然法之外，还有体现神意的法，俗世社会的制定法不仅要体现理性的自然法，也要体现上帝的神法。《查士丁尼法典》也体现了基督教在罗马法中的地位和教会法的发展。中世纪是基督教的神圣化和法律化时代，教权和教会法得到世俗社会和封建政权的承认。在新教改革后，虽然教会法受到世俗政权和制定法的制约有所衰落，但是古典自然法和中世纪的经院主义法学并没有彻底决裂。教会法在思想观念和法律制度层面继续为近代西方法所接受，特别是在婚姻、财产、继承、犯罪与刑罚、证言及证据等方面。①

2. 强调个体的地位和价值

西方法发展的总趋势是一个从身份到契约的过程，体现为个人地位和价值在法律中不断彰显。以普通法的产生和发展来看，它是由每个参与社会生活的人创造的。个人在创造各种权利实践技术时，可以参考以往法律的先例。每个人都是法律之外的非正式的“创造秩序”的主体，是自己生活的“法官”。普通法的形成开始于当事人利用法律程序来解决彼此间的纠纷，其实质正是对业已发生过的权利实践方式的认定。基于西方法的这一特点，法律中的个人主义本位既表现在法律对个人权利的保护和尊

① 张中秋：《中西法律文化比较研究》，南京大学出版社1999年版，第156~181页。

重，也表现在法律对国家权力的限制和制衡。

3. **私法文化相对发达**

这并不意味着，西方法中没有公法的内容。它的含义指明的是，传统上私法是西方法律体系的“基底和根干”。罗马私法（典）的内容丰富、体系宏大、结构严谨在古代世界是非常突出的。大陆法系的形成也是以《法国民法典》和《德国民法典》为标志。有学者指出，西方法律在近代以前有刑事民法化，在近代以后有公法私法化的现象。①

4. **以正义为法律的价值取向**

《国法大全》之一《学说汇纂》第一编第一章“正义和法”编录了乌尔比安《法学阶梯》第一编的规定：“对于打算学习罗马法的人来说，必须首先了解‘法’（jus）的称谓从何而来。它来自于正义（justitia）。实际上（正如赛尔苏所巧妙定义的那样）法是善良和公正的艺术。”从古希腊到近现代，从斯多葛学派到自然法学说，对正义的追求构成西方法学法律发展的主线。正义推动了西方民主政治的建立和发展。②

三、法的继承与法的移植

（一）法的继承

法的继承指不同历史时代的法律制度之间的延续和继受，一般表现为旧法对新法的影响和新法对旧法的继受。因此，法的继承体现的是时间上的先后关系。

法的继承是客观存在的，法就是在继承中发展的。这是因为法作为文化现象，其发展表现为文化积累过程。在人类历史上，法的继受是一种普遍现象。法的阶级性并不排斥法的继承性。

法的继承的依据在于：

（1）社会生活条件的历史延续性；

（2）法的相对独立性；

（3）法是人类的文明成果和文化遗产。

（二）法的移植

法的移植是用来表征同时代（共时性）的国家间相互引进与吸收法律这种实践的术语。它指在鉴别、认同、调适、整合的基础上，引进、吸收、采纳、摄取、同化外国法，使之成为本国法律体系的有机组成部分。法的移植体现的是空间上的内外关系。移植的对象不仅包括外国的法律（制定法和习惯法），也包括国际法和国际惯例。

法的移植的必要性显示了法律移植的原因：

外在原因是：（1）历史上的法律移植，事实上总是伴随着“侵略事件”；（2）社会和法的发展的不平衡性；（3）全球化带来的趋同压力。

内在原因：（1）法的现代化发展的需要，以及通过法的现代化建构现代的社会秩序；（2）民族复兴，谋求国际舞台上的平等对话权。

---

① 张中秋：《中西法律文化比较研究》，南京大学出版社1999年版，第102～117页。

② 张中秋：《中西法律文化比较研究》，南京大学出版社1999年版，第344～368页。

法律移植要考量的因素有：

第一，注意国外法和本国法之间的同构性和兼容性；

第二，注意外来法律的本土化；

第三，注意法律移植的优选性；

第四，注意法律移植的超前性。

例2：法律移植是一国对外国法的借鉴、吸收和摄取，因此，法律移植是法系形成和发展的重要途径。这一表述是否正确？

提示：法系是一个比较法学上的概念，是根据法的历史传统和外部特征的不同对法所作的分类。在法系形成和发展的过程中，法律移植发挥了重要作用，这个表述是正确的。

第三十二章 法的现代化

☞ 命题分析

“法的现代化”是一般重点。在考查趋势上，近年来命题人加大了对该考点的重视程度，分别在 2014 年、2017 年对该章节考点进行了单一考点命题。

在考查内容上，重点是法的现代化的动力来源及其类型、中国法的现代化的特点。该考点有时会和法的传统与法律文化相联系进行命题，考生要注意。

从命题方式来看，都是采用纯理论阐释法，设问简单，考生只需要对选项中的表述直接做出判断。

一、法的现代化

现代化不仅是物质生活方式的变化，而且也导致了从物质到精神、从制度到观念的社会总体的变迁。

法的现代化是社会生活现代化的产物。它是文明社会发展过程中的深刻革命，展现为从传统法到现代法的转型，这种转型为现代社会生活提供了制度保障。

（一）法的现代化的标志

1. 法与道德的相互分离。法从贯彻和执行主流道德的法律，变为体现最低限度道德的、实证化的法律。

2. 法成为形式法。法的合法性不再来自于法律之外的伦理或宗教因素，而是来自于法自身，取决于确立和证成它的形式程序。

3. 法对现代价值的体现和保护。例如尊重人的主体地位、保障人的权利和自由、推动政治民主化等。

4. 法具有形式合理性。法具有确定性、普遍性、公开性、可预测性、一般是成文的并且不溯及既往等等。形式理性的法律满足了工商业社会发展对法律的要求，也为现代生产生活提供了指引和保障。

（二）法的现代化的动力来源及其类型

法的现代化受到多种因素的影响，世界各国法的现代化进程表现出多样性。

法的现代化的动力来源有两方面：一方面是社会自身力量产生的法的内部创新；一方面是在外部环境影响下的法的变革。根据动力来源的不同，法的现代化可以分为两类：内发型法的现代化和外源型法的现代化。

1. 内发型法的现代化

内发型法的现代化由特定社会自身力量产生法的内部创新，表现为自发的、自下而上的、缓慢的、渐进变革的过程。例如英国法的现代化转型。

2. 外源型法的现代化

外源型法的现代化是在社会外部环境改变中，外力冲击引起思想、政治、经济领域的变革，最终导致法律的转型。例如日本、印度、俄国法的现代化过程。

外源型法的现代化的特点是：

（1）具有被动性。法的现代化是在外部压力下发生的，例如发生了殖民统治，或者经济依附等。

（2）具有依附性。法的现代化被要求服务于政治、经济变革，法律被工具化。法律改革的合法性依据，不在于法律本身，而在于它服务的对象的合理性。

（3）具有反复性。法律的现代化通常是通过法律移植建立的，因此会产生本土法文化和外来法文化之间的矛盾，形成官方正式的法律制度和法律规范与传统习惯、风俗之间的冲突。最终，这将呈现出法的现代化过程的反复性。

法的现代化	动力来源	具体表现	合法性依据
内发型	社会自身力量产生的法的内部创新	自发的； 自下而上的法律演进（吸纳本土习惯、风俗）	法律自身
外源型	外部环境影响下法的变革	被动的； 自上而下的法律移植（与本土习惯、风俗产生冲突）	法律所服务的政治、经济变革的合理性

二、当代中国法的现代化的历史进程与特点

（一）中国法的现代化的特点

以收回领事裁判权为契机，旨在实现变法图强的清末修律，标志着中国法律的转型，开启了中国法的现代化进程。从起因来看，中国法的现代化是外源型法的现代化。但是中国又有着悠久的法律传统，在法的现代化过程中呈现出以下特点：

1. 从被动接受到主动选择

最初的被动模仿后，中国在法的现代化过程中注意从传统和现实需要出发，积极主动选择适合自己的法律制度，探索适合中国的法治发展模式。

2. 从模仿大陆法系到建立中国特色的社会主义法律制度

清末修律和民国时期的立法，是以德国等大陆法系国家的法律制度为仿照对象。在新中国成立后，法律移植主要受到大陆法系法律制度的影响，也吸收了英美法系的制度经验。现在，中国特色社会主义法律体系已经形成。

3. 法的现代化的启动形式是立法主导型

法的现代化是通过大规模的、有明确针对性的立法，自上而下建立全新的法律体

制。这种启动形式的优点是，能够迅速实现变法改制的目标；缺点是法律缺乏稳定的社会基础，在对法律规范的认同、理解和适用中存在障碍。

4. 法律制度变革在前，法律观念更新在后

这导致在立法者创设的先进的法律制度和社会公众相对传统的法律观念之间，存在不一致和不协调，影响法律的实施。

（二）推动中国法的现代化的路径

在依法治国的背景下，可以从如下方面推动中国法的现代化转型：

1. 将政府推动和社会参与相结合

政府主导法治建设的顶层设计和长远规划；社会个人和组织通过多种途径参与法的制定和完善。这样自上而下和自下而上的双向互动，有利于法律的良性构建和有效实施。

2. 将立足本国国情和借鉴外国经验相结合

既要汲取中华法律文化有益之处，也要借鉴西方法治的成功经验，寻找符合中国国情的法的现代化之路。

3. 把制度改革和观念更新相结合

一方面不断完善法律制度，构建科学合理的法律体系；另一方面开展法治教育，培养社会成员的法治意识。

第三十三章　法治

☞ 命题分析

“法治”是一般重点。从考查趋势来看，历年考查次数不多，但是逢考就是单一考点命题。因此，考生对此考点的内容要有基本的掌握。

从考查内容来看，重点是法治的含义、法治与权力的关系、法治与民主/专制的关系。

从命题方式来看，一般采用的是纯理论阐释法，通过名家名言或者一段引文，考查考生能否对选项中的理论阐述做出正确判断。

一、法治的含义

法治始源于西方，最早可追溯至古希腊。古希腊人把尊重法律和自由并论为实现他们的政治理想——城邦生活的和谐（“善”）的两个基本政治准则。亚里士多德在《政治学》中认为，“法治”应包含两重含义：已成立的法律得到普遍的服从，而大家服从的法律又应该是本身制定的良好的法律。也就是说，良法的普遍服从就是法治。

罗马人的法治观也来自于希腊文明。古罗马法学家确立了一个重要的法治理念，即政治社会应该是一个法律社会，“万民……皆受法律和习惯的统治”，由法律而不是由专横的权力来提供私人纠纷的解决方案。西塞罗说：“我们是法律的仆人，以便我们可以获得自由”。在法治理论上，古罗马法学家用自然法、理性、正义等概念来说明法律的本质，强调法律的权威和作用。

这些法治思想对西方法律文化中法治传统的形成和发展产生了深远的影响。近代法治理论是在这种传统上进一步发展起来的。其最初发轫于英国，基本含义是法律至上或法律具有最高的权威。任何人不论其地位有多高，都不能凌驾于法律之上，都必须接受法律的约束。就像1612年11月10日，柯克大法官在著名的“星期日上午会议”上对英王詹姆斯一世所说的那样，虽然上帝恩赐了国王以丰富的知识和非凡的天资，但是对涉及臣民生命、继承权、财产等案件的判决，不是按照天赋理性做出的，而是要按照技艺理性和法律来做出。柯克引用布莱克斯通的名言说：“国王不应该服从任何人，但是应该服从上帝和法律。”

在启蒙思想家的著述中，充了满反人治、要求法治的论述。例如哈林顿在《大洋国》中指出：“专制国家是人的王国，而不是法律的王国；而法治国家则是法律的王国，而不是人的王国。”洛克从人为设定的“自然状态”引出个人自由的主张。但是他不像霍布斯那样，认为只有一个绝对国家，才能保障个人自由和安全。他把保护个人自由与限制政府的权力紧密联系起来。洛克认为，侵犯自由的最大可能者是政府。因为根据“社会契约”，人们把自己的一部分权力让渡给了政府，政府却可能像狮子一样吞食人民的自由。因而必须用法律规约、限制政府的权力。他在《政府论》中指出，“统治者应该以正式公布的既定的法律，而不是以临时的命令和未定的决议来进行统治；但是法律是由政府制定，并由政府执行的，所以，为了防止政府权力的滥用，必须实行分权；法律一经制定，任何人都不能凭自己的权威逃避法律的制裁”。随着资产阶级取得政权，法治观念在实践中得到落实。

戴雪在《英宪精义》中，通过与欧洲大陆国家，尤其是瑞士、法国的对比，认为法治是英国政制自诺曼征服以来所专有的两个特点之一，另一个是国王权力至上，后来发展成议会至高无上。他提出的法治三原则是：第一，“除非明确违反国家一般法院以惯常方式所确立的法律，任何人不受惩罚，其人身或财产不受侵害”，这确立了法律至上的地位；第二，“任何人不得凌驾于法律之上，且所有人，不论地位条件如何，都要服从国家一般法律，服从一般法院的审判管辖权”，这表明了法律面前人人平等；第三，“个人的权利以一般法律提起的特定案件决定之”，这表明个人权利并不记载于成文的宪法规范中，而是存在于普通法的运行之中。这是因为普通法借助法律的程序技术来推动生活中的实践行为和方式，借助后者来“宣示”法律。诉讼当事人的权利实践，导致法律对于相关权利的实践方式进行规定。

作为一种现代治国方略，法治的基本内涵是：

1. 法治意味着法律在社会生活中具有最高权威。

法治要求一切国家机关、各政党、武装力量、各社会团体、各企事业单位和全体公民都必须在宪法和法律的范围内活动，不允许任何人、任何组织凌驾于法律之上。

2. 法治代表着良法之治。

良法代表某种具有价值规定性的社会生活方式，有形式方面和内容方面的价值要求。在形式方面：（1）法律必须公开；（2）法律规定必须清晰可行；（3）法律必须具有一般性和普遍性；（4）法律规则之间必须协调一致；（5）法律不溯及既往；（6）法律应相对稳定；（7）保障司法独立，并使其易于接近；（8）遵守自然公正原则，公开审理，不得以偏见司法等。在内容方面：（1）法律必须体现人民主权原则，是人民根本利益和共同意志的反映，以维护和促进全体人民的共同利益为目标；（2）法律必须承认、尊重和保护人权和公民权利；（3）法律必须给权力划分界限，为权力制定规则，以权力制约权力；（4）法律必须关注法律实质的合法性，以正义原则、道德权利和正义感为基础，来避免和废除不正义的法律。

3. 法治意味着人权应得到尊重和保障。

法治必须确保每个人的政治权利、公民权利、经济社会文化权利不受伤害，确保所有人平等地享有法律规定的各种自由。只有这样，法治的贯彻实施才是合目的的，有价值的和合法的。

4. 法治意味着国家权力必须依法行使。

国家权力的获得，来源于法律的明文规定和授权，法无授权即禁止。国家权力的行使，必须遵循正当程序，任何超越权限或违反程序的行为，都不具有合法性。

二、法治与人治的区别

人类社会早期的社会治理模式即人治。在人治社会，国家的事务交给国王或者皇帝，他们的个人能力、智识、德性决定着社会治理的好坏和民众的生活。人治可能带来政治清明，也可能导致专制独裁。

法治是以法律进行国家治理的模式。权力的组织和运行、公共资源的分配、公共事务的管理、纠纷的解决、人们对自身事务的规划和落实等都在法律的轨道中进行。

亚里士多德在《政治学》中曾经讨论过，“由最好的一人或由最好的法治统治，哪一方较为有利?”他认为法治应当优于一人之治，原因在于：人治难免使政治混入兽性的因素，即使是最好的贤人也不能消除冲动、激情、私人情感和对自我利益的考虑。这样会在执政时引起偏见和腐败；而法治代表理性的统治，以民主为基础，有助于消除危及城邦幸福与和谐的个人激情和冲动，从而可以免除这些因素的影响。法治内含平等、自由、善的社会价值，因此法律不应该被看作奴役，而毋宁是拯救。

在现代社会，认为法治优于人治还有其他理由：首先，现代社会人们交往互动频繁，是一个大型陌生人社会。在这样的社会中，法律更能胜任对复杂社会关系的调整。因为法律是通过明确各个事项上的权利和义务，实现对社会的一般调整，它的普遍性、可操作性、规范化和制度化都使其在社会调整手段上胜于人治。其次，市场经济导致利益分化加剧，也使得价值冲突普遍化，法律提供的程序机制有助于促进利益表达，实现价值平衡。

三、法治与法制的区别

法制指一国法律和制度的总称。凡有国家的地方，就有法制。但是通过法制并不能看出其价值追求是什么，因此法制可能是民主的法制，也可能是专制的法制。法制可能是法治下的法制，也可能是人治下的法制。

法治则是以民主为基础，以法律为最高权威，尊重和保障人权的现代政治文明。

有法制并不一定有法治，而有法治则一定有法制。

例：卡尔·马克思说，“在民主的国家里，法律就是国王；在专制的国家里，国王就是法律。”下列对这段话的理解都是正确的吗？（1）从性质上看，有民主的法律，也有专制的法律；（2）在实行民主的国家，君主或者国王不可以参与立法；（3）在实行专制的国家，国王的意志可以上升为法律；（4）实行民主的国家，也是实行法律至上原则的国家。

提示：马克思这段话主要表明在民主的国家里与在专制的国家里法律的地位是不同的。从他的表达里可以看出，他认为存在民主的法律和专制的法律，所以（1）正确。“在专制的国家里，国王就是法律”，这实际上蕴含了，在实行专制的国家，国王的意志可以上升为法律，（3）正确。“在民主的国家里，法律就是国王”，也就是说，实行民主的国家，也是实行法律至上原则的国家，（4）正确。从引文来看，马克思并没有表达，在实行民主的国家，君主或者国王不可以参与立法，所以（2）错误。

第三十四章　法与社会的一般关系

☞ 命题分析

“法与社会的一般关系”是一般重点。从考查趋势来看，该考点时而会出现在命题人视野中。但是因为这个考点的内容实际上可以涵盖到法与经济，法与科学技术，法与政治、政策、国家，法与道德，法与宗教各具体考点上，因此它具有一定的重要性。

从考查内容来看，考生重点要把握的是法以社会为基础的准确含义。

从命题方式来看，一般采用纯理论阐释法，通过一段引文/法谚来考查考生是否能对围绕该考点做出的不同理论阐述，做出准确判断。有时也会结合案例或某法律的制定进行考查。该考点也可能会和法与社会具体方面之间的关系结合命题。

一、法以社会为基础

（一）法是社会的产物

从法的产生来看，法是社会发展到一定阶段的产物，这在“法的起源”部分已经讲过。法是社会的产物还指的是，社会的性质决定法的性质；社会的发展阶段及其特征也会决定法的发展阶段及其特征。

（二）社会是法的基础

1. 法的发展重心不在立法、法学或判决，而在社会本身

这指的是，法律的发展不能脱离社会进行，没有在空中楼阁中的立法、法学、判决及司法理论。法律的发展以社会的实际演进为根基。

2. 国家法以社会法为基础

法律由国家制定、认可和实施。国家的法律，即“纸面上的法”，以社会中有效发挥作用的“活法”为基础，“活法”显示出各种社会组织的内在秩序。

总之，社会决定法律的性质和功能，法律变迁与社会发展的进程基本保持一致。

二、法对社会的调整

法对社会的调整，试图说明的是法虽然由社会决定，但是也可以反作用于社会。

（一）维护社会稳定和秩序

法可以调和社会冲突，分配社会资源，维持社会秩序。任何社会的发展和文明的进步都需要解决社会资源的有限和人的欲求无限之间的矛盾。法就是为了适应这种社

会需要而出现的。

（二）促进社会变迁

法以社会为基础，但也具有独立于社会的自主性。这意味着法可以通过制定规范形塑人们的行为模式，进而构建社会关系，影响社会的发展方向。

（三）为各种社会问题的解决提供规范性预期

法的功能是稳定人们在社会交往中的规范性预期。对社会经济、政治、文化、科技、道德、宗教各领域的问题，法可以通过自身运作提供解决方案。

（四）进行社会整合

法渗透于现代社会的方方面面，通过与政策、宗教、道德等社会规范的相互配合，实现社会整合。

例1：某国跨国甲公司发现中国乙公司申请注册的域名侵犯了甲公司的商标权，遂起诉要求乙公司撤销该域名注册。乙公司称，商标和域名是两个领域的完全不同的概念，网络域名的注册和使用均不属中国《商标法》的调整范围。法院认为，两国均为《巴黎公约》成员国，应当根据中国法律和该公约处理注册纠纷。法院同时认为，对驰名商标的权利保障应当扩展到网络空间，故乙公司的行为侵犯了甲公司的商标专用权。由此，下列说法是否成立：法律应该以社会为基础，随着社会的发展而变化？科技的发展影响法律的调整范围，而法律可以保障科技的发展？

提示：随着社会的发展，对驰名商标的权利保障也需要扩展到网络空间，法律应当随着社会的发展而变化，因此第一个说法是成立的。科技的发展将人们带到网络时代，乙公司申请注册的域名才有可能涉及侵犯甲公司的商标权，引发了本案的争议，需要法律进行调整。法律又为争议的解决提供了解决方案，使驰名商标的权利得到保障。这显示出“科技的发展影响法律的调整范围，而法律可以保障科技的发展”，第二个说法也是成立的。

例2：奥地利法学家埃利希在《法社会学原理》中指出：“在当代以及任何其他的时代，法的发展的重心既不在立法，也不在法学或司法判决，而在于社会本身。”下列关于这句话涵义的阐释，是正确的吗？（1）法是社会的产物，也是时代的产物；（2）国家的法以社会的法为基础；（3）法的变迁受社会发展进程的影响；（4）任何时代，法只要以社会为基础，就可以脱离立法、法学和司法判决而独立发展。

提示：从前面的讲解中可以看出，（1）（2）（3）的表述都是正确的。（4）的表述过于绝对，因为法的发展不仅以社会为基础，还必须借助立法的完善，法学研究的深入和司法实践的发展，因此是错误的。

例3：2007年8月30日，我国制定了《反垄断法》，下列说法是否成立？（1）《反垄断法》的制定是以我国当前的市场经济为基础的，没有市场经济，就不会出现市场垄断，也就不需要《反垄断法》，因此可以说，社会是法律的母体，法律是社会的产物。(2) 为了有效地管理社会，法律还需要和其他社会规范（道德、政策等）积极配合，《反垄断法》在管理市场经济时也是如此。

提示：《反垄断法》的制定显示出社会是法的基础，社会对“预防和制止垄断行为，保护市场公平竞争，提高经济运行效率，维护消费者利益和社会公共利益，促进社会主义市场经济健康发展”的需求，导致法律的制定，所以 (1) 成立。(2) 体现了法在发挥社会调整作用时，需要和其他社会规范有效配合，这样可以避免“法律万能论”的错误认识，也是成立的。

例4：“社会的发展是法产生的社会根源。社会的发展，文明的进步，需要新的社会规范来解决社会资源有限与人的欲求无限之间的矛盾，解决社会冲突，分配社会资源，维持社会秩序。适应这种社会结构和社会需要，国家和法这一新的社会组织和社会规范就出现了。”由此，是否可以说社会不是以法律为基础，相反，法律应以社会为基础？

提示：这段话表明，社会对法律规范的需要，导致法律规范的产生，因此法律是以社会为基础，是正确的。

第三十五章　法与道德

☞ 命题分析

“法与道德”是“重者恒重”的考点。从考查趋势来看，该考点在命题人眼中魅力不减。在考查力度上也青睐有加，不仅 2009、2010、2016 年是单一考点命题，而且 2016 和 2017 年都考查了两题。

从考查内容来看，重点是法与道德在概念上和内容上的联系，尤其是不同法学派对“恶法”效力的理解，以及近现代之前与近现代的法在立法上如何反映“法与道德”的关系。除此之外，考生也要注意从多角度辨析法与道德的区别。

在命题形式上，经历了从纯理论阐释法到案例分析法的过渡。在案例分析中该考点命题灵活，有时还会和“法的概念的争议”结合考查。

道德是社会调整体系中的一种调整形式。它包括人们在社会生活中形成的关于善与恶、正义与非正义、公正与偏私、光荣与耻辱等观念以及与这些观念相适应的行为规范的总和。道德通过社会舆论、社会习俗（他人评价）和人们的内心信念（自我评价）来保证实行。**法与道德**的关系主要从二者之间的联系和区别进行掌握。

一、法与道德的联系

我们从法律思想史上的三个理论争点，即法与道德在概念、内容和功能上的联系展开分析：

1. 法与道德在概念上的联系

法与道德在概念上的联系追问的是，法在概念上是否包含道德内涵。西方法学界存在两种观点：肯定说以自然法学派为代表，认为法在本质上是内含一定的道德因素。实在法只有在符合自然法、具有道德上的善的时候，才具有法的本质而成为法。一个同道德严重对立的邪恶的法就丧失了法的本质，因而不是法，即“恶法非法”。

否定说以分析实证主义法学派为代表，认为不存在适用于一切时代、民族的永恒不变的正义或道德准则。法学作为科学无力回答正义的标准问题，因而是不是法与是不是正义的法是两个必须分离的问题，道德上的善或正义不是法律存在并有效力的标准，法律规则不会因违反道德而丧失法的性质和效力，即使那些同道德严重对抗的法也依然是法，即“恶法亦法”。

例 1：按照分析实证主义法学的观点，法与道德在概念上没有必然联系吗？

提示：是的。

2. 法与道德在内容上的联系

法与道德在内容上存在相互渗透的密切联系，但是值得讨论的是这种内容上的联系是否应有限度？限度如何确定？

对于第一个问题：一般来说，近代以前的法在内容上与道德的重合程度极高，有时甚至浑然一体。如中国古代法就具有浓厚的伦理法特征。古代法学家大多倾向于尽可能将道德义务转化为法律义务，使法确认和体现尽可能多甚至全部的道德内容。近现代法在确认和体现道德时大多注意二者重合的限度，倾向于只将最低限度的道德要求转化为法律义务，注意明确法与道德的调整界限，“法律是最低限度的道德”。

对于第二个问题：对依什么原则确定法与道德之间在内容上联系的限度，存在分歧。分歧之处在于，一个不道德的行为是否只有在伤害他人的情况下才应由法律加以干预，还是在伤害自己或伤害公众感情或损害社会的公共性的情况下也可导致法律上的干预？曾经提出的原则有：伤害原则、法律家长主义原则、冒犯原则①等。

例2：在历史上，法与道德之间要么是浑然一体的，要么是绝然分离吗？

提示：不是，在历史上法与道德没有绝然分离的时候，这种表述过于绝对。

例3：道德义务和法律义务是可以转化的吗？

提示：是的，可以通过立法将道德义务在法律中进行规定，转化为法律义务。

例4：古代立法者倾向于将法律标准和道德标准分开吗？

提示：不是，古代立法者倾向于尽可能将道德义务转化为法律义务，使法确认和体现尽可能多甚至全部的道德内容。

例5：近现代立法者均持“恶法亦法”的分析实证主义法学派立场吗？

提示：不是，近现代立法者倾向于将最低限度的道德要求转化为法律义务，例如法律中的一些法律原则（如公序良俗原则）的规定体现了法律对“最低限度的道德”的确认。

3. 法与道德在功能上的联系

法律调整与道德调整各具优势，可以互为补充。一般来说，古代法学家更多强调

① 张文显：《二十世纪西方法哲学思潮研究》，法律出版社1996年版，第547～554页。试题解析详见2017－1－10重点解析。

道德在社会调控中的首要或主要地位，希望通过推行“德治”来去除刑罚。例如中国古代的法律主张礼法合治、“德主刑辅”，对法的强调更多在其惩治功能上。

近现代后，法学家们一般倾向于强调法律调整、规制社会关系的作用，法治国成为普遍的政治主张。这是因为，法具有规范化、普遍性、严格的程序性和较强的可操作性，更能胜任现代社会复杂的利益关系的调整，而道德缺乏程序机制，难以对价值冲突进行衡平和选择。

小结

理论争点	问题视角	不同观点
概念上的联系	法在概念上是否包含道德内涵？	**自然法学派：**法在本质上内含一定的道德因素，实在法只有在符合自然法、具有道德上的善的时候，才具有法的本质而成为法，“恶法非法”。
		分析实证主义法学派：是不是法与是不是正义的法是两个必须分离的问题，道德上的善或正义不是法律存在并有效力的标准，“恶法亦法”。
内容上的联系	法与道德在内容上的联系是否应有限度？限度如何确定？	**近代以前的法：**在内容上与道德的重合程度极高，有时甚至浑然一体。
		近现代法：注意法律和道德重合的限度，“法律是最低限度的道德”。 依据伤害原则、法律家长主义原则、冒犯原则等，确定法与道德在内容上联系的限度。
功能上的联系	法律和道德各发挥什么功能？何者是主要的？	**古代法学家：**强调“德主刑辅”，道德的功能在于感化教育，法律的功能在于惩治，以“德治”去除刑罚。
		近现代法学家：强调法律调整、规制社会关系的理性化作用，主张法治。

二、法与道德的区别

法与道德的区别体现在以下方面：

1. 生成方式上的建构性与非建构性

法在生成上与有组织的国家活动相关，由权威主体经法定程序制定或认可，具有形式上的建构性。道德在社会生产生活中自然演进生成，不是自觉制定和程序选择的产物，不具有建构性。

例6：法和道德都是程序选择的产物，均具有建构性吗？

提示：不是，道德是自然演进生成的，不具有建构性。

2. 行为标准上的确定性与模糊性

法有肯定明确的行为模式和法律后果，规定了具体权利义务，在规范形态上以规则为主，因而具体确切，可操作性相对较强。道德无特定、具体的表现形式，往往体现在一定的舆论、传统中，其对行为的要求笼统、原则，标准模糊，在规范形态上以原则为主。对道德的理解和评价易生歧义，但这也使道德有相当大的弹性和空间。

3. 表现形式不同

法一般以国家机关创制的规范性文件的形式来表现。而道德通常存在于人们的内心和社会舆论中，或以语言形式被记载下来。

4. 调整方式上的外在侧重与内在关注

法一般规范和关注外在行为，一般不脱离行为过问动机，只有外部行为不合法时，才追问其动机。道德首要关注内在动机，不仅侧重通过内在信念影响外在行为，且评价和谴责主要针对动机。道德不仅要求行为和结果的善，也要求行为动机的善。

道德的调整范围比法的调整范围广。

5. 强制方式上的外在强制与内在约束

法与有组织的国家强制相关，专门机构、暴力后盾、程序设置、行为针对性和物质结果构成法的外在强制标志。道德强制是内在的，主要凭靠内在良知认同，即便是舆论压力和谴责也只能在主体对谴责所依据的道德准则认同的前提下发挥作用。

例 7： 法律规范与道德规范的区别之一在于道德规范不具有国家强制性吗？

提示： 是的。

宪 法

第一章 宪法概论

☞ 命题分析

法考大纲中“宪法的概念”部分（宪法概论）早期几乎不作考查，但从近几年起，考查频率有所提高。其中，“宪法的制定”和“宪法的分类”以及“宪法与法律的关系”是考查的重点，这与宪法基本理论在法考中日益受到重视有直接关系。此外，这几个考点经常放在一起以综合性试题的形式进行考查。

一、宪法与法律的关系

1. 宪法也是法律

宪法虽然是国家的根本大法，在内容方面规定的是一个国家最根本、最核心的问题，其制定和修改的程序比普通法律更为严格，并且在一国法律体系中具有最高法律效力（宪法的基本特征），但宪法也是法律，是法律的一种形式。比如，我国《宪法》序言规定：“本宪法以法律的形式确认了中国各族人民奋斗的成果，规定了国家的根本制度和根本任务，是国家的根本法，具有最高的法律效力。”

2. 宪法与〔普通〕法律又有区别

当宪法和法律连在一起使用时，“法律”通常指由全国人大及其常委会制定的法律。如《宪法》第67条第7项规定，全国人大常委会有权撤销国务院制定的“同宪法、法律相抵触的行政法规、决定和命令”。当“法律”与行政法规等相连使用时，“法律”仅指全国人大及其常委会制定的法律。如《宪法》第5条第3款规定：“一切法律、行政法规和地方性法规都不得同宪法相抵触。”

宪法文本中很多时候都采用了“依照法律规定”“依照法律”等表述，这里的“法律”的具体含义需要视情况而定，有时指全国人大及其常委会制定的法律，有时可能指的是广义的法律。如《宪法》第2条第3款规定：“人民依照法律规定，通过各种途径和形式，管理国家事务，管理经济和文化事业，管理社会事务。”

二、宪法的分类

宪法的分类是指按照一定的标准把宪法划分为不同的类型，分门别类，以便于人们对各国宪法进行比较研究。宪法的分类方法有很多，目前最重要的还是传统的分类方法。

1. 成文宪法/不成文宪法

根据是否存在统一的宪法典，可以把宪法分为成文宪法和不成文宪法，这是传统宪法分类中最基本的一种分类方法。

成文宪法具有统一的宪法典。当今世界绝大多数国家的宪法都是成文宪法。一般来说，成文宪法国家都有一部法律名为“××国宪法”。如我国宪法称为“中华人民共和国宪法”，美国宪法称为“美利坚合众国宪法”，等等。当然，这并不是绝对的，有些国家的宪法典的名称并没有“宪法”字样。如当代德国的宪法名称为“联邦德国基本法”。——2017 年卷 1 第 21 题选项 B 曾经考查过这个问题。

不成文宪法是指没有统一的宪法典，宪法散见于多种法律规范、宪法判例和宪法惯例等。在当今世界，不成文宪法比较少见。需要注意的是，在不成文宪法国家，并不是说没有任何宪法方面的成文法（制定法）规范，其制定法不仅存在，甚至可能还很多。比如，以不成文宪法之代表的英国宪法来说，《大宪章》《权利法案》《王位继承法》等，这些数量繁多的制定法都是英国宪法的组成部分。英国之所以产生并长期保持不成文宪法，与其民主革命的特点以及英国的历史传统和文化有关。

2. 刚性宪法/柔性宪法

刚性宪法与柔性宪法的分类标准是有无专门的制宪机关、制定和修改的程序与普通法律相比是否更为严格。

刚性宪法是指宪法之制定一般由专门的制宪机关负责，制定宪法的程序以及修改的程序与普通法律相比都更为严格的宪法。在成文宪法国家，其宪法一般属于刚性宪法。如美国宪法、德国宪法等。

柔性宪法是指宪法的制定和修改在主体和程序方面与普通法律并没有明显区别的宪法。不成文宪法一般属于柔性宪法。如英国宪法。

需要注意的是，虽然说“成文宪法一般属于刚性宪法，不成文宪法一般属于柔性宪法”，但它们的分类标准并不相同。所以，不能说“成文宪法就是刚性宪法，不成文宪法就是柔性宪法”，因为这样的论断在逻辑上是有问题的。

3. 钦定宪法/民定宪法/协定宪法

这是以制定宪法的机关为标准对宪法所作的分类。

钦定宪法是由君主或者以君主的名义制定、颁布的宪法。实行君主立宪政体的国家，其宪法通常是钦定宪法。在当代世界，钦定宪法的数量不多。在历史上，钦定宪法不乏其例。如 1871 年德意志帝国宪法、1889 年日本明治宪法等。

民定宪法是奉行人民主权原则的国家以人民的名义制定颁布的宪法。在当代世界，多数国家的宪法都属于民定宪法。

协定宪法是指由君主与国民或者国民的代表机关协商制定的宪法。协定宪法通常是特殊的历史条件下阶级妥协的产物。如 1830 年法国宪法，即是在当时的革命斗争中，法国国会同国王经协商制定颁布的。

例 1：根据宪法分类理论，下列哪一选项是正确的?

A. 成文宪法也叫文书宪法，只有一个书面文件
B. 1215 年的《自由大宪章》是英国宪法的组成部分
C. 1830 年法国宪法是钦定宪法
D. 柔性宪法也具有最高法律效力

提示：B 选项正确。

三、宪法的制定

宪法的制定简称制宪，是指制定宪法的机关按照一定的程序创制宪法的活动。

1. 制宪权与修宪权

制宪权又称宪法制定权，是创制宪法、设定国家权力及其相互关系并最终使国家权力合法化的一种权力。从根本上说，制宪权源于一国政治秩序发生某种更迭的事实（如革命、政变等）。制宪权理论由法国大革命时期的思想家、政治家西耶斯（Abbe Sieyes）在《第三等级是什么》一书中首先提出，并经德国魏玛时期的法学家斯密特（Carl Schmitt）发扬光大，后为各国宪法学界广泛接受。根据制宪权理论：（1）制宪权属于全体人民；（2）具体行使制宪权的主体是制宪机关；（3）制宪权不需要任何实在法上的依据。它是一种具有原生性的权力。制宪权理论是人民主权原则的具体体现。

修宪权是由制宪权衍生出来的一种权力形态。修宪权不同于制宪权。制宪权具有原生性，不需要任何实在法上的依据，它是人民主权原则的具体体现。而修宪权是由制宪权派生出来的，不仅受制宪权的约束，不可违背制宪权的基本精神和原则，而且需要实在法作为存在的依据（通常由宪法加以规定）。

需要指出的是，与立法权、行政权、司法权和监察权相比，制宪权、修宪权都属于根源性的国家权力，即能够创造其他具体国家权力的权力。这是制宪权、修宪权的特殊之处。

2. 宪法的制定程序

由于制宪权的行使先于具体的国家权力形态和国家机关之产生，因此，关于宪法的制定程序，鲜见有明确的法律规定。但一般说来，为了保障制宪的严肃性和权威性，各国在制宪实践中通常都会遵守如下程序：

（1）设立制宪机关。
（2）提出宪法草案。
（3）通过宪法草案。
（4）公布宪法。

例 2：根据《宪法》的规定，关于宪法文本的内容，下列哪一选项是正确的？
B.《宪法》明确规定了宪法的制定、修改制度

提示：B 选项错误。我国《宪法》规定了“宪法修改”制度，但是并没有对“宪法的制定”作出规定。

第二章　近代意义宪法的产生

☞ 命题分析

“近代意义宪法的产生”考查频率很高，尤其是“美国联邦宪法和德国魏玛宪法”这两个考点差不多是“法考人民的老朋友”了，其用意在于考查法律人是否具备“世界的眼光”来考察“中国的问题”。“近代意义宪法的产生”虽然考查频繁，但其考查难度基本上都不大，对命题老师送来的“橄榄枝”，实在是“却之不恭”。

一、近代意义宪法产生的基础

近代意义的宪法是资产阶级革命的产物。按照马克思主义法学原理的说法，近代意义宪法的产生有深刻的经济、政治和思想文化等方面的基础。

1. 近代宪法的产生是资本主义商品经济发展的必然结果。众所周知，商品经济的发展以自由竞争为条件。尽管奴隶社会和封建社会时期，简单商品经济也蕴含了有限的民主元素，但只有当商品经济普遍发展并成为资本主义社会的基本经济结构时，自由竞争与平等交换的经济要求才通过国家的基本政治制度反映出来。因此，当资产阶级革命取得胜利、建立国家政权以后，便通过宪法的形式，确立资产阶级民主制度，以适应资本主义政治和经济的发展。这是近代宪法产生的经济基础。

2. 资产阶级革命取得胜利、资产阶级国家政权的建立和代议制民主制度的日渐形成，为近代宪法的产生提供了政治条件。

3. 资产阶级启蒙思想家提出的自由、平等、人权、法治等理论，为近代宪法的产生奠定了思想基础。

有了上述三方面的条件作为支撑，近代意义的宪法逐渐产生。

二、英国宪法

英国宪法是近代宪法之母。英国宪法是典型的不成文宪法，主要有三部分构成：（1）在资产阶级革命的不同历史时期制定的一系列宪法性法律文件，如1215年《大宪章》、1628年《权利请愿书》、1689年《权利法案》、1701年《王位继承法》等。（2）宪法判例，包括英国法院对人身自由、言论自由、正当法律程序等宪法问题作出的诸多判决。（3）宪法惯例，如内阁对议会下院负责、两党制等等。

例1：根据宪法分类理论，下列哪一选项是正确的？

B. 1215 年的《自由大宪章》是英国宪法的组成部分

提示：B 选项为正确答案。一般认为，1215 年的《大宪章》被称为“英国宪法的萌芽”。现在，它还有无法律效力，还是否属于英国宪法的组成部分？宪法学教科书大多语焉不详，很多考生因而存在模糊认识。2015 年 10 月，作为《大宪章》签署 800 周年纪念活动重头戏的“《大宪章》全球巡展”登陆中国，来自赫利福德教堂的 1217 年版馆藏原件在北京、上海、广州、重庆四个城市展出。据“大宪章 800 周年纪念委员会”主席马克·基尔（Mark Gill）介绍，《大宪章》目前仍然具有法律效力的条款有“三条半”：第 1 条（英国教会享有自由，其权利不受干扰，其自由不受侵犯）、第 13 条（保证伦敦城、五港同盟以及其他被授予皇家宪章的市镇的自由）、第 39 条（非经其同辈依法裁判并根据王国的法律，任何自由人皆不得被逮捕、监禁、没收财产、剥夺法律保护权）和第 40 条（“不得向任何人出售、拒绝或延搁其应享之权利与公正裁判”，该条款后经修改成为第 37 条的一部分）。因此，1215 年的《大宪章》仍然是英国宪法的组成部分。

三、美国宪法

1787 年美国联邦宪法是世界上第一部成文宪法。——该宪法作为考查对象连续出现过四次（2012、2013、2014、2017）。

在 1787 年美国联邦宪法制定之前，由杰斐逊（Thomas Jefferson）起草的《独立宣言》于 1776 年签署。《独立宣言》虽然历史意义极为重大，但是该宣言旨在宣告北美十三个殖民地脱离宗主国英国而独立，并没有过多涉及人权的内容，作为一份政治性宣言，它也并无法律上的拘束力。

1781 年，北美独立革命结束以后，十三个殖民地批准了《邦联条款》。《邦联条款》创设了一个非常弱势的全国政府，各邦仍然保留主权。根据《邦联条款》，不存在邦联法院，也没有邦联行政部门。虽然有邦联国会，但是，其权力受到很大限制。——请务必分清《邦联条款》和《1787 年美国联邦宪法》的区别。

1787 年 5 月，十三邦委派代表在费城召开制宪会议。1787 年 9 月 17 日，制宪会议成员通过并签署了这份文件。由于《联邦宪法》主要是为了解决联邦政府的组织架构问题，它并没有列举个人权利。——该任务主要由后来的 1789 年《权利法案》（美国宪法修正案前十条）来完成。

例 2：关于各国“人权与宪法”问题的说法，下列哪些选项不成立？

①美国《独立宣言》与《美国联邦宪法》给予了人权充分保障

提示：《独立宣言》不属于宪法的组成部分，它也并没有过多涉及人权的内容，该选项不成立。

四、法国宪法

法国历史上曾产生过多部宪法。1791 年，法国制定首部宪法，这也是欧洲大陆第一部成文宪法，该宪法将 1789 年《人权宣言》作为序言。《人权宣言》第 1 条开宗明义地宣布："人们生来是而且始终是自由的，并且在权利上是平等的。"《人权宣言》成为此后多部法国宪法的序言。

例 3：关于各国"人权与宪法"问题的说法，下列哪些选项不成立？

②法国《人权宣言》明确宣布"人们生来并且始终是自由的，并在权利上是平等的"，该宣言成为此后多部法国宪法的序言

提示：该选项内容正确，不当选。

由于法国资产阶级革命曲折、复杂，中间曾有封建王朝的两次复辟，因而，亦曾出现过君主与民选议会协商制定的宪法。1830 年 7 月，法国议会将路易 · 菲利浦推上最高权力宝座，颁布宪法，建立君主立宪政体，史称"七月王朝"。

例 4：根据宪法分类理论，下列哪一选项是正确的？

C. 1830 年法国宪法是钦定宪法

提示：1830 年法国宪法是协定宪法，C 选项陈述错误。

五、德国魏玛宪法

德国魏玛宪法在 2008 年 ~2016 年间曾经 5 次被作为考查对象，如此高的考查频率足以表明，历年考试对魏玛宪法可谓是"情有独钟"。

理解魏玛宪法，不能不联系当时的历史背景。1919 年的魏玛宪法是在德国工人运动高涨的情况下制定的。受此影响，魏玛宪法规定了比较完整的资产阶级民主共和国体制和广泛的公民权利和自由，带有浓厚的资产阶级民主主义和社会改良主义色彩，其很多内容为后世国家的宪法所效尤。尤其是魏玛宪法第一次比较系统地规定了文化制度和经济制度。

魏玛宪法全文共 181 条，分两编。第一编主要规定联邦的组织及各国家机构的职责。第二编主要规定德国人民的基本权利与义务，分个人、共同生活、宗教及宗教团体、教育及学校、经济生活五章。第二编的内容扩大了人权范围，将"社会权"纳入到宪法保护的范围，体现出魏玛宪法的特色，魏玛宪法也因此被称为近代宪法和现代宪法的分水岭。

例 5：关于宪法与文化制度的关系，下列哪一选项是不正确的？

B.《魏玛宪法》第一次比较全面系统规定了文化制度

例 6：关于经济制度与宪法关系，下列哪一选项是错误的？

A. 自德国魏玛宪法以来，经济制度便成为现代宪法的重要内容之一

例 7：关于各国“人权与宪法”问题的说法，下列哪些选项不成立？

④德国《魏玛宪法》扩大了人权范围，将“社会权”纳入到宪法保护范围

提示：上述三例中关于德国魏玛宪法的选项，皆为正确陈述，不当选。

六、日本宪法

日本宪法考查次数不多，在此仅作简要介绍。1889 年颁布的日本帝国宪法，又称明治宪法，以 1871 年德意志帝国宪法（注意：并非魏玛宪法）为蓝本，确认“天皇为国家之元首，总揽统治权”，集立法、行政、司法权和军队统率权于一身；议会对天皇仅有“协赞”作用，议会的召开、休会和解散均听命于天皇，议会通过的法律也必须天皇批准。明治宪法形式上规定了国民的某些权利，但同时规定政府可以“独立命令”限制国民的权利和自由。因此，明治宪法实质上仍然是维护天皇的专制统治，人民毫无权利自由可言。

例 8：关于各国“人权与宪法”问题的说法，下列哪些选项不成立？

②日本《明治宪法》对公民自由权作出充分规定，促进了日本现代民主政体的建立

提示：《明治宪法》并未对公民自由权作出充分规定，它确立的是二元君主制政体而非现代民主政体。该选项不成立，为当选项。

本章小结

内容 国别	颁布时间	特性 1	特性 2	其他应注意项
英国宪法	/	近代宪法之母	不成文宪法	①英国宪法包括 1215 年《大宪章》、1628 年《权利请愿书》、1689 年《权利法案》、1701 年《王位继承法》等很多法律文件； ②英国宪法还包括大量宪法判例、宪法惯例等。

续表

国别＼内容	颁布时间	特性1	特性2	其他应注意项
美国联邦宪法	1787年	世界上第一部成文宪法	成文宪法	①注意区别《邦联条款》与《联邦宪法》； ②《独立宣言》不是美国宪法组成部分； ③1789年《权利法案》（即宪法修正案前十条）是宪法的组成部分。
法国宪法（注：法国先后颁布多部宪法，需要注意考查的具体对象）	1791年	1791年法国宪法是欧洲大陆第一部成文宪法	成文宪法	①《人权宣言》先后作为多部法国宪法的序言； ②1830年法国宪法是协定宪法。
德国魏玛宪法	1919年	近代宪法和现代宪法的分水岭	成文宪法	①魏玛宪法第一次系统地规定了文化制度和经济制度； ②魏玛宪法对人权的规定颇为详细，甚至将“社会权”纳入到宪法保护的范围。
日本明治宪法	1889年	亚洲第一部宪法	成文宪法	①明治宪法实质上是维护天皇的专制统治，人民毫无权利和自由可言； ②明治宪法以1871年德意志帝国宪法为蓝本。
苏俄宪法	1918年	世界上第一部社会主义类型的宪法	成文宪法	/

第三章 中国宪法的历史发展

"中国宪法的历史发展"包含三部分内容："旧中国宪法的历史发展""新中国宪法的历史发展"和"现行宪法的历次修改"。我们分三节论述。

第一节 旧中国宪法的历史发展

☞ 命题分析

"旧中国宪法的历史发展"知识点相对较为简单，近年来一直没有考查，但必须防止命题人冷不防来个突然袭击。特别是"中国法律史"部分新增了"南京国民政府的法律制度"内容后，这种概率大幅度增加。

"旧中国宪法的历史发展"知识点，要求考生理解、掌握中国近现代历史上曾经出现的数部宪法性文件，并弄清这些宪法性文件的时间顺序和性质。

一、《钦定宪法大纲》

晚清末年，面对国内外不断高涨的立宪呼声和风起云涌的革命压力，清政府于1905年派五大臣出洋考察宪政，并于1908年颁布以"君上大权"为核心的《钦定宪法大纲》。虽然《钦定宪法大纲》是清政府在内外交困之际为延续自身统治不得已而制定颁布的，但是，它毕竟是在中国历史上第一次将君主的权力明确写入一个法律文件，这本身就是对君主权力的限制。而且，它还破天荒地将臣民的权利作为附则规定下来，虽然其实质是给君主专制披上合乎"宪法"而具有"政治正当性"的外衣，所谓臣民权利不过是陪衬而已。因此，《钦定宪法大纲》是中国近现代历史上第一部宪法性文件。

例1：下列哪一个法律文件是中国近现代历史上第一部宪法性文件?

A.《重大信条十九条》

B.《钦定宪法大纲》

C.《中华民国约法》

D.《中华苏维埃共和国宪法大纲》

二、《重大信条十九条》

《钦定宪法大纲》虽然颁布，清政府却无意建立一个真正的立宪政府，国内外革命力量对这种情况愈加不满。1911 年 10 月 10 日，武昌起义爆发，迫于革命压力，清政府急忙于 11 月 3 日抛出《重大信条十九条》并宣布立即实行，但是，这样的立宪骗局已经挽救不了清王朝必然覆亡的命运。《重大信条十九条》是清政府最后一部宪法性文件，已经腐败透顶的清王朝旋即被革命的浪潮所湮没。

内容方面，《重大信条十九条》形式上被迫缩小了皇帝的权力，相对扩大了议会和总理的权利，但仍然强调皇权至上，对人民的权利只字未提，这无疑暴露了其虚伪性。

三、《中华民国临时约法》

1912 年 3 月 11 日，在南北议和之际，孙中山以中华民国临时大总统的名义颁布《中华民国临时约法》，它是中国历史上第一部也是唯一一部具有资产阶级共和国性质的宪法性文件。它规定了“三权分立”的政权组织形式，同时确认人民享有广泛的权利和自由。《临时约法》具有临时宪法的性质，在正式宪法实施以前，它具有与宪法同等的效力。

在制定《临时约法》时，临时参议院对袁世凯能否信守宪法表示极大的怀疑，起草人遂没有沿袭此前《中华民国临时政府组织大纲》中仿效美国政体采用的总统制，而是转采责任内阁制，以防止潜在的“总统独裁”。这一政体变动是《临时约法》对《中华民国临时政府组织大纲》最重要的修正，也是《临时约法》最突出的一个特点。——可以说，《临时约法》是为袁世凯量身定做的“紧身衣”。

例 2：关于《中华民国临时约法》，下列哪一选项是正确的?

A.《临时约法》是辛亥革命后正式颁行的宪法

B.《临时约法》设立临时大总统，采行总统制

C.《临时约法》是中国历史上唯一一部具有资产阶级共和国性质的宪法性文件

D.《临时约法》确立了五权分离的原则

提示：C 选项为正确答案。

四、北洋军阀和国民党政府的宪法

北洋军阀和国民党政府的宪法，近十年来从未考查过，此处从略。

本节小结

颁布时间与性质 / 宪法性文件名称	颁布时间	特性	其他应注意项
《钦定宪法大纲》	1908 年	中国近现代历史上第一部宪法性文件	①以“君上大权”为核心；②在附录部分规定了“臣民权利义务”；③实质是给君主专制制度披上“宪法”的外衣，以法律的形式确认君主的绝对权力。
《重大信条十九条》	1911 年	清政府最后一部宪法性文件	①形式上被迫缩小了皇帝的权力，相对扩大了议会和总理的权利，但仍然强调皇权至上；②对人民的权利只字未提。
《中华民国临时约法》	1912 年	中国历史上第一部也是唯一一部具有资产阶级共和国性质的宪法性文件	①规定了“三权分立”的政权组织形式；②确认人民享有广泛的权利和自由；③具有临时宪法的性质。

第二节　新中国宪法的产生与发展

☞ 命题分析

“新中国宪法的历史发展”也相对简单，其考查重点是 1954 年《宪法》的内容以及 1982 年《宪法》与 1954 年《宪法》的关系。该知识点曾多年进行连续考查，因此，对该知识点要予以足够重视。

一、1949 年《共同纲领》

1949 年 9 月召开的具有广泛代表性的中国人民政治协商会议，制定了《中国人民政治协商会议共同纲领》。从内容上来看，《共同纲领》在当时发挥着临时宪法的作用。

二、1954 年《宪法》

1954 年 9 月 20 日，第一届全国人民代表大会第一次全体会议在《共同纲领》的基础上制定通过了《中华人民共和国宪法》，这是我国第一部社会主义类型的宪法。

1954 年《宪法》是以全国人大公告的形式公布的，非由国家主席公布。2015－1－20 选项 D 曾考查过这个问题。——1954 年《宪法》通过时，为什么不可能由“国家主席”公布？原因很简单，因为国家主席是根据宪法选举产生的。宪法公布时，还未选举产生国家主席。该选项是用普通法律的公布程序来混淆宪法的公布程序。

三、1975 年《宪法》和 1978 年《宪法》

1975 年颁布的第二部宪法是一部内容很不完善并在指导思想上存在严重错误的宪法。1978 年颁布的第三部宪法，虽经 1979 年和 1980 年两次局部修改，但从总体上说仍然不能适应新时期国家生活和社会生活的需要，进行全面修改势在必行。——对这两部宪法的内容进行直接考查的概率不大。

四、1982 年《宪法》

1982 年《宪法》是对 1954 年《宪法》的继承和发展，该宪法全面总结了我国社会主义革命和建设正反两方面的经验，……。

例：关于我国《宪法》的修改，下列哪些选项是正确的？
B. 1982 年《宪法》是对 1954 年《宪法》的全面修改

提示：1982 年《宪法》是对 1954 年《宪法》的继承和发展，而非对 1954 年《宪法》的“全面修改”，选项 B 陈述错误。

内容方面，与前三部宪法相比，1982 年《宪法》具有以下几个特点：（1）总结历史经验，以四项基本原则为指导思想；（2）进一步完善国家机构体系，扩大全国人大常委会的职权，恢复设立国家主席，废除最高国家机关领导职务终身制等等；（3）扩大公民基本权利和自由的范围，恢复“公民在法律面前人人平等”原则；（4）确认经济体制改革的成果，在经济制度方面作出完善规定；（5）维护国家统一和民族团结，完善民族区域自治制度，根据“一国两制”原则规定特别行政区制度等等。

结构方面，与前三部宪法相比，1982 年《宪法》的显著特征是将正文中的公民基本权利和义务置于国家机构之前，以彰显对公民基本权利的重视，并正确体现公民和国家机构之间的关系。

第三节　现行宪法的历次修改

☞ 命题分析

“现行宪法的历次修改”属于每年必考的内容，对该知识点应当予以最高等级之重视。对现行宪法 5 次修改形成的 52 条宪法修正案最好做到“倒背如流”“如数家珍”“信手拈来”。

一、1988 年修宪

1988 年 4 月 12 日七届全国人大一次会议通过两条宪法修正案：一是增加了关于私营经济的内容；二是修改了土地制度。其中，关于“土地的使用权可以依照法律的规定转让”，2012－1－60、2014－1－95、2016－1－93 三道题的 D 选项均作了考查。

宪法修正案第 2 条：任何组织或者个人不得侵占、买卖或者以其他形式非法转让土地。土地的使用权可以依照法律的规定转让。

重点解读：该修正案有两个地方的用语需要注意，一是土地的“使用权”，二是可以依照“法律”的规定转让，这里的法律仅指狭义的法律。1988 年修宪内容图示如下：

	序号	修改内容	修改前宪法条文
1988 年宪法修改	宪法修正案第 1 条	宪法第 11 条增加“国家允许私营经济在法律规定的范围内存在和发展。私营经济是社会主义公有制经济的补充。国家保护私营经济的合法权利和利益，对私营经济实行引导、监督和管理。”	/
	宪法修正案第 2 条	宪法第 10 条第 4 款修改为：“任何组织或个人不得侵占、买卖或者以其他形式非法转让土地，土地的使用权可以依照法律的规定转让。	“任何组织或者个人不得侵占、买卖、出租或者以其他形式非法转让土地。”

二、1993 年修宪

1993 年 3 月 29 日八届全国人大一次会议通过 9 条宪法修正案。比较重要的内容是：

1. 【政党制度】宪法序言第十自然段末尾增加：“中国共产党领导的多党合作和政治协商制度将长期存在和发展。”

2. 【国有经济】宪法第 7 条中的“国营经济”修改为“国有经济”。

3. 【农村经济的组织形式】宪法第 8 条第 1 款修改为：“农村中的家庭联产承包为主的责任制和生产、供销、信用、消费等各种形式的合作经济，是社会主义劳动群众集体所有制经济。……”（注意，1999 年本条款再次作了修改）

4. 【市场经济】宪法第 15 条修改为：“国家实行社会主义市场经济。……”（2011－1－60 选项 B、2014－1－95 选项 A 两次考查该考点）

5. 【国有企业的经营管理】宪法第 16 条修改为：“国有企业在法律规定的范围内有权自主经营。……”

1993 年修宪内容图示如下：

	序号	修改内容	修改前宪法条文
1993年宪法修改	宪法修正案第3条	宪法序言第七自然段后两句修改为："我国正处于社会主义初级阶段。国家的根本任务是，根据建设有中国特色社会主义的理论，集中力量进行社会主义现代化建设。中国各族人民将继续在中国共产党领导下，在马克思列宁主义、毛泽东思想指引下，坚持人民民主专政，坚持社会主义道路，坚持改革开放，不断完善社会主义的各项制度，发展社会主义民主，健全社会主义法制，自力更生，艰苦奋斗，逐步实现工业、农业、国防和科学技术的现代化，把我国建设成为富强、民主、文明的社会主义国家。"	"今后国家的根本任务是集中力量进行社会主义现代化建设。中国各族人民将继续在中国共产党领导下，不断完善社会主义的各项制度，把我国建设成为高度文明、高度民主的社会主义国家。"
1993年宪法修改	宪法修正案第4条	宪法序言第十自然段末尾增加："中国共产党领导的多党合作和政治协商制度将长期存在和发展。"	/
1993年宪法修改	宪法修正案第5条	宪法第7条修改为："国有经济，即社会主义全民所有制经济，是国民经济中的主导力量。国家保障国有经济的巩固和发展。"	"国营经济是社会主义全民所有制经济，是国民经济中的主导力量。国家保障国营经济的巩固和发展。"
1993年宪法修改	宪法修正案第6条	宪法第8条第1款修改为："农村中的家庭联产承包为主的责任制和生产、供销、信用、消费等各种形式的合作经济，是社会主义劳动群众集体所有制经济。参加农村集体经济组织的劳动者，有权在法律规定的范围内经营自留地、自留山、家庭副业和饲养自留畜。"	"农村人民公社、农业生产合作社和其他生产、供销、信用、消费等各种形式的合作经济，有权在法律规定的范围内经营自留地、自留山、家庭副业和饲养自留畜。"
1993年宪法修改	宪法修正案第7条	宪法第15条修改为："国家实行社会主义市场经济。""国家加强经济立法，完善宏观调控。""国家依法禁止任何组织或者个人扰乱社会经济秩序。"	"国家在社会主义公有制基础上实行计划经济。国家通过经济计划的综合平衡和市场调节的辅助作用，保证国民经济按比例地协调发展。""禁止任何组织或者个人扰乱社会经济秩序，破坏国家经济计划。"

续表

序号	修改内容	修改前宪法条文
宪法修正案第8条	宪法第16条修改为:“国有企业在法律规定的范围内有权自主经营。”“国有企业依照法律规定，通过职工代表大会和其他形式，实行民主管理。”	“国营企业在服从国家的统一领导和全面完成国家计划的前提下，在法律规定的范围内，有经营管理的自主权。”“国营企业依照法律规定，通过职工代表大会和其他形式，实行民主管理。”
宪法修正案第9条	宪法第17条修改为:“集体经济组织在遵守有关法律的前提下，有独立进行经济活动的自主权。”“集体经济组织实行民主管理，依照法律规定选举和罢免管理人员，决定经营管理的重大问题。”	“集体经济组织在接受国家计划指导和遵守有关法律的前提下，有独立进行经济活动的自主权。”“集体经济组织依照法律规定实行民主管理，由它的全体劳动者选举和罢免管理人员，决定经营管理的重大问题。”
宪法修正案第10条	宪法第42条第3款修改为:“劳动是一切有劳动能力的公民的光荣职责。国有企业和城乡集体经济组织的劳动者都应当以国家主人翁的态度对待自己的劳动。国家提倡社会主义劳动竞赛，奖励劳动模范和先进工作者。国家提倡公民从事义务劳动。”	“劳动是一切有劳动能力的公民的光荣职责。国营企业和城乡集体经济组织的劳动者都应当以国家主人翁的态度对待自己的劳动。国家提倡社会主义劳动竞赛，奖励劳动模范和先进工作者。国家提倡公民从事义务劳动。”
宪法修正案第11条	宪法第98条修改为:“省、直辖市、县、市、市辖区的人民代表大会每届任期五年。乡、民族乡、镇的人民代表大会每届任期三年。”	“省、直辖市、设区的市的人民代表大会每届任期五年。县、不设区的市、市辖区、乡、民族乡、镇的人民代表大会每届任期三年。”

三、1999年修宪

1999年3月15日九届全国人大二次会议通过6条宪法修正案。比较重要的内容是:

【农村经济组织形式】宪法第8条第1款修改为:“农村集体经济组织实行家庭承包经营为基础、统分结合的双层经营体制。农村中的生产、供销、信用、消费等各种形式的合作经济，是社会主义劳动群众集体所有制经济。参加农村集体经济组织的劳动者，有权在法律规定的范围内经营自留地、自留山、家庭副业和饲养自留畜。”

重点解读:这里的“集体经济组织”前面有限定语“农村”。2014年卷1第95题曾经考查过这个问题。1999年修宪内容图示如下:

	序号	修改内容	修改前宪法条文
1999 年宪法修改	宪法修正案第 12 条	宪法序言第七自然段修改为："中国新民主主义革命的胜利和社会主义事业的成就，是中国共产党领导中国各族人民，在马克思列宁主义、毛泽东思想的指引下，坚持真理，修正错误，战胜许多艰难险阻而取得的。我国将长期处于社会主义初级阶段。国家的根本任务是，沿着建设有中国特色社会主义的道路，在马克思列宁主义、毛泽东思想、邓小平理论指引下，发展社会主义市场经济，发展社会主义民主，健全社会主义法制，自力更生，艰苦奋斗，逐步实现工业、农业、国防和科学技术的现代化，把我国建设成为富强、民主、文明的社会主义国家。"	"中国新民主主义革命的胜利和社会主义事业的成就，都是中国共产党领导中国各族人民，在马克思列宁主义、毛泽东思想的指引下，坚持真理，修正错误，战胜许多艰难险阻而取得的。我国正处于社会主义初级阶段。国家的根本任务是，根据建设有中国特色社会主义的理论，在马克思列宁主义、毛泽东思想指引下，坚持人民民主专政，坚持社会主义道路，坚持改革开放，不断完善社会主义的各项制度，把我国建设成为富强、民主、文明的社会主义国家。"
	宪法修正案第 13 条	宪法第 5 条增加一款，作为第 1 款，规定："中华人民共和国实行依法治国，建设社会主义法治国家。"	/
	宪法修正案第 14 条	宪法第 6 条修改为："中华人民共和国的社会主义经济制度的基础是生产资料的社会主义公有制，即全民所有制和劳动群众集体所有制。社会主义公有制消灭人剥削人的制度，实行各尽所能、按劳分配的原则。""国家在社会主义初级阶段，坚持公有制为主体、多种所有制经济共同发展的基本经济制度，坚持按劳分配为主体、多种分配方式并存的分配制度。"	"中华人民共和国的社会主义经济制度的基础是生产资料的社会主义公有制，即全民所有制和劳动群众集体所有制。""社会主义公有制消灭人剥削人的制度，实行各尽所能，按劳分配的原则。"
	宪法修正案第 15 条	宪法第 8 条第 1 款修改为："农村集体经济组织实行家庭承包经营为基础、统分结合的双层经营体制。农村中的生产、供销、信用、消费等各种形式的合作经济，是社会主义劳动群众集体所有制经济。参加农村集体经济组织的劳动者，有权在法律规定的范围内经营自留地、自留山、家庭副业和饲养自留畜。"	"农村中的家庭联产承包为主的责任制和生产、供销、信用、消费等各种形式的合作经济，是社会主义劳动群众集体所有制经济。参加农村集体经济组织的劳动者，有权在法律规定的范围内经营自留地、自留山、家庭副业和饲养自留畜。"

续表

	序号	修改内容	修改前宪法条文
	宪法修正案第 16 条	宪法第 11 条修改为："在法律规定范围内的个体经济、私营经济等非公有制经济，是社会主义市场经济的重要组成部分。""国家保护个体经济、私营经济的合法的权利和利益。国家对个体经济、私营经济实行引导、监督和管理。"	"在法律规定范围内的城乡劳动者个体经济，是社会主义公有制经济的补充。国家保护个体经济的合法的权利和利益。""国家通过行政管理，指导、帮助和监督个体经济。""国家允许私营经济在法律规定的范围内存在和发展。私营经济是社会主义公有制经济的补充。国家保护私营经济的合法的权利和利益，对私营经济实行引导、监督和管理。"
	宪法修正案第 17 条	宪法第 28 条修改为："国家维护社会秩序，镇压叛国和其他危害国家安全的犯罪活动，制裁危害社会治安、破坏社会主义经济和其他犯罪的活动，惩办和改造犯罪分子。"	"国家维护社会秩序，镇压叛国和其他反革命的活动，制裁危害社会治安、破坏社会主义经济和其他犯罪的活动，惩办和改造犯罪分子。"

四、2004 年修宪

2004 年 3 月 14 日十届全国人大二次会议通过 14 条宪法修正案。比较重要的内容是：

1.【土地制度】宪法第 10 条第 3 款修改为："国家为了公共利益的需要，可以依照法律规定对土地实行征收或者征用并给予补偿。"

2.【保护私有财产】宪法第 13 条修改为："公民的合法的私有财产不受侵犯。国家依照法律规定保护公民的私有财产权和继承权。国家为了公共利益的需要，可以依照法律规定对公民的私有财产实行征收或者征用并给予补偿。"

例 1：根据《宪法》的规定，下列哪些选项是正确的？

C. 国家可以对公民的私有财产实行无偿征收或征用

3.【社会保障制度】宪法第 14 条增加一款，作为第 4 款："国家建立健全同经济发展水平相适应的社会保障制度。"

重点解读：该修正案需要注意两个地方，一是修正案通过时间，二是"同经济发展水平相适应"，这里很容易使用"掺沙子"策略进行选项设计，2015－1－22 即使用过这种方式。

例 2：将“国家建立健全同经济发展水平相适应的社会保障制度”载入现行宪法的是下列哪一宪法修正案？

A. 1988 年宪法修正案　　B. 1993 年宪法修正案

C. 1999 年宪法修正案　　D. 2004 年宪法修正案

4.【保障人权】宪法第 33 条增加一款，作为第 3 款：“国家尊重和保障人权。”

例 3：根据现行《宪法》规定，关于公民权利和自由，下列哪一选项是正确的？

D. 2004 年《宪法修正案》规定，国家尊重和保障人权

例 4：关于我国《宪法》的修改，下列哪些选项是正确的？

D. “国家尊重和保障人权”是 2004 年《宪法修正案》规定的内容

5.【全国人大的组成及选举】宪法第 59 条第 1 款修改为：“全国人民代表大会由省、自治区、直辖市、特别行政区和军队选出的代表组成。各少数民族都应当有适当名额的代表。”

重点解读：“特别行政区”是该修正案增加的文字，需要注意，防止命题人使用旧条文作为选项设计的内容。

6.【国家主席的外交职权】宪法第 81 条修改为：“中华人民共和国主席代表中华人民共和国，进行国事活动，接受外国使节；根据全国人民代表大会常务委员会的决定，派遣和召回驻外全权代表，批准和废除同外国缔结的条约和重要协定。”

重点解读：“进行国事活动”是该修正案增加的内容。需要注意，与国家主席的其他职权不同，该项职权的行使并不需要根据全国人大或者全国人大常委会的决定。

7.【地方人大的任期】宪法第 98 条修改为：“地方各级人民代表大会每届任期五年。”

2004 年修宪内容图示如下：

	序号	修改内容	修改前宪法条文
2004年宪法修改	宪法修正案第18条	宪法序言第七自然段修改为："中国新民主主义革命的胜利和社会主义事业的成就，是中国共产党领导中国各族人民，在马克思列宁主义、毛泽东思想的指引下，坚持真理，修正错误，战胜许多艰难险阻而取得的。我国将长期处于社会主义初级阶段。国家的根本任务是，沿着中国特色社会主义道路，集中力量进行社会主义现代化建设。中国各族人民将继续在中国共产党领导下，在马克思列宁主义、毛泽东思想、邓小平理论和"三个代表"重要思想指引下，坚持人民民主专政，坚持社会主义道路，坚持改革开放，不断完善社会主义的各项制度，发展社会主义市场经济，发展社会主义民主，健全社会主义法制，自力更生，艰苦奋斗，逐步实现工业、农业、国防和科学技术的现代化，推动物质文明、政治文明和精神文明协调发展，把我国建设成为富强、民主、文明的社会主义国家。"	"中国新民主主义革命的胜利和社会主义事业的成就，是中国共产党领导中国各族人民，在马克思列宁主义、毛泽东思想的指引下，坚持真理，修正错误，战胜许多艰难险阻而取得的。我国将长期处于社会主义初级阶段。国家的根本任务是，沿着建设有中国特色社会主义的道路，集中力量进行社会主义现代化建设。中国各族人民将继续在中国共产党领导下，在马克思列宁主义、毛泽东思想、邓小平理论指引下，坚持人民民主专政，坚持社会主义道路，坚持改革开放，不断完善社会主义的各项制度，发展社会主义市场经济，发展社会主义民主，健全社会主义法制，自力更生，艰苦奋斗，逐步实现工业、农业、国防和科学技术的现代化，把我国建设成为富强、民主、文明的社会主义国家。"
	宪法修正案第19条	宪法序言第十自然段第二句修改为："在长期的革命和建设过程中，已经结成由中国共产党领导的，有各民主党派和各人民团体参加的，包括全体社会主义劳动者、社会主义事业的建设者、拥护社会主义的爱国者和拥护祖国统一的爱国者的广泛的爱国统一战线，这个统一战线将继续巩固和发展。"	"在长期的革命和建设过程中，已经结成由中国共产党领导的，有各民主党派和各人民团体参加的，包括全体社会主义劳动者、拥护社会主义的爱国者和拥护祖国统一的爱国者的广泛的爱国统一战线，这个统一战线将继续巩固和发展。"
	宪法修正案第20条	宪法第10条第3款修改为："国家为了公共利益的需要，可以依照法律规定对土地实行征收或者征用并给予补偿。"	"国家为了公共利益的需要，可以依照法律规定对土地实行征用。"
	宪法修正案第21条	宪法第11条第2款修改为："国家保护个体经济、私营经济等非公有制经济的合法的权利和利益。国家鼓励、支持和引导非公有制经济的发展，并对非公有制经济依法实行监督和管理。"	"国家保护个体经济、私营经济的合法的权利和利益。国家对个体经济、私营经济实行引导、监督和管理。"

续表

	序号	修改内容	修改前宪法条文
	宪法修正案第22条	宪法第13条修改为："公民的合法的私有财产不受侵犯。""国家依照法律规定保护公民的私有财产权和继承权。""国家为了公共利益的需要，可以依照法律规定对公民的私有财产实行征收或者征用并给予补偿。"	"国家保护公民的合法的收入、储蓄、房屋和其他合法财产的所有权。""国家依照法律规定保护公民的私有财产的继承权。"
	宪法修正案第23条	宪法第14条增加一款，作为第4款："国家建立健全同经济发展水平相适应的社会保障制度。"	/
	宪法修正案第24条	宪法第33条增加一款，作为第3款："国家尊重和保障人权。"第三款相应地改为第四款。	/
	宪法修正案第25条	宪法第59条第1款修改为："全国人民代表大会由省、自治区、直辖市、特别行政区和军队选出的代表组成。各少数民族都应当有适当名额的代表。"	"全国人民代表大会由省、自治区、直辖市和军队选出的代表组成。各少数民族都应当有适当名额的代表。"
	宪法修正案第26条	宪法第67条全国人民代表大会常务委员会职权第20项修改为"（二十）决定全国或者个别省、自治区、直辖市进入紧急状态"。	"（二十）决定全国或者个别省、自治区、直辖市的戒严"
	宪法修正案第27条	宪法第80条修改为："中华人民共和国主席根据全国人民代表大会的决定和全国人民代表大会常务委员会的决定，公布法律，任免国务院总理、副总理、国务委员、各部部长、各委员会主任、审计长、秘书长，授予国家的勋章和荣誉称号，发布特赦令，宣布进入紧急状态，宣布战争状态，发布动员令。"	"中华人民共和国主席根据全国人民代表大会的决定和全国人民代表大会常务委员会的决定，发布戒严令，宣布战争状态，发布动员令。"
	宪法修正案第28条	宪法第81条修改为："中华人民共和国主席代表中华人民共和国，进行国事活动，接受外国使节；根据全国人民代表大会常务委员会的决定，派遣和召回驻外全权代表，批准和废除同外国缔结的条约和重要协定。"	"中华人民共和国主席代表中华人民共和国，接受外国使节；根据全国人民代表大会常务委员会的决定，派遣和召回驻外全权代表，批准和废除同外国缔结的条约和重要协定。"

续表

	序号	修改内容	修改前宪法条文
	宪法修正案第29条	宪法第89条国务院职权第16项修改为“（十六）依照法律规定决定省、自治区、直辖市的范围内部分地区进入紧急状态”。	“（十六）决定省、自治区、直辖市的范围内部分地区的戒严”
	宪法修正案第30条	宪法第98条修改为：“地方各级人民代表大会每届任期五年。”	“省、直辖市、县、市、市辖区的人民代表大会每届任期五年。乡、民族乡、镇的人民代表大会每届任期三年。”
	宪法修正案第31条	宪法第四章章名修改为“国旗、国歌、国徽、首都”。宪法第136条增加一款，作为第2款：“中华人民共和国国歌是《义勇军进行曲》。”	“国旗、国徽、首都”

五、2018年修宪

2018年3月11日，十三届全国人大一次会议通过了21条宪法修正案。其内容是：

1.【宪法指导思想】宪法序言第七自然段中“在马克思列宁主义、毛泽东思想、邓小平理论和‘三个代表’重要思想指引下”修改为“在马克思列宁主义、毛泽东思想、邓小平理论、‘三个代表’重要思想、科学发展观、习近平新时代中国特色社会主义思想指引下”；“健全社会主义法制”修改为“健全社会主义法治”；在“自力更生，艰苦奋斗”前增写“贯彻新发展理念”；“推动物质文明、政治文明和精神文明协调发展，把我国建设成为富强、民主、文明的社会主义国家”修改为“推动物质文明、政治文明、精神文明、社会文明、生态文明协调发展，把我国建设成为富强民主文明和谐美丽的社会主义现代化强国，实现中华民族伟大复兴”。

2.【爱国统一战线】宪法序言第十自然段中“在长期的革命和建设过程中”修改为“在长期的革命、建设、改革过程中”；“包括全体社会主义劳动者、社会主义事业的建设者、拥护社会主义的爱国者和拥护祖国统一的爱国者的广泛的爱国统一战线”修改为“包括全体社会主义劳动者、社会主义事业的建设者、拥护社会主义的爱国者、拥护祖国统一和致力于中华民族伟大复兴的爱国者的广泛的爱国统一战线”。

3.【民族关系】宪法序言第十一自然段中“平等、团结、互助的社会主义民族关系已经确立，并将继续加强”修改为：“平等团结互助和谐的社会主义民族关系已经确立，并将继续加强。”

4.【对外政策】宪法序言第十二自然段中“中国革命和建设的成就是同世界人民的支持分不开的”修改为“中国革命、建设、改革的成就是同世界人民的支持分不开的”；“中国坚持独立自主的对外政策，坚持互相尊重主权和领土完整、互不侵犯、互不干涉内政、平等互利、和平共处的五项原则”后增加“坚持和平发展道路，坚持互利共赢开放战略”；“发展同各国的外交关系和经济、文化的交流”修改为“发展同各国的外交关系和经济、文化交流，推动构建人类命运共同体”。

5.【国体】宪法第1条第2款“社会主义制度是中华人民共和国的根本制度。”后增写一句，内容为：“中国共产党领导是中国特色社会主义最本质的特征。”

6.【民主集中制原则】宪法第3条第3款“国家行政机关、审判机关、检察机关都由人民代表大会产生，对它负责，受它监督。”修改为：“国家行政机关、监察机关、审判机关、检察机关都由人民代表大会产生，对它负责，受它监督。”

7.【民族政策】宪法第4条第1款中“国家保障各少数民族的合法的权利和利益，维护和发展各民族的平等、团结、互助关系。”修改为：“国家保障各少数民族的合法的权利和利益，维护和发展各民族的平等团结互助和谐关系。”

8.【社会主义核心价值观】宪法第24条第2款中“国家提倡爱祖国、爱人民、爱劳动、爱科学、爱社会主义的公德”修改为“国家倡导社会主义核心价值观，提倡爱祖国、爱人民、爱劳动、爱科学、爱社会主义的公德”。

9.【宪法宣誓】宪法第27条增加一款，作为第3款：“国家工作人员就职时应当依照法律规定公开进行宪法宣誓。”

10.【全国人大的职权】宪法第62条“全国人民代表大会行使下列职权”中增加一项，作为第7项“（七）选举国家监察委员会主任”，第7项至第15项相应改为第8项至第16项。

11.【全国人大的罢免权】宪法第63条“全国人民代表大会有权罢免下列人员”中增加一项，作为第4项“（四）国家监察委员会主任”，第4项、第5项相应改为第5项、第6项。

12.【全国人大常委会的组成】宪法第65条第4款“全国人民代表大会常务委员会的组成人员不得担任国家行政机关、审判机关和检察机关的职务。”修改为：“全国人民代表大会常务委员会的组成人员不得担任国家行政机关、监察机关、审判机关和检察机关的职务。”

13.【全国人大常委会的职权】宪法第67条“全国人民代表大会常务委员会行使下列职权”中第6项“（六）监督国务院、中央军事委员会、最高人民法院和最高人民检察院的工作”修改为“（六）监督国务院、中央军事委员会、国家监察委员会、最高人民法院和最高人民检察院的工作”；增加一项，作为第11项“（十一）根据国家监察委员会主任的提请，任免国家监察委员会副主任、委员”，第11项至第21项相应改为第12项至第22项。

14.【宪法和法律委员会】宪法第70条第1款中“全国人民代表大会设立民族委员会、法律委员会、财政经济委员会、教育科学文化卫生委员会、外事委员会、华侨委员会和其他需要设立的专门委员会。”修改为：“全国人民代表大会设立民族委员会、宪法和法律委员会、财政经济委员会、教育科学文化卫生委员会、外事委员会、华侨委员会和其他需要设立的专门委员会。”

15.【国家主席任期】宪法第79条第3款“中华人民共和国主席、副主席每届任期同全国人民代表大会每届任期相同，连续任职不得超过两届。”修改为：“中华人民共和国主席、副主席每届任期同全国人民代表大会每届任期相同。”

16.【国务院的职权】宪法第89条“国务院行使下列职权”中第6项“（六）领导和管理经济工作和城乡建设”修改为“（六）领导和管理经济工作和城乡建设、生态文明建设”；第8项“（八）领导和管理民政、公安、司法行政和监察等工作”修改为“（八）领导和管理民政、公安、司法行政等工作”。

17.【地方性法规的制定】宪法第100条增加一款，作为第2款：“设区的市的人民代表大会和它们的常务委员会，在不同宪法、法律、行政法规和本省、自治区的地方性法规相抵触的前提下，可以依照法律规定制定地方性法规，报本省、自治区人民代表大会常务委员会批准后施行。”

18.【地方人大的罢免权】宪法第101条第2款中“县级以上的地方各级人民代表大会选举并且有权罢免本级人民法院院长和本级人民检察院检察长。”修改为：“县级以上的地方各级人民代表大会选举并且有权罢免本级监察委员会主任、本级人民法院院长和本级人民检察院检察长。”

19.【地方人大常委会的组成】宪法第103条第3款“县级以上的地方各级人民代表大会常务委员会的组成人员不得担任国家行政机关、审判机关和检察机关的职务。”修改为：“县级以上的地方各级人民代表大会常务委员会的组成人员不得担任国家行政机关、监察机关、审判机关和检察机关的职务。”

20.【地方人大常委会的职权】宪法第104条中“监督本级人民政府、人民法院和人民检察院的工作”修改为“监督本级人民政府、监察委员会、人民法院和人民检察院的工作”。

21.【地方政府的职权】宪法第107条第1款“县级以上地方各级人民政府依照法律规定的权限，管理本行政区域内的经济、教育、科学、文化、卫生、体育事业、城乡建设事业和财政、民政、公安、民族事务、司法行政、监察、计划生育等行政工作，发布决定和命令，任免、培训、考核和奖惩行政工作人员。”修改为：“县级以上地方各级人民政府依照法律规定的权限，管理本行政区域内的经济、教育、科学、文化、卫生、体育事业、城乡建设事业和财政、民政、公安、民族事务、司法行政、计划生育等行政工作，发布决定和命令，任免、培训、考核和奖惩行政工作人员。”——简单地说，就是删去了“监察”二字。

22.【监察委员会】宪法第三章“国家机构”中增加一节，作为第七节“监察委员会”；增加五条，分别作为第123条至第127条。内容如下：

第七节　监察委员会

第123条　中华人民共和国各级监察委员会是国家的监察机关。

第124条　中华人民共和国设立国家监察委员会和地方各级监察委员会。

监察委员会由下列人员组成：

主任，

副主任若干人，

委员若干人。

监察委员会主任每届任期同本级人民代表大会每届任期相同。国家监察委员会主任连续任职不得超过两届。

监察委员会的组织和职权由法律规定。

第125条　中华人民共和国国家监察委员会是最高监察机关。

国家监察委员会领导地方各级监察委员会的工作，上级监察委员会领导下级监察委员会的工作。

第126条　国家监察委员会对全国人民代表大会和全国人民代表大会常务委员会负责。地方各级监察委员会对产生它的国家权力机关和上一级监察委员会负责。

第127条　监察委员会依照法律规定独立行使监察权，不受行政机关、社会团体和个人的干涉。

监察机关办理职务违法和职务犯罪案件，应当与审判机关、检察机关、执法部门互相配合，互相制约。

2018年修宪内容图示如下：

	序号	修改内容	修改前宪法条文
2018年宪法修改	宪法修正案第32条	宪法序言第七自然段修改为："中国新民主主义革命的胜利和社会主义事业的成就，是中国共产党领导中国各族人民，在马克思列宁主义、毛泽东思想的指引下，坚持真理，修正错误，战胜许多艰难险阻而取得的。我国将长期处于社会主义初级阶段。国家的根本任务是，沿着中国特色社会主义道路，集中力量进行社会主义现代化建设。中国各族人民将继续在中国共产党领导下，在马克思列宁主义、毛泽东思想、邓小平理论、'三个代表'重要思想、科学发展观、习近平新时代中国特色社会主义思想指引下，坚持人民民主专政，坚持社会主义道路，坚持改革开放，不断完善社会主义的各项制度，发展社会主义市场经济，发展社会主义民主，健全社会主义法治，贯彻新发展理念，自力更生，艰苦奋斗，逐步实现工业、农业、国防和科学技术的现代化，推动物质文明、政治文明、精神文明、社会文明、生态文明协调发展，把我国建设成为富强民主文明和谐美丽的社会主义现代化强国，实现中华民族伟大复兴。"	"中国新民主主义革命的胜利和社会主义事业的成就，是中国共产党领导中国各族人民，在马克思列宁主义、毛泽东思想的指引下，坚持真理，修正错误，战胜许多艰难险阻而取得的。我国将长期处于社会主义初级阶段。国家的根本任务是，沿着中国特色社会主义道路，集中力量进行社会主义现代化建设。中国各族人民将继续在中国共产党领导下，在马克思列宁主义、毛泽东思想、邓小平理论和"三个代表"重要思想指引下，坚持人民民主专政，坚持社会主义道路，坚持改革开放，不断完善社会主义的各项制度，发展社会主义市场经济，发展社会主义民主，健全社会主义法制，自力更生，艰苦奋斗，逐步实现工业、农业、国防和科学技术的现代化，推动物质文明、政治文明和精神文明协调发展，把我国建设成为富强、民主、文明的社会主义国家。"

续表

序号	修改内容	修改前宪法条文
宪法修正案第33条	宪法序言第十自然段修改为：“社会主义的建设事业必须依靠工人、农民和知识分子，团结一切可以团结的力量。在长期的革命、建设、改革过程中，已经结成由中国共产党领导的，有各民主党派和各人民团体参加的，包括全体社会主义劳动者、社会主义事业的建设者、拥护社会主义的爱国者、拥护祖国统一和致力于中华民族伟大复兴的爱国者的广泛的爱国统一战线，这个统一战线将继续巩固和发展。中国人民政治协商会议是有广泛代表性的统一战线组织，过去发挥了重要的历史作用，今后在国家政治生活、社会生活和对外友好活动中，在进行社会主义现代化建设、维护国家的统一和团结的斗争中，将进一步发挥它的重要作用。中国共产党领导的多党合作和政治协商制度将长期存在和发展。”	“社会主义的建设事业必须依靠工人、农民和知识分子，团结一切可以团结的力量。在长期的革命和建设过程中，已经结成由中国共产党领导的，有各民主党派和各人民团体参加的，包括全体社会主义劳动者、社会主义事业的建设者、拥护社会主义的爱国者和拥护祖国统一的爱国者的广泛的爱国统一战线，这个统一战线将继续巩固和发展。中国人民政治协商会议是有广泛代表性的统一战线组织，过去发挥了重要的历史作用，今后在国家政治生活、社会生活和对外友好活动中，在进行社会主义现代化建设、维护国家的统一和团结的斗争中，将进一步发挥它的重要作用。中国共产党领导的多党合作和政治协商制度将长期存在和发展。”
宪法修正案第34条	宪法序言第十一自然段修改为：“中华人民共和国是全国各族人民共同缔造的统一的多民族国家。平等团结互助和谐的社会主义民族关系已经确立，并将继续加强。……”	“中华人民共和国是全国各族人民共同缔造的统一的多民族国家。平等、团结、互助的社会主义民族关系已经确立，并将继续加强。……”
宪法修正案第35条	宪法序言第十二自然段修改为：“中国革命、建设、改革的成就是同世界人民的支持分不开的。中国的前途是同世界的前途紧密地联系在一起的。中国坚持独立自主的对外政策，坚持互相尊重主权和领土完整、互不侵犯、互不干涉内政、平等互利、和平共处的五项原则，坚持和平发展道路，坚持互利共赢开放战略，发展同各国的外交关系和经济、文化交流，推动构建人类命运共同体；坚持反对帝国主义、霸权主义、殖民主义，加强同世界各国人民的团结，支持被压迫民族和发展中国家争取和维护民族独立、发展民族经济的正义斗争，为维护世界和平和促进人类进步事业而努力。”	“中国革命和建设的成就是同世界人民的支持分不开的。中国的前途是同世界的前途紧密地联系在一起的。中国坚持独立自主的对外政策，坚持互相尊重主权和领土完整、互不侵犯、互不干涉内政、平等互利、和平共处的五项原则，发展同各国的外交关系和经济、文化的交流；坚持反对帝国主义、霸权主义、殖民主义，加强同世界各国人民的团结，支持被压迫民族和发展中国家争取和维护民族独立、发展民族经济的正义斗争，为维护世界和平和促进人类进步事业而努力。”

续表

序号	修改内容	修改前宪法条文
宪法修正案第36条	宪法第1条第2款修改为："社会主义制度是中华人民共和国的根本制度。中国共产党领导是中国特色社会主义最本质的特征。禁止任何组织或者个人破坏社会主义制度。"	"社会主义制度是中华人民共和国的根本制度。禁止任何组织或者个人破坏社会主义制度。"
宪法修正案第37条	宪法第3条第3款修改为："国家行政机关、监察机关、审判机关、检察机关都由人民代表大会产生，对它负责，受它监督。"	"国家行政机关、审判机关、检察机关都由人民代表大会产生，对它负责，受它监督。"
宪法修正案第38条	宪法第4条第1款修改为："……国家保障各少数民族的合法的权利和利益，维护和发展各民族的平等团结互助和谐关系。……"	"……国家保障各少数民族的合法的权利和利益，维护和发展各民族的平等、团结、互助关系。……"
宪法修正案第39条	宪法第24条第2款修改为："国家倡导社会主义核心价值观，提倡爱祖国、爱人民、爱劳动、爱科学、爱社会主义的公德，……"	"国家提倡爱祖国、爱人民、爱劳动、爱科学、爱社会主义的公德，……"
宪法修正案第40条	宪法第27条增加第3款："国家工作人员就职时应当依照法律规定公开进行宪法宣誓。"	/
宪法修正案第41条	宪法第62条"全国人民代表大会行使下列职权"中增加一项，作为第7项："（七）选举国家监察委员会主任"。	/
宪法修正案第42条	宪法第63条"全国人民代表大会有权罢免下列人员"中增加一项，作为第4项："（四）国家监察委员会主任"。	/
宪法修正案第43条	宪法第65条第4款修改为："全国人民代表大会常务委员会的组成人员不得担任国家行政机关、监察机关、审判机关和检察机关的职务。"	"全国人民代表大会常务委员会的组成人员不得担任国家行政机关、审判机关和检察机关的职务。"

续表

序号	修改内容	修改前宪法条文
宪法修正案第 44 条第 1 款	宪法第 67 条“全国人民代表大会常务委员会行使下列职权”中第 6 项修改为“（六）监督国务院、中央军事委员会、国家监察委员会、最高人民法院和最高人民检察院的工作”；增加一项，作为第 11 项：“（十一）根据国家监察委员会主任的提请，任免国家监察委员会副主任、委员”，第 11 项至第 21 项相应改为第 12 项至第 22 项。	“（六）监督国务院、中央军事委员会、最高人民法院和最高人民检察院的工作；”
宪法修正案第 44 条第 2 款	宪法第 70 条第 1 款修改为：“全国人民代表大会设立民族委员会、宪法和法律委员会、财政经济委员会、教育科学文化卫生委员会、外事委员会、华侨委员会和其他需要设立的专门委员会。”	“全国人民代表大会设立民族委员会、法律委员会、财政经济委员会、教育科学文化卫生委员会、外事委员会、华侨委员会和其他需要设立的专门委员会。”
宪法修正案第 45 条	宪法第 79 条第 3 款修改为：“中华人民共和国主席、副主席每届任期同全国人民代表大会每届任期相同。”	“中华人民共和国主席、副主席每届任期同全国人民代表大会每届任期相同，连续任职不得超过两届。”
宪法修正案第 46 条	宪法第 89 条“国务院行使下列职权”中第 6 项修改为“（六）领导和管理经济工作和城乡建设、生态文明建设”；第 8 项修改为“（八）领导和管理民政、公安、司法行政等工作”。	“（六）领导和管理经济工作和城乡建设”； “（八）领导和管理民政、公安、司法行政和监察等工作”。
宪法修正案第 47 条	宪法第 100 条增加一款，作为第 2 款：“设区的市的人民代表大会和它们的常务委员会，在不同宪法、法律、行政法规和本省、自治区的地方性法规相抵触的前提下，可以依照法律规定制定地方性法规，报本省、自治区人民代表大会常务委员会批准后施行。”	/
宪法修正案第 48 条	宪法第 101 条第 2 款修改为：“县级以上的地方各级人民代表大会选举并且有权罢免本级监察委员会主任、本级人民法院院长和本级人民检察院检察长。……”	“县级以上的地方各级人民代表大会选举并且有权罢免本级人民法院院长和本级人民检察院检察长。……”

续表

	序号	修改内容	修改前宪法条文
	宪法修正案第49条	宪法第103条第3款修改为："县级以上的地方各级人民代表大会常务委员会的组成人员不得担任国家行政机关、监察机关、审判机关和检察机关的职务。"	"县级以上的地方各级人民代表大会常务委员会的组成人员不得担任国家行政机关、审判机关和检察机关的职务。"
	宪法修正案第50条	宪法第104条修改为"……监督本级人民政府、监察委员会、人民法院和人民检察院的工作；……"	"……监督本级人民政府、人民法院和人民检察院的工作；……"
	宪法修正案第51条	删去宪法第107条第1款中的"监察"二字。	/
	宪法修正案第52条	宪法第三章"国家机构"中增加"监察委员会"（内容略）。	/

第四章　宪法的渊源与结构

第一节　宪法的渊源

☞ 命题分析

关于宪法的渊源，该知识点隔年进行考查的特点比较明显（不完全归纳）。其中，“宪法判例”是考查的重点。特别是我国有没有宪法判例，德国、日本等大陆法系国家的宪法判例是否为宪法渊源，是命题人喜欢考查的对象。

宪法的渊源，即宪法的表现形式，一般包括宪法典、宪法性法律、宪法惯例、宪法判例和国际条约。兹分述之。

一、宪法典

宪法典是成文宪法国家最重要的宪法渊源。不成文宪法国家没有统一的宪法典。

例 1：关于宪法表现形式的说法，下列哪些选项是正确的?
A. 宪法典是所有国家宪法结构体系的核心，均具有内容完整、逻辑严谨的特征

提示：宪法典仅存在于成文宪法国家，A 选项声称“宪法典是所有国家宪法结构体系的核心”，显然是以偏概全。

另外需要注意，宪法修正案属于宪法典的组成部分，它并不是宪法典之外的独立的渊源形式。

二、宪法性法律

宪法性法律有两种含义，一是指不成文宪法国家的立法机关制定的、在成文宪法国家一般规定为宪法内容的法律，比如英国的《权利法案》《王位继承法》等；二是指成文宪法国家的立法机关为实施宪法而制定的调整宪法关系的法律，比如我国的《国务院组织法》《选举法》等。

在理解宪法性法律时，考生往往忽视宪法性法律的第一种含义而只注意到第二种

含义，这样就容易出现判断失误。2015－1－21 选项 C 就属于针对这种情况而作出的设计。

三、宪法惯例

宪法惯例是指宪法条文中并无明确规定，但在长期的政治生活中逐渐形成并为国家机关、政党及社会公众所普遍遵循、认可的具有与宪法规范同等效力的习惯性做法。宪法惯例有三个特征：一是没有具体的法律表现形式，是在长期的政治实践中逐渐形成的行为规范；二是内容涉及国家的根本制度、公民的基本权利和义务等重大问题，这使其区别于一般的道德规范；三是主要依靠社会舆论而不是国家强制力来保证实施。宪法惯例在不成文宪法国家比较多见，在成文宪法国家也有一定数量的宪法惯例。

四、宪法判例

宪法判例是指法院在司法过程中作出的涉及宪法问题的具有宪法效力的判例。宪法判例主要存在于普通法系国家，如英美各国；但在个别大陆法系国家，如德国，也存在宪法判例。宪法判例与宪法规范具有同等效力，推翻宪法判例只有通过新的宪法判例或者通过修改宪法才能实现。

例 2：关于宪法表现形式的说法，下列哪些选项是正确的？
B. 宪法判例主要存在于普通法系国家，这些国家具有“遵从先例”的司法传统
C. 宪法判例在美国只能通过联邦最高法院新的宪法判例才能推翻
D. 宪法判例在英国有着调整英王、议会、内阁之间关系的决定性作用

提示：正确选项为 BD。

需要注意的是，我国目前并无宪法判例这种宪法渊源。命题人很喜欢在这个问题上布设陷阱。

五、国际条约

国际条约是宪法渊源的一种形式。有些国家的宪法明确规定了国际条约的法律地位。如美国联邦宪法规定“国际条约”也属于本国最高的法律。在我国，国际条约虽然被认可为宪法渊源，但是我国《宪法》本身并没有对国际条约的法律地位、国际条约与宪法的关系作出明确规定。命题人很喜欢利用某些考生的模糊认识在这个问题上“挖坑”。2013－1－21 选项 A 就属于这种情况。

第二节　宪法典的结构

☞ 命题分析

“宪法典的结构”知识点虽不是每年必考，但每隔一两年就会出现，且考查的对象有两个非常明显的特征，一是考查我国宪法有没有“附则”，二是考查我国宪法的结构包括哪些内容。

宪法的结构主要是就成文宪法而言，也就是说，指的是宪法典的结构。由于不成文宪法往往由大量分散的宪法性法律、宪法判例和宪法惯例等组成，因此不存在一般意义上的宪法结构问题。

宪法典的结构通常包括序言和正文，有些国家的宪法还设置有附则。

一、序言

宪法序言长短各异，短的一两句话，长的数百千言、洋洋洒洒。有兴趣的考生可以比较一下中美两国宪法的序言。

在序言问题上，有一个知识点需要特别注意，宪法序言也具有宪法效力。虽然宪法序言主要是一些宣示性的陈述，不同于一般的法律规范的结构，但是，宪法序言作为宪法的有机组成部分，与宪法正文具有同样的法律效力。

二、正文

正文是宪法典的主要部分。其内容一般包括：国家和社会生活的基本原则；公民的基本权利和义务；国家机构；国家标志。

我国现行宪法正文的排列顺序是：1. 总纲；2. 公民的基本权利和义务；3. 国家机构；4. 国旗、国歌、国徽、首都。

例1：宪法结构指宪法内容的组织和排列形式。关于我国宪法结构，下列哪一选项是不正确的？

B. 现行宪法正文的排列顺序是：总纲、公民的基本权利和义务、国家机构以及国旗、国歌、国徽、首都

提示：选项B正确，不当选。“国旗、国歌、国徽、首都”是我国现行宪法正文部分的第四章。部分考生复习时未作充分准备，到了考场上容易将其“国旗、国歌、国徽、首都”想象成宪法的“附则”。命题人充分利用这种模糊认识，布下诱饵，就等鱼儿来上钩。比如：

例 2：关于我国 1982 年《宪法》的结构，下列哪一选项是正确的？

A. 这部宪法只有正文

B. 这部宪法由序言和正文构成

C. 这部宪法由序言、正文和附则构成

D. 国旗、国徽、国歌和首都规定在这部宪法的附则中

提示：我国 1982 年宪法包括序言和正文两部分，B 选项正确。

三、附则

附则是宪法对某些特殊问题所作的附加规定。由于附则是宪法的一部分，其法律效力与宪法的一般规范相同。不过，附则的效力通常具有特定性和临时性两大特点。

需要注意的是，附则并非宪法典的结构中必不可少的内容。我国宪法典没有附则。——这个考点在法考中曾反复出现，如 2008 - 1 - 12、2011 - 1 - 22 等。并且，近几年来，命题人已不再简单地考查“我国宪法有没有附则”，而是将这一问题巧妙地伪装起来，不露痕迹地“诱导”考生作出错误判断，比如 2016 - 1 - 21 选项 B 即是如此。总之，“道高一尺，魔高一丈”。要和命题人在相互“斗法”中取得胜利，需要“智勇双全、胆大心细”。

第五章　宪法效力的表现

☞ 命题分析

“宪法效力的表现”曾多次进行考查，考查内容分别涉及宪法对人的适用和对领土的效力、宪法效力的来源和适用范围以及宪法修正案的效力等等。本知识点有一定难度，考生需要认真对待。

一、宪法效力

宪法效力是指宪法作为法律规范所具有的约束力与强制力。宪法在一国法律体系中具有最高法律效力，这种最高法律效力源于宪法的正当性基础，即宪法是维系社会共同体存续的基本规则，是社会多数人共同意志的体现。简言之，社会多数人对宪法的“同意”，为宪法提供了正当性基础，并成为宪法最高法律效力的来源。

例1：宪法效力是指宪法作为法律规范所具有的约束力与强制性。关于我国宪法效力，下列哪一选项是不正确的？

C. 宪法的最高法律效力首先源于宪法的正当性

提示：C选项正确，不当选。

二、宪法效力的表现

（一）宪法效力的特点

宪法的效力具有最高性和直接性。宪法效力的最高性容易理解，但是对于“宪法效力的直接性”，容易产生模糊认识。这一知识点因而成为命题人喜欢狙击的对象。比如：

例2：宪法效力是指宪法作为法律规范所具有的约束力与强制性。关于我国宪法效力，下列哪一选项是不正确的？

D. 宪法对法院的审判活动没有约束力

根据最高人民法院的司法解释，我国法院在审判案件时不能直接引用宪法作为裁判的依据（可以在裁判文书的说理部分阐述宪法体现的原则和精神）。但是，这并不意味着宪法对法院的审判活动没有约束力。《宪法》序言最后一自然段明确规定："全国各族人民、一切国家机关和武装力量、各政党和各社会团体、各企业事业组织，都必须以宪法为根本的活动准则，并且负有维护宪法尊严、保证宪法实施的职责。"事实上，宪法的效力不仅指向立法机关和司法机关的行为，而且对依据宪法进行的各种行为都有直接的约束力。

（二）宪法对人的适用

宪法首先适用于自然人。《宪法》适用于所有中国公民，即所有具有中华人民共和国国籍的人。华侨虽然定居在国外，也受中国宪法的保护。

外国人和法人在一定条件下也能成为某些基本权利（比如财产权、人格尊严不受侵犯等）的主体，在其享有基本权利的范围内，宪法也适用于外国人和法人。

例3： 宪法效力是指宪法作为法律规范所具有的约束力与强制性。关于我国宪法效力，下列哪一选项是不正确的？

A. 侨居国外的华侨受中国宪法保护

提示： A选项正确，不当选。

（三）宪法对领土的效力

领土是国家构成要素之一，是国家行使主权的空间，也是国家行使主权的对象。任何主权国家的宪法的空间效力都及于其全部领土（领域），这是由主权的唯一性和不可分割性所决定的，也是由宪法的根本法地位所决定的。

当然，宪法作为整体的效力及于国家的所有领域，并不意味着宪法在所有领域的适用上没有任何差别。由于宪法本身的综合性和价值多元性，宪法在不同领域的适用上是有差异的。比如，在普通行政区域和民族自治地方、特别行政区，宪法的适用就有所不同。

我国宪法在序言中规定："台湾是中华人民共和国的神圣领土的一部分。完成统一祖国的大业是包括台湾同胞在内的全中国人民的神圣职责。"这一表述意味着宪法明确了台湾是中国领土的一部分，宪法效力及于包括台湾在内的所有中国领土。

例4： 宪法效力是指宪法作为法律规范所具有的约束力与强制性。关于我国宪法效力，下列哪一选项是不正确的？

B. 宪法的效力及于中华人民共和国的所有领域

提示： B选项正确，不当选。

例5： 关于我国宪法对领土的效力，下列表述正确的是：

A. 领土包括一个国家的陆地、河流、湖泊、内海、领海以及它们的底床、底土和

上空（领空）

B. 领土是国家的构成要素之一，是国家行使主权的空间，也是国家行使主权的对象

C.《宪法》在国土所有领域的适用上无任何差异

D.《宪法》的空间效力及于国土全部领域，是由主权的唯一性和不可分割性决定的

提示：ABD为正确选项。想一想选项C的错误在哪里？

第六章　国家的基本经济制度

☞ 命题分析

国家的基本经济制度包括“社会主义市场经济体制”和“国家保护社会主义公共财产和公民合法私有财产”两部分内容。由于历次修宪多涉及基本经济制度的内容，因此，该知识点常常与“我国宪法的历次修改”结合起来一并进行考查，并因此成为考查的重点。

一、社会主义市场经济体制

1993 年修改宪法时，宪法修正案第 7 条规定：“国家实行社会主义市场经济。……”

1. 社会主义公有制是我国经济制度的基础

《宪法》第 6 条第 1 款规定：“中华人民共和国的社会主义经济制度的基础是生产资料的社会主义公有制，即全民所有制和劳动群众集体所有制。……”生产资料的社会主义公有制决定了我国社会主义经济制度的本质特征。

（1）全民所有制经济

国有经济，即社会主义全民所有制经济，是国民经济中的主导力量。国家保障国有经济的巩固和发展。(《宪法》第 7 条)

矿藏、水流、森林、山岭、草原、荒地、滩涂等自然资源，都属于国家所有，即全民所有；由法律规定属于集体所有的森林和山岭、草原、荒地、滩涂除外。国家保障自然资源的合理利用，保护珍贵的动物和植物。禁止任何组织或者个人用任何手段侵占或者破坏自然资源。(《宪法》第 9 条)

城市的土地属于国家所有。(《宪法》第 10 条第 1 款)

在我国，国有企业和国有自然是国家财产的主要部分。此外，国家机关、事业单位、军队等全民单位的财产也是国有财产的重要组成部分。

（2）集体所有制经济

劳动群众集体所有制是社会主义公有制的另一重要组成部分。它是指生产资料归集体经济组织内的劳动者共同所有的一种所有制形式。对于集体所有制经济，《宪法》第 8 条规定：

农村集体经济组织实行家庭承包经营为基础、统分结合的双层经营体制。农村中的生产、供销、信用、消费等各种形式的合作经济，是社会主义劳动群众集体所有制经济。参加农村集体经济组织的劳动者，有权在法律规定的范围内经营自留地、自留山、家庭副业和饲养自留畜。

城镇中的手工业、工业、建筑业、运输业、商业、服务业等行业的各种形式的合作经济，都是社会主义劳动群众集体所有制经济。

国家保护城乡集体经济组织的合法的权利和利益，鼓励、指导和帮助集体经济的发展。

此外，《宪法》第9条第1款规定，矿藏、水流、森林、山岭、草原、荒地、滩涂等自然资源，都属于国家所有，即全民所有；由法律规定属于集体所有的森林和山岭、草原、荒地、滩涂属于集体所有。

《宪法》第10条第2款规定，农村和城市郊区的土地，除由法律规定属于国家所有的以外，属于集体所有；宅基地和自留地、自留山，也属于集体所有。

关于我国土地制度，需要指出的是，《宪法》第10条第3款至第5款规定：

国家为了公共利益的需要，可以依照法律规定对土地实行征收或者征用并给予补偿。

任何组织或者个人不得侵占、买卖或者以其他形式非法转让土地。土地的使用权可以依照法律的规定转让。

一切使用土地的组织和个人必须合理地利用土地。

例1：我国《宪法》第6至18条对经济制度作了专门规定。关于《宪法修正案》就我国经济制度规定所作的修改，下列哪些选项是正确的？

A. 中华人民共和国实行依法治国，建设社会主义法治国家

B. 国家实行社会主义市场经济

C. 除第9、12、18条外，其他各条都进行过修改

D. 农村中的生产、供销、信用、消费等各种形式的合作经济，是社会主义劳动群众集体所有制经济

提示：BCD为正确选项。

2. 非公有制经济是社会主义市场经济的重要组成部分

在现阶段，我国的非公有制经济包括个体经济、私营经济和“三资”企业。《宪法》第11条和第18条规定：

在法律规定范围内的个体经济、私营经济等非公有制经济，是社会主义市场经济的重要组成部分。

国家保护个体经济、私营经济等非公有制经济的合法的权利和利益。国家鼓励、支持和引导非公有制经济的发展，并对非公有制经济依法实行监督和管理。

中华人民共和国允许外国的企业和其他经济组织或者个人依照中华人民共和国法律的规定在中国投资，同中国的企业或者其他经济组织进行各种形式的经济合作。

在中国境内的外国企业和其他外国经济组织以及中外合资经营的企业，都必须遵

守中华人民共和国的法律。它们的合法的权利和利益受中华人民共和国法律的保护。

二、国家保护社会主义公共财产和公民合法私有财产

虽然公共财产和公民合法私有财产都受宪法和法律的保护，或者说，其保护力度是一样的，但我国《宪法》对公共财产和公民合法私有财产的保护之用语是有差异的。

对于公共财产，《宪法》第 12 条规定：

社会主义的公共财产神圣不可侵犯。

国家保护社会主义的公共财产。禁止任何组织或者个人用任何手段侵占或者破坏国家的和集体的财产。

对于公民合法私有财产，《宪法》第 13 条规定：

公民的合法的私有财产不受侵犯。

国家依照法律规定保护公民的私有财产权和继承权。

国家为了公共利益的需要，可以依照法律规定对公民的私有财产实行征收或者征用并给予补偿。

例 2：关于经济制度与宪法关系，下列哪一选项是错误的？

A. 自德国魏玛宪法以来，经济制度便成为现代宪法的重要内容之一

B. 宪法对经济关系特别是生产关系的确认与调整构成一国的基本经济制度

C. 我国宪法修正案第 16 条规定，法律范围内的非公有制经济是社会主义市场经济的重要组成部分

D. 私有财产神圣不可侵犯是我国宪法的一项基本原则

提示：D 为当选项。

例 3：根据《宪法》的规定，下列哪些选项是正确的？

A. 社会主义的公共财产神圣不可侵犯

B. 社会主义的公共财产包括国家的和集体的财产

C. 国家可以对公民的私有财产实行无偿征收或征用

D. 土地的使用权可以依照法律的规定转让

提示：ABD 为当选项。

第七章　国家的基本文化制度

☞ 命题分析

国家的基本文化制度包括“文化制度的概念与特点”“我国宪法关于基本文化制度的规定”“我国宪法中关于公民道德教育的规定”三个知识点。其中，“我国宪法关于基本文化制度的规定”属于考查重点。——由于“文化自信”是“四个自信”内容之一，与其相关的文化制度问题自然不可忽视。

一、文化制度的概念与特点

文化制度是指一国通过宪法和法律调整以社会意识形态为核心的各种基本关系的规则、原则和政策的综合。文化制度主要包括教育事业、科技事业、文学艺术事业、广播电影电视事业、新闻出版事业、文物事业、图书馆事业以及社会意识形态等方面的制度。

文化制度具有阶级性、历史性和民族性三个方面的特点。

由宪法规定的文化制度是基本文化制度。自现代意义的宪法产生以来，文化制度便成为宪法不可缺少的重要内容。1919 年的德国魏玛宪法不仅最早系统地规定了经济制度，而且第一次系统地规定了文化制度。该宪法不仅详尽地规定了公民的文化权利，而且还明确规定了国家的基本文化政策。这一做法为后世许多国家的宪法所效仿。

二、我国宪法关于基本文化制度的规定

我国现行宪法对文化制度的原则、内容等都作了全面和系统的规定。具体内容包括：

1. 国家发展教育事业

《宪法》第 19 条规定：“国家发展社会主义的教育事业，提高全国人民的科学文化水平。国家举办各种学校，普及初等义务教育，发展中等教育、职业教育和高等教育，并且发展学前教育。国家发展各种教育设施，扫除文盲，对工人、农民、国家工作人员和其他劳动者进行政治、文化、科学、技术、业务的教育，鼓励自学成才。国家鼓励集体经济组织、国家企业事业组织和其他社会力量依照法律规定举办各种教育事业。国家推广全国通用的普通话。”

2. 国家发展科学事业

发展科学事业是文化制度的重要组成部分。《宪法》第 20 条规定：“国家发展自然

科学和社会科学事业，普及科学和技术知识，奖励科学研究成果和技术发明创造。”

3. 国家发展文学艺术及其他文化事业

《宪法》第22条规定：“国家发展为人民服务、为社会主义服务的文学艺术事业、新闻广播电视事业、出版发行事业、图书馆博物馆文化馆和其他文化事业，开展群众性的文化活动。国家保护名胜古迹、珍贵文物和其他重要历史文化遗产。”

《宪法》第21条第2款规定：“国家发展体育事业，开展群众性的体育活动，增强人民体质。”

三、我国宪法中关于公民道德教育的规定

公民道德教育是国家文化建设的基础，对国家文化制度的发展方向具有决定性意义。

《宪法》第24条规定：“国家通过普及理想教育、道德教育、文化教育、纪律和法制教育，通过在城乡不同范围的群众中制定和执行各种守则、公约，加强社会主义精神文明的建设。国家倡导社会主义核心价值观，提倡爱祖国、爱人民、爱劳动、爱科学、爱社会主义的公德，在人民中进行爱国主义、集体主义和国际主义、共产主义的教育，进行辩证唯物主义和历史唯物主义的教育，反对资本主义的、封建主义的和其他的腐朽思想。”

例1：关于宪法与文化制度的关系，下列哪一选项是不正确的？

A. 宪法规定的文化制度是基本文化制度

B.《魏玛宪法》第一次比较全面系统规定了文化制度

C. 宪法规定的公民文化教育权利是文化制度的重要内容

D. 保护知识产权是我国宪法规定的基本文化权利

提示：D为当选项。知识产权是财产权的一种形式，并非宪法规定的基本文化权利。

例2：近代意义宪法产生以来，文化制度便是宪法的内容。关于两者的关系，下列哪一选项是不正确的？

A. 1787年美国宪法规定了公民广泛的文化权利和国家的文化政策

B. 1919年德国魏玛宪法规定了公民的文化权利

C. 我国现行宪法对文化制度的原则、内容等做了比较全面的规定

D. 公民的文化教育权、国家机关的文化教育管理职权和文化政策，是宪法文化制度的主要内容

提示：A为当选项。

第八章 国家的基本社会制度

☞ 命题分析

国家的基本社会制度属于2015年大纲新增内容，在此之前未作过考查。但2015、2016年连续两年都作了考查。考查的核心内容是“我国宪法关于基本社会制度的规定”。由于过去社会制度建设是我国经济社会发展中的一块“短板”，是今后需要着力加强建设的内容，对该知识点当然需要给予充分重视。

一、社会制度的概念

社会制度是指一国通过宪法和法律调整的以基本社会生活保障及社会秩序维护为核心的各种基本关系的规则、原则和政策的综合。

社会制度概念有广义和狭义之分。最广泛意义的社会制度可以理解为整个国家制度体系。广义的社会制度指相对于政治制度、经济制度、文化制度、生态制度而言，为保障社会成员基本的生活权利，以及为营造公平、安全、有序的生活环境而建构的制度体系。狭义的社会制度指的就是社会保障制度，社会保障制度是基本社会制度的核心内容。

二、我国宪法关于基本社会制度的规定

1. 社会保障制度

国家建立健全同经济发展水平相适应的社会保障制度。(《宪法》第14条第4款)

国家依照法律规定实行企业事业组织的职工和国家机关工作人员的退休制度。退休人员的生活受到国家和社会的保障。(《宪法》第44条)

中华人民共和国公民在年老、疾病或者丧失劳动能力的情况下，有从国家和社会获得物质帮助的权利。国家发展为公民享受这些权利所需要的社会保险、社会救济和医疗卫生事业。国家和社会保障残废军人的生活，抚恤烈士家属，优待军人家属。国家和社会帮助安排盲、聋、哑和其他有残疾的公民的劳动、生活和教育。(《宪法》第45条)

中华人民共和国妇女在政治的、经济的、文化的、社会的和家庭的生活等各方面享有同男子平等的权利。国家保护妇女的权利和利益，实行男女同工同酬，培养和选拔妇女干部。(《宪法》第48条)

婚姻、家庭、母亲和儿童受国家的保护。(《宪法》第49条第1款)

2. 医疗卫生事业

国家发展医疗卫生事业，发展现代医药和我国传统医药，鼓励和支持农村集体经济组织、国家企业事业组织和街道组织举办各种医疗卫生设施，开展群众性的卫生活动，保护人民健康。(《宪法》第21条第1款)

3. 劳动保障制度

国家通过各种途径，创造劳动就业条件，加强劳动保护，改善劳动条件，并在发展生产的基础上，提高劳动报酬和福利待遇。……国家对就业前的公民进行必要的劳动就业训练。(《宪法》第42条第2款、第4款)

4. 人才培养制度

任何社会的发展都离不开人才的培养。《宪法》第23条规定："国家培养为社会主义服务的各种专业人才，扩大知识分子的队伍，创造条件，充分发挥他们在社会主义现代化建设中的作用。"按照司法部考试中心法考辅导教材中的宪法理论，该条款规定的人才培养制度，属于基本社会制度的内容。——考生需要注意辨别基本文化制度和基本社会制度之差异，2015－1－22题选项AB考查的都是这一问题。

5. 计划生育制度

国家推行计划生育，使人口的增长同经济和社会发展计划相适应。(《宪法》第25条)

6. 社会秩序及安全维护制度

国家维护社会秩序，镇压叛国和其他危害国家安全的犯罪活动，制裁危害社会治安、破坏社会主义经济和其他犯罪的活动，惩办和改造犯罪分子。(《宪法》第28条)

中华人民共和国的武装力量属于人民。它的任务是巩固国防，抵抗侵略，保卫祖国，保卫人民的和平劳动，参加国家建设事业，努力为人民服务。国家加强武装力量的革命化、现代化、正规化的建设，增强国防力量。(《宪法》第29条)

第九章　我国的行政区划划分

☞ 相关法条及司法解释

《宪法》第30～31条、第62条第12项、第89条第15项、第107条第3款

《行政区划管理条例》(2018年10月颁布)

☞ 命题分析

“我国的行政区域划分”一直是法考试题中的常客。其中，行政区划变更的法律程序是考查的重点，尤其是原《国务院关于行政区划的管理规定》第5条规定的“授权审批”更是重中之重。由于过去该行政法规未明确列入考试大纲的考查范围，该知识点因而常常成为考生的知识“盲点”。

＊注意：2018年10月10日，国务院总理签署了新的《行政区划管理条例》，该条例自2019年1月1日起施行。在复习该知识点时请务必以新条例规定的内容为准。

行政区域划分又称行政区划，是指根据宪法和法律的规定，结合政治、经济、民族状况以及地理历史条件，将国家的领土划分为不同的区域以便进行管理的制度。

一、行政区划的内容和特点

行政区划制度包括主管行政区划的机关、划分的原则和程序以及行政区域边界争议的处理等内容。需要注意的是，行政区域边界争议的解决是行政区划制度的组成部分。但是，由于我国宪法并未对这一问题作出明确规定，原《国务院关于行政区划的管理规定》对这一问题也没有明确规定（该行政法规第8条仅仅规定了“各级民政部门分级负责行政区划的管理工作”），因此，这一问题常常为考生所忽视。2013－1－24选项D就专门对此作了考查。——新的《行政区划管理条例》仍未涉及这一问题。

行政区划具有以下特点：（1）行政区划是国家主权的体现，属于国家内政，国际社会应予充分尊重，任何国家都不应干涉他国行政区划；（2）国家除了在宪法中对行政区划问题作出原则性规定之外，一般都会通过专门法律对行政区划作出具体规定，包括行政区划的机关、划分原则和程序以及争议的处理等。特别是行政区划的主管机关，必须要有宪法和法律的授权，未经宪法和法律授权，任何机关不得进行行政区域划分。

例 1：关于我国的行政区域划分，下列说法不成立的是：

A. 是国家主权的体现

B. 属于国家内政

C. 任何国家不得干涉

D. 只能由《宪法》授权机关进行

提示：选项 D 陈述错误，为当选项。

二、我国行政区划管理的原则

《行政区划管理条例》第 2 条、第 3 条对此规定如下：

行政区划管理工作应当加强党的领导，加强顶层规划。行政区划应当保持总体稳定，必须变更时，应当本着有利于社会主义现代化建设、有利于推进国家治理体系和治理能力现代化、有利于行政管理、有利于民族团结、有利于巩固国防的原则，坚持与国家发展战略和经济社会发展水平相适应、注重城乡统筹和区域协调、推进城乡发展一体化、促进人与自然和谐发展的方针，制订变更方案，逐级上报审批。行政区划的重大调整应当及时报告党中央。

行政区划的设立、撤销以及变更隶属关系或者行政区域界线时，应当考虑经济发展、资源环境、人文历史、地形地貌、治理能力等情况；变更人民政府驻地时，应当优化资源配置、便于提供公共服务；变更行政区划名称时，应当体现当地历史、文化和地理特征。

三、我国宪法规定的行政区划

根据《宪法》第 30 条、第 31 条的规定，我国的行政区域划分如下：

（一）全国分为省、自治区、直辖市，国家在必要时得设立特别行政区；

（二）省、自治区分为自治州、县、自治县、市；

（三）县、自治县分为乡、民族乡、镇。

直辖市和较大的市分为区、县。自治州分为县、自治县、市。

从中央与地方的关系上看，我国的地方制度可分为三种：（1）普通地方制度；（2）民族区域自治制度；（3）特别行政区制度。后两种地方制度，向来为考生所关注，第一种最常见的普通地方制度却容易为人所忽视。2013－1－24 选项 A 即是考查这一问题。

此外，需要注意的是，自治区、自治州、自治县都是民族自治地方，民族乡不属于民族自治地方。我们在 2013－1－63 选项 C 的解析中曾指出，民族乡是在少数民族聚居的地方建立的乡级行政区域，它是我国特有的、少数民族自己管理自己内部事务的、依法行使当家作主权利的一种基层政权形式，是解决我国散杂居少数民族问题的一种较好的政治管理形式，也是民族区域自治制度的一种补充形式。但民族乡在法律上并不属于民族自治地方，而是普通行政区域。

四、行政区划管理的具体负责机关

国务院民政部门负责全国行政区划的具体管理工作。国务院其他有关部门按照各自职责做好全国行政区划相关的管理工作。

县级以上地方人民政府民政部门负责本行政区域行政区划的具体管理工作。县级以上地方人民政府其他有关部门按照各自职责做好本行政区域行政区划相关的管理工作。

五、行政区划变更的法律程序

行政区域的变更，包括行政区域的设立、撤销、调整和更名，都必须根据法定程序进行。《宪法》第62条第12项、第89条第15项、第107条第3款关于全国人大的职权、国务院的职权以及省级地方政府的职权分别规定了上述主体在行政区划方面的权力，更详细、具体的法律程序则是由《行政区划管理条例》来规定的。特别是行政区划变更的“授权审批”，过去的考查频率很高。新条例第8条规定：“县、市、市辖区的部分行政区域界线的变更，县、不设区的市、市辖区人民政府驻地的迁移，国务院授权省、自治区、直辖市人民政府审批；批准变更时，同时报送国务院备案。”

另外需要提醒的是，全国人大常委会虽然是最高国家权力机关的常设机关，但根据宪法规定，并无行政区划方面的职权。

关于行政区划变更的法律程序，图示如下：

	有权机关	变更内容	备注
行政区划变更的法律程序	〔报〕全国人大（批准）	省、自治区、直辖市的设立、撤销、更名	/
	国务院（审批）	1. 省、自治区、直辖市的行政区域界线的变更，省、自治区人民政府驻地的迁移，简称、排列顺序的变更； 2. 自治州、县、自治县、市、市辖区的设立、撤销、更名和隶属关系的变更以及自治州、自治县、设区的市人民政府驻地的迁移； 3. 自治州、自治县的行政区域界线的变更，县、市、市辖区的行政区域界线的重大变更； 4. 凡涉及海岸线、海岛、边疆要地、湖泊、重要资源地区及特殊情况地区的隶属关系或者行政区域界线的变更。	/
	〔国务院授权〕省、自治区、直辖市政府（审批）	县、市、市辖区的部分行政区域界线的变更，县、不设区的市、市辖区人民政府驻地的迁移	批准变更时，同时报送国务院备案

续表

	有权机关	变更内容	备注
	省、自治区、直辖市政府（审批）	乡、民族乡、镇的设立、撤销、更名和行政区域界线的变更，乡、民族乡、镇人民政府驻地的迁移	/
	批准设立派出机关的人民政府（审批）	行政公署、区公所、街道办事处的撤销、更名、驻地迁移、管辖范围的确定和变更	参见本书“地方各级人民政府的派出机关”部分

另外，《行政区划管理条例》规定，市、市辖区的设立标准，由国务院民政部门会同国务院其他有关部门拟订，报国务院批准。

镇、街道的设立标准，由省、自治区、直辖市人民政府民政部门会同本级人民政府其他有关部门拟订，报省、自治区、直辖市人民政府批准；批准设立标准时，同时报送国务院备案。

第十章　国家标志

☞ 命题分析

国家标志属于2018年大纲新增内容，在此之前未作过考查。2018年当年即考查了这一知识点。该知识点涉及的三部国家标志法律有很多细节性内容，且比较容易混淆，今后继续予以考查的概率仍然很高。

国家标志是指宪法和法律规定的代表国家的主权、独立和尊严的各种象征和标志。国家标志一般指的是国旗、国歌、国徽和首都等。作为古代“图腾”的现代变体形式，具有符号识别作用的国家标志，在凝聚国民共识和国际交往中都发挥着重要作用。

我国《宪法》第四章“国旗、国歌、国徽、首都”对国家标志作了明确规定，《国旗法》《国歌法》《国徽法》等法律对此作了更具体的规定。——注意：《宪法》第四章的三个条款非常简单，法考试题不会仅仅对这三个条款作如此简单的考查。考生一定要结合《国旗法》《国歌法》《国徽法》等三部法律的规定准备这部分内容。

一、国旗

《宪法》第141条规定：“中华人民共和国国旗是五星红旗。”下列场所或者机构所在地应当每日升挂国旗：

（1）北京天安门广场、新华门；

（2）全国人大常委会，国务院，中央军事委员会，最高人民法院，最高人民检察院；中国人民政治协商会议全国委员会；

（3）外交部；

（4）出境入境的机场、港口、火车站和其他边境口岸，边防海防哨所。

国务院各部门，地方各级人大常委会、人民政府、人民法院、人民检察院，中国人民政治协商会议地方各级委员会，应当在工作日升挂国旗。

全日制学校，除寒假、暑假和星期日外，应当每日升挂国旗。

此外，国庆节、国际劳动节、元旦和春节，各级国家机关和各人民团体应当升挂国旗；企业事业组织，村民委员会、居民委员会，城镇居民院（楼）以及广场、公园等公共活动场所，有条件的可以升挂国旗。

二、国歌

我国国歌是《义勇军进行曲》。在下列场合应当奏唱国歌：

(1) 全国人民代表大会会议和地方各级人民代表大会会议的开幕、闭幕；

中国人民政治协商会议全国委员会会议和地方各级委员会会议的开幕、闭幕；

(2) 各政党、各人民团体的各级代表大会等；

(3) 宪法宣誓仪式；

(4) 升国旗仪式；

(5) 各级机关举行或者组织的重大庆典、表彰、纪念仪式等；

(6) 国家公祭仪式；

(7) 重大外交活动；

(8) 重大体育赛事；

(9) 其他应当奏唱国歌的场合。

三、国徽

我国国徽，中间是五星照耀下的天安门，周围是谷穗和齿轮。下列机构应当悬挂国徽：

(1) 县级以上各级人大常委会；

(2) 县级以上各级人民政府；

(3) 中央军事委员会；

(4) 各级人民法院和专门人民法院；

(5) 各级人民检察院和专门人民检察院；

(6) 外交部；

(7) 国家驻外使馆、领馆和其他外交代表机构。

乡、民族乡、镇的人民政府可以悬挂国徽。国徽应当悬挂在机关正门上方正中处。下列场所应当悬挂国徽：

(1) 北京天安门城楼，人民大会堂；

(2) 县级以上各级人大及其常委会会议厅；

(3) 各级人民法院和专门人民法院的审判庭；

(4) 出境入境口岸的适当场所。

国徽及其图案不得用于商标、广告、日常生活的陈设布置、私人庆吊活动和国务院办公厅规定不得使用的其他场合。

四、首都

我国首都是北京。

第十一章　民族区域自治制度

在法考大纲“民族区域自治制度”部分的三个知识点中，除“民族区域自治制度的概念”较少考查以外，另两个知识点“民族自治地方的自治机关”和“民族自治地方的自治权”都频繁出现，且这两个知识点通常会结合起来一并进行考查，因此，我们将这两个重要知识点放在一章，分节论述。

第一节　民族自治地方的自治机关

☞ 相关法条及司法解释

《宪法》第112～114条

《民族区域自治法》第3～18条（重点为第15～18条）、第46～47条

☞ 命题分析

“民族自治地方的自治机关”考查频率较高，其中，民族自治地方的范围、自治机关的范围、民族自治地方的司法机关与本级权力机关以及与上级司法机关之间的关系是考查的重点，因为很多考生对这些问题存在认识上的误区，失分问题比较严重，请务必认真对待。

一、民族自治地方的自治机关的性质和地位

《民族区域自治法》第3条规定：“民族自治地方设立自治机关，自治机关是国家的一级地方政权机关。”也就是说，民族自治地方的自治机关，是国家在民族区域自治地方设立的地方政权机关。民族自治地方的自治机关行使宪法第三章第五节规定的地方国家机关的职权，同时按照宪法第三章第六节、民族区域自治法和其他法律规定的权限行使自治权，根据本地方实际情况贯彻执行国家的法律、政策。

二、民族自治地方的自治机关的范围

《宪法》第112条规定：“民族自治地方的自治机关是自治区、自治州、自治县的

人民代表大会和人民政府。”这一条款有两层含义：

（1）民族自治地方的范围限于自治区、自治州、自治县，不包括其他行政区域，比如民族乡。这一点我们已经反复作过强调。

（2）自治机关的范围限于人民代表大会和人民政府，不包括民族自治地方的其他国家机关，比如法院和检察院。关于这一点，历年试题反复作过考查。

例：根据《宪法》和《民族区域自治法》的规定，下列选项不正确的是：

B. 民族自治地方的国家机关既是地方国家机关，又是自治机关

提示：B选项中的“国家机关”范围较大，涵盖了司法机关，陈述错误，为当选项。

三、民族自治地方的自治机关的组成

1. 民族自治地方的人大及其常委会的组成

民族自治地方的人民代表大会中，除实行区域自治的民族的代表外，其他居住在本行政区域内的民族也应当有适当名额的代表。

民族自治地方的人民代表大会中，实行区域自治的民族和其他少数民族代表的名额和比例，根据法律规定的原则，由省、自治区、直辖市的人大常委会决定，并报全国人大常委会备案。

民族自治地方的人大常委会中应当有实行区域自治的民族的公民担任主任或者副主任。

2. 民族自治地方的人民政府的组成

自治区主席、自治州州长、自治县县长由实行区域自治的民族的公民担任。自治区、自治州、自治县的人民政府的其他组成人员，应当合理配备实行区域自治的民族和其他少数民族的人员。

民族自治地方的人民政府实行自治区主席、自治州州长、自治县县长负责制。自治区主席、自治州州长、自治县县长，分别主持本级人民政府工作。

民族自治地方的自治机关所属工作部门的干部中，应当合理配备实行区域自治的民族和其他少数民族的人员。

四、民族自治地方的人民法院和人民检察院

民族自治地方的人民法院和人民检察院并不属于自治机关。由于该问题经常作为考查对象，因此，对民族自治地方的法院和检察院需要作专门介绍。

民族自治地方的人民法院和人民检察院对本级人大及其常委会负责。民族自治地方的人民检察院并对上级人民检察院负责。

民族自治地方人民法院的审判工作，受最高人民法院和上级人民法院监督。民族自治地方的人民检察院的工作，受最高人民检察院和上级人民检察院领导。

民族自治地方的人民法院和人民检察院的领导成员和工作人员中，应当有实行区域自治的民族的人员。

第二节 民族自治地方的自治权

☞ 相关法条及司法解释

《宪法》第115～119条；

《民族区域自治法》第2、15、17、19、20、25、32、38、42、44条；

《立法法》第72、75、78、82、98条。

☞ 命题分析

“民族自治地方的自治权”属高频考点，且分值较高。从近年命题情况来看，早年多考查《宪法》的规定，近年则倾向于考查《民族区域自治法》，以及《立法法》中民族自治地方的立法权（制定自治条例和单行条例、地方性法规和地方政府规章的权力）。因此，考生需要密切结合《民族区域自治法》和《立法法》复习该知识点。

民族自治地方的自治权是指民族自治地方的自治机关根据宪法、民族区域自治法和其他法律的规定，根据实际情况自主管理本地方、本民族内部事务的自主权。根据宪法和法律的规定，民族自治地方的自治权主要有以下内容：

一、制定自治条例和单行条例

民族自治地方的人民代表大会（注意：仅限于当地“人大”而非“人大常委会”）有权依照当地民族的政治、经济和文化特点，制定自治条例和单行条例。

自治区的自治条例和单行条例，报全国人大常委会（注意：此处是“全国人大常委会”而非“全国人大”）批准后生效。

自治州、自治县的自治条例和单行条例，报省、自治区、直辖市的人大常委会批准后生效，并由其报全国人大常委会和国务院备案；自治条例、单行条例报送备案时，应当说明对法律、行政法规、地方性法规作出变通的情况。

上述规定，分别参见《宪法》第116条、《民族区域自治法》第19条、《立法法》第75条第1款和第98条第3项之规定。需要注意的是：

1. 自治区的自治条例和单行条例，报全国人大常委会批准后生效，无需向国务院备案。

2. 对于自治州、自治县的自治条例和单行条例，《民族区域自治法》和《立法法》均在《宪法》所规定的向全国人大常委会备案的基础上，增加了向国务院备案的要求。

此外，根据《立法法》第72、82条的规定，自治区和自治州除享有制定自治条例和单行条例的自治权外，仍享有与普通行政区域一样的地方立法权，即制定地方性法规和地方政府规章的权力。

3. 自治区人大及其常委会制定的地方性法规，报全国人大常委会和国务院备案；自治州的人大及其常委会制定的地方性法规，由省、自治区的人大常委会报全国人大常委会和国务院备案。（参见《立法法》第98条第2项之规定）

4. 〔自治区和自治州的〕地方政府规章报国务院备案；该地方政府规章应当同时报本级人大常委会备案；自治州的人民政府制定的规章应当同时报省、自治区的人大常委会和人民政府备案。（参见《立法法》第98条第4项之规定）

民族自治地方的立法（包括地方性法规和地方政府规章）的批准、备案要求，图示如下：

制定机关	立法名称	批准机关	备案机关
自治区的人大	自治条例、单行条例	全国人大常委会	/
自治州、自治县的人大	自治条例、单行条例	省、自治区、直辖市的人大常委会	全国人大常委会和国务院
自治区的人大及其常委会	地方性法规	/	全国人大常委会和国务院
自治州的人大及其常委会	地方性法规	省、自治区的人大常委会	全国人大常委会和国务院
自治区的人民政府	地方政府规章	/	国务院、本级人大常委会
自治州的人民政府	地方政府规章	/	国务院；本级人大常委会；省、自治区人大常委会和人民政府

二、变通执行或者停止执行上级国家机关的决议、决定、命令

上级国家机关的决议、决定、命令和指示，如有不适合民族自治地方实际情况的，自治机关可以报经该上级国家机关批准，变通执行或者停止执行；该上级国家机关应当在收到报告之日起60日内给予答复。

三、自主管理地方财政

民族自治地方的自治机关有管理地方财政的自治权。凡依照国家财政体制属于民族自治地方的财政收入，都应当由民族自治地方的自治机关自主地安排使用。

四、自主管理地方性经济建设

民族自治地方的自治机关在国家计划的指导下，根据本地方的特点和需要，制定经济建设的方针、政策和计划，自主地安排和管理地方性的经济建设事业。

民族自治地方依照国家规定，可以开展对外经济贸易活动，经国务院批准，可以开辟对外贸易口岸。与外国接壤的民族自治地方经国务院批准，开展边境贸易。

五、自主管理教育、科学、文化、卫生、体育事业

民族自治地方的自治机关自主地管理本地方的教育、科学、文化、卫生、体育事业，保护和整理民族的文化遗产，发展和繁荣民族文化。

民族自治地方的自治机关积极开展和其他地方的教育、科学技术、文化艺术、卫生、体育等方面的交流和协作。自治区、自治州的自治机关依照国家规定，可以和国外进行教育、科学技术、文化艺术、卫生、体育等方面的交流。

＊民族自治地方的两项特殊自治权之比较，图示如下：

	主体范围	**自治权**	**备注**
两项特殊权力之比较	民族自治地方（包括自治县）	开辟对外贸易口岸	经国务院批准
	〔仅限〕自治区、自治州	和国外进行教育、科学技术、文化艺术、卫生、体育等方面的交流	依照国家规定

例：根据《宪法》和《民族区域自治法》的规定，下列选项不正确的是：

D. 自治地方的自治机关依照国家规定，可以和外国进行教育、科技、文化等方面的交流

提示：只有自治区和自治州才可以和外国进行教育、科技、文化等方面的交流，D选项中的“自治地方”涵盖范围超越了法律规定，陈述错误，为当选项。

六、组织维护社会治安的公安部队

民族自治地方的自治机关依照国家的军事制度和当地的实际需要，经国务院批准，可以组织本地方维护社会治安的公安部队。

七、使用本民族的语言文字

民族自治地方的自治机关在执行职务的时候，依照本民族自治地方自治条例的规定，使用当地通用的一种或者几种语言文字；同时使用几种通用的语言文字执行职务的，可以以实行区域自治的民族的语言文字为主。

第十二章　特别行政区制度

“特别行政区制度”中的三个知识点“中央与特别行政区的关系”“特别行政区的政治体制”“特别行政区的法律制度”常常结合在一起进行考查。因而，我们将这三个重要知识点放在一章，分节论述。

需要特别指出的是，2017 年 5 月 27 日，全国人大常委会办公厅在北京召开纪念香港基本法实施 20 周年座谈会。会上，全国人大常委会委员长发表讲话，对特别行政区制度提出了一些新的重要表述。我们将用“ * ”标示这些新的重要表述（包括全国人大常委会最新涉及特别行政区的立法），帮助考生加深对特别行政区制度的理解和把握。

第一节　中央与特别行政区的关系

☞ 相关法条及司法解释

《香港基本法》第 12 ~ 23 条

《澳门基本法》第 12 ~ 23 条

☞ 命题分析

“中央与特别行政区的关系”属于高频考点。该知识点主要涉及两个方面，一是中央对特别行政区可以行使哪些权力，二是特别行政区经中央授权享有哪些高度自治权。该知识点在试题中均未单独进行考查，而是与“特别行政区的政治体制”或“特别行政区的法律制度”一并进行考查。

特别行政区是指在我国版图内，根据宪法和基本法的规定而设立的，具有特殊法律地位，实行特别的政治、经济制度的行政区域。特别行政区是中华人民共和国不可分离的部分。特别行政区不实行社会主义制度和政策，保持原有的资本主义制度和生活方式，五十年不变。

一、中央与特别行政区的关系

特别行政区是中华人民共和国的一个享有高度自治权的地方行政区域，直辖于中央人民政府。中央与特别行政区的关系，是一个主权国家内中央与地方的关系，或者说是中央对特别行政区进行管辖和特别行政区在中央监督下实行高度自治而产生的相互关系。这种关系的核心是中央与特别行政区的权力划分和行使。

二、中央对特别行政区行使的权力

按照港澳基本法的规定，中央对特别行政区行使下列权力：

1. 中央人民政府负责管理与特别行政区有关的外交事务。中华人民共和国外交部在特别行政区设立机构处理外交事务。中央人民政府授权特别行政区依照基本法自行处理有关的对外事务。

2. 中央人民政府负责管理特别行政区的防务。特别行政区政府负责维持特别行政区的社会治安。

中央人民政府派驻特别行政区负责防务的军队不干预特别行政区的地方事务。特别行政区政府在必要时，可向中央人民政府请求驻军协助维持社会治安和救助灾害。驻军人员除须遵守全国性的法律外，还须遵守特别行政区的法律。驻军费用由中央人民政府负担。

3. 中央人民政府依照香港基本法的规定任命香港特别行政区行政长官和行政机关的主要官员。

中央人民政府依照澳门基本法有关规定任免澳门特别行政区行政长官、政府主要官员和检察长。

注意：由于香港和澳门的政治体制不完全相同，中央人民政府对两个特别行政区政府的人事任免权略有差异。

4. 全国人大常委会有权决定特别行政区进入紧急状态。

《香港基本法》第18条第4款规定：全国人民代表大会常务委员会决定宣布战争状态或因香港特别行政区内发生香港特别行政区政府不能控制的危及国家统一或安全的动乱而决定香港特别行政区进入紧急状态，中央人民政府可发布命令将有关全国性法律在香港特别行政区实施。

《澳门基本法》第18条第4款规定：在全国人民代表大会常务委员会决定宣布战争状态或因澳门特别行政区内发生澳门特别行政区政府不能控制的危及国家统一或安全的动乱而决定澳门特别行政区进入紧急状态时，中央人民政府可发布命令将有关全国性法律在澳门特别行政区实施。

例1：关于特别行政区制度，下列哪些说法是不正确的？

D. 国务院有权对香港和澳门特别行政区的部分地区宣布进入紧急状态

提示：港澳基本法并未授权国务院宣布特别行政区（包括其部分地区）进入紧急

状态。这与国务院有权宣布省、自治区和直辖市部分地区进入紧急状态不同。只有全国人大常委会才有权决定特别行政区进入紧急状态。D选项内容错误，为应选项。

5. 全国人大常委会享有对特别行政区基本法的解释权。
6. 全国人大享有对特别行政区基本法的修改权。

例2：根据我国宪法和港、澳基本法规定，关于港、澳基本法的修改，下列哪一选项是不正确的？

A. 在不同港、澳基本法基本原则相抵触的前提下，全国人大常委会在全国人大闭会期间有权修改港、澳基本法

提示：基本法的修改权专属于全国人大，全国人大常委会只有修改基本法的提案权（详见本章第三节“特别行政区基本法的修改权”）。A选项错误。

＊根据全国人大常委会委员长2017年5月27日的发言，中央依照宪法和基本法有效行使对香港特别行政区的全面管治权，内容包括：

1. 任命行政长官和特别行政区政府主要官员，接受特别行政区任免终审法院法官和高等法院首席法官的备案；
2. 负责管理与特别行政区有关的外交事务，行使外交权；
3. 组建驻港部队履行维护防务职责；
4. 依法行使基本法解释权；
5. 重大事项决定权；
6. 特别行政区法律备案审查权；
7. 全国性法律在特别行政区实施的决定权等。

＊我国对香港恢复行使主权，是恢复行使包括管治权在内的完整主权，中央对香港特别行政区拥有全面管治权。在此基础上，香港特别行政区基本法规定了中央对香港特别行政区行使管治权的方式，即规定了一部分权力由中央政权机构直接行使，一部分权力由全国人民代表大会授予香港特别行政区依照基本法的规定行使，这就是通常所说的高度自治权。

三、特别行政区经中央授权享有高度的自治权

全国人大授权特别行政区分别依照港澳基本法的规定实行高度自治，享有行政管理权、立法权、独立的司法权和终审权。

1. 行政管理权。特别行政区享有行政管理权，依照基本法的有关规定，自行处理特别行政区的行政事务。
2. 立法权。特别行政区享有立法权。特别行政区的立法机关制定的法律须报全国

人大常委会备案。备案不影响该法律的生效。

全国人大常委会在征询其所属的香港、澳门特别行政区基本法委员会后，如认为特别行政区立法机关制定的任何法律不符合港澳基本法关于中央管理的事务及中央和特别行政区的关系的条款，可将有关法律发回，但不作修改。经全国人大常委会发回的法律立即失效。该法律的失效，除特别行政区的法律另有规定外，无溯及力。

3. 独立的司法权和终审权。特别行政区享有独立的司法权和终审权。特别行政区法院除继续保持原有法律制度和原则对法院审判权所作的限制外，对特别行政区所有的案件均有审判权。

特别行政区法院对国防、外交等国家行为无管辖权。特别行政区法院在审理案件中遇有涉及国防、外交等国家行为的事实问题，应取得行政长官就该等问题发出的证明文件，上述文件对法院有约束力。行政长官在发出证明文件前，须取得中央人民政府的证明书。

4. 特别行政区实行独立的税收制度，保持自由港地位和独立的关税地区。香港还保持其国际金融中心地位。

5. 自行制定有关经济、贸易、科学、教育、文化等方面的政策，自行发行货币。

6. 自行处理有关的对外事务，可以“中国香港”“中国澳门”的名义，单独地同世界各国、各地区及有关国际组织保持和发展关系，签订和履行有关协议；还可以“中国香港”“中国澳门”的名义参加不以国家为单位参加的国际组织和国际会议。

7. 特别行政区政府负责维持特别行政区的社会治安。

8. 特别行政区可享有全国人大、全国人大常委会或中央人民政府授予的其他权力。

总之，从港澳基本法的规定来看，国家授予特别行政区的自治权力比我国普通地方行政区域、民族区域自治地方享有的权力（利）要广泛得多，这说明了香港、澳门特别行政区享有高度的自治权，具有特殊的法律地位。

* 需要指出的是，在“一国两制”下，中央与香港特别行政区的权力关系是授权与被授权的关系，而不是分权关系，在任何情况下都不允许以“高度自治”为名对抗中央的权力。正确理解和把握这一点，是维护中央与香港特别行政区良好关系的关键。

* 在香港特别行政区基本法的实施过程中，全国人大常委会根据宪法和基本法赋予的职权，行使对基本法的解释权，所作出的解释具有最终性，与基本法具有同等法律效力，必须得到一体遵循。同时，全国人大常委会依据香港特别行政区基本法作出的有关决定，在特别行政区具有法律约束力。迄今为止，全国人大常委会依法对香港特别行政区基本法作出过五次解释，并对涉及香港长期繁荣稳定的重大问题作出过四次决定，有效发挥了定分止争、释疑解惑的作用，积极促进了香港特别行政区法治的完善。

第二节　特别行政区的政治体制

☞ 相关法条及司法解释

《香港基本法》第 43 ~ 104 条
《澳门基本法》第 45 ~ 102 条

☞ 命题分析

"特别行政区的政治体制"不仅属于高频考点，且分值较高。除 2008 年单独对本知识点进行考查外，其他年度均与"中央与特别行政区的关系""特别行政区的法律制度"结合起来一并进行考查，并且考查的切入点很琐细，有相当难度，考生需要仔细研读法条。

特别行政区在对港澳传统政治体制的延续与发展过程中，逐步形成了以行政主导为主要特点的政治体制，体现为特别行政区行政长官的主导地位，并通过基本法固定下来。

* 香港特别行政区基本法所规定的香港特别行政区的政治体制，不是"三权分立"，也不是"立法主导"或"司法主导"，而是以行政长官为核心的行政主导。

一、特别行政区行政长官

特别行政区行政长官是特别行政区的首长，代表特别行政区。特别行政区行政长官依照基本法的规定对中央人民政府和特别行政区负责。

* 行政长官作为特别行政区和特别行政区政府的"双首长"，要对中央人民政府和特别行政区"双负责"，是连接中央与特别行政区、"一国"和"两制"的重要枢纽，必然要在特别行政区政权机构的运作中处于主导地位。

（一）行政长官的任职资格

香港特别行政区行政长官由年满 40 周岁，在香港通常居住连续满 20 年并在外国无居留权的香港特别行政区永久性居民中的中国公民担任。

澳门特别行政区行政长官由年满 40 周岁，在澳门通常居住连续满 20 年的澳门特别行政区永久性居民中的中国公民担任。

对比港澳基本法关于行政长官任职资格的规定，可以发现，除“年满40周岁”“连续居住满20年”“永久性居民中的中国公民”三个条件以外，香港基本法比澳门基本法中的行政长官资格多一项要求：“在外国无居留权”。

行政长官任职资格 特别行政区	年龄	居住期限	国籍	其他
香港	年满40周岁	在香港居住连续满20年	永久性居民中的中国公民	在外国无居留权
澳门	年满40周岁	在澳门居住连续满20年	永久性居民中的中国公民	/

例1：关于特别行政区制度，下列哪些说法是不正确的？

A. 香港特别行政区行政长官任职须年满四十五周岁

（二）行政长官的产生办法

特别行政区行政长官在当地通过选举或协商产生，由中央人民政府任命。

行政长官产生的具体办法分别由港澳基本法附件一《香港/澳门特别行政区行政长官的产生办法》规定。

行政长官任期5年，可连任一次。

（三）行政长官的职权

行政长官的职权，分别参见《香港基本法》第48条和《澳门基本法》第50条。

《香港基本法》第48条 香港特别行政区行政长官行使下列职权：

（一）领导香港特别行政区政府；

（二）负责执行本法和依照本法适用于香港特别行政区的其他法律；

（三）签署立法会通过的法案，公布法律；

签署立法会通过的财政预算案，将财政预算、决算报中央人民政府备案；

（四）决定政府政策和发布行政命令；

（五）提名并报请中央人民政府任命下列主要官员：各司司长、副司长，各局局长，廉政专员，审计署署长，警务处处长，入境事务处处长，海关关长；建议中央人民政府免除上述官员职务；

（六）依照法定程序任免各级法院法官；

（七）依照法定程序任免公职人员；

（八）执行中央人民政府就本法规定的有关事务发出的指令；

（九）代表香港特别行政区政府处理中央授权的对外事务和其他事务；

（十）批准向立法会提出有关财政收入或支出的动议；

（十一）根据安全和重大公共利益的考虑，决定政府官员或其他负责政府公务的人员是否向立法会或其属下的委员会作证和提供证据；

（十二）赦免或减轻刑事罪犯的刑罚；

（十三）处理请愿，申诉事项。

《澳门基本法》第50条 澳门特别行政区行政长官行使下列职权：

（一）领导澳门特别行政区政府；

（二）负责执行本法和依照本法适用于澳门特别行政区的其他法律；

（三）签署立法会通过的法案，公布法律；

签署立法会通过的财政预算案，将财政预算、决算报中央人民政府备案；

（四）决定政府政策，发布行政命令；

（五）制定行政法规并颁布执行；

（六）提名并报请中央人民政府任命下列主要官员：各司司长、廉政专员、审计长、警察部门主要负责人和海关主要负责人；建议中央人民政府免除上述官员职务；

（七）委任部分立法会议员；

（八）任免行政会委员；

（九）依照法定程序任免各级法院院长和法官，任免检察官；

（十）依照法定程序提名并报请中央人民政府任命检察长，建议中央人民政府免除检察长的职务；

（十一）依照法定程序任免公职人员；

（十二）执行中央人民政府就本法规定的有关事务发出的指令；

（十三）代表澳门特别行政区政府处理中央授权的对外事务和其他事务；

（十四）批准向立法会提出有关财政收入或支出的动议；

（十五）根据国家和澳门特别行政区的安全或重大公共利益的需要，决定政府官员或其他负责政府公务的人员是否向立法会或其所属的委员会作证和提供证据；

（十六）依法颁授澳门特别行政区奖章和荣誉称号；

（十七）依法赦免或减轻刑事罪犯的刑罚；

（十八）处理请愿、申诉事项。

（四）行政会议/行政会

1. 香港特别行政区行政会议

香港特别行政区行政会议是协助行政长官决策的机构。

香港特别行政区行政会议的成员由行政长官从行政机关的主要官员、立法会议员和社会人士中委任，其任免由行政长官决定。行政会议成员的任期应不超过委任他的行政长官的任期。香港特别行政区行政会议成员由在外国无居留权的香港特别行政区永久性居住的中国公民担任。

香港特别行政区行政会议由行政长官主持。行政长官在作出重要决策、向立法会提交法案、制定附属法规和解散立法会前，须征询行政会议的意见，但人事任免、纪律制裁和紧急情况下采取的措施除外。行政长官如不采纳行政会议多数成员的意见，应将具体理由记录在案。

香港特区行政会议	性质	产生方式	成员来源	资格要求	任期
	协助行政长官决策	行政长官任免	从特区行政机关的主要官员、立法会议员和社会人士中委任	在外国无居留权的香港特区永久性居中的中国公民	不超过委任他的行政长官的任期

2. 澳门特别行政区行政会

澳门特别行政区行政会是协助行政长官决策的机构。

除名称不同外，澳门基本法关于澳门特区行政会的规定和香港基本法关于香港特区行政会议的规定基本相同。

（五）廉政公署

香港特别行政区设立廉政公署，独立工作，对行政长官负责。

澳门特别行政区设立廉政公署，独立工作。廉政专员对行政长官负责。

（六）审议署

香港特别行政区设立审计署，独立工作，对行政长官负责。

澳门特别行政区设立审计署，独立工作。审计长对行政长官负责。

二、特别行政区行政机关

特别行政区行政机关，是指特别行政区政府。特别行政区政府的首长是特别行政区行政长官。

香港特别行政区政府设政务司、财政司、律政司和各局、处、署。澳门特别行政区政府设司、局、厅、处。

香港特别行政区的主要官员由在香港通常居住连续满 15 年并在外国无居留权的香港特别行政区永久性居民中的中国公民担任。

澳门特别行政区政府的主要官员由在澳门通常居住连续满 15 年的澳门特别行政区永久性居民中的中国公民担任。

香港和澳门特别行政区政府的主要官员均由行政长官提名并报请中央人民政府任命，其免职也由行政长官向中央人民政府提出建议。

特别行政区政府的职权，分别参见《香港基本法》第 62 条和《澳门基本法》第 64 条。

《香港基本法》第 62 条 香港特别行政区政府行使下列职权：

（一）制定并执行政策；

（二）管理各项行政事务；

（三）办理本法规定的中央人民政府授权的对外事务；

（四）编制并提出财政预算、决算；
（五）拟定并提出法案、议案、附属法规；
（六）委派官员列席立法会并代表政府发言。

《澳门基本法》第64条 澳门特别行政区政府行使下列职权：
（一）制定并执行政策；
（二）管理各项行政事务；
（三）办理本法规定的中央人民政府授权的对外事务；
（四）编制并提出财政预算、决算；
（五）提出法案、议案，草拟行政法规；
（六）委派官员列席立法会会议听取意见或代表政府发言。

香港特别行政区律政司主管刑事检察工作，不受任何干涉。

特别行政区政府必须遵守法律，对特别行政区立法会负责：执行立法会通过并已生效的法律；定期向立法会作施政报告；答复立法会议员的质询；征税和公共开支须经立法会批准。

三、特别行政区立法机关

特别行政区立法会是特别行政区的立法机关，行使立法权、财政权、监督权和其他职权。

（一）立法会的组成和任期

1. 香港特别行政区立法会

香港特别行政区立法会由在外国无居留权的香港特别行政区永久性居民中的中国公民组成。但非中国籍的香港特别行政区永久性居民和在外国有居留权的香港特别行政区永久性居民也可以当选为香港特别行政区立法会议员，其所占比例不得超过立法会全体议员的20%。——具有中国国籍不是香港立法会议员的必要条件，2014-1-23选项C曾经考查过这个问题。

香港特别行政区立法会由选举产生。立法会产生的具体办法和法案、议案的表决程序由香港基本法附件二《香港特别行政区立法会的产生办法和表决程序》规定。

香港特别行政区立法会除第一届任期为两年外，每届任期4年。

2. 澳门特别行政区立法会

澳门特别行政区立法会议员由澳门特别行政区永久性居民担任。

立法会多数议员由选举产生。立法会的产生办法由澳门基本法附件二《澳门特别行政区立法会的产生办法》规定。

澳门特别行政区立法会除第一届另有规定外，每届任期4年。

（二）立法会主席

立法会主席由立法会议员互选产生。澳门立法会另设副主席一人。

香港特别行政区立法会主席由年满40周岁，在香港通常居住连续满20年并在外国无居留权的香港特别行政区永久性居民中的中国公民担任。

澳门特别行政区立法会主席、副主席由在澳门通常居住连续满15年的澳门特别行政区永久性居民中的中国公民担任。

立法会主席主要行使主持会议、决定议程等程序方面的职权。

（三）立法会会议制度

立法会举行会议的法定人数为不少于全体议员的二分之一。——2014-1-23选项B曾经考查过这一问题。澳门基本法同时还规定，除另有规定外，立法会的法案、议案由全体议员过半数通过。香港基本法附件二则对立法会对法案、议案的表决程序作了专门规定。

（四）立法会的职权

1. 立法权。特别行政区立法会根据基本法的规定并依照法定程序制定、修改和废除法律。立法会通过的法案，须经行政长官签署、公布，方能生效。立法会制定的法律，须报全国人大常委会备案（参见本章第一节“中央和特别行政区的关系”特别行政区的立法权部分）。

2. 财政权。香港特别行政区立法会有权根据政府的提案，审核、通过财政预算；批准税收和公共开支。澳门特别行政区立法会有权审核、通过政府提出的财政预算案；审议政府提出的预算执行情况报告；根据政府提案决定税收，批准由政府承担的债务。立法会通过的财政预算案须由行政长官签署并由行政长官报中央人民政府备案。

3. 监督权。立法会有权听取行政长官的施政报告并进行辩论；对政府的工作提出质询；就任何有关公共利益问题进行辩论。立法会还有权依照法定程序弹劾行政长官。

4. 其他职权。立法会有权接受当地居民申诉并作出处理。香港立法会的职权还包括同意终审法院法官和高等法院首席法官的任免。

四、特别行政区司法机关

1. 司法机关的范围

由于香港属于普通法系，因而，只有法院才属于司法机关。《香港基本法》第80条规定，香港特别行政区各级法院是香港特别行政区的司法机关，行使香港特别行政区的审判权。

澳门属于大陆法系，因而，其司法机关除法院外还包括检察机关。《澳门基本法》第82、83、90条规定，澳门特区法院行使审判权；澳门特区法院独立进行审判，只服从法律，不受任何干涉；澳门特区检察院独立行使法律赋予的检察职能，不受任何干涉。

例2：关于特别行政区制度，下列哪些说法是不正确的？

B. 香港特别行政区司法机关由其法院和检察院组成

2. 司法机关的组织系统

香港特区设立终审法院、高等法院、区域法院、裁判署法庭和其他专门法庭。高等法院设上诉法庭和原讼法庭。

澳门特区设立初级法院、中级法院和终审法院。澳门特区初级法院可根据需要设立若干专门法庭。

澳门特区设立行政法院，管辖行政诉讼和税务诉讼。不服行政法院裁决，可向中级法院上诉。

特别行政区司法机关的组织系统	香港	终审法院、高等法院、区域法院、裁判署法庭和其他专门法庭
		（高等法院设上诉法庭和原讼法庭）
	澳门	初级法院、中级法院和终审法院
		（初级法院可根据需要设立若干专门法庭）
		行政法院（管辖行政诉讼和税务诉讼）
		检察院

3. 特别行政区法院法官

香港特区法院的法官，根据当地法官和法律界及其他方面知名人士组成的独立委员会推荐，由行政长官任命。

香港特区终审法院和高等法院的首席法官，应由在外国无居留权的香港特别行政区永久性居民中的中国公民担任。香港特区终审法院的法官和高等法院首席法官的任命或免职，还须由行政长官征得立法会同意，并报全国人大常委会备案。

《香港基本法》第92条规定，香港特区的法官和其他司法人员，应根据其本人的司法和专业才能选用，并可从其他普通法适用地区聘用。——这意味着居住在其他普通法系地区的适合担任法官职务的人也可以受聘为香港法官（“老外法官”）。

例3：香港特别行政区的下列哪一项职务可由特区非永久性居民担任？

A. 行政长官　　B. 政府主要官员

C. 立法会议员　　D. 法院法官

提示：D选项正确。

《澳门基本法》第87条规定，澳门各级法院的法官，根据当地法官、律师和知名人士组成的独立委员会的推荐，由行政长官任命。法官的选用以其专业资格为标准，符合标准的外籍法官也可聘用。

澳门终审法院法官、终审法院院长的任命和免职均须报全国人大常委会备案。

此外，《澳门基本法》还规定，澳门特区检察长由澳门特区永久性居民中的中国公民担任，由行政长官提名，报中央人民政府任命。检察官经检察长提名，由行政长官任命。

第三节 特别行政区的法律制度

☞ 相关法条及司法解释

《香港基本法》第8、11、17、18、158、159、160条
《澳门基本法》第8、11、17、18、143、144、145条

☞ 命题分析

“特别行政区的法律制度”仅在2011年单独进行了考查（特别行政区基本法的修改问题），其他年度均与“中央与特别行政区的关系”“特别行政区的政治体制”相结合一并进行考查。在历年试题中，基本法的性质、基本法的解释和修改是考查重点。

香港、澳门特别行政区的法律制度自成体系，其内容包括“特别行政区基本法”“予以保留的原有法律”“特别行政区立法机关制定的法律”和“适用于特别行政区的全国性法律”等四个方面，兹分述之。

一、特别行政区基本法

（一）特别行政区基本法的性质

特别行政区基本法是“一国两制”思想的具体化、法律化，是由全国人大根据宪法制定的基本法律，反映了包括香港同胞和澳门同胞在内的全中国人民的意志和利益，体现了国家解决港澳问题的方针政策。特别行政区基本法既是我国社会主义法律体系的组成部分，同时又是特别行政区法律体系的组成部分。在我国社会主义法律体系中，其地位仅次于宪法，但是在特别行政区法律体系中，基本法又处于最高法律地位。

（二）特别行政区基本法的解释权

根据《香港基本法》第158条、《澳门基本法》第143条的规定：

特别行政区基本法的解释权属于全国人大常委会。

全国人大常委会授权特别行政区法院在审理案件时对基本法关于特别行政区自治范围内的条款自行解释。

特别行政区法院在审理案件时对基本法的其他条款也可解释。但如特别行政区法院在审理案件时需要对基本法关于中央人民政府管理的事务或中央和特别行政区关系的条款进行解释，而该条款的解释又影响到案件的判决，在对该案件作出不可上诉的终局判决前，应由特别行政区终审法院请全国人大常委会对有关条款作出解释。如全国人大常委会作出解释，特别行政区法院在引用该条款时，应以全国人大常委会的解

释为准。但在此以前作出的判决不受影响。

全国人大常委会在对基本法进行解释前，征询其所属的特别行政区基本法委员会的意见。

例1： 关于特别行政区制度，下列哪些说法是不正确的？

C. 香港和澳门特别行政区的各级法院都有权解释本特别行政区基本法

提示： 根据基本法的规定，全国人大常委会和特区法院都有对基本法的解释权，但特区法院的解释权受到限制。C选项内容正确，不当选。

（三）特别行政区基本法的修改权

根据《香港基本法》第159条、《澳门基本法》第144条的规定：

基本法的修改权属于全国人大。

基本法的修改提案权属于全国人大常委会、国务院和特别行政区。特别行政区的修改议案，须经特别行政区的全国人大代表三分之二多数、特别行政区立法会全体议员三分之二多数和特别行政区行政长官同意后，交由特别行政区出席全国人大的代表团向全国人大提出。

基本法的修改议案在列入全国人大的议程前，先由特别行政区基本法委员会研究并提出意见。

基本法的任何修改，均不得同中华人民共和国对香港、澳门既定的基本方针政策相抵触。

例2： 根据我国宪法和港、澳基本法规定，关于港、澳基本法的修改，下列哪一选项是不正确的？

A. 在不同港、澳基本法基本原则相抵触的前提下，全国人大常委会在全国人大闭会期间有权修改港、澳基本法

B. 港、澳基本法的修改提案权属于全国人大常委会、国务院和港、澳特别行政区

C. 港、澳特别行政区对基本法的修改议案，由港、澳特别行政区出席全国人大会议的代表团向全国人大会议提出

D. 港、澳基本法的任何修改，不得同我国对港、澳既定的基本方针政策相抵触

提示： A选项错误。

二、予以保留的原有法律

《香港基本法》第8条规定："香港原有法律，即普通法、衡平法、条例、附属立法和习惯法，除同本法相抵触或经香港特别行政区的立法机关作出修改者外，予以保留。"

《澳门基本法》第 8 条规定："澳门原有的法律、法令、行政法规和其他规范性文件，除同本法相抵触或经澳门特别行政区的立法机关或其他有关机关依照法定程序作出修改者外，予以保留。"

三、特别行政区立法机关制定的法律

特别行政区享有立法权。除了有关国防、外交和其他根据基本法的有关规定不属于特别行政区自治范围的法律之外，特别行政区立法会可以制定任何其有权制定的法律。只要制定的法律符合基本法，符合法定程序，就可以在特别行政区生效适用。

《香港基本法》第 17 条和《澳门基本法》第 17 条均规定，特别行政区的立法机关制定的法律须报全国人大常委会备案。

四、适用于特别行政区的全国性法律

由于特别行政区保持其原有的法律制度基本不变，因而，全国性法律一般不在特别行政区实施。但是，特别行政区作为中华人民共和国不可分离的一部分，某些体现国家主权和统一的全国性法律又有必要在特别行政区实施。因此，那些在特别行政区实施的全国性法律也是特别行政区的法律渊源。

根据基本法的规定，在香港、澳门特别行政区实施的全国性法律包括：

<table>
<tr><td rowspan="2">适用于特别行政区的全国性法律</td><td>香港</td><td>1.《关于中华人民共和国国都、纪年、国歌、国旗的决议》；
2.《关于中华人民共和国国庆日的决议》；
3.《中央人民政府公布中华人民共和国国徽的命令》；
4.《中华人民共和国政府关于领海的声明》；
5.《中华人民共和国国籍法》；
6.《中华人民共和国外交特权与豁免条例》。</td></tr>
<tr><td>澳门</td><td>1.《关于中华人民共和国国都、纪年、国歌、国旗的决议》；
2.《关于中华人民共和国国庆日的决议》；
3.《中华人民共和国国籍法》；
4.《中华人民共和国外交特权与豁免条例》；
5.《中华人民共和国领事特权与豁免条例》；
6.《中华人民共和国国旗法》；
7.《中华人民共和国国徽法》；
8.《中华人民共和国领海及毗连区法》。</td></tr>
</table>

在两个特别行政区实施的全国性法律基本相同（差异是由基本法制定时间不同造成的，香港基本法制定后全国人大常委会颁布的一些法律被收入后制定的澳门基本法附件三）。

港澳《基本法》第 18 条第 4 款均规定，全国人大常委会决定宣布战争状态或因特别行政区内发生特别行政区政府不能控制的危及国家统一或安全的动乱而决定特别行政区进入紧急状态，中央人民政府可发布命令将有关全国性法律在特别行政区实施。

*2017年11月4日，十二届全国人大常委会第三十次会议分别表决通过了关于增加香港/澳门特别行政区基本法附件三所列全国性法律的决定，将《国歌法》列入适用于港澳特别行政区的全国性法律的范围。

第十三章　村民委员会

☞ 相关法条及司法解释

《宪法》第111条

《村民委员会组织法》第2、3、5～7、11、12、14、16～19、21～24、27、29、30、35、36条

☞ 命题分析

“村民委员会”几乎每年必考，并且总分值非常高。对该知识点的考查集中于《村民委员会组织法》的规定，而该法并不复杂，总共6章41条，通读一遍也就“一袋烟的工夫”。因此，好好研读《村民委员会组织法》，抓住了“村民委员会”这样的考点，就等于抓住了法考的“牛鼻子”。

一、村民委员会的性质和任务

《宪法》第111条规定：“城市和农村按居民居住地区设立的居民委员会或者村民委员会是基层群众性自治组织。……”《村民委员会组织法》进一步规定：“村民委员会是村民自我管理、自我教育、自我服务的基层群众性自治组织，实行民主选举、民主决策、民主管理、民主监督。”

村民委员会作为基层群众性自治组织，其任务主要是：（1）办理本村的公共事务和公益事业，调解民间纠纷，协助维护社会治安，向人民政府反映村民的意见、要求和提出建议。（2）协助乡、民族乡、镇的人民政府开展工作。（3）其他职责。具体参见《村民委员会组织法》第8、9条的规定。

二、村民委员会的设置

村民委员会根据村民居住状况、人口多少，按照便于群众自治，有利于经济发展和社会管理的原则设立。

村民委员会的设立、撤销、范围调整，由乡、民族乡、镇的人民政府提出，经村民会议讨论同意，报县级人民政府批准。

村民委员会可以根据村民居住状况、集体土地所有权关系等分设若干村民小组。

例1：根据我国《村民委员会组织法》的规定，关于村民委员会的范围调整，下列哪一选项是正确的？

A. 由村民委员会主任提出，经村民会议讨论同意后，报乡级人民政府批准

B. 由村民委员会主任提出，经村民会议讨论同意后，报乡级人民代表大会批准

C. 由乡级人民政府提出，经村民会议讨论同意后，报县级人民政府批准

D. 由乡级人民政府提出，经村民会议讨论同意后，报县级人民代表大会批准

提示：C选项正确。

三、村民委员会和基层人民政府的关系

乡、民族乡、镇的人民政府对村民委员会的工作给予指导、支持和帮助，但是不得干预依法属于村民自治范围内的事项。

村民委员会协助乡、民族乡、镇的人民政府开展工作。

例2：根据《宪法》和《村民委员会组织法》的规定，下列哪些选项是正确的？

B. 乡、民族乡、镇的人民政府不得干预依法属于村民自治范围内的事项

四、村民委员会的组成

村民委员会由主任、副主任和委员共三至七人组成。

村民委员会成员中，应当有妇女成员，多民族村民居住的村应当有人数较少的民族的成员。

村民委员会根据需要设人民调解、治安保卫、公共卫生与计划生育等委员会。村民委员会成员可以兼任下属委员会的成员。人口少的村的村民委员会可以不设下属委员会，由村民委员会成员分工负责人民调解、治安保卫、公共卫生与计划生育等工作。

例3：关于村民委员会，下列哪一说法是正确的？

C. 村民委员会根据需要设人民调解、治安保卫、公共卫生委员会

D. 村民委员会由主任、副主任和村民小组长若干人组成

五、村民委员会的选举和罢免

村民委员会主任、副主任和委员，由村民直接选举产生。任何组织或者个人不得指定、委派或者撤换村民委员会成员。——2016－1－26选项D曾经考查过这个问题。

村民委员会每届任期5年，届满应当及时举行换届选举。村民委员会成员可连选连任（全国人大常委会2018年12月29日立法修订）。

例4：根据《村民委员会组织法》的规定，下列哪一选项是正确的？

A. 村民委员会每届任期3年，村民委员会成员连续任职不得超过2届

村民委员会的选举，由村民选举委员会主持。村民选举委员会由主任和委员组成，由村民会议、村民代表会议或者各村民小组会议推选产生。

村民选举委员会成员被提名为村民委员会成员候选人，应当退出村民选举委员会。

村民选举委员会成员退出村民选举委员会或者因其他原因出缺的，按照原推选结果依次递补，也可以另行推选。

例5：根据《村民委员会组织法》的规定，下列哪一选项是正确的？

C. 村民委员会选举由乡镇政府主持

《村民委员会组织法》第13条规定，年满18周岁的村民，不分民族、种族、性别、职业、家庭出身、宗教信仰、教育程度、财产状况、居住期限，都有选举权和被选举权；但是，依照法律被剥夺政治权利的人除外。登记参加选举的村民名单应当在选举日的20日前由村民选举委员会公布。

对登记参加选举的村民名单有异议的，应当自名单公布之日起5日内向村民选举委员会申诉（2016－1－26选项C曾经考查过这一问题），村民选举委员会应当自收到申诉之日起3日内作出处理决定，并公布处理结果。

选举村民委员会，由登记参加选举的村民直接提名候选人。候选人的名额应当多于应选名额。

选举村民委员会，有登记参加选举的村民过半数投票，选举有效；候选人获得参加投票的村民过半数的选票，始得当选。当选人数不足应选名额的，不足的名额另行选举。另行选举的，第一次投票未当选的人员得票多的为候选人，候选人以得票多的当选，但是所得票数不得少于已投选票总数的三分之一。——请牢记，村民委员会成员的选举是"双过半制"，即选民过半数参加投票并经参加投票的选民过半数通过，始得当选。

本村五分之一以上有选举权的村民或者三分之一以上的村民代表联名，可以提出罢免村民委员会成员的要求，并说明要求罢免的理由。被提出罢免的村民委员会成员有权提出申辩意见。罢免村民委员会成员，须有登记参加选举的村民过半数投票，并须经投票的村民过半数通过。——村委会成员的罢免也是"双过半制"，即选民过半数参加投票并经参加投票的选民过半数通过。2011－1－63选项C、2012－1－26选项B连续两年考查"村委会成员的罢免"问题。

例6：根据《宪法》和《村民委员会组织法》的规定，下列哪些选项是正确的？

C. 罢免村民委员会成员，须经参加投票的村民过半数通过

例7：根据《村民委员会组织法》的规定，下列哪一选项是正确的？

B. 罢免村民委员会成员，须经投票的村民过半数通过

以暴力、威胁、欺骗、贿赂、伪造选票、虚报选举票数等不正当手段当选村民委员会成员的，当选无效。

村民委员会成员丧失行为能力或者被判处刑罚的，其职务自行终止。

例8：根据《村民委员会组织法》的规定，下列哪一选项是正确的？
D. 村民委员会成员丧失行为能力的，其职务自行终止

六、村民会议、村民代表会议、村民小组会议

（一）村民会议

1. 村民会议的组成

《村民委员会组织法》第21条规定，村民会议由本村18周岁以上的村民组成。——该条规定不同于《村民委员会组织法》第13条关于参加村民委员会选举的资格要求之规定。第13条有“依照法律被剥夺政治权利的人除外”之规定，第21条关于参加村民会议的村民除了年龄之外，其他条件在所不问。

例9：根据《宪法》和《村民委员会组织法》的规定，下列哪些选项是正确的？
A. 村民会议由本村18周岁以上，没有被剥夺政治权利的村民组成

2. 村民会议的会议制度

村民会议由村民委员会召集。有十分之一以上的村民或者三分之一以上的村民代表提议，应当召集村民会议。召集村民会议，应当提前10天通知村民。

召开村民会议，应当有本村18周岁以上村民的过半数，或者本村三分之二以上的户的代表参加，村民会议所作决定应当经到会人员的过半数通过。法律对召开村民会议及作出决定另有规定的，依照其规定。——村民会议作出决定需要“双过半”。

3. 村民会议的职权

村民会议审议村民委员会的年度工作报告（2016－1－26选项A曾经考查过这个问题），评议村民委员会成员的工作；有权撤销或者变更村民委员会不适当的决定；有权撤销或者变更村民代表会议不适当的决定。

《村民委员会组织法》第24条规定，涉及村民利益的下列事项，经村民会议讨论决定方可办理：

（1）本村享受误工补贴的人员及补贴标准；

（2）从村集体经济所得收益的使用；

（3）本村公益事业的兴办和筹资筹劳方案及建设承包方案；

（4）土地承包经营方案；

（5）村集体经济项目的立项、承包方案；

（6）宅基地的使用方案；

（7）征地补偿费的使用、分配方案；

（8）以借贷、租赁或者其他方式处分村集体财产；

（9）村民会议认为应当由村民会议讨论决定的涉及村民利益的其他事项。

《村民委员会组织法》第27条规定，村民会议可以制定和修改村民自治章程、村规民约，并报乡、民族乡、镇的人民政府备案。——该条款涉及村民的自治权和基层政府的监督权，"备案"是正确处理这两种权力之关系的关键，也是命题人不厌其烦考查的重点！

村民自治章程、村规民约以及村民会议或者村民代表会议的决定不得与宪法、法律、法规和国家的政策相抵触，不得有侵犯村民的人身权利、民主权利和合法财产权利的内容。

村民自治章程、村规民约以及村民会议或者村民代表会议的决定违反前款规定的，由乡、民族乡、镇的人民政府责令改正。——注意，是"责令改正"而不是"撤销"，这与"备案"一样，涉及村民会议和基层政府的法律关系。

（二）村民代表会议

人数较多或者居住分散的村，可以设立村民代表会议，讨论决定村民会议授权的事项。

1. 村民代表会议的组成

村民代表会议由村民委员会成员和村民代表组成，村民代表应当占村民代表会议组成人员的五分之四以上，妇女村民代表应当占村民代表会议组成人员的三分之一以上。

村民代表由村民按每五户至十五户推选一人，或者由各村民小组推选若干人。村民代表的任期与村民委员会的任期相同。村民代表可以连选连任。

2. 村民代表会议的会议制度

村民代表会议由村民委员会召集。村民代表会议每季度召开一次。有五分之一以上的村民代表提议，应当召集村民代表会议。

村民代表会议有三分之二以上的组成人员参加方可召开，所作决定应当经到会人员的过半数同意。——村民代表会议不实行"双过半"，其召开需要三分之二以上的组成人员，该要求比村民会议更为严格。

3. 村民代表会议的职权

村民会议可授权村民代表会议审议村民委员会的年度工作报告，评议村民委员会成员的工作，撤销或者变更村民委员会不适当的决定。

村民会议可授权村民代表会议讨论决定《村民委员会组织法》第24条所规定的事项。

（三）村民小组会议

召开村民小组会议，应当有本村民小组十八周岁以上的村民三分之二以上，或者本村民小组三分之二以上的户的代表参加，所作决定应当经到会人员的过半数同意。——村民小组会议的会议制度与村民代表会议相同，均比村民会议的“双过半”更为严格。

村民小组组长由村民小组会议推选。村民小组组长任期与村民委员会的任期相同，可以连选连任。

七、村民委员会的民主管理和民主监督

1. 村民委员会的决策机制

村民委员会应当实行少数服从多数的民主决策机制和公开透明的工作原则，建立健全各种工作制度。

例 10：关于村民委员会，下列哪一说法是正确的？

B. 村民委员会决定问题，采取村民委员会主任负责制

2. 村务公开制度

村民委员会实行村务公开制度。在《村民委员会组织法》第 30 条规定的事项中，一般事项至少每季度公布一次；集体财务往来较多的，财务收支情况应当每月公布一次；涉及村民利益的重大事项应当随时公布。村民委员会应当保证所公布事项的真实性，并接受村民的查询。

例 11：关于村民委员会，下列哪一说法是正确的？

A. 村民委员会实行村务公开制度，涉及财务的事项至少每年公布一次

3. 监督与评议制度

村应当建立村务监督委员会或者其他形式的村务监督机构，负责村民民主理财，监督村务公开等制度的落实，其成员由村民会议或者村民代表会议在村民中推选产生，其中应有具备财会、管理知识的人员。

村民委员会成员以及由村民或者村集体承担误工补贴的聘用人员，应当接受村民会议或者村民代表会议对其履行职责情况的民主评议。民主评议每年至少进行一次，由村务监督机构主持。

村民委员会成员连续两次被评议不称职的，其职务终止。

村民委员会和村务监督机构应当建立村务档案。

村民委员会成员实行任期和离任经济责任审计，由县级人民政府农业部门、财政部门或者乡、民族乡、镇的人民政府负责组织，审计结果应当公布，其中离任经济责任审计结果应当在下一届村民委员会选举之前公布。

例 12：根据《宪法》和《村民委员会组织法》的规定，下列哪些选项是正确的？

D. 村民委员会成员实行任期和离任经济责任审计

八、法律责任和法律救济

《村民委员会组织法》第36条规定，村民委员会或者村民委员会成员作出的决定侵害村民合法权益的，受侵害的村民可以申请人民法院予以撤销，责任人依法承担法律责任。

村民委员会不依照法律、法规的规定履行法定义务的，由乡、民族乡、镇的人民政府责令改正。

乡、民族乡、镇的人民政府干预依法属于村民自治范围事项的，由上一级人民政府责令改正。

上述规定同样涉及如何妥善处理村民自治和基层政府的监督之间的关系，并因此常常成为考查对象，考生务必予以重视。

第十四章　公民的基本权利

“我国公民的基本权利”是一个高频考点。其中，考查频率最高的部分是“政治权利和自由”“人身自由”“社会经济权利”和“文化教育权利”。此外，“基本权利的限制”“监督权和获得赔偿权”也时有考查。我们分节解析这六个重要知识点。

第一节　基本权利的限制

☞ 命题分析

“基本权利的限制”知识点理论性较强，有一定难度。尤其是关于“基本权利限制的界限”，考生的理解常常发生偏差。由于近年来综合性试题（与法理学相结合）有增加的趋势，考生对基本权利的限制等原理问题需要予以充分重视。

一、基本权利限制的含义

基本权利之限制与基本权利的相对性有关。除了思想自由、信仰自由、良心自由等少数基本权利属于绝对权利之外，其他多数基本权利都具有相对性，在特定的情况下可受到限制。基本权利的受限制性表现为对基本权利主体和基本权利具体活动形式的限制，包括剥夺一部分主体的基本权利（如剥夺某些罪犯的政治权利）、停止行使某种基本权利、出于社会公共利益的需要对某些主体的基本权利进行限制等等。

二、限制基本权利的目的

从各国宪法的规定看，限制基本权利主要有三个方面的目的：维护社会秩序、保障国家安全、维护公共利益。

我国《宪法》第 51 条规定：“中华人民共和国公民在行使自由和权利的时候，不得损害国家的、社会的、集体的利益和其他公民的合法的自由和权利。”该条款是对公民行使自由和权利的总的限制性规定，同时也说明了限制基本权利的目的。

例：公民基本权利也称宪法权利。关于公民基本权利，下列哪些选项是正确的?

C. 我国公民在行使自由和权利的时候，不得损害国家的、社会的、集体的利益和其他公民的合法的自由和利益

提示：C 选项正确。

除了宪法的规定外，其他法律也可根据宪法对基本权利作出限制性规定。但是其他法律根据宪法作出的限制应当具有合理的界限，不应超过宪法原则与精神所要求的范围与限度。此谓“基本权利的限制之限制”或者“基本权利限制的界限”。换言之，对基本权利的限制是有限制的。它包含两层含义：（1）可以对基本权利进行限制；（2）对基本权利的限制受到严格限制。也就是说，不能随意限制基本权利，对基本权利的限制必须符合一定的条件。

三、基本权利的内部限制和外部限制

基本权利的限制分为两种类型：内部限制和外部限制。

基本权利的内在限制，是指与基本权利的性质有关的基本权利本身所具有的限制。一般来说，任何具有界限的权利都存在这种内在限制。比如，言论自由权的行使，不能构成对他人隐私权、人格尊严的侵犯。我国《宪法》第 51 条规定：“中华人民共和国公民在行使自由和权利的时候，不得损害国家的、社会的、集体的利益和其他公民的合法的自由和权利。”这是基本权利的内在限制在宪法上的体现。

基本权利的外部限制，是指从权利的外部施加的并为宪法的价值目标所容许的限制。这种限制主要指现代宪法根据社会公共福利原则对经济自由施加的限制，比较典型的是针对财产权，现代宪法多明文规定国家基于公共福利的需要可以对其进行适当的限制，比如对私有财产进行征收或征用。

与大多数基本权利都具有内部限制不同，外部限制并不见诸所有的基本权利，不具有普遍性，基本权利的外部限制仅仅是一种例外的权利限制。正因为其例外性，基本权利的外部限制是有条件的，必须依法进行。比如，对公民私有财产的征收或者征用必须具有明确的法律依据。而且，满足合目的性原则（为了公共福利的需要）只是对公民财产权进行限制的必要条件，而非充要条件，对公民的财产权进行限制除了满足合目的性原则之外还需要符合其他条件，如确有征收或征用之必要、予以公平补偿，等等。

第二节　政治权利和自由

☞ 相关法条及司法解释

《宪法》第 34、35 条

☞ 命题分析

“政治权利和自由（选举权和被选举权、六项政治自由）”在早些年的考查频率并

不算高，分值也不高，但近年来明显有加强考查的趋势，因而不能漠视。其考查内容集中于两点，一是选举权和被选举权，二是出版自由。

政治权利和自由是指公民依法享有的参加国家政治生活的权利和自由，包括选举权和被选举权，以及言论、出版、集会、结社、游行、示威等六项自由。

一、选举权和被选举权

选举权是指选民依法选举代议机关代表的权利；被选举权则是指选民依法被选举为代议机关代表的权利。

选举权和被选举权是人民参加国家管理，实现当家作主权利的具体体现，也是人民行使国家权力的基本形式。《宪法》第34条规定："中华人民共和国年满十八周岁的公民，不分民族、种族、性别、职业、家庭出身、宗教信仰、教育程度、财产状况、居住期限，都有选举权和被选举权；但是依照法律被剥夺政治权利的人除外。"这表明，我国公民享有的选举权是一种普选权。除了年龄之外，对公民的选举权并无其他条件要求（有些国家有居住期限等条件要求）。即使是精神病患者，在法律上也享有选举权和被选举权，只不过因其不能实际行使选举权利，经选举委员会确认，不列入选民名单。

二、言论、出版、集会、结社、游行、示威的自由

《宪法》第35条规定："中华人民共和国公民有言论、出版、集会、结社、游行、示威的自由。"这六项自由统称言论自由（广义），亦称表达自由，是指公民以言语、行为等各种方式表达自己政治意愿的自由。

狭义的言论自由是指公民有权通过各种语言方式，针对国家政治和社会生活中的问题表达其思想和见解的自由。言论自由在公民的各项政治自由中居于首要地位。其表现形式多种多样，既包括口头形式，也包括书面形式，在现代社会，还包括利用互联网等现代传播工具表达意愿的自由。当然，言论自由也存在界限，言论自由要受到宪法和法律的合理限制。

出版自由是指公民通过公开出版物的形式，自由地表达自己对公共事务的见解和看法。出版自由是言论自由的延伸，它与狭义的言论自由不同之处在于，出版自由是利用公开出版物来表达意愿和见解，其他方面基本上与言论自由相同。

与言论自由一样，出版自由也不是绝对的，各国都有出版物管理制度。出版物管理制度可分为两种：一种是预防制，又称事前审查制，即在著作出版之前审查其内容是否合法。在现代民主社会，采用这种制度的国家比较少见。二是追惩制，即在出版物出版后，根据其后果和影响决定是否禁止和处罚。我国则实行预防制和追惩制相结合的制度。

集会、结社、游行、示威的自由，由《集会游行示威法》《社会团体登记管理条例》予以规范，此处不赘。

需要注意的是，理解政治权利，除了《宪法》第34、35条，还需要结合《刑法》的相关规定。《刑法》第54条规定，“剥夺政治权利是剥夺下列权利：（一）选举权和被选举权；（二）言论、出版、集会、结社、游行、示威自由的权利；（三）担任国家机关职务的权利；（四）担任国有公司、企业、事业单位和人民团体领导职务的权利。”

例：根据我国宪法关于公民基本权利的规定，下列哪一说法是正确的？
B. 我国公民被剥夺政治权利的，其出版自由也被剥夺

提示：公民被剥夺政治权利的，其出版自由自然也被剥夺。B选项正确。

第三节　人身自由

☞ 相关法条及司法解释

《宪法》第37～40条

☞ 命题分析

“人身自由（生命权、人身自由、人格尊严不受侵犯、住宅不受侵犯、通信自由和通信秘密受法律保护）”知识点考查频率较高，总分值也比较高。在人身自由包含的各项具体权利之中，“生命权”和“住宅不受侵犯”是考查的重点。命题人喜欢采用小案例的形式是考查本知识点时表现出来的一个鲜明特点。

人身自由有广、狭两种含义。狭义的人身自由仅指公民的身体不受非法侵犯，广义的人身自由则包括狭义的人身自由以及与之相关的生命权、人格尊严、住宅不受侵犯、通信自由和通信秘密受法律保护等等。人身自由是公民享有和实际行使其他权利自由的基础和前提。

一、生命权

（一）生命权的含义

生命权是享有生命、存活在世的权利，体现着人类的尊严和基本价值。生命权的重要性不言而喻。在宪法所确认的基本权利体系中，没有比生命权更重要的权利。不过，我国宪法文本并没有明确规定生命权。——这一问题在2012、2013年连续两年作过考查。

例 1：根据《宪法》和法律的规定，下列哪些选项是不正确的？

A. 生命权是我国宪法明确规定的公民基本权利

我国宪法文本虽然没有明确规定生命权，但这并不意味着对生命权不重视或者不予保护。首先，生命权是维系生命、存活在世的权利，它具有自然法的性质，本身并不依赖于宪法的确认。其次，我国宪法在价值上是充分尊重和保障生命权的。我国宪法所确认的整个公民权利体系当中的很多权利，比如人身自由不受侵犯、劳动权、休息权等等，都是为了使生命权得到有效的保障。

（二）生命权的主体与效力

生命权的主体是自然人，法人和其他组织不能成为生命权的主体。生命权的主体不限于本国公民，外国人、无国籍人都是生命权的主体。所以，生命权是“人”的权利，而不仅仅是公民的权利。

生命权的效力首先指向国家，国家之产生，本来是为了保护包括生命权在内的各种权利，但是国家公权力却非常容易侵犯它要保护的对象。因此，生命权首先对国家权力的一切活动产生效力，约束一切国家权力活动的过程与结果。其次，生命权具有“对第三人效力”，任何人都不得非法侵犯他人的生命权。

二、人身自由

狭义的人身自由，是指公民的身体不受非法侵犯，即不受非法限制、搜查、拘留和逮捕。《宪法》第 37 条规定：“中华人民共和国公民的人身自由不受侵犯。任何公民，非经人民检察院批准或者决定或者人民法院决定，并由公安机关执行，不受逮捕。禁止非法拘禁和以其他方法非法剥夺或者限制公民的人身自由，禁止非法搜查公民的身体。”

与其他权利一样，人身自由并不是绝对的权利。必要时，国家可以依法采取搜查、拘留和逮捕等措施，限制甚至剥夺公民的人身自由。当然，限制、剥夺公民的人身自由必须遵照宪法的规定和刑事诉讼法以及有关行政法规的规定。

三、人格尊严不受侵犯

《宪法》第 38 条规定：“中华人民共和国公民的人格尊严不受侵犯。禁止用任何方法对公民进行侮辱、诽谤和诬告陷害。”这是 1982 年宪法在总结“文革”中大量发生侵犯和蹂躏人格尊严事件的惨痛历史教训，痛定思痛后所作出的规定。

从我国宪法和有关法律的规定来看，人格尊严的主要内容包括下列几个方面：

（1）公民的姓名权。姓名权是指公民有权决定、使用和依法改变自己的姓氏名称，其他任何人不得干涉、滥用和假冒。

（2）公民的肖像权。肖像是人的外在形象的客观记录，是公民人身的派生物。肖像权是指公民有权制作、占有和使用自己的肖像，并有权禁止他人未经同意制作、使用自己的肖像，有权禁止他人对自己的肖像进行毁损、玷污、丑化和歪曲。

（3）公民的名誉权。名誉权是指人们对自己的所获得的良好社会评价排除他人侵害的权利。

（4）公民的荣誉权。荣誉权是指公民享有从国家和社会组织获得的各种光荣称号或者褒扬并维护其不受侵害的权利。

（5）公民的隐私权。隐私权是指公民享有的个人生活安宁、个人信息等个人生活领域内的事情不被他人侵扰、知悉、收集、利用和公开的权利。

四、住宅不受侵犯

住宅不受侵犯是指任何人未经法律许可或者未经房主同意，不得随意进入、搜查、查封公民的住宅。西方谚语云："A man's home is his castle（一个人的家就是他的城堡）。"哪怕是"破屋陋室"，"风能进，雨能进"，未经房主同意，即使是"国王也不能进"。我国《宪法》第39条规定："中华人民共和国公民的住宅不受侵犯。禁止非法搜查或者非法侵入公民的住宅。"这是针对"文革"中随意"抄家"所专门作出的规定。

根据我国法律的有关规定，公安机关、检察机关为了收集犯罪证据、查获犯罪嫌疑人、需要对有关人员的身体、物品、住宅及其他地方进行搜查时，必须严格依照法律规定的程序进行。

住宅不受侵犯，是人身自由知识点中考查频率最高的一个考点。仅此考点在2008~2016年间就出现过4次。请考生务必予以充分注意。

例2：我国《宪法》规定公民的住宅不受侵犯。下列哪些选项属于侵犯公民住宅的行为？

A. 非法侵入公民住宅　　B. 非法搜查公民住宅

C. 非法买卖公民住宅　　D. 非法出租公民住宅

提示：C、D选项不属于侵犯公民住宅的行为，A、B选项为正确答案。

例3：根据我国宪法规定，关于公民住宅不受侵犯，下列哪些选项是正确的？

A. 该规定要求国家保障每个公民获得住宅的权利

B.《治安管理处罚法》第40条规定，非法侵入他人住宅的，视情节给予不同时日的行政拘留和罚款。该条规定体现了宪法保障住宅不受侵犯的精神

C.《刑事诉讼法》第69条规定，被取保候审的犯罪嫌疑人、被告人未经执行机关批准不得离开所居住的市、县。该条规定是对《宪法》规定的公民住宅不受侵犯的合理限制

D. 住宅自由不是绝对的，公安机关、检察机关为了收集犯罪证据、查获犯罪嫌疑人，严格依法对公民住宅进行搜查并不违宪

提示：A、C选项错误，B、D选项为正确答案。

五、通信自由和通信秘密

《宪法》第 40 条规定："中华人民共和国公民的通信自由和通信秘密受法律的保护。除因国家安全或者追查刑事犯罪的需要，由公安机关或者检察机关依照法律规定的程序对通信进行检查外，任何组织或者个人不得以任何理由侵犯公民的通信自由和通信秘密。"

宪法的这一规定也有其特殊的时代背景。过去，因私拆他人信函而酿成悲剧的事件屡见不鲜。现在，由于科学发展和通信技术的进步，用书信进行联络的方式越来越少见。从 2008 年以来，司法考试及法考也没有考查过这一问题。兹不赘述。——有兴趣的考生可以研究一下互联网时代的通信自由和通信秘密问题。

第四节　社会经济权利

☞ 相关法条及司法解释

《宪法》第 13、42 ~ 45 条

☞ 命题分析

在"社会经济权利（财产权、劳动权、休息权、获得物质帮助权）"知识点中，享有休息权的"主体"考查次数最多，获得物质帮助权的条件也是考查的重点。

社会经济权利是指公民根据宪法规定享有的具有物质经济利益的权利，是公民实现其他基本权利的物质基础和保障。社会经济权利主要包括财产权、劳动权、休息权、获得物质帮助权等。

一、财产权

财产权是指公民对其合法的财产享有的不受非法侵犯的权利。我国《宪法》对财产权的规定主要体现为第 13 条的规定：

公民的合法的私有财产不受侵犯。

国家依照法律规定保护公民的私有财产权和继承权。

国家为了公共利益的需要，可以依照法律规定对公民的私有财产实行征收或者征用并给予补偿。

关于《宪法》第 13 条第 1 款，我们在"现行宪法的历次修改"部分就强调过，《宪法》第 13 条关于公民私有财产的保护之规定与《宪法》第 12 条关于公共财产的保护之规定不同。《宪法》第 12 条对公共财产的保护有"神圣不可侵犯"之用语，而

《宪法》第13条对公民私有财产的保护只有“不受侵犯”，而无“神圣”字样。虽然这并不意味着对二者的保护力度存在厚此薄彼的情况，但是，不可否认，我国宪法和法律对公共财产和私有财产的保护力度是有差别的。

《宪法》第13条第2款没有殊异之处。继承权是财产权的延伸，是公民合法财产代际传承的主要形式。要保护公民的财产权，就应当同时保护公民的继承权，以使财产权能顺利进行代际传承。

对公民私有财产实施侵害的最大可能来自国家。正是为了防止国家肆意侵犯公民的私有财产，2004年《宪法修正案》第22条在修改原条文的基础上增加一款规定，形成了现在的《宪法》第13条第3款。这一条款多次成为考查的对象。

可以从以下几个方面来理解宪法第13条第3款：

（1）公民的财产权具有相对性，在符合法定条件时国家可以征收或征用公民的财产。与很多基本权利一样，财产权并不是绝对的，财产权的社会性（财产权的行使会对社会产生影响）实际上决定了财产权存在界限。

（2）只有为了公共利益的需要，国家才可以征收或征用公民的私有财产。财产权虽然具有相对性，但并不是说国家可以随意限制或者剥夺公民的私有财产。私有财产如此重要（自由的基础），决定了只有为了更高的利益才能对其实施限制，也就是所谓的“对基本权利的限制之限制”。这种更高的利益，只能是社会公共利益。任何个人的财产权，都不能凌驾于他人的财产权之上。

（3）征收或征用公民的财产必须给予补偿。即使是为了公共利益的需要，国家征收或征用公民的私有财产，也不能毫无条件地收归己有，而必须支付相应的对价。因为，国家无权要求任何人为了公共利益必须白白作出牺牲，而必须按照“公共负担平等原则”或“特别牺牲原则”对被征收或征用人给予公平、合理的补偿。

（4）征收或征用公民的财产必须依照法律规定进行，这是程序方面的要求。我国宪法虽然并没有明确规定“正当程序”，但《国有土地上房屋征收与补偿条例》等法律法规规定，房屋征收与补偿应当遵循“决策民主、程序正当、结果公开”的原则。最高人民法院的相关司法解释中也有“征收补偿决定严重违反法定程序或者正当程序的，人民法院应当裁定不准予执行”这样的规定。

二、劳动权

《宪法》第42条第1款规定：“中华人民共和国公民有劳动的权利和义务。”公民的劳动权，是指有劳动能力的公民获得就业机会和适当的劳动保障条件并取得相应报酬的权利。由于通过劳动创造价值、获取相应报酬是人们维系自身生存并养育家庭成员的基础，也是社会得以发展进步的条件，因此，国家应当保护公民的劳动权，并积极创造条件，为公民享有这一权利提供保障。为此，《宪法》第42条第2款规定：“国家通过各种途径，创造劳动就业条件，加强劳动保护，改善劳动条件，并在发展生产的基础上，提高劳动报酬和福利待遇。”

由于我国的社会主义性质，劳动不仅仅是个人的权利，同时也是个人的义务。《宪法》第42条第3款、第4款规定：“劳动是一切有劳动能力的公民的光荣职责。国有企业和城乡集体经济组织的劳动者都应当以国家主人翁的态度对待自己的劳动。国家提倡社会主义劳动竞赛，奖励劳动模范和先进工作者。国家提倡公民从事义务劳动。国家对就业前的公民进行必要的劳动就业训练。”

三、劳动者的休息权

《宪法》第43条规定：“中华人民共和国劳动者有休息的权利。国家发展劳动者休息和休养的设施，规定职工的工作时间和休假制度。”这是关于劳动者的休息权之规定。劳动者的休息权，是指劳动者在行使劳动权的过程中，为保护身体健康，提高劳动效率，根据国家法律和制度的有关规定而享有的休息和休养权利。

为了使宪法规定的休息权落到实处，劳动法对工作时间和休息休假制度作了具体规定。比如，《劳动法》第36条规定：“国家实行劳动者每日工作时间不超过八小时、平均每周工作时间不超过四十四小时的工时制度。”第38条规定：“用人单位应当保证劳动者每周至少休息一日。”第40条规定：“用人单位在下列节日期间应当依法安排劳动者休假：（一）元旦；（二）春节；（三）国际劳动节；（四）国庆节；（五）法律、法规规定的其他休假节日。”

需要注意的是，我国宪法和法律所规定的休息权，是指劳动者的休息权，而非泛指任何公民的休息权。休息权的主体问题一直是命题老师“热衷”的对象。

例1：根据现行《宪法》规定，关于公民权利和自由，下列哪一选项是正确的？
B. 休息权的主体是全体公民

例2：根据我国宪法关于公民基本权利的规定，下列哪一说法是正确的？
D. 我国公民有任意休息的权利

例3：根据《宪法》和法律的规定，下列哪些选项是不正确的？
C.《宪法》第43条第1款规定，中华人民共和国公民有休息的权利

四、获得物质帮助权

《宪法》第45条第1款规定：“中华人民共和国公民在年老、疾病或者丧失劳动能力的情况下，有从国家和社会获得物质帮助的权利。国家发展为公民享受这些权利所需要的社会保险、社会救济和医疗卫生事业。”获得物质帮助权是公民因失去劳动能力或者暂时失去劳动能力而不能获得必要的物质生活资料时，有从国家和社会获得生活保障的权利。为了保障这种权利，《宪法》第45条第2款、第3款又规定：“国家和社会保障残废军人的生活，抚恤烈士家属，优待军人家属。国家和社会帮助安排盲、聋、哑和其他有残疾的公民的劳动、生活和教育。”

获得物质帮助权是有一定条件要求的，此种条件即宪法所规定的“年老、疾病或者丧失劳动能力的情况下”。只有具备了这种条件，才能主张物质帮助权。

例4：根据我国宪法关于公民基本权利的规定，下列哪一说法是正确的？

A. 我国公民在年老、疾病或者遭受自然灾害时有获得物质帮助的权利

例5：根据现行《宪法》规定，关于公民权利和自由，下列哪一选项是正确的？

C. 公民在年老、疾病或者未丧失劳动能力的情况下，有从国家和社会获得物质帮助的权利

第五节　文化教育权利

☞ 相关法条及司法解释

《宪法》第46、47条

☞ 命题分析

在“文化教育权利（受教育的权利、文化权利和自由）”知识点中，受教育权的属性（权利和义务的一体性）考查次数最多。另外，除2009年专题考查了本知识点外，其他年度多与其他权利相结合一并进行考查。

文化教育权利是公民在教育和文化领域享有的权利的自由。在属性上，文化教育权利是一种积极受益权，即公民可以积极主动地向国家提出请求、国家也应当积极作为创造实现的条件予以保障的权利。

例1：关于文化教育权利是公民在教育和文化领域享有的权利和自由的说法，下列哪一选项是错误的？

D. 同社会经济权利一样，文化教育权利属于公民的积极受益权

提示：社会经济权利中的劳动权、休息权、获得物质帮助权也属于公民的积极受益权，需要国家积极作为创造条件保障实现，但其中的财产权（包括继承权）除外。因此，选项D前半句陈述错误。D为应选项。

文化教育权利按其所属领域的差别可分为受教育的权利与文化权利和自由。兹分述之。

一、受教育的权利

在现代社会，个人所受教育的程度在很大程度上决定着一个人的人生轨迹。另一方面，对社会来说，教育也是培养健全合格公民的重要途径。由于教育具有如此重要的作用，我国《宪法》第46条规定："中华人民共和国公民有受教育的权利和义务。国家培养青年、少年、儿童在品德、智力、体质等方面全面发展。"

基于这一规定，受教育权有一个重要属性：权利和义务的一体性。也就是说，受教育权既是公民的权利也是公民的义务。受教育权的这一特点曾被反复考查。

例2：根据现行《宪法》规定，关于公民权利和自由，下列哪一选项是正确的？

A. 劳动、受教育和依法服兵役既是公民的基本权利又是公民的基本义务

提示：依法服兵役是公民的"光荣义务"，并非权利。A选项不正确，不当选。

例3：关于文化教育权利是公民在教育和文化领域享有的权利和自由的说法，下列哪一选项是错误的？

A. 受教育既是公民的权利，又是公民的义务

例4：根据《宪法》和法律的规定，下列哪些选项是不正确的？

D. 受教育既是公民的权利也是公民的义务

二、文化权利和自由

《宪法》第47条规定："中华人民共和国公民有进行科学研究、文学艺术创作和其他文化活动的自由。国家对于从事教育、科学、技术、文学、艺术和其他文化事业的公民的有益于人民的创造性工作，给以鼓励和帮助。"这是关于公民文化权利和自由的规定。

例5：关于文化教育权利是公民在教育和文化领域享有的权利和自由的说法，下列哪一选项是错误的？

C. 我国公民有进行科学研究、文学艺术创作和其他文化活动的自由

第六节　监督权和获得赔偿权

☞ 命题分析

"监督权和获得赔偿权"知识点在2009、2012、2016年作过考查。该知识点的理

论性较强，有一定难度。随着我国民主政治的发展和公民权利意识的觉醒，在实践中与该知识点相关的现实问题日益增多，需要运用相关法律规定解决问题的机会也日益增多，该知识点在法考中的重要性也日益突出。

一、监督权

监督权是指宪法所确认的公民有监督国家机关及其工作人员的活动的权利，其内容包括批评建议权、控告检举权和申诉权。

我国《宪法》第41条第1款和第2款规定："中华人民共和国公民对于任何国家机关和国家工作人员，有提出批评和建议的权利；对于任何国家机关和国家工作人员的违法失职行为，有向有关国家机关提出申诉、控告或者检举的权利，但是不得捏造或者歪曲事实进行诬告陷害。对于公民的申诉、控告或者检举，有关国家机关必须查清事实，负责处理。任何人不得压制和打击报复。"

例1：根据《宪法》和法律的规定，下列哪些选项是不正确的？
B. 监督权包括批评建议权、控告检举权和申诉权

提示：选项B内容正确，不当选。

例2：根据《宪法》规定，下列哪些权利是公民享有的监督权？
A. 罢免权
B. 集会、游行、示威自由
C. 批评和建议的权利
D. 申诉、控告或者检举的权利

提示：选项CD为当选项。

二、获得赔偿权

我国《宪法》第41条第3款规定："由于国家机关和国家工作人员侵犯公民权利而受到损失的人，有依照法律规定取得赔偿的权利。"《行政诉讼法》《国家赔偿法》《监察法》等法律都有进一步的规定。——获得赔偿权常常与行政法相关问题结合起来一并进行考查。

第十五章　公民的基本义务

☞ 命题分析

对“公民的基本义务”知识点的考查主要针对“依法纳税”“依法服兵役”这两个考点。该知识点的考查相对较为简单。

一、依法服兵役的义务

《宪法》第55条规定：“保卫祖国、抵抗侵略是中华人民共和国每一个公民的神圣职责。依照法律服兵役和参加民兵组织是中华人民共和国公民的光荣义务。”——需要注意的是，“光荣义务”也是义务，依法服兵役只是公民的义务而非权利。

对于《宪法》的前述规定，《兵役法》《国防法》等法律又作了进一步的详细规定。如《兵役法》第12条规定：“每年十二月三十一日以前年满十八周岁的男性公民，应当被征集服现役。当年未被征集的，在二十二周岁以前仍可以被征集服现役，普通高等学校毕业生的征集年龄可以放宽至二十四周岁。根据军队需要，可以按照前款规定征集女性公民服现役。……”此外，《兵役法》第3条、第16条和第17条分别规定了免服兵役、不得服兵役、缓征和不征集服兵役的情形。

例1：根据现行《宪法》规定，关于公民权利和自由，下列哪一选项是正确的？
A. 劳动、受教育和依法服兵役既是公民的基本权利又是公民的基本义务

提示：选项A错误。服兵役只是义务而不是权利。

二、依法纳税的义务

《宪法》第56条规定：“中华人民共和国公民有依照法律纳税的义务。”纳税义务是指纳税义务人依法向税收部门按一定比例缴纳税款的义务。纳税的基本特征是无偿性、固定性、强制性、平衡性。“无偿性、固定性和强制性”的含义容易理解；所谓“平衡性”是指根据税收法定的原则，是否纳税和纳税多少应当考虑社会成员的纳税能力。换言之，国家在确定公民的纳税义务时，要保证税制的合理科学和税收负担的公平；既要保证国家财政需要，又要考虑纳税人的实际承受能力。

《立法法》第8条规定：“基本经济制度以及财政、税收、海关、金融和外贸的基

本制度只能制定法律”，即是说我国立法对有关税收的基本制度实行法律保留原则，这是由税收基本制度在整个国家中的重要地位决定的。

纳税是一种法律行为，体现税收法定原则。纳税义务具有双重性：一方面，纳税是国家财政的重要来源，具有形成国家财力的属性；另一方面，纳税义务具有防止国家权力侵犯个人财产权的属性。与纳税义务相对应的国家权力是课税权。由于纳税直接涉及公民个人财产权的保护问题，因此依法纳税是保护公民财产权的重要保证。

需要注意的是，虽然每个公民都是纳税人，但具体履行纳税义务是有前提条件的，只有满足相应的条件才需要承担相应的税收义务。

此外，虽然从某种意义上讲，纳税义务的履行是纳税人享有各种公民权利的基础与条件，但我国宪法并没有规定履行纳税义务是公民享有其他权利的前提条件。

例2：根据《宪法》的规定，关于公民纳税义务，下列哪些选项是正确的？

A. 国家在确定公民纳税义务时，要保证税制科学合理和税收负担公平

B. 要坚持税收法定原则，税收基本制度实行法律保留

C. 纳税义务直接涉及公民个人财产权，宪法纳税义务具有防止国家权力侵犯其财产权的属性

D. 履行纳税义务是公民享有其他权利的前提条件

提示：ABC为当选项。宪法并没有规定履行纳税义务是公民享有其他权利的前提条件，选项D之陈述没有法律依据。

第十六章　全国人民代表大会

第一节　全国人大

☞ 相关法条及司法解释

《宪法》第 61、62 条
《全国人大组织法》第 4、9、10、15、16、20 条
《立法法》第 14 ~25 条

☞ 命题分析

“全国人大（全国人大的性质和地位、全国人大的组成和任期、全国人大的职权、全国人大的会议制度和工作程序）”知识点属于高频考点，总分值较高。其中，考查的重点有两个，一是“全国人大的职权”，二是“全国人大的会议制度和工作程序”。此外，将“全国人大的职权”与“全国人大代表的权利”或者其他国家机关特别是国家主席的职权结合起来进行考查也很常见。

一、全国人大的性质和地位

《宪法》第 2 条规定：“中华人民共和国的一切权力属于人民。人民行使国家权力的机关是全国人民代表大会和地方各级人民代表大会。”《宪法》第 57 条规定：“中华人民共和国全国人民代表大会是最高国家权力机关。……”第 58 条又规定：“全国人民代表大会和全国人民代表大会常务委员会行使国家立法权。”

根据上述条款规定，全国人大是最高国家权力机关，同时也是最高国家立法机关。——全国人大是最高国家权力机关，对于这一点，几乎无人不知、无人不晓，但是，对于全国人大也是最高国家立法机关，却未必人人都有清楚认识。有些考生受“我国不实行三权分立”观点的影响，误认为全国人大不是最高立法机关。这里需要明确，不实行三权分立并不等于没有立法权、行政权、司法权三种国家权力的划分，也不等于没有立法机关、行政机关和司法机关的分界。

全国人大的性质和地位决定了全国人大在我国国家机构体系中居于最高地位，其

他任何国家机关都不能超越于全国人大之上，也不能与它并驾齐驱。全国人大通过的法律和决议，其他国家机关必须遵照执行。

二、全国人大的组成和任期

《宪法》第59条第1款规定："全国人民代表大会由省、自治区、直辖市、特别行政区和军队选出的代表组成。各少数民族都应当有适当名额的代表。"——其中的"特别行政区"是2004年宪法修正案第25条增加的内容。

《选举法》第15条第2、3款规定："全国人民代表大会代表的名额不超过三千人。香港特别行政区、澳门特别行政区应选全国人民代表大会代表的名额和代表产生办法，由全国人民代表大会另行规定。"

《全国人大组织法》第4条第1款规定："全国人民代表大会代表按照选举单位组成代表团。各代表团分别推选代表团团长、副团长。"

例1：根据《全国人大组织法》规定，下列关于全国人大代表团的哪一说法是正确的？

A. 代表团团长、副团长由各代表团全体成员选举产生

提示："选举"和"推选"不一样，A选项陈述错误。

根据《宪法》第60条的规定，全国人大每届任期五年。全国人大任期届满的两个月以前，全国人大常委会必须完成下届全国人大代表的选举。如果遇到不能进行选举的非常情况，由全国人大常委会以全体组成人员的三分之二以上的多数通过，可以推迟选举，延长本届全国人大的任期。在非常情况结束后一年内，必须完成下届全国人大代表的选举。

三、全国人大的职权

全国人大的职权集中规定在《宪法》第62条、第63条和第64条中。概括而言，全国人大的职权包括：

1. 修改宪法、监督宪法的实施。其中，修改宪法是全国人大的专有权力。《宪法》第64条第1款规定，宪法的修改，由全国人大常委会或者五分之一以上的全国人大代表提议，并由全国人大以全体代表的三分之二以上的多数通过。监督宪法的实施，也是全国人大的重要职权。对此，我们将在"宪法监督"一章作详细解析。

2. 制定和修改基本法律。根据《宪法》第62条的规定，全国人大有权制定和修改刑事、民事、国家机构的和其他的基本法律。

3. 选举、决定和罢免国家机关的重要领导人。全国人大有权选举、罢免全国人大常委会组成人员；选举、罢免国家主席、副主席；根据国家主席的提名，决定国务院总理的人选；根据国务院总理的提名，决定副总理、国务委员、各部部长、各委员会主任、审计长、秘书长的人选，并有权罢免上述人员；选举中央军事委员会主席；根

据中央军事委员会主席的提名，决定中央军事委员会其他组成人员的人选，并有权罢免上述人员；选举、罢免国家监察委员会主任、最高人民法院院长、最高人民检察院检察长。

例2：关于全国人大职权，下列哪些说法是正确的？

A. 选举国家主席、副主席

B. 选举国务院总理、副总理

C. 选举最高人民法院院长、最高人民检察院检察长

D. 决定特别行政区的设立与建置

提示：(1) B选项错误。国务院总理、副总理非由“选举”产生；(2) D选项的错误参见下文全国人大职权中的“决定国家重大问题”。

4. 决定国家重大问题。全国人大审查、批准国民经济和社会发展计划和计划执行情况的报告；审查和批准国家的预算和预算执行情况的报告；批准省、自治区和直辖市的建置；决定特别行政区的设立及其制度；决定战争和和平的问题，等等。

5. 最高监督权。全国人大常委会对全国人大负责并报告工作，全国人大有权改变或撤销全国人大常委会作出的不适当的决定；国务院、最高人民法院、最高人民检察院对全国人大负责并报告工作；中央军事委员会主席对全国人大负责。——注意：《宪法》仅规定了最高人民法院、最高人民检察院对全国人大负责，而未规定向其“报告工作”，但《人民法院组织法》第9条规定：“最高人民法院对全国人民代表大会及其常务委员会负责并报告工作。地方各级人民法院对本级人民代表大会及其常务委员会负责并报告工作。”《人民检察院组织法》第9条作了同样的规定。此外，《监察法》第8条第4款规定，国家监察委员会对全国人大及其常委会负责，并接受其监督。

6. 应当由最高国家权力机关行使的其他职权。

四、全国人大的会议制度和工作程序

《宪法》和《全国人大组织法》《全国人大议事规则》《立法法》等法律对全国人大的会议制度和工作程序作了比较详细的具体规定。

1. **会议时间**：全国人大会议每年举行一次，于每年第一季度举行，由全国人大常委会召集。如果全国人大常委会认为必要，或者有1/5以上的全国人大代表提议，可以召集全国人大临时会议。

2. **人数要求**：全国人民代表大会会议有2/3以上的代表出席，始得举行。

3. **会前准备**：全国人大常委会在全国人大会议举行的一个月前，将开会日期和建议会议讨论的主要事项通知代表，并将准备提请会议审议的法律草案发给代表。全国人大临时会议不适用前述规定。

全国人民代表大会会议举行前，代表按照选举单位组成代表团。代表团全体会议

推选代表团团长、副团长。团长召集并主持代表团全体会议。副团长协助团长工作。

全国人民代表大会会议举行前，召开预备会议，选举主席团和秘书长，通过会议议程和关于会议其他准备事项的决定。预备会议由全国人大常委会主持。

4. **会议主持**：主席团主持全国人民代表大会会议。主席团第一次会议推选主席团常务主席若干人，推选主席团成员若干人分别担任每次大会全体会议的执行主席。主席团常务主席召集并主持主席团会议。主席团第一次会议由全国人大常委会委员长召集。

5. **列席会议**：国务院的组成人员，中央军事委员会的组成人员，最高人民法院院长和最高人民检察院检察长，列席全国人民代表大会会议；其他有关机关、团体的负责人，经全国人民代表大会常务委员会决定，可以列席全国人民代表大会会议。

6. **秘密会议**：全国人民代表大会会议公开举行。全国人民代表大会在必要的时候，可以举行秘密会议。举行秘密会议，经主席团征求各代表团的意见后，由有各代表团团长参加的主席团会议决定。

例3：根据《全国人大组织法》规定，在必要的时候，下列哪一机构有权决定全国人民代表大会会议秘密举行？

A. 十个以上代表团联名

B. 全国人大常委会委员长会议

C. 全国人大主席团和各代表团团长会议

D. 全国人大常委会和全国人大主席团

提示：《全国人大组织法》第20条规定："全国人民代表大会会议公开举行；在必要的时候，经主席团和各代表团团长会议决定，可以举行秘密会议。"《全国人民代表大会议事规则》第19条规定："全国人民代表大会在必要的时候，可以举行秘密会议。举行秘密会议，经主席团征求各代表团的意见后，由有各代表团团长参加的主席团会议决定。"据此，正确选项应当是C。

7. **议案的提出和审议**：全国人大主席团，全国人大常委会，全国人大各专门委员会，国务院，中央军事委员会，最高人民法院，最高人民检察院，可以向全国人大提出属于全国人大职权范围内的议案，由主席团决定列入会议议程。

一个代表团或者三十名以上的代表联名，可以向全国人大提出属于全国人大职权范围内的议案，由主席团决定是否列入会议议程，或者先交有关的专门委员会审议、提出是否列入会议议程的意见，再决定是否列入会议议程，并将主席团通过的关于议案处理意见的报告印发会议。专门委员会审议的时候，可以邀请提案人列席会议、发表意见。

列入会议议程的议案，提案人应当向会议提出关于议案的说明。议案由各代表团进行审议，主席团可以先交有关的专门委员会进行审议、提出报告，由主席团审议决定提请大会全体会议表决。

列入会议议程的法律案，大会全体会议听取关于该法律案的说明后，由各代表团审议，并由法律委员会和有关的专门委员会审议。

专门委员会审议议案和有关报告，涉及专门性问题的时候，可以邀请有关方面的代表和专家列席会议，发表意见。

大会全体会议表决议案，由全体代表的过半数通过。

8. **审议工作报告、审查国家计划和国家预算**：全国人大每年举行会议时，全国人大常委会、国务院、最高人民法院、最高人民检察院向会议提出的工作报告，经各代表团审议后，会议可以作出相应的决议。

9. **选举程序**：全国人大常委会委员长、副委员长、秘书长、委员的人选，国家主席、副主席的人选，中央军事委员会主席的人选，最高人民法院院长和最高人民检察院检察长的人选，由主席团提名，经各代表团酝酿协商后，再由主席团根据多数代表的意见，确定正式候选人名单，然后提交大会会议由全体代表选举。

10. **决定人选程序**：国务院总理的人选由国家主席提名，国务院副总理、国务委员、各部部长、各委员会主任、审计长和秘书长的人选由总理提名；中央军事委员会副主席、委员的人选由中央军事委员会主席提名。

全国人大会议选举或者决定任命，采用无记名投票方式。得票数超过全体代表的半数的，始得当选或者通过。

11. **罢免程序**：主席团、三个以上的代表团或者十分之一以上的代表，可以提出对于全国人大常委会的组成人员，国家主席、副主席，国务院的组成人员，中央军事委员会的组成人员，最高人民法院院长和最高人民检察院检察长的罢免案，由主席团交各代表团审议后，提请大会全体会议表决；或者由主席团提议，经大会全体会议决定，组织调查委员会，由全国人大下次会议根据调查委员会的报告审议决定。

例4：根据《全国人大组织法》规定，下列关于全国人大代表团的哪一说法是正确的？

B. 两个代表团以上可以向全国人大提出属于全国人大职权范围内的议案

C. 三个以上的代表团可以提出对于全国人大常委会的组成人员，国家主席、副主席，国务院和中央军事委员会的组成人员，最高人民法院院长和最高人民检察院检察长的罢免案

提示：结合前述“**议案的提出和审议**”部分，B选项中“两个代表团以上”之要求超出了法律的范围。C为正确选项。

12. **质询和询问程序**：全国人大会议期间，一个代表团或者三十名以上的代表联名，可以书面提出对国务院和国务院各部门的质询案。质询案按照主席团的决定由受质询机关的负责人在主席团会议、有关的专门委员会会议或者有关的代表团会议上口头答复，或者由受质询机关书面答复。在全国人大审议议案时，代表可以向有关国家机关提出询问，由有关机关派人参加会议，听取意见，回答询问。

＊全国人大代表团和代表的提案权要求之比较，图示如下：

提出议案	提出罢免案	提出质询案
一个代表团或者三十名以上的代表联名	三个以上的代表团或者十分之一以上的代表	一个代表团或者三十名以上的代表联名

例5：关于全国人大及其常委会的质询权，下列说法正确的是：

A. 全国人大会议期间，一个代表团可书面提出对国务院的质询案

B. 全国人大会议期间，三十名以上代表联名可书面提出对国务院各部的质询案

例6：根据《全国人大组织法》规定，下列关于全国人大代表团的哪一说法是正确的?

D. 一个代表团和三十名以上的代表可以联合提出对国务院及其各部、各委员会的质询案

第二节　全国人大常委会

☞ 相关法条及司法解释

《宪法》第65～69条

《全国人大组织法》第22～34条

《立法法》第26～55条

☞ 命题分析

对“全国人大常委会（全国人大常委会的性质和地位、全国人大常委会的组成和任期、全国人大常委会的职权、全国人大常委会的会议制度和工作程序）”知识点的考查，多次出现一年之中涉及两道试题甚至三道试题的情形。从近年来的命题情况来看，对“全国人大常委会”的考查重点是“全国人大常委会的职权”。考生需要对该考点多加关注。

一、全国人大常委会的性质和地位

根据《宪法》第57、58条的规定，全国人大常委会是全国人大的常设机关，是最高国家权力机关的组成部分，也是行使国家立法权的机关。

全国人大常委会对全国人大负责并报告工作；在全国人大闭会期间，国务院、最高人民法院、最高人民检察院对全国人大常委会负责并报告工作。全国人大常委会通过的决议、制定的法律，其他国家机关和全国人民都必须遵照执行。

二、全国人大常委会的组成和任期

《宪法》第65条和《全国人大组织法》第23条规定，全国人大常委会由下列人员组成：委员长、副委员长若干人、秘书长、委员若干人。全国人大常委会的组成人员由全国人民代表大会从代表中选出。全国人大常委会组成人员当中，应当有适当名额的少数民族代表。

全国人大常委会的组成人员不得担任国家行政机关、监察机关、审判机关和检察机关的职务；如果担任上述职务，必须辞去常委会的职务。——此谓“不得兼职原则”。

全国人大常委会每届任期同全国人大每届任期相同，它行使职权到下届全国人大选出新的常委会为止。委员长、副委员长连续任职不得超过两届。

三、全国人大常委会的职权

根据《宪法》第67条和《立法法》和《监督法》等相关法律的规定，全国人大常委会的职权主要有以下几个方面：

1. 解释宪法，监督宪法的实施。解释宪法是全国人大常委会的专有权力，其他国家机关都无权解释宪法。为了维护宪法尊严，保障宪法实施，宪法还赋予了全国人大常委会监督宪法实施的职权。

2. 立法权，即制定和修改除应当由全国人大制定的法律以外的其他法律，并在全国人大闭会期间，对全国人大制定的法律进行部分补充和修改，但不得同该法律的基本原则相抵触。

3. 法律解释权。法律有以下情况之一的，由全国人大常委会解释：（1）法律的规定需要进一步明确具体含义的；（2）法律制定后出现新的情况，需要明确适用法律依据的。

4. 审查和监督规范性文件。为了维护国家法制统一，全国人大常委会有权撤销同宪法、法律相抵触的行政法规、决定和命令；有权撤销同宪法、法律和行政法规相抵触的地方性法规和决议；有权撤销省、自治区、直辖市人大常委会批准的违背宪法和立法法关于立法权限规定的自治条例和单行条例。

《立法法》第99条规定，国务院、中央军事委员会、最高人民法院、最高人民检察院和各省、自治区、直辖市的人大常委会认为行政法规、地方性法规、自治条例和单行条例同宪法或者法律相抵触的，可以向全国人大常委会书面提出进行审查的要求。其他国家机关和社会团体、企业事业组织以及公民认为行政法规、地方性法规、自治条例和单行条例同宪法或者法律相抵触的，可以向全国人大常委会书面提出进行审查的建议。

《监督法》第31、32条规定，最高人民法院、最高人民检察院作出的属于审判、检察工作中具体应用法律的解释，应当自公布之日起30日内报全国人大常委会备案。国务院、中央军事委员会和省、自治区、直辖市的人大常委会认为最高人民法院、最高人民检察院作出的具体应用法律的解释同法律规定相抵触的，最高人民法院、最高人民检察院之间认为对方作出的具体应用法律的解释同法律规定相抵触的，可以向全国人大常委会书面提出进行审查的要求。其他国家机关和社会团体、企业事业组织以及公民认为最高人民法院、最高人民检察院作出的具体应用法律的解释同法律规定相抵触的，可以向全国人大常委会书面提出进行审查的建议。

5. 预算管理权。在全国人民代表大会闭会期间，审查和批准国民经济和社会发展计划、国家预算在执行过程中所必须作的部分调整方案。

6. 监督国家机关的工作。宪法规定，全国人大常委会监督国务院、中央军事委员会、国家监察委员会、高人民法院和最高人民检察院的工作。根据《监督法》等法律的规定，其监督方法和形式有：（1）听取和审议国务院、最高人民法院和最高人民检察院的专项工作报告。（2）审查和批准决算，听取和审议国民经济和社会发展计划、预算的执行情况报告，听取和审议审计工作报告。（3）法律法规实施情况的检查。（4）询问和质询。全国人大常委会组成人员10人以上联名，可以向全国人大常委会书面提出对国务院及其工作部门、最高人民法院和最高人民检察院的质询案，质询案由委员长会议决定交由受质询的机关答复。（5）对特定问题进行调查等等。

例1：关于全国人大及其常委会的质询权，下列说法正确的是：

A. 全国人大会议期间，一个代表团可书面提出对国务院的质询案

B. 全国人大会议期间，三十名以上代表联名可书面提出对国务院各部的质询案

C. 全国人大常委会会议期间，常委会组成人员十人以上可书面提出对国务院各委员会的质询案

D. 全国人大常委会会议期间，委员长会议可书面提出对国务院的质询案

提示：选项D错误，委员长会议无权提出质询案。正确答案为ABC。

7. 人事任免权。在全国人大闭会期间，根据国务院总理的提名，决定部长、委员会主任、审计长、秘书长的人选；在全国人大闭会期间，根据中央军事委员会主席的提名，决定中央军事委员会其他组成人员的人选；根据国家监察委员会主任的提请，任免国家监察委员会副主任、委员；据最高人民法院院长的提请，任免最高人民法院副院长、审判员、审判委员会委员和军事法院院长；根据最高人民检察院检察长的提请，任免最高人民检察院副检察长、检察员、检察委员会委员和军事检察院检察长，并且批准省、自治区、直辖市的人民检察院检察长的任免；决定驻外全权代表的任免。

8. 国家重大事项决定权。决定同外国缔结的条约和重要协定的批准和废除；规定军人和外交人员的衔级制度和其他专门衔级制度；规定和决定授予国家的勋章和荣誉称号；决定特赦；在全国人民代表大会闭会期间，如果遇到国家遭受武装侵犯或者必须履行国际间共同防止侵略的条约的情况，决定战争状态的宣布；决定全国总动员或

者局部动员；决定全国或者个别省、自治区、直辖市进入紧急状态。

例2： 根据我国《宪法》的规定，关于动员和紧急状态的决定权，下列哪些选项是正确的？

A. 全国人民代表大会常务委员会有权决定全国总动员

B. 全国人民代表大会常务委员会有权决定全国进入紧急状态

C. 国务院有权决定个别省、自治区、直辖市进入紧急状态

D. 国务院有权决定局部动员

提示： 根据《宪法》第67条第19、20项的规定，A、B选项陈述正确。C、D选项陈述的都是全国人大常委会的职权而非国务院的职权。

9. 全国人大授予的其他职权。除上述职权外，全国人大常委会还主持全国人大代表的选举，召集全国人大会议，在全国人大闭会期间领导各专门委员会的工作等。

四、全国人大常委会的会议制度和工作程序

《宪法》和《全国人大组织法》《全国人大常委会议事规则》《立法法》《监督法》等法律对全国人大常委会的会议制度和工作程序作了比较详细的具体规定。

1. **会议时间：** 全国人大常委会会议一般每两个月举行一次；有特殊需要的时候，可以临时召集会议。

2. **会议主持：** 全国人大常委会会议由委员长召集并主持。委员长可以委托副委员长主持会议。

3. **人数要求：** 全国人大常委会会议必须有常委会全体组成人员的过半数出席，才能举行。

4. **会前准备：** 委员长会议拟订常务委员会会议议程草案，提请常务委员会全体会议决定。常委会举行会议期间，需要调整议程的，由委员长会议提出，经常委会全体会议同意。

常委会举行会议，应当在会议举行7日以前，将开会日期、建议会议讨论的主要事项，通知常委会组成人员和列席会议的人员；临时召集的会议，可以临时通知。

5. **列席会议：** 常委会举行会议的时候，国务院、中央军事委员会、最高人民法院、最高人民检察院的负责人列席会议。不是常委会组成人员的全国人大专门委员会主任委员、副主任委员、委员，常委会副秘书长、工作委员会主任、副主任，有关部门负责人，列席会议。

常委会举行会议的时候，各省、自治区、直辖市的人大常委会主任或者副主任一人列席会议，并可以邀请有关的全国人大代表列席会议。

6. **议案的提出和审议：** 委员长会议、国务院、中央军事委员会、最高人民法院、最高人民检察院、全国人大各专门委员会、常委会组成人员10人以上联名，可以向常委会提出属于常委会职权范围内的议案。

列入常委会会议议程的法律案，一般应当经三次常委会会议审议后再交付表决。表决议案由常务委员会全体组成人员的过半数通过。

例3：根据我国《立法法》的规定，下列哪些主体既可以向全国人民代表大会，也可以向全国人民代表大会常务委员会提出法律案？

A. 国务院

B. 中央军事委员会

C. 全国人民代表大会各专门委员会

D. 三十名以上全国人民代表大会代表联名

提示：D选项陈述的全国人大代表不能联名向全国人大常委会提出法律案。正确答案为ABC。

7. **听取和审议专项工作报告的程序**：常委会全体会议听取国务院、最高人民法院、最高人民检察院的专项工作报告，听取国民经济和社会发展计划、预算执行情况报告，听取决算报告和审计工作报告，听取常务委员会执法检查组提出的执法检查报告，听取其他报告。常委会全体会议听取工作报告后，可以由分组会议和联组会议进行审议。委员长会议可以决定将工作报告交有关的专门委员会审议，提出意见。常委会认为必要的时候，可以对工作报告作出决议。

8. **质询程序**：在常委会会议期间，常委会组成人员10人以上联名，可以向常委会书面提出对国务院及国务院各部门和最高人民法院、最高人民检察院的质询案。质询案由委员长会议决定交由有关的专门委员会审议或者提请常委会会议审议。

质询案由委员长会议决定，由受质询机关的负责人在常委会会议上或者有关的专门委员会会议上口头答复，或者由受质询机关书面答复。质询案以书面答复的，应当由被质询机关负责人签署，并印发常委会组成人员和有关的专门委员会。

第三节　全国人大代表

☞ 命题分析

“全国人大代表”知识点涉及“全国人大代表的权利”和“全国人大代表的义务”两个考点。该知识点常常与“全国人大的会议制度和工作程序”结合起来一并进行考查。考生在解答相关试题时要能够做到对相关知识点的灵活运用。

一、全国人大代表的权利

根据《宪法》和《全国人民代表大会和地方各级人民代表大会代表法》（以下简

称《代表法》）等相关法律的规定，全国人大代表享有以下权利：

1. 出席全国人大会议，参加审议各项议案、报告和其他议题，发表意见。

2. 依法联名提出议案、质询案、罢免案等。五分之一以上的全国人大代表可以向全国人大提出修改宪法的议案。30名以上代表联名，可以向全国人大提出属于全国人大职权范围的议案。在全国人大会议期间，30名以上代表联名，有权书面提出对国务院及其部委、国家监察委员会、最高人民法院、最高人民检察院的质询案。

3. 提出对各方面工作的建议、批评和意见。

4. 参加各项选举和表决。

5. 信息、物质等各项保障权。

6. 人身特别保护权。在全国人大开会期间，非经全国人大会议主席团的许可，在全国人大闭会期间，非经全国人大常委会的许可，不受逮捕或者刑事审判。如果因为是现行犯被拘留，执行拘留的机关应当立即向全国人大会议主席团或者全国人大常委会报告。如果采取法律规定的其他限制人身自由的措施，也应当经全国人大会议主席团或者全国人大常委会许可。

7. 言论免责权。全国人大代表在全国人大各种会议上的发言和表决，不受法律追究。

8. 其他权利，如参观、视察等。

二、全国人大代表的义务

根据《宪法》和《代表法》等相关法律的规定，全国人大代表必须履行下列义务：

1. 全国人大代表必须模范地遵守宪法和法律，保守国家秘密，并且在自己参加的生产、工作和社会活动中，协助宪法和法律的实施。全国人大代表应当同原选举单位和人民保持密切的联系，听取和反映人民的意见和要求，努力为人民服务。

2. 全国人大代表受原选举单位的监督。原选举单位有权依照法律规定的程序罢免本单位选出的代表。

3. 法律规定的其他义务。

例：根据《宪法》和法律的规定，下列表述错误的是：

A. 全国人大代表在全国人大各种会议上的活动不受法律追究

B. 在全国人大闭会期间，全国人大代表未经选举单位人大常委会批准，不受逮捕和刑事审判

C. 全国人大代表受原选举单位的监督

D. 全国人大代表在全国人民代表大会开会期间，有权提出对国务院或者国务院各部、各委员会的质询案

提示：AB为当选项。

第十七章　国家主席

☞ 命题分析

“国家主席”知识点的隔年考查特征比较明显。考查内容除2009年为“国家主席的性质和地位”以外，其他年度均为“国家主席的职权”。因此，“国家主席的职权”是考查重点。

一、国家主席的性质和地位

中华人民共和国主席是我国国家机构的重要组成部分，对内对外代表国家，依法行使宪法规定的国家主席职权。

1954年宪法规定，国家主席与全国人大常委会共同行使国家元首的职权。

1975年宪法、1978年宪法均未设置国家主席。

1982年宪法恢复了国家主席的设置。

例1：根据《宪法》和法律规定，下列哪些选项是正确的？

A. 中华人民共和国主席对全国人大及其常委会负责

提示：A选项错误。根据我国的宪法规定和政治体制，国家主席无须对全国人大及其常委会负责。

二、国家主席的职权

根据宪法的规定，国家主席的职权主要有：

1. 根据全国人大的决定和全国人大常委会的决定，公布法律，任免国务院总理、副总理、国务委员、各部部长、各委员会主任、审计长、秘书长，授予国家的勋章和荣誉称号，发布特赦令，宣布进入紧急状态，宣布战争状态，发布动员令。

2. 代表中华人民共和国，进行国事活动，接受外国使节；根据全国人大常委会的决定，派遣和召回驻外全权代表，批准和废除同外国缔结的条约和重要协定。

另外，根据《国家勋章和国家荣誉称号法》的规定，国家主席进行国事活动，可直接授予外国政要、国际友人等人士“友谊勋章”。

例 2：根据《宪法》和《组织法》的规定，下列选项正确的是：
D. 中华人民共和国主席根据全国人大常委会的决定，进行国事活动

提示：D 选项错误。

第十八章 国务院

☞ 相关法条及司法解释

《宪法》第 85 ~ 92 条
《国务院组织法》第 1 ~ 11 条
《立法法》第 46 条、第 95 条第 1 款第 2、3 项

☞ 命题分析

"国务院的职权"是本知识点的考查重点。从命题情况来看，早年对国务院职权的考查侧重于《宪法》第 89 条列举的常规性职权，从 2014 年起则明显转向《立法法》等法律赋予的"法律解释请求权、裁决法律冲突的权力"等法定权力。这一变化趋势，值得考生高度重视。

由于"国务院的组成、国务院的性质和地位"两个考点与本知识点联系紧密，本章一并对其进行解析。

一、国务院的性质和地位

中华人民共和国国务院，即中央人民政府，是最高国家权力机关的执行机关，是最高国家行政机关。

作为最高国家权力机关的执行机关，国务院对全国人大负责并报告工作；在全国人大闭会期间，对全国人大常委会负责并报告工作。

作为最高国家行政机关，国务院在全国各级行政机关中处于最高的领导地位，国务院所属的各部委和地方各级行政机关都要服从国务院的领导。

例 1：根据《宪法》和法律规定，下列哪些选项是正确的？
B. 国务院对全国人大负责并报告工作，在全国人大闭会期间对全国人大常委会负责并报告工作

二、国务院的组成和任期

国务院由下列人员组成：

总理，副总理若干人，国务委员若干人，各部部长，各委员会主任，审计长，秘书长。

国务院总理根据国家主席的提名，由全国人大决定。副总理、国务委员、各部部长、各委员会主任、审计长和秘书长根据国务院总理的提名，由全国人大决定。在全国人大闭会期间，根据国务院总理的提名，全国人大常委会决定，可任免部长、委员会主任、审计长、秘书长。

国务院组成人员的任免决定作出以后，皆由国家主席宣布任免。

在国务院的组成人员当中，"国务委员"是一个需要注意的问题。根据《国务院组织法》的规定，其职位相当于副总理级，和副总理一起协助总理工作。国务委员受总理委托，负责某些方面的工作或者专项任务，并且可以代表国务院进行外事活动。

国务院每届任期同全国人民代表大会每届任期相同。总理、副总理、国务委员连续任职不得超过两届。

例2：根据《宪法》规定，关于国务院的说法，下列哪些选项是正确的？

A. 国务院由总理、副总理、国务委员、秘书长组成

例3：根据我国《宪法》和法律的规定，下列哪些人员是国务院组成人员？

A. 外交部副部长　　B. 国家发展和改革委员会主任

C. 国有资产监督管理委员会主任　　D. 审计署审计长

提示：BD为正确选项。例3中A选项错误，因为国务院各部委的正职负责人才是国务院的组成人员。C选项也错误，因为国务院国有资产监督管理委员会是根据第十届全国人民代表大会第一次会议批准的国务院机构改革方案和《国务院关于机构设置的通知》设置的，它是国务院授权代表国家履行出资人职责的直属特设机构，不是国务院的组成部门，与国务院组成部门的各部委性质不同，其正职负责人不是国务院组成人员。

三、国务院的领导体制

根据《宪法》《国务院组织法》的规定，国务院实行总理负责制。总理领导国务院的工作。副总理、国务委员协助总理工作。

（一）总理负责制

总理负责制是指国务院总理对其主管的工作负全部责任，与此相对应，国务院总理对其主管的工作也有完全的决定权。总理负责制表现为：

1. 领导权。总理领导国务院的工作，副总理、国务委员协助总理工作，各部部长、各委员会主任负责某一方面的工作，他们均向国务院总理负责。总理向全国人大及其常委会负责。

2. 提名权。国务院其他组成人员的人选由总理提名，并由全国人大或者全国人大

常委会决定。总理亦有权向全国人大或者全国人大常委会提出免除国务院其他组成人员的职务的请求。

3. 召集主持会议权。国务院的常务会议和全体会议由总理召集和主持，会议议题由总理确定。重大问题经全体会议或常务会议集体讨论，总理在讨论的基础上形成国务院的决定。

4. 签署权。国务院发布的决定、命令，国务院制定的行政法规，国务院向全国人大或者全国人大常委会提出的议案，国务院任免的政府工作人员，均须由国务院总理签署后才发生法律效力。

需要说明的是，总理负责制是民主集中制原则在国务院领导体制中的具体表现和运用。

（二）国务院全体会议和常务会议

根据《宪法》《国务院组织法》和《国务院工作规则》（2013 年 3 月 20 日国务院第 1 次全体会议通过）的规定，国务院实行国务院全体会议和国务院常务会议制度。

国务院全体会议由总理、副总理、国务委员、各部部长、各委员会主任、人民银行行长、审计长、秘书长组成，由总理召集和主持。国务院全体会议的主要任务是：（1）讨论决定国务院工作中的重大事项；（2）部署国务院的重要工作。国务院全体会议根据需要可安排其他有关部门、单位负责人列席会议。（＊ 国务院全体会议的会期已删除）

国务院常务会议由总理、副总理、国务委员、秘书长组成，由总理召集和主持。国务院常务会议的主要任务是：（1）讨论决定国务院工作中的重要事项；（2）讨论法律草案、审议行政法规草案；（3）通报和讨论其他重要事项。国务院常务会议一般每周召开一次。根据需要可安排有关部门、单位负责人列席会议。

例 4：根据《宪法》规定，关于国务院的说法，下列哪些选项是正确的？

A. 国务院由总理、副总理、国务委员、秘书长组成

B. 国务院常务会议由总理、副总理、国务委员、秘书长组成

提示：选项 A 错误，选项 B 正确。A 选项遗漏了各部委行政首长。

四、国务院的职权

根据《宪法》第 89 条的规定，国务院的职权共 18 项，包括宪法列举的 17 项职权和全国人大、全国人大常委会授予的其他职权。此外，《立法法》还赋予了国务院“裁决法律冲突的权力、法律解释请求权”等具体权力。

（一）宪法赋予国务院的职权

宪法赋予国务院的职权可以概括为以下几个方面：

1. 行政法规或行政措施制定权。根据宪法和法律，规定行政措施，制定行政法规，发布决定和命令。

2. 提出议案权。国务院有权向全国人大或者全国人大常委会提出议案。

3. 全国性行政工作的组织领导权。国务院有权规定各部和各委员会的任务和职责，统一领导各部委的工作，并且领导不属于各部委的全国性的行政工作；统一领导全国地方各级国家行政机关的工作，规定中央和省、自治区、直辖市的国家行政机关的职权的具体划分；编制和执行国民经济和社会发展计划和国家预算；领导和管理经济工作和城乡建设、生态文明建设；领导和管理教育、科学、文化、卫生、体育和计划生育工作；领导和管理民政、公安、司法行政和监察等工作；管理对外事务，同外国缔结条约和协定；领导和管理国防建设事业；领导和管理民族事务，保障少数民族的平等权利和民族自治地方的自治权利；保护华侨的正当的权利和利益，保护归侨和侨眷的合法的权利和利益；批准省、自治区、直辖市的区域划分，批准自治州、县、自治县、市的建置和区域划分；依照法律规定决定省、自治区、直辖市的范围内部分地区进入紧急状态。

4. 对其他行政机关的监督权。改变或者撤销各部、各委员会发布的不适当的命令、指示和规章；改变或者撤销地方各级国家行政机关的不适当的决定和命令；审定行政机构的编制，依照法律规定任免、培训、考核和奖惩行政人员。

5. 全国人大和全国人大常委会授予的其他职权。

例5：根据我国《宪法》的规定，关于动员和紧急状态的决定权，下列哪些选项是正确的？

C. 国务院有权决定个别省、自治区、直辖市进入紧急状态

D. 国务院有权决定局部动员

提示：CD均有错误。C、D选项陈述的均为全国人大常委会的权力。

例6：根据《宪法》规定，关于国务院的说法，下列哪些选项是正确的？

C. 国务院有权改变或者撤销地方各级国家行政机关的不适当的决定和命令

D. 国务院依法决定省、自治区、直辖市的范围内部分地区进入紧急状态

提示：C、D选项分别是《宪法》第89条第14项、第16项的规定，皆为正确选项。

（二）立法法赋予国务院的权力

1. 法律解释请求权

《立法法》第46条规定："国务院、中央军事委员会、最高人民法院、最高人民检察院和全国人民代表大会各专门委员会以及省、自治区、直辖市的人民代表大会常务委员会可以向全国人民代表大会常务委员会提出法律解释要求。"根据这一条款的规定，国务院有权向全国人大常委会提出法律解释的要求。——2014－1－61选项A曾经考查过这一问题。

2. 裁决法律冲突的权力

《立法法》第95条第2项、第3项规定：

地方性法规与部门规章之间对同一事项的规定不一致，不能确定如何适用时，由国务院提出意见，国务院认为应当适用地方性法规的，应当决定在该地方适用地方性法规的规定；认为应当适用部门规章的，应当提请全国人民代表大会常务委员会裁决。

部门规章之间、部门规章与地方政府规章之间对同一事项的规定不一致时，由国务院裁决。

3. 改变或撤销行政规章

《立法法》第97条第3项规定：

国务院有权改变或者撤销不适当的部门规章和地方政府规章。——《宪法》仅规定了国务院有权改变或者撤销各部、各委员会发布的不适当的命令、指示和规章，改变或者撤销地方各级国家行政机关的不适当的决定和命令，而未规定国务院有权改变或者撤销地方政府规章，《立法法》则赋予了国务院这项权力。

第十九章　中央军事委员会

☞ 命题分析

对“中央军事委员会”知识点的考查涉及“中央军事委员会的性质和地位、组成和任期、领导体制”三个考点。该知识点的考查相对较为简单。

一、中央军事委员会的性质和地位

《宪法》第93条第1款规定：“中华人民共和国中央军事委员会领导全国武装力量。”这一规定表明，中央军事委员会是国家最高军事指挥机关，领导全国武装力量。

《宪法》第94条规定：“中央军事委员会主席对全国人民代表大会和全国人民代表大会常务委员会负责。”这意味着中央军事委员会在国家机构体系中处于从属于最高国家权力机关的地位。

例：根据《宪法》和法律规定，下列哪些选项是正确的？

D. 中央军事委员会对全国人大负责并报告工作，在全国人大闭会期间对全国人大常委会负责并报告工作

提示：D选项不正确。

二、中央军事委员会的组成和任期

根据《宪法》第93条第2款的规定，中央军事委员会由下列人员组成：主席，副主席若干人，委员若干人。

根据《宪法》第62条第6项和第67条第10项的规定，中央军事委员会主席由全国人大选举产生；根据中央军事委员会主席的提名，全国人大决定中央军事委员会其他组成人员的人选。在全国人大闭会期间，全国人大常委会根据中央军事委员会主席的提名，决定中央军事委员会其他组成人员的人选。

根据《宪法》第93条第4款的规定，中央军事委员会每届任期同全国人大每届任期相同，即均为5年。

三、中央军事委员会的领导体制

《宪法》第93条第3款规定：“中央军事委员会实行主席负责制。”这一规定表明，

中央军事委员会在组织体系上是一个集体组成的委员会形式的国家机关，但其领导体制是首长负责制，即由中央军事委员会主席领导中央军事委员会的工作，中央军事委员会主席对全国人大和全国人大常委会负责。

第二十章　地方各级人民代表大会和地方各级人民政府

第一节　地方各级人民代表大会

☞ 相关法条及司法解释

《宪法》第 95 ~ 101 条

《地方各级人民代表大会和地方各级人民政府组织法》第 12 ~ 14、28、30、40 条

☞ 命题分析

"地方各级人民代表大会"（地方各级人大的性质和地位、地方各级人大的组成和任期、地方各级人大的职权、地方各级人大的会议制度和工作程序、专门委员会和调查委员会）由于涉及的内容较多，出题空间很大，基本上每次考查的内容都各不相同。另外，对"乡镇人大主席和主席团"的考查也多次出现，而这一知识点常常为考生所忽略。

一、地方各级人大的性质和地位

根据《宪法》和《地方各级人民代表大会和地方各级人民政府组织法》（以下简称"《地方组织法》"）的规定，省、自治区、直辖市、自治州、县、自治县、市、市辖区、乡、民族乡、镇设立人民代表大会。

地方各级人民代表大会是地方国家权力机关，本级地方国家行政机关、审判机关、检察机关都由它产生，对其负责，受其监督。

地方各级人大与全国人大一起构成我国的国家权力机关体系。但需要注意，全国人大与地方各级人大之间以及地方各级人大之间并不存在隶属关系，它们之间不是领导与被领导的关系，而是法律上的监督关系、工作上的指导关系。

二、地方各级人大的组成和任期

地方各级人大由人民选举产生的代表组成。代表的产生方式有两种：省、自治区、

直辖市、设区的市、自治州的人大代表由下一级人民代表大会选举产生；不设区的市、市辖区、县、自治县、乡、镇的人大代表由选民直接选举产生。地方各级人大代表的名额和代表产生办法由选举法规定。

根据现行《宪法》的规定，地方各级人大的每届任期均为5年。

三、地方各级人大的职权

根据《宪法》和《地方组织法》的规定，地方各级人大的职权主要有：

1. 保证宪法、法律、行政法规的遵守和执行，保护公民、法人或者其他组织的合法权利。在本行政区域内，保证宪法、法律、行政法规和上级人民代表大会及其常务委员会决议的遵守和执行，保证国家计划和国家预算的执行；保护社会主义的全民所有的财产和劳动群众集体所有的财产，保护公民私人所有的合法财产，维护社会秩序，保障公民的人身权利、民主权利和其他权利；保护各种经济组织的合法权益；保障少数民族的权利；保障宪法和法律赋予妇女的男女平等、同工同酬和婚姻自由等各项权利。

2. 选举和罢免地方国家机关负责人。县级以上的地方各级人大选举本级人大常委会的组成人员；选举省长、副省长，自治区主席、副主席，市长、副市长，州长、副州长，县长、副县长，区长、副区长，选举本级监察委员会主任、本级法院院长和检察院检察长（选出的检察长须报上级检察院检察长提请该级人大常委会批准）。乡、民族乡、镇的人大有权选举乡长、副乡长，镇长、副镇长。地方各级人大有权罢免由它选举产生的地方国家机关负责人。

3. 决定重大的地方性事务。审查和批准本行政区域内的国民经济和社会发展计划、预算以及它们执行情况的报告；讨论、决定本行政区域内的政治、经济、教育、科学、文化、卫生、环境和资源保护、民政、民族等工作的重大事项；有权通过和发布决议。少数民族聚居的乡、民族乡、镇的人民代表大会在行使职权的时候，还可采取适合民族特点的具体措施。

4. 监督权。听取和审查本级人大常委会的工作报告；听取和审查本级人民政府和人民法院、人民检察院的工作报告；改变或者撤销本级人大常委会的不适当的决议；撤销本级人民政府的不适当的决定和命令。此外，地方各级监察委员会应当接受本级人民代表大会的监督。

5. 地方立法权。根据《立法法》的规定，省、自治区、直辖市的人大及其常委会根据本行政区域的具体情况和实际需要，在不同宪法、法律、行政法规相抵触的前提下，可以制定地方性法规。设区的市的人大及其常委会根据本市的具体情况和实际需要，在不同宪法、法律、行政法规和本省、自治区的地方性法规相抵触的前提下，可以对城乡建设与管理、环境保护、历史文化保护等方面的事项制定地方性法规。设区的市的地方性法规须报省、自治区的人大常委会批准后施行。自治州的人大及其常委会可以依照前述规定行使设区的市制定地方性法规的职权。

四、地方各级人大的会议制度和工作程序

（一）会议制度

地方各级人民代表大会会议每年至少举行一次。经过五分之一以上代表提议，可以临时召集本级人民代表大会会议。

县级以上的地方各级人大会议由本级人大常委会召集。

县级以上的地方各级人大举行会议的时候，由经预备会议选举产生的主席团主持会议。

例1：根据《宪法》和《地方组织法》规定，下列哪一选项是正确的？

D. 县级以上的地方各级人民代表大会会议由本级人民代表大会常务委员会召集并主持

提示：县级以上人大会议由本级人大常委会召集，但在举行会议时，由主席团主持会议。因此，D选项错误。

县级以上的地方各级人民政府组成人员和人民法院院长、人民检察院检察长，乡镇人民政府领导人员，列席本级人大会议；县级以上的其他有关机关、团体负责人，经本级人大常委会决定，可以列席本级人大会议。

（二）工作程序

县级以上的地方各级人大每次会议举行预备会议，选举本次会议的主席团和秘书长，通过本次会议的议程和其他准备事项的决定。预备会议由本级人大常委会主持。每届人大第一次会议的预备会议，由上届本级人大常委会主持。

按照法律规定，地方各级人大通过决议和选举、罢免国家机关负责人的具体程序如下：

1. 议案通过程序

地方各级人大举行会议的时候，主席团、常委会、各专门委员会、本级人民政府，可以向本级人大提出属于本级人大职权范围内的议案，由主席团决定提交人大会议审议，或者先交有关的专门委员会审议、提出报告，再由主席团审议决定提交大会表决。

县级以上的地方各级人大代表10人以上联名，乡、民族乡、镇的人大代表5人以上联名，可以向本级人大提出属于本级人大职权范围内的议案，由主席团决定是否列入大会议程，或者先交有关的专门委员会审议，提出是否列入大会议程的意见，再由主席团决定是否列入大会议程。

地方各级人大进行选举和通过决议，以全体代表的过半数通过。

2. 选举程序

地方各级人大常委会组成人员、地方各级国家机关负责人的人选，由本级人大主席团提名。人大代表也可以联合提名上述人选。根据《地方组织法》的规定：

省、自治区、直辖市的人民代表大会代表30人以上书面联名，设区的市和自治州

的人民代表大会代表20人以上书面联名，县级的人民代表大会代表10人以上书面联名，可以提出本级人大常委会组成人员，人民政府领导人员，人民法院院长，人民检察院检察长的候选人。乡、民族乡、镇的人民代表大会代表10人以上书面联名，可以提出本级人民代表大会主席、副主席，人民政府领导人员的候选人。

主席团提名的候选人人数，每一代表与其他代表联合提名的候选人人数，均不得超过应选名额。

人大常委会主任、秘书长，乡、民族乡、镇的人民代表大会主席，人民政府正职领导人员，人民法院院长，人民检察院检察长的候选人数一般应多一人，进行差额选举；如果提名的候选人只有一人，也可以等额选举。其余领导人的选举均应依法具有一定差额比例（详细参见《地方组织法》第22条）。

选举采用无记名投票方式。代表对于确定的候选人，可以投赞成票，可以投反对票，可以另选其他任何代表或者选民，也可以弃权。

地方各级人民代表大会选举本级国家机关领导人员，获得过半数选票的候选人人数超过应选名额时，以得票多的当选。如遇票数相等不能确定当选人时，应当就票数相等的人再次投票，以得票多的当选。

3. 罢免程序

县级以上的地方各级人大举行会议时，主席团、常委会或者十分之一以上代表联名，可以提出对本级人大常委会组成人员、人民政府组成人员、人民法院院长、人民检察院检察长的罢免案，由主席团提请大会审议。乡、民族乡、镇的人民代表大会举行会议时，主席团或者五分之一以上代表联名，可以提出对人大主席、副主席，乡长、副乡长，镇长、副镇长的罢免案，由主席团提请大会审议。

罢免案均须经全体代表过半数通过。

4. 质询程序

地方各级人大举行会议的时候，代表十人以上联名可以书面提出对本级人民政府和它所属各工作部门以及人民法院、人民检察院的质询案。

质询案由主席团决定交由受质询机关在主席团会议、大会全体会议或者有关的专门委员会会议上口头答复，或者由受质询机关书面答复。

五、专门委员会和调查委员会

省、自治区、直辖市、自治州、设区的市的人民代表大会根据需要，可以设法制委员会、财政经济委员会、教育科学文化卫生委员会等专门委员会；县、自治县、不设区的市、市辖区的人民代表大会根据需要，可以设法制委员会、财政经济委员会等专门委员会。各专门委员会受本级人民代表大会领导；在大会闭会期间，受本级人大常委会领导。

各专门委员会的主任委员、副主任委员和委员的人选，由主席团在代表中提名，大会通过。在大会闭会期间，常委会可以任免专门委员会的个别副主任委员和部分委员，由主任会议提名，常委会会议通过。

各专门委员会在本级人大及其常委会领导下，研究、审议和拟订有关议案；对属于本级人大及其常委会职权范围内同本委员会有关的问题，进行调查研究，提出建议。

县级以上的地方各级人民代表大会可以组织关于特定问题的调查委员会。主席团或者十分之一以上代表书面联名，可以向本级人大提议组织关于特定问题的调查委员会，由主席团提请全体会议决定。

调查委员会应当向本级人民代表大会提出调查报告。人民代表大会根据调查委员会的报告，可以作出相应的决议。人民代表大会可以授权其常务委员会听取调查委员会的调查报告，常务委员会可以作出相应的决议，报人民代表大会下次会议备案。

例2：根据《宪法》和《地方组织法》规定，下列哪一选项是正确的？

B. 县级以上的地方各级人民代表大会常务委员会根据需要，可以设法制（政法）委员会等专门委员会

C. 县级以上的地方各级人民代表大会可以组织关于特定问题的调查委员会

提示：C选项符合《地方组织法》第31条第1款的规定，正确。B选项原为错误选项，但《地方组织法》在2015年修法后符合该法第30条第1款的规定，亦为正确选项。

六、乡镇人大主席和主席团

1. 乡镇人大主席

乡、民族乡、镇的人民代表大会设主席，并可以设副主席一人至二人。主席、副主席由本级人民代表大会从代表中选出，任期同本级人民代表大会每届任期相同。

乡、民族乡、镇的人民代表大会主席、副主席不得担任国家行政机关的职务；如果担任国家行政机关的职务，必须向本级人民代表大会辞去主席、副主席的职务。

乡、民族乡、镇的人民代表大会主席、副主席在本级人民代表大会闭会期间负责联系本级人民代表大会代表，根据主席团的安排组织代表开展活动，反映代表和群众对本级人民政府工作的建议、批评和意见，并负责处理主席团的日常工作。

2. 乡镇人大主席团

乡、民族乡、镇的人民代表大会举行会议的时候，选举主席团。由主席团主持会议，并负责召集下一次的本级人民代表大会会议。乡、民族乡、镇的人民代表大会主席、副主席为主席团的成员。

主席团在本级人民代表大会闭会期间，每年选择若干关系本地区群众切身利益和社会普遍关注的问题，有计划地安排代表听取和讨论本级人民政府的专项工作报告，对法律、法规实施情况进行检查，开展视察、调研等活动；听取和反映代表和群众对本级人民政府工作的建议、批评和意见。主席团在闭会期间的工作，向本级人民代表大会报告。

例3：根据《宪法》和《地方组织法》的规定，下列选项正确的是：

B. 乡、民族乡、镇的人大主席、副主席不得担任国家行政机关的职务

例4：根据《地方组织法》规定，关于乡镇人大主席，下列选项正确的是：
A. 乡镇人大主席、副主席由乡镇人大从本级人大代表中选出
B. 乡镇人大主席、副主席主持乡镇人大会议
C. 乡镇人大主席在乡镇人大闭会期间，可以担任国家行政机关的职务
D. 乡镇人大主席、副主席为乡镇人大会议主席团成员

提示：例4中A、D选项符合《地方组织法》第14、15条的规定，为正确选项。B、C选项不符合法律规定，错误。

第二节 县级以上地方各级人大常委会

☞ 相关法条及司法解释

《宪法》第103、104条
《地方组织法》第40~53条

☞ 命题分析

在2015年之前，对“县级以上地方各级人大常委会”（地方各级人大常委会的性质、地位、组成和任期、地方各级人大常委会的职权、地方各级人大常委会的会议制度）知识点很少考查，从2015年起则连续多年都作了考查。这与我国近年来注重加强各级人大常委会的制度建设显然存在一定关系，考生需要予以特别注意。

一、地方各级人大常委会的性质和地位、组成和任期

县级以上地方各级人大常委会是本级人民代表大会的常设机关，对本级人大负责并报告工作。

根据《地方组织法》第41条的规定：

省、自治区、直辖市、自治州、设区的市的人大常委会由本级人民代表大会在代表中选举主任、副主任若干人、秘书长、委员若干人组成。

县、自治县、不设区的市、市辖区的人大常委会由本级人民代表大会在代表中选举主任、副主任若干人和委员若干人组成。

常委会的组成人员不得担任国家行政机关、监察机关、审判机关和检察机关的

职务。

地方各级人大常委会的任期与本级人大任期相同，均为5年。

例：根据《宪法》和《地方组织法》规定，下列哪一选项是正确的?

A. 县级以上的地方各级人民代表大会常务委员会由主任、副主任若干人，秘书长、委员若干人组成

提示：是否设立“秘书长”取决于地方人大的级别。省、自治区、直辖市、自治州、设区的市的人大常委会设有秘书长一职，县级人大常委会不设秘书长。A选项不正确。

二、地方各级人大常委会的职权

根据《宪法》和《地方组织法》的规定，地方各级人大常委会的职权主要有：

<table>
<tr><td rowspan="5">地方各级人大常委会的职权</td><td rowspan="2">地方立法权</td><td>省、自治区、直辖市人大常委会</td><td>在本级人大闭会期间，根据本行政区域具体情况和实际需要，在不同宪法、法律、行政法规相抵触的前提下，可以制定和颁布地方性法规，报全国人大常委会和国务院备案。</td></tr>
<tr><td>设区的市的人大常委会</td><td>在本级人大闭会期间，根据本市的具体情况和实际需要，在不同宪法、法律、行政法规和本省、自治区的地方性法规相抵触的前提下，可以制定地方性法规，报省、自治区的人大常委会批准后施行，并由省、自治区的人大常委会报全国人大常委会和国务院备案。</td></tr>
<tr><td colspan="3">在本行政区域内，保证宪法、法律、行政法规和上级人大及其常委会决议的遵守和执行；领导或者主持本级人大代表的选举；召集本级人大会议。在本级人大闭会期间，补选上一级人大出缺的代表和罢免个别代表。</td></tr>
<tr><td>重大事项决定权</td><td colspan="2">讨论、决定本行政区域内的政治、经济、教育、科学、文化、卫生、环境和资源保护、民政、民族等工作的重大事项；根据本级人民政府的建议，决定对本行政区域内的国民经济和社会发展计划、预算的部分变更。</td></tr>
<tr><td>监督权</td><td colspan="2">监督本级人民政府、监察委员会、人民法院和人民检察院的工作，联系本级人民代表大会代表，受理人民群众对上述机关和国家工作人员的申诉和意见；撤销下一级人大及其常委会的不适当的决议；撤销本级人民政府的不适当的决定和命令。</td></tr>
</table>

续表

	人事任免权	决定	在本级人大闭会期间，决定副省长、自治区副主席、副市长、副州长、副县长、副区长的个别任免；在省长、自治区主席、市长、州长、县长、区长和人民法院院长、人民检察院检察长因故不能担任职务的时候，从本级人民政府、人民法院、人民检察院副职领导人员中决定代理的人选；决定代理检察长，须报上一级人民检察院和人民代表大会常务委员会备案。
		（根据本级政府首长提名）决定	根据省长、自治区主席、市长、州长、县长、区长的提名，决定本级人民政府秘书长、厅长、局长、委员会主任、科长的任免，报上一级人民政府备案。
		任免	由本级监察委员会主任提请，任免监察委员会副主任、委员；按照《人民法院组织法》和《人民检察院组织法》的规定，任免人民法院副院长、庭长、副庭长、审判委员会委员、审判员，任免人民检察院副检察长、检察委员会委员、检察员，批准任免下一级人民检察院检察长；省、自治区、直辖市的人民代表大会常务委员会根据主任会议的提名，决定在省、自治区内按地区设立的和在直辖市内设立的中级人民法院院长的任免，根据省、自治区、直辖市的人民检察院检察长的提名，决定人民检察院分院检察长的任免。
		撤销	在本级人民代表大会闭会期间，决定撤销个别副省长、自治区副主席、副市长、副州长、副县长、副区长的职务；决定撤销由它任命的本级人民政府其他组成人员和人民法院副院长、庭长、副庭长、审判委员会委员、审判员，人民检察院副检察长、检察委员会委员、检察员，中级人民法院院长，人民检察院分院检察长的职务。
	其他职权	决定授予地方的荣誉称号。	

三、地方各级人大常委会的会议制度

常委会会议由主任召集，每两个月至少举行一次。常委会的决议，由常委会以全体组成人员的过半数通过。

省、自治区、直辖市、自治州、设区的市的人大常委会主任、副主任和秘书长组成主任会议；县、自治县、不设区的市、市辖区的人大常委会主任、副主任组成主任会议。主任会议处理常务委员会的重要日常工作。

主任会议、县级以上地方各级人民政府、人大各专门委员会、省、自治区、直辖市、自治州、设区的市的人大常委会组成人员 5 人以上联名，县级的人大常委会组成人员 3 人以上联名，可以向本级人大常委会提出议案。

在常委会会议期间，省、自治区、直辖市、自治州、设区的市的人大常委会组成人员 5 人以上联名，县级的人大常委会组成人员 3 人以上联名，可以向常委会书面提出对本级人民政府、人民法院、人民检察院的质询案。

第三节　地方各级人民政府

☞ 相关法条及司法解释

《宪法》第105～110条

《地方组织法》第54～68条

《审计法》第5、7、8条

☞ 命题分析

在“地方各级人民政府”（地方各级人民政府的性质和地位、地方各级人民政府的组成、任期和领导体制、地方各级人民政府的职权、地方各级人民政府所属工作部门、地方各级人民政府的派出机关）知识点中，“地方各级人民政府所属工作部门、地方各级人民政府的派出机关”这两个考点曾反复出现，并多次考查到地方“审计机关”。这就要求考生必须加强对《地方组织法》第64～66条（地方政府的工作部门）、第68条（地方政府的派出机关）和《宪法》第109条（地方政府审计机关的地位和职权）以及《审计法》相关条文的学习，做到有的放矢，各个击破。

一、地方各级人民政府的性质和地位

《宪法》第105条规定，地方各级人民政府是地方各级国家权力机关的执行机关，是地方各级国家行政机关。

《宪法》第110条规定，地方各级人民政府对本级人民代表大会负责并报告工作。县级以上的地方各级人民政府在本级人民代表大会闭会期间，对本级人民代表大会常务委员会负责并报告工作。

地方各级人民政府对上一级国家行政机关负责并报告工作。全国地方各级人民政府都是国务院统一领导下的国家行政机关，都服从国务院。

二、地方各级人民政府的组成、任期和领导体制

省、自治区、直辖市、自治州、设区的市的人民政府分别由省长、副省长，自治区主席、副主席，市长、副市长，州长、副州长和秘书长、厅长、局长、委员会主任等组成。

县、自治县、不设区的市、市辖区的人民政府分别由县长、副县长，市长、副市长，区长、副区长和局长、科长等组成。

乡、民族乡的人民政府设乡长、副乡长。民族乡的乡长由建立民族乡的少数民族

公民担任。镇人民政府设镇长、副镇长。

新一届人民政府领导人员依法选举产生后，应当在两个月内提请本级人大常委会任命人民政府秘书长、厅长、局长、委员会主任、科长。

地方各级人民政府每届任期同本级人民代表大会每届任期相同，均为5年。

地方各级人民政府实行省长、市长、县长、区长、乡长、镇长负责制。这种首长负责制是由行政机关的性质和职权决定的，是行政工作的需要。但地方各级人民政府的行政首长对重大问题的决策，仍然要召开会议，在广泛听取各方面意见的基础上再作出决策。地方各级人民政府的会议分为全体会议和常务会议。其人员构成的差别是：

组成 / 类别	组成人员	其他
全体会议	本级政府全体成员	/
常务会议	本级政府正、副首长	省、自治区、直辖市、自治州和设区的市的政府秘书长也参加常务会议

三、地方各级人民政府的职权

县级以上地方各级人民政府依照法律规定的权限，管理本行政区域内的经济、教育、科学、文化、卫生、体育事业、城乡建设事业和财政、民政、公安、民族事务、司法行政、监察、计划生育等行政工作，发布决定和命令，任免、培训、考核和奖惩行政工作人员。

县级以上的地方各级人民政府领导所属各工作部门和下级人民政府的工作，有权改变或者撤销所属各工作部门和下级人民政府的不适当的决定。

乡、民族乡、镇的人民政府执行本级人民代表大会的决议和上级国家行政机关的决定和命令，管理本行政区域内的行政工作。

省、直辖市的人民政府决定乡、民族乡、镇的建置和区域划分。

除上述职权外，《地方组织法》第60条和《立法法》第82条规定了地方政府的立法权（规章制定权）：

立法权 / 主体	立法依据	立法权限	备案要求
省、自治区、直辖市人民政府	法律、行政法规和本省、自治区、直辖市的地方性法规	为执行法律、行政法规、地方性法规的规定需要制定规章的事项；属于本行政区域的具体行政管理事项	报本级人大常委会和国务院备案
设区的市、自治州的人民政府	法律、行政法规和本省、自治区的地方性法规	限于城乡建设与管理、环境保护、历史文化保护等方面的事项	报本级人大常委会和省级人大常委会、人民政府以及国务院备案

四、地方各级人民政府所属工作部门

地方各级人民政府根据工作需要和精干的原则，设立必要的工作部门。

省、自治区、直辖市的人民政府的厅、局、委员会等工作部门的设立、增加、减少或者合并，由本级人民政府报请国务院批准，并报本级人民代表大会常务委员会备案。

自治州、县、自治县、市、市辖区的人民政府的局、科等工作部门的设立、增加、减少或者合并，由本级人民政府报请上一级人民政府批准，并报本级人大常委会备案。

各厅、局、委员会、科分别设厅长、局长、主任、科长，在必要的时候可以设副职。办公厅、办公室设主任，在必要的时候可以设副主任。

省、自治区、直辖市、自治州、设区的市的人民政府设秘书长一人，副秘书长若干人。

省、自治区、直辖市的人民政府的各工作部门受人民政府统一领导，并且依照法律或者行政法规的规定受国务院主管部门的业务指导或者领导。

自治州、县、自治县、市、市辖区的人民政府的各工作部门受人民政府统一领导，并且依照法律或者行政法规的规定受上级人民政府主管部门的业务指导或者领导。

此外，宪法和地方组织法均规定，县级以上的地方各级人民政府设立审计机关。地方各级审计机关依照法律规定独立行使审计监督权，对本级人民政府和上一级审计机关负责。

例1：根据《宪法》和《地方组织法》的规定，下列选项正确的是：

C. 审计机关依照法律独立行使审计权，不受行政机关、社会团体和个人的干涉

提示：《审计法》第5条规定：“审计机关依照法律规定独立行使审计监督权，不受其他行政机关、社会团体和个人的干涉。”根据《宪法》第91条第2款、《地方组织法》第64条第2款以及《审计法》第7、8条等法律的规定，审计机关虽然依照法律独立行使审计权，但应当接受本级人民政府首长的领导和上一级审计机关的领导，选项C的表述存在错误。

例2：根据《地方组织法》规定，关于地方各级人民政府工作部门的设立，下列选项正确的是：

A. 县人民政府设立审计机关

B. 县人民政府工作部门的设立、增加、减少或者合并由县人大批准，并报上一级人民政府备案

C. （略）

D. 县人民政府的工作部门受县人民政府统一领导，并且依照法律或者行政法规的规定受上级人民政府主管部门的业务指导或者领导

提示：正确答案为AD。《地方组织法》第64条第4款规定：“自治州、县、自治

县、市、市辖区的人民政府的局、科等工作部门的设立、增加、减少或者合并，由本级人民政府报请上一级人民政府批准，并报本级人民代表大会常务委员会备案。”据此，县人民政府工作部门的调整，由县政府报请上一级人民政府批准，并报县人大常委会备案。选项B中的“由县人大批准，并报上一级人民政府备案”将对政府工作部门调整的决定权颠倒过来，是错误的，不当选。《地方组织法》第64条第4款背后的法理是：与各级人大常委会发生直接联系的是地方政府，而不是这些地方政府的工作部门。工作部门的调整属于地方政府内部事务，且工作部门的调整势必会影响到上一级人民政府工作部门的职权行使，因此，由上一级人民政府批准，再由同级人大常委会备案是合乎逻辑的。

五、地方各级人民政府的派出机关

省、自治区的人民政府在必要的时候，经国务院批准，可以设立若干派出机关。

县、自治县的人民政府在必要的时候，经省、自治区、直辖市的人民政府批准，可以设立若干区公所，作为它的派出机关。

市辖区、不设区的市的人民政府，经上一级人民政府批准，可以设立若干街道办事处，作为它的派出机关。

派出机关之设立 主体	派出机关名称	批准机关
省、自治区人民政府	行政公署	国务院
县、自治县人民政府	区公所	省、自治区、直辖市人民政府
市辖区、不设区的市人民政府	街道办事处	上一级人民政府

第二十一章 监察委员会

☞ 命题分析

“监察委员会”是2018年修宪的产物。该知识点在当年即作了考查。全面掌握该知识点需要将《宪法》第三章第七节与《监察法》的规定结合起来学习。由于“监察委员会”是我国政治体制改革进程的新生事物，可以合理预见，该知识点在未来几年都将是法考的重点。

一、监察委员会的性质和地位

《宪法》第123条规定，各级监察委员会是国家的监察机关。

《宪法》第126条规定，国家监察委员会对全国人大和全国人大常委会负责。地方各级监察委员会对产生它的国家权力机关和上一级监察委员会负责。——本次监察制度改革意味着我国的国家权力结构发生了重大变化，由原来的国家权力机关之下的“一府两院”改变为“一府一委两院”。

二、监察委员会的组成和任期

《宪法》第124条规定，中华人民共和国设立国家监察委员会和地方各级监察委员会。监察委员会由下列人员组成：主任，副主任若干人，委员若干人。

监察委员会主任每届任期同本级人民代表大会每届任期相同。国家监察委员会主任连续任职不得超过两届。

根据《宪法》第62条第7项和第67条第11项的规定，国家监察委员会主任由全国人大选举产生；根据国家监察委员会主任的提请，由全国人大常委会任免国家监察委员会副主任、委员。

根据《宪法》第101条第2款的规定，县级以上的地方各级人民代表大会选举并有权罢免本级监察委员会主任。根据《监察法》第9条第2款的规定，副主任、委员由监察委员会主任提请本级人大常委会任免。

三、监察委员会的领导体制

根据《宪法》第125条和126条以及《监察法》第8条、第9条和第10条的规定：

国家监察委员会对全国人大及其常委会负责，并接受其监督。

地方各级监察委员会对本级人大及其常委会和上一级监察委员会负责，并接受其监督。

国家监察委员会领导地方各级监察委员会的工作，上级监察委员会领导下级监察委员会的工作。

四、监察委员会与其他机关的关系

《宪法》第127条规定："监察委员会依照法律规定独立行使监察权，不受行政机关、社会团体和个人的干涉。监察机关办理职务违法和职务犯罪案件，应当与审判机关、检察机关、执法部门互相配合，互相制约。"这是监察权行使的基本准则之一，也是调整监察委员会与审判机关、检察机关、执法机关的关系的基本要求。

五、对监察委员会的监督

本次监察制度改革是将我国国家权力结构中的监督权独立设置，由各级监察委员会专司监督职责。虽然各级监察委员会是专门的监察机关，对属于其监察范围内的"六类人"全面进行监察，但这并不是说监察机关本身不受监督。不存在也不能存在不受监督和制约的权力。对监察委员会的监督主要包括国家权力机关的监督、社会监督和自我监督。

1. 监察委员会接受本级人大及其常委会的监督。各级人大常委会听取和审议本级监察委员会的专项工作报告，组织执法检查。县级以上各级人大及其常委会举行会议时，人大代表或者常委会组成人员可以依照法律规定的程序，就监察工作中的有关问题提出询问或者质询。

2. 监察机关应当依法公开监察工作信息，接受民主监督、社会监督、舆论监督。

3. 监察机关通过设立内部专门的监督机构等方式，加强对监察人员执行职务和遵守法律情况的监督，建设忠诚、干净、担当的监察队伍。上一级监察机关对下一级监察机关负有监督职责。

六、监察委员会的职权和工作程序

参见本书第二十六章第二节"《中华人民共和国监察法》"部分。

第二十二章　宪法实施

☞ 命题分析

“宪法实施”在2012年之前基本不作考查。从2012年起，该知识点的考查频率明显加大。这与我国近年来强调“依法治国首先是依宪治国”是一脉相承的。考生需予以特别重视。

一、宪法实施的概念

宪法实施是指宪法规范在实际生活中的具体落实，是宪法制定颁布后的运行状态，也是宪法作用于社会关系的基本形式。宪法实施通常包括宪法的遵守、宪法的适用和宪法实施的保障三个方面。

1. 宪法的遵守。宪法的遵守既是宪法实施的基本要求，也是宪法实施最基本的形式。它是指一切国家机关、社会组织和公民个人严格依照宪法规定从事各种行为的活动。

2. 宪法的适用。宪法适用是宪法实施的重要途径。与宪法的遵守相对应，宪法的适用是为实施宪法所进行的有目的的活动。宪法适用主要有两种途径：一是通过对宪法的解释消除认识上的分歧，保证宪法规范的准确理解和适用（注意：宪法解释是一种宪法的实施方式。宪法解释是在宪法实施过程中，由特定主体对宪法的内容、含义及其界限所做的一种说明）；二是通过宪法监督纠正违宪行为，维护宪法秩序。

3. 宪法实施的保障。“徒法不足以自行”，宪法也是一样。宪法的实施需要有坚强的保障。宪法实施的保障是国家为促进宪法的贯彻落实而建立的制度和开展的活动的总称，包括政治保障、社会保障和法律保障等。

例： 关于宪法实施，下列哪一选项是不正确的？

A. 宪法的遵守是宪法实施最基本的形式

B. 制度保障是宪法实施的主要方式

C. 宪法解释是宪法实施的一种方式

D. 宪法适用是宪法实施的重要途径

提示： 选项B为当选项。选项C内容正确，不当选。

二、宪法实施的主要特点

1. 宪法实施的广泛性和综合性

由于宪法是国家的根本大法，其内容涉及国家和社会生活的方方面面，因此，宪法实施具有广泛性和综合性特点。

2. 宪法实施的最高性和原则性

宪法实施的最高性和原则性也是由宪法的内容和地位决定的。此处不赘。

3. 宪法实施的直接性和间接性

在现实生活中，宪法可以直接实施，这是宪法实施的直接性。在我国，宪法在实施过程中虽然有一定的直接性，但其间接性特点更为突出。也就是说，宪法在实施过程中主要是通过其他具体法律规范作用于具体的人和事的。比如，宪法规定的人格尊严不受侵犯是通过包括《民法总则》有关姓名权的规定在内的一系列法律规范得到实施的。这是宪法实施的间接性特点。

第二十三章 宪法修改

☞ 相关法条及司法解释

《宪法》第 64 条第 1 款

☞ 命题分析

在该知识点中，“宪法修改的程序”是考查重点。而该考点主要通过《宪法》第 64 条第 1 款的规定体现出来，其内容并不算复杂，但命题人喜欢利用考生的模糊认识，将宪法修改与宪法制定、提案权主体和修宪权主体问题混在一起，并利用我国修宪实践中的某些惯例性做法（如采用宪法修正案形式、宪法修正案由全国人大主席团以全国人大公告的形式予以公布，这些做法并没有明确的宪法规定）所具有的特点，有意引导考生作出误判。因此，对于该知识点，考生必须做到澄清认识、掌握精准，方能立于不败之地。

一、宪法修改的方式

从各国宪法规定和修宪实践来看，宪法修改有两种方式：

1. 全面修改。全面修改又称整体修改，是在国家政权的性质及制宪权的根源没有发生变化的前提下，宪法修改机关对宪法的大部分内容进行调整，通过或批准整部宪法并重新予以颁布的活动。全面修改有两个特征：一是宪法修改依据的仍然是原宪法所规定的修改程序，这使得宪法的全面修改与宪法的重新制定区别开来；二是宪法修改机关通过或者批准整部宪法并重新予以颁布，这使得宪法的全面修改与部分修改区别开来。

宪法的全面修改之起因通常是社会生活发生了重大变化，导致宪法原来的指导思想或者大部分内容已经不能适应社会实际，无法调整社会现实，如果仍然不作修改或者仅作小修小补，就会使宪法规范形同虚设。因此，在这种情况下，对宪法进行整体修改势在必行。

我国从 1954 年制定第一部宪法至今，全面修改宪法共进行了三次，即 1975 年宪法、1978 年宪法和 1982 年宪法都是对前一部宪法的整体修改。

2. 部分修改。部分修改是指修宪机关不对宪法的内容进行全面调整，而仅对宪法的部分内容进行修正的活动。部分修改也有两个特征：一是宪法修改依据的是目标宪法中所规定的宪法修改程序，这是部分修改与宪法制定的区别；二是宪法修改机关并不重新通过或者批准整部宪法，而仅以决议或者宪法修正案等形式修改宪法的部分内容，这是部分修改与全面修改的区别。

宪法部分修改的原因是，宪法在总体上仍然适应社会现实，只是其中部分内容不再适应社会现实。因而，对不能适应社会现实的部分宪法规范，需要以新内容代替旧内容或者直接废除宪法条文中的某些规定，或者以修正案的方式对宪法的内容进行增删。

二、宪法修改的程序

从各国宪法规定和修宪实践来看，宪法修改的程序一般包括五个阶段。当然，这五阶段并非在所有国家都是必经程序。

1. 提案。提出修改宪法的动议是启动修宪程序的第一步。哪些主体有权提出修改宪法的议案非常重要。

2. 先决投票。先决投票是将宪法修正案草案提交宪法修改机关审议之前，由有关机关先行表决，决定是否正式向宪法修改机关提出。有些国家无此规定。

3. 起草和公布宪法修正案草案。宪法修改事关重大，在由修宪机关审议表决之前，需要提前公布宪法修正案草案交付全民讨论，听取各方意见。

4. 宪法修正案的通过。行使修宪权的主体在审议表决宪法修正案时，必须遵照修宪程序之要求，特别是根据“多数决”原则（三分之二或者四分之三多数不等）表决通过。

5. 公布。宪法修正案只有经过法定的公布程序才能生效实施。一般来说，公布宪法修正案的机关主要是国会或者国家元首，具体由各国宪法确定。

三、我国宪法的修改

（一）我国的宪法修改制度

现行《宪法》第64条第1款规定：“宪法的修改，由全国人民代表大会常务委员会或者五分之一以上的全国人民代表大会代表提议，并由全国人民代表大会以全体代表的三分之二以上的多数通过。”

根据这一规则，我国的宪法修改制度有三方面的内容：

（1）提案权主体是全国人大常委会或者五分之一以上的全国人民代表大会代表；

（2）修宪权主体或者说行使宪法修改权的机关是全国人民代表大会；

（3）宪法修正案须由全国人大以全体代表的三分之二以上的多数通过。

<table>
<tr><td rowspan="2">我国宪法修改制度</td><td>提议修改宪法的主体（提案权主体）</td><td>宪法修改权行使主体（修宪权主体）</td><td>审议通过程序（人数要求）</td></tr>
<tr><td>全国人大常委会或
五分之一以上全国人大代表</td><td>全国人民代表大会</td><td>全国人大代表的三分之二以上的多数通过</td></tr>
</table>

我国宪法对宪法的修改〔程序〕之规定惜墨如金，仅第 64 条第 1 款一个条款。此外，《全国人民代表大会议事规则》第 53 条规定："会议表决议案采用投票方式、举手方式或者其他方式，由主席团决定。宪法的修改，采用投票方式表决。"也就是说，宪法修改之表决，不可采用举手表决等公开方式，而必须采用投票方式。此种投票方式，虽未明言秘密投票，实际上都是采用秘密投票，以保障全国人大代表在修宪问题上的自由意志。

（二）我国宪法修改的实践

自 1954 年宪法制定以来，随着政治、经济、社会、文化的发展和变迁，我国宪法共经历了三次全面修改和多次部分修改。

三次全面修改是：（1）对 1954 年宪法进行修改，通过并颁布了 1975 年宪法；（2）对 1975 年宪法进行修改，通过并颁布了 1978 年宪法；（3）对 1978 年宪法进行修改，通过并颁布了 1982 年宪法。

多次部分修改是：（1）1979 年五届全国人大二次会议对 1978 年宪法的若干规定进行修改，通过了《关于修改〈中华人民共和国宪法〉若干问题的决议》，决定在县级和县级以上地方人大设立常委会，将地方各级革命委员会改为地方各级人民政府，将县级人大代表改由选民直接选举产生，上下级人民检察院之间由监督关系改为领导关系。（2）1980 年五届全国人大三次会议对 1978 年宪法再次进行修改，通过了《关于修改〈中华人民共和国宪法〉第四十五条的决议》，删去了"公民有运用'大鸣、大放，大辩论、大字报'的权利"的规定。（3）后面几次部分修改是我们熟悉的分别于 1988 年、1993 年、1999 年、2004 年和2018 年对 1982 年宪法所作的修改，共形成了 52 条宪法修正案。

在长期的修宪实践中，我国宪法修改逐步形成了以下几种惯例和做法：

1. 中共中央建议修改宪法。几次修宪都是由中共中央向全国人大常委会提出建议，然后启动正式的修宪程序。

2. 采用宪法修正案的形式。现行宪法并没有对宪法修改应当采用何种形式作出明确规定，不过，最近几次修改宪法均采用了宪法修正案的形式。

3. 宪法修正案由全国人大主席团以全国人大公告的形式公布。现行宪法没有对宪法修改后如何公布作出规定，在实践中，宪法修正案均是由"全国人大主席团"以"全国人大公告"的形式发布的。

上述几种惯例和做法，虽然法律上并没有明确规定，却常常成为法考的对象（参见 2016－1－93 选项 C、2014－1－22 选项 D、2010－1－23 选项 C），请务必予以重视。

例：关于我国宪法的修改，下列哪一说法是错误的？

A.《宪法》没有专章规定修改程序

B.《宪法》规定的修宪机关是全国人民代表大会

C.《立法法》规定，宪法修正案由国家主席令公布

D.《全国人大议事规则》规定，宪法修改以投票方式表决

提示：AB 选项非常容易判断，陈述均正确；选项 C 存在明显错误。《全国人民代表大会议事规则》第 53 条规定："会议表决议案采用投票方式、举手方式或者其他方式，由主席团决定。宪法的修改，采用投票方式表决。"因此，选项 D 陈述正确。所以，本题应当选 C。

第二十四章　宪法监督

☞ 相关法条及司法解释

《宪法》第62、67条
《立法法》第97～99条
《监督法》相关条文

☞ 命题分析

对宪法监督问题的考查明显分为两大类，一类侧重考查宪法监督的基本原理或者为综合性试题，另一类侧重考查《监督法》的具体条文规定。本章内容“我国的宪法监督制度”是对前一类知识点的解析，后一类侧重考查《监督法》具体条文的，另外作为“《监督法》专项考查”进行解析（参见第二十七章）。

“我国的宪法监督制度”在历年试题中所占分值很高，考生需要高度重视，集中火力，重点突破。

一、宪法监督的内容

宪法监督是由有权机关以法定方式对违宪行为进行监督处理从而保障宪法得到实施的一种制度。从受监督对象的角度，可以把宪法监督分为两类：

1. 规范的合宪性审查和监督。如果法律、法规、规章等规范性文件的内容违反宪法或者背离宪法的原则和精神，宪法就会成为具文和空壳。因此，保障法律、法规、规章等规范性文件的合宪性是宪法监督的重要内容。

2. 行为的合宪性审查和监督。全体公民、一切国家机关和武装力量、各政党和各社会团体、各企业事业组织，都必须以宪法为根本的活动准则。确保这些主体的行为的合宪性是宪法监督的又一重要内容。

二、宪法监督的体制

从各国的宪法规定和宪政实践来看，宪法监督体制主要有以下三种：

1. 由普通法院作为宪法监督机构。这种宪法监督体制起源于美国。1803年的“马伯里诉麦迪逊案”确立了普通法院的违宪审查权，法院通过具体案件的审理审查所涉及的法律是否符合宪法。这种体制后来为很多国家所效仿。

2. 由代议机关作为宪法监督机构。这种宪法监督体制起源于英国。英国长期奉行“议会至上”原则，因而将代表民意的议会作为宪法监督机关。社会主义国家也大多采用这种宪法监督体制。

3. 由专门机关作为宪法监督机构。德国、法国等国家专门设立“宪法法院”或者“宪法委员会”作为宪法监督机关。采用这种宪法监督体制的国家也不少见。

三、宪法监督的方式

从各国的宪法规定和宪政实践来看，具体的宪法监督方式存在很大的差异。不过，仍然可以大致将其归类为以下几种方式：

（一）事先审查和事后审查

事先审查又称预防性审查，这种审查方式通常适用于法律、法规、规章等规范性文件的制定过程。在法律、法规、规章等规范性文件尚未正式颁布实施之前，由有权机关对其是否合宪进行审查。如果认定其违宪，则应在修改后再颁布实施。事后审查则是指在法律、法规、规章等规范性文件颁布实施以后，由有权机关对其合宪性进行审查。

（二）附带性审查和抽象审查

附带性审查又称具体性审查或个案审查，是指法院在审理案件过程中，因案件所涉及的法律、法规、规章等规范性文件可能存在违宪问题，而对该规范性文件进行的合宪性审查。附带性审查以存在争讼事件为前提，没有争讼则不对规范性文件的合宪性进行审查。抽象审查与之相反，不以存在争讼事件为前提，而直接审查有疑问的法律、法规、规章等规范性文件。

（三）主动审查和被动审查

主动审查是指有权机关不以有人提出审查申请为前提，而直接审查存在合宪性疑问的规范或者行为的合宪性。被动审查则以有人提出审查申请为前提，有权机关并不主动审查规范或者行为的合宪性。

四、我国的宪法监督制度

（一）宪法监督体制

在宪法监督体制方面，我国属于代议机关作为宪法监督机关的模式。现行宪法关于全国人大和全国人大常委会的职权中都有“监督宪法的实施”的规定。宪法虽然没有排除其他国家机关也有监督宪法实施的职权，但全国人大和全国人大常委会的监督具有最高法律效力和最终性。

（二）宪法监督的方式

我国采取事先审查与事后审查相结合的方式。

1. 事先审查。这种审查方式主要体现为法规经批准后生效。根据宪法和立法法的相关规定，自治区人大制定的自治条例和单行条例报全国人大常委会批准后生效；自治州、自治县的自治条例和单行条例报省、自治区、直辖市人大常委会批准后生效；设区的市、自治州人大及其常委会制定的地方性法规报省、自治区人大常委会批准后施行。事先审查方式可图示如下：

事先审查 制定主体	审查对象	审查机关	审查方式
自治区人大	自治条例、单行条例	全国人大常委会	批准
自治州、自治县的人大	自治条例、单行条例	省、自治区、直辖市人大常委会	批准
设区的市、自治州的人大及其常委会	地方性法规	省、自治区人大常委会	批准

2. 事后审查。这种审查方式主要体现为法规、规章等规范性文件的“备案审查”。根据宪法和立法法、监督法等相关规定，行政法规、地方性法规、自治州和自治县的自治条例和单行条例、司法解释，须报全国人大常委会备案。部门规章和地方政府规章报国务院备案；地方政府制定的规章应当同时报本级人大常委会备案；设区的市、自治州人民政府制定的规章应当同时报省、自治区人大常委会和人民政府备案。上述规范性文件应当在公布后的30日内报有关机关备案。备案审查可图示如下：

法律名称	备案机关	其他要求
行政法规	全国人大常委会	/
省、自治区、直辖市人大及其常委会制定的地方性法规	全国人大常委会和国务院	/
设区的市、自治州的人大及其常委会制定的地方性法规	全国人大常委会和国务院	由省、自治区人大常委会报送
自治州、自治县的人大制定的自治条例和单行条例	全国人大常委会和国务院	由省、自治区、直辖市人大常委会报送，同时说明对法律、行政法规、地方性法规作出变通的情况
部门规章和地方政府规章	国务院	地方政府规章同时报本级人大常委会备案； 设区的市、自治州的人民政府制定的规章同时报省、自治区的人大常委会和人民政府备案
授权法规	作出授权的机关	经济特区法规报送备案时，应当说明对法律、行政法规、地方性法规作出变通的情况

根据《立法法》的规定，我国还实行主动审查和被动审查相结合的方式。《立法法》第99条规定：

国务院、中央军事委员会、最高人民法院、最高人民检察院和各省、自治区、直辖市的人民代表大会常务委员会认为行政法规、地方性法规、自治条例和单行条例同宪法或者法律相抵触的，可以向全国人民代表大会常务委员会书面提出进行审查的要求，由常务委员会工作机构分送有关的专门委员会进行审查、提出意见。

前款规定以外的其他国家机关和社会团体、企业事业组织以及公民认为行政法规、地方性法规、自治条例和单行条例同宪法或者法律相抵触的，可以向全国人民代表大会常务委员会书面提出进行审查的建议，由常务委员会工作机构进行研究，必要时，送有关的专门委员会进行审查、提出意见。

有关的专门委员会和常务委员会工作机构可以对报送备案的规范性文件进行主动审查。

（三）违宪的制裁措施

根据《宪法》第99条、104条和《立法法》第97条的规定，有权机关可以撤销或者改变违宪、违法的规范性文件、决议、决定。这些规定可图示如下：

对违宪的制裁 制裁主体	制裁措施	制裁对象	制裁客体
全国人大	改变或撤销	全国人大常委会	不适当的法律和决定
全国人大	撤销	全国人大常委会〔批准的〕	违背宪法和立法法的自治条例和单例
全国人大常委会	撤销	国务院	同宪法相抵触的行政法规、决定和命令
全国人大常委会	撤销	省、自治区、直辖市的人大及其常委会、设区的市和自治州的人大及其常委会	同宪法、法律和行政法规相抵触的地方性法规
全国人大常委会	撤销	省、自治区、直辖市人大常委会〔批准的〕	违背宪法和立法法的自治条例和单例
国务院	改变或撤销	国务院部门、直属机构和有权制定规章的地方人民政府	不适当的部门规章和地方政府规章
省、自治区、直辖市人大	改变或撤销	省、自治区、直辖市人大常委会〔制定和批准的〕	不适当的地方性法规
地方人大常委会	撤销	本级人民政府	不适当的规章
省、自治区人民政府	改变或撤销	下一级人民政府	不适当的规章
授权机关	撤销	被授权机关	超越授权范围或违背授权目的的法规（必要时可以撤销授权）
县级以上的地方各级人大常委会	撤销	本级人民政府	不适当的决定和命令

续表

制裁主体 \ 对违宪的制裁	制裁措施	制裁对象	制裁客体
县级以上的地方各级人大常委会	撤销	下一级人大	不适当的决议
县级以上的地方人大	改变或撤销	本级人大常委会	不适当的决定

例：根据省政府制定的地方规章，省质监部门对生产销售不合格产品的某公司予以行政处罚。被处罚人认为，该省政府规章违反《产品质量法》规定，不能作为处罚依据，遂向法院起诉，请求撤销该行政处罚。关于对该省政府规章是否违法的认定及其处理，下列哪一选项是正确的？

A. 由审理案件的法院进行审查并宣告其是否有效

B. 由该省人大审查是否违法并作出是否改变或者撤销的决定

C. 由国务院将其提交全国人大常委会进行审查并作出是否撤销的决定

D. 由该省人大常委会审查其是否违法并作出是否撤销的决定

提示：由于《行政诉讼法》第53条第2款已经明确排除了法院对规章的审查权，因此A选项错误（2015年修改《行政诉讼法》之前，我国法院也缺乏对规章的司法审查权）；根据《立法法》第97条第5项的规定，撤销本级人民政府的规章是由本级人大常委会而非由本级人大，因此，D选项正确而B选项错误；C选项的陈述不着边际，纯粹为干扰项。

第二十五章　宪法宣誓

第一节　宪法宣誓制度

☞ 相关法条及司法解释

全国人大常委会《关于实行宪法宣誓制度的决定》

☞ 命题分析

"宪法宣誓制度"是2016年新增的考点。2016年当年即考查了这一问题，考查形式为多项选择。

为了在全社会普遍开展宪法教育，弘扬宪法精神，2014年《中共中央关于全面推进依法治国若干重大问题的决定》提出："将每年十二月四日定为国家宪法日。……建立宪法宣誓制度，凡经人大及其常委会选举或者决定任命的国家工作人员正式就职时公开向宪法宣誓。"2015年7月1日，第十二届全国人大常委会第十五次会议通过了《关于实行宪法宣誓制度的决定》，自2016年1月1日起施行。**2018年2月24日，第十二届全国人大常委会第三十三次会议对该决定作了修订，修订后的决定自2018年3月12日起施行。**该决定的主要内容包括：

一、宣誓主体

各级人民代表大会及县级以上各级人大常委会选举或者决定任命的国家工作人员，以及各级人民政府、监察委员会、人民法院、人民检察院任命的国家工作人员，在就职时应当公开进行宪法宣誓。

二、誓词内容

我宣誓：忠于中华人民共和国宪法，维护宪法权威，履行法定职责，忠于祖国、忠于人民，恪尽职守、廉洁奉公，接受人民监督，为建设富强民主文明和谐美丽的社会主义现代化强国努力奋斗！

三、组织宣誓的主体

1. 全国人大会议主席团

全国人民代表大会选举或者决定任命的中华人民共和国主席、副主席，全国人大常委会委员长、副委员长、秘书长、委员，国务院总理、副总理、国务委员、各部部长、各委员会主任、中国人民银行行长、审计长、秘书长，中央军事委员会主席、副主席、委员，国家监察委员会主任，最高人民法院院长，最高人民检察院检察长，以及全国人大专门委员会主任委员、副主任委员、委员等，在依照法定程序产生后，进行宪法宣誓。宣誓仪式由全国人大会议主席团组织。

2. 全国人大常委会委员长会议

在全国人民代表大会闭会期间，全国人大常委会任命或者决定任命的全国人大专门委员会个别副主任委员、委员，国务院部长、委员会主任、中国人民银行行长、审计长、秘书长，中央军事委员会副主席、委员，在依照法定程序产生后，进行宪法宣誓。宣誓仪式由全国人大常委会委员长会议组织。

全国人大常委会任命的全国人大常委会副秘书长，全国人大常委会工作委员会主任、副主任、委员，全国人大常委会代表资格审查委员会主任委员、副主任委员、委员等，在依照法定程序产生后，进行宪法宣誓。宣誓仪式也由全国人大常委会委员长会议组织。

3. 其他机关

全国人大常委会任命或者决定任命的国家监察委员会副主任、委员，最高人民法院副院长、审判委员会委员、庭长、副庭长、审判员和军事法院院长，最高人民检察院副检察长、检察委员会委员、检察员和军事检察院检察长，中华人民共和国驻外全权代表，在依照法定程序产生后，进行宪法宣誓。宣誓仪式由国家监察委员会、最高人民法院、最高人民检察院、外交部分别组织。

国务院及其各部门、国家监察委员会、最高人民法院、最高人民检察院任命的国家工作人员，在就职时进行宪法宣誓。宣誓仪式由任命机关组织。

4. 宣誓方式

宣誓仪式根据情况，可以采取单独宣誓或者集体宣誓的形式。单独宣誓时，宣誓人应当左手抚按《中华人民共和国宪法》，右手举拳，诵读誓词。集体宣誓时，由一人领誓，领誓人左手抚按《中华人民共和国宪法》，右手举拳，领诵誓词；其他宣誓人整齐排列，右手举拳，跟诵誓词。

宣誓场所应当庄重、严肃，悬挂中华人民共和国国旗或者国徽。宣誓仪式应当奏唱中华人民共和国国歌。

负责组织宣誓仪式的机关，可以根据本决定并结合实际情况，对宣誓的具体事项作出规定。

5. 地方国家机关工作人员的宣誓

地方各级人民代表大会及县级以上地方各级人大常委会选举或者决定任命的国家工作人员，以及地方各级人民政府、监察委员会、人民法院、人民检察院任命的国家工作人员，在依照法定程序产生后，进行宪法宣誓。宣誓的具体组织办法由省、自治区、直辖市人大常委会参照全国人大常委会《关于实行宪法宣誓制度的决定》制定，报全国人大常委会备案。

第二节　特别行政区公职人员就职宣誓

☞ 相关法条及司法解释

《香港基本法》第104条

《澳门基本法》第101、102条

全国人大常委会《关于香港特别行政区基本法第一百零四条的解释》

☞ 命题分析

“特别行政区公职人员就职宣誓”是2017年新增的考点。当然，这一知识点本身并不“新”，《香港特别行政区基本法》第104条早就规定了特区公职人员就职宣誓制度，《澳门特别行政区基本法》第四章专设一节（两个条文）规定了“宣誓效忠”。问题起因于2016年香港发生了数名候任议员“宣誓辱华”事件，全国人大常委会为此于2016年11月7日专门通过了《关于香港特别行政区基本法第一百零四条的解释》，2017年的法考大纲随后增设了“特别行政区公职人员就职宣誓”考点。

一、特别行政区基本法关于公职人员就职宣誓的规定

（一）《香港基本法》第104条之规定

香港特别行政区行政长官、主要官员、行政会议成员、立法会议员、各级法院法官和其他司法人员在就职时必须依法宣誓拥护中华人民共和国香港特别行政区基本法，效忠中华人民共和国香港特别行政区。

（二）《澳门基本法》第101、102条之规定

澳门特别行政区行政长官、主要官员、行政会委员、立法会议员、法官和检察官，必须拥护中华人民共和国澳门基本法，尽忠职守，廉洁奉公，效忠中华人民共和国澳门特别行政区，并依法宣誓。

澳门特别行政区行政长官、主要官员、立法会主席、终审法院院长、检察长在就职时，除按本法第一百零一条的规定宣誓外，还必须宣誓效忠中华人民共和国。

二、全国人大常委会《关于香港特别行政区基本法第一百零四条的解释》

《全国人大常委会对香港基本法第104条的解释》如下：

（一）《中华人民共和国香港特别行政区基本法》第一百零四条规定的“拥护中华人民共和国香港特别行政区基本法，效忠中华人民共和国香港特别行政区”，既是该条规定的宣誓必须包含的法定内容，也是参选或者出任该条所列公职的法定要求和条件。

（二）《中华人民共和国香港特别行政区基本法》第一百零四条规定相关公职人员“就职时必须依法宣誓”，具有以下含义：

1. 宣誓是该条所列公职人员就职的法定条件和必经程序。未进行合法有效宣誓或者拒绝宣誓，不得就任相应公职，不得行使相应职权和享受相应待遇。

2. 宣誓必须符合法定的形式和内容要求。宣誓人必须真诚、庄重地进行宣誓，必须准确、完整、庄重地宣读包括“拥护中华人民共和国香港特别行政区基本法，效忠中华人民共和国香港特别行政区”内容的法定誓言。

3. 宣誓人拒绝宣誓，即丧失就任该条所列相应公职的资格。宣誓人故意宣读与法定誓言不一致的誓言或者以任何不真诚、不庄重的方式宣誓，也属于拒绝宣誓，所作宣誓无效，宣誓人即丧失就任该条所列相应公职的资格。

4. 宣誓必须在法律规定的监誓人面前进行。监誓人负有确保宣誓合法进行的责任，对符合本解释和香港特别行政区法律规定的宣誓，应确定为有效宣誓；对不符合本解释和香港特别行政区法律规定的宣誓，应确定为无效宣誓，并不得重新安排宣誓。

（三）《中华人民共和国香港特别行政区基本法》第一百零四条所规定的宣誓，是该条所列公职人员对中华人民共和国及其香港特别行政区作出的法律承诺，具有法律约束力。宣誓人必须真诚信奉并严格遵守法定誓言。宣誓人作虚假宣誓或者在宣誓之后从事违反誓言行为的，依法承担法律责任。

*全国人大常委会对《香港基本法》第104条做出解释后，经香港高等法院审理裁判，游某、梁某等人被取消议员资格。

第二十六章　近年新增考点

第一节　《国家勋章和国家荣誉称号法》

2015年12月27日，第十二届全国人大常委会第十八次会议通过了《国家勋章和国家荣誉称号法》，自2016年1月1日起施行。该法共21条，不分章节。其主要内容如下：

一、国家勋章的各类及授予对象

国家设立“共和国勋章”，授予在中国特色社会主义建设和保卫国家中作出巨大贡献、建立卓越功勋的杰出人士。

国家设立“友谊勋章”，授予在我国社会主义现代化建设和促进中外交流合作、维护世界和平中作出杰出贡献的外国人。

二、国家荣誉称号的名称及授予对象

国家设立国家荣誉称号，授予在经济、社会、国防、外交、教育、科技、文化、卫生、体育等各领域各行业作出重大贡献、享有崇高声誉的杰出人士。

国家荣誉称号的名称冠以“人民”，也可以使用其他名称。国家荣誉称号的具体名称由全国人大常委会在决定授予时确定。

三、授予国家勋章、国家荣誉称号的动议权、决定权和授予权

提出议案的主体	作出决定的主体	授予主体	其他
全国人大常委会委员长会议、国务院、中央军事委员会	全国人大常委会	国家主席	国家主席进行国事活动，可直接授予外国政要、国际友人等人士“友谊勋章”

四、国家功勋簿及其内容

国家设立国家功勋簿，记载国家勋章和国家荣誉称号获得者及其功绩。

五、国家勋章和国家荣誉称号的享有及撤销

国家勋章和国家荣誉称号为其获得者终身享有，但依照本法规定被撤销的除外。

国家勋章和国家荣誉称号获得者因犯罪被依法判处刑罚或者有其他严重违法、违纪等行为，继续享有国家勋章、国家荣誉称号将会严重损害国家最高荣誉的声誉的，由全国人大常委会决定撤销其国家勋章、国家荣誉称号并予以公告。

第二节 《中华人民共和国监察法》

2018 年 3 月 20 日，第十三届全国人民代表大会第一次会议通过了《中华人民共和国监察法》（以下简称《监察法》）。由于《监察法》是总结党的十八大以来反腐败实践经验，为新形势下反腐败斗争提供坚强法治保障的现实需要，是加强宪法实施，丰富和发展人民代表大会制度，推进国家治理体系和治理能力现代化的战略举措，其重要意义不言而喻。该法共分为 9 章，包括总则、监察机关及其职责、监察范围和管辖、监察权限、监察程序、反腐败国际合作、对监察机关和监察人员的监督、法律责任和附则，共 69 条。其主要内容是：

一、监察工作的指导思想和领导体制

为坚持和加强党对反腐败工作的集中统一领导，《监察法》第 2 条规定："坚持中国共产党对国家监察工作的领导，以马克思列宁主义、毛泽东思想、邓小平理论、'三个代表'重要思想、科学发展观、习近平新时代中国特色社会主义思想为指导，构建集中统一、权威高效的中国特色国家监察体制。"

二、监察工作的原则和方针

关于监察工作的原则。《监察法》第 4 条规定："监察委员会依照法律规定独立行使监察权，不受行政机关、社会团体和个人的干涉。监察机关办理职务违法和职务犯罪案件，应当与审判机关、检察机关、执法部门互相配合，互相制约。监察机关在工作中需要协助的，有关机关和单位应当根据监察机关的要求依法予以协助。"《监察法》第 5 条规定："国家监察工作严格遵照宪法和法律，以事实为根据，以法律为准绳；在适用法律上一律平等，保障当事人的合法权益；权责对等，严格监督；惩戒与教育相结合，宽严相济。"

关于监察工作的方针。《监察法》第 6 条规定："国家监察工作坚持标本兼治、综合治理，强化监督问责，严厉惩治腐败；深化改革、健全法治，有效制约和监督权力；加强法治教育和道德教育，弘扬中华优秀传统文化，构建不敢腐、不能腐、不想腐的长效机制。"

三、监察委员会的产生和职责

关于监察委员会的产生。根据 2018 年 3 月 11 日通过的宪法修正案第 52 条，《监察法》第 8 条第 1 款至第 3 款规定："国家监察委员会由全国人民代表大会产生，负责全国监察工作。国家监察委员会由主任、副主任若干人、委员若干人组成，主任由全国

人民代表大会选举，副主任、委员由国家监察委员会主任提请全国人民代表大会常务委员会任免。国家监察委员会主任每届任期同全国人民代表大会每届任期相同，连续任职不得超过两届。”《监察法》第9条第1款至第3款规定：“地方各级监察委员会由本级人民代表大会产生，负责本行政区域内的监察工作。地方各级监察委员会由主任、副主任若干人、委员若干人组成，主任由本级人民代表大会选举，副主任、委员由监察委员会主任提请本级人民代表大会常务委员会任免。地方各级监察委员会主任每届任期同本级人民代表大会每届任期相同。”

关于监察委员会的职责。《监察法》第11条规定，监察委员会依照法律规定履行监督、调查、处置职责：一是对公职人员开展廉政教育，对其依法履职、秉公用权、廉洁从政从业以及道德操守情况进行监督检查；二是对涉嫌贪污贿赂、滥用职权、玩忽职守、权力寻租、利益输送、徇私舞弊以及浪费国家资财等职务违法和职务犯罪进行调查；三是对违法的公职人员依法作出政务处分决定；对履行职责不力、失职失责的领导人员进行问责；对涉嫌职务犯罪的，将调查结果移送人民检察院依法审查、提起公诉；向监察对象所在单位提出监察建议。

四、监察范围：对所有行使公权力的公职人员的监察全覆盖

《监察法》第15条规定，监察机关对下列公职人员和有关人员进行监察：

一是中国共产党机关、人民代表大会及其常务委员会机关、人民政府、监察委员会、人民法院、人民检察院、中国人民政治协商会议各级委员会机关、民主党派机关和工商业联合会机关的公务员，以及参照《中华人民共和国公务员法》管理的人员；

二是法律、法规授权或者受国家机关依法委托管理公共事务的组织中从事公务的人员；

三是国有企业管理人员；

四是公办的教育、科研、文化、医疗卫生、体育等单位中从事管理的人员；

五是基层群众性自治组织中从事管理的人员；

六是其他依法履行公职的人员。

五、监察机关的权限

为保证监察机关有效履行监察职能，《监察法》赋予了监察机关必要的权限：

一是规定监察机关在调查职务违法和职务犯罪时，可以采取谈话、讯问、询问、查询、冻结、搜查、调取、查封、扣押、勘验检查、鉴定等措施（《监察法》第19条至第21条、第23条至第27条）。

二是被调查人涉嫌贪污贿赂、失职渎职等严重职务违法或者职务犯罪，监察机关已经掌握其部分违法犯罪事实及证据，仍有重要问题需要进一步调查，并有涉及案情重大、复杂，可能逃跑、自杀，可能串供或者伪造、隐匿、毁灭证据等情形之一的，经监察机关依法审批，可以将其留置在特定场所；留置场所的设置和管理依照国家有关规定执行（《监察法》第22条第1款、第3款）。

三是监察机关需要采取技术调查、通缉、限制出境措施的，经过严格的批准手续，

按照规定交有关机关执行（《监察法》第28条至第30条）。

六、监察程序

为保证监察机关规范行使权力，《监察法》在第五章“监察程序”对监督、调查、处置的工作程序作出了严格规定，包括：报案或者举报的处理；问题线索的管理和处置；决定立案调查；搜查、查封、扣押等程序；要求对讯问和重要取证工作全程录音录像；严格涉案财物处理等（《监察法》第35条至第42条、第46条）。

关于留置措施的程序。为了严格规范留置的程序，保护被调查人的合法权益，《监察法》规定：设区的市级以下监察机关采取留置措施，应当报上一级监察机关批准；省级监察机关采取留置措施，应当报国家监察委员会备案；留置时间不得超过3个月，特殊情况下经上一级监察机关批准可延长一次，延长时间不得超过3个月；监察机关发现采取留置措施不当的，应当及时解除。采取留置措施后，除有碍调查的，应当在24小时以内，通知被留置人员所在单位和家属。同时，应当保障被留置人员的饮食、休息和安全，提供医疗服务（《监察法》第43条第1款、第2款，第44条第1款、第2款）。

七、对监察机关和监察人员的监督

按照“打铁必须自身硬”的要求，《监察法》从以下几个方面加强对监察机关和监察人员的监督：

一是接受人大监督。《监察法》第53条规定：“各级监察委员会应当接受本级人民代表大会及其常务委员会的监督。各级人民代表大会常务委员会听取和审议本级监察委员会的专项工作报告，组织执法检查。县级以上各级人民代表大会及其常务委员会举行会议时，人民代表大会代表或者常务委员会组成人员可以依照法律规定的程序，就监察工作中的有关问题提出询问或者质询。”

二是强化自我监督。《监察法》与党的纪律检查机关监督执纪工作规则相衔接，将实践中行之有效的做法上升为法律规范。《监察法》第57条至第61条规定了对打听案情、过问案件、说情干预的报告和登记备案，监察人员的回避，脱密期管理和对监察人员辞职、退休后从业限制等制度。同时规定了对监察机关及其工作人员不当行为的申诉和责任追究制度。《监察法》第54条还明确规定：监察机关应当依法公开监察工作信息，接受民主监督、社会监督、舆论监督。

三是明确监察机关与审判机关、检察机关、执法部门互相配合、互相制约的机制。《监察法》第47条规定：对监察机关移送的案件，人民检察院经审查，认为需要补充核实的，应当退回监察机关补充调查，必要时可以自行补充侦查；对于有《刑事诉讼法》规定的不起诉的情形的，经上一级人民检察院批准，依法作出不起诉的决定。

四是明确监察机关及其工作人员的法律责任。《监察法》第八章“法律责任”中规定：监察机关及其工作人员有违反规定发生办案安全事故或者发生安全事故后隐瞒不报、报告失实、处置不当等9种行为之一的，对负有责任的领导人员和直接责任人员依法给予处理（《监察法》第65条）。《监察法》第67条还规定：监察机关及其工作人员行使职权，侵犯公民、法人和其他组织的合法权益，造成损害的，依法给予国家赔偿。

第二十七章 《监督法》专项考查

☞ 命题分析

在《监督法》刚颁布的头几年（《监督法》2006 年颁布，2007 年施行），考查内容以法条为主，近几年则呈现出与宪法监督的原理结合起来进行考查的趋势（2015 年以来的试题，开始侧重考查宪法监督的原理，但仍然结合了《监督法》的相关内容）。

鉴于我国法治目前所处的发展阶段及其特点，可以预计，在未来相当长一段时间内，加强宪法监督都是促进和发展法治的着力点，因而，我国的宪法监督制度特别是《监督法》的内容，都将是法律职业资格考试的重点。

一、《监督法》概要

2006 年颁布的《监督法》实际上是一部“人大常委会监督法”，规范范围限于全国人大常委会和县级以上地方各级人大常委会对本级人民政府、人民法院和人民检察院的工作实施的监督。

《监督法》总则部分规定，各级人大常委会按照民主集中制的原则，集体行使监督权。各经人大常委会行使监督职权的情况，应当向本级人民代表大会报告，接受监督。——这是对监督者的监督（2013 - 1 - 91 选项 A 曾考查过这个问题）。各级人大常委会行使监督职权的情况，向社会公开。

在具体的监督方式上，《监督法》对“听取和审议人民政府、人民法院和人民检察院的专项工作报告”“审查和批准决算，听取和审议国民经济和社会发展计划、预算的执行情况报告，听取和审议审计工作报告”“法律法规实施情况的检查”“规范性文件的备案审查”“询问和质询”“特定问题调查”和“撤职案的审议和决定”等七种形式作了专章规定。

二、听取和审议人民政府、人民法院和人民检察院的专项工作报告

各级人大常委会每年选择若干关系改革发展稳定大局和群众切身利益、社会普遍关注的重大问题，有计划地安排听取和审议本级人民政府、人民法院和人民检察院的专项工作报告。

常委会听取和审议专项工作报告的年度计划，经委员长会议或者主任会议通过，印发常委会组成人员并向社会公布。

常委会听取和审议本级人民政府、人民法院和人民检察院的专项工作报告的议题，

根据多种途径反映的问题确定。

人民政府、人民法院和人民检察院可以向本级人大常委会要求报告专项工作。（第9条第2款）

专项工作报告由人民政府、人民法院或者人民检察院的负责人向本级人大常委会报告，人民政府也可以委托有关部门负责人向本级人民代表大会常务委员会报告。（第13条）

常委会组成人员对专项工作报告的审议意见交由本级人民政府、人民法院或者人民检察院研究处理。人民政府、人民法院或者人民检察院应当将研究处理情况由其办事机构送交本级人大有关专门委员会或者常委会有关工作机构征求意见后，向常委会提出书面报告。常委会认为必要时，可以对专项工作报告作出决议；本级人民政府、人民法院或者人民检察院应当在决议规定的期限内，将执行决议的情况向常委会报告。（第14条）

三、审查和批准决算，听取和审议国民经济和社会发展计划、预算的执行情况报告，听取和审议审计工作报告

1. 审查和批准决算

国务院应当在每年6月，将上一年度的中央决算草案提请全国人大常委会审查和批准。

县级以上地方各级人民政府应当在每年6月至9月期间，将上一年度的本级决算草案提请本级人大常委会审查和批准。

例1：根据《宪法》和《监督法》的规定，下列选项正确的是：

A. 县级以上地方各级政府应当在每年6月至9月期间，将上一年度的本级决算草案提请本级人大常委会审查和批准

提示：A选项是《监督法》第15条第2款的规定，正确。

2. 听取和审议国民经济和社会发展计划、预算的执行情况报告

国务院和县级以上地方各级人民政府应当在每年6月至9月期间，向本级人大常委会报告本年度上一阶段国民经济和社会发展计划、预算的执行情况。

国民经济和社会发展计划、预算经人民代表大会批准后，在执行过程中需要作部分调整的，国务院和县级以上地方各级人民政府应当将调整方案提请本级人大常委会审查和批准。

严格控制不同预算科目之间的资金调整。预算安排的农业、教育、科技、文化、卫生、社会保障等资金需要调减的，国务院和县级以上地方各级人民政府应当提请本级人大常委会审查和批准。

常委会对决算草案和预算执行情况报告，重点审查下列内容：（1）预算收支平衡情况；（2）重点支出的安排和资金到位情况；（3）预算超收收入的安排和使用情况；

（4）部门预算制度建立和执行情况；（5）向下级财政转移支付情况；（6）本级人民代表大会关于批准预算的决议的执行情况。

此外，全国人大常委会还应当重点审查国债余额情况；县级以上地方各级人大常委会还应当重点审查上级财政补助资金的安排和使用情况。

例 2：各级人民代表大会常务委员会有权审查和批准决算、听取预算的执行情况报告。根据《宪法》和《监督法》的规定，下列表述正确的是：

A. 县级以上地方各级人民政府应当在每年六月至九月期间，将上一年度的本级决算草案提请本级人大常委会审查和批准

B. 国务院应当在每年六月至九月期间向全国人大常委会报告本年度上一阶段预算的执行情况

C. 预算安排的农业、教育、科技、文化、卫生、社会保障等资金需要调减的，国务院和县级以上地方各级人民政府应当提请本级人大常委会审查和批准

D. 上级财政补助资金的安排和使用情况，是地方各级人大常委会对决算草案和预算执行情况重点审查的内容之一

提示：ABCD 四个选项分别对应《监督法》第 15 条第 2 款、第 16 条、第 17 条第 2 款和第 18 条第 2 款，表述均正确。

3. 听取和审议审计工作报告

人大常委会每年审查和批准决算的同时，听取和审议本级人民政府提出的审计机关关于上一年度预算执行和其他财政收支的审计工作报告。

人大常委会组成人员对国民经济和社会发展计划执行情况报告、预算执行情况报告和审计工作报告的审议意见交由本级人民政府研究处理。人民政府应当将研究处理情况向人大常委会提出书面报告。人大常委会认为必要时，可以对审计工作报告作出决议；本级人民政府应当在决议规定的期限内，将执行决议的情况向人大常委会报告。

人大常委会听取的国民经济和社会发展计划执行情况报告、预算执行情况报告和审计工作报告及审议意见，人民政府对审议意见研究处理情况或者执行决议情况的报告，向本级人民代表大会代表通报并向社会公布。

例 3：根据《宪法》和《监督法》的规定，下列选项正确的是：

B. 人大常委会认为必要时，可以对审计工作报告作出决议；本级政府应在决议规定的期限内，将执行决议的情况向常委会报告

四、法律法规实施情况的检查

各级人大常委会根据年度执法检查计划，按照精干、效能的原则，组织执法检查组。执法检查组的组成人员，从本级人大常委会组成人员以及本级人民代表大会有关

专门委员会组成人员中确定，并可以邀请本级人民代表大会代表参加。

全国人大常委会和省、自治区、直辖市的人大常委会根据需要，可以委托下一级人大常委会对有关法律、法规在本行政区域内的实施情况进行检查。受委托的人大常委会应当将检查情况书面报送上一级人大常委会。——《监督法》第25条规定的“委托执法检查制度”，2013－1－91选项B曾作过考查。小心命题人杀个“回马枪”，再度考查这一问题。

执法检查结束后，执法检查组应当及时提出执法检查报告，由委员长会议或者主任会议决定提请人大常委会审议。常委会组成人员对执法检查报告的审议意见连同执法检查报告，一并交由本级人民政府、人民法院或者人民检察院研究处理。人大常委会的执法检查报告及审议意见，人民政府、人民法院或者人民检察院对其研究处理情况的报告，向本级人民代表大会代表通报并向社会公布。

五、规范性文件的备案审查

行政法规、地方性法规、自治条例和单行条例、规章的备案、审查和撤销，依照《立法法》的有关规定办理。

县级以上地方各级人大常委会审查、撤销下一级人大及其常委会作出的不适当的决议、决定和本级人民政府发布的不适当的决定、命令的程序，由省、自治区、直辖市的人大常委会参照《立法法》的有关规定，作出具体规定（可参见第二十四章“违宪的制裁措施”部分之图示）。

最高人民法院、最高人民检察院作出的属于审判、检察工作中具体应用法律的解释，应当自公布之日起30日内报全国人大常委会备案。

国务院、中央军事委员会和省、自治区、直辖市的人大常委会认为最高人民法院、最高人民检察院作出的具体应用法律的解释同法律规定相抵触的，最高人民法院、最高人民检察院之间认为对方作出的具体应用法律的解释同法律规定相抵触的，可以向全国人大常委会书面提出进行审查的要求，由常委会工作机构送有关专门委员会进行审查、提出意见。

前述规定以外的其他国家机关和社会团体、企业事业组织以及公民认为最高人民法院、最高人民检察院作出的具体应用法律的解释同法律规定相抵触的，可以向全国人大常委会书面提出进行审查的建议，由常务委员会工作机构进行研究，必要时，送有关专门委员会进行审查、提出意见。

全国人民代表大会法律委员会和有关专门委员会经审查认为最高人民法院或者最高人民检察院作出的具体应用法律的解释同法律规定相抵触，而最高人民法院或者最高人民检察院不予修改或者废止的，可以提出要求最高人民法院或者最高人民检察院予以修改、废止的议案，或者提出由全国人大常委会作出法律解释的议案，由委员长会议决定提请常委会审议。

例4：全国人民代表大会宪法和法律委员会和其他有关专门委员会经审查认为报全国人大常委会备案的司法解释与法律相抵触，而有关解释机关不予修改或废止的，宪法和法律委员会和其他有关专门委员会可依法采取下列哪些措施？

A. 可以决定撤销该司法解释

B. 可以提出要求作出司法解释的机关予以修改、废止的议案

C. 可以提出由全国人大常委会作出立法解释的议案

D. 将该司法解释发回，发回后立即失效，但失效不具有溯及力

提示：B、C选项符合《监督法》第33条的规定，为正确选项。A选项错误，因为全国人大宪法和法律委员会和专门委员会本身都无权作出撤销司法解释之决定；D选项之陈述套用的是特别行政区基本法中特别行政区制定的法律报请全国人大常委会备案之规定，具有明显干扰效果。

例5：根据《宪法》和《监督法》的规定，下列选项正确的是：

C. 最高法院作出的属于审判工作中具体应用法律的解释，应当在公布之日起30日内报全国人大常委会备案

六、询问和质询

1. 询问

各级人大常委会会议审议议案和有关报告时，本级人民政府或者有关部门、人民法院或者人民检察院应当派有关负责人员到会，听取意见，回答询问。

2. 质询

全国人大常委会组成人员10人以上联名，省、自治区、直辖市、自治州、设区的市人大常委会组成人员5人以上联名，县级人大常委会组成人员3人以上联名，可以向常委会书面提出对本级人民政府及其部门和人民法院、人民检察院的质询案。

质询案由委员长会议或者主任会议决定交由受质询的机关答复。委员长会议或者主任会议可以决定由受质询机关在常务委员会会议上或者有关专门委员会会议上口头答复，或者由受质询机关书面答复。

质询案以口头答复的，由受质询机关的负责人到会答复。质询案以书面答复的，由受质询机关的负责人签署。——这两种答复方式，2013－1－91选项C、2014－1－26选项B都作过考查。

七、特定问题调查

各级人大常委会对属于其职权范围内的事项，需要作出决议、决定，但有关重大事实不清的，可以组织关于特定问题的调查委员会。

委员长会议或者主任会议可以向本级人大常委会提议组织关于特定问题的调查委员会，提请常委会审议。

五分之一以上常委会组成人员书面联名，可以向本级人大常委会提议组织关于特定问题的调查委员会，由委员长会议或者主任会议决定提请常委会审议，或者先交有

关的专门委员会审议、提出报告，再决定提请常委会审议。

调查委员会由主任委员、副主任委员和委员组成，由委员长会议或者主任会议在本级人大常委会组成人员和本级人民代表大会代表中提名，提请常委会审议通过。调查委员会可以聘请有关专家参加调查工作。

与调查的问题有利害关系的常委会组成人员和其他人员不得参加调查委员会。

<table>
<tr><td rowspan="3">特定问题调查</td><td>有权提议组织调查委员会的主体</td><td>是否成立调查委员会</td><td>调查委员会的组成</td><td>其他</td></tr>
<tr><td>委员长会议或者主任会议</td><td>常委会审议决定</td><td rowspan="2">主任委员、副主任委员和委员（注：须为本级人大常委会组成人员或者本级人大代表）</td><td rowspan="2">调查委员会可以聘请有关专家参加调查工作（注：专家不是调查委员会成员）</td></tr>
<tr><td>五分之一以上常委会组成人员</td><td>委员长会议或者主任会议决定提请常委会审议，或者先交有关的专门委员会审议、提出报告，再决定提请常委会审议决定</td></tr>
</table>

调查委员会进行调查时，有关的国家机关、社会团体、企业事业组织和公民都有义务向其提供必要的材料。提供材料的公民要求对材料来源保密的，调查委员会应当予以保密。调查委员会在调查过程中，可以不公布调查的情况和材料。

调查委员会应当向产生它的人大常委会提出调查报告。人大常委会根据报告，可以作出相应的决议、决定。

例6：根据《各级人民代表大会常务委员会监督法》的规定，各级人大常务委员会对属于其职权范围内的事项，需要作出决议、决定，但对有关重大事实不清的，可以组织特定问题的调查委员会。关于特定问题的调查委员会，下列哪一选项是正确的？

A. 经五分之一以上常务委员会组成人员书面联名提议或有关专门委员会提议，可以组织关于特定问题的调查委员会

B. 经调查委员会聘请，有关专家可以作为调查委员会的委员参加调查工作

C. 调查委员会在调查过程中，可以不公布调查的情况和材料

D. 调查委员会应当向有关专门委员会提出调查报告

提示：A选项中“专门委员会”没有组织调查委员会的提议权；B选项中专家不能作为调查委员会的委员；D选项中调查委员会应当向产生它的人大常委会提出调查报告。正确答案为C。

八、撤职案的审议和决定

县级以上地方各级人大常委会在本级人民代表大会闭会期间，可以决定撤销本级

人民政府个别副省长、自治区副主席、副市长、副州长、副县长、副区长的职务；可以撤销由它任命的本级人民政府其他组成人员和人民法院副院长、庭长、副庭长、审判委员会委员、审判员，人民检察院副检察长、检察委员会委员、检察员，中级人民法院院长，人民检察院分院检察长的职务。

县级以上地方各级人民政府、人民法院和人民检察院，可以向本级人大常委会提出前述有关国家机关工作人员的撤职案。

县级以上地方各级人大常委会主任会议，可以向常委会提出对前述有关国家机关工作人员的撤职案。

县级以上地方各级人大常委会五分之一以上的组成人员书面联名，可以向常委会提出对前述有关国家机关工作人员的撤职案，由主任会议决定是否提请常委会会议审议；或者由主任会议提议，经全体会议决定，组织调查委员会，由以后的常委会会议根据调查委员会的报告审议决定。

撤职案应当写明撤职的对象和理由，并提供有关的材料。撤职案在提请表决前，被提出撤职的人员有权在常委会会议上提出申辩意见，或者书面提出申辩意见，由主任会议决定印发常委会会议。撤职案的表决采用无记名投票的方式，由常委会全体组成人员的过半数通过。

例 7：根据《宪法》和《监督法》的规定，下列选项正确的是：

D. 撤职案的表决采取记名投票的方式，由常委会全体组成人员的过半数通过

提示：D 选项内容错误。

例 8：关于撤职案的审议和决定，下列哪些选项符合《监督法》规定？

A. 县长可以向县人大常委会提出撤销个别副县长职务的撤职案

B. 县级以上地方各级人大常委会主任会议可以依法向本级人大常委会提出撤职案

C. 撤职案应当写明撤职的对象和理由并提供有关材料

D. 撤职案由人大常委会全体组成人员的三分之二以上的多数通过

提示：A 选项中提出撤职案的主体，根据监督法规定应当是“县人民政府”而非“县长”；D 选项中表决人数要求存在错误。正确答案为 B、C。

关于撤职案的审议和决定，可图示如下：

<table>
<tr><td rowspan="4">撤职案的审议和决定</td><td>有权提出撤职案的主体</td><td>撤职案针对的对象</td><td>审议和决定程序</td></tr>
<tr><td>县级以上地方各级人民政府、人民法院和人民检察院</td><td rowspan="3">副省长、自治区副主席、副市长、副州长、副县长、副区长，以及由本级人大常委会任命的本级人民政府其他组成人员和人民法院副院长、庭长、副庭长、审判委员会委员、审判员，人民检察院副检察长、检察委员会委员、检察员，中级人民法院院长，人民检察院分院检察长</td><td rowspan="3">1. 撤职案应当写明撤职的对象和理由，并提供有关的材料；
2. 当事人有权提出申辩意见；
3. 表决采用无记名投票的方式，由常委会全体组成人员过半数通过。</td></tr>
<tr><td>县级以上地方各级人大常委会主任会议</td></tr>
<tr><td>县级以上地方各级人大常委会五分之一以上的组成人员</td></tr>
</table>

第二十八章 《立法法》专项考查

☞ 命题分析

近几年来，对《立法法》的考查力度明显加大（如2017年曾出现四道题，该年属于《立法法》考试的“大年”）。由于其内容繁多，考点比较分散，要求对《立法法》全部条款都要掌握到位。其中，“规范性法律文件的审查与撤销”因其同时属于“我国的宪法监督制度”的内容，出现次数尤多，考生需要重点关注。

一、《立法法》概要

《立法法》2000年3月颁布，2015年3月作了修正。该法共6章105条，其重要内容分为四个部分：“法律”“行政法规”“地方性法规、自治条例和单行条例、规章”“适用与备案审查”。其中，从考试的角度来讲，后两部分是重中之重。兹分述之。

二、法律

（一）立法权限

全国人大和全国人大常委会行使国家立法权。全国人大制定和修改刑事、民事、国家机构的和其他的基本法律。全国人大常委会制定和修改除应当由全国人大制定的法律以外的其他法律；在全国人大闭会期间，对全国人大制定的法律进行部分补充和修改，但是不得同该法律的基本原则相抵触。

下列事项只能制定法律：(1) 国家主权的事项；(2) 各级人民代表大会、人民政府、人民法院和人民检察院的产生、组织和职权；(3) 民族区域自治制度、特别行政区制度、基层群众自治制度；(4) 犯罪和刑罚；(5) 对公民政治权利的剥夺、限制人身自由的强制措施和处罚；(6) 税种的设立、税率的确定和税收征收管理等税收基本制度；(7) 对非国有财产的征收、征用；(8) 民事基本制度；(9) 基本经济制度以及财政、海关、金融和外贸的基本制度；(10) 诉讼和仲裁制度；(11) 必须由全国人大及其常委会制定法律的其他事项。

上述事项尚未制定法律的，全国人大及其常委会有权作出决定，授权国务院可以根据实际需要，对其中的部分事项先制定行政法规，但是有关犯罪和刑罚、对公民政治权利的剥夺和限制人身自由的强制措施和处罚、司法制度等事项除外。——2014－1－61选项B曾考查过这个问题。

全国人大及其常委会可以根据改革发展的需要，决定就行政管理等领域的特定事项授权在一定期限内在部分地方暂时调整或者暂时停止适用法律的部分规定。

（二）全国人大立法程序

根据《立法法》第14、15条的规定，可以向全国人大提出法律案的主体包括：全国人大主席团、全国人大常委会、国务院、中央军事委员会、最高人民法院、最高人民检察院、全国人大各专门委员会、一个代表团或者30名以上的代表联名。

常委会决定提请全国人民代表大会会议审议的法律案，应当在会议举行的1个月前将法律草案发给代表。

列入全国人大会议议程的法律案，由法律委员会根据各代表团和有关的专门委员会的审议意见，对法律案进行统一审议，向主席团提出审议结果报告和法律草案修改稿，对重要的不同意见应当在审议结果报告中予以说明，经主席团会议审议通过后，印发会议。

法律草案修改稿经各代表团审议，由法律委员会根据各代表团的审议意见进行修改，提出法律草案表决稿，由主席团提请大会全体会议表决，由全体代表的过半数通过。

全国人民代表大会通过的法律由国家主席签署主席令予以公布。

（三）全国人大常委会立法程序

根据《立法法》第26、27条的规定，可以向全国人大常委会提出法律案的主体包括：委员长会议、国务院、中央军事委员会、最高人民法院、最高人民检察院、全国人大各专门委员会、常委会组成人员10人以上联名。

有权向全国人大和全国人大常委会提出法律案的主体差异，图示如下：

提案权主体之对比	有权向全国人大提出法律案的主体	有权向全国人大常委会提出法律案的主体
	全国人大主席团、全国人大常委会、 国务院、中央军事委员会、最高人民法院、最高人民检察院、全国人大各专门委员会、 一个代表团或者30名以上的代表联名	委员长会议、 国务院、中央军事委员会、最高人民法院、最高人民检察院、全国人大各专门委员会、 常委会组成人员10人以上联名

列入常委会会议议程的法律案，除特殊情况外，应当在会议举行的7日前将法律草案发给常委会组成人员。

《立法法》第28条规定，常委会会议审议法律案时，应当邀请有关的全国人大代表列席会议。——《立法法》中共出现了6次“邀请”，其中，“可以邀请”有4次，“应当邀请”有2次。是“可以”还是“应当”，该问题常常成为法考的考查对象（例如2014－1－61选项C）。“邀请”问题图示如下：

立法法中的『邀请』问题	“可以邀请”的情形	“应当邀请”的情形
	1. 专门委员会审议的时候，**可以邀请**提案人列席会议，发表意见（第15条第2款）； 2. 专门委员会和常务委员会工作机构进行立法调研，**可以邀请**有关的全国人民代表大会代表参加（第16条第2款）； 3. 专门委员会审议法律案时，**可以邀请**提案人列席会议，发表意见（第27条第2款）； 4. 有关的专门委员会审议法律案时，**可以邀请**其他专门委员会的成员列席会议，发表意见（第32条第2款）。	1. 常务委员会会议审议法律案时，**应当邀请**有关的全国人民代表大会代表列席会议（第28条第2款）； 2. 法律委员会审议法律案时，**应当邀请**有关的专门委员会的成员列席会议，发表意见（第33条第2款）。

列入常务委员会会议议程的法律案，一般应当经三次常务委员会会议审议后再交付表决。《立法法》第29条规定了全国人大常委会立法的“三读程序”：

常务委员会会议第一次审议法律案，在全体会议上听取提案人的说明，由分组会议进行初步审议。

常务委员会会议第二次审议法律案，在全体会议上听取法律委员会关于法律草案修改情况和主要问题的汇报，由分组会议进一步审议。

常务委员会会议第三次审议法律案，在全体会议上听取法律委员会关于法律草案审议结果的报告，由分组会议对法律草案修改稿进行审议。

当然，例外总是有的。列入常务委员会会议议程的法律案，各方面意见比较一致的，可以经两次常务委员会会议审议后交付表决；调整事项较为单一或者部分修改的法律案，各方面的意见比较一致的，也可以经一次常务委员会会议审议即交付表决。

列入常委会会议议程的法律案，由有关的专门委员会进行审议，……专门委员会之间对法律草案的重要问题意见不一致时，应当向委员长会议报告。

列入常务委员会会议议程的法律案，法律委员会、有关的专门委员会和常务委员会工作机构应当听取各方面的意见。听取意见可以采取座谈会、论证会、听证会等多种形式。

列入常务委员会会议议程的法律案，应当在常务委员会会议后将法律草案及其起草、修改的说明等向社会公布，征求意见，但是经委员长会议决定不公布的除外。向社会公布征求意见的时间一般不少于30日。征求意见的情况应当向社会通报。

法律草案修改稿经常务委员会会议审议，由法律委员会根据常务委员会组成人员的审议意见进行修改，提出法律草案表决稿，由委员长会议提请常务委员会全体会议表决，由常务委员会全体组成人员的过半数通过。

常务委员会通过的法律由国家主席签署主席令予以公布。

例1：根据《宪法》和《立法法》规定，关于全国人大常委会委员长会议，下列哪些选项是正确的？

A. 委员长会议可以向常委会提出法律案

B. 列入常委会会议议程的法律案，一般应当经 3 次委员长会议审议后再交付常委会表决

C. 经委员长会议决定，可以将列入常委会会议议程的法律案草案公布，征求意见

D. 专门委员会之间对法律草案的重要问题意见不一致时，应当向委员长会议报告

提示：AD 为正确选项。B 选项中的“经 3 次委员长会议审议”错误，应为“经 3 次常委会会议审议”；C 选项表述的意思与《立法法》第 37 条之规定相左。

（四）法律解释

法律解释权属于全国人大常委会。法律有以下情况之一的，由全国人大常委会解释：（1）法律的规定需要进一步明确具体含义的；（2）法律制定后出现新的情况，需要明确适用法律依据的。

有权向全国人大常委会提出法律解释要求的主体包括：国务院、中央军事委员会、最高人民法院、最高人民检察院和全国人大各专门委员会以及省、自治区、直辖市的人大常委会。

全国人大常委会的法律解释同法律具有同等效力。

三、行政法规（略）

四、地方性法规、自治条例和单行条例、规章

（一）地方性法规、自治条例和单行条例

	立法主体	立法权限	报批要求
地方性法规	省、自治区、直辖市的人大及其常委会	（1）为执行法律、行政法规的规定，需要根据本行政区域的实际情况作具体规定的事项；（2）属于地方性事务需要制定地方性法规的事项；（3）先行立法（《立法法》第 73 条第 2 款）。	/
	设区的市的人大及其常委会	限于城乡建设与管理、环境保护、历史文化保护等方面的事项	报省、自治区人大常委会批准
	自治州的人大及其常委会	同“设区的市”（城乡建设与管理、环境保护、历史文化保护）	报省、自治区人大常委会批准
	经济特区所在地的省、市的人大及其常委会	根据全国人大的授权决定	/

续表

	立法主体	立法权限	报批要求
自治条例和单行条例	自治区人大	可以依照当地民族的特点，对法律和行政法规的规定作出变通规定，但不得违背法律或者行政法规的基本原则，不得对宪法和民族区域自治法的规定以及其他有关法律、行政法规专门就民族自治地方所作的规定作出变通规定	报全国人大常委会批准
	自治州、自治县人大	同上	报省、自治区、直辖市人大常委会批准

（二）规章

	立法主体	立法权限	其他要求
部门规章	国务院各部、委员会、中国人民银行、审计署和具有行政管理职能的直属机构	根据法律和国务院的行政法规、决定、命令，在本部门的权限范围内，制定规章	没有法律或者国务院的行政法规、决定、命令的依据，部门规章不得设定减损公民、法人和其他组织权利或者增加其义务的规范，不得增加本部门的权力或者减少本部门的法定职责
地方政府规章	省、自治区、直辖市的人民政府	（1）根据法律、行政法规和本省、自治区、直辖市的地方性法规，制定规章；（2）应当制定地方性法规但条件尚不成熟的，因行政管理迫切需要可以先制定地方政府规章（以两年时间为限）。	没有法律、行政法规、地方性法规的依据，地方政府规章不得设定减损公民、法人和其他组织权利或者增加其义务的规范
	设区的市、自治州的人民政府	限于城乡建设与管理、环境保护、历史文化保护等方面的事项	

五、适用与备案审查

（一）法律适用

《立法法》第 87 条至 93 条对法律规范的效力等级以及发生法律冲突时适用“特别法优于一般法”“从新”原则、“不溯及既往”原则作了规定。这些问题都比较容易理解。需要注意的是《立法法》第 94 条和 95 条所规定的“裁决适用”：

法律之间对同一事项的新的一般规定与旧的特别规定不一致，不能确定如何适用时，由全国人民代表大会常务委员会裁决。

行政法规之间对同一事项的新的一般规定与旧的特别规定不一致，不能确定如何适用时，由国务院裁决。

地方性法规、规章之间不一致时，由有关机关依照下列规定的权限作出裁决：

（1）同一机关制定的新的一般规定与旧的特别规定不一致时，由制定机关裁决；

（2）地方性法规与部门规章之间对同一事项的规定不一致，不能确定如何适用时，由国务院提出意见，国务院认为应当适用地方性法规的，应当决定在该地方适用地方性法规的规定；认为应当适用部门规章的，应当提请全国人民代表大会常务委员会裁决；

（3）部门规章之间、部门规章与地方政府规章之间对同一事项的规定不一致时，由国务院裁决。

根据授权制定的法规与法律规定不一致，不能确定如何适用时，由全国人民代表大会常务委员会裁决。

例2：关于法律、行政法规、地方性法规、自治条例和单行条例、规章的适用，下列哪些选项符合《立法法》规定？

A. 同一机关制定的特别规定与一般规定不一致时，适用特别规定

B. 法律、行政法规、地方性法规原则上不溯及既往

C. 地方性法规与部门规章之间对同一事项的规定不一致不能确定如何适用时，由国务院裁决

D. 根据授权制定的法规与法律规定不一致不能确定如何适用时，由全国人大常委会裁决

提示：正确答案为ABD。C选项的错误在于认为地方性法规与部门规章之间对同一事项的规定不一致不能确定如何适用时概由国务院裁决，这与《立法法》第95条第1款第2项的规定不符，没有完整表达出该条款的含义。

（二）规范性法律文件违宪、违法情形的“改变或撤销”

《立法法》第96条、97条规定了规范性法律文件存在违宪、违法情形时，由有权机关予以“改变或撤销”。可参见“我国的宪法监督制度”一章“违宪的制裁措施”部分之图示。

例3：关于改变或者撤销法律、法规、自治条例和单行条例、规章的权限，下列哪一选项符合《立法法》的规定？

A. 全国人民代表大会有权改变或者撤销全国人民代表大会常务委员会批准的违背《宪法》和《立法法》相关规定的自治条例和单行条例

B. 省、自治区、直辖市的人民代表大会有权改变或者撤销其常务委员会制定的和

批准的不适当的地方性法规

C. 地方人民代表大会常务委员会有权改变或者撤销本级人民政府制定的不适当的规章

D. 授权机关有权改变被授权机关制定的超越授权范围或者违背授权目的的法规

提示：B为正确选项。A、C选项中的“改变或撤销”应为“撤销”；D选项中的“改变”应为“撤销”。

（三）备案审查

《立法法》第98条规定的“备案审查”，可参见“我国的宪法监督制度”一章“事后审查”部分之图示。

第二十九章　《选举法》专项考查

☞ 命题分析

《选举法》基本上属于每年必考的内容。其中，“选举机构”和“选举程序”两个知识点，即《选举法》第二章和第九章，是考查的重点。由于《选举法》相当复杂、琐细，需要考生平心静气，耐心研读法律条款。

1979 年颁布的《全国人民代表大会和地方各级人民代表大会选举法》经过了多次修正。目前共有 12 章 59 条，内容包括：总则、选举机构、地方各级人民代表大会代表名额、全国人民代表大会代表名额、各少数民族的选举、选区划分、选民登记、代表候选人的提出、选举程序、对代表的监督和罢免、辞职、补选、对破坏选举的制裁、附则等。

一、总则

全国人民代表大会的代表，省、自治区、直辖市、设区的市、自治州的人民代表大会的代表，由下一级人民代表大会选举，即实行间接选举。

不设区的市、市辖区、县、自治县、乡、民族乡、镇的人民代表大会的代表，由选民直接选举。

全国人民代表大会和地方各级人民代表大会的选举经费，列入财政预算，由国库开支。——2014－1－62 选项 A 曾考查过这个问题。

二、选举机构

全国人大常委会主持全国人大代表的选举。省、自治区、直辖市、设区的市、自治州的人大常委会主持本级人民代表大会代表的选举。不设区的市、市辖区、县、自治县、乡、民族乡、镇设立选举委员会，主持本级人民代表大会代表的选举。

不设区的市、市辖区、县、自治县的选举委员会受本级人大常委会的领导。乡、民族乡、镇的选举委员会受不设区的市、市辖区、县、自治县的人大常委会的领导。

省、自治区、直辖市、设区的市、自治州的人大常委会指导本行政区域内县级以下人民代表大会代表的选举工作。

例 1：根据我国《宪法》和《选举法》的规定，下列哪些选项是正确的？

A. 全国人民代表大会常务委员会主持全国人民代表大会代表的选举工作

B. 县级以上地方各级人民代表大会常务委员会主持本级人民代表大会代表的选举工作

C. 乡、民族乡、镇设立选举委员会，主持本级人民代表大会代表的选举工作

D. 乡、民族乡、镇设立的选举委员会受不设区的市、市辖区、县、自治县的人民代表大会常务委员会的领导

提示： 正确选项为 ACD。B 选项的错误在于，忽略了县级人大实行直接选举，设立选举委员会主持本级人大代表的选举工作。

例 2： 根据《选举法》的规定，关于选举机构，下列哪一选项是不正确的？

A. 特别行政区全国人大代表的选举由全国人大常委会主持

B. 省、自治区、直辖市、设区的市、自治州的人大常委会领导本行政区域内县级以下人大代表的选举工作

C. 乡、民族乡、镇的选举委员会受不设区的市、市辖区、县、自治县人大常委会的领导

D. 选举委员会对依法提出的有关选民名单的申诉意见，应在 3 日内作出处理决定

提示： B 选项为应选项，其中的“领导”应为“指导”。

需要注意的是，选举委员会的组成人员非由选举产生，而是通过任命产生。不设区的市、市辖区、县、自治县的选举委员会的组成人员由本级人大常委会任命。乡、民族乡、镇的选举委员会的组成人员由不设区的市、市辖区、县、自治县的人大常委会任命。

另外需要注意的是，特别行政区全国人大代表的选举，首先是在特别行政区成立全国人大代表选举会议。选举会议的第一次会议由全国人大常委会主持。会议选举产生主席团后，即由主席团主持选举。——2014－1－62 选项 B、2011－1－25 选项 A 均考查过这一问题。

三、地方各级人民代表大会代表名额

代表名额 / 地方	名额基数	总名额
省、自治区、直辖市	350	不超过 1000 名
设区的市、自治州	240	不超过 650 名
不设区的市、市辖区、县、自治县	120	不超过 450 名；人口不足五万的，可少于 120 名
乡、民族、镇	40	不超过 160 名；人口不足二千的，可少于 40 名

例 3： 关于地方人大代表名额，下列说法正确的是：

A. 省、自治区、直辖市的代表总名额不超过一千名
B. 设区的市、自治州的代表总名额不得超过六百五十名
C. 不设区的市、县、自治县人口不足五万的，代表总名额可以少于一百二十名
D. 乡、镇、民族乡人口不足二千的，代表总名额可以少于四十名

提示：ABCD 均正确。

四、全国人民代表大会代表名额

全国人民代表大会的代表，由省、自治区、直辖市的人民代表大会和人民解放军选举产生。全国人民代表大会代表的名额不超过 3000 人。

香港特别行政区、澳门特别行政区应选全国人民代表大会代表的名额和代表产生办法，由全国人民代表大会另行规定。

全国人民代表大会代表名额，由全国人民代表大会常务委员会根据各省、自治区、直辖市的人口数，按照每一代表所代表的城乡人口数相同的原则，以及保证各地区、各民族、各方面都有适当数量代表的要求进行分配。

全国少数民族应选全国人民代表大会代表，由全国人民代表大会常务委员会参照各少数民族的人口数和分布等情况，分配给各省、自治区、直辖市的人民代表大会选出。人口特少的民族，至少应有代表一人。

五、各少数民族的选举

有少数民族聚居的地方，每一聚居的少数民族都应有代表参加当地的人民代表大会。

聚居境内同一少数民族的总人口数占境内总人口数百分之三十以上的，每一代表所代表的人口数应相当于当地人民代表大会每一代表所代表的人口数。

聚居境内同一少数民族的总人口数不足境内总人口数百分之十五的，每一代表所代表的人口数可以适当少于当地人民代表大会每一代表所代表的人口数，但不得少于二分之一；实行区域自治的民族人口特少的自治县，经省、自治区的人民代表大会常务委员会决定，可以少于二分之一。人口特少的其他聚居民族，至少应有代表一人。

散居的少数民族应选当地人民代表大会的代表，每一代表所代表的人口数可以少于当地人民代表大会每一代表所代表的人口数。

自治区、自治州、自治县制定或者公布的选举文件、选民名单、选民证、代表候选人名单、代表当选证书和选举委员会的印章等，都应当同时使用当地通用的民族文字。

例 4：关于各少数民族人大代表的选举，下列哪一选项是不正确的？

A. 有少数民族聚居的地方，每一聚居的少数民族都应有代表参加当地的人民代表大会

B. 散居少数民族应选代表，每一代表所代表的人口数可少于当地人民代表大会每一代表所代表的人口数

C. 聚居境内同一少数民族的总人口占境内总人口数30%以上的，每一代表所代表的人口数应相当于当地人民代表大会每一代表所代表的人口数

D. 实行区域自治人口特少的自治县，每一代表所代表的人口数可以少于当地人民代表大会每一代表所代表的人口数的1/2

提示： A、B、C 选项分别符合《选举法》第 18 条第 1 款、第 20 条第 1 款、第 18 条第 2 款的规定，内容正确。D 选项与第 18 条第 3 款的规定有出入，遗漏了"经省、自治区人大常委会决定"，内容错误，为应选项。

六、选区划分

不设区的市、市辖区、县、自治县、乡、民族乡、镇的人民代表大会的代表名额分配到选区，按选区进行选举。选区可以按居住状况划分，也可以按生产单位、事业单位、工作单位划分。选区的大小，按照每一选区选一名至三名代表划分。

七、选民登记

选民登记按选区进行，经登记确认的选民资格长期有效。精神病患者不能行使选举权利的，经选举委员会确认，不列入选民名单。

选民名单应在选举日的 20 日以前公布，实行凭选民证参加投票选举的，并应当发给选民证。

对于公布的选民名单有不同意见的，可以在选民名单公布之日起 5 日内向选举委员会提出申诉。选举委员会对申诉意见，应在 3 日内作出处理决定。申诉人如果对处理决定不服，可以在选举日的 5 日以前向人民法院起诉，人民法院应在选举日以前作出判决。人民法院的判决为最后决定。

例 5： 根据《宪法》和《选举法》规定，下列哪一选项是正确的？

A. 选民登记按选区进行，每次选举前选民资格都要进行重新登记

B. 选民名单应在选举日的十五日以前公布

C. 对于公布的选民名单有不同意见的，可以向选举委员会申诉或者直接向法院起诉

D. 法院对于选民名单意见的起诉应在选举日以前作出判决

提示： A、B 选项分别违反《选举法》第 26 条和第 27 条。按照《选举法》第 28 条的规定，向选举委员会先行申诉是向法院提起选民名单之诉的前置程序，C 选项也有错误。正确选项为 D。

八、代表候选人的提出

全国和地方各级人民代表大会的代表候选人，按选区或者选举单位提名产生。

各政党、各人民团体，可以联合或者单独推荐代表候选人。选民或者代表，十人以上联名，也可以推荐代表候选人。

全国和地方各级人民代表大会代表实行差额选举，代表候选人的人数应多于应选代表的名额。

由选民直接选举人民代表大会代表的，代表候选人的人数应多于应选代表名额三分之一至一倍；由县级以上的地方各级人民代表大会选举上一级人民代表大会代表的，代表候选人的人数应多于应选代表名额五分之一至二分之一。

县级以上的地方各级人民代表大会在选举上一级人民代表大会代表时，代表候选人不限于各该级人民代表大会的代表。

九、选举程序

《选举法》第 38 条规定，县级以上的地方各级人民代表大会在选举上一级人民代表大会代表时，由各该级人民代表大会主席团主持。——请考生务必注意本条与《选举法》第 8 条规定的主持机关之区别。

主持机关与法律依据 选举哪一级代表	主持机关	法律依据
省、自治区、直辖市、设区的市、自治州选举本级人大代表	本级人大常委会	《选举法》第 8 条
不设区的市、市辖区、县、自治县、乡、民族乡、镇选举本级人大代表	选举委员会	《选举法》第 8 条
县级以上的地方各级人大选举上一级人大代表	该级人大主席团	《选举法》第 38 条

十、对代表的监督和罢免、辞职、补选

（一）监督和罢免

全国和地方各级人民代表大会的代表，受选民和原选举单位的监督。选民或者选举单位都有权罢免自己选出的代表。

有关罢免的法律规定和要求如下：

罢免程序 罢免对象	提出罢免案或罢免要求的主体	受理主体	法律依据
县级人大代表	原选区选民 50 人以上联名	县级人大常委会	《选举法》第 49 条
乡级人大代表	原选区选民 30 人以上联名	县级人大常委会	《选举法》第 49 条
县级以上人大选出的上一级人民代表大会代表	人大主席团或者 1/10 以上代表联名	本级人大〔开会时〕	《选举法》第 50 条
县级以上人大选出的上一级人民代表大会代表	人大常委会主任会议或者常委会 1/5 以上组成人员联名	人大常委会〔本级人大闭会时〕	《选举法》第 50 条

罢免县级和乡级的人大代表，须经原选区过半数的选民通过。罢免由县级以上的地方各级人大选出的代表，须经各该级人大过半数的代表通过；在人大闭会期间，须经常委会组成人员的过半数通过。罢免的决议，须报送上一级人大常委会备案、公告。

（二）辞职

有关辞职的法律规定和要求如下：

全国人大代表，省、自治区、直辖市、设区的市、自治州的人大代表，可以向选举他的人民代表大会的常务委员会书面提出辞职。常委会接受辞职，须经常委会组成人员的过半数通过。接受辞职的决议，须报送上一级人大常委会备案、公告。

县级人大代表可以向本级人大常委会书面提出辞职，乡级人大代表可以向本级人大书面提出辞职。县级的人大常委会接受辞职，须经常委会组成人员的过半数通过。乡级人大接受辞职，须经人民代表大会过半数的代表通过。接受辞职的，应当予以公告。

（三）补选

代表在任期内，因故出缺，由原选区或者原选举单位补选。

县级以上地方各级人大闭会期间，可以由本级人大常委会补选上一级人民代表大会代表。

补选出缺的代表时，代表候选人的名额可以多于应选代表的名额，也可以同应选代表的名额相等。——2013－1－60 选项 D 曾考查过这一问题。

十一、对破坏选举的制裁

主持选举的机构发现有破坏选举的行为或者收到对破坏选举行为的举报，应当及时依法调查处理；需要追究法律责任的，及时移送有关机关予以处理。

中国法律史

第一章　先秦时期的法律思想与制度

☞ 命题分析

在整个法律史部分，“先秦时期的法律思想与制度”的考查频率最高，所占的分值也最高。除2014年外，其他年度均有涉及，且很多年度不止一次出现。其中，“出礼入刑”“西周契约与婚姻继承法律”考查最为频繁，“铸刑书与铸刑鼎”“《法经》”和“商鞅变法”也多次出现。

一、西周时期的法律思想

为谋求长治久安，周初统治者继承了夏商以来的天命观。同时，为修补以往神权政治学说的缺漏，并确定周王朝新的统治策略，进一步提出了“以德配天，明德慎罚”的政治法律主张。这里的“天”仍是夏商以来一直尊奉的“上天”，但周初统治者认为，“上天”只把统治人间的“天命”交给有“德”者；一旦统治者失德，就会失去上天的庇佑，新的有德者即可取而代之。因此，作为君临天下的统治者应该“以德配天”。在这种政治观念支配下，周初统治者为实践“以德配天”，进而提出了“明德慎罚”的法律主张，要求统治者首先用“德教”的办法治理国家，也就是通过道德教化的办法使天下人民臣服，在适用法律、实施刑罚时应该宽缓、谨慎，而不应一味用严刑峻罚迫使臣民服从。“以德配天，明德慎罚”的主张代表了西周初期统治者的基本政治观和治国方针。这一思想深深植根于中国传统政治法律理论中，被后世奉为政治法律制度理论的圭臬。

扩展解释：西周时期确立了“以德配天，明德慎罚”的思想，形成了当时“礼”“刑”结合的宏观法制特色。而秦朝的法制指导思想是“以法为本，严刑峻罚”。秦朝推行法家主张，不相信礼并排斥礼。汉初，黄老思想一直居统治地位，并辅以儒、法思想。文帝、景帝时期，仍以黄老“无为”为立法的指导思想。到汉武帝时期，即汉代中期以后，法制思想发生重大变化。经董仲舒对儒家思想的阐释推广并经汉朝统治者采纳确认，“德主刑辅，礼刑并用”成为汉朝的治国方略，并对后世影响深远。

二、西周时期的礼刑关系："出礼入刑"

1. 礼的内容和性质

礼，可以说是中国法律史上最重要的概念。在整个中国文化史上，礼也极其引人瞩目。礼起源于原始社会祭祀鬼神时所举行的仪式。在前代礼制的基础上，商、周两朝都对礼作了补充和发展。尤其是周朝，礼制的内容和规模有了空前的发展，调整着社会生活的各个方面。

西周的礼，以"亲亲""尊尊"为原则，形成了包括宗法制、分封制在内的系统的典章制度，以及人们的日常行为规范和婚、丧、冠、祭等各种仪节。所谓"亲亲"，是要求在家族范围内，各人按自己的身份行事，不能以下犯上；所谓"尊尊"，是要求在社会范围内，尊敬一切应该尊敬的人，君臣、贵贱都应恪守名分。在"亲亲""尊尊"原则下，又形成了"忠""孝""义"等具体精神规范。

西周时期的礼已经具有法的性质（周礼完全具有法的三个基本特性，即规范性、国家意志性和强制性），但又不限于法的性质。国家施政的成败得失，人们言行的功过是非，罪与非罪，统统以礼作为评判的根据。正因为如此，礼被认为是"经国家、定社稷、序民人、利后嗣"的头等大事。

例1：关于中外法律制度中的习惯法，下列哪一表述是不正确的?

A. 中国西周时期的礼是对社会生活起着调整作用的习惯法

提示：礼是中国古代社会长期存在的、维护血缘宗法关系和宗法等级制度的一系列精神原则以及言行规范的总称。礼起源于原始社会祭祀鬼神时所举行的仪式。商、周两朝在前代礼制的基础上，都对其有所补充和发展。尤其是周朝，礼制的内容和规模都有了空前的发展，调整着社会生活的各个方面。西周时期的礼已具备法的性质，为一种习惯法。首先，周礼完全具有法的三个基本特性，即规范性、国家意志性和强制性。其次，周礼在当时对社会生活各个方面都有着实际的调整作用。因此，A项表述可以成立，不当选。

2. 礼与刑的关系

西周时期，"礼""刑"关系的经典表达是"出礼入刑"。"礼"从正面积极规范人们的言行，"刑"则从反面对一切违背礼的行为进行处罚。"礼"与"刑"的关系正如《汉书·陈宠传》所说的"礼之所去，刑之所取，失礼则入刑，相为表里"，两者共同构成西周法律的完整体系。

3. "礼不下庶人，刑不上大夫"的含义

"礼不下庶人，刑不上大夫"，是中国古代的一项重要法律原则。该原则强调平民百姓与贵族官僚之间的不平等，强调官僚贵族的法律特权。"礼不下庶人"强调礼有等级差别，禁止任何越礼的行为；"刑不上大夫"强调贵族官僚在适用刑罚上享有特权，并不是说刑罚完全不适用于贵族官僚。——该原则的实际内涵，常常成为法律史部分的考点，考生需要特别注意。

三、西周契约与婚姻继承法制

1. 西周的契约法规

西周时期，对买卖契约和借贷契约有明确区分。

（1）买卖契约。西周的买卖契约称为“质剂”。这种契约写在简牍上，一分为二，买卖双方各执一份。“质”是买卖奴隶、牛马所使用的较长的契券；“剂”是买卖兵器、珍异之物所使用的较短的契券。“质剂”由官府制作，并由“质人”专门管理。

例2：西周时，格伯以良马四匹折价，购买倗生三十田。双方签订买卖契约，刻写竹简之上，中破为两半，双方各执一半。依西周礼法，该契约的称谓是下列哪一种？

A. 傅别　　B. 质剂　　C. 券书　　D. 书券

提示：买卖契约在西周时称为“质剂”，B为正确答案。

例3：杜甫有诗云：“朝回日日典春衣，每日江头尽醉归。酒债寻常行处有，人生七十古来稀。”对诗歌涉及的典当制度，下列哪一选项可以成立？

B. 唐代的典当契约称为“质剂”

提示：西周时期的买卖契约称为“质剂”，B选项陈述错误。

（2）借贷契约。西周的借贷契约称为“傅别”。“傅”，是把债的标的和借贷双方的权利义务等写在契券上；“别”，是在简札中间写字，然后一分为二，借贷双方各执一半，札上的字为半文。

2. 西周的婚姻制度

（1）婚姻缔结的三原则。西周时期，一夫一妻制、同姓不婚、父母之命是缔结婚姻的三大原则，凡不符合这三原则的婚姻属于非礼非法。

（2）婚姻成立的条件。合礼合法的婚姻，必须通过“六礼”程序来完成。“六礼”依次为：①纳采（男方请媒人向女方送礼求婚）；②问名（男方请媒人问女方名字、生辰等，并卜于宗庙以定吉凶）；③纳吉（卜得吉兆后即定婚姻）；④纳征（又称纳币，男方使人送聘礼到女方）；⑤请期（商定女方择定婚期）；⑥亲迎（男方迎娶女子到家）。

（3）婚姻的解除。西周时期解除婚姻的制度称为“七出”，又称“七去”，即不顺父母去、无子去、淫去、妒去、有恶疾者去、多言去、盗窃去。符合这七项之一，夫家即可休妻。但若有以下三种情况，则不可以休妻，即所谓“三不去”：有所取无所归，不去；与更三年丧，不去；前贫贱后富贵，不去。“三不去”在一定程度上对任意休妻作了限制，这是为了维护宗法伦理的需要。

西周“六礼”“七出”“三不去”等原则和制度，是宗法制度下夫权专制的典型反映。西周婚姻立法的原则和制度多为后世所继承和采用，成为中国传统法律的重要组成部分。

例4：关于中外法律制度的发展演变，下列哪一表述是错误的？

A. 西周“七出”“三不去”“六礼”等婚姻法律的原则和制度，多为后世法律所继承和采用

提示：A选项陈述正确，不当选。

3. 西周的继承制度

西周时期，在宗法制下形成了嫡长子继承制。权位的继承归嫡长子；财产方面，庶子只能由嫡长子分给，无所谓继承权；女子也说不上享有继承权。为了贵族的体面和联络感情，大多给予出嫁女可观的嫁妆，但这是出于父兄的赐与，并非女子的法定权利。

四、铸刑书与铸刑鼎

“临事制刑，不预设法”，是奴隶主贵族的一个法制原则。这种不公开、不成文的法律体制与新兴地主阶级的利益相冲突。而且，这种法律体制在形式上保守，内容上陈旧，不能适应社会变革的新形势，无法满足新的社会关系的发展要求。因此，春秋中期以后，打破旧的传统、公布成文法的活动便在郑、晋等诸侯国先后出现。

1. 铸刑书。公元前536年，郑国执政子产将郑国的法律条文铸在象征诸侯权位的金属鼎上，向全社会公布，史称“铸刑书”，这是中国历史上第一次公布成文法的活动。

2. 铸刑鼎。公元前513年，晋国赵鞅把前任执政范宣子所编刑书正式铸于鼎上，公之于众，这是中国历史上第二次公布成文法的活动，史称“铸刑鼎”。

新兴地主阶级公布成文法，严重冲击了旧贵族以言代法的特权，必然引起守旧势力的激烈非难和反抗。郑国铸刑书和晋国铸刑鼎都遭到了守旧势力的顽抗，虽然其反抗是徒劳的。

铸刑书与铸刑鼎，否定了“刑不可知，威不可测”的司法专横弊端，限制了奴隶主贵族的特权，为后来法家主张“明法”“事断于法”的法治理论和实践提供了思想引领和斗争借鉴，并对后世封建法制的发展具有深远的影响。

例5：郑国执政子产于公元前536年“铸刑书”，这是中国历史上第一次公布成文法的活动。对此，晋国大夫叔向曾写信痛斥子产：“昔先王议事以制，不为刑辟，惧民之有争心也……民知有辟，则不忌于上，并有争心，以征于书，而徼幸以成之，弗可为矣。”关于“不为刑辟”的含义，下列哪一选项是正确的？

A. 不制定法律　　B. 不规定刑罚种类

C. 不需要判例法　　D. 不公布成文法

提示：结合上下文看，“不为刑辟”的含义应为不公布成文法，故答案为D项。

五、《法经》

《法经》是中国历史上第一部比较系统的成文法典。它是战国时期魏文侯的相国李悝在总结春秋以来各国成文法的基础上制定的，在中国立法史上具有重要地位。

《法经》共六篇，按序分别为《盗法》《贼法》《网法》《捕法》《杂法》和《具法》。李悝认为，“王者之政，莫急于盗贼”，故将《盗法》和《贼法》列为法典之首。《网法》又称《囚法》，是关于囚禁和审判罪犯的法律规定。《捕法》是关于追捕盗贼及其他犯罪者的法律规定。《网法》和《捕法》属于诉讼法的范围。《杂法》是关于“盗贼”以外的其他犯罪与刑罚的规定。《具法》是关于定罪量刑中从轻从重法律原则的规定，起着“具其加减”的作用，相当于近代刑法典中的总则部分。《法经》的体例和内容，为后世传统封建成文法典的进一步完善奠定了重要基础。

例6：关于中国古代法律历史地位的表述，下列哪一选项是正确的？
A.《法经》是中国历史上第一部比较系统的成文法典

例7：关于中国古代社会几部法典的结构体例，下列哪一选项是错误的？
A.《法经》中相当于近代刑法典总则部分的“具法”被置于六篇中的最后一篇

提示：A选项陈述正确，不当选。

六、商鞅变法与法家思想的特点

（一）商鞅变法

公元前359年，秦孝公任用商鞅实施变法改革。此次变法以其非常广泛的内容和重大的历史影响而在中国法律发展史上写下了浓墨重彩的一笔，史称“商鞅变法”。变法的主要内容是：

1. 改法为律，扩充法律内容。商鞅“改法为律”，强调了法律规范的普遍性，这是法律观念上的一大进步。

2. 运用法律手段推行“富国强兵”措施。“富国强兵”是变法的终极目的，为此颁布了许多奖励耕战的法令。

3. 用法律手段剥夺旧贵族的特权。废除世卿世禄制度，实行按军功授爵；取消分封制，实行郡县制，强化中央对地方的全面控制。

4. 全面贯彻法家“以法治国”和“明法重刑”等主张，鼓励告奸，实行连坐，维护社会秩序，加强社会控制，保障政权稳定。

商鞅变法是一次极为深刻的社会变革，秦国的法制在变法过程中得以迅速发展完善，其国力也迅速增强，最终统一六国，建立了历史上第一个中央集权的封建王朝。

（二）法家思想的特点

在商鞅变法过程中，法家思想的基本特点皆得以体现。比如，强调“以法治国”，要求全体臣民特别是国家官吏学法、“明法”；百姓学习法律者，“以吏为师”；强调“轻罪重刑”、不赦不宥等等。

针对“刑不上大夫”的礼治，商鞅提出了“壹刑”思想。“所谓壹刑者，刑无等级，自卿相将军以至大夫庶人，有不从王令、犯国禁、乱上制者，罪死不赦。”（《商君书·赏刑》）法家思想的集大成者韩非在此基础上进一步提出：“法不阿贵，绳不挠曲……刑过不避大臣，赏善不遗匹夫”（《韩非子·有度篇》）。以法为本，事断于法，否定奴隶主贵族“礼有差等”的旧传统。“刑无等级”反映了新兴地主阶级的要求，为建立封建法制提供了思想基础。

例 8：关于中国法律制度发展和演进，下列哪些表述是正确的？

A. 商鞅“改法为律”扩充了法律内容，强调了法律规范的普遍性

提示：A 选项的陈述符合史实，内容正确。

第二章　秦汉时期的法律思想与制度

☞ 命题分析

在秦汉时期的法律思想与制度中，“〔秦代的〕罪名与刑罚”多次考查，且由于其内容繁杂，考生尤其需要注意。而“文景帝废肉刑”“亲亲得首匿”则相对较为简单，必须收入囊中。

一、秦代的罪名与刑罚

1. 罪名

秦代法律所规定的罪名极为繁多。大致而言，秦代的罪名主要有以下五类：

（1）危害皇权罪。如谋反；泄露机密；偶语诗书、以古非今；诽谤、妖言；诅咒、妄言；非所宜言；投书；不行君令等。

（2）侵犯财产和人身罪。秦代侵犯财产方面的罪名主要是“盗”。盗窃列为重罪，按盗窃数额量刑。除了一般意义上的盗，秦代还有共盗、群盗之分。侵犯人身方面的罪名主要是贼杀、伤人。此外，斗伤、斗杀在秦代亦属于侵犯人身罪。

（3）渎职罪。一是官吏失职造成经济损失的犯罪；二是军职罪；三是有关司法官吏渎职的犯罪，主要有：①“见知不举”罪。《史记·秦始皇本纪》记载了秦代禁书令之规定，“有敢偶语《诗》《书》者，弃市。以古非今者，族。吏见知不举者，与同罪”。②“不直”罪和“纵囚”罪。《睡虎地秦墓竹简》记载，罪重而故意轻判，罪轻而故意重判，是为“不直”。《睡虎地秦墓竹简》又记载，应当论罪而故意不论罪，以及设法减轻案情，故意使案犯达不到定罪标准，从而判其无罪，是为“纵囚”。③“失刑”罪，指因过失而量刑不当（若系故意，则构成“不直”罪）。

（4）妨害社会管理秩序罪。如《田律》中规定的违令卖酒罪；《法律答问》中的“逋事”与“乏徭”等逃避徭役罪；《秦律杂抄》中的逃避赋税罪等。

（5）破坏婚姻家庭秩序罪。一类是关于婚姻关系的，包括夫殴妻、夫通奸、妻私逃等。另一类是关于家庭秩序的，包括擅杀子、子不孝、子女控告父母、卑幼殴尊长、乱伦等。

例1：据史书载，以下均为秦朝刑事罪名。下列哪一选项最不具有秦朝法律文化的专制特色？

A. “偶语诗书”　　　　B. “以古非今”

C. “非所宜言” D. “失刑”

提示：秦朝的法律文化、法律制度具有明显的专制特色。A 选项“偶语诗书”、B 选项“以古非今”、C 选项“非所宜言”均为危害皇权罪，显然体现了秦朝法律文化、法律制度的专制特点，不符合题目要求。而 D 项“失刑”为渎职罪，是中国古代官吏职务犯罪的罪名，其他朝代均有此罪名，最不具有秦朝法律文化的专制特色，因而符合题目要求。

2. 刑罚种类

秦代的刑罚种类繁多，主要包括以下八大类：笞刑、徒刑、流放刑、肉刑、死刑、羞辱刑、经济刑、株连刑。前五类相当于现代的主刑，后三类相当于现代的附加刑。

（1）笞刑。笞刑是以竹、木板责打犯人背部的轻刑，是秦代经常使用的一种刑罚方法，大多针对轻微犯罪而设，也有的是作为减刑后的刑罚。

（2）徒刑。徒刑即剥夺罪犯人身自由，强制其服劳役的刑罚。秦代的徒刑主要包括：①城旦舂，男犯筑城，女犯舂米，但实际从事的劳役并不限于筑城舂米；②鬼薪、白粲，男犯为祠祀鬼神伐薪，女犯为祠祀择米，但实际劳役也绝不止于为宗庙取薪择米；③隶臣妾，即将罪犯及其家属罚为官奴婢，男为隶臣，女为隶妾，其刑轻于鬼薪、白粲；④司寇，即伺寇，意为伺察寇盗，其刑轻于隶臣妾；⑤候，即发往边地充当斥候，是秦代徒刑的最轻等级。

（3）流放刑。包括迁刑和谪刑，都是将犯人迁入边远地区的刑罚，其中谪刑适用于犯罪的官吏。

（4）肉刑。肉刑即黥（或墨）、劓、刖（或斩趾）、宫四种残害肢体的刑罚，在秦代应用广泛。

（5）死刑。秦代的死刑执行方法很多，有弃市、戮、磔、腰斩、车裂、枭首、族刑、具五刑等。

（6）羞辱刑。秦时经常使用“髡”“耐”等耻辱刑作为徒刑的附加刑。

（7）赀赎刑。对轻微罪强制其缴纳一定财物或者罚服劳役。

（8）株连刑。主要是死刑中的族刑和将犯人家属没官为奴的“收”。

例 2：秦汉时期的刑罚主要包括笞刑、徒刑、流放刑、肉刑、死刑、羞辱刑等，下列哪些选项属于徒刑？

A. 候 B. 隶臣妾

C. 弃市 D. 鬼薪白粲

提示：A、B、D 均符合题目要求，为本题正确答案。C 项“弃市”为秦代死刑的一种执行方法，与题意不符。

3. 刑罚适用原则

秦朝统治者经过长期的司法实践，总结前代经验，结合本朝特点，围绕犯罪主体、客体、动机和后果以及其他因素形成了一些刑罚适用原则。

(1) 刑事责任能力的确定标准。秦律规定，凡属未成年人犯罪，不负刑事责任或减轻刑事处罚。秦律以身高判定是否成年，以六尺五寸为成年身高标准，低于六尺五寸的为未成年人。

(2) 故意与过失的区分。秦律重视故意与过失犯罪的区别。根据《秦简·法律答问》，故意诬告者，实行反坐；主观上没有故意的，按告“不审”从轻处理。

(3) 盗窃按赃值定罪。秦律把赃值划分为三等，即一百一十钱、二百二十钱与六百六十钱，根据不同等级的赃值，分别定罪。

(4) 共同犯罪与集团犯罪加重处罚。相较于个体犯罪，秦律对共同犯罪处罚从重，集团犯罪（5人以上）较一般犯罪处罚从重。

(5) 累犯加重处罚。本身已犯罪，再犯诬告他人罪者，加重处罚。除耐为隶臣外，还要判处城旦苦役6年。

(6) 教唆犯罪加重处罚。秦律规定，教唆未成年人犯罪，加重处罚。

(7) 自首减轻处罚。秦律规定，凡携带所借公物外逃，主动自首者，不以盗窃论处，而以逃亡论。若犯罪后能主动消除犯罪后果，可以减免处罚。

(8) 诬告反坐。根据《秦简·法律答问》，对故意诬告者，实行反坐。即以被诬告人所当受的处罚，反过来制裁诬告者。

二、文景帝废肉刑

汉文帝时，鉴于当时继续沿用黥、劓、斩左右趾等肉刑，不利于政权的稳固，开始考虑改革肉刑。当时经济发展、社会稳定，出现了前所未有的盛世，亦为改革刑制提供了良好的社会条件。开始刑罚改革的直接起因是文帝十三年，齐太仓令淳于意获罪当施黥刑，其小女缇萦（tí yíng）上书请求将自己没官为奴，替父赎罪，并指出肉刑制度断绝犯人自新之路的严重问题。文帝为之所动，遂下令废除肉刑。把黥（qíng）刑（墨刑）改为髡钳城旦舂（去发颈部系铁圈服苦役五年）；劓（yì）刑改为笞三百；斩左趾（砍左脚）改为笞五百，斩右趾改为弃市死刑。文帝的改革，从法律上宣布了废除肉刑，具有重要意义。

景帝继位后，在文帝刑制改革基础上对肉刑制度作了进一步改革。他主持重定律令，将文帝时劓刑笞三百，改为笞二百；斩左趾笞五百，改为笞三百；并对笞杖用具的尺寸和行刑规则（不得换人）都作了明确规定。文帝、景帝时期的刑制改革，顺应了历史发展，为结束奴隶制肉刑制度，建立封建刑罚制度奠定了重要基础，在中国法制发展史上具有重要的意义。

例3：关于中国法律制度发展和演进，下列哪些表述是正确的？

B. 汉武帝顺应历史发展废除肉刑进行刑制改革，为建立封建刑罚制度奠定了重要基础

提示：“汉文帝、汉景帝”而非“汉武帝”废除肉刑进行刑制改革，B选项陈述错误。

三、亲亲得首匿

“亲亲得首匿”，是汉宣帝时期确立的一项法制原则，主张亲属间首谋藏匿犯罪可以不负刑事责任。该原则来源于儒家“父为子隐，子为父隐，直在其中”的理论，本意在于尊崇伦理亲情。对卑幼亲属首匿尊长亲属的犯罪行为，不追究刑事责任；尊长亲属首匿卑幼亲属，罪应处死的可上请皇帝宽贷。它反映了汉律的儒家化，并成为以后中华法系的主要特点之一，一直影响后世立法。

例4：汉宣帝地节四年下诏曰：“自今子首匿父母、妻匿夫、孙匿大父母，皆勿坐。其父母匿子、夫匿妻、大父母匿孙，罪殊死，皆上请廷尉以闻”，“亲亲得相首匿”正式成为中国封建法律原则和制度。对此，下列哪一选项是错误的？

A. 近亲属之间相互首谋隐匿一般犯罪行为，不负刑事责任

B. 近亲属之间相互首谋隐匿所有犯罪行为，不负刑事责任

C. “亲亲得相首匿”的本意在于尊崇伦理亲情

D. “亲亲得相首匿”的法旨在于宽宥缘自亲情发生的隐匿犯罪亲属的行为

提示：对卑幼亲属首匿尊长亲属的犯罪行为，不追究刑事责任；尊长亲属首匿卑幼亲属，罪应处死的可上请皇帝宽贷。并非近亲属之间相互首谋隐匿所有犯罪行为都不负刑事责任。B选项陈述错误，为当选项。

第三章　魏晋南北朝时期的法律思想与制度

☞ 命题分析

“魏晋南北朝时期的法律思想与制度”在往年真题中经常以综合性试题的形式出现，需要考生根据具体情况，灵活应对。特别是其中的“名例律”“刑罚制度改革”等内容需要与其他历史时期的法律制度相联系，全面把握其历史演变脉络。

一、法典结构与法律形式的发展变化

1.《魏律》

鉴于汉代律令繁杂，魏明帝下诏改定刑制，作新律 18 篇，后人称为《魏律》或《曹魏律》。《魏律》对秦汉旧律有较大改革，如将《法经》中的“具律”改为“刑名”置于律首。并进一步调整法典的结构与内容，使中国传统法典更为系统和科学。

2.《晋律》

西晋泰始三年，晋武帝颁布《晋律》，又称《泰始律》。《晋律》对汉魏法律继续改革，精简法律条文，形成 20 篇 602 条的格局。与魏律相比，《晋律》在刑名律后增加“法例律”，丰富了刑法总则的内容，同时对刑律分则重新编排，向“刑宽”“禁简”方向前进了一大步。

3.《北魏律》

北魏统治者吸收汉晋立法成果，采诸家法典之长，经过综合比较，“取精用宏”，修成《北魏律》20 篇，成为当时著名的法典。

4.《北齐律》

北齐政权全面总结历代立法经验，历经十余年修成当时最有水准的法典《北齐律》。《北齐律》共 12 篇，其将刑名与法例律合为“名例律”一篇，充实了刑法总则；精练了刑法分则，使其成为 11 篇，即禁卫、户婚、擅兴、违制、诈伪、斗讼、贼盗、捕断、毁损、厩牧、杂律。《北齐律》在中国法律史上起着承先启后的作用，对后世的立法影响深远。

例 1：关于中国古代社会几部法典的结构体例，下列哪一选项是错误的？

B.《魏律》对秦汉旧律有较大改革，如将“具律”改为“刑名”，并将其置于律首

C.《晋律》将刑名与法例律合为“名例律”一篇，并将法典篇章数定为二十篇

提示：《魏律》将《法经》中的“具律”改为“刑名”置于律首，B选项正确，不当选。《晋律》在刑名律后增加“法例律”，丰富了刑法总则的内容。C选项前半段陈述有误，为本题当选项。——将刑名与法例律合为“名例律”的是《北齐律》而非《晋律》。

例2：关于中国古代法律历史地位的表述，下列哪一选项是正确的？

B.《北魏律》在中国古代法律史上起着承先启后的作用

提示：《北齐律》在中国法律史上起着承先启后的作用，B选项陈述错误。

二、法典内容的发展变化

三国两晋南北朝时期，随着社会政治经济关系的变化，法律内容也有所发展，主要表现为礼法结合的进一步发展。也就是说，在汉代中期以后的上请与恤刑、亲亲得相首匿等法律儒家化的基础上，更广泛、更直接地把儒家伦理规范上升为法律规范，使礼、法更大程度上实现融合，具体表现为“八议”入律与“官当”制度确立、“重罪十条”的产生、刑罚制度改革、“准五服制罪”的确立等方面。

例3：关于中国法律制度发展和演进，下列哪些表述是正确的？

C. 三国两晋南北朝时期更广泛、更直接地把儒家的伦理规范上升为法律规范，使礼、法更大程度上实现融合

提示：选项C陈述正确，为当选项。

1.“八议”入律与“官当”制度的确立

魏明帝在制定《魏律》时，以《周礼》“八辟”为依据正式规定了“八议”制度。《周礼·秋官》中有“八辟丽邦法”之说。“八议”制度是对封建特权人物犯罪实行减免处罚的法律规定，它包括议亲（皇帝亲戚）、议故（皇帝故旧）、议贤（有传统德行与影响的人）、议能（有大才能的人）、议功（有大功勋的人）、议贵（贵族官僚）、议勤（为朝廷勤劳服务的人）、议宾（前代皇室宗亲）。此后，“八议”成为各代刑律的重要内容。唐律中的名例律在五刑、十恶之后即规定了八议制度。

“官当”是古代社会允许官吏以官职爵位折抵徒罪的特权制度。它正式出现在《北魏律》与《陈律》中。“官当”与“八议”制度一样，都是适用刑罚的特殊原则的体现。

例4：关于中国古代刑罚制度的说法，下列哪一选项是错误的？

A.“八议”制度自曹魏《魏律》正式入律，其思想渊源为《周礼·秋官》的“八辟丽邦法”之说

提示：A 选项陈述正确，不当选。

2. 刑罚制度改革

三国、两晋、南北朝时期改革刑制，向简化和减轻的方向发展。

（1）规定绞、斩等死刑制度。《北魏律》将死刑改为绞、斩二等。

（2）规定流刑。把流刑作为死刑的一种宽贷措施。北周时将流刑分为五等，每等以 500 里为基数，分别为流卫服（去皇畿二千五百里）、流要服（去皇畿三千里）、流荒服（去皇畿三千五百里）、流镇服（去皇畿四千里）、流蕃服（去皇畿四千五百里），同时施以鞭、笞各若干。

（3）规定鞭刑和杖刑。北魏时期开始改革以往五刑制度，增加鞭刑与杖刑，后北齐、北周相继采用。

（4）废除宫刑制度。北朝和南朝都相继宣布废除宫刑，自此结束了使用宫刑的历史。

（5）死刑上奏制度。死刑必须报请皇帝批准。北魏太武帝时正式确立这一制度，为唐代的死刑三复奏打下了基础。死刑上奏制度既加强了皇帝对司法审判的控制，也体现了“慎刑”的思想。

本章小结

特性 法典	特性 1 （又名）	特性 2 （形式）	特性 3 （内容）
《魏律》	《曹魏律》	将《法经》中的“具律”改为“刑名”置于律首。	将“八议”制度正式列入法典。
《晋律》	《泰始律》	在刑名律后增加“法例律”，丰富了刑法总则的内容。	①律学家张斐、杜预为之作注，经晋武帝批准颁行，与《晋律》具有同等法律效力。《晋律》及该注解亦称“张杜律”； ②确立了“准五服制罪”制度。
《北齐律》	/	将刑名与法例律合为“名例律”一篇，充实了刑法总则。	①在中国法律史上起着承先启后的作用，对后世的立法影响深远； ②首次规定“重罪十条”，犯此十者，不在八议论赎之限； ③立了“准五服制罪”制度。
《北魏律》	/	/	①规定了“官当”制度； ②北魏太武帝时期确立“死刑复奏”制度。
《陈律》	/	/	规定了“官当”制度。

第四章 西周、秦汉司法制度

☞ 命题分析

“西周、秦汉司法制度”在往年真题中多次出现。其中，“听讼和断狱”之区别、“春秋决狱”和“秋冬行刑”为考查重点。该知识点相对较为简单，必须保证拿到分数。

一、西周时期的“狱”与“讼”

西周时间，民事案件称为“讼”，刑事案件称为“狱”。审理民事案件称为“听讼”，审理刑事案件称为“断狱”。

例1：关于中国古代诉讼、审判制度的说法，下列哪些选项是正确的？
A. 西周时期“听讼”为审理民事案件，“断狱”为审理刑事案件

二、春秋决狱

汉代的《春秋》决狱是法律儒家化在司法领域的反映，其特点是依据儒家经典《春秋》等著作中提倡的精神原则审判案件，而不仅仅依据汉律审案。董仲舒在《春秋繁露》中对“春秋决狱”做了解说：“春秋之听狱也，必本其事而原其志；志邪者不待成，首恶者罪特重，本直者其论轻。”这是强调审判时应当重视行为人的主观动机；在着重考察动机的同时，还要依据事实，分别首犯、从犯和已遂、未遂。这表明《春秋》决狱实行“论心定罪”原则，如果犯罪人主观动机符合儒家的“忠”“孝”精神，即使其行为构成社会危害，也可以减免刑事处罚。相反，如果犯罪人主观动机严重违背儒家倡导的精神，即使没有造成严重的危害后果，也要认定犯罪给予严惩。以《春秋》经义决狱为司法原则，对传统的司法审判是一种积极的补充。当然，其消极作用也相当明显。专以“心志”的“善恶”判断有罪、无罪或者罪行轻重，往往会成为司法官吏主观臆断和出入人罪的口实，在一定程度上为司法擅断提供了依据。

例2：关于思想家、法学家在法律发展中的作用，下列哪些陈述是正确的？
A. 在中国古代法律的发展中，汉代董仲舒提出依据《春秋》等儒家经典的精神和原则判案，而不仅仅依据汉律判案

提示：A 选项符合史实，陈述正确。

三、秋冬行刑

汉代对死刑的执行，实行“秋冬行刑”制度。汉统治者根据“天人感应”理论，规定春、夏不得执行死刑。《后汉书·章帝纪》载，东汉章帝元和二年重申：“王者生杀，宜顺时气。其定律：无以十一、十二月报囚。”除谋反大逆等“决不待时”者外，一般死刑犯须在秋天霜降以后、冬至以前执行，因为这时“天地始肃”，杀气已至，便可“申严百刑”，以示所谓“顺天行诛”。秋冬行刑制度，对后世有着深远影响，唐律规定“立春后不决死刑”，明清律中的“秋审”制度皆源于此。

例 3：关于中国古代刑罚制度的说法，下列哪一选项是错误的？

B. “秋冬行刑”制度自唐代始，其理论渊源为《礼记·月令》关于秋冬季节“戮有罪，严断刑”之述

提示：“秋冬行刑”制度自汉代始而非自唐代始，错误比较明显。B 选项表述错误，为当选项。

例 4：关于中外法律制度的发展演变，下列哪一表述是错误的？

B. 汉代“秋冬行刑”的死刑执行制度，对唐、明、清的法律制度有着深远影响

提示：B 选项符合史实，陈述正确，不当选。

第五章　永徽律疏与中华法系

☞ 命题分析

“永徽律疏与中华法系”（含类推原则）属于高频考点，且所占分值较高。考生务必予以重视。尤其是“唐律的特点与中华法系”“类推原则”这两个考点必须牢牢把握。此外，很多试题常常会把《唐律疏议》中的一段文字拣选出来进行考查，考生要有心理准备。

一、《永徽律疏》的颁行

在《永徽律疏》颁布之前，唐高祖李渊武德七年（公元624年）颁布《武德律》，这是唐代首部法典。唐太宗即位后，于贞观十一年（公元637年）颁布《贞观律》，确定了五刑、十恶、八议及类推等原则与制度，增设加役流，缩小连坐处死的范围等等，对后来的《永徽律》及其他法典有很深的影响。

《永徽律疏》是唐高宗永徽年间完成的一部非常重要的法典。高宗永徽二年（公元651年），长孙无忌等人在《贞观律》的基础上修订完成了《永徽律》。永徽三年，唐高宗命人对《永徽律》进行逐条逐句的解释；永徽四年，将解释形成的《律疏》与律文合编在一起颁行，共12篇30卷，称为《永徽律疏》，后世又称其为《唐律疏议》。

《永徽律疏》总结了汉魏晋以来立法和注律的经验，不仅对主要的法律原则和制度做了精确的解释与说明，而且尽可能引用儒家经典作为律文的理论根据。《永徽律疏》的完成，标志着中国古代立法达到了最高水平。作为中国传统法制的最高成就，《永徽律疏》全面体现了中国古代法律制度的水平、风格和基本特征，成为中华法系的代表性法典，对后世及周边国家产生了深远的影响。

例1：关于中国古代社会几部法典的结构体例，下列哪一选项是错误的？
D.《永徽律疏》将疏议分附于律文之后颁行，分为十二篇三十卷

提示：D选项内容正确，不当选。

例2：关于《永徽律疏》，下列哪些选项是错误的？
A.《永徽律疏》又称《唐律疏议》，是唐太宗在位时制定的
B.《永徽律疏》首次确立了“十恶”即“重罪十条”制度

C.《永徽律疏》对主要的法律原则和制度做了精确的解释，而且尽可能以儒家经典为根据

D.《永徽律疏》是对《贞观律》的解释，在中国立法史上的地位不如《贞观律》

提示：《永徽律疏》是唐高宗永徽年间完成的一部极为重要的法典。选项A的表述错误，符合题目要求。

“重罪十条”系《北齐律》首次确认。隋《开皇律》在其基础上加以损益，确定了十恶制度。《贞观律》参照《开皇律》，确定了“十恶”制度。因此，B选项错误，符合题目要求。

《永徽律疏》总结了汉魏晋以来立法和注律的经验，不仅对主要的法律原则和制度做了精确的解释与说明，而且尽可能引用儒家经典作为律文的理论根据。因此，C选项内容正确，不当选。

作为中国传统法制的最高成就，《永徽律疏》全面体现了中国古代法律制度的水平、风格和基本特征，成为中华法系的代表性法典，对后世及周边国家产生了深远的影响。D选项陈述错误，符合题目要求。

二、唐律的特点与中华法系

1. “礼律合一”

唐朝承袭和发展了以往礼法并用的统治方法，使得法律统治“一准乎礼”，真正实现了礼与律的统一。正如唐太宗所说：“失礼之禁，著在刑书。”把封建伦理道德的精神力量与政权的强力统治紧密地糅合在一起，法的强制力加强了礼的约束作用，礼的约束力增强了法的威慑力量，像坚实构筑的“钢筋混凝土”一样有力地维护了唐王朝的统治。

2. 科条简要与宽简适中

唐律具有科条简要，宽简适中的特点。以往秦汉法律，一向以繁杂著称。唐律沿袭隋制，实行精简、宽平的原则，定律12篇502条，为后世所继承。

3. 立法技术完善

唐律在立法技术上表现出高超的水平，如自首、化外人有犯、类推原则的确定等等都有充分表现。唐律结构严谨，为举世所公认。

4. 唐律是中国传统法典的楷模与中华法系形成的标志

唐朝承袭秦汉立法成果，吸收汉晋律学成就，使唐律表现出高度的成熟性。唐律是我国传统法典的楷模，是中华法系形成的标志。

唐律作为中国传统法典的楷模，不仅对后世宋元明清产生了深刻影响，也超越国界对亚洲诸国产生了重大影响。例如，朝鲜《高丽律》篇章内容都取法于唐律；日本文武天皇制定《大宝律令》亦以唐律为蓝本。可见，唐律在世界法制史上也占有重要地位。

三、类推原则

《唐律·名例律》规定："诸断罪而无正条，其应出罪者，则举重以明轻；其应入罪者，则举轻以明重。"对此，《唐律疏议》解释说："案《贼盗律》：'谋杀期亲尊长，皆斩。'无已杀、已伤之文，如有杀伤者，举始谋是轻，尚得死罪；杀及谋而已伤是重，明从皆斩之坐。……"其意思是说，对律文无明文规定的同类案件，凡应减轻处罚的，则列举重罪处罚规定，比照以解决轻案；凡应加重处罚的罪案，则列举轻罪处罚规定，比照以解决重案。疏议举律文说，谋杀尊亲处斩；但无已杀已伤重罪的条文，在处理已杀已伤尊亲的案件时，通过类推可以知道更应当处以斩刑。唐代类推原则的完善反映了当时立法技术的发达。

四、十恶

所谓"十恶"，是隋唐以后历代法律所规定的严重危害统治阶级根本利益的为常赦所不原的十种最严重犯罪。唐律中的"十恶"包括：谋反、谋大逆、谋叛、恶逆、不道、大不敬、不孝、不睦、不义、内乱。

唐律中的"十恶"制度所规定的犯罪基本上可以分为两类：一为侵犯皇权与特权的犯罪；二为违反伦理纲常的犯罪。唐律将这些犯罪集中规定在名例律之首，并在分则各篇中对这些犯罪规定了最严厉的刑罚。唐律还规定，凡犯十恶者，不适用八议等规定，且为常赦所不原。这些规定充分体现了唐律的本质和重点在于维护皇权、特权、传统的伦理纲常及伦理关系。

五、六赃

"六赃"是唐律规定的六种非法获取公私财物的犯罪。唐律要求官吏廉洁奉公，严惩利用职权谋取私利或贪赃枉法的行为。在量刑上，对于官吏以权谋私、贪赃枉法的行为，唐律均规定了较常人犯财产罪更重的刑罚。六赃具体包括以下罪名：

一是"受财枉法"，指官吏收受财物导致枉法裁判的行为。唐律规定，凡官吏受财枉法，赃满 15 匹处绞刑。

二是"受财不枉法"，指官吏收受财物，但无枉法裁判的行为。唐律规定，即使不枉法，赃满 30 匹也处以仅次以死刑的加役流。

三是"受所监临"，指官吏利用职权非法收受所辖范围内百姓或下属财物的行为。

四是"强盗"，指以暴力获取公私财物的行为。唐律对强盗罪的处罚规定很严，虽不得财，也要处徒刑 2 年。

五是"窃盗"，指以隐蔽的手段将公私财物据为己有的行为。

六是"坐赃"，指官吏或常人非因职权之便非法收受财物的行为。《唐律》杂律篇规定，官吏因事接受他人财物的即构成"坐赃"，同时禁止监临主守官在辖区内役使百姓、借贷财物，违者以坐赃论处。

"六赃"的分类与惩罚收受贿赂行为的规定，特别是对官员集体受贿行为的分别论处、对行贿人的处罚、对介绍行贿人的严惩等规定和按赃值定罪的原则为后世立法所继承，在明清律典中均有《六赃图》的配附。

例3：杜甫有诗云：“朝回日日典春衣，每日江头尽醉归。酒债寻常行处有，人生七十古来稀。”对诗歌涉及的典当制度，下列哪一选项可以成立？

D. 唐代法律规定开典当行者构成“坐赃”

提示：唐律规定的“坐赃”，指官吏或常人非因职权之便非法收受财物的行为。D选项不成立。

第六章　宋代的法律思想与制度

☞ 命题分析

在宋代的法律思想与制度中，宋代的契约、婚姻、继承这三方面的内容都多次考查，考生均需予以注意。另外，对“宋刑统与编敕”也不能掉以轻心。

一、宋刑统与编敕

1.《宋刑统》

宋太祖建隆三年（公元962年），在工部尚书判大理寺卿窦仪等人的奏请下，开始修订宋朝新的法典。次年7月完成，由太祖诏“付大理寺刻板摹印，颁行天下”，成为历史上第一部刊印颁行的法典。其全称《宋建隆重详定刑统》，简称《宋刑统》。《刑统》在具体编纂上，仍以传统的刑律为主，同时将有关敕、令、格、式和朝廷禁令、州县常科等条文，都分类编附于后，使其成为一部具有统括性和综合性的法典。

例1：关于中国古代法律历史地位的表述，下列哪一选项是正确的？

C.《宋刑统》是中国历史上第一部刊印颁行的仅含刑事内容的法典

提示：《宋刑统》虽以传统的刑律为主，但属于具有统括性和综合性的法典。C选项不当选。

例2：关于宋代法律和法制，下列哪一选项是错误的？

A.《宋刑统》为我国历史上第一部刊印颁行的法典

提示：A选项陈述正确，不当选。

2. 编敕

宋代的敕是指皇帝对特定的人或事所作的命令。敕的效力往往高于律，成为断案的依据。编敕是宋代一项重要和频繁的立法活动，神宗时设有专门编敕的机构“编敕所”。编敕的特点是：

（1）仁宗前基本“敕律并行”，编敕一般依律的体例分类，独立于《宋刑统》之外。

（2）神宗朝敕地位提高，“凡律所不载者，一断于敕”，敕已到足以破律、代律的地步。

（3）敕主要是关于犯罪与刑罚方面的规定，所谓“丽刑名轻重者，皆为敕”。

例3：关于宋代法律和法制，下列哪一选项是错误的？

C. 宋仁宗朝敕、例地位提高，“凡律所不载者，一断于敕、例”

D. 宋建隆四年颁行“折杖法”

提示：宋代特别是神宗朝，“凡律所不载者，一断于敕”。但宋代基本上不存在例，例的地位在清代比较高，清代最重要的法律形式之一是例。C选项内容错误，为当选项。

二、契约法规

1. 债的发生

宋代因契约所生之债占多数。《宋刑统》和《庆元条法事类》都强调买卖双方的“合意”，对强行交易违背当事人意愿的，要“重置典宪”，也就是说要按照章程严厉处罚。同时维护家长的财产支配权，“典卖物业，或指名质举，须是家主尊长对钱主或钱主亲信人，当面署押契贴。或妇女难于面对者，须隔帘亲闻商量，方可成交易”。

2. 买卖契约

宋代买卖契约分为绝卖、活卖与赊卖三种。绝卖为一般买卖。活卖为附条件的买卖，当所附条件完成，买卖才算最终成立。赊卖是采取类似商业信用或预付方式，而后收到出卖物的价金。这些重要的交易活动，都需要订立书面契约，取得官府承认，才能视为合法有效。

3. 租赁契约

宋代对房宅的租赁称为“租”“赁”或“借”。对人畜车马的租赁称为庸、雇。

4. 租佃契约

宋代租佃土地活动十分普遍。地主与佃农签订租佃土地契约时，必须明定纳租与纳税的条款，或按收成比例收租（分成租），或实行定额租。地主同时要向国家缴纳田赋。若佃农逾期不交租，地主可于每年十月初一到正月三十日向官府投诉，由官府代为索取。

5. 典卖契约

典卖在宋代称为“活卖”，即通过让渡物的使用权收取部分利益而保留回赎权的一种交易方式。由于典卖田宅者多为贫困之人，他们过期无力回赎时，就使得有钱人以低廉的代价获得田宅的所有权，而使自己蒙受损失。

6. 借贷契约

宋代法律因袭唐制，区分借与贷。借是使用借贷，贷指消费借贷。当时把不付息的使用借贷称为“负债”，把付息的消费借贷称为“出举”。《宋刑统·杂律》规定：“诸公私以财物出举者，任依私契，官不为理。每月取利，不得过六分。积日虽多，不得过一倍。……不得迴利为本。”这是限制高利贷的法律规定。“不得迴利为本”，就是禁止民间所谓的“驴打滚，利滚利”。由于“出举”有利息，故又称“出息”。民间广为流传的俗语“没出息”，即由此演变而来。

例4：关于宋代法律和法制，下列哪一选项是错误的？

B. 宋代法律因袭唐制，对借与贷作了区分

例5：杜甫有诗云：“朝回日日典春衣，每日江头尽醉归。酒债寻常行处有，人生七十古来稀。”对诗歌涉及的典当制度，下列哪一选项可以成立？

C. 唐代的典当称为“活卖”

提示：宋代买卖契约分为绝卖、活卖与赊卖三种。绝卖为一般买卖。活卖为附条件的买卖，当所附条件完成，买卖才算最终成立。“活卖”为宋代的买卖契约之一种，因此，C选项陈述错误。

三、婚姻制度

宋承唐律，规定：“男年十五，女十三以上，并听婚嫁。”违反成婚年龄的，不准婚嫁。宋律禁止五服以内亲属结婚，但对姑舅两姨兄弟姐妹结婚并不禁止。

在离婚方面，仍实行唐制“七出”与“三不去”制度，但有少许变通。例如，《宋刑统》规定：夫外出3年不归，6年不通问，准妻改嫁或离婚；但是“妻擅走者徒三年，因而改嫁者流三千里，妾各减一等”。如果夫亡，妻“不守志”者，宋代《户令》规定：“若改适（嫁），其见在部曲、奴婢、田宅不得费用。”严格维护家族财产不得转移的固有传统。

例6：宋承唐律，仍实行唐制“七出”“三不去”的离婚制度，但在离婚或改嫁方面也有变通。下列哪一选项不属于变通规定？

A. “夫外出三年不归，六年不通问”的，准妻改嫁或离婚

B. “妻擅走者徒三年，因而改嫁者流三千里，妾各减一等”

C. 夫亡，妻“若改适（嫁），其见在部曲、奴婢、田宅不得费用”

D. 凡“夫亡而妻在”，立继从妻

提示：A、B、C选项均为离婚或改嫁方面的变通规定。D选项是继承方面的规范，并不属于离婚或改嫁方面的变通规定，符合题目要求，为当选项。

在离婚方面，还有一种称为“义绝”的强制离婚原则。该原则为唐律中首次规定，宋代沿袭唐律。所谓“义绝”，是指夫妻间或夫妻双方亲属间或夫妻一方对他方亲属凡有殴、骂、杀、伤、奸等行为，依律视为夫妻恩义断绝，不论夫妻双方是否同意离婚，均由官府审断强制离婚，对任何拒不离婚的一方依律处罚。构成“义绝”的情形多偏

祖夫家，对于夫妻双方并不对等。妻方凡有损家族和睦的对夫家家族成员间的伤害行为，多被视为“义绝”。

四、继承制度

宋代法律在继承关系上，有较大的灵活性。除沿袭以往遗产兄弟均分制外，允许在室女享受部分继承权；同时承认遗腹子与亲生子享有同样的继承权。

至南宋，在一些地域又规定了适用“户绝”财产继承的办法。“户绝”指家无男子继承。“户绝”立继承人有两种方式：凡“夫亡而妻在”，立继从妻，称为“立继”；凡“夫妻俱亡”，立继从其尊长亲属，称为“命继”。继子与户绝之女均享有继承权，但只有在室女（未嫁女）的，在室女享有 3/4 的财产继承权，继子享有 1/4 的财产继承权；只有出嫁女（已婚女）的，出嫁女享有 1/3 的财产继承权，继子享有 1/3，另外 1/3 收归官府所有。

第七章　明清时期的立法

☞ 命题分析

在明清时期的立法部分，“明律与明大诰”“明清会典”“清代律例”三个考点不时出现在真题中。该知识点整体难度不大。

一、明律与明大诰

1.《大明律》

明太祖朱元璋在建国初年即开始编修《大明律》，直到洪武三十年才告完成并颁行天下。鉴于元末法制败坏的教训，朱元璋非常重视律法编修工作。他尝言：“夫法度者，朝廷所以治天下也。”《大明律》共7篇30卷460条。在体例上，该法典一改传统刑律体例，确立为名例、吏、户、礼、兵、刑、工七篇格局，以适应强化中央集权的需要。其律文简于唐律，精神则严于唐律，成为有明一代通行不改的基本法典，在中国法律史上具有重要地位。

例1：关于明代法律制度，下列哪一选项是错误的？

A. 明朱元璋认为，“夫法度者，朝廷所以治天下也”

2.《明大诰》

朱元璋在修订《大明律》的同时，为防止“法外遗奸”，在洪武十八年（公元1385年）至洪武二十年（公元1387年）间，手订四编《大诰》，共236条，具有与《大明律》相同的法律效力。《大诰》集中体现了朱元璋“重典治世”的思想。

大诰是明初的一种特别刑事法规。大诰之名来自儒家经典《尚书·大诰》，原为周公东征殷遗民时对臣民的训诫。明太祖将其亲自审理的案例加以整理汇编，并加上因案而发的“训导”，作为训诫臣民的特别法令颁布天下。《明大诰》对《大明律》中原有的罪名，一般都加重处罚。《明大诰》的一个特点是滥用法外之刑，汉代以来很多不载于法令的肉刑如断手、斩趾等被恢复使用。《明大诰》的另一个特点是“重典治吏”，其中大多数条文专为惩治贪官污吏而定，以此强化统治效能。《明大诰》是中国法制史上空前普及的法规，每户人家必须有一本大诰，科举考试也列入大诰的内容。

朱元璋死后，大诰被束之高阁，不再具有法律效力。

例2：关于中国古代刑罚制度的说法，下列哪一选项是错误的？

C. “大诰”是明初的一种特别刑事法规，其法律形式源自《尚书·大诰》周公对臣民之训诫

二、明清会典

1. 《大明会典》

《大明会典》从明英宗时开始编修，历经多朝校刊增补。《大明会典》仿照《唐六典》，以六部官制为纲，分述各行政机关职掌和事例。因此，《大明会典》仍属于行政法典，起着调整国家行政法律关系的作用。

例3：关于明代法律制度，下列哪一选项是错误的？

C. 《大明会典》仿《元六典》，以六部官制为纲

提示：《大明会典》仿照的是《唐六典》而非《元六典》。C选项陈述错误，为当选项。

2. 《大清会典》

为了规范国家机关的组织、活动，加强行政管理，提高统治效能，自康熙朝开始，清王朝仿效《明会典》编定《清会典》，记述各朝主要国家机关的职掌、事例、活动规则与有关制度。共编成了康熙、雍正、乾隆、嘉庆、光绪五部会典，合称“五朝会典”，统称《大清会典》。

例4：关于中国古代法律历史地位的表述，下列哪一选项是正确的？

D. 《大明会典》以《元典章》为渊源，为《大清会典》所承继

提示：《大明会典》仿照的是《唐六典》，D选项陈述错误。

三、清代律例

1. 《大清律例》

清入关后，康熙、雍正两朝皆仿《大明律》而修订《大清律》。乾隆元年，开始重新修订《大清律例》，乾隆五年完成后颁行天下。

《大清律例》的结构、形式、体例、篇目与《大明律》基本相同，分为名例律、吏律、户律、礼律、兵律、刑律、工律七部分。律文共436条，47卷30门，附例一千余条。其中《律目》《诸图》《服制》各一卷。乾隆五年颁行后律文部分基本定型，极少修订，后世各朝只是不断增修律文之后的“附例”。

《大清律例》是中国历史上最后一部传统成文法典，是中国传统法典的集大成者。汉唐以来确立的传统法律的基本精神、主要制度在《大清律例》中都得到充分体现；

《大清律例》的制定充分考虑了清代政治实践和政治特色，并在某些具体制度上对前代法律有所改进。

2. 清代的例

清代最重要的法律形式之一是例。例是统称，包括条例、则例、事例、成例等。需要注意的是，清代适用例判决案件的司法传统并不构成类似英国的“判例法”。清代引例断案仍然只是一种成文法适用的补充形式，不可与英美普通法的判例法传统混为一谈。

条例一般是指刑事单行法规，大部分编入《大清律例》，附于某一律条之后。条例由刑部或其他部门就一些相似的案例先提出立法建议，经皇帝批准后成为一项事例，指导类似案件的审理判决，然后经条例编纂活动由律例馆编入《大清律例》或者单独编为某方面的刑事单行法规。

则例是指某一行政部门或某项专门事务方面的单行法规汇编。这是针对政府各部门的职责、办事规程而制定的基本规则。则例作为清代重要法律形式之一，对于国家行政管理起着重要作用。

事例是指皇帝就某项事务发布的“上谕”或经皇帝批准的政府部门提出的建议。事例一般不自动具有永久的、普遍的效力，但可以作为处理该事务的指导原则。

成例也称“定例”，指经过整理编订的事例，属于单行法规。成例是一种统称，包括条例及行政各方面的单行法规。

有清一代，定法律“五年一小修，十年一大修”。律文高度稳定，条例则随时增删，以补律文之不足。清代的“例”并非案例，而是高度抽象条文化的表达，与律典密切相关的“条例”更是如此。《大清律例》代表了传统中国帝制时期的基本律例关系，形成了以“律”为宗、“例以辅律”的体例传统。

第八章　明清时期的立法思想、罪名与刑罚

☞ 命题分析

“明清时期的立法思想、罪名与刑罚”属于高频考点，也是中国法律史部分稍有难度的一块内容。特别是“故杀与谋杀”的区分，考生常常出现错误认识。而“明刑弼教”“重其所重，轻其所轻”相对简单一些。该部分以案例的形式进行考查的概率较高。

一、“明刑弼教”的立法思想

“明刑弼教”一词，最早见于《尚书·大禹谟》中“明于五刑，以弼五教”之语。后人简称“明刑弼教”。

宋代以前论及“明刑弼教”，多将其附于“德主刑辅”之后，其着眼点是“大德小刑”和“先教后刑”。宋代以降，在处理德、刑关系上有了突破。著名理学家朱熹首先对“明刑弼教”作了新的阐释。他有意提高了礼、刑关系中刑的地位，认为礼法二者对治国同等重要，“不可偏废”。经朱熹的阐释，德和刑的关系不再是“德主刑辅”，刑不再处于“从属”地位。这一变化意味着中国封建法制指导原则沿着“德主刑辅”→“礼法合一”→“明刑弼教”的发展轨迹，进入到一个新的阶段，并对明清两代法律实施的方法和发展方向产生了深刻影响。——在我国法律发展史上，倡导“德主刑辅”的本意是注重道德教化，限制严刑峻罚，所以它往往是同轻刑主张相联系的。而经朱熹阐发，朱元璋身体力行于后世的“明刑弼教”思想，则完全是借“弼教”之口实，为明清推行重典治国政策提供思想理论依据。

例 1： 关于中国古代刑罚制度的说法，下列哪一选项是错误的?

D. “明刑弼教”作为明清推行重典治国政策的思想基础，其理论依据源自《尚书·大禹谟》“明于五刑，以弼五教”之语

提示： D 选项内容陈述正确，不当选。

二、“重其所重，轻其所轻”的刑罚原则

明代刑罚实行从重从新原则。同时，明代刑罚还实行“重其所重，轻其所轻”的

原则。与唐律相比，明代对于盗贼及钱粮等事处罚较重。唐律一般根据情节轻重作出不同处理，牵连范围相对较窄；明律则不分情节，一律处以重刑，且扩大株连范围，此即“重其所重”的原则。而对于“典礼及风俗教化”等一般性犯罪，明律处罚轻于唐律，此为“轻其所轻”的原则。对某些危害不大的轻罪从轻处罚是为了突出“重其所重”的原则。

清代继承了“重其所重，轻其所轻”的刑罚原则。例如，清律扩大和加重对“十恶”中“谋反”“谋大逆”等侵犯皇权的犯罪的处罚，凡谋反谋大逆案中只要参与共谋，不分首从一律凌迟处死。再如，清律中并没有关于“文字狱”的直接条款，但所有“文字狱”均按谋反谋大逆定罪，从而导致无辜被害者不可胜数，其思想文化专制统治的残酷在我国封建史上达到最高峰。

例2：关于明代法律制度，下列哪一选项是错误的？

B. 明律确立“重其所重，轻其所轻”刑罚原则

三、故杀和谋杀

在中国法律史上，故杀和谋杀是一对需要认真区别的概念。

1. 故杀。“故杀”的渊源已久，北魏时已经出现了故杀概念。北魏的《斗律》规定：“祖父母、父母忿怒，以兵刃杀子孙，五岁刑。殴杀者，四岁刑。若心有爱憎而故杀者，各加一等。”《隋律》中也有故杀，比如有“犯十恶及故杀人，狱成者，虽会赦，犹除名”的规定。按《唐律》规定，故杀是“非因斗争，无事而杀”，即双方并非因为斗殴，一方突然起意杀人。这样，从前的“贼杀”即被新出现的故杀和单独进行的谋杀所分解了。以后明清都继承了唐律对故杀的这一定义，并对之进行了进一步的阐释，从而将谋杀和与谋杀关系最为密切的故杀这一概念相区别。

2. 谋杀。在我国古代法中，“谋杀”曾长期被看作必要共犯。西晋时期的律学家张斐把“谋杀”解释为二人以上事先预谋的故意杀人。张斐的解释对中国法制史上“谋杀”概念的形成和发展影响深远。

在《唐律疏议》中，谋杀首先被定义为二人以上的共同犯罪。但是，在《唐律》中谋杀的含义已经发生了很大变化，即谋杀不再是必要共犯，单独一人也可以成为谋杀罪的主体。明律继承了唐律的做法。在《大明律·名例律》中这样解释“谋”：“称‘谋’者，二人以上。”可见，明律仍然以为谋杀首先是二人以上共同犯罪。同时，明律也承认一个人亦可成为谋杀罪的主体，而且，明律中对一个人进行的谋杀即单独谋杀的解释与唐律基本相同。到了清代，我国传统社会谋杀的概念已经定型，即谋杀是有预谋的故意杀人，而故杀是没有预谋、突然起意的故意杀人。有无事先预谋是区分谋杀和故杀的根本标准。同时，谋杀又包括共同谋杀和单独谋杀。由于共同谋杀的特征比较明显，故杀和单独谋杀常常成为需要区分的问题。

例3：清乾隆律学家、名幕王又槐对谋杀和故杀的有关论述：

①“谋杀者，蓄念于未杀之先；故杀者，起意于殴杀之时。”

②“谋杀则定计而行，死者猝不及防、势不能敌，或以金刃，或以毒药，或以他物，或驱赴水火，或伺于隐蔽处所，即时致死，并无争斗情形，方为谋杀。”

③“故杀乃因斗殴、谋殴而起，或因忆及夙嫌，或因畏其报复，或虑其控官难制，或恶其无耻滋事，或恐其遗祸受害。在兄弟，或利其赀财肥己；在夫妻，或恨其妒悍不逊。临时起意，故打重伤、多伤，伤多及致死处所而死者是也。”

据此，下列最可能被认定为谋杀者的是哪一选项？

A. 张某将浦某拖倒在地，骑于身将其打伤。浦某胞弟见状，情急之下用木耙击中张某顶心，张某立时毙命

B. 洪某因父为赵某所杀，立志复仇。后，洪某趁赵某独自上山之机，将其杀死

C. 卢某欲拉林某入伙盗窃，林某不允并声称将其送官。卢某恐其败露欲杀之，当即将林某推倒在地，搿伤其咽喉并用腰带套其脖颈，林某窒息而死

D. 雇主李朱氏责骂刘某干活不勤，刘某愧忿不甘，拿起菜刀将李朱氏砍倒。刘某逃跑之际，被李朱氏4岁的外孙韩某拉住衣服并大声呼救，刘某将其推倒在地并连砍数刀，致其立时毙命

提示：按照题干所给的律学家王又槐对谋杀和故杀的论述，选项B符合题目要求。ACD选项皆属于故杀，与题意不合。

例4：乾隆五十一年，四川发生一起杀人案：唐达根与宋万田本不相识，因赴集市买苞谷遂结伴同行。途中山洞避雨，宋万田提议二人赌钱。后宋万田得赢，唐达根将钱如数送上。归途，宋万田再次提议赌钱，唐达根得赢。宋万田声称唐达根耍骗不肯给钱，唐达根与之争吵进而双方互殴，争斗中唐达根将宋万田打死。依据《大清律例》及《大清律辑注》，你认为唐达根有可能被官府认定犯下列哪些罪行？(2010年真题)

A. 唐达根系没有预谋、临时起意将宋万田打死，应定“故杀”

B. 唐达根系恼羞成怒，欲夺赌钱故意将宋万田打死，应定“谋杀”

C. 唐达根系无心之下，斗殴中不期将宋万田打死，应定“斗殴杀”

D. 唐达根系无怨恨杀人动机，“以力共戏”将宋万田打死，应定“戏杀”

提示：根据清代“故杀”与“谋杀”的区别理论，AC选项的表述可以成立。

第九章　唐宋至明清时期的司法制度

☞ 命题分析

唐宋至明清时期的司法制度涵盖的内容虽然较多，但经常考查的内容是“明代会审制度”和“清代会审制度”。显然，对这两个考点，需要予以特别关注。

一、唐代地方司法机关

唐代地方司法机关仍由行政长官兼理。州县长官在进行司法审判时，均设佐史协助处理。州一级设法曹参军或司法参军，县一级设司法佐、史等。县以下乡官、里正对犯罪案件具有纠举责任，对轻微犯罪与民事案件具有调解处理的权力，结果须呈报上级。

例1：关于中国古代诉讼、审判制度的说法，下列哪些选项是正确的？

B. 唐代县以下乡官、里正对犯罪案件具有纠举责任，对轻微犯罪与民事案件具有调解处理的权力

二、唐代刑讯与仇嫌回避原则

1. 刑讯的条件与证据

《唐律疏议·断狱律》（卷二十九）规定：“诸应讯囚者，必先以情，审察辞理，反复参验，犹未能决，事须拷问者，立案同判，然后拷讯，违者杖六十。”也就是要求在拷讯之前，必须先审核口供的真实性，然后反复查验证据。证据确凿，仍狡辩否认的，经过主审官与参审官共同决定，可以使用刑讯；未依法定程序拷讯的，承审官要负刑事责任。同时规定，对那些人赃俱获，经拷讯仍拒不认罪的，也可“据状断之”，即根据证据定罪。

例2：《折狱龟鉴》载一案例：张泳尚书镇蜀日，因出过委巷，闻人哭，惧而不哀，遂使讯之。云：“夫暴卒。”乃付吏穷治。吏往熟视，略不见其要害。而妻教吏搜顶发，当有验。乃往视之，果有大钉陷其脑中。吏喜，辄矜妻能，悉以告泳。泳使呼出，厚加赏方，问所知之由，并令鞠其事，盖尝害夫，亦用此谋。发棺视尸，其钉尚在，遂与哭妇俱刑于市。关于本案，张泳运用了下列哪一断案方法？

A.《春秋》决狱　　B.“听讼”“断狱”
C.“据状断之”　　D. 九卿会审

提示：本案中，张泳“付吏穷治”“吏往熟视”“往视之”“发棺视尸，其钉尚在”等，广泛搜集证据，根据证据定罪。因此，其断案方法为“据状断之”，故C为本题正确选项。

2. 禁止使用刑讯的情形

《唐律疏议·断狱律》（卷二十九）规定：“诸应议、请、减，若年七十以上，十五以下及废疾者，并不合拷讯，皆据众证定罪。”这就是说，对两类人禁止使用刑讯，只能根据证据来定罪。一是具有特权身份的人，如应议、请、减之人；二是老幼废疾之人，即年70岁以上15岁以下及残疾人。对这两类人，必须有3人以上证实其犯罪事实，才能定罪。——2017-1-17即考查了这一问题。

3. 司法官的回避

为防止审判官因亲属或仇嫌关系故意出入人罪，唐代《狱官令》（《唐六典》的内容）第一次规定了司法官的回避制度，当时称为“换推”，即“凡鞫狱官与被鞫人有亲属仇嫌者，皆听更之”。

三、明清会审制度

1. 明代会审制度

明代的会审制度包括九卿会审、朝审、大审。

九卿会审，又称“圆审”，是由六部尚书及通政使司的通政使、都察院左都御使、大理寺卿九人会审皇帝交付的案件或已判决但囚犯仍翻供不服之案。

朝审，始于天顺三年（公元1459年），英宗命每年霜降之后，三法司（刑部、大理寺、都察院）会同公侯、伯爵，在吏部尚书或户部尚书主持下会审重案囚犯，从此形成制度。清代秋审、朝审都渊源于此。

大审，始于明成化十七年（公元1481年），宪宗命司礼监太监在堂居中而坐，尚书各官列居左右，会同三法司在大理寺共审囚徒。自此定例，每五年举行一次大审。

例3：关于明代法律制度，下列哪一选项是错误的？
D. 明会审制度为九卿会审、朝审、大审

例4：关于中国古代诉讼、审判制度的说法，下列哪些选项是正确的？
C. 明代的大审是一种会审制度，每三年举行一次

提示：明代大审第五年举行一次，C选项陈述有误。

2. 清代会审制度

清代在明代会审制度的基础上，进一步完善了重案会审制度，形成了秋审、朝审、

热审等比较规范的会审体制。

秋审，是最重要的死刑复审制度，在每年秋天举行。秋审对象是全国上报的斩、绞监候案件，每年秋八月在天安门金水桥西由九卿、、詹事、科道及军机大臣、内阁大学士等重要官员会同审理。秋审被看成是国家大典，统治者非常重视，专门制定《秋审条款》。

朝审，是对刑部判决的重案及京师附近斩、绞监候案件进行的复审，其审判组织、方式与秋审大体相同，于每年霜降后十日举行。案件经秋审或朝审后，分四种情况进行处理：其一“情实”，指案情属实、罪名恰当者，奏请执行死刑；其二“缓决”，案情虽属实，但危害性不大者，可减为流三千里，或发烟瘴极边充军，或再押监候；其三“可矜”，指案性属实，但有可矜或可疑之处，可免于死刑，一般减为徒、流刑罚；其四“留养承祀”，指案情属实、罪名恰当，但有亲老丁单情形，合乎申请留养条件者，按留养奏请皇帝裁决。

热审，是对发生在京师的笞杖刑案件进行重审的制度。于每年小满后十日至立秋前一日，由大理寺官员会各道御史及刑部承办司共同进行，快速决放在监笞杖刑案犯。

明清会审制度是一种慎刑思想的反映，但却导致多方干预司法，其最终结果是司法更加腐败，弊窦丛生，加速了王朝的腐朽和覆亡。

例5：清乾隆年间，甲在京城天安门附近打伤乙被判笞刑，甲不服判决，要求复审。关于案件的复审，下列哪些选项是正确的?

A. 应由九卿、詹事、科道及军机大臣、内阁大学士等重要官员会同审理

B. 应在霜降后10日举行

C. 应由大理寺官员会同各道御史及刑部承办司会同审理

D. 应在小满后10日至立秋前1日举行

提示：按照清代法律，该案件应当进行热审。热审是对发生在京师的笞杖刑案件进行重审的制度，于每年小满后十日至立秋前一日，由大理寺官员会同各道御史及刑部承办司共同进行，快速决放在监笞杖刑案犯。因此，A、B选项不符合题目要求，C、D选项为正确答案。

第十章　清末主要修律内容

☞ 命题分析

“清末主要修律内容”知识点的考查频率和所占分值都比较高，考生需要重点关注。由于清末修律涉及多部重要法律，这些法律的名称又比较相似，如“《大清现行刑律》”“《大清新刑律》”等，很容易发生混淆，考生必须仔细辨别。

一、清末变法修律的主要特点

1. 在立法指导思想上，清末修律自始至终贯穿着“仿效外国资本主义法律形式，固守中国封建法制传统”的方针。或者说，借用西方近现代法律制度的形式，坚持中国固有的封建法律制度内容，是统治者变法修律的基本宗旨。

例 1：关于中国法律制度发展和演进，下列哪些表述是正确的？

D. 清末变法修律基本上是仿效外国资本主义的法律形式，固守中国的封建法制传统

2. 在内容上，清末修订的法律表现出封建专制主义传统与西方资本主义法学最新成果的奇怪混合：一方面，坚行君主专制体制及封建伦理纲常“不可率行改变”，在新修订的法律中继续保持肯定和维护专制统治的传统；另一方面，又标榜“吸引世界大同各国之良规、兼采近世最新之学说”，大量引用西方法律理论、原则、制度和法律术语，使保守落后的封建法律内容与先进的近现代法律形式同时显现在这些新的法律法规之中。

3. 在法典编纂形式上，清末修律改变了传统的“诸法合体”形式，明确了实体法之间、实体法与程序法之间的差别，分别制定、颁行或起草了宪法、刑法、民法、商法、诉讼法、法院组织法等方面的法典或法规，形成了近代法律体系的雏形。

二、清末变法修律的主要影响

清末修律标志着延续几千年的中华法系开始解体，为中国法律的近代化奠定了初步基础。通过清末大规模的立法，参照西方资产阶级法律体系和法律原则建立起来的一整套法律制度和司法体制，为其后中华民国政府法律制度的形成与发展提供了条件。由于清末变法修律在一定程度上引进和传播了西方近现代的法律学说和法律制度，在

客观上有助于推动中国资本主义经济的发展和教育制度的近代化。

例2：关于清末变法修律，下列哪些选项是正确的？

A. 在指导思想上，清末修律自始至终贯穿着“仿效外国资本主义法律形式，固守中国封建法制传统”的原则

B. 在立法内容上，清末修律一方面坚行君主专制体制和封建伦理纲常“不可率行改变”，一方面标榜“吸引世界大同各国之良规，兼采近世最新之学说”

C. 在编纂形式上，清末修律改变了传统的“诸法合体”形式，明确了实体法之间、实体法与程序法之间的差别，形成了近代法律体系的雏形

D. 在法系承袭上，清末修律标志着延续几千年的中华法系开始解体，为中国法律的近代化奠定了初步基础

提示：ABCD 均为正确选项。

三、清末主要修律内容

（一）《大清现行刑律》与《大清新刑律》

在清末的刑法典修订活动中，最明显的改革成果是《大清现行刑律》和《大清新刑律》。

1.《大清现行刑律》

《大清现行刑律》是清政府在《大清律例》的基础上稍加修改，作为《大清新刑律》完成前的一部过渡性法典，于1910年5月15日颁行。其内容基本秉承旧律例。与《大清律例》相比，有如下变化：改律名为“刑律”；取消了六律总目，将法典各条按性质分隶30门；对纯属民事性质的条款不再科刑；废除了一些残酷的刑罚手段，如凌迟；增加了一些新罪名，如妨害国交罪等。但该法典只是在形式上对《大清律例》稍加修改，在表现形式和内容上都不能说是一部近代意义上的专门刑法典。

2.《大清新刑律》

《大清新刑律》是晚清政府于1911年1月25日公布的中国历史上第一部近代意义上的专门刑法典。虽然该法典仍然保持着旧律维护专制制度和封建伦理的传统，但是从形式上而言，该法典抛弃了旧律诸法合体的编纂形式，以罪名和刑罚等专属刑法范畴的条文作为法典的唯一内容；在体例上抛弃了旧律的结构形式，将法典分为总则和分则；确立了新刑罚制度，规定刑罚分主刑、从刑；采用了一些近代西方资产阶级的刑法原则和刑法制度，如罪刑法定原则和缓刑制度等。不过，由于历史原因，《大清新刑律》并未真正施行。

例3：中国法制近代化经历了曲折的渐进过程，贯穿着西方法律精神与中国法律传统的交汇与碰撞。关于中国法制近代化在修律中的特点，下列哪一选项是不正确的？

B. 1911年《大清新刑律》作为中国第一部近代意义的专门刑法典，在吸纳近代资

产阶级罪刑法定等原则的同时，仍然保留了部分不必科刑的民事条款

提示：由于《大清新刑律》将“专属刑法范畴的条文作为法典的唯一内容”，并未保留不必科刑的民事条款，因此B选项陈述错误，为当选项。

（二）《大清商律草案》与《大清民律草案》

1. 清末商事立法

清末的商事立法，时间上可分为两个阶段：1903～1907年为第一阶段；1907～1911年为第二阶段。

在第一阶段，商事立法主要由新设立的商部负责。1904年1月，《商人通例》和《公司律》奏准颁行，定名为《钦定大清商律》。这是清朝第一部商律。除此之外，清政府还陆续颁布了有关商务和奖励实业的法规、章程，如1904年6月颁行的《公司注册试办章程》、1904年7月颁布的《商标注册试办章程》、1906年5月颁行的《破产律》等。

在第二阶段，主要商事法典改由修订法律馆主持起草，单行法规仍由各负责机关拟订。1908年9月，修订法律馆起草了《大清商律草案》；1911年9月农工商部起草了《改订大清商律草案》，此外还草拟了《交易行律草案》《保险规则草案》《破产律草案》等，但均未正式颁行。

2.《大清民律草案》

在清末修律过程中，除了刑事法律，民商法的修订也是沈家本、伍廷芳、俞廉三等人主持的修订法律馆着力进行的一项工作。具体的编纂工作自1907年正式开始，一方面聘请时为法律学堂教习的日本法学家松冈正义等外国法律专家参与起草工作，另一方面派员到全国各地进行民事习惯的调查。经过两年多时间的起草工作，修订法律馆于1910年12月完成《大清民律草案》的编纂。该草案共五编1569条，其前三编总则、债权和物权由松冈正义等人依照德、日民法典的体例和内容草拟而成，吸收了大量西方资产阶级民法的理论、制度和原则。而亲属、继承两编则由修订法律馆会同保守的礼学馆起草，其制度、风格带有浓厚的封建色彩，保留了许多封建法律的精神。同年，俞廉三在“奏进民律前三编草案折”中表示：“此次编辑之旨，约分四端：（一）注重世界最普通之法则。（二）原本后出最精确之法理。（三）求最适于中国民情之法则。（四）期于改进上最有利益之法则。”显然，清末修订民律的基本思路，仍然没有超出“中学为体、西学为用”的思想格局。

《大清民律草案》完成后仅两个多月，清朝即告覆亡。因此，该草案并未正式颁布施行。

例4：中国法制近代化经历了曲折的渐进过程，贯穿着西方法律精神与中国法律传统的交汇与碰撞。关于中国法制近代化在修律中的特点，下列哪一选项是不正确的？

A. 1910年《大清民律草案》完成后，修律大臣俞廉三上陈“奏进民律前三编草案折”，认为民律修订仍然没有超出“中学为体、西学为用”的思想格局

（三）诉讼法律与法院编制法

1.《大清刑事诉讼律草案》和《大清民事诉讼律草案》

这是沈家本等人仿照德国诉讼法于1910年底完成的两部诉讼法草案，未及颁行。

2.《法院编制法》等

1910年，清政府仿效日本制定了《法院编制法》，共16章，吸收了公开审判等一系列新的司法原则，但并未真正实施。此外，还制定了《大理院编制法》《各级审判厅试办章程》等单行法规和过渡性法典。

第十一章　清末司法体制的变化

☞ 命题分析

“清末司法体制的变化”知识点的考查频率和所占分值虽然一般，但难度不大，稍加注意就可将其轻松“斩获”。

一、司法机构的变革与四级三审制

清末对诉讼体制和审判制度进行了一系列改革，内容分别是：

1. 清末司法机关的变化。改刑部为法部，掌管全国司法行政事务；改大理寺为大理院，为全国最高审判机关；实行审检合署。

2. 实行四级三审制。确立了一系列近代意义上的诉讼制度，采用四级三审制，规定了刑事案件公诉制度、证据、保释制度；审判制度上实行公开、回避等制度。

此外，清末还初步规定了法官和检察官考试任用制度；改良监狱及狱政管理制度。

例 1：关于中国古代诉讼、审判制度的说法，下列哪些选项是正确的？

D. 清末改大理寺为大理院，为全国最高审判机关

例 2：关于中外法律制度的发展演变，下列哪一表述是错误的？

C. 清末规定的法官和检察官考试任用制度、监狱及狱政管理的改良制度，是清末司法体制上的重大变化

提示：C 选项符合史实，陈述正确。

二、领事裁判权、观审与会审公廨

1. 领事裁判权

领事裁判权是外国侵略者在强迫中国签订的不平等条约中所规定的一种司法特权。凡在中国享有领事裁判权的国家，其在中国的侨民不受中国法律管辖，只由该国领事或设在中国的司法机构依其本国法律裁判。1843 年，英国通过《中英五口通商章程》首先在中国取得这项特权。在其后签订的一系列不平等条约中，领事裁判权的内容得到进一步扩充。领事裁判权严重破坏了中国的司法主权。

2. 观审

西方列强取得在华领事裁判权后，确立了强行干预中国司法审判的制度，即外国人是原告的案件，其所属国的领事官员有权前后观审，如认为审判有不妥之处，可以提出新证据等。这种观审制度是原有领事裁判权的扩充，是对中国司法主权的粗暴践踏。

3. 会审公廨

会审公廨是1864年清廷与英、美、法三国驻上海领事协议在租界内设立的特殊审判机关。凡涉及外国人案件，必须有领事官员参加会审；凡中国人与外国人之间诉讼案，由本国领事裁判或陪审，甚至租界内纯属中国人之间的诉讼也由外国领事观审并操纵判决。该机制的确立，是外国在华领事裁判权的扩充和延伸。

例3：1903年5月1日，在上海英租界发行的《苏报》刊载邹容的《革命军》自序和章炳麟的《客帝篇》，公开倡导革命，排斥满人。5月14日，《苏报》又指出：《革命军》宗旨专在驱除满族，光复中国。清廷谕令两江总督照会租界当局严加查办，于6月底逮捕章炳麟，不久，邹容自动投案。由谳员孙建臣、上海知县汪瑶庭、英国副领事三人组成的审判庭对邹容等人进行审理，最后判处章炳麟徒刑三年，邹容徒刑两年。对这一案件的说法，下列哪一选项是正确的？

A. 这表明清廷实行公开审判原则

B. 这表明外国人在租界内对中国司法裁判权的直接干涉

C. 这表明外国人在租界内的领事裁判权受到了限制

D. 这表明清廷变法修律得到了国际社会的承认

提示：《苏报》案在租界内由上海知县、英国副领事等对中国人进行审判，而非由清廷独立审理，表明了外国人在租界内对中国司法裁判权的直接干涉，反映了领事裁判权的某种特别表现形式。因此，本题正确答案为B选项。其他几项均为干扰项。

第十二章　中华民国时期的法律思想与制度

☞ 命题分析

本章“中华民国时期的法律思想与制度”是2018年大纲新增内容。根据惯例，新增加的内容在考试大纲修订后的一两年内常常成为考查对象，因此，对本章所涵盖的各个知识点都不可掉以轻心。

一、孙中山的“三民主义”

“三民主义”是民族主义、民权主义和民生主义的简称，这是资产阶级革命派的政治纲领，也是孙中山政治法律思想的核心内容。

伴随着革命进程，三民主义历经旧三民主义和新三民主义两个发展阶段，成为孙中山政治法律主张的理论基础与指导思想。

旧三民主义中的民族主义，其主要内容为“驱除鞑虏，恢复中华”，即推翻满清王朝，光复汉族国家。1924年国民党一大召开时，孙中山在大会宣言中对民族主义作了新的阐释，明确宣布民族主义有两方面的含义：一是中国民族自求解放，二是中国境内各民族一律平等，实现了由旧民族主义向新民族主义的转化，弥补了过去没有提出反对帝国主义的重大缺陷和大汉族主义的局限。

民权主义是三民主义的核心。在旧三民主义中，其主要内容是推翻君主专制政体，创立共和政体，建立民国。在新三民主义理论中，孙中山批评了只保护资产阶级利益的西方民主制度，主张各革命阶级的共同民主专政，并由重视人权转而更多地重视民权，主张主权在民。

民生主义是孙中山颇有特色的创造。他将民生主义归纳为“土地”与“资本”两大问题。在旧民生主义中，孙中山主张核实地价，征收地价税，实行“平均地权”；同时把铁路、矿山、电气等大企业收归国有，实行国家资本主义。在新民生主义中，孙中山在“平均地权”的基础上，突出了“耕者有其田”的思想；在资本问题上，取消了不切实际的收归国有主张，以比较现实的“节制资本”取而代之，从而为社会经济立法提供了可行的指导思想。

二、五权宪法理论

孙中山将政治的意义分为“政”和“治”两个方面，国家权力也相应分为“政权”和“治权”。孙中山认为，政权应该完全由人民执掌，治权则应交由政府实施。此即孙中山的“权能分治理论”。人民除有选举权之外，还享有创制权、复决权、罢免权，以此来管理监督政府。在此基础上，孙中山进一步提出了五权宪法理论。他认为，与人民拥有的四种权力相对，政府同样需要行政权、立法权、司法权、考试权、监察权，应当以这五种权力来组织政府，实施治权。

孙中山的五权宪法理论，受西方国家三权分立思想和制度影响，同时将中国传统科考和监察制度纳入其中，具有创新性。按照五权宪法理论，中央政府以五院构成，即“行政院、立法院、司法院、考试院、监察院”。孙中山认为这样的政府“才是世界上最完全最良善的政府”。

三、“六法全书”与判例、解释例

南京国民政府的法律体系由制定法、判例、解释例和党规党法、蒋氏手谕等构成。

南京国民政府成立后，从1928年起进行了大规模立法活动，先后制定了宪法（约法）、民法、刑法、商事法、诉讼法、法院组织法及其他单行法规、特别法规。这些法律汇编通称“六法全书”（一说民、商法合一，加行政法），是南京国民政府成文法的总称。——“六法”一词本源于法国和日本，在民国初年传入中国。“六法”原指法典汇编，但南京国民政府的“六法”不限于法典，还包括相关的单行法规和特别法规。

南京国民政府时期，由司法院和最高法院作出的例（判例、解释例）被作为重要的法律渊源。它们是制定法的重要补充，可以对制定法加以引伸或进行实质意义上的修正。

四、立法院

1928年10月，国民党中常会通过《中华民国国民政府组织法》，根据五权宪法理论，规定立法院为最高立法机关，有权议决法律案、预算案、大赦案、宣战案、媾和案以及其他重要国际条约。

由于当时实行一党专政和以党治国，决定了立法院只能听命于国民党中央，受制于蒋氏。据统计，立法院通过的500件法律案中，大多由国民党中央提出。

五、《中华民国民法》

1928年，南京国民政府开始起草民法典。在继承清末、北洋军阀政府民律草案的立法精神，抄袭资本主义国家特别是德、日等国民事立法原则和法律条文的基础上，本着民、商合一原则，并结合传统习惯，分期编订而成。分别于1929年5月公布民法第1编“总则”、11月公布第2编“债”；1930年11月公布第3编“物权”，12月公布第4编“亲属”，第5编“继承”。该法典共1225条，从1929年10月10起陆续施行。

此外，南京国民政府还颁布了《著作权法》《出版法》《建筑法》《房屋租赁条例》等单行民事法规。该民法典的颁布改变了我国此前没有单独民法典、民事法律规范依附于刑法典的历史，使得排除运用刑事处罚，单独适用民事处罚调整公民之间的人身与财产关系成为可能。

南京国民政府时期的民法具有以下特点：（1）承认习惯和法理可作为判案依据；（2）维护土地权益（设定永佃权等）；（3）保护债权人利益；（4）承认所有权法律关系；（5）保护传统婚姻家庭关系（法典规定一夫一妻制，在结婚的法律效力上采用仪式制，不采用登记制；纳妾实际上合法化）；（6）确认父家长权；（7）确认继承制度（确认直系血亲继承制度，废止宗祧〔tiāo〕继承制度）；（8）确认外国人在华权益等。

六、《中华民国刑法》

南京国民政府先后颁布两部刑法典，即1928年《刑法》和1935年新《刑法》。

1928年3月10日，南京国民政府颁布《中华民国刑法》，同年9月1日起施行，这是我国历史上第一部以“刑法”相称的刑法典。

1935年1月1日，南京国民政府颁布了重新修订的《中华民国刑法》，通称“新刑法”，同年7月1日起施行。南京国民政府称该法以三民主义为立法宗旨，立法原则采罪刑法定主义、主观人格主义、社会防卫主义，并注重传统伦理观念等。内容方面，该法典除将一部分特别法内容分别纳入有关条文外，受德、意等国刑法内容影响，增加了“保安处分”专章。新刑法将刑事责任年龄提高为18岁，对于普通犯罪采从轻处罚原则，而对触犯“内乱罪”“外患罪”“杀人罪”“强盗罪”“渎职罪”等“危险极大者”，从严、从重惩处。

此外，南京国民政府还在不同时期颁布了大量单行刑事法规。在颁行的判例法中关于刑法方面的判例与解释也占有重要地位。它们共同构成了南京国民政府的刑法体系。

七、“三级三审制”

1928年《中华民国国民政府组织法》规定：“司法院为国民政府最高司法机关，掌握司法审判、司法行政官吏惩戒及行政审判之职权。”根据1947年《中华民国宪法》，司法院为国家最高司法机关，有掌握民事、刑事、行政诉讼之审判及公务员之惩戒、解释宪法，并有统一解释法律及命令之权。司法院之下设立各级法院。

根据1932年《法院组织法》，设立了普通法院系统及其他特殊审判机关。普通法院皆隶属于司法院，分地方、高等、最高法院三级，实行三级三审制。不过，在审判实践中，三级三审制并未完全实行。例如，依据《特种刑事案件诉讼条例》，对“危害民国”经司法警察官署移送的案件，不须经检察官提起公诉，法院可迳行判决，且不得上诉，只能申请复判，复判后还可作出重于原判的刑罚，这就使三审制事实上变成了一审制。

知识产权法

第一章　著作权

☞ 相关法条及司法解释

《著作权法》第 4 ~ 49 条

☞ 命题分析

著作权是知识产权部分的重要内容，理论性不强，但大多数考生对这一部分复习时重视不够，导致得分率不高。从考查规律来看，著作权属于每年必考的知识点，每年所占分值约为 3 ~ 4 分，在知识产权部分占一半左右分值。其中考查较多的有著作权客体、著作权主体、著作人身权、著作财产权、邻接权、著作侵权行为，考生在复习时应特别注意。

一、作品

著作权的客体即作品，按照我国《著作权法实施条例》第 2 条的规定，著作权法意义上的作品是指文学、文艺和科学领域内具有独创性并能以某种有形形式复制的智力成果。很显然，作品是一种表达，是创作者某种思想、情感乃至技艺的外在化表现。

《著作权法》第 3 条列举了八种作品类型，即：

“文字作品；

口述作品；

音乐、戏剧、曲艺、舞蹈、杂技艺术作品；

美术、建筑作品；

摄影作品；

电影作品和以类似摄制电影的方法创作的作品；

工程设计图、产品设计图、地图、示意图等图形作品和模型作品；

计算机软件。”

此外，法条里还有一个开放式的规定——“法律、行政法规规定的其他作品”。

例 1：我国《著作权法》不适用于下列哪些选项？

A. 法院判决书

B.《与贸易有关的知识产权协定》的官方中文译文

C.《伯尔尼公约》成员国国民的未发表且未经我国有关部门审批的境外影视作品

D. 奥运会开幕式火炬点燃仪式的创意

提示：根据《著作权法》第5条，法院判决书、国际条约文本属于著作权保护的除外客体，因此A、B选项是正确的；D选项中的创意之所以不能获得著作权法的保护，是因为其无法满足法律对作品所要求的可复制性；根据《著作权法》第4条之规定，未经审批的境外影视作品只是不能传播而已，其仍然受到著作权法的保护，当然，主要是消极意义上的保护——禁止他人未经授权的传播。

二、著作权归属

作者是创作作品的自然人，而著作权自创作完成之时自动产生，因此，作者是著作权原始取得的首要主体。按照《著作权法》的规定，如无相反证明，在作品上署名的公民、法人或其他组织为作者。

在著作权的原始取得方面，考生须对以下情形的著作权归属有准确的把握：

1. 合作作品

我国《著作权法》第13条是关于合作作品著作权归属的规定——“两人以上合作创作的作品，著作权由合作作者共同享有。没有参加创作的人，不能成为合作作者。合作作品可以分割使用的，作者对各自创作的部分可以单独享有著作权，但行使著作权时不得侵犯合作作品整体的著作权。”合作作品的产生是基于创作者的共同劳动，他们的共同创作行为使合作作品成为了一个整体，由此在该作品上产生著作权。因此，理解合作作品，关键在于理解何谓共同创作行为，这是成为合作作者的基础。

2. 职务作品

我国《著作权法》第16条是关于职务作品著作权归属的规定，该条明确了职务作品著作权归属的两种模式：其一，著作权归作者所有，单位在其业务范围内享有优先使用权；其二，作者仅享有署名权，而其他权利由单位所有。

以《著作权法》和《著作权法实施条例》为基础，职务作品的认定应当从以下几方面进行：第一，创作者是为了完成单位的工作任务而创作作品，即创作者与单位之间存在身份上的隶属关系。第二，作者创作作品是履行工作职责。第三，职务作品并不要求必须在工作时间完成。第四，职务作品必须是单位在其业务范围内使用。

职务作品与法人作品的区别：

	职务作品	法人作品
创作者的身份	强调雇佣关系	创作者与单位之间没有身份隶属关系
创作行为	创作者自己的意志	按照单位的意思进行创作
署名方式	作者	单位

3. 委托作品

委托作品，是指委托人向作者支付约定的创作报酬，由作者按照他人的意志和具体要求而创作的特定作品。委托作品的著作权归属由当事人通过合同约定，在缺乏明确约定的情况下，著作权属于受委托创作一方。

委托作品与职务作品的区别主要体现在：委托作品之创作是作者根据委托合同而履行其义务，双方当事人没有身份上的隶属关系；职务作品之创作则是作者履行法律或劳动合同所规定的义务，这种义务往往与作者的本职工作有关。基于此，职务作品的著作权归属问题由著作权法来明确（即职务作品的著作权归属是法定的），而委托作品的著作权归属则允许当事人通过合意来确定。

4. 演绎作品

系指改编、翻译、注释、整理已有作品而产生的作品。演绎作品的独创性在于它一方面对原作品进行了改编、翻译、注释、整理，另一方面又在原作品的基础上有所创新，对原作品作了形式上的变动。因此演绎作品与原作品一样，都是独立的受保护的作品。演绎作品的作者可以凭借他在演绎原作品的过程中所付出的大量的创造性劳动而对演绎作品享有独立的著作权。

在作品演绎的过程中，“如何认定基础作品的著作权受到侵害”是一个值得关注的问题。对此应区分三种不同情形：（1）以另一形式表现基础作品的演绎作品；（2）对基础作品进行评论的演绎作品；（3）对基础作品进行后续创作的演绎作品。区分它们的原因在于，如果演绎行为构成著作权法所规定的合理使用或法定许可使用，则不视为侵权，而前述三种情形是否构成合理使用，判断的难度和思路不太一样。

5. 汇编作品

系指根据特定要求，选择已经发表或已完成的作品、作品的片断或者其他素材进行汇集、编排而形成的作品。当汇编的对象是作品时，该作品的著作权是在先权利，而汇编必然涉及对该作品的整体或其片段进行复制，因此须事先征得原作品著作权人的同意，除非符合著作权法关于合理使用或法定许可使用的规定。汇编作品的著作权由汇编者享有，由于汇编作品的独创性主要体现在材料的选择、组织和使用方式上，所以汇编者的权利也主要及于汇编作品的整体而不延及它所选择、编排的材料；但如果汇编者在创作过程中对汇编材料进行了独创性的加工，则其还对那些具有独创性的作品部分享有著作权。

6. 匿名作品

系指作者不具名或不写明其真实姓名的作品，亦称作者身份不明的作品。我国《著作权法》对匿名作品与其他作品一样实行保护，《著作权法》第10条第2项规定了作者在作品上署名而表明身份的权利，而《著作权法实施条例》第13条则规定：“作者身份不明的作品，由作品原件的所有人行使除署名权以外的著作权。作者身份确定后，由作者或者其继承人行使著作权。”

例2：居住在A国的我国公民甲创作一部英文小说，乙经许可将该小说翻译成中文小说，丙经许可将该翻译的中文小说改编成电影文学剧本，并向丁杂志社投稿。下列哪些说法是错误的？

A. 甲的小说必须在我国或A国发表才能受我国著作权法保护

B. 乙翻译的小说和丙改编的电影文学剧本均属于演绎作品

C. 丙只需征得乙的同意并向其支付报酬

D. 丁杂志社如要使用丙的作品还应当分别征得甲、乙的同意，但只需向丙支付报酬

提示：本题考察的是演绎作品的著作权归属。作品是否发表与其是否受著作权法的保护无关，因此A选项的说法是错误的；乙翻译小说和丙改编电影文学剧本是典型的作品演绎行为，所以B选项的说法是正确的；对演绎作品的使用，使用人须同时取得演绎作品的著作权人和基础作品的著作权人的同意，并向他们支付报酬，因此C选项的表述是错误的；丁杂志社如要使用丙的作品，还应当分别征得甲、乙的同意，也需向甲乙二人支付报酬，因此D选项的说法也是错误的。

三、著作人身权

1. 发表权

该项权利所描述的是“公之于众”的情形，所谓“公之于众”，是指作品对不特定的社会成员公开，即作品从个人控制的私密状态进入社会公共场合，从而使公众能够自由地接触、了解和利用该作品。发表权的具体内容则表现为，在何时、何地，以何种方式将作品公之于众。作品的公之于众并不要求它已实际被公众看到或者听到，只要存在公众获得作品的可能性即可，例如，一部文字作品出版之后即使没有一个人购买或阅读，也已经是发表了的作品。公开作品的方式有很多，传统的如出版发行、公开陈列、现场表演、广播电视播送等，而当下最为重要的传播方式即是信息网络传播。

发表权是一项一次性的权利，即一部作品之上只有一个发表权、且该权利一经行使即告消灭。不过，权利人可以分多次行使发表权，例如其将作品分成不同的部分逐次发表。通常，发表权当然应由作者行使，但在极其例外的情况下，法律规定发表权可由作者以外的人行使，比如作者身份不明时。

一件作品是否发表，其在著作权法上的意义有很大区别：作品发表之前其著作权几乎是完全绝对的，而发表之后该著作权就立刻受到种种限制。

2. 署名权

该项权利通常被认为是作者最重要、最基础的一项精神权利，在人身依附性上与之密切相关的一个概念是“作者身份权”。署名权包含了如下具体内容：首先，作者有权主张作者身份；其次，作者有权决定在作品上署名的方式，如署真名、假名，或者不署名等。按照司法解释的规定，在作者为多人的情况下，署名的方式还包含了对署名顺序的安排。

在各项人身权利之中，署名权的人身专属性最强，因而受到法律的特别保护，这表现在职务作品的著作权归单位的情况下仍保留自然人作者的署名权（《著作权法》第

16条第2款)；另外作者身份不明的作品，虽然著作权由作品原件所有人行使，但署名权也除外(《著作权法实施条例》第13条)。至于署名权的处分问题——即作者可否允许他人在自己的作品上署名，则争议较大，学界多数人认为作者以外的任何人不得在作品上署名。

3. 修改权

系指对作品内容进行改动的权利，其与保持作品完整权很容易发生混淆。当然，如果对“修改”作广义的理解，那么，二者的确可以被理解为属于同一种权利的正反两方面——即修改权是从积极的角度（权利行使）赋权的，而保持作品完整权是从消极（禁止他人）的角度进行赋权。不过，一般立法上还是将修改权与保持作品完整权区别开来，赋予它们以不同的立法宗旨：修改权针对的是作品的内容，即作品内容上的变化应由作者来决定；而保持作品完整权则针对的是作品的利用方式，即作品在被利用时不应被歪曲或玷污，从而使作者受到讥讽或其声誉受到影响。

4. 保护作品完整权

系指保护作品不受歪曲、篡改的权利，鉴于如前所述之其与修改权之间在制度目的方面的差别，它又被直接称为“作品不受歪曲、玷污的权利”。

对该项权利的理解，可以从以下两方面进行：其一，作品的完整性不仅包括其表现形式的完整性，也包括其内容、情节和主题思想的完整性，因此，如果未经许可而援用原作的故事创作后续作品，显然会侵犯著作权人保护其作品完整性的权利。其二，作品的完整性也涉及作品的标题和作品之间的联系，以及作品中的一部分与其他部分之间的联系，如果未经作者认可，他人擅自改换作品具有独特含义的标题，或者采取“原曲另填新词”的方式进行创作，是对保持作品完整权的侵害。

例3：某诗人署名“漫动的音符”，在甲网站发表题为“天堂向左”的诗作，乙出版社的《现代诗集》收录该诗，丙教材编写单位将该诗作为范文编入《语文》教材，丁文学网站转载了该诗。下列哪一说法是正确的？

A. 该诗人在甲网站署名方式不合法

B. “天堂向左”在《现代诗集》中被正式发表

提示：基于署名权，作者可以自主决定以何种方式来署名，包括署真名、假名或不署名，因此A选项的说法是错误的；该诗人在甲网站发表其诗作时已构成《著作权法》意义上的发表，而且，发表权一次行使即告消灭，因此，“天堂向左”被收录在《现代诗集》中已不属于发表了，因此B选项的说法也是错误的。

四、著作财产权

1. 复制权

复制权是著作权法赋予著作权人的、对其作品所拥有的许可他人以复制方式使用该作品并获取报酬的权利，其是著作财产权中一项核心的、基础性的权利。我国《著作权法》采用了“列举+揭示内涵”的方式对复制权进行了规定，将“印刷、复印、拓印、录音、录像、翻录、翻拍”这些常见的复制形式涵盖在内，而复制的内涵则被界定为“制作复制件”。

2. 发行权

发行权的核心内容在于向社会公众提供作品的复制件，无论采用有偿或是无偿的方式。发行权包括两个方面的要求：其一为传播复制件；其二为面向公众。

3. 出租权

出租权是从发行权之中衍生而来的权利，出租作为发行的一种，应当能够作为一项独立的权利。我国《著作权法》是在2001年修订时才将出租权从发行权之中分离出来、予以单独规定。掌握出租权的关键在于两点：其一，仅有电影作品及类似摄制电影的方法创作的作品、计算机软件之上产生出租权；其二，出租权的客体是作品而不是作品载体。

4. 展览权

除了规定“展览权系公开陈列美术作品、摄影作品的原件或者复制件的权利”之外，我国《著作权法》第18条还规定：“美术等作品原件所有权的转移，不视为作品著作权的转移，但美术作品原件的展览权由原件所有人享有。”由此可以概括出展览权的两个要点：第一，展览权并非是所有类型的作品之上都会产生的财产性权利，我国《著作权法》上仅限定为美术作品和摄影作品；第二，展览权随着作品载体所有权的移转而移转。

5. 表演权

表演权强调的是公开表演，即以公开的方式、面向不特定对象而进行的表演。所谓表演，不仅包括现场表演，还包括了“机械表演”（又被称为“二次表演”），即非现场的、通过各种手段或设备播送已经录制好的“现场表演”。表演权作为一项具体的著作财产权，其客体仍然是作品而不是表演行为，因此，表演权与其他的著作财产权一样，是关乎再现作品的权利。

6. 放映权

系指通过放映机、幻灯机等技术设备公开再现美术、摄影、电影和以类似摄制电影的方法创作的作品等的权利。很显然，并非所有的作品的著作权人都享有放映权，其只适用于技术上能够放映的那些类型的作品。

7. 广播权

系指以无线方式公开广播或者传播作品，以有线传播或者转播的方式向公众传播广播的作品，以及通过扩音器或者其他传送符号、声音、图像的类似工具向公众传播广播的作品的权利。

8. 信息网络传播权

系指以有线或者无线方式向公众提供作品，使公众可以在其个人选定的时间和地点获得作品的权利。该项权利的立法本意，是对无法纳入广播权调整的、以有线方式实施的直接传播进行调整，但是，“非交互式”的网络传播却并不能被信息网络传播权所涵盖。

9. 摄制权

系指以摄制电影或者以类似摄制电影的方法将作品固定在载体上的权利。

10. 改编权

系指改变作品，创作出具有独创性的新作品的权利。

11. 翻译权

系指将作品从一种语言文字转换成另一种语言文字的权利。

12. 汇编权

系指将作品或者作品的片段通过选择或者编排，汇集成新作品的权利。

13. 应当由著作权人享有的使用作品的其他权利

虽然著作权法上做了开放式的规定，但在实践中如何适用这一规定存在很大争议，例如前面提及的非交互式网络传播行为，能否用“其他权利”来调整，理论界和实务界的分歧很大。

例4：下列哪些出租行为构成对知识产权的侵犯？

A. 甲购买正版畅销图书用于出租

B. 乙购买正版杀毒软件用于出租

C. 丙购买正版唱片用于出租

提示：根据我国《著作权法》的规定，仅有电影作品及类似摄制电影的方法创作的作品、计算机软件之上产生出租权，因此A选项中甲的出租行为不构成著作权侵权；而B、C选项中涉及的出租行为，其客体属于前述范畴，因而构成对出租权的侵犯。

五、著作权的限制

1. 合理使用

所谓合理使用，是指依法可以在不经著作权人许可、无需支付使用费的情况下使用他人已经发表的作品的制度。合理使用是对著作权人影响颇大的权利限制制度，因而著作权法给其设置了严格的适用条件：不得损害作者的人身权利、只能针对已经发表的作品、不得影响该作品的正常使用，也不得不合理地损害著作权人的合法利益。这说明在具体情形中，使用者的行为必须被限定在法定范围之内，不得随意扩大合理使用的范围。

《著作权法》第22条第1款采取了“列举式”的立法模式来规定合理使用的范围：

（1）为个人学习、研究或者欣赏，使用他人已经发表的作品；

（2）为介绍、评论某一作品或者说明某一问题，在作品中适当引用他人已经发表的作品；

（3）为报道时事新闻，在报纸、期刊、广播电台、电视台等媒体中不可避免地再现或者引用已经发表的作品；

（4）报纸、期刊、广播电台、电视台等媒体刊登或者播放其他报纸、期刊、广播电台、电视台等媒体已经发表的关于政治、经济、宗教问题的时事性文章，但作者声明不许刊登、播放的除外；

（5）报纸、期刊、广播电台、电视台等媒体刊登或者播放在公众集会上发表的讲话，但作者声明不许刊登、播放的除外；

（6）为学校课堂教学或者科学研究，翻译或者少量复制已经发表的作品，供教学或者科研人员使用，但不得出版发行；

（7）国家机关为执行公务在合理范围内使用已经发表的作品；

（8）图书馆、档案馆、纪念馆、博物馆、美术馆等为陈列或者保存版本的需要，复制本馆收藏的作品；

（9）免费表演已经发表的作品，该表演未向公众收取费用，也未向表演者支付报酬；

（10）对设置或者陈列在室外公共场所的艺术作品进行临摹、绘画、摄影、录像；

（11）将中国公民、法人或者其他组织已经发表的以汉语言文字创作的作品翻译成少数民族语言文字作品在国内出版发行；

（12）将已经发表的作品改成盲文出版。

2. 法定许可

法定许可使用与合理使用是制度宗旨上非常接近的制度，均系为了特定的知识、信息或文化传播的需要而使用他人的作品，这种制度目的上的公共利益属性是二者都归属于著作权限制制度之范畴的原因。但在制度上之所以要将二者区分开来，区分的标准即是前面已经讨论了的"对著作权人的潜在市场或权利价值的影响程度"。

所谓法定许可，是指根据法律的直接规定，以特定的方式使用已发表的作品，可以不经著作权人的许可，但应向著作权人支付使用费，并尊重著作权人其他权利。这里所谓之法定，不仅指具体的使用行为种类是法定的，也是指每一种具体使用行为的条件、内容及法律后果亦为法定。

《著作权法》规定的法定许可情形包括：法定许可编写教材（第23条）；法定许可转载或摘编（第33条第2款）；法定许可录音（第40条第3款）；法定许可播放（第43条第2款，第44条）。

根据以上之规定，我们可将法定许可使用的特征概括为：（1）它是法律直接授权使用人使用作品的一种方式；（2）它要求使用人向著作权人支付法定的报酬；（3）它通常针对的是已发表的作品；（4）针对的是营利性使用而做出的规定；（5）有严格的适用范围。

例5：甲创作的一篇杂文，发表后引起较大轰动。该杂文被多家报刊、网站无偿转载。乙将该杂文译成法文，丙将之译成维文，均在国内出版，未征得甲的同意，也未支付报酬。下列哪一观点是正确的？

A. 报刊和网站转载该杂文的行为不构成侵权

B. 乙和丙的行为均不构成侵权

C. 乙的行为不构成侵权，丙的行为构成侵权

D. 乙的行为构成侵权，丙的行为不构成侵权

提示：本题是考查著作权合理使用的典型试题。报刊、网站无偿转载甲的文章，属于典型的侵权行为，故A选项的表述是错误的；B、C、D这三个选项是相互排斥的，只可能有一个是正确的。抛开解题技巧，从合理使用的判断出发，丙的行为属于著作权法明确规定的合理使用行为，因而丙的行为不构成侵权；乙的行为系将甲的作品翻译成外文，不属于合理使用，构成侵权。由此可见，只有D选项的表述是正确的。

六、邻接权

所谓邻接权，是指作品传播者因其在作品传播过程中所付出的投入而依法对其劳动成果所享有的专有权利。邻接权是大陆法系的概念，在英美法系，是不区分著作权和邻接权的，而统称为版权。

从权利的产生方式可知，邻接权是以著作权为基础的，可谓没有著作权即无邻接权，对邻接权的行使必须征得著作权人的同意。

对比所有权与用益物权之间的关系，著作权与邻接权之间的关系与之非常相似。而且，邻接权必须由法律规定，当事人不能合意约定邻接权。

我国《著作权法》明确规定了四种邻接权：

1. 出版者权

按照我国《著作权法》的规定，出版者主要享有两种邻接权，一种是图书出版者才享有的专有出版权，另一种是各类出版者均享有的版式设计权。

《著作权法》第31条规定："图书出版者对著作权人交付出版的作品，按照合同约定享有的专有出版权受法律保护，他人不得出版该作品。"

该法第36条规定："出版者有权许可或者禁止他人使用其出版的图书、期刊的版式设计。"版式设计是对印刷品的版面格式的设计，包括对版心、排式、用字、行距、标点等版面布局因素的安排，是出版者在编辑加工作品时完成的劳动成果。被出版的作品是否受到著作权法保护并不影响版式设计权的成立，但考生需注意，该条仅仅提到图书、期刊的版式设计。

2. 表演者权

我国《著作权法》第38条是对"表演者权"的规定，其具体内容为："表演者对其表演享有下列权利：（一）表明表演者身份；（二）保护表演形象不受歪曲；（三）许可他人从现场直播和公开传送其现场表演，并获得报酬；（四）许可他人录音录像，并获得报酬；（五）许可他人复制、发行录有其表演的录音录像制品，并获得报酬；（六）许可他人通过信息网络向公众传播其表演，并获得报酬。被许可人以前款第（三）项至第（六）项规定的方式使用作品，还应当取得著作权人许可，并支付报酬。"

表演者权中的"表演"仅指现场表演，而不包含机械表演。被表演的作品既可以是尚受著作权保护的作品，也可以是业已进入公有领域的作品。一般而言，在没有作品被表演的情况之下，演出不能成为邻接权的客体。至于表演者，是指"演员、演出

单位或者其他表演文学、艺术作品的人”（参见《著作权法实施条例》第5条第6项）。

表演权与表演者权的区别：

（1）表演权与表演者权的客体不同。表演权的客体是作品，表演者权的客体是现场表演，只有在即兴表演的情形下，这两类客体会发生重合。（2）“表演”在表演权与表演者权中的含义不同。表演者权中的“表演”仅指现场表演，因此，每一次现场表演都会产生一项表演者权，即使内容完全一样，它们彼此之间也是独立的；而如果是利用录音录像设备再现表演，则不会产生新的表演者权。表演权中的“表演”则无所谓现场表演与否，只要是公开表演作品，即属该项权利调整的范畴。（3）表演权与表演者权的内容不同。表演权是一项财产权，其内容表现为权利人自己或许可他人公开表演作品（权利客体），以及利用各种形式播送该表演。表演者权则包含了人身权和财产权两方面的内容，其财产权主要表现为是否允许他人利用各种形式复制该表演。（4）在侵权认定的问题上存在差异。

3. 录制者权

我国《著作权法》第42条是关于“录音录像制作者权”内容的规定，即“录音录像制作者对其制作的录音录像制品，享有许可他人复制、发行、出租、通过信息网络向公众传播并获得报酬的权利；权利的保护期为50年，截止于该制品首次制作完成后第50年的12月31日。”

根据我国《著作权法实施条例》第5条的规定，录音制品，是指任何对表演的声音和其他声音的录制品；录像制品，是指电影作品和以类似摄制电影的方法创作的作品以外的任何有伴音或者无伴音的连续相关形象、图像的录制品。与之相应的，录音制作者是指录音制品的首次制作人，录像制作者是指录像制品的首次制作人。由此可见，音像出版单位并不是当然的录制者，只有当它们是录制品的原始制作者时，才享有录制者的邻接权。

关于录音录像制作者使用改编、翻译、注释、整理已有作品而产生的作品之情形，由于录制行为涉及两个作品，因此应当征得两个著作权人的同意。至于录音制作者使用他人已经合法录制为录音制品的音乐作品制作录音制品之情形，从《著作权法》第40条的规定来看，录制者可以进行法定许可使用，除非著作权人已经事先声明不得使用。

4. 广播者权

根据《著作权法》第45条的规定，广播电台、电视台对其播放的节目享有下列权利：（1）转播权，即转播其载有广电节目的信号的权利；（2）录制权，即将其播放的广电节目录制到音像载体上的权利；（3）复制权，即复制上述音像制品的权利。

该项邻接权的取得，其基础在于“广播电台、电视台的播放行为”，不难理解，此播放行为的对象和客体即是广播节目、电视节目。广播者权的主体包括广播电台和电视台，无论是通过有线还是无线的方式发送其节目信号，只要单独制作、播放了节目，就构成此类邻接权的主体。

例6：甲电视台获得了某歌星演唱会的现场直播权，乙电视台未经许可对甲电视台直播的演唱会实况进行转播，丙广播电台经过许可将现场演唱制作成 CD，丁音像店从正规渠道购买到 CD 用于出租，戊未经许可将丙广播电台播放的演唱会录音录下后上传到网站上传播。下列哪些选项是正确的？

A. 甲电视台有权禁止乙电视台的转播

B. 乙电视台侵犯了该歌星的表演者权

C. 丁音像店应取得该歌星或丙广播电台的许可并向其支付报酬

D. 戊的行为应取得丙广播电台的许可并应向其支付报酬

提示：本题是对邻接权制度进行考察的典型试题。甲电视台享有广播组织者权，因此，其当然有权禁止乙电视台的转播，故 A 选项表述正确；表演者权的客体是现场表演，乙未经许可转播甲的直播，自然也不会征得该歌星的同意，因此乙的转播行为侵犯歌星的表演者权，B 选项表述正确；丁音像店从正规渠道购买到 CD 用于出租，其行为涉及的是机械表演，根据《著作权法》对表演者权、录制者权之权利内容的规定，丁并未侵犯该歌星或丙的权利，故 C 选项表述错误；戊的行为是典型的侵权行为，在上传之前当然应征得丙的同意，故 D 选项表述正确。

七、著作权侵权

所谓著作权侵权，是指未经著作权人同意，亦无法律规定的限制理由，传播他人作品的行为。《著作权法》第 47、48 条是关于著作权侵权责任的法律规定。

著作权是一种“自动产生”的知识产权，其中既不存在国家主管部门的授权，也不存在“权利要求书”的问题，因而，著作权的权利范围相较于其他知识产权而言具有更大的不确定性，因此立法上列举若干著作权侵权行为对于实务中侵权行为的认定具有很大的价值（正如我国《著作权法》第 47、48 条列举了 19 种侵权行为）。

在著作权侵权行为的诸多类型中，判断是否构成“剽窃他人作品的行为”在理论上最为复杂，其原因有二：第一，剽窃是指将他人创作的作品当作自己创作的作品予以发表的行为，这直接关系到“独创性”这一著作权的核心问题，同时还涉及“合理使用”的判断。第二，关于是否构成“剽窃他人作品的行为”的判断，世界各国都付诸了巨大的努力，理论上也逐渐形成了诸多判断方法。

判断“是否构成剽窃他人作品的行为”有质和量这两方面的标准：在质的方面，如果被诉之人的作品完全是对他人独创性成果的利用，则该作品不具有独创性，构成对他人作品的剽窃；量的方面，即在多大的“量”上利用他人作品是侵权行为，而在这一量的范围之内则是“合理使用”，这是一个非常复杂的过程，是以具体事实为依据，依法定的判断标准为参考，由法官运用自由裁量权所进行的综合考察和分析。

例 7：甲影视公司将其摄制的电影《愿者上钩》的信息网络传播权转让给乙网站，乙网站采取技术措施防范未经许可免费播放或下载该影片。丙网站开发出专门规避乙网站技术防范软件，供网民在丙网站免费下载使用，学生丁利用该软件免费下载了

《愿者上钩》供个人观看。对此，下列哪些说法是正确的？

A. 丙网站的行为侵犯了著作权

B. 丁的行为侵犯了著作权

C. 甲公司已经丧失著作权人主体资格

D. 乙网站可不经甲公司同意以自己名义起诉侵权行为人

提示：丙的行为属于提供破坏技术措施的手段，是对著作权间接侵权行为，A 选项的表述不准确；《著作权法》第 48 条第（六）项规定："未经著作权人或者与著作权有关的权利人许可，故意避开或者破坏权利人为其作品、录音录像制品等采取的保护著作权或者与著作权有关的权利的技术措施的，法律、行政法规另有规定的除外。"因此，丁的行为构成著作权侵权，B 选项表述正确；甲公司只是转让了其作品的信息网络传播权，其他著作权仍然保留，故 C 选项表述错误；乙是信息网络传播权的权利主体，当然有权以自己的名义起诉侵权行为人，故 D 选项表述正确。

第二章　专利权

☞ 相关法条及司法解释

《专利法》第11～70条

☞ 命题分析

专利权部分的命题具有一定难度且一般与技术合同进行综合考查，每年必考，每年所占分值为1～2分。其中，考查较多的有授予专利权的程序、专利权的内容和限制、专利侵权行为，考生在复习时应当特别注意。

一、授予专利权的程序

1. 专利申请

发明人完成发明创造之后，相关主体（并不一定是发明人本人）得依照专利法规定的程序和要件，向国家知识产权局专利局申请授予专利权。当发明创造是由多个主体共同完成时，专利申请权由这些发明人共同享有。专利申请权可以转让，但如果将该权利转让给外国人、外国企业或其他组织的，应当遵守相关法律、行政法规的规定。

申请专利应当遵循以下原则：

（1）形式法定原则，是指申请专利的各种手续必须以书面形式或者国家知识产权局专利局规定的其他形式进行办理。

（2）先申请原则。《专利法》第9条第2款规定："两个以上的申请人分别就同样的发明创造申请专利的，专利权授予最先申请的人。"从这一规定中还可以看出，采用先申请制的关键在于判断申请时间的先后，我国专利制度是以"申请日"作为判断申请先后的时间标准。

（3）单一性原则，是指一件专利申请的内容只能包含一项发明创造，不能将两项或两项以上的发明创造作为一件申请提出。

（4）优先权原则。优先权的效力主要有两个方面：一是在优先权期内，发明创造不因任何将该发明创造公诸于世的行为而丧失新颖性；二是可以排除他人在优先权日后就同样的发明创造提出专利申请。优先权请求只能在优先权期内提出，超过了这一特定期限，优先权自然失效。不同专利种类的优先权期是不同的，发明专利和实用新型专利的优先权期为12个月，外观设计专利的优先权期为6个月，均从首次申请日

（优先权日）起算。我国专利法既规定了国际优先权，也规定了本国优先权。

我国《专利法》第26条第1款规定：“申请发明或者实用新型专利的，应当提交请求书、说明书及其摘要和权利要求书等文件。”2008年我国修订《专利法》时在该法第26条中加入了“依赖遗传资源完成的发明创造，申请人应当在专利申请文件中说明该遗传资源的直接来源和原始来源；申请人无法说明原始来源的，应当陈述理由”的内容，这是修法之后申请人在准备相关专利申请文件时需要注意的地方。

外观设计专利的申请文件则与发明和实用新型专利不同，因为外观设计并不是技术性方案，所以不宜采用上面所述的申请文件。按照我国《专利法》第27条第1款的规定，“申请外观设计专利的，应当提交请求书、该外观设计的图片或者照片以及对该外观设计的简要说明等文件。”

例1：甲公司开发出一项发动机关键部件的技术，大大减少了汽车尾气排放。乙公司与甲公司签订书面合同受让该技术的专利申请权后不久，将该技术方案向国家知识产权局同时申请了发明专利和实用新型专利。下列哪一说法是正确的？

A. 因该技术转让合同未生效，乙公司无权申请专利

B. 因尚未依据该技术方案制造出产品，乙公司无权申请专利

C. 乙公司获得专利申请权后，无权就同一技术方案同时申请发明专利和实用新型专利

D. 乙公司无权就该技术方案获得发明专利和实用新型专利

提示：A选项中“因该技术转让合同未生效”的表述属于题干中并未给出的信息，该选项错误。能否获得专利只与发明创造本身有关，与是否已经进行了实际生产无关，B选项表述错误。乙公司获得专利申请权后，可以就该技术方案同时申请发明专利和实用新型专利，C选项错误。但是，即使乙同时申请发明专利和实用新型专利，其并不能同时获得两项专利权的授权，故D选项的表述是正确的。

2. 专利的复审和无效宣告

国家知识产权局设立专利复审委员会，专门处理专利的复审和无效宣告：

（1）专利申请人对专利局驳回申请的决定不服的，应当在收到通知之日起3个月之内，向复审委员会请求复审。专利复审委员会做出复审决定后，如果专利申请人仍然对决定不服的，可以自收到通知之日起3个月内向人民法院起诉。

（2）发明创造被授予专利权后，任何单位或个人发现该发明创造有不符合《专利法》有关规定的，可以向专利复审委员会申请宣告该专利权无效。复审委员会做出决定后，当事人对该决定不服的，可依法提起诉讼。

专利权被宣告无效之后，该权利被视为自始不存在。对在宣告无效前法院作出并已执行的专利侵权的判决、裁定，已经履行或强制执行的专利侵权纠纷处理决定，以及已经履行专利实施许可合同和专利权转让合同，不具有追溯力；未执行或未履行的，则不再执行或履行。但是，专利权人恶意给他人造成损失的，专利权人应予赔偿。依

照前述规定不返还侵权赔偿金、转让费、许可使用费明显违反公平原则的，应当全部或部分返还。

二、专利权的内容和限制

1. 专利权的内容

我国《专利法》第11条是对专利权内容的规定，具体为："发明和实用新型专利权被授予后，除本法另有规定的以外，任何单位或者个人未经专利权人许可，都不得实施其专利，即不得为生产经营目的制造、使用、许诺销售、销售、进口其专利产品，或者使用其专利方法以及使用、许诺销售、销售、进口依照该专利方法直接获得的产品。外观设计专利权被授予后，任何单位或者个人未经专利权人许可，都不得实施其专利，即不得为生产经营目的制造、许诺销售、销售、进口其外观设计专利产品。"

因此，归纳起来，专利权人的权利内容大体上可以分作以下几项：（1）独占实施权，是指专利权人享有实施其专利技术方案的垄断地位，任何其他人未经许可，不得为生产经营之目的而实施该技术方案。（2）许可他人实施专利的权利。（3）处分权，具体包括专利权人将其专利权转让给他人或者放弃其专利权这两种情形。（4）表明身份权和标注专利号的权利。

2. 专利权的限制

（1）强制许可

所谓专利权的强制许可，是指国务院专利行政部门依照法律规定，不经专利权人同意，直接许可具备实施条件的申请者实施发明或实用新型专利的制度。强制许可制度旨在防止专利权人滥用权利，从而维护国家利益和社会公共利益。

根据我国《专利法》，强制许可包括三种类型：第一，针对专利权滥用的强制许可。《专利法》第48条规定："有下列情形之一的，国务院专利行政部门根据具备实施条件的单位或者个人的申请，可以给予实施发明专利或者实用新型专利的强制许可：（一）专利权人自专利权被授予之日起满三年，且自提出专利申请之日起满四年，无正当理由未实施或者未充分实施其专利的；（二）专利权人行使专利权的行为被依法认定为垄断行为，为消除或者减少该行为对竞争产生的不利影响的。"第二，满足公共利益需要的强制许可。主要是当国家出现紧急状态或非常情况时（例如出现危害巨大的流行疾病），或者是为了公共利益的目的，专利行政部门可以颁发强制许可。第三，从属专利的强制许可。这主要是指一项发明或实用新型比之前已取得专利权的发明或实用新型具有更显著经济意义的重大技术进步，而其实施又有赖于前一发明或实用新型，专利行政部门根据后一专利权人的申请，可以对前一专利权颁发强制许可。

（2）不视为侵犯专利权的行为

《专利法》第69条："有下列情形之一的，不视为侵犯专利权：

（一）专利产品或者依照专利方法直接获得的产品，由专利权人或者经其许可的单位、个人售出后，使用、许诺销售、销售、进口该产品的；

（二）在专利申请日前已经制造相同产品、使用相同方法或者已经作好制造、使用的必要准备，并且仅在原有范围内继续制造、使用的；

（三）临时通过中国领陆、领水、领空的外国运输工具，依照其所属国同中国签订的协议或者共同参加的国际条约，或者依照互惠原则，为运输工具自身需要而在其装置和设备中使用有关专利的；

（四）专为科学研究和实验而使用有关专利的；

（五）为提供行政审批所需要的信息，制造、使用、进口专利药品或者专利医疗器械的，以及专门为其制造、进口专利药品或者专利医疗器械的。”

例2：下列哪些出租行为构成对知识产权的侵犯？

D. 丁购买正宗专利产品用于出租

提示：D选项中涉及的行为不构成专利权侵权，这是因为我国《专利法》上规定了权利穷竭制度，《专利法》第69条规定：“有下列情形之一的，不视为侵犯专利权：（一）专利产品或者依照专利方法直接获得的产品，由专利权人或者经其许可的单位、个人售出后，使用、许诺销售、销售、进口该产品的；……”因此，丁购买正宗专利产品用于出租不构成专利权侵权。

三、专利侵权

专利侵权行为分为直接侵权和间接侵权。

专利直接侵权是指，未经权利人许可也没有其他法定事由的情况下，第三人擅自实施专利的行为。是否构成对专利权的侵犯，专利权人的“权利要求书”是判断的关键因素。“权利要求书”是专利权人在申请时将自己要求得到保护的权利范围清楚地表述出来的法律文件，并且它还会在公开后的专利文件中昭示公众；一旦获得授权，专利要求书所规定的范围就成为专利权人的权利内容，他人未经许可以及没有法定事由而擅自“闯入”这一“领地”，就构成对专利权的侵犯。

假冒专利也是一种侵犯专利权的行为，它是指未经专利权人许可，行为人擅自在自己为生产经营目的而制造、使用、许诺销售、销售的产品上擅自标注他人的专利标记或专利号的行为。判断非专利权人是否实施了假冒他人专利的行为应从以下几个方面着手：第一，假冒产品不是专利产品，且与专利产品不同。第二，假冒者在其非专利产品上所标注的专利号必须是专利权人之有效专利的专利号，否则不构成假冒专利，而是冒充专利。第三，假冒者标注他人有效专利之专利号的行为未获得权利人的授权。

专利间接侵权包括帮助侵权和代为侵权这两种类型。帮助侵权是指行为人实施的行为并不构成对他人专利权的直接侵犯，但却帮助、引诱、教唆别人实施他人专利而发生直接的侵权行为。帮助侵权行为是为他人实施直接侵权行为提供必需的条件，它从属于直接侵权行为。代为侵权是指，“行为人”自身虽未实施侵犯专利的行为，但由于特定社会关系的存在，依法对他人的侵权行为承担一定的责任。

例3：甲公司获得一项用于自行车雨伞装置的实用新型专利，发现乙公司生产的自行车使用了该技术，遂向法院起诉，要求乙公司停止侵害并赔偿损失10万元。甲公司的下列哪些做法是正确的?

A. 向乙公司所在地的基层法院起诉

B. 起诉时未向受理法院提交国家知识产权局出具的该专利书面评价报告

C. 将仅在说明书中表述而未在权利要求中记载的技术方案纳入专利权的保护范围

D. 举证期届满后法庭辩论终结前变更其主张的权利要求

提示：专利侵权诉讼应由中级人民法院受理，故A选项错误。就B选项来说，书面评价报告只是作为实用新型专利权有效性的初步证据，出具该报告并非是专利权人提起侵权诉讼的前提条件。原告不出具书面评价报告时，如果被告在答辩期间内提出宣告专利权无效的请求，如无其他可以不中止诉讼的情形，人民法院应当中止侵权诉讼。由此可见，专利书面评价报告只是作为实用新型专利权有效性的初步证据，并不是专利权人提起实用新型专利侵权诉讼的条件，本题中，甲不提交也不违法，对侵权诉讼的进行没有任何影响，故B选项是正确的。根据我国《专利法》的规定，权利要求书必须得到说明书的支持，否则所涉权利要求无效，因此，C选项是错误的。D选项其实与专利法无关，本质上是《民事诉讼法》的问题，该选项是正确的。对于这种命题方式，考生应给予高度重视。

第三章　商标权

☞ 相关法条及司法解释

《商标法》第 10 ~ 12、22 ~ 27 条

☞ 命题分析

商标权的命题具有一定的灵活性和前沿性，但难度不大，性价比较高，考生应当投入一定的精力进行复习。从考查规律来看，商标权属于每年必考的知识点。其中，商标权取得、商标权消灭和商标权侵权行为属于考试的重点，在历年真题中所占分值较高。

一、商标权的取得

1. 商标权取得的概念

与其他的民事权利一样，商标权的取得方式也包括了原始取得和继受取得。商标权的原始取得方式主要有以下三种：因使用而取得；因注册而取得；因驰名而取得。

2. 商标注册的原则

（1）注册原则

该原则指的是商标专用权的产生必须符合法律的规定——申请并获得核准。

（2）自愿注册和强制注册相结合的原则

按照我国《商标法》的规定，在实行商标自愿注册的同时，对少数商品上使用的商标实行强制注册。例如，我国曾对药品和烟草制品施行强制注册原则，这是出于市场管制的需要；不过，自 2002 年 9 月 15 日之后，人用药品之上的商标不再要求强制注册。

（3）申请在先和使用在先相结合的原则

该原则是指，以申请日期为依据，受理在先申请人的商标注册申请，驳回在后申请人的申请。按照我国《商标法》第 31 条以及《商标法实施条例》第 19 条的规定，申请的商标相同或相似的（在相同或相似商品上），初步审定并公告申请在先的商标，同一天申请的，初步审定并公告使用在先的商标；如果无法确定何者使用在先的，商标部门会要求当事人进行协商，协商不成的，抽签决定授予何者以商标专用权。

3. 商标注册的条件

（1）标识的可视性。所谓可视性，即可为视觉感官所感知之义。本书在讨论商标权的客体时将之界定为“特定标识的特定使用方式”，因此，标识显然须具有可视性，如此才能有所谓商标的区分功能。可视性是传达商品信息的一个重要渠道，也是消费者选择商品或服务时最直接的依赖。

（2）标识的显著性。显著性是某一标识能否注册为商标的核心要件。所谓显著性，是指特定标识具有区分功能的基本属性，具言之，显著性是指构成商标的文字、图形、字母、数字、三维标志和颜色组合，以及上述要素的组合从总体上具有明显的特色，能与他人同一种或类似商品的商标区别开来，在市场交易中足以使一般人据以辨别不同经营者提供的商品或服务，即商标具有独特性和可识别性。由此可见，显著性是识别性和区分性这两个层次之要求的综合体现。

（3）标识的合法性。这是商标注册的消极要件，是指注册商标的标记不得侵犯他人的在先权利或合法利益，也不得违反《商标法》禁止注册或使用某些标志的规定。

4. 商标注册的程序

按照我国《商标法》及《商标法实施条例》的规定，申请人在提起商标注册的申请时应提交的文件包括商标注册申请书和商标图样；《商标法》规定必须使用注册商标的商品以及一些特殊行业的商品则还需要提交相关证明文件，如人用药品、烟草制品应附送相关部门批准的证明文件；国内报刊、杂志申请商标注册的，应当提交新闻出版署部门发给的全国统一刊号（CN）的报刊登记证；申请办理证明商标和集体商标的，还应提交证明商标和集体商标的申请人的主体资格证明和商标使用管理规则；申请的商标为人物肖像的，应当提供人物肖像人的授权并经公证机关公证。

对符合《商标法》规定之商标申请，商标局应予以受理并开始对其进行审查。世界上商标审查制有两种：形式审查和实质审查，我国属后者。具体内容可概括为：（1）初步审定与核驳；（2）异议；（3）核准，初步审定、予以公告并在公告期满无异议的，商标局即予以核准注册，发给商标注册证，并予公告。

例1：如外国企业在我国申请注册商标，下列哪一说法是正确的？

A. 应当委托在我国依法成立的律师事务所代理

B. 所属国必须已加入《保护工业产权巴黎公约》

C. 所属国必须已加入世界贸易组织

D. 如所属国商标注册主管机关曾驳回了其商标注册申请，该申请在我国仍有可能获准注册

提示：《商标法》第18条第2款规定：“外国人或者外国企业在中国申请商标注册和办理其他商标事宜的，应当委托依法设立的商标代理机构办理。”据此，A选项是错误的，应是商标代理机构而非律师事务所。B、C两个选项属于命题人故意给出的干扰性表述，并没有任何这方面的规定，因而是错误的。商标注册的审查标准由各国自行掌握，并无统一的标准，虽然D选项并不是法律的明文规定，但是可以推断出来，考

生须注意这样的出题方式。

二、商标权的消灭

1. 注册商标的撤销

对于违法使用商标的商标权人，商标局得依法强制取消该商标的注册，此即注册商标的撤销制度，也是违法使用商标的权利人应当承担的法律责任。

《商标法》第49条是关于撤销制度的规定：

"商标注册人在使用注册商标的过程中，自行改变注册商标、注册人名义、地址或者其他注册事项的，由地方工商行政管理部门责令限期改正；期满不改正的，由商标局撤销其注册商标。

注册商标成为其核定使用的商品的通用名称或者没有正当理由连续三年不使用的，任何单位或者个人可以向商标局申请撤销该注册商标。商标局应当自收到申请之日起九个月内做出决定。有特殊情况需要延长的，经国务院工商行政管理部门批准，可以延长三个月。"

另外，该法第54条规定："对商标局撤销或者不予撤销注册商标的决定，当事人不服的，可以自收到通知之日起十五日内向商标评审委员会申请复审。商标评审委员会应当自收到申请之日起九个月内做出决定，并书面通知当事人。有特殊情况需要延长的，经国务院工商行政管理部门批准，可以延长三个月。当事人对商标评审委员会的决定不服的，可以自收到通知之日起三十日内向人民法院起诉。"

例2：甲公司注册了商标"霞露"，使用于日用化妆品等商品上，下列哪一选项是正确的？

A. 甲公司要将该商标改成"露霞"，应向商标局提出变更申请

B. 乙公司在化妆品上擅自使用"露霞"为商标，甲公司有权禁止

C. 甲公司因经营不善连续三年停止使用该商标，该商标可能被注销

D. 甲公司签订该商标转让合同后，应单独向商标局提出转让申请

提示：如果甲公司将"露霞"作为未注册商标使用，是无需向商标局提出变更申请的，故A选项的表述并不准确。B选项中，乙公司的行为是典型的商标侵权行为，故甲当然有权禁止，该选项正确。连续三年不使用注册商标，属于商标法上的撤销问题，"注销"并非商标法用语，C选项表述不准确。商标发生转让时，应由双方当事人向商标局提出变更申请，故D选项错误。

2. 注册商标的无效宣告

由于申请人或商标局等多方面的原因，可能导致本不应该获得商标注册的标识被予以了注册，无效宣告则是纠正这种错误的程序，它是指已经注册的商标存在不具备注册条件或与在先权利相冲突的情形，商标局依职权对商标权进行无效宣告，或由商

标评审委员会根据第三人的请求宣告该注册商标无效的制度。注册商标的无效是绝对无效，自商标注册之日起无效。决定注册商标无效或维持注册商标，是由商标评审委员会作出的，由司法终审来确保其公正性。

宣告无效的事由通常为：（1）违反商标构成的绝对条件（《商标法》第10、11、12条之规定）；（2）与在先权利冲突（《商标法》第32条）；（3）损害驰名商标（《商标法》第13条）；（4）其他事由（例如《商标法》第15条规定的代理人抢注之情形）。

注册商标被宣告无效后，商标权被视为自始不存在，对在宣告无效前法院作出并已执行的商标侵权的判决、裁定，已经履行或强制执行的商标侵权纠纷处理决定，以及已经履行商标许可使用合同和商标权转让合同，不具有追溯力；未执行或未履行的，则不再执行或履行。因恶意注册给他人造成损失的，注册人应当予以赔偿。依照前述规定不返还侵权赔偿金、转让费、许可使用费明显违反公平原则的，应当全部或部分返还。

三、商标侵权

所谓商标侵权，是指违反商标法的相关规定，假冒或仿冒他人注册商标，或者从事其他损害商标权人合法权益的行为。对于一般商标权，侵权行为的判断涉及两个关键词，即“相同或相似商品/服务”、“相同或相似标识”，“相同”比较清晰，实践中的难点是两个“相似性”的判断，从司法实践中归纳出的“混淆理论”“淡化理论”都是为了解决该难题。对于驰名商标，根据《商标法》第13条第2款规定，主要是判断被告的行为是否构成对驰名商标标识的复制、摹仿或者翻译，从而误导公众，因此，争议会比相似性的判断小很多。

《商标法》第57条是对商标侵权行为的列举式规定：

“有下列行为之一的，均属侵犯注册商标专用权：

（一）未经商标注册人的许可，在同一种商品上使用与其注册商标相同的商标的；

（二）未经商标注册人的许可，在同一种商品上使用与其注册商标近似的商标，或者在类似商品上使用与其注册商标相同或者近似的商标，容易导致混淆的；

（三）销售侵犯注册商标专用权的商品的；

（四）伪造、擅自制造他人注册商标标识或者销售伪造、擅自制造的注册商标标识的；

（五）未经商标注册人同意，更换其注册商标并将该更换商标的商品又投入市场的；

（六）故意为侵犯他人商标专用权行为提供便利条件，帮助他人实施侵犯商标专用权行为的；

（七）给他人的注册商标专用权造成其他损害的。”

例3：甲公司为其牛奶产品注册了“润语”商标后，通过签订排他许可合同许可乙公司使用。丙公司在其酸奶产品上使用“润雨”商标，甲公司遂起诉丙公司停止侵害并赔偿损失，法院判决支持了甲公司的请求。在该判决执行完毕后，“润语”注册商标因侵犯丁公司的著作权被依法撤销。下列哪些选项是错误的?

A. 甲公司和乙公司可以作为共同原告起诉丙公司

B. 甲公司与乙公司的许可合同应当认定为无效合同，乙公司应当申请返还许可费

C. 甲公司获得的侵权赔偿费构成不当得利，应当返还给丙公司

D. 甲公司获得的侵权赔偿费应当转付给丁公司

提示：甲乙之间的关系属于许可使用，当发生商标侵权时，二者当然可以作为共同原告来起诉丙，故A选项表述正确。“润语”注册商标侵犯丁公司的著作权与甲乙之间许可使用合同的效力无关，该合同是有效的，故B选项错误。注册商标被宣告无效后，对在宣告无效前法院作出并已执行的商标侵权的判决，不具有追溯力，因此C选项错误。注册商标的无效宣告对宣告无效前已经履行的商标许可使用合同同样不具有追溯力，因此D选项的表述是错误的。考生还应当掌握的知识点是，对于C、D选项所涉及的情形，法律上也有例外规定，即如果不返还侵权赔偿金、转让费、许可使用费明显违反公平原则的，应当全部或部分返还。

第一章　中国特色社会主义司法制度概述

第一节　司法的概念和特征

☞ 命题分析

理解司法制度的前提是明确司法的概念和特征，由此可见本考点的基础性地位。它也是之前命题人颇为喜爱的考点，在2012年之前甚至达到每年必考的程度。

从考查形式看，本考点极少单独命题，主要是与司法功能、司法公正等其他考点搭配考查。本考点基本采用“一拖四”式表述题形式命制，个别年份还会以典籍著述中的经典表述作为命题素材。命题人试图以“不明觉厉”的表述扰乱考生心神，起到浑水摸鱼的效果。

从命题趋势分析，本考点已经连续四年未命题，这与之前每年必考的规律形成鲜明对比。考生在法考复习中不可大意，谨防命题人杀“回马枪”。

一、司法的概念

司法是指国家司法机关根据法定职权和法定程序，具体应用法律处理案件的专门活动。

在近代司法从行政等制度中分离出来之前，“司法”远非一种独立的纠纷解决形态和制度。

近代的司法最初是一个政治学或法学概念。乔治·劳森、约翰·洛克、孟德斯鸠等学者，均对分权理论、司法权的功能有过精妙论述。

在近代资产阶级国家建立后，按照立法权、行政权、司法权三权分立的宪政原则，司法权正式成为独立的国家权力。分权学说由学术层面进入现实政治实践，司法的概念逐步呈现技术性、程序性特征。

例1：关于司法和司法制度，下列哪一表述不成立？

A. 司法历来以解决社会冲突为己任，与社会冲突相伴相随。从古至今，司法一直

为一种独立的解纷形态和制度

B. 司法和司法权曾是反对专制、对抗王权的一道屏障，负责监督政府、保护人民，同时也能有效地保护法官

提示：在司法从行政制度中分离出来之前，司法并非一种独立的纠纷解决形态和制度。A 项不成立，当选。司法和司法权曾是反对专制、对抗王权的屏障，负责监督政府，保护人民和法官，B 项表述正确，不选。

二、司法的特征

行政是实现国家目的的直接活动，而司法是实现国家目的的间接活动。其有别于行政的特征如下：

（一）独立性

司法的独立性，强调司法机关只服从法律，不受上级机关、行政机关的干涉。

例 2：为了客观、中立、公正地进行事实判断、解决纷争，在组织技术上，司法机关只服从法律，不受上级机关、行政机关的干涉。

提示：本项是关于司法独立性的表述，说法正确。

（二）被动性

“不告不理”是司法活动的基本准则。司法程序的启动离不开权利人或特定机构的提请或诉求，但司法者从来都不能主动发动一个诉讼。

例 3：关于司法、司法制度的特征和内容，下列哪一表述不能成立？

B. 法院已成为现代社会最主要的纠纷解决主体，表明司法的被动性特点已逐渐被普遍性特点所替代

D. “分权学说”作为西方国家一项宪法原则，进入实践层面后，司法的概念逐步呈现技术性、程序性特征

提示：司法具有被动性与普遍性，两者不存在相互替代的问题。B 项不成立，当选。分权学说是西方国家的宪法性原则，进入实践后，司法的概念逐步呈现技术性、程序性特征。D 项内容正确，不选。

（三）交涉性

司法活动必须是在受判决直接影响的各方参与下，通过提出证据并进行理性说服和辩论，以此为基础形成司法裁判。法律适用过程离不开多方当事人的诉讼参与；在刑事诉讼中需要控辩双方的辩驳、质证、对抗；在民事、行政诉讼中需要原被告双方

的协商、交涉、辩论。

（四）程序性

法律适用是司法机关依照法定程序所进行的活动。司法机关处理案件必须依据相应的程序法规定。法定程序是保证司法机关正确、合法、及时地适用法律的前提，是实现司法公正的重要保证。

（五）普遍性

司法不仅具有形式上的普遍性，在实质意义上，司法也可以解决其他机关所不能解决的一切纠纷。在现代社会，司法构成社会纠纷解决体系中最具普适性的方式，法院已经成为最主要的纠纷解决主体。

例4：在现代社会，司法构成社会纠纷解决体系中最具普适性的方式，法院已成为最主要的纠纷解决主体。

提示：普遍性是司法的特征之一，现代社会中法院是最主要的纠纷解决主体。本说法正确。

（六）终极性

法律适用是解决纠纷、处理冲突的最后环节，法律适用结果是最终性的决定。相较于其他纠纷解决方式，司法成为现代社会中最重要的争端解决手段。

关于六个特征的记忆口诀：乘（程序性）吉（终极性）普（普遍性）、交（交涉性）独（独立性）栋（被动性）。

例5：根据现代司法的独立性特点，一切案件或纠纷，一旦进入司法程序，由司法机关依法作出生效的判决、裁定或决定，任何机关和个人都不应再作处理。

提示：选项表述体现的是司法终极性的特点，而非独立性。本说法错误。

第二节　司法功能

☞ 命题分析

本考点在2012年之前几乎每年必考，近年考查频率明显下降。从考查形式来看，本考点仅在2017年单独命题，其余年份则是与司法制度的概念和特征、司法效率等考点搭配考查。本考点基本采用“一拖四”式表述题形式命制。考查内容主要是对各项司法功能的理解，题目难度不高。

从命题趋势分析，考生在法考复习中应重点关注司法的人权保障功能，因为该功能很容易与最新司法改革措施配套考查，考生应着重对人权保障功能的内涵准确把握。

司法的功能可以从应然和实然两个层面理解。司法的应然功能，“定纷止争”“惩奸除恶”“止恶扬善”“实现公平正义”等，大都属于人们对司法功能的应然期待和理想要求。认为只要司法公正、独立、高效、权威地发挥其功能，权力腐败、违法犯罪、冤假错案等问题，都可以通过司法得到解决。

司法的实然功能的发挥，要受到法律文化传统、司法体制、政治制度、经济发展水平等因素的影响。

司法具有解决纠纷的直接功能，人权保障、调整社会关系、解释和补充法律、形成公共政策、秩序维持、文化支持等间接功能。

一、解决纠纷

解决纠纷是司法的直接功能。解决纠纷是司法制度的普遍特征，它构成司法制度产生的基础、运作的主要内容和直接任务，亦是其他功能发挥的先决条件。

在我国司法“解决纠纷”的功能应延伸到“案结事了”的程度，是以实质意义与实体效果取代单纯与形式上的纠纷解决方式。

司法还具有惩罚功能。司法机关是人民民主专政的工具，因此，惩罚犯罪也是我国司法机关的功能。

例1：解决纠纷是司法的主要功能，它构成司法制度产生的基础、决定运作的主要内容和直接任务，也是其他功能发挥的先决条件。

提示：纠纷解决是司法的主要功能，它是其他功能发挥的先决条件。本说法正确。

二、人权保障

司法机关是保障人权的责任主体，保障人权是司法机关的重要职责。司法既具有维护和支持其他公权力依法行使、发展人权的作用，又具有防范和制裁其他公权力恣意行使、侵犯人权的作用。

落实人权保障功能，需要司法机关在诉讼过程中保障当事人和其他诉讼参与人的知情权、陈述权、辩护辩论权等各项权利；健全落实罪刑法定、非法证据排除等法律制度和原则。

三、调整社会关系

司法制度的调整社会关系功能是通过司法机关和司法组织的各项司法活动发挥出来的。

司法权的主管范围直接决定了其司法功能辐射广度与深度，体现出司法对社会的影响力和渗透力，在一定程度上标志一个国家的法治水平。

四、解释、补充法律

法律相对于它所调整的社会关系具有滞后性，法官在司法过程中不应当机械适用法律，而应根据社会生活的变化，对法律进行正确完整的阐释。

法官自由裁量应力求达到合法与合理高度统一，尽可能地减少法律适用过程中的不确定性，防止司法擅断与专横。

五、形成公共政策

现代法治社会，司法机关参与公共政策的制定，体现了司法权在国家权力配置与运作中的角色与定位。

例2：关于司法和司法制度，下列哪一选项是错误的？

B. 法官自由裁量应力求达到合法与合理高度统一，尽可能地减少法律适用过程中的不确定性，防止司法擅断与专横

D. 司法机关特别是最高法院参与公共政策的制定，表现出司法权在国家权力配置与运作中的越位

提示：法官在裁判中行使自由裁量权，应坚持合法、合理标准，防止司法专断。B项表述正确，不选。司法具有形成公共政策的功能，这是司法的职权之一，不属于越位行为。D项错误，当选。

例3：司法具有解决纠纷、调整社会关系的直接功能和解释、补充法律及形成公共政策、秩序维持、文化支持等间接功能。

提示：司法的直接功能是解决纠纷，其他都属于间接功能。本说法错误。

第三节　中国特色社会主义司法制度

☞ 命题分析

本考点内容单薄，可考性不强，仅在个别年份命题人剑走偏锋考查本考点。以往考题均采用表述题形式，侧重对我国司法制度的构成要素进行考查。属于识记类题目，难度较低。法考复习时，把握我国司法制度的构成要素以及每一类要素的具体内容即可。

司法制度是关于司法功能、司法机构、司法组织、司法程序、司法机制等方面规范的总称。

中国特色社会主义司法制度，不仅包括一系列独具中国特色的司法规范、司法组织、司法机构、司法程序、司法机制、司法制度和司法人力资源体系，而且包括独具中国特色的司法理念、司法理论、司法政策、司法文化、司法保障等内容。具体而言：

	构成要素	主要内容
中国特色社会主义司法制度	司法规范体系	中国特色社会主义司法制度、司法组织以及规范司法活动的各种法律规范
	司法组织体系	包括审判组织体系和检察组织体系
	司法制度体系	包括侦查制度、检察制度、审判制度、监狱制度、律师制度和公证制度。独具中国特色的司法制度包括人民调解制度、人民陪审制度、死刑复核制度、审判监督制度、司法解释制度以及案例指导制度等
	司法人员管理体系	我国司法人员包括侦查、检察、审判、监管职责的工作人员及辅助人员

例：中国特色社会主义司法制度包括司法规范体系、司法组织体系、司法制度体系、司法人员管理体系

提示：司法规范体系、司法组织体系、司法制度体系以及司法人员管理体系，均为中国特色社会主义司法制度的组成部分。本说法正确。

第四节 司法公正

☞ 命题分析

实现司法公正是司法制度的价值追求，司法公正无疑是本学科的高频考点。本考点命题特点是“频率高、分值大”。

从考查形式来看，本考点绝大多数试题采用单独命题形式，这也是本考点分值偏高的原因。从考查内容看，本考点主要围绕司法公正的构成要素，结合司法改革措施进行考查。题目需要考生具有一定的理解能力，对记忆的精确度要求也很高，难度相对较大。

从命题趋势分析，本考点前几年试题主要考查对司法公正的理解，近几年则主要围绕司法公正的构成要素进行命题，为增加难度，还会涉及司法改革措施和配套制度规范。考生在法考复习中，应重点关注与司法公开、司法廉洁等司法公正要素相关的司法改革措施。

一、司法公正的内涵

司法公正是法律精神的内在要求，是法治的组成部分和基本内容，是民众对法治的必然要求。

司法公正包括实体公正和程序公正。实体公正强调司法者根据实体一般公正的要求，通过在诉讼程序中行使自由裁量权而达到公正的裁判结果。主要表现为裁判结果的公正，具体是指事实认定真实和法律适用正确。

一般认为，程序公正包括法官中立、当事人平等参与和主体性地位、程序公开以及对法官裁判的尊重。

程序公正和实体公正既有一致性，也有存在矛盾和冲突之处，需要进行协调。

例1：晋刘颂上疏惠帝，论及司法制度时说："君臣之分，各有所司。法欲人奉，故令主者守之；理有穷，故使大臣释滞；事有时立，故人主权断。"

提示：本选项是对古代司法公正影响因素的论述，强调君臣在司法公正方面各自的职责："主者守文""大臣释滞""人主权断"。本说法正确。

例2：关于司法公正及实体公正、程序公正问题的理解，下列哪些表述是正确的？

A. 司法公正是法治的组成部分和基本内容，是民众对法制的必然要求，司法公正包括实体公正和程序公正两个方面

B. 追求实体公正，是我国司法制度和法律职业道德的基本准则，主要指努力发现案件事实真相和正确适用实体法律

C. 程序公正包括当事人平等地参与、严格遵循法定程序及法官的居中裁判等，保证当事人受到公平对待

D. 根据形势及效率需要，可在有关司法过程中将"类推"和"自由心证"作为司法公正的补充手段

提示：司法公正包括实体公正和程序公正，A项正确；实体公正强调发现案件事实真相和正确适用实体法律，B项正确；法官中立、当事人平等地参与和主体性地位、程序公开以及对法官裁判的尊重，共同构成了英美法上程序公正的因素，C项正确；根据法律规定，司法过程中法官可以自由心证，但刑事司法中不能类推，D项错误。

二、司法公正的构成要素

（一）司法活动的合法性

合法性是指司法机关审理案件要严格按照实体法和程序法的规定办事。

（二）司法人员的中立性

中立是对法官最基本的要求，即法官同争议的事实和利益没有关联性，法官不得

对任何一方当事人存有歧视或偏爱。在诉讼程序中，法官与双方当事人保持同等的司法距离，对案件保持超然和客观的态度。

（三）司法活动的公开性

1. 司法公开的范围：审判公开、检务公开、警务公开、狱务公开。

特别提醒：律师文书不属于司法公开的范畴。

2. 审判公开的内容：立案公开、庭审公开、审判结果公开、裁判文书公开、执行过程公开

3. 检务公开：检察院应当通过互联网、电话、邮件、检察服务窗口等方式，向相关人员提供案件程序性信息查询服务，向社会公开重要案件信息和法律文书，以及办理其他案件信息公开工作。

（四）当事人地位的平等性

平等性包含了两层含义：一是当事人享有平等的诉讼权利；二是法院平等地保护当事人诉讼权利的行使。

（五）司法程序的参与性

程序参与性又称为“获得法庭审判机会”，它要求作为争议主体的当事人能够有充分的机会参与诉讼程序，提出自己的主张和有利于自己的证据，并反驳对方的证据、进行交叉询问和辩论，以此来促使法院尽可能作出有利于自己的裁判。

（六）司法结果的正确性

正确性首先是指适用法律时事实要调查清楚，证据要确凿可靠。其次，对案件定性要准确。最后案件处理要适当，要按照法律规定，宽严轻重要适度。

（七）司法人员的廉洁性

恪守司法廉洁，是司法公正与司法公信的基石和防线。

《关于进一步规范司法人员与当事人、律师、特殊关系人、中介组织接触交往行为的若干规定》第5条、第6条规定，严禁司法人员与当事人、律师、特殊关系人、中介组织有下列接触交往行为：

（1）泄露司法机关办案工作秘密或者其他依法依规不得泄露的情况；

（2）为当事人推荐、介绍诉讼代理人、辩护人、或者为律师、中介组织介绍案件，要求、建议或者暗示当事人更换符合代理条件的律师；

（3）接受当事人、律师、特殊关系人、中介组织请客送礼或者其他利益；

（4）向当事人、律师、特殊关系人、中介组织借款、租借房屋，借用交通工具、通讯工具或者其他物品；

（5）在委托评估、拍卖等活动中徇私舞弊，与相关中介组织和人员恶意串通、弄虚作假、违规操作等行为；

（6）司法人员与当事人、律师、特殊关系人、中介组织的其他不正当接触交往行为。

司法人员在案件办理过程中，应当在工作场所、工作时间接待当事人、律师、特

殊关系人、中介组织。因办案需要，确需与当事人、律师、特殊关系人、中介组织在非工作场所、非工作时间接触的，应依照相关规定办理审批手续并获批准。

司法人员在案件办理过程中因不明情况或者其他原因在非工作时间或非工作场所接触当事人、律师、特殊关系人、中介组织的，应当在三日内向本单位纪检监察部门报告有关情况。

例 3：关于司法功能的表述，下列哪一选项是错误的？

B. 司法要求司法活动的公开性、裁判人员的中立性、当事人地位的平等性、司法过程的参与性、司法活动的合法性、案件处理的正确性

C. 我国晋代刘颂认为应该严格区分君臣在实现司法公正方面的职责

D. 英国哲学家培根强调司法公正的重要性："一次不公的判断比多次不平的举动为祸尤烈。因为这些不平的举动不过弄脏了水流，而不公的判断则把水源败坏了。"

提示：选项 B 是对司法公正构成要素的表述，表述正确，不选；刘颂强调区分君臣在实现司法公正中的职责，C 项正确，不选；培根的论述强调了司法公正的重要性，D 项表述正确，不选。

第五节　审判独立与检察独立

☞ 命题分析

本考点本不属于高频考点，其内容可考性不强，但为确保司法独立出台的改革措施为本考点提供了新的命题素材。因此，2017 年命题人采用"一拖四"式案例题形式对本考点予以考查，该题还涉及法官会议制度，难度颇高。考生在 2019 年法考复习时，应重点围绕实现审判、检察独立的改革措施展开，关注《司法机关内部人员过问案件的记录和责任追究规定》《关于全面推进依法治国若干重大问题的决定》等相关规定。

审判独立、检察独立是维护国家法制统一的需要，有利于保障民众的合法权益；是正确发挥人民法院和人民检察院专门职能的基本条件；也有利于防止特权和抵制不正之风，防止权力的滥用。

一、审判独立与检察独立的基本内容

1. 国家的审判权和检察权只能分别由法院和检察院依法统一行使，其他机关、团体或个人无权行使该权力。

2. 司法机关依照法律独立行使职权，不受行政机关、社会团体和个人的干涉。

3. 司法机关在司法活动中必须依照法律规定，正确地适用法律。

审判独立、检察独立的核心是司法机关与国家立法机关、行政机关的分立。审判独立不仅仅包括法官的个体独立，即法官的身份独立和实质独立，还应包括司法机关整体上的独立。同时，审判独立与检察独立还包含相对于舆论、民意的独立性。

二、确保审判独立和检察独立的改革措施

1. 建立各级党政机关和领导干部支持法院、检察院依法独立公正行使职权的制度机制

建立领导干部干预司法活动、插手具体案件处理的记录、通报和责任追究制度。《司法机关内部人员过问案件的记录和责任追究规定》要求：（1）司法机关内部人员应当依法履行职责，严格遵守纪律，不得违反规定过问和干预其他人员正在办理的案件，不得违反规定为案件当事人转递涉案材料或者打探案情，不得以任何方式为案件当事人说情打招呼。（2）司法机关办案人员对于司法机关内部人员的干预、说情或者打探案情，应当予以拒绝；对于不依正当程序转递涉案材料或者提出其他要求的，应当告知其依照程序办理。（3）司法机关领导干部和上级司法机关工作人员因履行领导、监督职责，需要对正在办理的案件提出指导性意见的，应当依照程序以书面形式提出，口头提出的，由办案人员记录在案。

2. 健全维护司法权威的法律制度

健全行政机关依法出庭应诉、支持法院受理行政案件、尊重并执行法院生效裁判的制度。完善惩戒妨碍司法机关依法行使职权、拒不执行生效裁判和决定、藐视法庭权威等违法犯罪行为的法律规定。

3. 建立健全司法人员履行法定职责保护机制

建立健全司法人员履行法定职责保护机制。非因法定事由，非经法定程序，不得将法官、检察官调离、辞退或者作出免职、降级等处分。

第六节　司法效率

☞ 命题分析

从考查形式来看，本考点基本采用表述题形式命制，既有单独命题，也有与司法制度的概念和特征、司法的功能等其他考点搭配考查。考查内容主要围绕司法效率的理解以及司法效率与司法公正的关系。

从命题趋势分析，本考点可考查内容极为有限，单独命题的可能性不大，作为选项内容附带考查的概率较高。法考复习时，对司法效力内涵准确把握即可。

一、司法效率的概念

司法效率强调的是司法机关在司法活动中，在正确、合法的前提下，要提高办案效率，不拖延积压案件、及时审理和结案，合理利用和节约司法资源。司法效率大致包括司法的时间效率、司法资源的利用效率和司法活动的成本效率三个方面。

司法效率与诉讼程序的制度设计密不可分，与司法人员的职业素养、职业能力有直接关系，也要受到外部司法环境的制约。

例1：通过对不同的案件采用不同的诉讼费用分担机制，能够影响诉讼各方的行为方式，实现诉讼费用的“配置效率”。

提示：诉讼费用分担机制指的是在诉讼过程中所消耗的费用要由司法机关与有关当事人进行合理的分担。通过对不同的案件采用不同的诉讼费用分担机制，能够影响各方的行为方式，实现诉讼费用的“配置效率”，从而在总体上节省司法成本。本说法正确。

例2：效率是司法的内在要求和本质反映，是法治的灵魂和核心，强调的是尽可能地快速解决纠纷、多解决纠纷，尽可能地节省和充分利用各种司法资源。

提示：公正才是司法的内在要求和本质反映，是法治的灵魂和核心。尽可能地快速解决纠纷、多解决纠纷，尽可能地节省和充分利用各种司法资源，则是司法效率的要求。本说法错误。

二、效率与公正的关系

司法公正是司法永恒的目标追求，提高司法效率是适应我国社会新形势发展的要求。在司法过程中，应坚持“公正优先、兼顾效率”原则。

例3：效率与公正都是理想型司法追求的目标，同时也是理想型司法应具备的两个基本要素。关于两者的关系，下列哪一说法是错误的？

A. 司法效率和司法公正是相辅相成的

B. 根据我国司法现状应当作出“公正优先、兼顾效率”的价值选择

C. 细化诉讼程序通常导致效率低下，效率和公正难以兼得

D. 司法工作人员提高业务水平，勤勉敬业，有利于促进司法公正和效率

提示：司法公正和司法效率两者相辅相成，A项说法正确，不选；我国应奉行“公正优先、兼顾效率”的原则，B项正确，不选；细化诉讼程序并不必然导致司法效率低下，C项错误，当选；司法工作人员勤勉敬业，有利于实现司法公正和司法效率，D项正确，不选。

第七节　司法改革

☞ 命题分析

近几年，我国推行了诸多司法改革措施，这些自然会引起命题人的兴趣成为命题素材。自 2014 年起，每年至少有一道有关司法改革措施类试题。2018 年法考仍然延续该命题规律，考查了作为以审判为中心的刑事诉讼制度改革配套措施的值班律师制度。

从考查形式看，本考点试题全部采用表述题形式，主要考查考生对于司法改革措施的了解。试题一般以司法改革措施的专门规范性文件的规定为素材，只要熟悉司法改革措施的制度设计，不难准确作答。

从命题趋势分析，以最新司法改革措施作为命题素材的规律仍会延续，备战 2019 年法考仍需要重点关注本节列举的司法改革措施及其相关规定。值得注意的是，司法改革措施的规范性文件往往不在考试大纲附录法律法规范围，需要在平时复习中有意识予以关注。

着眼于保证公正司法、提高司法公信力，《中共中央关于全面推进依法治国若干重大问题的决定》提出了一系列完善司法管理体制和司法权力运行机制的重大改革措施，具体如下：

一、优化司法职权配置

1. 健全“四机关”分工负责、互相配合、互相制约的体制
2. 推动实行审判权和执行权分离的体制改革试点
3. 完善刑罚执行制度，统一刑罚执行体制
4. 改革司法机关人财物管理体制
5. 探索实行法院、检察院司法行政事务管理权和审判权、检察权相分离

二、完善司法管辖体制

1. 最高人民法院设立巡回法庭
2. 探索设立跨行政区划的人民法院和人民检察院
3. 完善行政诉讼体制机制

三、完善司法权力运行机制

1. 改革法院案件受理制度
2. 完善刑事诉讼中认罪认罚从宽制度
3. 完善审级制度

4. 推进以审判为中心的诉讼制度的改革
5. 探索建立检察机关提起公益诉讼制度

四、加强对司法活动的监督

1. 健全司法机关内部监督制约机制
2. 加强检察机关法律监督
3. 加强人民群众监督和社会监督

第八节　法律职业及法律职业道德

☞ 命题分析

“法律职业道德”契合于本学科的名称，无疑是命题人关注的重点，几乎达到每年必考的程度，2018 年法考考查了清正廉洁是否是七类法律职业人员共同的道德要求。从考查形式来看，本考点既有单独命题，也有与不同法律职业的道德规范搭配考查。本考点试题全部采用表述题形式。本考点由法律职业、概念和特征、基本原则等三个子考点构成，主要围绕法律职业道德的特征进行考查。因新增了三类法律从业人员职业道德规范，复习时建议结合基本原则将不同法律职业道德规范予以对比把握。

一、法律职业

法律职业人员是指具有共同的政治素养、业务能力、职业伦理和从业资格要求，专门从事立法、执法、司法、法律服务和法律教育研究等工作的职业群体。

在我国，法律职业主要是指担任法官、检察官、律师、公证员、法律顾问、仲裁员（法律类）及政府部门中从事行政处罚决定审核、行政复议、行政裁决的人员。此外，还包括从事法律法规起草的立法工作者、其他行政执法人员、法学教育研究工作者等。

法律职业具有政治性、法律性、行业性、专业性等特征。

二、法律职业道德的概念及特征

（一）概念

所谓法律职业道德，是指法官、检察官、律师、公证员等法律职业人员在进行法律职业活动过程中，所应遵循的符合法律职业要求的心理意识、行为准则和行为规范的总和。

（二）特征

1. 职业性。法律职业道德的内容与法律执业实践活动紧密相连，反映着法律职业活动对从业人员行为的道德要求。

2. 实践性。法律职业行为过程，就是法律职业实践过程，只有在法律实践过程中，才能体现出法律职业道德的水准。

3. 正式性。法律职业道德的表现形式较为正式，除了一般职业道德的规章制度、工作守则、服务公约、劳动过程、行为须知等表现形式外，还通过法律、法规、规范性文件等形式表现出来。

4. 更高性。法律为调整社会关系的主要规范，在社会中负有分配社会资源、维持社会秩序、解决社会冲突、实现社会正义的功能，因而要求法律职业人员具有更高的法律职业道德水准。

法律职业道德教育的途径和方法，主要包括提高法律职业人员道德认识、确立法律职业人员道德信念、陶冶法律职业人员道德情感、锻炼法律职业人员道德意志、养成法律职业人员道德习惯等。

例：关于法律职业道德的理解，下列哪一说法不能成立？

A. 法律职业道德与其他职业道德相比，具有更强的公平正义象征和社会感召作用

B. 法律职业道德与一般社会道德相比，具有更强的约束性

C. 法律职业道德的内容多以纪律规范形式体现，具有更强的操作性

D. 法律职业道德通过严格程序实现，具有更强的外在强制性

提示：法律在人们的心目中是公平与正义的体现，是规范社会、惩恶扬善的最后手段，也是最强有力的手段，因此法律职业道德具有更强的公平正义象征和社会感召作用，A 项不选；法律职业道德相对于一般社会道德而言，具有更强的约束性，违反职业道德的法律职业人员要承担更大范围的责任，B 项不选；法律职业道德中的很多内容都以纪律规范形式体现出来，对于违反相应的职业道德的行为规范规定了具体的处罚办法，C 项不选；法律职业道德具有较为明显的内在强制性，而非外在强制性，D 项不成立，当选。

三、法律职业道德的基本原则

职业道德原则不仅是从业人员进行职业活动的根本指导思想，而且也是对每个从业人员的职业行为进行职业道德评价的最高标准。

1. 忠于党、忠于国家、忠于人民、忠于法律。这是法律职业人员必须遵循的首要原则。

2. 以事实为根据，以法律为准绳。以事实为根据，是指司法机关和司法人员审理一切案件时，必须以证据证明的案件事实为依据，而不能以主观想象、主观分析和判断为依据。以法律为准绳，是指审理案件要以法律为标准和尺度，严格按照法律规定办事。

3. 严明纪律，保守秘密。法律职业人员在司法活动中应当遵守纪律，保守国家秘

密和司法工作秘密。

特别提醒：保守秘密是七类法律职业人员共同的职业道德要求。

4. 互相尊重，互相配合。司法机关依法独立行使职权，应处理好司法机关与权力机关、上级部门的关系，处理好公检法等机关分工负责、互相配合、互相制约的关系，处理好与律师的关系，坚持互相尊重，相互配合。

5. 恪尽职守，勤勉尽责。法律职业人员应当热爱法律职业，热爱工作，坚持职业操守，献身法律职业。

6. 清正廉洁，遵纪守法。法律职业人员应当自觉遵守法律职业道德，在本职工作和业外活动中严格要求自己，维护法律职业形象和司法公信力。

特别提醒：清正廉洁并非各类法律从业人员的共同职业道德要求，律师、法律顾问并无此要求。

第二章　审判制度

第一节　审判制度概述

☞ 相关法条及司法解释

《人民法院组织法》第4条

☞ 命题分析

本考点由基本原则和主要审判制度两部分构成，内容较少，以往偶有考查。从考查形式来看，本考点全部采用表述题形式命题。本考点从未单独命题，全部是与其他审判、检察制度搭配考查。以往试题主要围绕审判独立原则、主要审判制度进行考查。在法考客观题复习时，只要了解四类审判制度基本原则的内涵以及主要审判制度的内容即可。

一、审判制度的基本原则

1. 审判独立原则

法院依照法律规定独立行使审判权，不受行政机关、社会团体和个人的干涉。本原则体现了审判的独立性。

例1：关于司法和司法制度，下列哪一表述不成立?

D. 美国法学家亨利·米斯认为，“在法官做出判断的瞬间被别的观点或者被任何形式的外部权势或压力所控制和影响，法官就不复存在……法官必须摆脱任何的控制和影响，否则便不再是法官了”

提示：本表述强调法官审判保持独立性的意义，其观点成立，不选。

2. 不告不理原则

本原则体现了司法的被动性。其具体内容是：未经控诉一方提起控诉，法院不得自行对案件进行裁判；法院审理案件的范围由当事人确定，法院无权变更、撤销当事人的诉讼请求；案件在审理中，法院只能按照当事人提出的诉讼事实和主张进行审理，对超过当事人诉讼主张的部分不得主动审理。

3. 直接言词原则

直接言词原则可再分为直接原则与言词原则，均以发现真实为主要目的。直接原则反映了我国审判活动的亲历性。直接原则也称直接审理原则，要求参见审判的法官必须亲自参加证据审查、亲自聆听法庭辩论。这一原则强调审理法官与判决法官的一体化。通俗说，审的人要判，判的人要审。

言词原则也称言词审理原则，要求当事人等在法庭上须用言词形式开展质证辩论的原则。这一原则是公开原则、辩论原则和直接原则实施的必要条件。

4. 及时审判原则

及时审判原则具有保障人权、促进诉讼进行、提高诉讼效率的重要价值。这一原则体现了审判的效率性，如诉讼法的审限制度即为本原则的体现。

二、主要审判制度

我国的主要审判制度有两审终审制、审判公开制度、人民陪审员制度、审判监督制度等。

两审终审制，是指一个案件经过两级人民法院审理即告终结的法律制度。

审判公开制度，是指除法律另有规定，法院审判案件应当公开进行，除休庭评议这个程序是秘密进行的以外，其他审判程序，包括宣布开庭、法庭调查、法庭辩论、被告人最后陈述和宣告判决，均公开进行。

人民陪审员制度是我国陪审制度的一种类型。人民陪审员制度是我国法律规定的由审判员和人民陪审员组成合议庭对案件共同进行审判的一项制度。

审判监督制度，又称再审制度，是指人民法院对已经发生法律效力的判决和裁定依法重新审判的一种特殊审判制度。

例 2：关于我国司法制度，下列哪一选项是错误的？

A. 我国实行两审终审、人民陪审员、审判公开等审判制度，促进实现审判活动科学化、规范化

提示：建立和实施审判制度旨在实现审判活动的科学化和规范化，以保证审判工作，提高审判效率。选项 A 说法正确，不选。

第二节　审判机关

☞ 相关法条及司法解释

《人民法院组织法》第12～27、28～39条

☞ 命题分析

审判制度向来是本学科命题的“富矿区”，作为审判主体的审判机关自然会经常受到命题人眷顾。从考查形式来看，试题大多采用表述题形式。既有单独命题，也有作为选项与其他司法制度搭配考查。以往试题主要围绕最高院巡回法庭、审判组织等知识点命制，基本属于识记类题目，难度不高。

从命题趋势看，2018年《人民法院组织法》作出较大修正，对审委会等制度作出新规定，这无疑为命题人提供了新素材，备战2019年法考对此务必高度关注。

一、法院的设置和职权

（一）我国的法院设置

我国人民法院由最高人民法院、地方各级人民法院和专门人民法院组成。

地方各级人民法院分为高级人民法院、中级人民法院和基层人民法院。

专门人民法院包括军事法院和海事法院、知识产权法院、金融法院等。专门人民法院的设置、组织、职权和法官任免，由全国人民代表大会常务委员会规定。

最高人民法院可以设巡回法庭，审理最高人民法院依法确定的案件。巡回法庭是最高人民法院的组成部分。巡回法庭的判决和裁定即为最高人民法院的判决和裁定。

基层人民法院根据地区、人口和案件情况，可以设立若干人民法庭。人民法庭是基层人民法院的组成部分。人民法庭的判决和裁定即为基层人民法院的判决和裁定。

人民法院根据审判工作需要，可以设必要的专业审判庭。法官员额较少的中级人民法院和基层人民法院，可以设综合审判庭或者不设审判庭。人民法院根据审判工作需要，可以设综合业务机构。法官员额较少的中级人民法院和基层人民法院，可以不设综合业务机构。

（二）各级法院的职权

1. 最高人民法院

管辖的案件类型有：（1）法律规定由其管辖的和其认为应当由自己管辖的第一审案件；（2）对高级人民法院判决和裁定的上诉、抗诉案件；（3）按照全国人民代表大

会常务委员会的规定提起的上诉、抗诉案件；（4）按照审判监督程序提起的再审案件；（5）高级人民法院报请核准的死刑案件。

最高人民法院可以对属于审判工作中具体应用法律的问题进行解释。最高人民法院可以发布指导性案例。

特别提醒：只有最高人民法院享有指导性案例的发布权。

2. 高级人民法院

管辖的案件类型有：（1）法律规定由其管辖的第一审案件；（2）下级人民法院报请审理的第一审案件；（3）最高人民法院指定管辖的第一审案件；（4）对中级人民法院判决和裁定的上诉、抗诉案件；（5）按照审判监督程序提起的再审案件；（6）中级人民法院报请复核的死刑案件。

3. 中级人民法院

管辖的案件类型有：（1）法律规定由其管辖的第一审案件；（2）基层人民法院报请审理的第一审案件；（3）上级人民法院指定管辖的第一审案件；（4）对基层人民法院判决和裁定的上诉、抗诉案件；（5）按照审判监督程序提起的再审案件。

4. 基层人民法院

基层人民法院审理第一审案件，法律另有规定的除外。

基层人民法院对人民调解委员会的调解工作进行业务指导。

例 1：关于我国司法制度，下列哪一选项是错误的？

B. 基层法院除审判案件外，还处理不需要开庭审判的民事纠纷和轻微的刑事案件，但不能指导人民调解委员会的工作

提示：基层法院负责对人民调解委员会的调解工作进行业务指导，B 选项错误，当选。

二、法院的审判组织

（一）独任庭

由法官 1 人独任审理。

法官独任审理案件，独任法官对案件的事实认定和法律适用负责。

法官独任审理案件形成的裁判文书，经独任法官签署，由人民法院发布。

（二）合议庭

1. 组成形式及人数

合议庭由法官组成，或者由法官和人民陪审员组成，成员为三人以上单数。

2. 审判长的确定及职权

合议庭由一名法官担任审判长。院长或者庭长参加审理案件时，由自己担任审判长。

审判长主持庭审、组织评议案件，评议案件时与合议庭其他成员权利平等。

3. 合议庭评议规则及责任承担

合议庭评议案件应当按照多数人的意见作出决定，少数人的意见应当记入笔录。评议案件笔录由合议庭全体组成人员签名。

合议庭审理案件，法官对案件的事实认定和法律适用负责。

特别提醒：根据司法责任制，法官对案件的事实认定和法律适用最终负责，陪审员不负责任。

合议庭审理案件形成的裁判文书，经合议庭组成人员签署，由人民法院发布。

（三）审判委员会

1. 人员组成

审判委员会由院长、副院长和若干资深法官组成，成员应当为单数。

2. 类型

审判委员会会议分为全体会议和专业委员会会议。

中级以上人民法院根据审判工作需要，可以按照审判委员会委员专业和工作分工，召开刑事审判、民事行政审判等专业委员会会议。

特别提醒：基层人民法院的审判委员会只有全体会议，不能召开专业委员会会议。

3. 职能

（1）总结审判工作经验；

（2）讨论决定重大、疑难、复杂案件的法律适用；

（3）讨论决定本院已经发生法律效力的判决、裁定、调解书是否应当再审；

（4）讨论决定其他有关审判工作的重大问题。

最高人民法院对属于审判工作中具体应用法律的问题进行解释，应当由审判委员会全体会议讨论通过；发布指导性案例，可以由审判委员会专业委员会会议讨论通过。

特别提醒：司法解释应由全体会议通过，而指导性案例由专业委员会会议通过。

4. 运行规则

审判委员会召开全体会议和专业委员会会议，应当有其组成人员的过半数出席。

审判委员会会议由院长或者院长委托的副院长主持。审判委员会实行民主集中制。

审判委员会举行会议时，同级人民检察院检察长或者检察长委托的副检察长可以列席。

5. 案件提交程序及责任承担

合议庭认为案件需要提交审判委员会讨论决定的，由审判长提出申请，院长批准。

审判委员会讨论案件，合议庭对其汇报的事实负责，审判委员会委员对本人发表的意见和表决负责。审判委员会的决定，合议庭应当执行。

审判委员会讨论案件的决定及其理由应当在裁判文书中公开，法律规定不公开的除外。

特别提醒：只有法院院长有权决定案件是否提交审委会，经院长委托的副院长无权决定。

例2：关于法律职业的有关表述，下列哪些选项可以成立？

B. 甲市中级法院审判委员会讨论曾某强奸案。田法官认为：市中级法院李院长因病不能参加会议，委托不是常务副院长的孙副院长主持会议，委托无效。林检察官认为：市检察院王检察长在审判委员会讨论此案时可以列席，但不能发表意见，也不能参加表决。田法官的说法正确而林检察官的说法不正确

提示：审判委员会会议由院长或者院长委托的副院长主持，田法官的说法错误。审判委员会讨论案件时，同级人民检察院检察长或者检察长委托的副检察长可以列席并发表意见，但不参加表决。林检察官的说法错误。本选项的判断错误，不选。

第三节　法　官

☞ 相关法条及司法解释

《法官法》第7～11、13、15～17、23～25、30～34、40、44、45条

《人民法院组织法》第42、43、45～47条

☞ 命题分析

法官制度是审判制度的核心，其重要性不言而喻，也是绝对的高频考点。其中，尤以法官的条件与任免、奖励与惩戒考查频率最高。从考查形式来看，本考点极少单独命题，主要是与其他法官制度搭配考查。从考查内容看，本考点主要围绕法官任职条件、任职回避、奖惩情形等知识点进行考查。从命题趋势分析，2018年《人民法院组织法》修正对法官制度有所涉及，在法考复习中应重点关注。

一、担任法官的条件

（一）一般条件

1. 具有中华人民共和国国籍；
2. 年满23周岁；
3. 拥护中华人民共和国宪法；
4. 有良好的政治、业务素质和良好的品行；
5. 身体健康；
6. 高等院校法律专业本科毕业或者高等院校非法律专业本科毕业具有法律专业知识，从事法律工作满2年，其中担任高级人民法院、最高人民法院法官，应当从事法律工作满3年；获得法律专业硕士学位、博士学位或者非法律专业硕士学位、博士学

位具有法律专业知识，从事法律工作满 1 年，其中担任高级人民法院、最高人民法院法官，应当从事法律工作满 2 年。

（二）禁止条件

曾因犯罪受过刑事处罚或被开除公职的人员，不得担任法官。

（三）限制条件

法官不得兼任人民代表大会常务委员会的组成人员，不得兼任行政机关、检察机关以及企业、事业单位的职务，不得兼任律师。

二、法官的任免

（一）法官的选任

法官从取得法律职业资格并且具备法律规定的其他条件的人员中选任。初任法官应当由法官遴选委员会进行专业能力审核。上级人民法院的法官一般从下级人民法院的法官中择优遴选。

院长应当具有法学专业知识和法律职业经历。副院长、审判委员会委员应当从法官、检察官或者其他具备法官、检察官条件的人员中产生。

（二）法官任免的程序

法院	职位	任免主体
最高人民法院	院长	全国人民代表大会
	副院长、审判委员会委员、庭长、副庭长和审判员	最高人民法院院长提请全国人民代表大会常务委员会任免
	巡回法庭庭长、副庭长	
地方各级人民法院	院长	地方各级人民代表大会
	副院长、审判委员会委员、庭长、副庭长和审判员	本院院长提请本级人民代表大会常务委员会任免
省、自治区内按地区设立和直辖市内设立的中级人民法院	院长	省、自治区、直辖市人民代表大会常务委员会根据主任会议的提名决定
	副院长、审判委员会委员、庭长、副庭长和审判员	高级人民法院院长提请省、自治区、直辖市的人民代表大会常务委员会任免

（三）法官免职的情形

1. 丧失中华人民共和国国籍的；
2. 调出本法院的；
3. 职务变动不需要保留原职务的；
4. 经考核确定为不称职的；
5. 因健康原因长期不能履行职务的；
6. 退休的；

7. 辞职或者被辞退的；

8. 因违纪、违法犯罪不能继续任职的。

（四）法官任职回避

1. 法官之间有夫妻关系、直系血亲关系、三代以内旁系血亲以及近姻亲关系的，不得同时担任下列职务：

（1）同一人民法院的院长、副院长、审判委员会委员、庭长、副庭长；

（2）同一人民法院的院长、副院长和审判员、助理审判员；

（3）同一审判庭的庭长、副庭长、审判员、助理审判员；

（4）上下相邻两级人民法院的院长、副院长。

2. 法官从人民法院离任后 2 年内，不得以律师身份担任诉讼代理人或者辩护人。

3. 法官从人民法院离任后，不得担任原任职法院办理案件的诉讼代理人或者辩护人。

4. 法官的配偶、子女不得担任该法官所任职法院办理案件的诉讼代理人或者辩护人。

三、法官的权利和义务

（一）法官的权利

1. 履行法官职责应当具有的职权和工作条件；

2. 依法审判案件不受行政机关、社会团体和个人的干涉；

3. 非因法定事由、非经法定程序，不被免职、降职、辞退或者处分；

4. 获得劳动报酬，享受保险、福利待遇；

5. 人身、财产和住所安全受法律保护；

6. 参加培训；

7. 提出申诉或者控告；

法官对人民法院关于本人的处分、处理不服的，自收到处分、处理决定之日起 30 日内可以向原处分、处理机关申请复议，并有权向原处分、处理机关的上级机关申诉。复议和申诉期间，不停止对法官处分、处理决定的执行。

对于国家机关及其工作人员侵犯法官权利的行为，法官有权提出控告。

8. 辞职。

例 1：王法官在办理案件时，脸部被当事人泼洒硫酸致伤，要求享受工伤待遇。因所在法院不予批准，王法官向上一级法院提出申诉。

提示：申诉只能针对法官的处分、处理提出，而是否享受工伤待遇不在此列，本说法错误。

（二）法官的义务

1. 严格遵守宪法和法律；

2. 审判案件必须以事实为根据，以法律为准绳，秉公办案，不得徇私枉法；
3. 依法保障诉讼参与人的诉讼权利；
4. 维护国家利益、公共利益，维护自然人、法人和其他组织的合法权益；
5. 清正廉明，忠于职守，遵守纪律，恪守职业道德；
6. 保守国家秘密和审判工作秘密；
7. 接受法律监督和人民群众监督。

四、法官的考核内容

1. 审判工作实绩；
2. 思想品德；
3. 审判业务和法学理论水平；
4. 工作态度和审判作风。

重点考核审判工作实绩。

年度考核结果分为优秀、称职、不称职三个等次。

考核结果以书面形式通知本人。本人对考核结果如有异议，可以申请复议。

五、法官的奖励和惩戒

（一）法官应受奖励情形

1. 在审理案件中秉公执法，成绩显著的；
2. 总结审判实践经验成果突出，对审判工作有指导作用的；
3. 对审判工作提出改革建议被采纳，效果显著的；
4. 保护国家、集体和人民利益，使其免受重大损失，事迹突出的；
5. 勇于同违法犯罪行为作斗争，事迹突出的；
6. 提出司法建议被采纳或者开展法制宣传、指导人民调解委员会工作，效果显著的；
7. 保护国家秘密和审判工作秘密，有显著成绩的；
8. 有其他功绩的。

对法官的奖励分为：嘉奖，记三等功、二等功、一等功，授予荣誉称号。

例2：郭法官认真总结审判经验，成果突出，对审判工作有指导作用，根据《法官法》的规定他应受到奖励。

提示：本选项符合对法官奖励的情形，表述正确。

（二）法官应受惩戒情形

1. 散布有损国家声誉的言论，参加非法组织，参加旨在反对国家的集会、游行、示威等活动，参加罢工；
2. 贪污受贿；

3. 徇私枉法；
4. 刑讯逼供；
5. 隐瞒证据或者伪造证据；
6. 泄露国家秘密或者审判工作秘密；
7. 滥用职权，侵犯自然人、法人或者其他组织的合法权益；
8. 玩忽职守，造成错案或者给当事人造成严重损失；
9. 拖延办案，贻误工作；
10. 利用职权为自己或者他人谋取私利；
11. 从事营利性的经营活动；
12. 私自会见当事人及其代理人，接受当事人及其代理人的请客送礼；
13. 其他违法乱纪的行为。

对法官的处分分为：警告、记过、记大过、降级、撤职、开除。

例3：根据《法官法》及《人民法院工作人员处分条例》对法官奖惩的有关规定，下列哪一选项不能成立？

A. 高法官在审判中既严格程序，又为群众行使权利提供便利；既秉公执法，又考虑情理，案结事了成绩显著。法院给予其嘉奖奖励

B. 黄法官就民间借贷提出司法建议被采纳，对当地政府完善金融管理、改善服务秩序发挥了显著作用。法院给予其记功奖励

C. 许法官违反规定会见案件当事人及代理人，此事被对方当事人上网披露，造成不良影响。法院给予其撤职处分

D. 孙法官顺带某同学（律师）参与本院法官聚会，半年后该同学为承揽案件向聚会时认识的某法官行贿。法院领导严告孙法官今后注意

提示：高法官的行为属于在审理案件中秉公执法，成绩显著，应予奖励，A项不选；黄法官的行为属于提出司法建议被采纳，效果显著，应予奖励，B项不选；违反规定会见案件当事人及其辩护人、代理人、请托人的，给予警告处分；造成不良后果的，给予记过或者记大过处分，C项不成立，当选；该律师同学行贿与孙法官的行为并无直接关系，法院领导严告孙法官今后注意并无不妥，D项不选。

六、法官辞退的情形

1. 在年度考核中，连续两年确定为不称职的；
2. 不胜任现职工作，又不接受另行安排的；
3. 因审判机构调整或者缩减编制员额需要调整工作，本人拒绝合理安排的；
4. 旷工或者无正当理由逾假不归连续超过15天，或者一年内累计超过30天的；
5. 不履行法官义务，经教育仍不改正的。

七、法官的保障

1. 职业保障；
2. 人身和财产保障；
3. 工资保险福利保障。

八、法院人事管理改革措施

1. 在省一级设立法官遴选委员会。

2. 推进法院人员分类管理制度改革。法院人员分为法官、审判辅助人员和司法行政人员，实行分类管理。

3. 建立法官员额制。

4. 完善法官等级定期晋升机制。

5. 法官逐级遴选制度。初任法官由高级人民法院统一招录，一律在基层法院任职。上级法院的法官一般从下一级法院的优秀法官中遴选。

第三章　检察制度

第一节　检察制度概述

☞ 相关法条及司法解释

《人民检察院组织法》第4条

《人民监督员选任管理办法》第4~6、8、10、15条

☞ 命题分析

本考点由基本原则和主要检察制度两个高频子考点构成。完善人民监督员制度是近年来司法改革的重要举措，这直接促成对本考点的高频次命题，甚至达到几乎每年必考的程度。

从考查形式来看，本考点主要采用表述题形式命题，偶尔用案例形式考查。本考点较少单独命题，主要是与其他检察制度搭配考查。以往试题主要围绕对检察制度基本原则的内涵理解、人民监督员制度等知识点进行考查。考生备战2019年法考，应重点掌握检察一体原则和检察权独立行使原则的内涵以及人民监督员制度。

一、检察制度的基本原则

1. 检察权统一行使原则

检察权统一行使原则，即检察一体原则，是指各级检察机关、检察官依法构成统一的整体，各级检察机关、检察官在履行职权、职务中，应当根据上级检察机关、检察长的批示和命令进行工作和活动。

具体包括：（1）上下级检察机关和检察官之间存在上命下从的领导关系；（2）各地和各级检察机关之间具有职能协助的义务；（3）检察官之间和人民检察院之间在职务上可以发生相互承继、移转和代理的关系。

例1：根据检察权统一行使原则，我国各级检察机关构成不可分割的统一整体，其特点是在行使职权、执行职务时实行“上命下从”；每个检察机关和检察官的活动是检

察机关全部活动的有机组成部分，均需依照法律赋予的权力进行。

提示：本选项表述符合检察权统一行使原则的内涵，正确。

2. 检察权独立行使原则

检察权独立行使原则，是指检察机关依法独立行使检察权，只服从法律、不受其他行政机关、团体和个人的干涉。

例2：关检察长以暂停工作要挟江检察官放弃个人意见，按照陈科长的判断处理某案。关检察长的行为与依法独立行使检察权的要求相一致。

提示：关检察长的行为显然与依法独立行使检察权的要求不一致，本说法错误。

3. 检察机关对诉讼活动实行法律监督原则

检察机关对诉讼活动实行法律监督原则，是指检察机关依法对各种诉讼的进行，以及诉讼中国家专门机关和诉讼参与人的诉讼活动的合法性进行监督，重点是对诉讼活动中国家机关及其工作人员行为和事项的合法性进行监督。

二、主要检察制度

主要检察制度包括检务公开制度、人民监督员制度、立案监督制度、侦查监督制度、刑事审判监督制度、刑罚执行与刑事执行监督制度、民事行政检察制度。具体如下：

1. **检务公开制度**是指检察机关依法向社会和诉讼参与人公开与检察职权相关的不涉及国家秘密和个人隐私等有关活动和事项的制度。

2. **人民监督员制度**是最高人民检察院为了确保职务犯罪侦查、起诉权的正确行使，根据有关的法律结合实际确定的一种社会民主监督制度。

选任管理：人民监督员由省级和设区的市级司法行政机关负责选任管理；人民监督员分为省级人民检察院人民监督员和设区的市级人民检察院人民监督员。

任期：人民监督员每届任期5年，连续担任人民监督员不超过两届。

限制：人民监督员不得同时担任两个以上人民检察院人民监督员。因犯罪受过刑事处罚的或者被开除公职的人员，不得担任人民监督员。人民代表大会常务委员会组成人员，人民法院、人民检察院、公安机关、国家安全机关、司法行政机关的在职工作人员和人民陪审员不参加人民监督员选任。

确定方式：司法行政机关从人民监督员信息库中随机抽选，联络确定参加监督评议的人民监督员，并通报检察机关。

3. **立案监督制度**是指检察机关依法对公安机关的立案活动是否合法进行的监督制度。

4. **侦查监督制度**是指检察机关依法对有关机构的侦查活动是否违法进行监督的制度，是抑制国家权力与保障个人自由的制衡配置方面的制度。

5. **刑事审判监督制度**是指检察机关依法对法院的刑事审判工作进行监督的制度。

6. **刑罚执行监督与刑事执行监督制度**，是指检察机关依法对人民法院已经生效的判决、裁定的执行和对监狱、看守所等刑罚执行机关执行刑罚活动的合法性进行监督的制度。

7. **民事行政检察制度**，是指人民检察院依照法律规定对民事诉讼活动和行政诉讼活动进行法律监督的制度。

例3：关于我国司法制度，下列哪一选项是错误的？

C. 我国实行立案监督、侦查监督、审判监督等检察制度，实现对诉讼活动的法律监督

D. 检察官独立不同于“除了法律没有上司”的法官独立，要受到“检察一体化”的限制

提示：检察机关有权对诉讼全流程进行法律监督，选项C说法正确，不选。检察一体化原则要求上下级检察机关和检察官之间存在上命下从的领导关系，这与法官独立不同。选项D说法正确，不选。

第二节　检察机关

☞ 相关法条及司法解释

《人民检察院组织法》第2、12~13、16~18、20、23~26、28~34条

☞ 命题分析

检察制度的考查频率很低，近十年仅考查1次。但2018年《人民检察院组织法》作出较大修正，无疑为命题人提供了新素材，因此备战2019年法考绝不可忽略本考点。以往试题采用表述题形式在一个选项中考查了检察院的领导体制。准备2019年法考应重点围绕《人民检察院组织法》的新增规定展开。

一、检察机关的性质及领导体制

我国检察机关是国家的法律监督机关。作为国家的法律监督机关，人民检察院通过履行法律监督职责保障、维护国家法律统一正确实施，保障权力在法律的规制内运行。

人民检察院的领导体制为双重领导制。地方各级人民检察院对产生它的国家权力机关和上级人民检察院负责。

二、人民检察院的设置和职权

（一）人民检察院的设置

我国设立最高人民检察院、地方各级人民检察院和军事检察院等专门人民检察院。

地方各级人民检察院分为省级人民检察院、设区的市级人民检察院和基层人民检察院。

省级人民检察院和设区的市级人民检察院根据检察工作需要，经最高人民检察院和省级有关部门同意，并提请本级人民代表大会常务委员会批准，可以在辖区内特定区域设立人民检察院，作为派出机构。

特别提醒：基层人民检察院不得设立派出机构。

人民检察院根据检察工作需要，可以在监狱、看守所等场所设立检察室，行使派出它的人民检察院的部分职权，也可以对上述场所进行巡回检察。省级人民检察院设立检察室，应当经最高人民检察院和省级有关部门同意。设区的市级人民检察院、基层人民检察院设立检察室，应当经省级人民检察院和省级有关部门同意。

人民检察院根据检察工作需要，设必要的业务机构。检察官员额较少的设区的市级人民检察院和基层人民检察院，可以设综合业务机构。

（二）人民检察院的职权

1. 依照法律规定对有关刑事案件行使侦查权；
2. 对刑事案件进行审查，批准或者决定是否逮捕犯罪嫌疑人；
3. 对刑事案件进行审查，决定是否提起公诉，对决定提起公诉的案件支持公诉；
4. 依照法律规定提起公益诉讼；
5. 对诉讼活动实行法律监督；
6. 对判决、裁定等生效法律文书的执行工作实行法律监督；
7. 对监狱、看守所的执法活动实行法律监督；
8. 法律规定的其他职权。

最高人民检察院可以对属于检察工作中具体应用法律的问题进行解释。最高人民检察院可以发布指导性案例。

人民检察院检察长或者检察长委托的副检察长，可以列席同级人民法院审判委员会会议。

（三）上级人民检察院对下级人民检察院的职权

1. 认为下级人民检察院的决定错误的，指令下级人民检察院纠正，或者依法撤销、变更；
2. 可以对下级人民检察院管辖的案件指定管辖；
3. 可以办理下级人民检察院管辖的案件；
4. 可以统一调用辖区的检察人员办理案件。

上级人民检察院的决定，应当以书面形式作出。

下级人民检察院应当执行上级人民检察院的决定；有不同意见的，可以在执行的同时向上级人民检察院报告。

三、人民检察院的办案组织

（一）独任办理或办案组

人民检察院办理案件，根据案件情况可以由一名检察官独任办理，也可以由两名以上检察官组成办案组办理。由检察官办案组办理的，检察长应当指定一名检察官担任主办检察官，组织、指挥办案组办理案件。

检察官在检察长领导下开展工作，重大办案事项由检察长决定。检察长可以将部分职权委托检察官行使，可以授权检察官签发法律文书。

（二）检察委员会

1. 组成

各级人民检察院设检察委员会。检察委员会由检察长、副检察长和若干资深检察官组成，成员应当为单数。

2. 职能

（1）总结检察工作经验；

（2）讨论决定重大、疑难、复杂案件；

（3）讨论决定其他有关检察工作的重大问题。

最高人民检察院对属于检察工作中具体应用法律的问题进行解释、发布指导性案例，应当由检察委员会讨论通过。

3. 运行规则

检察委员会会议由检察长或者检察长委托的副检察长主持。检察委员会实行民主集中制。

地方各级人民检察院的检察长不同意本院检察委员会多数人的意见，属于办理案件的，可以报请上一级人民检察院决定；属于重大事项的，可以报请上一级人民检察院或者本级人民代表大会常务委员会决定。

特别提醒：办理案件之事无需报请人大常委会决定。

检察官可以就重大案件和其他重大问题，提请检察长决定。检察长可以根据案件情况，提交检察委员会讨论决定。

检察委员会讨论案件，检察官对其汇报的事实负责，检察委员会委员对本人发表的意见和表决负责。检察委员会的决定，检察官应当执行。

人民检察院实行检察官办案责任制。检察官对其职权范围内就案件作出的决定负责。检察长、检察委员会对案件作出决定的，承担相应责任。

第三节 检察官

☞ 相关法条及司法解释

《人民检察院组织法》第35、37、38、40~43条

☞ 命题分析

鉴于检察官与法官相关制度设计的相似性，本考点从未单独命题，全部搭配法官制度等一并考查。从考查内容看，本考点主要围绕担任检察官的条件、检察官的考核以及职业保障等知识点命题。2018年《人民检察院组织法》修正对检察官制度有新增规定，在法考复习中应重点关注。为求高效备考，本考点应与法官制度一并复习。

一、检察官的条件与任免

（一）担任检察官的条件

担任检察官具备的条件大致包括一般条件、禁止条件、限制条件三个方面。这与法官的任职条件完全相同，此处不再赘述。

（二）检察官的选任

人民检察院的检察人员由检察长、副检察长、检察委员会委员和检察员等人员组成。

检察官从取得法律职业资格并且具备法律规定的其他条件的人员中选任。初任检察官应当由检察官遴选委员会进行专业能力审核。上级人民检察院的检察官一般从下级人民检察院的检察官中择优遴选。

人民检察院检察长领导本院检察工作，管理本院行政事务。人民检察院副检察长协助检察长工作。检察长应当具有法学专业知识和法律职业经历。副检察长、检察委员会委员应当从检察官、法官或者其他具备检察官、法官条件的人员中产生。

（三）检察官任免的程序（加粗部分是不同于法官的特殊之处）

法院	职位	任免主体
最高人民检察院	检察长	全国人民代表大会
	副检察长、检察委员会委员和检察员	检察长提请全国人民代表大会常务委员会任免
	巡回法庭庭长、副庭长	

续表

法院	职位	任免主体
地方各级人民检察院	检察长	地方各级人民代表大会；**须报上一级人民检察院检察长提请本级人民代表大会常务委员会批准**
	副检察长、检察委员会委员和检察员	检察长提请本级人民代表大会常务委员会任免
省、自治区、直辖市人民检察院分院	检察长、副检察长、检察委员会委员和检察员	**省、自治区、直辖市人民检察院检察长提请本级人民代表大会常务委员会任免**

检察官免职情形、任职回避、权利和义务、考核内容、奖励和惩戒、辞退以及职业保障等制度与法官的规定几乎相同，不过是将审判工作改为检察工作，删除少量审判特色工作内容而已。可在复习法官制度时一并把握，不再赘述。

二、检察院人事管理改革措施

1. 初任检察官由省级人民检察院统一招录，一律在基层检察院任职。上级人民检察院的检察官一般从下一级人民检察院的优秀检察官中遴选。建立从符合条件的律师、法学专家中招录检察官制度。

2. 人民检察院的检察官、检察辅助人员和司法行政人员实行分类管理。检察官实行员额制。检察官员额根据案件数量、经济社会发展情况、人口数量和人民检察院层级等因素确定。人民检察院的检察官助理在检察官指导下负责审查案件材料、草拟法律文书等检察辅助事务。符合检察官任职条件的检察官助理，经遴选后可以按照检察官任免程序任命为检察官。

例1：关于法律职业人员权利的表述，下列哪一选项不能成立？

B. 刘检察官工作不负责任，在生效的起诉意见书中出现了文字表述错误，后果严重。为此，刘检察官当年考核结果为不称职。刘检察官对考核结果有异议，申请复议

提示：刘检察官当年考核结果为不称职，其对考核结果有异议，申请复议，符合有关规定。B项表述成立，不选。

例2：根据司法制度的有关规定，下列哪些选项是正确的？

B. 孙检察官工作勤奋，业务水平高，是检察院公认的业务骨干，虽然曾经为办案而违反有关警车、警械、警具管理规定，年终考核仍可得到优秀的考核结果

提示：孙检察官工作勤奋，业务水平高，是检察院公认的业务骨干，但是曾经为办案而违反有关警车、警械、警具管理规定，在履行职责过程中存在违法行为，这影响到对其工作实绩的考核评价，因此年终考核不能够得到优秀的考核结果。B项表述错误，不选。

第四章　律师制度

第一节　律　师

☞ 相关法条及司法解释

《律师法》第5～8、10、11、26、32、39、40条

《律师执业管理办法》第21、37～41条

《刑事诉讼法》第34、43条

五机关《关于依法保障律师执业权利的规定》第7、9、12、17、22、25、27、31、38、42条

☞ 命题分析

律师制度是本学科的高频考点，其中又以律师的权利义务考查频率最高。其原因是为了保障律师执业权利，最高检和五机关先后发布《关于依法保障律师执业权利的规定》，这都为本考点的命题提供了新素材。

从考查形式分析，本考点的试题既有案例形式也有表述形式。既有单独考查，也有与其他考点进行综合命题。从考查内容看，以往考题主要围绕会见、阅卷权等执业权利以及保密等律师义务进行命制。考题涉及法律规定多，对知识点的记忆精确度要求较高，难度较大。

备战2019年法考客观题，本考点应结合《关于依法保障律师执业权利的规定》对律师的权利和义务予以重点复习。

律师是社会法律服务工作者，其具有服务性、专业性、受托性等特征。

一、律师执业许可条件

（一）一般条件

1. 拥护中华人民共和国宪法；
2. 通过国家统一法律职业资格考试取得法律职业资格；
3. 在律师事务所实习满1年；

4. 品行良好。

（二）特殊条件

具有高等院校本科以上学历，在法律服务人员紧缺领域从事专业工作满 15 年，具有高级职称或者同等专业水平并具有相应的专业法律知识的人员，申请专职律师执业的，经国务院司法行政部门考核合格，准予执业。

（三）禁止条件

1. 无民事行为能力或者限制民事行为能力的；
2. 受过刑事处罚的，但过失犯罪的除外；
3. 被开除公职或者被吊销律师、公证员执业证书的。

（四）限制条件

公务员不得兼任执业律师。律师担任各级人民代表大会常务委员会组成人员的，任职期间不得从事诉讼代理或者辩护业务。

曾经担任法官、检察官的律师，从人民法院、人民检察院离任后，二年内不得以律师身份担任诉讼代理人或者辩护人；不得担任原任职人民法院、人民检察院办理案件的诉讼代理人或者辩护人，但法律另有规定的除外。

二、律师的业务范围

1. 接受自然人、法人或者其他组织的委托，担任法律顾问；
2. 接受民事案件、行政案件当事人的委托，担任代理人，参加诉讼；
3. 接受刑事案件犯罪嫌疑人、被告人的委托或者依法接受法律援助机构的指派，担任辩护人，接受自诉案件自诉人、公诉案件被害人或者其近亲属的委托，担任代理人，参加诉讼；
4. 接受委托，代理各类诉讼案件的申诉；
5. 接受委托，参加调解、仲裁活动；
6. 接受委托，提供非诉讼法律服务；
7. 解答有关法律的询问、代写诉讼文书和有关法律事务的其他文书。

据此，律师的业务可总结为担任法律顾问、民事诉讼代理、行政诉讼代理、刑事法律帮助、刑事辩护、刑事诉讼代理、申诉代理、仲裁代理、非诉讼法律事务、法律咨询和代书等 11 个方面。

三、律师的权利

1. 接受辩护委托权、代理委托权

犯罪嫌疑人自被侦查机关第一次讯问或者采取强制措施之日起，有权委托辩护人；在侦查期间，只能委托律师作为辩护人。被告人有权随时委托辩护人。侦查机关在第一次讯问犯罪嫌疑人或者对犯罪嫌疑人采取强制措施的时候，应当告知犯罪嫌疑人有权委托辩护人。人民检察院自收到移送审查起诉的案件材料之日起 3 日以内，应当告知犯罪嫌疑人有权委托辩护人。人民法院自受理案件之日起 3 日以内，应当告知被告人有权委托辩护人。犯罪嫌疑人、被告人在押期间要求委托辩护人的，人民法院、人民检察院和公安机关应当及时转达其要求。犯罪嫌疑人、被告人在押的，也可以由其监护人、近亲属代为委托辩护人。辩护人接受犯罪嫌疑人、被告人委托后，应当及时告知办理案件的机关。

2. 同犯罪嫌疑人、被告人会见权

辩护律师到看守所会见在押的犯罪嫌疑人、被告人，看守所在查验律师执业证书、律师事务所证明和委托书或者法律援助公函后，应当及时安排会见。能当时安排的，应当当时安排；不能当时安排的，看守所应当向辩护律师说明情况，并保证辩护律师在48小时以内会见到在押的犯罪嫌疑人、被告人。

辩护律师会见犯罪嫌疑人、被告人时不被监听，办案机关不得派员在场。犯罪嫌疑人、被告人委托两名律师担任辩护人的，两名辩护律师可以共同会见，也可以单独会见。辩护律师可以带1名律师助理协助会见。助理人员随同辩护律师参加会见的，应当出示律师事务所证明和律师执业证书或申请律师执业人员实习证。办案机关应当核实律师助理的身份。辩护律师会见在押的犯罪嫌疑人、被告人需要翻译人员随同参加的，应当提前向办案机关提出申请，并提交翻译人员身份证明及其所在单位出具的证明。

辩护律师在侦查期间要求会见危害国家安全犯罪、恐怖活动犯罪、特别重大贿赂犯罪案件在押的犯罪嫌疑人的，应当向侦查机关提出申请。对特别重大贿赂案件在侦查终结前，侦查机关应当许可辩护律师至少会见1次犯罪嫌疑人。

3. 查阅案卷权

辩护律师自人民检察院对案件审查起诉之日起，可以查阅、摘抄、复制本案的案卷材料，人民检察院检察委员会的讨论记录、人民法院合议庭、审判委员会的讨论记录以及其他依法不能公开的材料除外。

辩护律师提出阅卷要求的，人民检察院、人民法院应当当时安排辩护律师阅卷，无法当时安排的，应当向辩护律师说明并安排其在3个工作日以内阅卷，不得限制辩护律师阅卷的次数和时间。

辩护律师查阅、摘抄、复制的案卷材料属于国家秘密的，应当经过人民检察院、人民法院同意并遵守国家保密规定。

4. 调查取证权

辩护律师经证人或者其他有关单位和个人同意，可以向他们收集与本案有关的材料，也可以申请人民检察院、人民法院收集、调取证据，或者申请人民法院通知证人出庭作证。辩护律师申请向被害人或者其近亲属、被害人提供的证人收集与本案有关的材料的，人民检察院、人民法院应当在7日以内作出是否许可的决定，并通知辩护律师。辩护律师书面提出有关申请时，办案机关不许可的，应当书面说明理由；辩护律师口头提出申请的，办案机关可以口头答复。

5. 依法执行职务受法律保障的权利

律师在法庭上发表的代理、辩护意见不受法律追究。但是，发表危害国家安全、恶意诽谤他人、严重扰乱法庭秩序的言论除外。

律师在参与诉讼活动中涉嫌犯罪的，侦查机关应当及时通知其所在的律师事务所或者所属的律师协会；被依法拘留、逮捕的，侦查机关应当依照刑事诉讼法的规定通知该律师的家属。

6. 拒绝辩护或代理权

律师接受委托后，无正当理由的，不得拒绝辩护或者代理。但是，委托事项违法、委托人利用律师提供的服务从事违法活动或者委托人故意隐瞒与案件有关的重要事实的，律师有权拒绝辩护或者代理。

7. 要求回避、申请复议权

法庭审理过程中，律师对审判人员、检察人员提出回避申请的，人民法院、人民检察院应当依法作出处理。法庭决定驳回申请或者异议的，律师可当庭提出复议。经复议后，律师应当尊重法庭的决定，服从法庭的安排。

8. 得到人民法院开庭通知权

人民法院确定案件开庭日期时，应当为律师出庭预留必要的准备时间并书面通知律师。律师因开庭日期冲突等正当理由申请变更开庭日期的，人民法院应当在不影响案件审理期限的情况下，予以考虑并调整日期，决定调整日期的，应当及时通知律师。

律师可以根据需要，向人民法院申请带律师助理参加庭审。律师助理参加庭审仅能从事相关辅助工作，不得发表辩护、代理意见。

9. 在法庭审理阶段的权利

在法庭审理时律师享有广泛的权利，具体包括对法庭不当询问的拒绝回答权、发问权、提出新证据的权利、质证权、参加法庭辩论的权利等。

法庭审理过程中，法官可以对律师的发问、辩论进行引导，除发言过于重复、相关问题已在庭前会议达成一致、与案件无关或者侮辱、诽谤、威胁他人，故意扰乱法庭秩序的情况外，法官不得随意打断或者制止律师按程序进行的发言。

10. 代为上诉的权利

律师参加诉讼活动，在认为地方各级人民法院的一审判决、裁定有错误时，经当事人同意或授权，可以代其向上一级人民法院提起上诉。

11. 代理申诉或控告权

律师提出申诉、控告的，人民检察院应当在受理后 10 日以内进行审查，并将处理情况书面答复律师。情况属实的，通知有关机关予以纠正。情况不属实的，做好说明解释工作。

12. 获取本案诉讼文书副本的权利

律师承办诉讼案件，有权获得人民法院判决书、裁定书的副本和人民检察院起诉书、抗诉书的副本；律师参加仲裁活动，有权获得仲裁机构的裁决书的副本。

13. 为犯罪嫌疑人、被告人申请变更和要求解除强制措施的权利

辩护律师书面申请变更或者解除强制措施的，办案机关应当在 3 日以内作出处理决定。辩护律师的申请符合法律规定的，办案机关应当及时变更或者解除强制措施；经审查认为不应当变更或者解除强制措施的，应当告知辩护律师，并书面说明理由。

四、律师的义务

1. 只能在一个律师事务所执业

律师变更执业机构的，应当申请换发律师执业证书。律师执业不受地域限制。

律师受到停止执业处罚期间或者受到投诉正在调查处理的，不得申请变更执业机构。

律师事务所受到停业整顿处罚期限未满的，该所负责人、合伙人和对律师事务所受到停业整顿处罚负有直接责任的律师不得申请变更执业机构。

律师事务所应当终止的，在完成清算、办理注销前，该所负责人、合伙人和对律师事务所被吊销执业许可证负有直接责任的律师不得申请变更执业机构。

2. 不得私自接受委托、收取费用

律师不得私自接受委托、收取费用，接受委托人的财物或者其他利益。

律师事务所和律师不得以诋毁其他律师事务所、律师或者支付介绍费等不正当手段承揽业务。

律师应当按照有关规定接受业务，不得为争揽业务哄骗、唆使当事人提起诉讼，制造、扩大矛盾，影响社会稳定。

3. 不得利用提供法律服务的便利牟取当事人争议的权益，或者接受对方当事人的财物

律师不得利用提供法律服务的便利牟取当事人争议的权益。

律师不得接受对方当事人的财物或者其他利益，与对方当事人或者第三人恶意串通，侵害委托人的权益。

4. 不得在同一案件中，为双方当事人担任代理人

律师不得在同一案件中为双方当事人担任代理人，不得代理与本人或者其近亲属有利益冲突的法律事务。

5. 律师接受委托后，无正当理由的，不得拒绝辩护或代理

6. 不得违反规定会见法官、检察官、仲裁员以及其他有关工作人员；不得向法官、检察官、仲裁员以及其他工作人员行贿、介绍贿赂或者指使、诱导当事人行贿。

例1：曾律师发起举办了“金融危机下律师业的挑战”研讨会并邀请一些教授、法官、检察官、公证员朋友出席。

提示：律师不得违规会见法官、检察官，但曾律师举办研讨会，要求法官、检察官等出席，并不违反律师义务的要求。

7. 不得提供虚假证据，隐瞒事实或者威胁、利诱他人提供虚假证据、隐瞒事实以及妨碍对方当事人合法取得证据。

8. 不得以不正当方式影响依法办理案件

（1）不得未经当事人委托或者法律援助机构指派，以律师名义为当事人提供法律

服务、介入案件，干扰依法办理案件；

（2）不得对本人或者其他律师正在办理的案件进行歪曲、有误导性的宣传和评论，恶意炒作案件；

（3）不得以串联组团、联署签名、发表公开信、组织网上聚集、声援等方式或者借个案研讨之名，制造舆论压力，攻击、诋毁司法机关和司法制度；

（4）不得违反规定披露、散布不公开审理案件的信息、材料，或者本人、其他律师在办案过程中获悉的有关案件重要信息、证据材料。

9. 不得扰乱法庭、仲裁庭秩序，干扰诉讼、仲裁活动或者行政处理活动的正常进行

（1）不得会见在押犯罪嫌疑人、被告人时，违反有关规定，携带犯罪嫌疑人、被告人的近亲属或者其他利害关系人会见，将通讯工具提供给在押犯罪嫌疑人、被告人使用，或者传递物品、文件；

（2）不得无正当理由，拒不按照人民法院通知出庭参与诉讼，或者违反法庭规则，擅自退庭；

（3）不得聚众哄闹、冲击法庭，侮辱、诽谤、威胁、殴打司法工作人员或者诉讼参与人，否定国家认定的邪教组织的性质，或者有其他严重扰乱法庭秩序的行为；

（4）不得故意向司法机关、仲裁机构或者行政机关提供虚假证据或者威胁、利诱他人提供虚假证据，妨碍对方当事人合法取得证据。

10. 不得煽动、教唆当事人采取扰乱公共秩序、危害公共安全等非法手段解决争议

律师承办业务，应当引导当事人通过合法的途径、方式解决争议，不得采取煽动、教唆和组织当事人或者其他人员到司法机关或者其他国家机关静坐、举牌、打横幅、喊口号、声援、围观等扰乱公共秩序、危害公共安全的非法手段，聚众滋事，制造影响，向有关部门施加压力。

11. 不得发表危害国家安全、恶意诽谤他人、严重扰乱法庭秩序的言论

律师对案件公开发表言论，应当依法、客观、公正、审慎，不得发表、散布否定宪法确立的根本政治制度、基本原则和危害国家安全的言论，不得利用网络、媒体挑动对党和政府的不满，发起、参与危害国家安全的组织或者支持、参与、实施危害国家安全的活动，不得以歪曲事实真相、明显违背社会公序良俗等方式，发表恶意诽谤他人的言论，或者发表严重扰乱法庭秩序的言论。

12. 应当保守在执业活动中知悉的国家秘密和当事人的商业秘密，不得泄露当事人的隐私

律师对在执业活动中知悉的委托人和其他人不愿泄露的有关情况和信息，应当予以保密。但是，委托人或者其他人准备或者正在实施危害国家安全、公共安全以及严重危害他人人身安全的犯罪事实和信息除外。

例2：法律援助对象鄂某要求丙律师事务所的法律援助服务人员尊重和保护自己的隐私权。

提示：律师不得泄露当事人的隐私，鄂某的要求符合法律规定。

13. 曾担任法官、检察官的律师，从人民法院，人民检察院离职后2年内，不得担任诉讼代理人或者辩护人。

14. 按照国家规定承担法律援助义务。

第二节　律师事务所

☞ 相关法条及司法解释

《律师法》第14~16、18~21条

《律师事务所管理办法》第7~12、15、26、28、31~33、36~38、43~61条

☞ 命题分析

严格说，本考点并不属于高频考点。但2016年修正《律师事务所管理办法》新增了诸多规定，这为本考点的命题提供了新素材。

从考查形式分析，本考点既有案例题也有表述题，既有单独命题，也有与其他考点搭配考查。从考查内容看，以往考题主要围绕律所设立人的条件、分所设立条件、律所管理制度等知识点进行命制，全部属于识记类试题，难度较低。

考生在2019年法考复习时，应重点关注《律师事务所管理办法》的新规定。本考点涉及知识点较多，建议通过对比，准确记忆相关规定。

一、律所设立条件

（一）总体设立条件

1. 有自己的名称、住所和章程；
2. 有符合本法规定的律师；
3. 设立人应当是具有一定的执业经历，且3年内未受过停止执业处罚的律师；
4. 有符合国务院司法行政部门规定数额的资产。

（二）附加条件

除了上述条件，设立普通合伙律师事务所、特殊的普通合伙律师事务所、个人律师事务所和国资律师事务所还应当满足特定的附加条件，具体如下：

	普通合伙律师事务所	特殊的普通合伙律师事务所	个人律师事务所	国资律师事务所
设立人人数	3名以上	20名以上	/	2名以上专职律师
设立人的执业经历	3年以上执业经历	3年以上执业经历	5年以上执业经历	/
资产数额	30万元以上	1000万元以上	10万元以上	县级政府提供经费
合伙协议	书面合伙协议	书面合伙协议	/	/

例1：沈律师专职从事律师业务7年，未受过停止执业处罚，可成为律师事务所的设立人。

提示：律所的设立人要求年限最高的是个人律师事务所，要求具有5年以上执业经历。沈律师有7年的执业经历，且未受过停止执业处罚，可以成为律所设立人。本说法正确。

二、律所负责人的确定

1. 合伙制律师事务所：从本所合伙人中经全体合伙人选举产生。
2. 国资律师事务所：本所律师推选，经所在地县级司法行政机关同意。
3. 个人律师事务所：该所的设立人。

律师事务所负责人人选，应当在申请设立许可时一并报审核机关核准。

三、设立程序

设立律所，应当向设区的市级或者直辖市的区人民政府司法行政部门提出申请。

在20日内完成审查，审查合格后，报送省、自治区、直辖市司法行政机关。

省、自治区、直辖市司法行政机关在10日内审核，作出是否准予设立律师事务所的决定。准许设立，应当自决定之日起10日内向申请人颁发律师事务所执业许可证。

四、律所变更、终止

律师事务所变更名称、负责人、章程、合伙协议的，应当经所在地设区的市级或者直辖市的区（县）司法行政机关审查后报原审核机关批准。

律所变更住所、合伙人，应当经所在地设区的市级或者直辖市的区（县）司法行政机关报原审核机关备案。

律师事务所变更合伙人，包括吸收新合伙人、合伙人退伙、合伙人因法定事由或者经合伙人会议决定被除名。已担任合伙人的律师受到6个月以上停止执业处罚的，自处罚决定生效之日起至处罚期满后3年内，不得担任合伙人。

律师事务所在受到停业整顿处罚期限未满前，不得自行决定解散。

律师事务所在终止事由发生后，不得受理新的业务。

五、分所

（一）设立分所的条件

成立3年以上并具有20名以上执业律师的合伙律师事务所，根据业务发展需要，可以在本所所在地的市、县以外的地方设立分所。设在直辖市、设区的市的合伙律师事务所也可以在本所所在城区以外的区、县设立分所。

特别提醒：个人律师事务所和国资律师事务所并无设立分所的规定。

（二）禁止设立情形

1. 律所及其分所受到停业整顿处罚期限未满，该所不得申请设立分所；

2. 律所的分所受到吊销执业许可证处罚的，该所自分所受到处罚之日起2年内不得申请设立分所。

（三）批准程序

律师事务所申请设立分所，由拟设立分所所在地设区的市级或者直辖市区（县）司法行政机关受理并进行初审，报省、自治区、直辖市司法行政机关审核，决定是否准予设立分所。

特别提醒：

1. 设立分所应由拟设立分所所在地而非律师事务所所在地司法行政机关初审。

2. 设立分所与设立律所均应由省级司法行政机关审核决定。

（四）分所的条件

1. 有符合《律师事务所名称管理办法》规定的名称；

2. 有自己的住所；

3. 有3名以上律师事务所派驻的专职律师；

4. 有人民币30万元以上的资产；

5. 分所负责人应当是具有3年以上的执业经历并能够专职执业，且在担任负责人前3年内未受过停止执业处罚的律师。

但在经济欠发达的市、县设立分所，派驻律师条件可以降至1~2名；资产条件可以降至人民币10万元。

分所的律师分为派驻分所律师和分所聘用律师。派驻分所律师，应由准予设立分所的省、自治区、直辖市司法行政机关予以换发执业证书，原执业证书交回原颁证机关。

律师事务所决定变更分所负责人的，应当经分所所在地设区的市级或者直辖市区（县）司法行政机关报分所设立许可机关批准。

例2：丙律师事务所是一家有60名执业律师的合伙所，为扩展业务决定到某沿海城市设立分支结构，并委派专人办理有关审核事宜。

提示：本说法符合设立分所的条件，表述正确。

六、律师事务所的管理制度

1. 保障本所律师和辅助人员享有权利、监督其履行义务的制度

律师事务所应当保障本所律师和辅助人员享有下列权利：(1) 获得本所提供的必要工作条件和劳动保障；(2) 获得劳动报酬及享受有关福利待遇；(3) 向本所提出意见和建议；(4) 法律、法规、规章及行业规范规定的其他权利。

律师事务所应当监督本所律师和辅助人员履行下列义务：(1) 遵守宪法和法律，遵守职业道德和执业纪律；(2) 依法、诚信、规范执业；(3) 接受本所监督管理，遵守本所章程和规章制度，维护本所的形象和声誉；(4) 法律、法规、规章及行业规范规定的其他义务。

2. 建立违规律师辞退和除名制度

律师事务所对违法违规执业、违反本所章程及管理制度或者年度考核不称职的律师，可以将其辞退或者经合伙人会议通过将其除名，有关处理结果报所在地县级司法行政机关和律师协会备案。

3. 严禁律师事务所投资入股兴办企业

律师事务所应当在法定业务范围内开展业务活动，不得以独资、与他人合资或者委托持股方式兴办企业，并委派律师担任企业法定代表人、总经理职务，不得从事与法律服务无关的其他经营性活动。

4. 严禁不正当手段承揽业务

律师事务所应当与其他律师事务所公平竞争，不得以诋毁其他律师事务所、律师或者支付介绍费等不正当手段承揽业务。

5. 统一接受委托制度

律师承办业务，由律师事务所统一接受委托，与委托人签订书面委托合同。律师事务所受理业务，应当进行利益冲突审查，不得违反规定受理与本所承办业务及其委托人有利益冲突的业务。

6. 收费管理制度和财务管理制度

律师事务所应当按照有关规定统一收取服务费用并如实入账，建立健全收费管理制度，及时查处有关违规收费的举报和投诉，不得在实行政府指导价的业务领域违反规定标准收取费用，或者违反风险代理管理规定收取费用。

7. 依法履行法律援助义务

律师事务所应当依法履行法律援助义务，及时安排本所律师承办法律援助案件，为办理法律援助案件提供条件和便利，无正当理由不得拒绝接受法律援助机构指派的法律援助案件。

8. 重大疑难案件请示报告制度

律师事务所应当建立健全重大疑难案件的请示报告、集体研究和检查督导制度，规范受理程序，指导监督律师依法办理重大疑难案件。

9. 依法履行管理职责

律师事务所应当依法履行管理职责，教育管理本所律师依法、规范承办业务，加

强对本所律师执业活动的监督管理，不得放任、纵容本所律师有下列行为：

（1）采取煽动、教唆和组织当事人或者其他人员到司法机关或者其他国家机关静坐、举牌、打横幅、喊口号、声援、围观等扰乱公共秩序、危害公共安全的非法手段，聚众滋事，制造影响，向有关部门施加压力；

（2）对本人或者其他律师正在办理的案件进行歪曲、有误导性的宣传和评论，恶意炒作案件；

（3）以串联组团、联署签名、发表公开信、组织网上聚集、声援等方式或者借个案研讨之名，制造舆论压力，攻击、诋毁司法机关和司法制度；

（4）无正当理由，拒不按照人民法院通知出庭参与诉讼，或者违反法庭规则，擅自退庭；

（5）聚众哄闹、冲击法庭，侮辱、诽谤、威胁、殴打司法工作人员或者诉讼参与人，否定国家认定的邪教组织的性质，或者有其他严重扰乱法庭秩序的行为；

（6）发表、散布否定宪法确立的根本政治制度、基本原则和危害国家安全的言论，利用网络、媒体挑动对党和政府的不满，发起、参与危害国家安全的组织或者支持、参与、实施危害国家安全的活动；以歪曲事实真相、明显违背社会公序良俗等方式，发表恶意诽谤他人的言论，或者发表严重扰乱法庭秩序的言论。

10. 依法办理社会保险、建立保障基金

合伙律师事务所和国家出资设立的律师事务所应当按照规定为聘用的律师和辅助人员办理失业、养老、医疗等社会保险。个人律师事务所聘用律师和辅助人员的，应当按前款规定为其办理社会保险。律师事务所应当按照规定，建立执业风险、事业发展、社会保障等基金。

11. 依法承担赔偿责任

律师违法执业或者因过错给当事人造成损失的，由其所在的律师事务所承担赔偿责任。律师事务所赔偿后，可以向有故意或者重大过失行为的律师追偿。

<table>
<tr><th>律师事务所类型</th><th colspan="2">承担责任形式</th></tr>
<tr><td>国资律师事务所</td><td colspan="2">以其全部资产承担有限责任</td></tr>
<tr><td>个人律师事务所</td><td colspan="2">设立人承担无限责任</td></tr>
<tr><td>普通合伙律师事务所</td><td colspan="2">合伙人承担无限连带责任</td></tr>
<tr><td rowspan="2">特殊的普通合伙律师事务所</td><td>合伙人因故意或者重大过失</td><td>无限责任或者无限连带责任；
其他合伙人承担有限责任</td></tr>
<tr><td>合伙人非因故意或者重大过失</td><td>全体合伙人承担无限连带责任</td></tr>
</table>

12. 负责人承担管理责任

律师事务所的负责人负责对律师事务所的业务活动和内部事务进行管理，对外代表律师事务所，依法承担对律师事务所违法行为的管理责任。

合伙人会议或者律师会议为合伙律师事务所或者国家出资设立的律师事务所的决策机构；个人律师事务所的重大决策应当充分听取聘用律师的意见。

13. 职业道德教育、业务学习和表彰制度

律师事务所应当建立律师表彰奖励制度，对依法、诚信、规范执业表现突出的律师予以表彰奖励。

14. 投诉查处制度

律师事务所应当建立投诉查处制度，及时查处、纠正本所律师在执业活动中的违法违规行为，调处在执业中与委托人之间的纠纷；认为需要对被投诉律师给予行政处罚或者行业惩戒的，应当及时向所在地县级司法行政机关或者律师协会报告。

15. 律师执业年度考核制度

律师事务所应当建立律师执业年度考核制度，按照规定对本所律师的执业表现和遵守职业道德、执业纪律的情况进行考核，评定等次，实施奖惩，建立律师执业档案和诚信档案。律师事务所应当于每年的一季度经所在地县级司法行政机关向设区的市级司法行政机关提交上一年度本所执业情况报告和律师执业考核结果，直辖市的律师事务所的执业情况报告和律师执业考核结果直接向所在地区（县）司法行政机关提交，接受司法行政机关的年度检查考核。

16. 档案管理制度

律师事务所应当按照规定建立健全档案管理制度，对所承办业务的案卷和有关资料及时立卷归档，妥善保管。

17. 信息公开制度

律师事务所应当通过本所网站等，公开本所律师和辅助人员的基本信息和奖惩情况。

例3：根据我国《律师法》的规定，下列哪一选项是正确的？

A. 律师事务所变更名称、负责人、章程、合伙协议的，应当报原审核部门备案

B. 律师服务机构一般采用公司形式，但在经济社会发展欠发达地区仍可保留少数合作制律师事务所

C. 个人律师事务所实行无限责任，因此在成立条件上比合伙律师事务所要宽松

D. 律师事务所采用特殊的普通合伙形式的，当个别合伙人因故意或重大过失造成对外债务时，其他合伙人不承担对外责任

提示：律师事务所变更名称、负责人、章程、合伙协议，应当报原审核机关批准，而非备案，A项错误；律所不采用公司形式，已经不存在合作制律所，B项错误；个人律师事务所承担无限责任，其要求设立人具有5年以上执业经历，这比合伙律师事务所要求严格，C项错误；特殊的普通合伙律师事务所一个合伙人或者数个合伙人在执业活动中因故意或者重大过失造成律师事务所债务时，其他合伙人以其在律师事务所中的财产份额为限承担责任。D项正确。

第三节　法律援助制度

☞ 相关法条及司法解释

《法律援助条例》第 10、14、19、23 条

《关于刑事诉讼法律援助工作的规定》第 2、9、11、16、23、24 条

☞ 命题分析

2013 年发布了《关于刑事诉讼法律援助工作的规定》，这为法律援助制度命题提供了新素材，也直接促成对本考点高频次考查，甚至达到每年必考的程度。

从考查形式分析，本考点主要以案例式选择题形式命制，采用排列组合形式对法律援助制度的概念、范围和条件、申请和审查、实施等知识点进行综合命题。从考查内容看，以往考题主要围绕刑事法律援助的适用情形、法律援助的救济程序等知识点进行命制。考题具有一定的综合性，难度相对较高。

从命题趋势看，命题人对法律援助制度相当垂爱，已连续考查五年，本节内容无疑仍是备战法考客观题的复习重点。

一、法律援助制度的概念

法律援助是国家建立的保障经济困难公民和特殊案件当事人获得必要的法律咨询、代理、刑事辩护等无偿法律服务的一种法律制度。

1. 具有无偿性

法律援助服务是完全无偿的，对困难或处于不利地位的人提供免费的法律咨询、代理、刑事辩护等法律服务。

特别提醒：法律援助中不得以任何名义向当事人收取费用。

例 1：闻律师在办理无偿的法律援助案件后，收取受援人交通费。

提示：法律援助是无偿的，不应收取受援人的任何费用，本选项错误。

2. 责任主体是政府

3. 实施主体多元化

法律援助制度的具体实施主体是律师等法律服务人员，既有律师、法律援助机构的工作人员和基层法律服务工作者，又有社会团体等社会组织利用自身资源提供法律

援助的人员。

4. 由法律援助机构统一组织实施

由法律援助机构统一受理法律援助申请；统一标准审查申请人是否符合法律援助条件；统一指派或者安排法律援助人员承办法律援助案件。

二、法律援助范围和条件

（一）刑事案件

1. 申请法律援助

（1）犯罪嫌疑人在被侦查机关第一次讯问后或者采取强制措施之日起，因经济困难没有聘请律师；

（2）公诉案件中的被害人及其法定代理人或者近亲属，自案件移送审查起诉之日起，因经济困难没有委托诉讼代理人；

（3）自诉案件的自诉人及其法定代理人，自案件被人民法院受理之日起，因经济困难没有委托诉讼代理人。

2. 申请法律援助（无须审查经济状况）

（1）有证据证明犯罪嫌疑人、被告人属于一级或者二级智力残疾的；

（2）共同犯罪案件中，其他犯罪嫌疑人、被告人已委托辩护人的；

（3）人民检察院抗诉的；

（4）案件具有重大社会影响。

记忆口诀：无力（智**力**残疾）对抗（**抗**诉）共（**共**同犯罪）享（重大社会影**响**）经济（无须审查经济状况）。

3. 通知法律援助（无须当事人提出申请）

（1）犯罪嫌疑人、被告人是盲、聋、哑人，或者是尚未完全丧失辨认或者控制自己行为能力的精神病人；

（2）犯罪嫌疑人、被告人是未成年人；

（3）犯罪嫌疑人、被告人可能被判处无期徒刑、死刑；

（4）强制医疗案件。

例2：曾某为刑事被告人，四十六岁且有身孕，因经济困难未聘请辩护律师，可通过申请获得法律援助。

提示：在刑事诉讼中，被告人因经济困难未聘请辩护律师，均可申请法律援助。本说法正确。

（二）民事、行政案件

1. 依法请求国家赔偿的；

2. 请求给予社会保险待遇或者最低生活保障待遇的；

3. 请求发给抚恤金、救济金的；

4. 请求给付赡养费、抚养费、扶养费的；

5. 请求支付劳动报酬的；

6. 主张因见义勇为行为产生的民事权益的。

特别提醒：民事、行政案件法律援助，均应由当事人提出申请，均要审查经济状况。

例3：我国法律援助制度因其保障人权而体现司法正义，因其救助贫困而体现社会公平。关于该制度，下列哪一表述是不正确的？

A. 我国法律援助是政府的一项重要职责，在性质上是一种社会保障制度

B. 实施法律援助的既有律师、法援机构，也有社会组织，形式上包括诉讼法律援助、非诉讼法律援助及公证、法律咨询

C. 对公民的法律援助申请和法院指派的法律援助案件，由法援机构统一受理、审查、指派、监督，必要时可以委托慈善机构协助受理事宜

D. 法援对象包括符合法定受援条件的经济困难者、残疾者、弱者，及符合规定的外国公民及无国籍人

提示：法律援助的责任主体是政府，它属于社会保障制度，A项说法正确，不选。法律援助实施人员既有律师、法律援助机构的工作人员，又有社会团体、事业单位等社会组织。法律援助形式既包括诉讼法律援助服务，也包括非诉讼法律援助服务，还包括公证、法律咨询、法律信息资料的免费提供等。B项说法正确，不选。我国的法律援助制度中，应当坚持“四统一”原则，由法律援助机构统一受理、统一审查、统一指派、统一监督，不存在“必要时可以委托慈善机构协助受理事宜”的情形。C项错误，当选。法援对象包括符合法定受援条件的经济困难者、残疾者、弱者，及符合规定的外国公民及无国籍人。D项说法正确，不选。

三、法律援助申请和审查

（一）法律援助申请

1. 民事、行政法律援助申请

应向有关义务人所在地的法律援助机构提出申请。具体而言：

（1）国家赔偿：赔偿义务机关所在地；

（2）给予社会保险待遇、最低生活保障待遇或者请求发给抚恤金、救济金：提供社会保险待遇、最低生活保障待遇或者发给抚恤金、救济金的义务机关所在地；

（3）给付赡养费、抚养费、扶养费：给付赡养费、抚养费、扶养费的义务人住所地；

（4）支付劳动报酬：支付劳动报酬的义务人住所地；

（5）主张因见义勇为行为产生的民事权益：被请求人住所地。

理论点拨：可参照民事诉讼法的“原告就被告”规则进行记忆。

2. 刑事法律援助申请

刑事案件应当向办理案件的公检法机关所在地的法律援助机构提出申请。

（二）法律援助的审查

法律援助机构收到法律援助申请后，应当进行审查。对符合法律援助条件的，法律援助机构应当及时决定提供法律援助；对不符合法律援助条件的，应当书面告知申请人理由。

申请人对法律援助机构作出的不符合法律援助条件的通知有异议的，可以向确定该法律援助机构的司法行政部门提出，司法行政部门应当在收到异议之日起 5 个工作日内进行审查，经审查认为申请人符合法律援助条件的，应当以书面形式责令法律援助机构及时对该申请人提供法律援助。

特别提醒：申请人对法律援助的通知有异议，应向司法行政部门提出。

四、法律援助实施

（一）法律援助服务形式

1. 法律咨询。

特别提醒：法律咨询不需要审查经济条件。

2. 代理。包括刑事代理、民事代理、行政代理、非诉讼代理。

3. 刑事辩护。

（二）法律援助的实施程序

1. 法律援助人员的指派

法律援助机构应当指派具有一定年限刑事辩护执业经历的律师办理无期徒刑、死刑案件；指派熟悉未成年人身心特点的律师办理未成年人案件。

2. 终止法律援助的情形

（1）受援人不再符合法律援助经济困难标准的；

（2）案件依法终止审理或者被撤销的；

（3）受援人自行委托其他代理人或者辩护人的；

（4）受援人要求终止法律援助的。

（三）法律援助的救济程序

1. 人民检察院审查批准逮捕时，认为犯罪嫌疑人具有应当通知辩护的情形而没有通知的，人民检察院应当通知公安机关予以纠正，公安机关应当将纠正情况通知人民检察院。

2. 犯罪嫌疑人、被告人及其近亲属、法定代理人，强制医疗案件中的被申请人、被告人的法定代理人认为公安机关、人民检察院、人民法院应当告知其可以向法律援助机构申请法律援助而没有告知，或者应当通知法律援助机构指派律师为其提供辩护或者诉讼代理而没有通知的，有权向同级或者上一级人民检察院申诉或控告。

3. 申请人对法律援助机构相关决定有异议的，可以向主管该法律援助机构的司法行政机关提出，司法行政机关应当自收到异议之日起 5 个工作日内进行审查并作出维持或者撤销的决定。

第五章　公证制度

第一节　公证机构和公证员

☞ 相关法条及司法解释

《公证法》第7～12、18～21、24条
《公证机构执业管理办法》第15、16条
《公证员执业管理办法》第16、23条

☞ 命题分析

本考点涉及内容较多，根据可考性因素，筛选易考的三个知识点予以讲授。其中，公证业务范围以及公证员的任职条件考查频率最高。

从考查形式分析，本考点主要以表述类选择题形式命制。本考点极少单独命题，主要是搭配其他公证制度或其他法律职业进行考查，因此分值很低。从考查内容看，以往考题主要围绕公证员的任职禁止条件、公证业务范围等知识点进行命制。考题基本属于记忆性试题，难度较低。

从命题趋势看，本考点可考查内容较为有限，法考复习时，只要牢记公证业务范围类型、公证员考核任职条件、禁止条件等知识点即可。

一、公证机构的设立

公证机构按照统筹规划、合理布局的原则，可以在县、不设区的市、设区的市、直辖市或者市辖区设立；在设区的市、直辖市可以设立一个或者若干个公证机构。公证机构不按行政区划层层设立。

设立公证机构，应当具备下列条件：（1）有自己的名称；（2）有固定的场所；（3）有二名以上公证员；（4）有开展公证业务所必需的资金。

设立公证机构，由所在地的司法行政部门逐级报省、自治区、直辖市人民政府司法行政部门按照规定程序批准后，颁发公证机构执业证书。批准设立公证机构的决定，应当报司法部备案。

公证机构变更名称、办公场所，根据当地公证机构设置调整方案予以分立、合并或者变更执业区域的，应当由所在地司法行政机关审核后，逐级报省、自治区、直辖市司法行政机关办理变更核准手续。核准变更的，应当报司法部备案。

公证机构的负责人应当在有3年以上执业经历的公证员中推选产生，由所在地的司法行政部门核准，报省、自治区、直辖市人民政府司法行政部门备案。

公证机构变更负责人的，经所在地司法行政机关核准后，逐级报省、自治区、直辖市司法行政机关备案。

特别提醒：

1. 设立公证机构需要省级司法行政部门批准，而确定公证机构负责人需要报省级司法行政部门备案。

2. 公证机构及其负责人的变更与设立、确定时程序相同。

二、公证业务范围

公证业务范围，是指公证机构按照国家法律规定有权办理的公证事务和相关法律事务。

（一）证明民事法律行为

这是我国公证机构的主要公证业务，包括合同、继承、委托、声明、赠与、遗嘱、财产分割、招标投标、拍卖等。

（二）证明有法律意义的事实

包括婚姻状况公证、亲属关系公证、收养关系公证、出生公证、生存公证、死亡公证、身份公证、经历公证、学历和学位公证、职务和职称公证、有无犯罪违法记录公证、保全证据等事项。

（三）证明有法律意义的文书

包括公司章程公证、文书的签名、印鉴、日期公证、文书的副本、影印本与原本相符公证等事项。

（四）其他公证事务

包括法律、行政法规规定由公证机构登记的事务；提存；保管遗嘱、遗产或者其他与公证事项有关的财产、物品、文书；代书与公证事项有关的法律事务文书；提供公证法律咨询。

知识拓展：证明民事法律行为、有法律意义的事实、有法律意义的文书，公证机构必须出具公证书。但其他公证事务有的需要出具公证书，如提存公证；有的不必出具公证书，如保管业务、代书业务、提供法律咨询等。

例1：林公证员对丙以贵重金饰用于抵押的事项，办理了抵押登记。

提示：公证机构有权办理抵押公证，本选项正确。

三、公证员的条件与任免

（一）公证员的任职条件

1. 一般条件

（1）具有中华人民共和国国籍；

（2）年龄25周岁以上65周岁以下；

（3）公道正派，遵纪守法，品行良好；

（4）通过国家统一法律职业资格考试取得法律职业资格；

（5）在公证机构实习2年以上或者具有3年以上其他法律职业经历并在公证机构实习1年以上，经考核合格。

例2： 年龄二十三周岁以上六十五周岁以下者可以担任公证员。

提示： 担任公证员者须年龄在25周岁以上65周岁以下，本说法错误。

2. 特殊条件（考核任职）

在满足上述国籍条件、年龄条件和品行条件基础上，符合下列条件，已经离开原工作岗位，经考核合格可以担任公证员：

（1）从事法学教学、研究工作，具有高级职称的人员；

（2）具有本科以上学历，从事审判、检察、法制工作、法律服务满10年的公务员、律师。

特别提醒： 前者没有年限规定，后者须满10年。

3. 禁止条件

（1）无民事行为能力或者限制民事行为能力的；

（2）因故意犯罪或者职务过失犯罪受过刑事处罚的；

（3）被开除公职的；

（4）被吊销公证员、律师执业证书的。

知识拓展： 四类法律职业有关犯罪的任职禁止条件不尽相同。具体如下：

法官、检察官	律师	公证员
因犯罪受过刑事处罚	因故意犯罪受过刑事处罚	因故意犯罪和职务过失犯罪受过刑事处罚

例3： 曾因犯罪受过刑事处罚者不能担任公证员。

提示： 因故意犯罪或者职务过失犯罪受过刑事处罚的人不能担任公证员，本说法错误。

（二）公证员的任命与免职

1. 任命程序

（1）担任公证员，应当由符合公证员条件的人员提出申请，经公证机构推荐，由所在地的司法行政部门报省、自治区、直辖市人民政府司法行政部门审核同意后，报请国务院司法行政部门任命，并由省、自治区、直辖市人民政府司法行政部门颁发公证员执业证书。

（2）公证员变更执业机构，应当经所在公证机构同意和拟任用该公证员的公证机构推荐，报所在地司法行政机关同意后，报省、自治区、直辖市司法行政机关办理变更核准手续。

特别提醒：公证机构由省级司法行政机构批准设立，而公证员由司法部任命。

2. 免职情形

（1）丧失中华人民共和国国籍的；

（2）年满65周岁或者因健康原因不能继续履行职务的；

（3）自愿辞去公证员职务的；

（4）被吊销公证员执业证书的。

被吊销公证员执业证书的，由省、自治区、直辖市司法行政机关提请司法部予以免职。

（三）公证员的义务

公证员不得有下列行为：（1）同时在两个以上公证机构执业；（2）从事有报酬的其他职业；（3）为本人及近亲属办理公证或者办理与本人及近亲属有利害关系的公证；（4）私自出具公证书；（5）为不真实、不合法的事项出具公证书；（6）侵占、挪用公证费或者侵占、盗窃公证专用物品；（7）毁损、篡改公证文书或者公证档案；（8）泄露在执业活动中知悉的国家秘密、商业秘密或者个人隐私；（9）法律、法规和司法部规定禁止的其他行为。

第二节　公证程序与公证效力

☞ 相关法条及司法解释

《公证法》第25、26条

《公证程序规则》第19、21、22、61、67、68条

☞ 命题分析

本考点虽然内容较多，但命题重点突出，以往试题主要围绕公证代理、救济等知识点进行命题。从考查形式来看，本考点主要采用小案例形式命题，极少单独命题，

主要是与公证业务范围、公证的效力等其他考点搭配考查。在法考复习中，应重点把握不适用公证代理的情形、不予办理公证的情形、公证救济方式等知识点。

一、公证程序

（一）公证申请

1. 公证申请的提出

自然人、法人或者其他组织申请办理公证，可以向住所地、经常居住地、行为地或者事实发生地的公证机构提出。

申请办理涉及不动产的公证，应当向不动产所在地的公证机构提出。

申请办理涉及不动产的委托、声明、赠与、遗嘱的公证，可以向住所地、经常居住地、行为地或者事实发生地的公证机构提出。

特别提醒：不动产的委托、声明、赠与、遗嘱公证，与普通公证相同；其余的不动产公证则类似于民事诉讼中专属管辖的规定。（记忆口诀："蒸煮不卫生"）

两个以上当事人共同申办同一公证事项的，可以共同到行为地、事实发生地或者其中一名当事人的住所地、经常居住地的公证机构申办。

当事人向两个以上可以受理该公证事项的公证机构提出申请，由最先受理申请的公证机构办理。

2. 公证代理

（1）当事人申请办理公证，原则上可以委托他人代理。

（2）申办遗嘱、遗赠扶养协议、赠与、认领亲子、收养关系、解除收养关系、生存状况、委托、声明、保证及其他与自然人人身有密切关系的公证事项，应当由其本人亲自申办。

（3）公证员、公证机构的其他工作人员不得代理当事人在本公证机构申办公证。

例1：王公证员对丁代理他人申办合同和公司章程公证的事项，出具了公证书。

提示：合同和公司章程公证可以委托他人代理，王公证员的做法并无不妥，本说法正确。

（二）公证的受理条件

1. 申请人与申请公证的事项有利害关系；
2. 申请人之间对申请公证的事项无争议；
3. 申请公证的事项属于公证处的业务范围；
4. 申请公证的事项符合本公证处执业区域的规定。

公证机构受理公证申请后，应当告知当事人申请公证事项的法律意义和可能产生的法律后果，告知其在办理公证过程中享有的权利、承担的义务。对符合法律援助条件的当事人，公证机构应当按规定减收或者免收公证费。

（三）公证的审查

公证机构对申请公证的事项以及当事人提供的证明材料，按照有关办证规则需要核实或者对其有疑义的，应当进行核实，或者委托异地公证机构代为核实，有关单位或者个人应当依法予以协助。根据公证程序规则的规定，公证机构主要通过下列方式进行核实：

1. 询问当事人、公证事项的利害关系人和证人；
2. 调查；
3. 现场勘验；
4. 鉴定、检验检测、翻译。

由此可见，公证机构对当事人的公证申请并非仅作形式审查。

（四）不予办理公证和终止公证

1. 不予办理公证的情形

（1）无民事行为能力人或者限制民事行为能力人没有监护人代理申请办理公证的；

（2）当事人与申请公证的事项没有利害关系的；

（3）申请公证的事项属专业技术鉴定、评估事项的；

（4）当事人之间对申请公证的事项有争议的；

（5）当事人虚构、隐瞒事实，或者提供虚假证明材料的；

（6）当事人提供的证明材料不充分又无法补充或者拒绝补充证明材料的；

（7）申请公证的事项不真实、不合法的；

（8）申请公证的事项违背社会公德的；

（9）当事人拒绝按照规定支付公证费的。

2. 终止公证的情形

（1）因当事人的原因致使该公证事项在六个月内不能办结的；

（2）公证书出具前当事人撤回公证申请的；

（3）因申请公证的自然人死亡、法人或者其他组织终止，不能继续办理公证或者继续办理公证已无意义的；

（4）当事人阻挠、妨碍公证机构及承办公证员按规定的程序、期限办理公证的；

（5）其他应当终止的情形。

终止公证的，由承办公证员写出书面报告，报公证机构负责人审批。终止公证的决定应当书面通知当事人或其代理人。终止公证的，公证机构应当根据终止的原因及责任，酌情退还部分收取的公证费。

例2：根据我国《公证法》规定，对下列哪一事项公证机关可予办理公证？

A. 马某拿着一份合同复印件到公证机关要求公证，经公证人员审查发现该合同有多处涂改痕迹

B. 女青年李某29岁，至今未婚，到公证机关办理处女公证

C. 张某与王某大学毕业工作多年，各自都有些积蓄，为避免婚后因财产问题发生纠纷，双方决定到公证机关办理婚前财产公证

D. 杨父因正在读初中的儿子整天沉迷于网络游戏，多次劝说无效，遂决定与儿子解除父子关系，到公证机关申请公证

提示：合同有涂改痕迹，公证事项可能不真实，公证机构不予办理公证，A 项错误；是否为处女属于专业技术鉴定的事项，公证机构不予办理公证，B 项错误；婚前财产公证属于公证机构的义务范围，C 项为正确答案；解除父子关系的请求不合法，公证机构不予办理公证，D 项错误。

（五）公证程序的特别规定

公证机构办理招标投标、拍卖、开奖等现场监督类公证，应当由 2 人共同办理。承办公证员应当依照有关规定，通过事前审查、现场监督，对其真实性、合法性予以证明，现场宣读公证证词，并在宣读后 7 日内将公证书发送当事人。该公证书自宣读公证证词之日起生效。

公证机构办理遗嘱公证，应当由 2 人共同办理。承办公证员应当全程亲自办理。特殊情况下只能由 1 名公证员办理时，应当请 1 名见证人在场，见证人应当在询问笔录上签名或者盖章。

公证机构派员外出办理保全证据公证的，由 2 人共同办理，承办公证员应当亲自外出办理。办理保全证据公证，承办公证员发现当事人是采用法律、法规禁止的方式取得证据的，应当不予办理公证。

债务人不履行或者不适当履行经公证的具有强制执行效力的债权文书的，公证机构可以根据债权人的申请，依照有关规定出具执行证书。执行证书应当在法律规定的执行期限内出具。

经公证的事项在履行过程中发生争议的，出具公证书的公证机构可以应当事人的请求进行调解。经调解后当事人达成新的协议并申请公证的，公证机构可以办理公证；调解不成的，公证机构应当告知当事人就该争议依法向人民法院提起民事诉讼或者向仲裁机构申请仲裁。

例 3：甲病危，欲将部分财产留给保姆，咨询如何处理。下列哪一意见是正确的？

A. 甲行走不便，可由身为公证员的侄子办理公证遗嘱

B. 甲提出申请，可由公证机构到医院办理公证遗嘱

C. 公证机构无权办理甲的遗嘱文书及财产保管事务

D. 甲如对该财产曾有其他形式遗嘱，以后公证的遗嘱无效

提示：遗嘱公证必须由本人亲自办理，选项 A 说法错误；公证机构办理遗嘱公证，应当由 2 人共同办理，承办公证员应当全程亲自办理。特殊情况下可以外出办理，B 项正确；保管遗嘱和财产也是公证业务范围，C 项错误；甲如对该财产曾有其他形式遗

嘱，以后公证的遗嘱有效。经过公证的遗嘱效力高于自书、代书、录音、口头等其他形式的遗嘱，D项错误。

二、公证效力

（一）证据效力

公证的事实属于相对免证事实。经公证的民事法律行为、有法律意义的事实和文书，应当作为认定事实的根据，但有相反证据足以推翻该项公证的除外。此外，公证书属于公文书，其证明效力大于私文书。

（二）强制执行效力

对公证机关依法赋予强制执行效力的债权文书，一方当事人不履行的，对方当事人可以向有管辖权的人民法院申请执行，受申请的人民法院应当执行。

（三）法律行为成立要件效力

法律、行政法规规定未经公证的事项不具有法律效力的，依照其规定。此外，双方当事人约定必须公证的事项，未经公证，其法律关系不能形成、变更或消灭。

三、公证的救济

1. 公证书复查

当事人认为公证书有错误的，可以在收到公证书之日起1年内，向出具该公证书的公证机构提出复查。

公证事项的利害关系人认为公证书有错误的，可以自知道或者应当知道该项公证之日起1年内向出具该公证书的公证机构提出复查，但能证明自己不知道的除外。提出复查的期限自公证书出具之日起最长不得超过20年。

"公证书有错误"具体包括：（1）公证书证明的内容与实际情况不符或违反法律、法规的强制性规定；（2）公证书的制作不规范，表述不恰当。

当事人、公证事项的利害关系人对公证机构作出的撤销或者不予撤销公证书的决定有异议的，可以向地方公证协会投诉。

2. 公证书内容争议的诉讼

当事人、公证事项的利害关系人对公证书涉及当事人之间或者当事人与公证事项的利害关系人之间实体权利义务的内容有争议的，公证机构应当告知其可以就该争议向人民法院提起民事诉讼。

第六章　法官职业道德

☞ 相关法条及司法解释

《法官职业道德基本准则》第4~26条

《关于人民法院落实廉政准则防止利益冲突的若干规定》第2~7、9~12条

《关于规范法官和律师相互关系维护司法公正的若干规定》第2条

《人民法院工作人员处分条例》第6~8、12~15、19、20条

《法官法》第34条

☞ 命题分析

本考点由职业道德规范和职业责任两部分构成，每年必考，也是本学科考查频率最高的考点。其中，法官职业道德是重中之重，近十年考查了9次，法官职业责任近十年间考查2次。

从考查形式来看，本章试题全部采用案例题形式命制，常见的考查方式是命题人编撰特定情形让考生判断是否符合法官职业道德以及如何承担职业责任。考查内容主要围绕五项法官职业道德规范的理解和适用，相对而言，对"忠诚司法事业"考查较少。

从命题趋势分析，在法考中本考点依然会是命题重点，其中尤以法官职业道德规范为重。以往试题大多采用"一拖四"形式要求考生判断法官行为是否符合职业道德要求，而2017年则是给定案例让考生判断法官的行为体现何种职业道德要求，这种更为精细化的考查方式值得注意。考生应当围绕《法官职业道德基本准则》等职业道德规范进行复习，应以法律精神理解为主，法条记忆为辅。

一、法官职业道德的主要内容

（一）忠诚司法事业

1. 牢固树立社会主义法治理念，忠于党、忠于国家、忠于人民、忠于法律，做中国特色社会主义事业建设者和捍卫者。

2. 坚持和维护中国特色社会主义司法制度，认真贯彻落实依法治国基本方略，尊崇和信仰法律，模范遵守法律，严格执行法律，自觉维护法律的权威和尊严。

3. 热爱司法事业，珍惜法官荣誉，坚持职业操守，恪守法官良知，牢固树立司法

核心价值观，以维护社会公平正义为己任，认真履行法官职责。

4. 维护国家利益，遵守政治纪律，保守国家秘密和审判工作秘密，不从事或参与有损国家利益和司法权威的活动，不发表有损国家利益和司法权威的言论。

（二）保证司法公正

1. 维护审判独立

坚持和维护人民法院依法独立行使审判权的原则，客观公正审理案件，在审判活动中独立思考、自主判断，敢于坚持原则，不受任何行政机关、社会团体和个人的干涉，不受权势、人情等因素的影响。具体包括：（1）外部独立；（2）内部独立；（3）法官内心独立。

2. 确保案件裁判结果公平公正

法官应当坚持以事实为根据，以法律为准绳，努力查明案件事实，准确把握法律精神，正确适用法律，合理行使裁量权，避免主观臆断、超越职权、滥用职权，确保案件裁判结果公平公正。

3. 坚持实体公正与程序公正并重

牢固树立程序意识，坚持实体公正与程序公正并重，严格按照法定程序执法办案，充分保障当事人和其他诉讼参与人的诉讼权利，避免执法办案中的随意行为。法官必须遵循法定的诉讼程序，保证所有当事人在诉讼中的平等地位。

4. 提高司法效率

法官应当严格遵守法定办案时限，提高审判执行效率，及时化解纠纷，注重节约司法资源，杜绝玩忽职守、拖延办案等行为。

具体包括：（1）严格遵守审限；（2）法官的职权活动应当充分考虑效率因素；（3）监督当事人及时完成诉讼活动。

5. 公开审判

认真贯彻司法公开原则，尊重人民群众的知情权，自觉接受法律监督和社会监督，同时避免司法审判受到外界的不当影响。

6. 遵守回避规定，保持中立地位

自觉遵守司法回避制度，审理案件保持中立公正的立场，平等对待当事人和其他诉讼参与人，不偏袒或歧视任何一方当事人，不私自单独会见当事人及其代理人、辩护人。法官还应落实任职回避制度。

人民法院工作人员在审理相关案件时，以本人或者他人名义持有与所审理案件相关的上市公司股票的，应主动申请回避。

法官在履行职责时，应当平等对待当事人和其他诉讼参与人，不得以其言语和行为表现出任何歧视，并有义务制止和纠正诉讼参与人和其他人员的任何歧视性言行。禁止法官单方接触当事人。

7. 不办关系案、人情案、金钱案

尊重其他法官对审判职权的依法行使，除履行工作职责或者通过正当程序外，不过问、不干预、不评论其他法官正在审理的案件。

法院工作人员及退休人员一律不得违反规定为案件当事人及其关系人转递涉案材

料、打听案情和打招呼说情。法官应当严格依法办案，不受当事人及其委托的律师利用各种关系、以不正当方式对案件审判进行的干涉或者施加的影响。

（三）确保司法廉洁

1. 自重、自省、坚守廉洁底线

树立正确的权力观、地位观、利益观，坚持自重、自省、自警、自励，坚守廉洁底线，依法正确行使审判权、执行权，杜绝以权谋私、贪赃枉法行为。

2. 不得接受诉讼当事人的钱物和其他利益

严格遵守廉洁司法规定，不接受案件当事人及相关人员的请客送礼，不利用职务便利或者法官身份谋取不正当利益，不违反规定与当事人或者其他诉讼参与人进行不正当交往，不在执法办案中徇私舞弊。人民法院工作人员不得接受可能影响公正执行公务的礼金、礼品、宴请以及旅游、健身、娱乐等活动安排。

3. 不得从事或者参与营利性的经营活动

不从事或者参与营利性的经营活动，不在企业及其他营利性组织中兼任法律顾问等职务，不就未决案件或者再审案件给当事人及其他诉讼参与人提供咨询意见。

人民法院工作人员不得从事下列营利性活动：（1）本人独资或者与他人合资、合股经办商业或者其他企业；（2）以他人名义入股经办企业；（3）以承包、租赁、受聘等方式从事经营活动；（4）违反规定拥有非上市公司（企业）的股份或者证券；（5）本人或者与他人合伙在国（境）外注册公司或者投资入股；（6）以本人或者他人名义从事以营利为目的的民间借贷活动；（7）以本人或者他人名义从事可能与公共利益发生冲突的其他营利性活动。人民法院工作人员不得为他人的经济活动提供担保。

人民法院工作人员不得利用职权和职务上的影响，买卖股票或者认股权证；不得利用在办案工作中获取的内幕信息，直接或者间接买卖股票和证券投资基金，或者向他人提出买卖股票和证券投资基金的建议。

法官不得提供法律服务。为避免与职务相冲突，法官不得就未决案件或者再审案件给当事人及其他诉讼参与人提供咨询意见。人民法院工作人员不得违反规定在律师事务所、中介机构及其他经济实体、社会团体中兼职，不得违反规定从事为案件当事人或者其他市场主体提供信息、介绍业务、开展咨询等有偿中介活动。

4. 不得以其身份谋取特殊利益

妥善处理个人和家庭事务，不利用法官身份寻求特殊利益。按规定如实报告个人有关事项，教育督促家庭成员不利用法官的职权、地位谋取不正当利益。

人民法院工作人员不得利用职权和职务上的影响，指使他人提拔本人的配偶、子女及其配偶、以及其他特定关系人。人民法院工作人员不得利用职权和职务上的影响，为本人的配偶、子女及其配偶、以及其他特定关系人支付、报销学习、培训、旅游等费用。

人民法院工作人员不得利用职权和职务上的影响，为本人的配偶、子女及其配偶、以及其他特定关系人出国（境）定居、留学、探亲等向他人索取资助，或者让他人支付、报销上述费用。

人民法院工作人员不得利用职权和职务上的影响妨碍有关机关对涉及本人的配偶、

子女及其配偶、以及其他特定关系人案件的调查处理。

（四）坚持司法为民

1. 以人为本

牢固树立以人为本、司法为民的理念，强化群众观念，重视群众诉求，关注群众感受，自觉维护人民群众的合法权益。

2. 发挥司法的能动作用

注重发挥司法的能动作用，积极寻求有利于案结事了的纠纷解决办法，努力实现法律效果与社会效果的统一。

3. 司法便民

认真执行司法便民规定，努力为当事人和其他诉讼参与人提供必要的诉讼便利，尽可能降低其诉讼成本。

4. 尊重当事人和其他诉讼参与人

尊重当事人和其他诉讼参与人的人格尊严，避免盛气凌人、“冷硬横推”等不良作风；尊重律师，依法保障律师参与诉讼活动的权利。

（五）维护司法形象

1. 坚持学习，精研业务

坚持学习，精研业务，忠于职守，秉公办案，惩恶扬善，弘扬正义，保持昂扬的精神状态和良好的职业操守。

2. 坚持文明司法，遵守司法礼仪

坚持文明司法，遵守司法礼仪，在履行职责过程中行为规范、着装得体、语言文明、态度平和，保持良好的职业修养和司法作风。

3. 加强自身修养，约束业外活动

加强自身修养，培育高尚道德操守和健康生活情趣，杜绝与法官职业形象不相称、与法官职业道德相违背的不良嗜好和行为，遵守社会公德和家庭美德，维护良好的个人声誉。

4. 退休法官谨慎行为

法官退休后应当遵守国家相关规定，不利用自己的原有身份和便利条件过问、干预执法办案，避免因个人不当言行对法官职业形象造成不良影响。

例1：下列哪一选项属于违反法官职业道德规范的情形？

A. 甲市中级法院陈法官的妹妹接到乙县法院开庭传票，晚上到哥哥家咨询开庭注意事项。陈法官只叮嘱其妹庭上发言要有针对性，不要滔滔不绝

B. 乙市某法学院针对甲市中级法院在审案件组织模拟法庭，乙市中级法院钱法官应邀担任审判长。庭审后，钱法官就该案件审理和判决向同学们谈了看法

C. 林法官担任某法学院兼职博士生导师，每年招收法学博士研究生1名

D. 某省高级法院朱院长担任法学会法律文书学研究会副会长

提示：陈法官为其妹妹出庭提供发言指导，并不涉及案件的实体性处理，不违反

法官职业道德的规定，A 项不选；法官应当尊重其他法官对审判职权的依法行使，除履行工作职责或者通过正当程序外，不过问、不干预、不评论其他法官正在审理的案件，钱法官的行为违反法官职业道德，B 项当选；法官不得从事或者参与营利性的经营活动，担任博士生导师和研究会副会长，不属于经营活动，CD 均不违反法官职业道德，均不选。

例 2：法官李某的下列哪些行为违反了法官职业道德规范？

A. 庭审时，发现当事人高某聘请的律师赵某明显不负责任，提醒高某可另行委托律师钱某

B. 办案时，发现原告律师程某系自己高中同学，主动提出回避申请

C. 庭审前，向所办案件当事人委托的张律师指出某一证据效力不足

D. 讲座时，提出司法腐败主要是当事人行贿所致

提示：法官在庭审时提醒当事人可另行委托律师，该行为违反了中立立场，A 项错误，应选。法官李某发现原告律师程某系自己高中同学主动提出回避申请，符合回避制度的要求，B 项不选。庭审前向张律师指出证据效力问题，有单方会见之嫌，也有不正当交往的可能，C 项错误，应选。李法官讲座时的说法可能增加社会对司法的不信任感，D 项错误，应选。

例 3：依据法官职业道德规范，关于法官行为，下列哪些评论是正确的？

A. 徐法官在接待当事人的过程中，针对当事人对判决书提出的质疑，以不屑的口吻说："你一个文盲加法盲，有什么资格来质问我？"评论：徐法官的行为不符合司法礼仪

B. 蓝法官在开庭调解时，为营造轻松和谐的气氛，身着便装，谈笑风生。评论：蓝法官的行为违反法庭规则

C. 周法官在当地出席大学同学私人投资的公司开业典礼，并在被公开介绍法官身份后登台致贺辞。评论：周法官的此行为违反了不得以职业、身份、声誉谋取利益的义务

D. 谢法官正在承办一宗合同纠纷案件。该案被告向谢法官的配偶林某任职的 A 公司表示，愿将一个工程项目发包给该公司，条件是让林某任该项目的主管。林某将此事告诉了谢法官，并提及发包人是该案的被告。谢法官听后未置一词。评论：谢法官的行为违反了约束家庭成员的义务

提示：徐法官的言语盛气凌人，不尊重当事人，不符合司法礼仪，A 项当选；法官开庭应穿着法袍，蓝法官身着便装不符合规定，B 项当选；周法官出席同学公司开业典礼并以法官身份登台致贺辞，但并无谋取不正当利益的情形，C 项不当选；妥善处理个人和家庭事务，不利用法官身份寻求特殊利益。按规定如实报告个人有关事项，教育督促家庭成员不利用法官的职权、地位谋取不正当利益。谢法官对其配偶与案件被告合作一事未置一词，违反了约束家庭成员的义务，D 项当选。

二、法官职业责任

（一）法官违纪行为的责任

1. 法官违纪行为责任的形式

处分包括下列六种：警告（6个月）、记过（12个月）、记大过（18个月）、降级（24个月）、撤职（24个月）、开除。受撤职处分的，同时降低工资和等级。

受处分期间不得晋升职务、级别。但警告期间仍可晋升工资档次。

2. 法官违纪行为责任的内容

（1）从重处分的情形：①在共同违纪违法行为中起主要作用的；②隐匿、伪造、销毁证据的；③串供或者阻止他人揭发检举、提供证据材料的；④包庇同案人员的；⑤法律、法规和本条例分则中规定的其他从重情节。

（2）从轻处分的情形：①主动交待违纪违法行为的；②主动采取措施，有效避免或者挽回损失的；③检举他人重大违纪违法行为，情况属实的；④法律、法规和本条例分则中规定的其他从轻情节。

（3）减轻处分的情形：主动交待违纪违法行为，并主动采取措施有效避免或者挽回损失。

（4）免予处分的情形：①违纪违法行为轻微，经过批评教育后改正的；②应当给予警告处分，又有减轻处分情形的。

（5）解除处分的情形：受开除以外处分的，在受处分期间有悔改表现，并且没有再发生违纪违法行为的，处分期满后应当解除处分。

（6）变更或者撤销处分的情形：①适用法律、法规或者本条例规定错误的；②对违纪违法行为的事实、情节认定有误的；③处分所依据的违纪违法事实证据不足的；④调查处理违反法定程序，影响案件公正处理的；⑤作出处分决定超越职权或者滥用职权的；⑥有其他处分不当情形的。

3. 法官违纪行为责任的类型

（1）违反政治纪律行为的责任。

（2）违反办案纪律行为的责任。

（3）违反廉政纪律行为的责任。

（4）违反组织、人事纪律行为的责任。

（5）违反财经纪律行为的责任。

（6）失职行为的责任。

（7）违反管理秩序和社会道德行为的责任。

（二）法官执行职务中犯罪行为的刑事责任

根据《刑法》分则第八章、第九章的有关规定，法官因职务行为构成犯罪的，依法追究其刑事责任。

例4：关于不同法律职业责任，下列哪些表述是正确的？

A. 法官职业责任包括执行职务中违纪行为的纪律责任、执行职务中犯罪的刑事责任

提示：法官职业责任，是指法官违反法律、职业道德和审判、执行纪律所应当承担的责任，包括法官执行职务中违纪行为的责任和法官执行职务中犯罪的刑事责任两类。A 项正确。

第七章　检察官职业道德

☞ 相关法条及司法解释

《检察官道德基本准则》
《检察人员纪律处分条例》

☞ 命题分析

本考点由职业道德规范和职业责任两部分构成，每年必考。其中，检察官职业道德近年来修改较为频繁，这直接促成对其高频次考查，近十年中考查了 7 次，而检察官职业责任近 10 年间共考查了 4 次。

从考查形式来看，本考点较少单独命题，主要是作为选项与其他考点“组团”考查。本考点主要采用案例题形式命题，常见的考查方式是让考生判断某检察官的行为是否符合检察官职业道德。考查内容主要围绕公正、廉洁等道德要求进行命题，部分内容根据常识亦可作出判断。

从命题趋势分析，检察官职业道德的主要内容在 2017 年考试大纲中有所修改，考生在 2019 年法考复习时应重点关注检察官职业道德的具体内容。

一、检察官职业道德的主要内容

（一）忠诚

1. 忠于党，忠于国家

检察官不得散布有损国家声誉的言论，不得参加非法组织，不得参加旨在反对国家的集会、游行、示威等活动，也不得参加罢工。检察官应当维护国家安全、荣誉和利益，维护国家统一和民族团结，严守国家秘密和检察工作秘密；保持高度的政治警觉，严守政治纪律，不参加危害国家安全、带有封建迷信、邪教性质等非法组织及其活动。检察官应当加强政治理论学习，提高对政策的理解、把握和运用能力，提高从政治上、全局上观察问题、分析问题、解决问题的能力。

2. 忠于人民

检察官必须忠实执行宪法和法律，全心全意为人民服务。检察官应当坚持立检为公、执法为民的宗旨，维护最广大人民的根本利益，保障民生，服务群众，亲民、为民、利民、便民。

3. 忠于宪法和法律

检察官应当尊崇宪法和法律，严格执行宪法和法律的规定，自觉维护宪法和法律的统一、尊严和权威。在履行职务过程中，检察官应当坚持“以事实为根据，以法律为准绳”原则，实事求是，依法办案。

4. 忠于检察事业

检察官应当热爱人民检察事业，珍惜检察官荣誉，忠实履行法律监督职责，自觉接受监督制约，维护检察机关的形象和检察权的公信力。检察官应当恪尽职守，乐于奉献，勤勉敬业，尽心竭力，不因个人事务及其他非公事由而影响职责的正常履行。

（二）为民

1. 坚持以人民利益为重的理念

检察官应当从思想深处打牢维护人民权益的根基，始终坚持司法为民的理念，自觉从人民最满意的事情做起，从人民最不满意的问题改起，依法履行宪法和法律赋予的职责，更好地尊重和保障人权，维护人民权益，维护公平正义。

2. 坚持严格、规范、公正、文明执法

检察工作承担着对整个诉讼活动进行法律监督的职责，对于保证每个司法案件在整个诉讼活动中得到依法公正办理具有重要作用。确保检察职能依法、客观、公正履行，深入查找并认真解决检察官在司法办案中存在的不严格司法、司法不规范的具体问题。

3. 坚持融入群众、倾听群众呼声、解决群众诉求、接受群众监督

检察机关作为国家法律监督的专门机关，虽然工作的专业性比较强，但是中国特色社会主义检察制度的人民性决定了检察工作必须紧密依靠人民，离开了人民群众的信任、支持、监督，检察工作将成为无源之水、无本之木。

（三）担当

1. 敢于担当，就是要坚决打击发生在群众身边损害群众利益的各类犯罪，增强群众安全感和满意度，对于重大案件特别是人民群众高度关注的案件，果断决策、坚决查办；对于人民群众反映的司法不严、司法不公的现象，敢于监督、善于监督，提高执法公信力和人民群众满意度。

2. 敢于担当，就是要坚守良知、公正司法、司法公开，自觉接受人民群众和社会的监督，以公开促公正。敢于担当还体现在善于运用法治思维和法治方式，将不公平、不公正现象纳入法治轨道来解决。

3. 敢于担当，就是要直面矛盾，正视问题。检察官要善于发现、勇于承认工作中存在的问题，在深入分析问题症结中找到化解矛盾的办法；对工作出现的失误和错误，主动承担，认真汲取教训。要坚持从严治检，对违法违纪人员要以零容忍的态度严肃查处，坚决清除害群之马。

（四）公正

1. 独立履职

坚持法治理念，坚决维护法律的效力和权威；依法履行检察职责，不受行政机关、

社会团体和个人的干涉，敢于监督，善于监督，不为金钱所诱惑，不为人情所动摇，不为权势所屈服。

2. 理性履职

以事实为根据，以法律为准绳，不偏不倚，不滥用职权和漠视法律，正确行使检察裁量权。客观、理性地履行职务，不主观意气办事，避免滥用职权的行为发生。

3. 履职回避

检察官应当自觉遵守法定回避制度，具体包括任职回避制度和诉讼回避制度。

对法定回避事由以外可能引起公众对办案公正产生合理怀疑的，应当主动请求回避。

4. 重视证据

检察官应当树立证据意识，依法客观全面地收集、审查证据，不伪造、隐瞒、毁损证据，不先入为主、主观臆断，严格把好事实关、证据关。检察官在办理案件过程中，重调查研究，防止主观臆断，依照法定程序搜集能够证实犯罪嫌疑人、被告人有罪或者无罪、犯罪情节轻重的各种证据，不得隐瞒证据、伪造证据或妨害作证、帮助当事人毁灭、伪造证据。

5. 遵循程序

检察官应当树立程序意识，坚持程序公正与实体公正并重，严格遵循法定程序，维护程序正义。

6. 保障人权

检察官应当树立人权保护意识，尊重诉讼当事人、参与人及其他有关人员的人格，保障和维护其合法权益。

7. 尊重律师和法官

检察官应当尊重律师的职业尊严，支持律师履行法定职责，依法保障和维护律师参与诉讼活动的权利。检察官应当出席法庭审理活动，应当尊重庭审法官，遵守法庭规则，维护法庭审判的严肃性和权威性。

8. 遵守纪律

检察官应当严格遵守检察纪律，不违反规定过问、干预其他检察官、其他人民检察院或者其他司法机关正在办理的案件，不私自探询其他检察官、其他人民检察院或者其他司法机关正在办理的案件情况和有关信息，不泄露案件的办理情况及案件承办人的有关信息，不违反规定会见案件当事人、诉讼代理人、辩护人及其他与案件有利害关系的人员。

9. 提高效率

检察官应当努力提高案件质量和办案水平，严守法定办案时限，提高办案效率，节约司法资源。检察官应当提高责任心，在确保准确办案的前提下，尽快办结案件，禁止拖延办案，避免贻误工作。严格执行检察人员执法过错责任追究制度，对于执法过错行为，要实事求是，敢于及时纠正，勇于承担责任。

（五）廉洁

1. 坚持廉洁操守

（1）检察官应当怀有朴实的平常心，树立正确的价值观、权力观、金钱观、名利观；

（2）检察官应当不以权谋私，以案谋利，借办案插手经济纠纷；

（3）检察官不应利用职务便利或者检察官的身份、声誉及影响，为自己、家人或者他人谋取不正当利益；

（4）不从事、参与经商办企业、违法违规营利活动，以及其他可能有损检察官廉洁形象的商业、经营活动；

（5）不参加营利性或者可能借检察官影响力营利的社团组织；

（6）检察官应当不收受案件当事人及其亲友、案件利害关系人或者单位及其所委托的人以任何名义馈赠的礼品礼金、有价证券、购物凭证以及干股等；

（7）不参加其安排的宴请、娱乐休闲、旅游度假等可能影响公正办案的活动；

（8）不接受其提供的各种费用报销，出借的钱款、交通通讯工具、贵重物品及其他利益。

2. 避免不当影响

（1）检察官不得兼任律师、法律顾问等职务，不私自会见所办案件当事人及其代理人，不私下为所办案件的当事人介绍辩护人或者诉讼代理人等；

（2）退休检察官应当继续保持良好操守，不再延用原检察官身份、职务，不利用原地位、身份形成的影响和便利条件，过问、干预执法办案活动，为承揽律师业务或者其他请托事宜打招呼、行便利，避免因不当言行给检察机关带来不良影响。

3. 妥善处理个人事务

（1）检察官应当慎微慎独，妥善处理个人事务，按照有关规定报告个人有关事项，如实申报收人；

（2）保持与合法收入、财产相当的生活水平和健康的生活情趣。

例 1：关于检察官的行为，下列哪一观点是正确的？

A. 房检察官在同乡聚会时向许法官打听其在办案件审理情况，并让其估计判处结果。根据我国国情，房检察官的行为可以被理解

C. 容检察官在本地香蕉滞销，蕉农面临重大损失时，多方奔走将 10 万斤香蕉销往外地，为蕉农挽回了损失，本人获辛苦费 5000 元。容检察官没有违反有关经商办企业、违法违规营利活动的规定

D. 成检察官从检察院离任 5 年后，以律师身份担任各类案件的诉讼代理人或者辩护人，受到当事人及其家属的一致肯定。成检察官的行为符合《检察官法》的有关规定

提示：房检察官的行为属于私自探询其他司法机关正在办理的案件情况和有关信息，违反了公正中“遵守纪律”的规定。A 项错误。容检察官的行为属于违反有关经

商办企业、违法违规营利活动，违反了坚持廉洁操守的规定。C项错误。检察官从人民检察院离任后2年内，不得以律师身份担任诉讼代理人或者辩护人。成检察官的行为并不违反《检察官法》的规定，也符合履职回避的规定。D项正确。

例2：王检察官的下列哪一行为符合检察官职业道德的要求？

A. 穿着检察正装、佩戴检察标识参加单位组织的慰问孤寡老人的公益活动

B. 承办一起两村械斗引起的伤害案，受害人系密切近邻，但为早日结案未主动申请回避

C. 参加朋友聚会，谈及在办案件犯罪嫌疑人梁某交代包养了4个情人，但嘱咐朋友不要外传

D. 业余时间在某酒吧任萨克斯管主奏，对其检察官身份不予否认，收取适当报酬

提示：王检察官身穿制服参加公益活动，并不违反职业道德要求，A项正确；王检察官未主动申请回避，违反了履职回避的规定，B项错误；王检察官泄露办案情况，违反了遵守纪律的规定，C项错误；检察官不得兼职和从事营利性经营活动，王检察官的行为违反了坚持廉洁操守的规定，D项错误。

例3：关于检察官的行为，下列哪一选项是正确的？

A. 甲检察官业余时间担任某中学法制辅导员，在推辞无效的情况下收下学校付给的每年1000元的酬金

B. 乙检察官办理余某涉嫌贪污案时，针对余某所在单位财务管理方面的问题以个人名义向该单位领导提出了改进建议

C. 丙检察官下班后未及换下检察官制服即赶往饭店宴请来访的外地检察院同学

D. 丁检察官办理一起交通肇事案件时，对不配合调查的目击证人周某实施了拘传

提示：甲检察官的行为违反了坚持廉洁操守的规定，A项错误；乙检察官的行为并不违反规定，B项正确；丙检察官的行为有可能会损害其职业形象，违反了避免不当影响的规定，C项错误；对证人不得适用拘传，丁检察官的行为违反了遵循程序的规定，D项错误。

二、检察官职业责任

（一）违纪行为的责任

1. 违纪行为责任的形式

处分分为：警告、记过、记大过、降级、撤职、开除。受撤职处分的，同时降低工资和等级。

受处分期间不得晋升职务、级别。但警告期间仍可晋升工资档次。

2. 违纪行为责任的适用

对违反检察纪律的检察人员，应当根据其违纪行为的事实、性质和情节，依照《检察人员纪律处分条例》的规定，给予纪律处分；情节轻微，经批评教育确已认识错误的，可以免予处分；情节显著轻微，不认为构成违纪的，不予处分。依照《检察人员纪律处分条例》应当给予经过或记过处分，又有减轻处分情形的，可以免予处分。

（二）检察官执行职务中犯罪行为的刑事责任

根据我国《刑法》第四章、第八章、第九章的有关规定，检察官执行职务行为构成犯罪的，依法追究其刑事责任。

例4：关于不同法律职业责任，下列哪些表述是正确的？

B. 检察官职业责任包括执行职务中违纪行为的纪律责任、赔偿责任和执行职务中犯罪的刑事责任

提示：检察官职业责任，包括检察官执行职务中违纪行为的责任和检察官执行职务中犯罪的刑事责任两类，不存在赔偿责任。B选项表述错误。

第八章　律师职业道德

第一节　律师职业道德概述

☞ 相关法条及司法解释

《律师职业道德基本准则》

☞ 命题分析

本考点不属于高频考点，以往偶有考查。从考查形式分析，本考点试题全部采用表述题形式，从未单独命题。从考查内容看，主要围绕律师职业道德的适用范围予以命题，考查内容根据常识亦可判断，难度颇低。复习本考点，应重点领会律师职业道德基本准则的主要内容。

一、律师职业道德的概念和特征

律师职业道德是律师在执业活动、提供法律服务时所应当遵守的道德观念、行为准则、行为规范的总称。

律师职业道德主要包括非强制性的道德要求和具有强制性的纪律要求，以及相应的惩戒规定。律师职业道德是指导律师执业活动的行为准则，是律师自我约束的行为标准，体现了律师的职业风貌，反映了律师的职业水准，也是对违规律师追究职业责任的重要依据。

律师职业道德主要对律师的执业行为进行规范，同时律师职业道德也规范律师事务所，律师职业道德的主体较为明确。律师职业道德不仅对律师在执业活动中的行为予以约束，对律师的非执业行为也予以一定约束。

例： 直接影响律师职业形象的执业外行为受到律师职业道德的约束。

提示： 律师职业道德不仅仅对律师在执业中的行为予以约束，对律师的非执业行为也予以一定约束。本说法正确。

二、律师职业道德的主要内容

（一）律师职业道德的基本准则

1. 忠诚

律师应当坚定中国特色社会主义理想信念，坚持中国特色社会主义律师制度的本质属性，拥护党的领导，拥护社会主义制度，自觉维护宪法和法律尊严。加强律师队伍思想政治建设，把拥护中国共产党领导、拥护社会主义法治作为律师从业的基本要求，增强广大律师走中国特色社会主义法治道路的自觉性和坚定性。

2. 为民

律师应当始终把执业为民作为根本宗旨，全心全意为人民服务，通过执业活动努力维护人民群众的根本利益，维护公民、法人、其他组织的合法权益。认真履行法律援助义务，积极参加社会公益活动，自觉承担社会责任。

3. 法治

律师应当坚定法治信仰，牢固树立法治意识，模范遵守宪法和法律，切实维护宪法和法律尊严。在执业中坚持以事实为根据，以法律为准绳，严格依法履行职责，尊重司法权威，遵守诉讼规则和法庭纪律，与司法人员建立良性互动关系，维护法律正确实施，促进司法公正。

4. 正义

律师应当把维护公平正义作为核心价值追求，为当事人提供勤勉尽责、优质高效的法律服务，努力维护当事人合法权益。引导当事人依法理性维权，维护社会大局稳定。依法充分履行辩护或代理职责，促进案件依法、公正解决。

5. 诚信

律师应当牢固树立诚信意识，自觉遵守执业行为规范，在执业中恪尽职守、诚实守信、勤勉尽责、严格自律。积极履行合同约定义务和法定义务，维护委托人合法权益，保守在执业活动中知悉的国家秘密、商业秘密和个人隐私。

6. 敬业

律师应当热爱律师职业，珍惜律师荣誉，树立正确的职业理念，不断提高专业素质和执业水平，注重陶冶个人品行和道德情操，忠于职守，爱岗敬业，尊重同行，维护律师的个人声誉和律师行业形象。

（二）律师的职业职责

1. 律师在执业期间不得以非律师身份从事法律服务。律师只能在一个律师事务所执业。律师不得在受到停止执业处罚期间继续执业，或者在律师事务所被停业整顿期间、注销后继续以原所名义执业。

2. 律师不得在同一案件中为双方当事人担任代理人，不得代理与本人或者其近亲属有利益冲突的法律事务。

3. 律师担任各级人民代表大会常务委员会组成人员的，任职期间不得从事诉讼代理或者辩护业务。

4. 律师不得为以下行为：（1）产生不良社会影响，有损律师行业声誉的行为；（2）妨碍国家司法、行政机关依法行使职权的行为；（3）参加法律所禁止的机构、组织或者社会团体；（4）其他违反法律、法规、律师协会行业规范及职业道德的行为；（5）其他违反社会公德，严重损害律师职业形象的行为。

第二节　律师执业行为规范

☞ 相关法条及司法解释

《律师法》第26条

《律师执业行为规范》第35～83条

《律师业务推广行为规范（试行）》第2、4、5、8～11条

☞ 命题分析

本考点涉及内容颇多，以往几乎每年必考。其中，“律师与委托人或当事人的关系规范”经常获得命题人的关注，考查频率最高。

从考查形式分析，本考点主要采用案例式选择题形式考查，较少单独命题，主要是与其他考点搭配考查。从考查内容看，以往考题主要围绕利益冲突审查规则等知识点进行命制，试题对记忆的精确度要求高，难度较大。

2018年发布的《律师业务推广行为规范（试行）》应重点关注，律师与委托人或当事人的关系规范也应作为复习重点。在复习时，要侧重于对《律师执业行为规范》中可考性强的规定进行梳理、总结。

一、律师业务推广行为规范

（一）律师业务推广的方式

1. 发布律师个人广告、律师事务所广告；
2. 建立、注册和使用网站、博客、微信公众号、领英等互联网媒介；
3. 印制和使用名片、宣传册等具有业务推广性质的书面资料或视听资料；
4. 出版书籍、发表文章；
5. 举办、参加、资助会议、评比、评选活动；
6. 其他可传达至社会公众的业务推广方式。

特别提醒：律师广告并非律师业务推广的唯一方式，谨防命题人“偷梁换柱”。

（二）禁止发布律师服务广告情形

1. 公司律师、公职律师和公职律师事务所不得发布律师服务广告；

2. 未参加年度考核或者未通过年度考核的；

3. 处于中止会员权利、停止执业或者停业整顿处罚期间，以及前述期间届满后未满1年的；

4. 受到通报批评、公开谴责未满1年的；

5. 其他不得发布广告的情形。

知识拓展：兼职律师可以发布律师服务广告，但应当载明兼职律师身份。

（三）业务推广禁止行为

1. 律师、律师事务所可以宣传其专业法律服务领域，但不得自我宣称或者暗示其为公认的某一专业领域的专家或者专家单位；

2. 虚假、误导性或者夸大性宣传；

3. 与登记注册信息不一致；

4. 明示或者暗示与司法机关、政府机关、社会团体、中介机构及其工作人员有特殊关系；

5. 贬低其他律师事务所或者律师的；或与其他律师事务所、其他律师之间进行比较宣传；

6. 承诺办案结果；

7. 宣示胜诉率、赔偿额、标的额等可能使公众对律师、律师事务所产生不合理期望；

8. 明示或者暗示提供回扣或者其他利益；

9. 不收费或者减低收费（法律援助案件除外）；

10. 未经客户许可发布的客户信息；

11. 与律师职业不相称的文字、图案、图片和视听资料；

12. 在非履行律师协会任职职责的活动中使用律师协会任职的职务；

13. 使用中国、中华、全国、外国国家名称等字样，或者未经同意使用国际组织、国家机关、政府组织、行业协会名称；

14. 法律、法规、规章、行业规范规定的其他禁止性内容。

知识拓展：律师、律师事务所业务推广信息中载有荣誉称号的，应当载明该荣誉的授予时间和授予机构。

（四）发布业务推广信息的禁止方式

1. 采用艺术夸张手段制作、发布业务推广信息；

2. 在公共场所粘贴、散发业务推广信息；

3. 以电话、信函、短信、电子邮件等方式针对不特定主体进行业务推广；

4. 在法院、检察院、看守所、公安机关、监狱、仲裁委员会等场所附近以广告牌、移动广告、电子信息显示牌等形式发布业务推广信息；

5. 其他有损律师职业形象和律师行业整体利益的业务推广方式。

二、律师与委托人或者当事人的关系规范

（一）委托代理关系

1. 律师应当与委托人就委托事项范围、内容、权限、费用、期限等进行协商，经协商达成一致后，由律师事务所与委托人签署委托协议。

2. 律师应当充分运用专业知识，依照法律和委托协议完成委托事项，维护委托人或者当事人的合法权益。

3. 律师与所任职律师事务所有权根据法律规定、公平正义及律师职业道德标准，选择实现委托人或者当事人目的的方案。

4. 律师应当严格按照法律规定的期间、时效以及与委托人约定的时间办理委托事项。对委托人了解委托事项办理情况的要求，应当及时给予答复。

5. 律师应当建立律师业务档案，保存完整的工作记录。

6. 律师应谨慎保管委托人或当事人提供的证据原件、原物、音像资料底版以及其他材料。

7. 律师接受委托后，应当在委托人委托的权限内开展执业活动，不得超越委托权限。

8. 律师接受委托后，无正当理由不得拒绝辩护或者代理、或以其他方式终止委托。委托事项违法、委托人利用律师提供的服务从事违法活动或者委托人故意隐瞒与案件有关的重要事实的，律师有权告知委托人并要求其整改，有权拒绝辩护或者代理、或以其他方式终止委托，并有权就已经履行事务取得律师费。

例1：毛律师在接待一起离婚案咨询时，以没时间为由拒绝当事人希望其担任代理人的委托要求。

提示：律师接受委托后，无正当理由不得拒绝辩护或者代理。本案毛律师尚未接受委托，以没有时间为由拒绝接受委托，并不违反规定。

9. 律师在承办受托业务时，对已经出现的和可能出现的不可克服的困难、风险，应当及时通知委托人，并向律师事务所报告。

例2：关于司法制度与法律职业的表述，下列哪些选项是正确的？

B. 关于律师承办业务：①律师承办业务，应告知委托人可能出现的法律风险；②律师承办业务，可根据情况决定是否向委托人通报委托事项办理进展情况。①正确、②不正确

提示：律师承办业务，应告知委托人可能出现的法律风险，①正确；律师承办业务，对委托人了解委托事项办理情况的要求，应当及时给予答复，②不正确。本选项判断正确。

（二）禁止虚假承诺

律师根据委托人提供的事实和证据，依据法律规定进行分析，向委托人提出分析性意见。

律师的辩护、代理意见未被采纳的，不属于虚假承诺。

特别提醒：是否构成虚假承诺，不看结果看过程。只要客观向委托人提出分析意见，即使意见没有被采纳，也不属于虚假承诺。

例3：刘律师出身建筑世家并曾就读建筑专业，现主要从事施工纠纷法律服务。开发商李某因开发的楼房倒塌被诉至法院，欲委托刘律师代理诉讼。关于接受委托和代理案件，刘律师的下列哪些做法符合律师职业有关规定？

A. 接受委托，了解并运用建筑和房地产知识分析案件，寻求对李某有利的理由

B. 接受委托，告知李某楼房倒塌系建筑风水原因，使其接受败诉结果

C. 明知不懂房地产开发业务会影响代理效果，但为经济效益极力宣扬建筑世家背景并接受委托

D. 考虑到不懂房地产业务会影响代理效果，决定不接受委托

提示：律师应当充分运用专业知识，依照法律和委托协议完成委托事项，维护委托人或者当事人的合法权益。律师根据委托人提供的事实和证据，依据法律规定进行分析，向委托人提出分析性意见。因此刘律师接受委托后了解并运用建筑和房地产知识分析案件的做法是正确的，A项正确。律师与所任职律师事务所有权根据法律规定、公平正义及律师职业道德标准，选择实现委托人或者当事人目的的方案。以风水原因使当事人接受败诉结果的做法违反了律师执业行为规范，B项错误。为建立委托代理关系而宣扬建筑世家背景，不符合维护委托人利益的要求，C项错误。如果律师认为自身职业能力有限，无法很好地维护委托人利益，可以不接受委托，D项正确。

（三）禁止非法牟取委托人利益

律师和律师事务所不得利用提供法律服务的便利，牟取当事人争议的权益。律师和律师事务所不得违法与委托人就争议的权益产生经济上的联系，不得与委托人约定将争议标的物出售给自己；不得委托他人为自己或为自己的近亲属收购、租赁委托人与他人发生争议的标的物。

（四）利益冲突审查

1. 绝对利益冲突审查

（1）律师在同一案件中为双方当事人担任代理人，或代理与本人或者其近亲属有利益冲突的法律事务的；

（2）律师办理诉讼或者非诉讼业务，其近亲属是对方当事人的法定代表人或者代理人的；

（3）曾经亲自处理或者审理过某一事项或者案件的行政机关工作人员、审判人员、

检察人员、仲裁员，成为律师后又办理该事项或者案件的；

（4）同一律师事务所的不同律师同时担任同一刑事案件的被害人的代理人和犯罪嫌疑人、被告人的辩护人，但在该县区域内只有一家律师事务所且事先征得当事人同意的除外；

（5）在民事诉讼、行政诉讼、仲裁案件中，同一律师事务所的不同律师同时担任争议双方当事人的代理人，或者本所或其工作人员为一方当事人，本所其他律师担任对方当事人的代理人的；

（6）在非诉讼业务中，除各方当事人共同委托外，同一律师事务所的律师同时担任彼此有利害关系的各方当事人的代理人的；

（7）在委托关系终止后，同一律师事务所或同一律师在同一案件后续审理或者处理中又接受对方当事人委托的；

（8）其他与本条第 1 至第 7 项情形相似，且依据律师执业经验和行业常识能够判断为应当主动回避且不得办理的利益冲突情形。

2. 相对利益冲突审查

下列情形律师应当告知委托人并主动提出回避，但委托人同意其代理或者继续承办（签署知情同意书）的除外：

（1）接受民事诉讼、仲裁案件一方当事人的委托，而同所的其他律师是该案件中对方当事人的近亲属的；

（2）担任刑事案件犯罪嫌疑人、被告人的辩护人，而同所的其他律师是该案件被害人的近亲属的；

（3）同一律师事务所接受正在代理的诉讼案件或者非诉讼业务当事人的对方当事人所委托的其他法律业务的；

（4）律师事务所与委托人存在法律服务关系，在某一诉讼或仲裁案件中该委托人未要求该律师事务所律师担任其代理人，而该律师事务所律师担任该委托人对方当事人的代理人的；

（5）在委托关系终止后一年内，律师又就同一法律事务接受与原委托人有利害关系的对方当事人的委托的；

（6）其他与本条第 1 至第 5 项情况相似，且依据律师执业经验和行业常识能够判断的其他情形。

律师和律师事务所发现存在上述情形的，应当告知委托人利益冲突的事实和可能产生的后果，由委托人决定是否建立或维持委托关系。委托人决定建立或维持委托关系的，应当签署知情同意书，表明当事人已经知悉存在利益冲突的基本事实和可能产生的法律后果，以及当事人明确同意与律师事务所及律师建立或维持委托关系。

（五）保管委托人财产

律师事务所可以与委托人签订书面保管协议，妥善保管委托人财产，严格履行保管协议。

律师事务所受委托保管委托人财产时，应当将委托人财产与律师事务所的财产、律师个人财产严格分离。

（六）转委托

未经委托人同意，律师事务所不得将委托人委托的法律事务转委托其他律师事务所办理。但在紧急情况下，为维护委托人的利益可以转委托，但应当及时告知委托人。

受委托律师遇有突患疾病、工作调动等紧急情况不能履行委托协议时，应当及时报告律师事务所，由律师事务所另行指定其他律师继续承办，并及时告知委托人。非经委托人的同意，不能因转委托而增加委托人的费用支出。

例4：下列哪一选项属于违反律师或公证有关制度及执业规范规定的情形？

A. 刘律师受当事人甲委托为其追索1万元欠款，因该事项与另一委托事项时间冲突，经甲同意后另交本所律师办理，但未告其支出增加

B. 李律师承办当事人乙的继承纠纷案，表示乙依法可以继承2间房屋，并作为代理意见提交法庭，未被采纳，乙仅分得万元存款

提示：律师承办业务，应当及时向委托人通报委托事项办理进展情况；需要变更委托事项、权限的，应当征得委托人的同意和授权。刘律师未告知甲变更委托增加支出，不符合规定，A项当选。律师的代理意见未被法庭采纳，不一定会构成虚假承诺，B选项并不违反规定，不选。

（七）委托关系的解除与终止

委托人可以拒绝已委托的律师为其继续辩护或者代理，同时可以另行委托律师担任辩护人或者代理人。

委托代理关系终止时的律师义务：（1）劝告义务；（2）通知义务；（3）采取合理保护措施义务；（4）不得扣押当事人诉讼材料的义务。

三、律师参与诉讼或仲裁规范

（一）回避

律师因法定事由或者根据相关规定不得担任诉讼代理人或者辩护人的，应当谢绝当事人的委托，或者解除委托代理合同。

（二）调查取证

律师应当依法调查取证。律师不得向司法机关或者仲裁机构提交明知是虚假的证据。律师作为证人出庭作证的，不得再接受委托担任该案的辩护人或者代理人出庭。

（三）尊重法庭与规范接触司法人员

1. 律师应当遵守法庭、仲裁庭纪律，遵守出庭时间、举证时限、提交法律文书期限及其他程序性规定。律师不得借故延迟开庭，律师确有正当理由不能按期出庭的，应请求人民法院在不影响案件审理期限的情况下，另行安排开庭时间，并及时通知当事人及其委托的律师。

2. 在开庭审理过程中，律师应当尊重法庭、仲裁庭。律师在执业过程中，因对事

实真假、证据真伪及法律适用是否正确而与诉讼相对方意见不一致的，或者为了向案件承办人提交新证据的，与案件承办人接触和交换意见应当在司法机关内指定场所。

3. 律师在办案过程中，不得与所承办案件有关的司法、仲裁人员私下接触。律师不得贿赂司法机关和仲裁机构人员，不得以许诺回报或者提供其他利益（包括物质利益和非物质形态的利益）等方式，与承办案件的司法、仲裁人员进行交易。律师不得介绍贿赂或者指使、诱导当事人行贿。

（四）庭审仪表和语态

律师担任辩护人、代理人参加法庭、仲裁庭审理，应当按照规定穿着律师出庭服装，佩戴律师出庭徽章，注重律师职业形象。律师在法庭或仲裁庭发言时应当举止庄重、大方，用词文明、得体。

四、律师与其他律师的关系规范

（一）尊重与合作

1. 在庭审或者谈判过程中各方律师应当互相尊重，不得使用挖苦、讽刺或者侮辱性的语言。律师或律师事务所不得在公众场合及媒体上发表恶意贬低、诋毁、损害同行声誉的言论。

2. 律师变更执业机构时应当维护委托人及原律师事务所的利益；律师事务所在接受转入律师时，不得损害原律师事务所的利益。

3. 律师与委托人发生纠纷的，律师事务所的解决方案应当充分尊重律师本人的意见，律师应当服从律师事务所解决纠纷的决议。

（二）禁止不正当竞争

律师事务所和律师不得以诋毁其他律师事务所、律师或者支付介绍费等不正当手段承揽业务。律师执业行为规范也要求律师和律师事务所不得采用不正当手段进行业务竞争，损害其他律师及律师事务所的声誉或者其他合法权益。

律师执业不正当竞争行为包括：（1）诋毁、诽谤其他律师或者律师事务所信誉、声誉；（2）无正当理由，以低于同地区同行业收费标准为条件争揽业务，或者采用承诺给予客户、中介人、推荐人回扣、馈赠金钱、财物或者其他利益等方式争揽业务；（3）故意在委托人与其代理律师之间制造纠纷；（4）向委托人明示或者暗示自己或者其属的律师事务所与司法机关、政府机关、社会团体及其工作人员具有特殊关系；（5）就法律服务结果或者诉讼结果作出虚假承诺；（6）明示或者暗示可以帮助委托人达到不正当目的，或者以不正当的方式、手段达到委托人的目的。

律师和律师事务所在与行政机关、行业管理部门以及企业的接触中，不得采用下列不正当手段与同行进行业务竞争：（1）通过与某机关、某部门、某行业对某一类的法律服务事务进行垄断的方式争揽业务；（2）限定委托人接受其指定的律师或者律师事务所提供法律服务，限制其他律师或律师事务所正当的业务竞争。

律师和律师事务所在与司法机关及司法人员接触中，不得采用利用律师兼有的其他身份影响所承办业务正常处理和审理的手段进行业务竞争。

律师或律师事务所相互之间不得采用下列手段排挤竞争对手的公平竞争：（1）串通抬高或者压低收费；（2）为争揽业务，不正当获取其他律师和律师事务所收费报价或者其他提供法律服务的条件；（3）泄露收费报价或者其他提供法律服务的条件等暂未公开的信息，损害相关律师事务所的合法权益。

第三节　律师职业责任

☞ 相关法条及司法解释

《律师法》第47～50条

☞ 命题分析

本考点不属于高频考点，以往偶有命题。从考查形式分析，本考点既有案例题也有表述题。从未单独命题，全部是与其他考点搭配考查。从考查内容看，主要围绕律师拒绝提供法律援助的行政法律责任及处罚主体进行命题，全部属于识记类试题，难度较低。从命题趋势看，2019年法考本考点不可能单独命题，因此在复习中应着重掌握律师行政法律责任等与其他律师制度相衔接的内容。

一、律师执业中违纪行为的处分

律师执业中违纪行为的处分包括：训诫、警告、通报批评、公开谴责、中止会员权利、取消会员资格。

中华全国律师协会设立惩戒委员会，负责律师行业处分规则的制定。各省、自治区、直辖市律师协会及设区的市律师协会设立惩戒委员会，负责对违规会员进行处分。

二、律师和律所执业中违法犯罪行为的法律责任

（一）行政法律责任

处罚主体是设区的市级或者直辖市的区人民政府司法行政部门。

处罚对象	处罚措施	适用情形
律师	警告，可以处5千元以下的罚款；有违法所得的，没收违法所得；情节严重的，给予停止执业3个月以下的处罚。	(1) 同时在两个以上律师事务所执业的；(2) 以不正当手段承揽业务的；(3) 在同一案件中为双方当事人担任代理人，或者代理与本人及其近亲属有利益冲突的法律事务的；(4) 从人民法院、人民检察院离任后二年内担任诉讼代理人或者辩护人的；(5) 拒绝履行法律援助义务的。
	警告，可以处1万元以下的罚款；有违法所得的，没收违法所得；情节严重的，给予停止执业3个月以上6个月以下的处罚。	(1) 私自接受委托、收取费用，接受委托人财物或者其他利益的；(2) 接受委托后，无正当理由，拒绝辩护或者代理，不按时出庭参加诉讼或者仲裁的；(3) 利用提供法律服务的便利牟取当事人争议的权益的；(4) 泄露商业秘密或者个人隐私的。
	停止执业6个月以上1年以下的处罚，可以处5万元以下的罚款；有违法所得的，没收违法所得；情节严重的，吊销其律师执业证书；构成犯罪的，依法追究刑事责任。	(1) 违反规定会见法官、检察官、仲裁员以及其他有关工作人员，或者以其他不正当方式影响依法办理案件的；(2) 向法官、检察官、仲裁员以及其他有关工作人员行贿，介绍贿赂或者指使、诱导当事人行贿的；(3) 向司法行政部门提供虚假材料或者有其他弄虚作假行为的；(4) 故意提供虚假证据或者威胁、利诱他人提供虚假证据，妨碍对方当事人合法取得证据的；(5) 接受对方当事人财物或者其他利益，与对方当事人或者第三人恶意串通，侵害委托人权益的；(6) 扰乱法庭、仲裁庭秩序，干扰诉讼、仲裁活动的正常进行的；(7) 煽动、教唆当事人采取扰乱公共秩序、危害公共安全等非法手段解决争议的；(8) 发表危害国家安全、恶意诽谤他人、严重扰乱法庭秩序的言论的；(9) 泄露国家秘密的。
律所	警告、停业整顿1个月以上6个月以下的处罚，可以处10万元以下的罚款；有违法所得的，没收违法所得；情节特别严重的，吊销律师事务所执业证书。	(1) 违反规定接受委托、收取费用的；(2) 违反法定程序办理变更名称、负责人、章程、合伙协议、住所、合伙人等重大事项的；(3) 从事法律服务以外的经营活动的；(4) 以诋毁其他律师事务所、律师或者支付介绍费等不正当手段承揽业务的；(5) 违反规定接受有利益冲突的案件的；(6) 拒绝履行法律援助义务的；(7) 向司法行政部门提供虚假材料或者有其他弄虚作假行为的；(8) 对本所律师疏于管理，造成严重后果的。

（二）民事法律责任

律师事务所承担民事责任的情形，具体参见第4章第2节“律师事务所的管理制度”部分。

（三）刑事法律责任

律师和律师事务所在执业活动中构成犯罪的，应依法追究其刑事责任。

例：关于不同法律职业责任，下列哪些表述是正确的？

C. 律师职业责任包括执业活动中违反有关律师法律、法规及执业纪律的民事、行政、刑事责任和纪律处分

提示：律师职业责任，是指律师在执业活动中因违反有关律师的法律、法规和执业纪律所应承担的责任，包括民事责任、行政责任、刑事责任和纪律处分。C 选项正确。

第九章　公证员职业道德

☞ 相关法条及司法解释

《公证员职业道德基本准则》第 1 ~ 25 条

《公证法》第 41 ~ 44 条

☞ 命题分析

本考点由公证员职业道德概述、主要内容和职业责任等三个知识点构成，以往偶有考查。从考查形式来看，本考点的选择题既有案例题也有表述题。本考点从未单独命题，全部是与其他知识点搭配命题，因此考查分值较低。考查内容主要围绕回避等公证员职业道德规范的理解与适用。

从命题趋势分析，在法考客观题数量变少以及新增三类法律职业人员职业道德的背景下，本考点单独命题的概率较低，更可能在各类法律职业人员职业道德综合类试题中搭配考查。因此，复习中应重点围绕《公证员职业道德基本准则》展开。

一、公证员职业道德的概念和特征

公证员职业道德是指公证员在履行职务活动中所应遵循的行为规范的总和。

就适用对象而言，公证员职业道德不仅指依法取得资格的执业公证员，也包括办理公证的辅助人员和其他工作人员，主要规范公证员的履行职务行为。

从调整的内容看，公证员职业道德既包括办理公证业务的行为准则，也包括公证人员的观念、意识。公证员树立高尚的职业道德，带头遵守公民基本道德规范和职业道德，是履行公证职责、公正执法的必然要求。

例 1： 加强公证员职业道德建设是维护和增强公证公信力的保障。

提示： 本说法正确。

二、公证员职业道德的主要内容

（一）忠于法律、尽职履责

1. 忠于宪法和法律，恪守客观、公正原则

公证员应当忠于宪法和法律，自觉践行社会主义法治理念；公证员应当政治坚定、业务精通、维护公正、恪守诚信，坚定不移做中国特色社会主义事业的建设者、捍卫者；公证员应当依法办理公证事项，恪守客观、公正的原则，做到以事实为根据，以法律为准绳。

2. 遵守法定回避制度

公证员应当自觉遵守法定回避制度，不得为本人及近亲属办理公证或者办理与本人及近亲属有利害关系的公证。

3. 履行执业保密义务

公证员应当自觉履行执业保密的法定义务，不得泄露在执业中知悉的国家秘密、商业秘密或个人隐私，更不得利用知悉的秘密为自己或他人谋取利益。

4. 积极采取措施纠正、制止违法违规行为

公证员在履行职责时，对发现的违法、违规或违反社会公德的行为，应当按照法律规定的权限，积极采取措施予以纠正、制止。

（二）爱岗敬业、规范服务

1. 珍惜职业荣誉

公证员应当珍爱职业荣誉，强化服务意识，勤勉敬业、恪尽职守，为当事人提供优质高效的公证法律服务。

2. 履行告知义务

公证员在履行职责时，应当告知当事人、代理人和参与人的权利和义务，并就权利和义务的真实意思和可能产生的法律后果作出明确解释，避免形式上的简单告知。

3. 平等、热情地对待公证当事人、代理人和参与人

公证员在执行职务时，应当平等、热情地对待当事人、代理人和参与人，并要充分注意到其民族、种族、国籍、宗教信仰、性别、年龄、健康状况、职业的差别，避免言行不慎使对方产生歧义。

4. 依法提高办证质量和效率

公证员应当严格按照规定的程序和期限办理公证事项，注重提高办证质量和效率，杜绝疏忽大意、敷衍塞责和延误办证的行为。

5. 注重文明礼仪，维护职业形象

公证员应当注重礼仪，做到着装规范、举止文明，维护职业形象。现场宣读公证词时，应当语言规范、吐字清晰，避免使用可能引起他人反感的语言表达方式。

6. 积极履行监督义务

公证员如果发现已生效的公证文书存在问题或其他公证员有违法、违规行为，应当及时向有关部门反映。

7. 不发表不当评论

公证员不得利用媒体或采用其他方式，对正在办理或已办结的公证事项发表不当评论，更不得发表有损公证严肃性和权威性的言论。

（三）加强修养、提高素质

1. 遵守社会公德

公证员应当牢固树立社会主义荣辱观，遵守社会公德，倡导良好社会风尚。

2. 具有良好的个人修养和品行

公证员应当道德高尚、诚实信用、谦虚谨慎，具有良好的个人修养和品行。

3. 忠于职守

公证员应当具有忠于职守、不徇私情、弘扬正义，自觉维护社会公平和公众利益。

4. 热爱集体，团结协作

公证员应当热爱集体，团结协作，相互支持、相互配合、相互监督，共同营造健康、有序、和谐的工作环境。

5. 不断提高自身的业务能力和职业素养

公证员应当不断提高自身的业务能力和职业素养，保证自己的执业品质和专业技能满足正确履行职责的需要。

6. 终身学习，勤勉进取

公证员应当树立终身学习理念，勤勉进取，努力钻研，不断提高职业素质和执业水平。

（四）廉洁自律、尊重同行

1. 廉洁自律

公证员应当树立廉洁自律意识，遵守职业道德和执业纪律，不得从事有报酬的其他职业和与公证员职务、身份不相符的活动。

2. 妥善处理个人事务

公证员应当妥善处理个人事务，不得利用公证员的身份和职务为自己、亲属或他人谋取利益。

3. 不得接受不当利益

公证员不得索取或接受当事人及其代理人、利害关系人的答谢款待、馈赠财物或其他利益。

4. 相互尊重

公证员应当互相尊重，与同行保持良好的合作关系，公平竞争，同业互助，共谋发展。

5. 避免不当干预

公证员不得以不正当方式或途径对其他公证员正在办理的公证事项进行干预或施加影响。

6. 不从事不正当竞争行为

公证员不得从事以下不正当竞争行为：（1）利用新闻媒体或其他手段炫耀自己，

贬损他人，排斥同行，为自己招揽业务；（2）以支付介绍费、给予回扣、许诺提供利益等方式承揽业务；（3）利用与行政机关、社会团体的特殊关系进行业务垄断；（4）其他不正当竞争行为。

三、公证职业责任

（一）公证员惩戒

1. 惩戒措施

警告、严重警告、罚款、记过、暂停会员资格、取消会员资格。

2. 惩戒机构

由中国公证协会和地方公证协会设立的惩戒委员会负责。

3. 惩戒管辖

惩戒案件一般由地方公证协会的惩戒委员会受理，中国公证协会惩戒委员会认为影响较大、案情重大的案件也可以自行受理。

例 2：下列哪一法律职业人员的行为不违背相应职业纪律要求？

C. 公证员黄某在派发的名片上印有“法学硕士、法学副教授”的头衔

提示：《公证员惩戒规则（试行）》第 12 条第（5）项规定，在公证员名片上印有曾担任过的行政职务、荣誉职务、专业技术职务或者其他头衔的，对公证员予以警告。据此，黄某的行为违反了职业纪律要求。C 项不选。

（二）违法犯罪行为的法律责任

1. 行政法律责任

对公证机构的行政处罚措施有警告、罚款、没收违法所得、停业整顿等四种。

对公证员的行政处罚措施有警告、罚款、停止执业、没收非法所得、吊销执业证书等五种。

处罚主体：省、自治区、直辖市或者设区的市人民政府司法行政部门。

处罚措施	适用情形
警告；对公证机构处一万元以上五万元以下罚款，对公证员处一千元以上五千元以下罚款，并可给予三个月以上六个月以下停止执业的处罚；有违法所得的，没收违法所得	（1）以诋毁其他公证机构、公证员或者支付回扣、佣金等不正当手段争揽公证业务的；（2）违反规定的收费标准收取公证费的；（3）同时在二个以上公证机构执业的；（4）从事有报酬的其他职业的；（5）为本人及近亲属办理公证或者办理与本人及近亲属有利害关系的公证的；（6）依照法律、行政法规的规定，应当给予处罚的其他行为。

续表

处罚措施	适用情形
对公证机构警告，并处二万元以上十万元以下罚款，给予一个月以上三个月以下停业整顿的处罚；对公证员给予警告，并处二千元以上一万元以下罚款，并可以给予三个月以上十二个月以下停止执业的处罚；有违法所得的，没收违法所得；吊销公证员执业证书	（1）私自出具公证书的；（2）为不真实、不合法的事项出具公证书的；（3）侵占、挪用公证费或者侵占、盗窃公证专用物品的；（4）毁损、篡改公证文书或者公证档案的；（5）泄露在执业活动中知悉的国家秘密、商业秘密或者个人隐私的；（6）依照法律、行政法规的规定，应当给予处罚的其他行为。

2. 民事法律责任

公证机构及其公证员因过错给当事人、公证事项的利害关系人造成损失的，由公证机构承担相应的赔偿责任；公证机构赔偿后，可以向有故意或者重大过失的公证员追偿。

公证机构有过错的情形包括：（1）为不真实、不合法的事项出具公证书的；（2）毁损、篡改公证书或者公证档案的；（3）泄露在执业活动中知悉的商业秘密或者个人隐私的；（4）违反公证程序、办证规则以及国务院司法行政部门制定的行业规范出具公证书的；（5）公证机构在公证过程中未尽到充分的审查、核实义务，致使公证书错误或者不真实的；（6）对存在错误的公证书，经当事人、公证事项的利害关系人申请仍不予纠正或者补正的；（7）其他违反法律、法规、国务院司法行政部门强制性规定的情形。

当事人提供虚假证明材料申请公证致使公证书错误造成他人损失的，当事人应当承担赔偿责任。公证机构依法尽到审查、核实义务的，不承担赔偿责任；未依法尽到审查、核实义务的，应当承担与其过错相应的补充赔偿责任；明知公证证明的材料虚假或者与当事人恶意串通的，承担连带赔偿责任。

3. 刑事法律责任

公证机构或其公证员因执业行为构成犯罪，应当追究其刑事责任。

因故意犯罪或者职务过失犯罪受刑事处罚的，应当吊销公证员执业证书。

公证员在履行公证职责过程中，严重不负责任，出具的公证书有重大失实，造成严重后果，应以出具证明文件重大失实罪追究刑事责任。

例3：关于不同法律职业责任，下列哪些表述是正确的？

D. 公证职业责任包括公证活动中违反有关公证法律、法规及职业道德规范的民事、行政、刑事责任和惩戒处分

提示：公证职业责任包括公证活动中违反有关公证法律、法规及职业道德规范的民事、行政、刑事责任和惩戒处分。D项表述正确。

第十章　其他法律职业人员职业道德

第一节　法律顾问职业道德

一、法律顾问职业道德的概念

法律顾问有广义和狭义之分。狭义的法律顾问仅指律师；广义的法律顾问除了律师之外，还包括其他具有法律专业知识、技能，能够提供法律服务的专业人员。我国法律顾问的类型分为党政机关法律顾问（政府法律顾问）、人民团体法律顾问以及国有企事业单位法律顾问。法律顾问制度的根本价值在于推动党政机关、人民团体、国有企事业单位依法行事。

法律顾问职业道德是指法律顾问在履行职务活动中所应遵循的行为规范和准则。法律顾问职业道德主要调整对象是法律顾问，包括专职法律顾问和兼职法律顾问。

二、法律顾问职业道德的主要内容

1. 忠诚法律

（1）法律顾问应当忠于宪法和法律，以事实为依据，以法律为准绳。

（2）法律顾问应尽职尽责提供法律服务，维护党政机关、人民团体和国有企事业单位的合法权益，对于涉嫌违法的行为，法律顾问必须及时提出法律意见，不能不顾原则地为之服务。

（3）在履行职责时，必须严格依法办事，不能为了维护党政机关、人民团体、国有企事业单位的利益而采取非法手段损害国家、集体或他人的利益。

（4）在履行职责时，不能做出任何有损党政机关、人民团体、国有企事业单位合法权益的行为。

（5）不得利用在工作期间获得的非公开信息或者便利条件，为本人及所在单位或者他人牟取利益。

（6）法律顾问不得以其身份从事商业活动以及与法律顾问职责无关的活动。

2. 保持独立

（1）法律顾问在提供法律服务过程中不受他人意志的干扰，仅仅依照法律的规定或依照法律的精神对事实作出合乎价值的判断。

（2）法律顾问不得接受其他当事人委托，办理与聘任单位有利益冲突的法律事务，法律顾问与所承办的业务有利害关系、可能影响公正履行职责，应当回避。

3. 保守秘密

(1) 法律顾问不得泄露党和国家的秘密、工作秘密、商业秘密以及其他不应公开的信息，不得擅自对外透露所承担的工作内容。

(2) 法律顾问对涉密信息的使用仅限于职责所需，不得利用其从事商业或其他活动。

三、法律顾问职业责任

法律顾问职业责任包括惩戒处分、行政法律责任、民事法律责任和刑事法律责任。

第二节 仲裁员职业道德

一、仲裁员职业道德的概念

仲裁员职业道德是指仲裁员在履行仲裁职能时所应遵循的职业行为规范的总和。仲裁员职业道德是在仲裁职业活动中产生和形成的。

二、仲裁员职业道德的主要内容

(一) 独立公正

1. 保持廉洁。仲裁员不得以任何直接或间接方式接受当事人或其他代理人的请客、馈赠或提供的其他利益。不得代人向仲裁员请客送礼或提供其他好处和利益。

2. 保持独立。仲裁员应当独立地审理案件，不因任何私利、外界压力而影响裁决的公正性。仲裁员在法律和仲裁规则范围内，依据其专业知识、经验依法独立审理案件，不受仲裁委员会的干预，也不受行政机关、社会团体和个人的干预。

3. 主动披露。仲裁员主动披露其与当事人或代理人之间的某种关系，以便于当事人和仲裁机构考虑此种关系是否影响该仲裁员的独立性和公正性。

(二) 诚实信用

仲裁员作为纠纷的裁决者，判定当事人之间的权利义务关系，应当秉承善意、恪守诚信。

(三) 勤勉高效

仲裁员应认真核实证据，查明事实，正确适用法律，公平、公正裁决民事财产争议。仲裁员应严格遵守时间，积极推进仲裁尽快结案。

(四) 保守秘密

仲裁员不得向当事人或外界透露本人的看法和合议庭合议的情况，对涉及仲裁程序、仲裁裁决的事项应保守秘密。仲裁员应为当事人保密，特别是商业秘密。仲裁员有意或者无意泄露仲裁秘密，均违反仲裁员职业道德。

（五）尊重同行

仲裁员应当尊重其他仲裁员对案件发表意见的权利，在互敬的基础上，自由讨论，真诚交流。仲裁庭成员在时间安排上应当互相体谅与配合。

三、仲裁员职业责任

仲裁员职业责任包括违纪责任和刑事法律责任，我国并无仲裁员承担民事责任的规定。

仲裁员有下列情形的，应当依法承担法律责任，仲裁委员会应当将其除名：（1）私自会见当事人、代理人，或者接受当事人、代理人的请客送礼，情节严重的；（2）在仲裁该案时有索贿受贿，徇私舞弊，枉法裁决行为的。

第三节　行政机关中从事行政处罚决定审核、行政复议、行政裁决的公务员职业道德

一、行政机关中从事行政处罚决定审核、行政复议、行政裁决的公务员职业道德的概念

行政机关中从事行政处罚决定审核、行政复议、行政裁决的公务员职业道德，是指行政机关中从事行政处罚决定审核、行政复议、行政裁决的公务员在履行职务的过程中形成并且应当遵守的道德原则和道德规范，以及在其特定职业实践中形成和表现出来的道德传统、道德心理意识、道德品质等，为在行政执法实践活动中形成的特定职业责任的价值表达。

二、行政机关中从事行政处罚决定审核、行政复议、行政裁决的公务员职业道德的主要内容

（一）公务员职业道德的基本要求

1. 坚定信念

必须坚定对马克思主义的信仰、坚定对社会主义和共产主义的信念，不断增强道路自信、理论自信、制度自信、文化自信；坚持中国共产党的领导，坚持党的基本理论、基本路线、基本纲领、基本经验、基本要求不动摇；把牢政治方向，坚定政治立场，严守政治纪律和政治规矩，增强党性修养，做到对党和人民绝对忠诚。

2. 忠于国家

弘扬爱国主义精神，坚决维护国家安全、荣誉和利益，维护党和政府形象、权威，维护国家统一和民族团结；保守国家秘密和工作秘密，同一切危害国家利益的言行作斗争。

3. 服务人民

坚持以人为本、执政为民，全心全意为人民服务，永做人民公仆；坚持党的群众路线，密切联系群众，以人民忧乐为忧乐，以人民甘苦为甘苦；坚持人民利益至上，把实现好、维护好、发展好最广大人民根本利益作为工作的出发点和落脚点，切实维护群众切身利益。

4. 恪尽职守

服务大局、奋发有为、甘于奉献，为党和人民的事业不懈奋斗；坚持原则、敢于担当、认真负责，面对矛盾敢于迎难而上，面对危机敢于挺身而出，面对失误敢于承担责任，面对歪风邪气敢于坚决斗争；精通业务知识，勤勉敬业、求真务实，兢兢业业做好本职工作。

5. 依法办事

牢固树立社会主义法治理念，努力提高法治素养，模范遵守宪法和法律；严格依法履职，做到权由法定、权依法使，法定职责必须为、法无授权不可为；坚持依法决策，严格按照法定的权限、程序和方式执行公务。

6. 公正廉洁

坚持秉公用权、公私分明，办事出于公心，努力维护和促进社会公平正义；严于律己、廉洁从政，坚守道德法纪防线；为人正派、诚实守信，尚俭戒奢、勤俭节约。

（二）特定要求

1. 坚持合法性，兼顾合理性

合法性要求：（1）行政机关中从事行政处罚决定审核、行政复议、行政裁决的公务员必须取得相应的法律资格；（2）行政执法权限范围要合法；（3）行政执法的内容要合法；（4）行政执法的程序要合法。

合理性要求：（1）执法行为的动因应符合行政的基本目的；（2）执法行为应基于正当的考虑；（3）执法行为的内容要客观、适度、符合理性；（4）执法行为可能对行政相对人的权益造成不利影响的，除法律规定的特别情形外，应该给予陈述、申辩的机会。

2. 秉公执法，兼顾效率

秉公执法要求：（1）行政执法程序公开公正；（2）执法行为公开公平；（3）思想观念公正。

兼顾效率要求：（1）坚持依法独立行使行政执法权；（2）执法意图符合民意；（3）克服行政执法畏难心理；（4）坚持行政时效原则和行政执法及时性原则。

3. 文明执法，以礼待人

要求做到：（1）在执行公务时要着装整齐，佩戴标志，出示证件；（2）重视证据采集，杜绝粗暴执法；（3）依法、规范、合理使用执法工具。

4. 公开透明，权责一致

公开透明要求：（1）执法依据公开；（2）执法信息公开；（3）执法过程公开；（4）执法决定公开。

权责一致要求：（1）职权的行使与责任的承担要一体化；（2）职权与职责要成比

例性；（3）职权与职责要有互见性。

三、行政机关中从事行政处罚决定审核、行政复议、行政裁决的公务员职业责任

行政机关中从事行政处罚决定审核、行政复议、行政裁决的公务员职业责任主要包括行政责任和刑事责任。

（一）行政责任

1. 通报批评等人身责任

通报批评、警告、公开道歉是最常见的责任承担方式。

2. 行政处分等纪律责任

主要承担警告（6 个月）、记过（12 个月）、记大过（18 个月）、降级（24 个月）、撤职（24 个月）、开除等行政处分。处分期限最长不得超过 48 个月。

3. 追偿等财产责任

赔偿义务机关赔偿损失后，应当责令有故意或者重大过失的工作人员或者受委托的组织或者个人承担部分或者全部赔偿费用。

（二）刑事责任

公务员行使职权可能涉及的犯罪可以分为贪污贿赂型犯罪、渎职型犯罪、侵权型犯罪，上述这些犯罪类型对于行政机关中从事行政处罚决定审核、行政复议、行政裁决的公务员同样适用。

图书在版编目（CIP）数据

理论法讲义/桑磊主编.—北京：中国政法大学出版社，2019.3
ISBN 978-7-5620-8899-8

Ⅰ.①理… Ⅱ.①桑… Ⅲ.①法的理论－中国－资格考试－自学参考资料 Ⅳ.①D920.0

中国版本图书馆 CIP 数据核字(2019)第 047985 号

出版者　中国政法大学出版社
地　址　北京市海淀区西土城路 25 号
邮寄地址　北京 100088 信箱 8034 分箱　邮编 100088
网　址　http://www.cuplpress.com（网络实名：中国政法大学出版社）
电　话　010-58908285(总编室) 58908433（编辑部）58908334(邮购部)
承　印　北京鑫海金澳胶印有限公司
开　本　787mm×1092mm　1/16
印　张　34.75
字　数　781 千字
版　次　2019 年 3 月第 1 版
印　次　2019 年 3 月第 1 次印刷
定　价　99.00元